MW00379907

Y MI PALABRA ES LA LEY

CARLOS ELIZONDO MAYER-SERRA

Y mi palabra es la ley

AMLO en Palacio Nacional

DEBATE

El papel utilizado para la impresión de este libro ha sido fabricado a partir de madera procedente de bosques y plantaciones gestionadas con los más altos estándares ambientales, garantizando una explotación de los recursos sostenible con el medio ambiente y beneficiosa para las personas.

Penguin
Random House
Grupo Editorial

Y mi palabra es la ley
AMLO en Palacio Nacional

Primera edición: enero, 2021
Primera reimpresión: mayo, 2021

D. R. © 2020, Carlos Elizondo Mayer-Serra

D. R. © 2021, derechos de edición mundiales en lengua castellana:
Penguin Random House Grupo Editorial, S. A. de C. V.
Blvd. Miguel de Cervantes Saavedra núm. 301, 1er piso,
colonia Granada, alcaldía Miguel Hidalgo, C. P. 11520,
Ciudad de México

penguinlibros.com

Penguin Random House Grupo Editorial apoya la protección del *copyright*.
El *copyright* estimula la creatividad, defiende la diversidad en el ámbito de las ideas y el conocimiento, promueve la libre expresión y favorece una cultura viva. Gracias por comprar una edición autorizada de este libro y por respetar las leyes del Derecho de Autor y *copyright*. Al hacerlo está respaldando a los autores y permitiendo que PRHGE continúe publicando libros para todos los lectores.

Queda prohibido bajo las sanciones establecidas por las leyes escanear, reproducir total o parcialmente esta obra por cualquier medio o procedimiento así como la distribución de ejemplares mediante alquiler o préstamo público sin previa autorización.
Si necesita fotocopiar o escanear algún fragmento de esta obra diríjase a CemPro
(Centro Mexicano de Protección y Fomento de los Derechos de Autor, https://cempro.com.mx).

ISBN: 978-607-319-940-7

Impreso en México – *Printed in Mexico*

Índice

Introducción   9

1. El rey   25
2. Todo el poder   87
3. Radiografía de una promesa   171
4. Poder político y poder económico   237
5. La política económica de AMLO   309
6. Otro presidente apostador   357
7. Frente a la pandemia   439
8. La visión de los vencedores   455

Conclusiones   489
Agradecimientos   555
Notas   557
Glosario de siglas y acrónimos   615
Apéndice   623

Introducción

El gobierno de Andrés Manuel López Obrador está por cumplir dos años. Su estilo es único, tanto por la forma en la que comunica, administra y toma decisiones, como por su manera de encarar o evadir los problemas.

Ningún presidente había tenido, al inicio de su mandato, tanto poder y tanta legitimidad para llevar a cabo su programa de gobierno. El título de este libro tiene una pretensión de literalidad porque, como veremos, si bien AMLO heredó muchos problemas, ha tenido la oportunidad de hacer prácticamente todo lo que ha deseado. En contraste con la canción, AMLO sí tiene trono y reino. Ha gobernado con firmeza impulsando su visión del mundo. Hoy están a la vista los primeros frutos de su gobierno.

La virtud de la democracia es que gobierna quien obtiene más votos. Aunque sea por un voto, aunque sea porque su oposición, el PRIAN —como él la llamaba—, compitió dividida y enfrentada. En ese contexto, como candidato AMLO no hizo más que crecer. Llevaba desde 2005 en campaña rumbo a la presidencia y era, cuando arrancó la contienda, el 9 de septiembre de 2017, el político más conocido: 93.2 por ciento de los mexicanos sabía quién era López Obrador. En cambio, en esa misma fecha, Ricardo Anaya estaba por debajo de Margarita Zavala como el perfil preferido por la población para competir por el Partido Acción Nacional (PAN), y José Antonio Meade estaba por debajo de Osorio Chong para competir por el Partido Revolucionario Institucional (PRI).[1]

En elecciones democráticas no hay tal cosa como la equidad perfecta. AMLO aprovechó sus ventajas, incluido el regalo que le hizo Enrique Peña Nieto al acusar de lavado de dinero a su adversario más cercano, Ricardo Anaya. Así es este juego. No se puede cuestionar su triunfo, por más que su amplitud fue impulsada por la decisión de Peña Nieto de buscar descarrilar a Ricardo Anaya.

El triunfo de AMLO, con un presidente como Peña Nieto en el poder —que tenía un amplio control de los medios de comunicación— y con las mañas del PRI del Estado de México, es una muestra de que las elecciones funcionan y los votantes mandan. No es tan fácil manipularlos. Conviene recordar que cuando Peña Nieto llegó a la presidencia, un miedo recurrente era que el PRI retuviera el poder por décadas, una vez más. En 2014 era todavía un temor de muchos de los detractores de Peña Nieto. Creían que no sería como Ernesto Zedillo, quien estuvo de acuerdo en tener reglas electorales más parejas y con un Instituto Federal Electoral (IFE) autónomo, y que aceptó la derrota del candidato del PRI.

Para explicar la victoria de AMLO, lo fácil es decir que los ciudadanos son ignorantes. Pero ésa es una discusión que no lleva a nada. Si bien es cierto que los votantes se pueden equivocar, o pueden emitir su sufragio con una expectativa que no se puede cumplir, esto es válido para cualquier elección y para el voto por cualquier candidato.

En un régimen democrático la mayoría tiene la razón, la que sea, a la hora de optar por una candidatura sobre las otras que estaban disponibles. En 2018 los mexicanos estaban hartos de una clase política corrupta, soberbia y dispendiosa. Para eso es la democracia: para despedir a quien no funciona.

El votante le dio a AMLO la legitimidad electoral para llevar a cabo su prometida Cuarta Transformación. Ésta ha sido siempre una promesa vaga, pero grandilocuente. En palabras de AMLO:

> Es una transformación, no es más de lo mismo, no es una elección cualquiera, no es "quítate tú porque quedo yo". No tendría sentido luchar si no es por una transformación. Es una hazaña. ¿Cuál es el lema de nuestra campaña? "Juntos haremos historia" [...] Por el número y por las convicciones de los que participan, no hay un movimiento en el mundo como el que estamos impulsando, que busque una transformación por la vía pacífica, con tanta gente.[2]

Ya como presidente, afirmó que la Cuarta Transformación "saciará el hambre y la sed de justicia del pueblo de México".[3] Ni más ni menos.

A AMLO le gustaba hablar de su futuro gobierno comparándolo (y comparándose él mismo) con los gobiernos de los tres héroes que más venera: Benito Juárez, Francisco I. Madero y Lázaro Cárdenas. En un evento de campaña en Temixco, Morelos, el 4 de enero de 2018, dijo: "No quiero ser, soy muy consciente, no quiero ser como Santa Anna, no quiero ser como Porfirio Díaz, no quiero ser como Victoriano Huerta, no quiero ser como Carlos Salinas de Gortari, no quiero ser como Felipe Calderón, no quiero ser como Peña Nieto; quiero ser como Benito Juárez, como Francisco I. Madero y como el general Lázaro Cárdenas del Río". El día en que tomó posesión como presidente, dijo mesiánicamente: "Ya no me pertenezco, yo soy de ustedes".

AMLO inyectó de optimismo a los mexicanos. La satisfacción con la democracia pasó del 46.4 por ciento de la población en 2012 a 26.5 en 2016 y nuevamente a 46.4 en 2019.[4] No es difícil imaginarse el desencanto de los seguidores de AMLO de haber ganado Ricardo Anaya, cuyo triunfo hubiera sido, en todo caso, por un margen muy estrecho. Para muchos, después de los gobiernos del PAN y del PRI, le tocaba a la izquierda gobernar. Qué tipo de izquierda ha resultado ser el gobierno de AMLO es otro tema, que iremos analizando en este libro.

Muchos han temido que AMLO se convierta en una versión mexicana de Hugo Chávez. Hemos visto hasta ahora un gobierno con algunos tonos parecidos: la encarnación del pueblo en una sola persona, la polarización, el desprecio por la ley, el desdén a la sociedad civil, la desconfianza en los intelectuales y periodistas críticos, el desprecio por el conocimiento y la ciencia, una sociedad que cree en él y en su proyecto por el descrédito de los gobiernos anteriores.

Sin embargo, difiere en temas fundamentales. Chávez heredó una economía que llevaba una década con serios problemas y le tocó administrar la abundancia que vino con un fuerte incremento en el precio del crudo. En Venezuela, el crudo es por mucho el elemento central de la economía y de las finanzas públicas. Tuvo dinero para dar y regalar. Todos los presidentes de la oleada populista latinoamericana que inició con Chávez lograron por años altas tasas de crecimiento gracias a la subida de los precios de las materias primas.

En el caso de AMLO, sus primeras decisiones llevaron a una caída de la inversión privada y por lo tanto del crecimiento económico. Tras un año de estancamiento y un segundo que no pintaba mucho mejor, vino la pandemia y su mal manejo. En 2020 le tocó presidir la recesión económica más profunda en el país desde la Gran Depresión. No hay una redistribución importante de recursos hacia los más pobres, como sí lo hicieron Chávez, Lula y Kirchner.

AMLO llegó de entrada con mucho más poder, por lo que no tuvo que hacer asambleas constitucionales de dudosa legalidad como Chávez. La reforma constitucional más cuestionable desde el punto de vista del régimen electoral, la revocación de mandato, no salió como AMLO quería, es decir, para que coincidiera en fechas con la elección intermedia, aunque ahora insiste en tener la consulta popular el día de la elección intermedia.

AMLO ha respetado la autonomía del Banco de México y la estabilidad de las finanzas públicas. No sólo no rompió con el Tratado de Libre Comercio de América del Norte (TLCAN) y con Estados Unidos, sino que apresuró la renegociación del TLCAN para lograr la aprobación del Tratado entre México, Estados Unidos y Canadá (T-MEC). Decidió tener una amistosa relación con Trump, basada en el principio de ceder en casi todo.

La economía, que ya se encontraba estancada, con la llegada de la pandemia del coronavirus se calcula caerá alrededor de 9 por ciento. El número de homicidios se encuentra en niveles históricamente altos. El 2020 habrá cerrado con unas 120 mil muertes oficiales atribuidas a la pandemia. El subsecretario encargado de la pandemia, Hugo López-Gatell, había pronosticado el 4 de junio que un escenario "muy catastrófico" sería llegar a tener 60 mil muertes.

AMLO parece creer que debe seguir la misma ruta que trazó originalmente para llevar a cabo su plan de gobierno, a pesar de los malos resultados de 2019 y la profunda crisis de 2020. La pandemia cambió al mundo, pero AMLO no se movió de su visión de las cosas. Al no poder reaccionar frente a una nueva realidad, no tomó las medidas necesarias para atenuar sus efectos.

Es difícil imaginar cómo es que AMLO podrá cumplir con el grueso de lo prometido durante su campaña. A pesar de la incertidumbre sobre el futuro, lo hecho hasta ahora ya permite hacer una primera evaluación de este gobierno, por más que en política cada semana es una eternidad y las sorpresas descarrilan hasta el mejor de los planes.

Un ejemplo de esto: el 17 de octubre de 2019 el presidente chileno Sebastián Piñera concedió una entrevista triunfalista al

Financial Times en la que argumentaba que su país era el único de la región que ya era casi un país desarrollado. Confieso que, al leerla, me dio envidia que México no estuviera en esa situación, por más que todo presidente siempre exagera sus logros. Al día siguiente estalló una revuelta social contra el aumento de menos de 4 por ciento en el precio del transporte público, que casi lo obliga a renunciar. A principios de diciembre, y tras varias semanas de disturbios y protestas, la popularidad de Piñera cayó a 6 por ciento, cuando al inicio de su mandato tenía una popularidad de 60 por ciento.[5]

El objetivo de este libro es mostrar y analizar lo que AMLO ha hecho hasta ahora. Son apenas dos años, pero un sexenio se parece un poco a una película que arranca con una mala primera media hora: no suele mejorar. Esto es aún más difícil cuando se trata de la compleja realidad de un país. Lo hecho desde el primer día de este gobierno (incluso antes de tomar formalmente posesión como presidente) fue limitando su margen de maniobra para alcanzar sus objetivos explícitos, como tener un mayor crecimiento.

La mayor diferencia con una película es que no nos podemos salir de la sala o apagar Netflix. Tenemos que quedarnos hasta el final, viviendo las implicaciones de las acciones del soberano todos los días.

A pesar de que aún faltan casi dos tercios de su sexenio, un presidente con la vocación transformadora de AMLO, con tanto poder para hacer o no hacer, y que despertó tanta esperanza entre mucha gente, merece ser estudiado sin esperar a que termine su mandato. Hacerlo ahora sirve también para dejar registro de cómo se vivió "en tiempo real" su gobierno. Trato de reflejar cómo lo entendí mientras se iba desarrollando, sin la perspectiva de la historia, es decir, sin saber cómo terminó su sexenio, pero con la ventaja de estar inmerso en el momento. Los historiadores analizan hechos que saben cómo terminaron. Esto condiciona su manera de abordar su objeto de estudio. No tengo ese lujo.

Sin embargo, los sexenios pueden dar sorpresas. Un libro sobre los primeros dos años del gobierno de López Portillo habría sido inevitablemente optimista. Era el sexenio en el que habría que "acostumbrarse a administrar la abundancia". Hubiera sido muy difícil pronosticar el desastre en el que terminó. No encontré un solo libro o artículo del primer tercio de ese sexenio que anticipara lo que vendría, aunque sí algunos textos críticos de lo que se había hecho hasta entonces,[6] en particular respecto a la política de austeridad con la que arrancó. Cruel ironía, dado el desbalance fiscal y de la cuenta corriente que llevaría a una muy profunda crisis económica para finales de su sexenio.

Un libro sobre el gobierno de Peña Nieto, escrito incluso después del crimen contra los estudiantes de Ayotzinapa en septiembre de 2014 o de las revelaciones de la construcción de la "Casa Blanca" en noviembre de ese mismo año, los dos temas que impulsarían su desprestigio, difícilmente habría logrado anticipar el tamaño de éste. Todavía prevalecía el aura de los éxitos del Pacto por México impulsado por Peña Nieto. Días después de la tragedia de Ayotzinapa, uno de sus hombres más cercanos presumía en una cena privada con qué visión habían evitado hacer de un problema local un problema de envergadura nacional, como solía hacer el torpe de Felipe Calderón, para pasar a presumir el recién anunciado megaproyecto del aeropuerto de Texcoco.

El optimismo que generó el Pacto por México todavía le ayudó al PRI a obtener 29.18 por ciento de los votos en la Cámara de Diputados federal en la elección intermedia del 7 de junio de 2015, nada mal frente al 31.9 por ciento que obtuvo para la misma elección en 2012. Con su aliado de entonces, el Partido Verde Ecologista de México (PVEM), obtuvo 50 por ciento de las diputaciones. El electorado le empezó a cobrar en las elecciones de 2016 la factura de los conspicuos y grotescos casos de corrupción de varios de los gobernadores más cercanos al presidente. En ese año el PRI perdió siete de las 12 gubernaturas en juego y, por primera vez en su historia, perdió en los estados de Veracruz, Durango, Quintana Roo y Tamaulipas.

Este libro es una mirada inicial y en tiempo real del complejo proceso histórico iniciado desde que AMLO buscó la presidencia por primera vez. AMLO fue capaz de capturar la demanda de una buena parte del país normalmente ni escuchada ni considerada. Su derrota en 2006 fue vista por millones de mexicanos como un fraude colosal y generó una enorme frustración, alimentada por AMLO con su decisión de proclamarse presidente legítimo. En 2012 su candidatura empezó rezagada, pero fue ganando impulso en los meses finales de la campaña. Aunque sin el fervor del 2006, nuevamente despertó a un México muy enojado con la violencia del sexenio de Calderón, e imprimió una gran esperanza a una parte del electorado, muy bien transmitida en el video oficial de esa campaña (https://bit.ly/3ibTDXH), cuando surgió Morena como movimiento, aunque AMLO aún contendía bajo las siglas del Partido de la Revolución Democrática (PRD), del Partido del Trabajo (PT) y de Movimiento Ciudadano (MC) bajo la coalición denominada Movimiento Progresista.

En 2018, a sus votantes más fieles, quienes lo habían seguido en las anteriores campañas, se sumaron millones de mexicanos en todo el país. Lo que había sido una candidatura exitosa en los estados más pobres y marginados, donde su lema de 2006, "por el bien de todos, primero los pobres", resonaba mejor, se volvió una bola de nieve a lo largo y ancho del país. La rabia hacia la corrupción rampante, simbolizada por las estafas maestras, con la inseguridad y la violencia que, para muchos, era ejercida desde el Estado, visible en las grandes marchas en contra de Peña Nieto por los 43 normalistas de Ayotzinapa desaparecidos, y con el bajo crecimiento económico, fue capturada por un candidato que prometía una estrategia distinta en todos los ámbitos, una gran transformación, la cuarta en la historia del país según su grandilocuente discurso.

El triunfo de AMLO fue contundente. Obtuvo el respaldo de 30 millones 113 mil 483 votantes. López Obrador ganó la presidencia con una diferencia de 30.9 puntos porcentuales frente al segundo lugar. Su 53 por ciento de votos para la presidencia le dio una clara legitimidad. Había una sed de cambio en el país. AMLO era el líder indiscutible de ese deseo de transformación.

AMLO capturó las frustradas expectativas generadas por la transición democrática que iniciaron con el triunfo de Vicente Fox en 2000, que se profundizaron con la cuestionada victoria de Felipe Calderón en 2006 y la creciente inseguridad que produjo su estrategia de guerra al crimen organizado, y que terminaron con las historias de corrupción, frivolidad y creciente inseguridad de la administración de Enrique Peña Nieto. El Pacto por México, por el que los otrora tres grandes partidos políticos que en 2012 habían obtenido en forma conjunta 73.7 por ciento de los votos de la elección presidencial acordaron hacer una serie de reformas que tenían como objetivo crear una economía más competitiva y con mayor potencial de crecimiento, dejó a AMLO como único opositor.

Yo defendí en muchas ocasiones los objetivos del Pacto. En mi opinión, se trataba de un conjunto de reformas estructurales que partían de las mejores prácticas internacionales para lograr tener un país con mayor crecimiento y equidad, gracias a la reforma fiscal, que le daría más recursos al gobierno para atender las muchas necesidades sociales, la de competencia, que permitiría precios más bajos en mercados con empresas dominantes, o la educativa, que permitiría un mejor aprendizaje para aquellos que no pueden pagar una educación privada. Era una oportunidad para avanzar en lo que podría hacer de México un país más próspero y justo.

El Pacto permitía complementar esa gran reforma estructural que fue el TLCAN y que ha sido el ancla de lo que mejor ha funcionado en las últimas décadas en el país: el sector exportador.

En muchas cosas nos equivocamos quienes defendimos la estrategia de las reformas estructurales. Nos equivocamos, o más claramente yo, en no otorgarle mayor importancia a la necesidad de poner énfasis en políticas más incluyentes, en la creación de bienes públicos de calidad que pusieran un piso más parejo a nuestro desigual país. También subestimé el descrédito de muchas de estas reformas y la importancia de los símbolos, como el tener un gobierno más austero. Sí escribí sobre el exceso de gasto, edité un libro junto con Ana Laura Magaloni titulado *Uso y abuso de los recursos públicos*,[7] pero hay soluciones simbólicas como prometer vender el avión presidencial que, aunque imprácticas, atienden las manifestaciones más visibles del abuso del poder.

No es que no me importara el tema. Desde la campaña de Calderón advertí en mi columna del diario *Reforma*: "Por su parte, de ganar, Calderón requeriría abrazar una agenda redistributiva. Un país con las desigualdades del nuestro no puede ser un país estable en el tiempo".[8] También escribí un libro, *Los de adelante corren mucho*,[9] publicado en septiembre de 2017, sobre los retos e implicaciones de la desigualdad en México y en América, en particular cómo resolver la tensión entre democracia, el gobierno de las mayorías y libre mercado, que siempre genera desigualdad. Sus conclusiones se centraban en cómo construir un Estado eficaz para poder tener bienes públicos de calidad y así tratar de enfrentar esa desigualdad. No puse atención en la importancia de darles un sentido de pertenencia a los excluidos y marginados, algo que AMLO hace muy bien.

Se requirió haber sido más agresivo en temas como buscar un salario mínimo mayor, sobre el cual yo escribí en contra.[10] Su impacto en el bienestar habrá que medirlo con el tiempo, pero ha sido un gran triunfo de AMLO y no trajo una mayor inflación, algo que muchos temían.

El aspecto simbólico, en general, no lo entendí bien. En particular, la importancia que la identidad y la dignidad tienen en la vida de las personas, así como la profundidad del enojo ante una élite corrupta, vividora y frívola. Era muy difícil ganar la última elección con un discurso racional y frío, como el que llevó a Emmanuel Macron a la presidencia de Francia, y que era el estilo de los dos candidatos contra los que competía AMLO: Ricardo Anaya y José Antonio Meade.

También advertí que Peña Nieto debía enfrentar la corrupción si quería cumplir con sus sueños modernizadores.[11] La corrupción era ya escandalosa a la mitad de su sexenio, y así lo denuncié.[12] Si se comportaba como un típico gobernante corrupto, las reformas fracasarían. Si bien como parte del Pacto se crearon ambiciosas instituciones contra la corrupción, su implementación iba muy rezagada respecto a otras reformas. Se dejó de impulsar porque esas mismas reglas también les amarraban las manos a todos los firmantes del Pacto. Por lo mismo, nunca se impulsó una verdadera reforma de los ministerios públicos ni la creación de una Fiscalía General realmente autónoma.

En un capítulo de un libro coordinado por Héctor Aguilar Camín,[13] afirmé lo importante que es la voluntad política para poder confrontar la corrupción. El propio AMLO refirió a este capítulo durante su campaña en el programa televisivo *Tercer Grado:* "Un escritor conservador, crítico de nosotros, voy a tratar ahora de recordarlo [al aire no se acordaba de mi nombre] habla de que lo principal es la voluntad política del presidente".[14] Eso también lo digo en el texto en el que hablo acerca de lo que le había faltado a Peña Nieto. Sin embargo, argumenté que la voluntad política es una condición necesaria, aunque no suficiente, para combatir la corrupción. Se requieren instituciones sólidas para lograr consolidar en el tiempo esa lucha. Así como la creación del Instituto Federal Electoral logró evitar que el gobierno se robara los votos y que participara impunemente en el proceso electoral, creo que se requiere de un árbitro análogo para combatir la corrupción.

También critiqué el intercambio de dinero que permitió tener los votos en el Congreso para aprobar las reformas estructurales.[15] Advertí sobre la crisis de seguridad.[16] Ya en el capítulo 6 de mi libro *Con dinero y sin dinero*,[17] escrito en 2012, argumentaba que había un desafío serio al monopolio de la violencia legítima y que, sin un Estado con instrumentos para enfrentar al crimen organizado y la voluntad para hacerlo, el riesgo de terminar asediados por las mafias era alto.

AMLO construyó buena parte de su narrativa criticando la corrupción y el abuso de los gobiernos anteriores. No era el único molesto con esos abusos. Todos quienes apoyamos las reformas estructurales de Peña Nieto siempre estuvimos en contra de la corrupción y el abuso. En mi libro *Por eso estamos como estamos: La economía política de un crecimiento mediocre*,[18] escrito antes del triunfo de Peña Nieto, analicé las razones de nuestro mediocre crecimiento y concluí que se necesitaba una serie de reformas que rompieran con arreglos institucionales que propiciaban la colusión y la corrupción y castigaban la competencia y la productividad. También advertí que, sin seguridad pública, el crecimiento económico estaría siempre por debajo de su potencial.

El trabajo de instituciones no gubernamentales como Mexicanos Contra la Corrupción y la Impunidad (MCCI), de cuyo Consejo Asesor soy miembro; del Instituto Mexicano para la Competitividad (Imco), de cuyo consejo fui miembro hasta septiembre de 2014; y de Impunidad Cero, también de cuyo Consejo Asesor actualmente soy miembro, dio visibilidad a la imperante corrupción y evidenció sus mecanismos de operación. Le dieron valiosa información a AMLO y él la usó políticamente con habilidad.

Se han escrito ya tres libros sobre el gobierno de AMLO por parte de tres muy serios académicos. El primero, publicado en 2019, es de Luis Rubio, *Fuera máscaras: El fin del mundo de fantasía.*[19] El fin del mundo de la fantasía se refiere a que el país se estaba modernizando con los gobiernos emanados de la transición democrática del año 2000. Como lo analiza muy bien Rubio, en las reformas de ese periodo estaba ese objetivo, pero en la práctica no fueron tocadas las estructuras de poder que retrasan la construcción de un país más moderno. El triunfo de AMLO fue la respuesta de los excluidos de la fiesta modernizadora. AMLO tiene la oportunidad de romper las viejas estructuras de poder y lograr una modernización incluyente. Rubio teme que, una vez más en la historia de México, sea una oportunidad perdida.

El segundo libro, de Carlos Illades, intitulado *Vuelta a la izquierda. La cuarta transformación en México: del despotismo oligárquico a la tiranía de la mayoría*[20] (publicado en de enero de 2020), es sobre la llegada al poder de AMLO, las razones de su triunfo, las expectativas que generó y los logros y aciertos del primer año de gobierno. Es un libro crítico desde una izquierda que esperaba una transformación más profunda. Para Illades, AMLO está dejando pasar una gran oportunidad para realmente democratizar la vida política en el país, empoderar a los sectores más pobres a través de una genuina movilización popular, desmilitarizar la seguridad pública y mejorar las condiciones de vida de las mayorías. Es un texto lúcido muy crítico del pasado y que mantiene un cierto optimismo respecto a las oportunidades del cambio.

El tercer libro, publicado en julio de 2020, es de José Antonio Crespo, *AMLO en la balanza: de la esperanza a la incertidumbre.*[21] Es un muy buen análisis de cómo llegó AMLO al poder (casi la mitad del libro es sobre ello) y un buen balance de su primer año de gobierno, en particular de la forma en que está debilitando las instituciones y centralizando el poder. Detecta con claridad los rasgos autoritarios de AMLO y su tendencia a gobernar desde la ideología.

Estos tres autores tuvieron un año o menos de gobierno de AMLO para tratar de analizar lo hecho, y por supuesto nada sabían de la pandemia y sus implicaciones. Mi libro abarca dos años de gobierno, lo cual da mucha más luz sobre éste y sobre lo que nos depara 2021, especialmente por la oportunidad de analizar cómo reaccionó AMLO ante la pandemia. Mi libro también hace una radiografía con datos de lo logrado hasta ahora y un análisis sobre la política económica y energética que esos tres libros no abordan.

Este libro está estructurado de la siguiente manera. El primer capítulo analiza el peculiar estilo personal de gobernar de López Obrador. Es una suerte de rey, todo se organiza alrededor de él, lo cual lleva a una forma de gobierno exitosa en la narrativa, ineficaz en los hechos.

El segundo capítulo examina cómo se hizo AMLO de todo el poder, en particular cómo llegó a una mayoría legislativa muy superior a su mandato electoral. El capítulo analiza cómo ha ido colonizando instituciones autónomas como la Comisión Nacional de los Derechos Humanos o simplemente gobernando sin importarle mucho la ley. También discute si va o no a poder colonizar o destruir el Instituto Nacional Electoral (INE) y la Suprema Corte de Justicia de la Nación (SCJN).

El tercer capítulo es una radiografía sobre lo hecho por AMLO hasta ahora. Contrasta lo prometido por AMLO con los datos disponibles, extraídos de cifras oficiales principalmente.

El cuarto capítulo analiza la relación del presidente con los empresarios. Su movimiento se define, en sus palabras, como "la separación del poder económico y político". Esto se logra, según él, con honestidad. ¿Qué ha significado esto en la práctica?

El quinto capítulo analiza su política económica. AMLO construyó su carrera política criticando el neoliberalismo, pero en puntos centrales AMLO no se ha apartado de él: TLCAN, ahora T-MEC, y autonomía del Banco de México, o más generalmente, finanzas públicas sanas. Lo que fue en su arranque una actitud prudente de gastar poco desembocó en la parálisis de la economía. Con la crisis del coronavirus, los pocos apoyos fiscales a la economía harán más profunda y larga la crisis económica.

El sexto capítulo analiza su política energética. Acá es donde se expresa con toda intensidad su visión estatista del mundo, propia de los años setenta. El capítulo se centra en su apuesta al petróleo y en lo mal que le ha resultado. Analiza también el esfuerzo de rehacer las reglas del juego en el sector eléctrico.

El séptimo capítulo analiza la respuesta del gobierno de AMLO a la pandemia. Es el problema más importante que ha enfrentado.

El octavo capítulo es la visión de los vencedores; da cuenta de cómo lo ven quienes valoran su administración. Se basa en los textos de sus defensores. No puedo yo ser quien lo trate de hacer. Veamos qué dicen quienes sí lo hacen.

Las conclusiones discuten el futuro. Primero el plazo inmediato, las elecciones de 2021. ¿Ratificará Morena el triunfo de 2018? ¿Podrá renacer la oposición? ¿Intentará la oposición llevar a su puerto la revocación de mandato? ¿Está en juego la democracia? ¿Buscará AMLO reelegirse? Al final especulo sobre el mediano plazo. ¿Qué tipo de país tendremos al final de este sexenio? ¿Qué retos tendrá quien se lleve la rifa del tigre en la elección presidencial de 2024?

CAPÍTULO 1

El rey

Cuando un mandatario centraliza el poder, más aún cuando las instituciones son débiles, importa mucho su estilo personal de gobernar. En palabras de Daniel Cosío Villegas:

> Puesto que el presidente de México tiene un poder inmenso, es inevitable que lo ejerza personal y no institucionalmente, o sea que resulta fatal que la *persona* del presidente le dé a su gobierno un sello peculiar, hasta inconfundible. Es decir, que el temperamento, el carácter, las simpatías y las diferencias, la educación y la experiencia *personales* influirán de un modo claro en toda su vida pública y, por lo tanto, en sus actos de gobierno [las cursivas son del original].[1]

Así fue en la época hegemónica del Partido Revolucionario Institucional (PRI). Así es nuevamente.

Tras dos años en el poder, el estilo personal de gobernar de Andrés Manuel López Obrador es ya conocido. Unas pocas palabras lo definen: es el rey y su palabra es la ley.

No es el regreso a una presidencia imperial, como le llamó Enrique Krauze a la época de hegemonía priista. Ahora es una presidencia aún más personalizada, sin la relativa institucionalización, tanto formal como informal, de los años del priismo hegemónico. Hoy casi todo lo público depende de lo que AMLO quiere.

La forma en la que gobierna es un reflejo de su personalidad y su forma de entender el poder, desde su pasión por éste hasta su austeridad personal. Rasgo central de AMLO es su peculiar carisma, su talento para comunicar con credibilidad sus filias y sus fobias a un amplio segmento de la sociedad.

Ningún otro presidente mexicano ha tenido el margen de maniobra y libertad que tuvo AMLO al arranque de su gobierno. Tuvo el apoyo del presidente saliente, Enrique Peña Nieto, con quien pareciera haber hecho un pacto previo a las elecciones, gracias al cual el triunfo de López Obrador y su coalición fue contundente.[2] Durante los cinco largos meses que pasaron entre la elección y la posterior toma de poder, Peña Nieto le cedió todo el espacio público a AMLO.

El recién electo presidente contaba con una enorme legitimidad electoral, el control del Poder Legislativo y el voto de confianza de un amplio segmento de la población. El día de su triunfo se vivía un espíritu de fiesta nacional. Una gran mayoría de mexicanos se encontraba muy optimista, esperanzada y dispuesta a apoyarlo para cumplir su promesa de transformación.

Un presidente que, de inicio, brillaba en contraste con su antecesor. Y vaya que tenía espacio para brillar. Heredaba el poder de un gobierno con innumerables historias de corrupción y frivolidad.

Tanto lustre que a inicios de 2019 pudo sortear sin mayor daño en su popularidad un fuerte desabasto de gasolina. Éste se justificó por la lucha contra el robo de combustibles, el famoso huachicol. No es claro si primero faltó el combustible y luego empezaron a combatir el robo, pero lo que sí es evidente es que no hay razón para iniciar un operativo de lucha contra el huachicol sin antes asegurarse de cómo se va a distribuir el combustible.

En ese contexto llegó a su pico de popularidad: 86 por ciento de aprobación a principios de febrero de 2019.[3] En las gasolineras del país, la gente, tranquila, hacía largas filas para cargar gasolina, pues le estaba ayudando a combatir el robo de combustible. En algunos lugares del país, como Guanajuato, se repartieron calcomanías para automóviles con la leyenda: "Yo apoyo a mi presidente AMLO en su combate al huachicol".[4]

El populismo

AMLO llegó al poder a la par de otros líderes etiquetados bajo el término *populistas*. El politólogo Gerry Mackie ha intentado ofrecer una definición del término carente de juicios de valor: "Definamos *populismo* (ignorando sus usos peyorativos) como la doctrina de que los resultados políticos deben o deberían estar relacionados de alguna manera con la opinión o la voluntad colectiva de ciudadanos libres e iguales".[5]

Desde esta definición de populismo, el 29 de junio de 2016 en Canadá, después de que Peña Nieto advirtiera de sus riesgos, Obama le respondió: "Me preocupo por la gente pobre, que está trabajando muy fuerte y no tiene la oportunidad de avanzar. Y me preocupo por los trabajadores, que sean capaces de tener una voz colectiva en su lugar de trabajo […] quiero estar seguro de que los niños están recibiendo una educación decente […] y creo que tenemos que tener un sistema de impuestos que sea justo. Supongo que eso me hace un populista".[6]

Si populismo es estar con la gente, todo líder democrático en principio debería querer serlo. Por ello, usar el término como sugiere Mackie es poco útil. Los gobernantes mexicanos siempre han hablado en nombre del pueblo, incluso cuando no éramos una democracia. Sólo sabremos, después de terminado el mandato, si los resultados fueron lo que la gente quería, aunque definir qué quiere la gente, en abstracto, no es nada fácil.

El término *populismo* es una categoría poco precisa. Como ha dicho Carlos Illades:

En el léxico político contemporáneo resulta difícil encontrar una palabra menos manoseada que *populismo*. El vocablo reúne una cantidad tan diversa de experiencias políticas verificadas en un arco temporal de dos siglos, que, en lugar de definir un régimen de gobierno y una práctica específica de la política, se vació de contenido y, más aún, pasó a ser un término peyorativo.[7]

Para los fines de este libro, "populismo" es una forma de buscar el poder y de gobernar. Las características definitorias de los líderes populistas son que abanderan el enojo y el desencanto de una parte considerable de la población contra un modelo económico excluyente y concentrador de la riqueza, y un sistema de gobierno que se percibe como ajeno a sus intereses y necesidades, al servicio de una élite que ha secuestrado la democracia para su propio provecho y que persigue otros objetivos que no son los del pueblo.

Los líderes populistas desconfían de las instituciones, controladas por esas élites educadas en universidades con ideologías sospechosas y, en el caso de México, extranjeras en su gran mayoría. Estas élites tienen, según ellos, una visión del mundo ajena a la del pueblo, como la globalización.

Muchos de ellos no creen en los expertos ni en la ciencia y desconfían de todo mérito académico, al que perciben como un disfraz de las peores intenciones. Están convencidos de que los problemas complejos tienen soluciones fáciles.

El nacionalismo, el discurso antiinmigrante y el racismo son banderas propias de algunos de estos líderes. En general necesitan polarizar, crear un enemigo, incluida la prensa para desacreditar sus críticas ante los ojos de sus seguidores que dejarán así de confiar en los medios de comunicación críticos de su líder.

También es bastante común entre estos líderes creer que ellos saben qué quiere y necesita el pueblo. El pueblo es un ente homogéneo y uniforme con una sola voluntad que ellos interpretan. Ellos afirman perseguir el beneficio del pueblo.

En la práctica no les es fácil lograrlo. El desprecio por las competencias técnicas y la destructiva centralización del poder a lo que suelen llevar es al deterioro de amplios espacios de la vida pública. Sin restricciones importantes y con serios problemas de coherencia en sus políticas, el bienestar de la población suele verse afectado.

Pero parte de la estrategia es, en el camino, y sin importar el costo que se pague, erosionar las instituciones democráticas representativas que les permitieron llegar al poder. En nombre del pueblo se suele poner en riesgo la democracia y más de uno lo ha aprovechado para quedarse en el poder.

Las características de los líderes populistas varían mucho. Los hay de derecha, sustentados en un discurso de superioridad racial y xenófobo. Tal es el caso de Donald Trump, quien ha llevado a cabo políticas regresivas en materia tributaria, es decir, favoreciendo a los más ricos, pero alimentando a su base electoral con políticas y discursos racistas y antiinmigrantes que le permiten contar con el apoyo de un segmento importante del electorado, en particular esos hombres blancos sin educación universitaria, una de cuyas satisfacciones es sentirse superiores a quienes tienen otro color de piel. Muchos fervorosos cristianos lo aprecian no por cómo se comporta en su vida personal, sino porque defiende las políticas que a ellos les importan, en particular el tema del aborto y sus nominaciones para la Suprema Corte de Justicia y jueces de distrito de candidatos claramente conservadores.

Otros, como Víktor Orbán, primer ministro de Hungría, quien en su primer paso por el gobierno fue un tecnócrata, son autoritarios ambiciosos que aprovechan la coyuntura, en su caso la migración desde Siria, para azuzar un sentimiento xenófobo y anti Unión Europea y acumular el mayor poder político posible. Los hay de izquierda, como Hugo Chávez, de una izquierda latinoamericana caudillista, nacionalista, estatista, y escéptica del mercado y de las instituciones democráticas formales.

AMLO es una versión muy particular de líder populista. Lo es en el sentido de querer acabar con los privilegios de una élite política y económica, la "mafia del poder", como la ha llamado. También en su continuo ataque a las instituciones que representan algún tipo de contrapeso. Su discurso busca polarizar: el pueblo bueno frente a los perversos conservadores. Dice creer en la voz del pueblo, que él entiende y encarna.

En América Latina, ese discurso ha estado asociado con una política económica estatista y antiglobalización. AMLO, no obstante, ha seguido algunas de las políticas más afines a la tecnocracia globalizadora. Ha respetado la autonomía del Banco de México, promovido la integración comercial con Estados Unidos y seguido una política de contención del gasto, incluso en medio de la crisis económica provocada por la pandemia donde hasta en los países más ortodoxos en términos fiscales, como Alemania, optaron por expandir el gasto público. Su veta estatista se encuentra reflejada en sus proyectos de infraestructura y su visión de hacer las empresas energéticas del gobierno nuevamente hegemónicas.

AMLO es un populista que combina la retórica contra los privilegios económicos, propia de los populistas de izquierda, con la retórica contra los privilegios de la élite tecnocrática y liberal, más propia de los de derecha. El eje está puesto en la presunta defensa de los intereses de los más pobres, asociado normalmente con políticos de izquierda.

AMLO, sin embargo, exhibe muchos rasgos de derecha: nunca se ha comprometido, ni siquiera en el discurso, con la legalización del uso de las drogas o con el derecho de las mujeres a decidir sobre su propio cuerpo o con los matrimonios del mismo género, por ejemplo. Es un defensor de la familia tradicional y del papel que en ella debe tener la mujer.

Su posición moral conservadora explica su desprecio a feministas y ecologistas por igual. Estas posturas son, para él, lujos de los globalizados, que no entienden las verdaderas preocupaciones del pueblo. Es una posición nuevamente similar a la del populismo de derecha.

Al igual que otros populistas de derecha, ha hecho alianzas con grupos evangélicos. Él mismo ha manifestado abiertamente su cristianismo. En sus palabras: "Porque Jesucristo luchó en su tiempo por los pobres, por los humildes, por eso lo persiguieron los poderosos de su época. Lo espiaban y lo crucificaron por defender la justicia".[8]

La suya es una perspectiva con ecos socialcristianos donde se desprecia la riqueza como un fin. Su panfleto del 15 de mayo, "La nueva política económica en los tiempos del coronavirus", concluye con las líneas: "No olvidemos que nada sustituye a la felicidad y que la felicidad no consiste en obtener bienes, riquezas, títulos, fama, lujos, sino en estar bien con nosotros mismos, con nuestra conciencia y con el prójimo".[9]

Al contrario de los populistas latinoamericanos, no ha ondeado la bandera antiimperialista. Se precia de su amistad con Trump, aunque éste le ha impuesto límites claros en más de una ocasión, como veremos más adelante. En su visita oficial a la Casa Blanca dijo: "Usted no ha pretendido tratarnos como colonia, sino que, por el contrario, ha honrado nuestra condición de nación independiente. Por eso estoy aquí, para expresar al pueblo de Estados Unidos que su presidente se ha comportado hacia nosotros con gentileza y respeto".

AMLO y su circunstancia

Todo político abreva de su circunstancia. Cada uno la procesa a su manera.

AMLO (1953) nació y creció en Macuspana. Se mudó con su familia a Villahermosa a mediados de la década de los años sesenta, que empezaba a experimentar los beneficios del "*boom* petrolero".[10]

Tras la matanza de 1968 muchos jóvenes inquietos políticamente optaron por buscar el cambio político desde afuera del PRI. Muchos optaron por la guerrilla. AMLO fue mucho más tradicional y se afilió al PRI en 1976. Lo hizo para coordinar la campaña del poeta Carlos Pellicer (1897-1977) a la senaduría por Tabasco.

Desde joven se preocupó por los más pobres, asumiendo por ello un riesgo en su carrera política. AMLO fue delegado del Instituto Nacional Indigenista (INI) en Tabasco (1977-1982). Héctor Aguilar Camín narra su encuentro con AMLO y los ambiciosos proyectos del INI que éste abanderaba:

> Conocí a Andrés Manuel López Obrador en 1978, cuando [...] era delegado del Instituto Nacional Indigenista, entonces parte del ambicioso programa gubernamental de marginados de la época [...] Atendía a las comunidades más pobres del estado y había atraído la atención nacional con un proyecto agrícola llamado los "camellones chontales", que habilitaba campos de cultivo a la manera de las chinampas prehispánicas.[11]

Enrique Krauze cuenta también el entusiasmo del joven AMLO por ayudar a los indígenas de Tabasco: "Andrés lo tomó como si se hubiera tratado de una misión —recordaba su esposa—. Muchas veces, en lugar de ir al cine o a un parque conmigo, yo lo acompañaba a reuniones o a asambleas para aprovechar el poco tiempo que teníamos para vernos".[12]

En 1982 llegó a ser presidente estatal del PRI tabasqueño, gracias al apoyo del gobernador recién electo, Enrique González Pedrero. Sus pretensiones de democratizar al PRI le generaron problemas al gobernador, principalmente con los alcaldes del estado, quienes acusaron a AMLO de querer fiscalizarlos y de difundir "ideas socialistas" en las comunidades.[13] El gobernador lo removió de la dirigencia estatal para darle el puesto de oficial mayor del estado de Tabasco, cargo al que AMLO renunció al día siguiente, el 16 de agosto de 1983. No estaba dispuesto a quedarse en un cargo administrativo que le parecía una suerte de prisión.

En el priismo, lo rentable era acomodarse. Alinearse. Hacer cola. Tratar de escalar. AMLO de joven tuvo una visión distinta. Mantuvo una relación cercana con la gente más humilde y una poco común falta de disciplina con la jerarquía. Sus ideas las ha defendido, desde entonces, a capa y espada, aunque ello implicara tomar riesgos.

Tras dejar la Oficialía Mayor, en 1984 regresó al Distrito Federal (DF), en donde ocupó el cargo de director de Promoción Social del Instituto Nacional del Consumidor entre 1984 y 1988, durante el gobierno de Miguel de la Madrid. Un burócrata más del gobierno mexicano, encargado, según el propio AMLO, de ver el quién es quién en los precios.[14] Nada notable ni esperanzador. Uno más de tantos políticos priistas formados en la fila.

En 1988, después de renunciar al PRI pasada la elección presidencial (el candidato de su partido fue Carlos Salinas de Gortari), se unió a la Corriente Democrática que derivó en el Frente Democrático Nacional. Éste postuló a AMLO en el mes de agosto a la gubernatura de Tabasco para las elecciones del 9 de noviembre de 1988. AMLO perdió ante Salvador Neme, candidato del PRI, quien obtuvo más de 70 por ciento de los votos. AMLO recibió sólo 20 por ciento, pero desconoció los resultados de la elección, y organizó mítines, plantones y bloqueos de pozos petroleros.

En 1989 fue nombrado presidente estatal del Partido de la Revolución Democrática (PRD) tabasqueño. En 1991 el partido perdió las elecciones intermedias frente al PRI, lo que nuevamente produjo protestas por parte de AMLO y los suyos. El 20 de noviembre de 1991 AMLO organizó una marcha hacia la Ciudad de México llamada Éxodo por la Democracia, que arribó a la capital del país el 11 de enero de 1992 y que acabaría dándole notoriedad nacional.

El 6 de febrero de 1994 AMLO fue propuesto como candidato del PRD a la gubernatura de Tabasco. Era la segunda vez que contendía por el puesto, y también la segunda que perdió, esta vez frente a Roberto Madrazo, también del PRI. Una vez más, AMLO acusó de fraude electoral al PRI, aunque en este caso los resultados oficiales de la elección fueron mucho más cerrados, 18.3 puntos de diferencia. Poco tiempo después aparecería comprometedora evidencia en contra de Roberto Madrazo.[15] De nuevo promovió plantones y marchas.

Entre 1996 y 1999 AMLO fue dirigente nacional del PRD. Desde ahí se convirtió en uno de los críticos más duros de la política económica de Ernesto Zedillo, sobre todo del Fondo Bancario de Protección al Ahorro (Fobaproa), el "fraude más grande de la historia después de la Conquista", según AMLO.[16]

Como candidato del PRD en 2000 contendió a las elecciones de jefe de Gobierno del otrora DF. Es cuestionable que tuviera el derecho a ser candidato, ya que al parecer no cumplía con el requisito de haber vivido ininterrumpidamente en la capital del país los últimos cinco años antes de ser postulado, como lo señalaba el Estatuto de Gobierno del Distrito Federal de ese entonces. Su credencial de elector era de Tabasco, según una investigación periodística.[17] Se dice que Zedillo intervino para que pudiera obtener su registro como candidato.[18]

Ganó con un margen apretado, 37.7 por ciento frente a 34.2 por ciento del panista Santiago Creel. En lo que atañe a la elección presidencial, Vicente Fox ganó en el Distrito Federal con 43.6 por ciento de los votos, frente a 25.9 por ciento del perredista Cuauhtémoc Cárdenas.

Fue un eficaz y popular jefe de Gobierno. En su biografía, en la actual página de la Presidencia, se lee sobre cómo quiere AMLO ser recordado en ese periodo: "Trabaja diariamente desde las seis de la mañana, como ningún otro gobernante, enarbola la defensa del pueblo ante intereses creados y el abuso de poder, practica una austeridad republicana en lo personal y en el ejercicio de gobierno y habla y actúa con sencillez".[19]

Desde ahí empezó a tejer su candidatura a la presidencia de la República. Primero los capitalinos, pero luego el país entero, conocerían su estilo personal de gobernar: las mañaneras, los programas sociales de reparto directo, la centralización del poder, su carisma, su conexión con los más pobres, sus obras visibles como los segundos pisos (y su negligencia ante lo que no rinde electoralmente, como la reparación del drenaje profundo), su peculiar forma de asignar responsabilidades a quien le daba la gana.

También vimos su capacidad de enfrentar al presidente Vicente Fox, de convertirse en una figura alternativa a la ola de optimismo con la que llegó Fox a la presidencia en 2000. En 2002, en una entrevista concedida a *Proceso*, AMLO confrontaba su modelo de gobierno en el DF con el de Fox, "con el único fin de demostrar a la sociedad la viabilidad de un proyecto distinto al neoliberal".[20]

A finales del sexenio de Fox, AMLO ya era el líder político más popular de México. Para tratar de frenar su llegada a la presidencia, en 2004 el gobierno de Fox acusó al gobierno del DF de haber violado una orden judicial que demandaba la suspensión de una construcción en un terreno expropiado años antes en la zona de Santa Fe. Aunque tales trabajos fueron suspendidos, se argumentó que el cumplimiento de la orden fue dilatorio, y de ello se responsabilizó directamente a López Obrador. Al ser jefe de Gobierno,

AMLO tenía inmunidad jurídica, y ante ello el gobierno federal solicitó un juicio de desafuero al Congreso de la Unión, que se consumó el 7 de abril de 2005.

Era incorrecto hacerlo por razones electorales. Como escribí entonces, "es muy difícil justificar una ley que retira los derechos políticos durante un proceso judicial, menos aún por un delito no grave que ni cárcel parece merecer. Esta ley ni se había usado y va en contra de un principio clave de la democracia: el que todos los actores importantes puedan encontrarse en las urnas. De nada sirve contar bien los votos si hay excluidos".[21]

Lo querían meter a la cárcel para quitarle el derecho a competir en la elección presidencial. Fue la mejor campaña publicitaria que pudo tener. Al final, el gobierno de Fox se retractó, ante un AMLO que amenazaba con ir gozoso a la cárcel. "No voy a pagar una fianza para no ir a la cárcel; desde ahí haré resistencia pacífica."[22] Los diputados locales del Partido Acción Nacional (PAN) Jorge Lara y Gabriela Cuevas (hoy diputada por Movimiento Regeneración Nacional —Morena—) pagaron su fianza (2 mil pesos). López Obrador los llamó "tramposos".[23]

AMLO arrancó la campaña presidencial de 2006 con una amplia ventaja. El triunfo parecía suyo. Se puede decir que llegó sobrado y no cuidó su ventaja. Una estrategia basada en polarizar, el famoso "cállate, chachalaca" contra Fox, el rechazo a alianzas con potencial electoral, como con el Sindicato Nacional de Trabajadores de la Educación (SNTE), su ausencia en el primer debate y su tardanza en replicar los agresivos spots de la campaña de Felipe Calderón en su contra, apoyada a su vez por una campaña televisiva de los empresarios, lo llevaron a perder por 243 mil 934 votos la elección. Para ganar, seguramente le hubiera bastado hacer un pacto con Patricia Mercado, la candidata del Partido Socialdemócrata. Ella se lo propuso. AMLO optó por rechazarlo porque no quería negociar. Patricia Mercado obtuvo un millón 128 mil 850 votos, 884 mil 916 más que la diferencia entre Andrés Manuel y Calderón.

AMLO nunca reconoció su derrota. Primero presionó para un recuento de voto por voto, casilla por casilla. El Instituto Federal Electoral (IFE) aceptó recontar 2 mil 864 paquetes electorales y, más tarde, el Tribunal Electoral del Poder Judicial de la Federación (TEPJF) ordenó el recuento de 11 mil 839 casillas más.

Si bien lo ideal para la elección hubiera sido que se contaran nuevamente todas las boletas, no fue así. La ley vigente no lo permitía; expresamente señalaba las razones para poder impugnar una casilla. Hacerlo hubiera podido vulnerar la legalidad del proceso. Como respuesta a las tensiones generadas por la falta de recuento, la ley cambió para poder hacerlo en situaciones claramente definidas.[24]

La información del recuento en donde sí se abrieron y contaron nuevamente los paquetes es reveladora. Vale la pena citar algunos párrafos del estudio de Javier Aparicio en 2009 respecto a este recuento:

Durante el cómputo distrital se recontaron 2 864 paquetes electorales y más adelante el Tribunal Electoral ordenó el recuento de los paquetes de 11 839 casillas más. En ambos casos, las razones que produjeron el recuento de estas casillas, y no otras, no son aleatorias, de modo que ni el recuento distrital ni el del Tribunal se basaron en muestras representativas. Por ende, el resultado de estos recuentos no permite hacer extrapolaciones o inferencias directas, pero al menos ofrece indicios del tipo de ajustes que resultaron tras recontar diferentes tipos de casillas. Los 2 864 paquetes recontados durante el cómputo distrital eran una muestra sesgada: 66.4 por ciento provenía de distritos panistas y 33.4 por ciento, de distritos ganados por la Coalición [de López Obrador]. En general, el recuento produjo ajustes a la baja en los votos de todos los candidatos y un ligero aumento del margen de Calderón sobre López Obrador (de 0.6 votos en promedio). Cabe resaltar que en 60 por ciento de los paquetes recontados ni el voto de Calderón ni el de López Obrador tuvieron cambio alguno.

Al dividir la muestra en distritos panistas y perredistas surgen asimetrías interesantes. Al recontar casillas panistas, el ajuste promedio por casilla fue de 4.7 votos menos para Calderón, y de 1.9 votos menos para AMLO, lo que redujo en 2.9 votos el margen entre los punteros. Por otro lado, al recontar casillas en distritos dominados por la Coalición, el ajuste promedio por casilla fue de 5.8 votos menos para Calderón y de 13.3 votos menos para López Obrador, lo que aumentó en 7.5 votos el margen del PAN. Es decir, al recontar casillas ambos candidatos pierden votos, pero el candidato con más votos en la casilla pierde más votos tras el recuento. Además, AMLO perdió proporcionalmente más votos que Calderón al recontarse casillas en sus respectivos distritos, lo cual hizo que el resultado neto favoreciera a Calderón a pesar del sesgo de esta muestra (66.4 por ciento de casillas en distritos panistas). Éste es un punto que prácticamente quedó fuera de la controversia sobre el fraude electoral: cuando se recontaron paquetes en los distritos donde aventajaba la Coalición por el Bien de Todos, ésta perdía más votos que los que perdía el PAN en sus propios distritos.[25]

Carlos Tello ha narrado que AMLO supo por su encuestadora que había perdido la elección de 2006. En palabras de Tello:

[El 2 de julio] había sido un día largo y tenso para él. Empezó muy bien por la mañana, porque las encuestas parecían confirmar su triunfo, pero al medio día todas, salvo la suya, comenzaron a dar empate. La versión del empate fue confirmada por su hijo Andrés a su regreso de Televisa, luego de ver a Bernardo Gómez, quien le enseñó todas las encuestas que tenía, inclusive las de Mitofsky. Era lo que iba a anunciar esa noche la televisora, le dijo. Andrés Manuel no tenía por qué dudar de su palabra: él mismo, Bernardo, le había propuesto ir en persona para mostrarle las cifras a su casa de Copilco. Andrés fue, al final, quien actuó de intermediario. Con ese dato, el candidato de la coalición llegó después al Hotel Marquís. Ahí permaneció encerrado con sus tres hijos. Federico Arreola acababa de recibir la noticia del empate de voz de Ana Cristina. Pérez Gay, ahí al lado, no lo podía creer. ¿Qué sucedía? Chema había llegado al medio día al Hotel Marquís con uno de los gafetes de López Obrador. Las cosas marchaban bien. "Había un ambiente festivo, había un ambiente de triunfo", recuerda su hermano. Pero al regresar por la tarde todo era distinto. "Había ya caras largas" Andrés Manuel estaba desencajado. En la suite del penthouse, la televisión, prendida en los noticieros, mostraba el júbilo de los panistas, los globos azules y blancos agitados en el aire. César y Nico permanecían muy serios, igual que Arreola y Pérez Gay. Marcelo Ebrard entró con ellos unos minutos, junto con su asesor de finanzas, Mario Delgado. Después salieron. Había un ambiente de derrota. Entonces Andrés Manuel volteó a ver a sus más íntimos. "Perdí", dijo. Quienes lo escucharon se quedaron pasmados. Lo había dicho con sinceridad y con tristeza, un poco sorprendido de lo que había pasado.[26]

Unas líneas más sobre el presunto fraude. Para AMLO y sus seguidores, la derecha impidió el triunfo de las clases oprimidas. Y lo hizo de mala manera. Con propaganda pagada por los empresarios en abierto apoyo a Calderón. Al final de cuentas, les robaron los votos.

¿Fue equitativa la elección? No. AMLO luchó contra el gobierno y contra los poderes fácticos. Pero no hay elección equitativa en el mundo. No lo fue tampoco la de 2018. En ese caso, el gobierno ayudó a AMLO al haber acusado a Ricardo Anaya de lavado de dinero. AMLO llegó a las elecciones como el político más conocido de México, en parte gracias a haber sido presidente de Morena entre 2015 y 2017 y con ello gozar del derecho a usar millones de spots para promocionarse.

¿Los votos se contaron correctamente en 2006? La evidencia muestra, como sugiere el estudio de Javier Aparicio, que los errores en el conteo fueron aleatorios, y no producto de un plan orquestado para impedir que AMLO llegara a la presidencia.

Cuando Calderón fue declarado presidente electo, AMLO soltó su histórica frase de "al diablo con sus instituciones", el 2 de septiembre de 2006. Tomó una buena parte del Paseo de la Reforma por 48 días.

En una ceremonia en el Zócalo capitalino el 20 de noviembre de 2006, AMLO se declaró presidente legítimo. Su frustración por la derrota, su odio a Calderón y todo lo que supuestamente le hizo explican parte de sus acciones ya como presidente constitucional.

Tras dos derrotas electorales a la presidencia hizo una sola cosa: buscarla nuevamente. Recorrió el país de punta a punta. Contra viento y marea lo logró. Es una historia notable.

LAS CUALIDADES DE UN PRESIDENTE

El intelectual y colaborador de Mitterrand cuando éste fue presidente de Francia, Jacques Attali, ha detallado qué se requiere para ser presidente de ese país. Es un país muy distinto al nuestro, pero las demandas del puesto no son tan diferentes:

No se improvisa presidir la República Francesa. Requiere un profundo conocimiento del país, una pasión por sus habitantes, habilidades administrativas y legales excepcionales, un análisis riguroso de los desafíos estratégicos de la época, una capacidad considerable para trabajar, una gran memoria, una inmensa resistencia física. Y también carácter, gran autocontrol, capacidad de anticipación, puntos de referencia morales, disposición para reconocer los errores y cambiar de opinión; finalmente, y quizás, sobre todo, una visión de Francia y el mundo, y un proyecto lo suficientemente fuerte como para permitirse

40

ser indiferente a los críticos al aceptar, si es necesario, una impopula-
ridad provisional.[27]

AMLO tiene algunas de estas virtudes. Conoce México, y creo
que originalmente ambicionó el poder para hacer un cambio de
fondo. Para poder paliar la injusta pobreza y la profunda desigualdad de nuestro país. Como dijo el día de su victoria: "Confieso que
tengo una ambición legítima: quiero pasar a la historia como un
buen presidente de México".

AMLO entiende mejor que cualquier otro político que yo recuerde la lógica de los mexicanos más pobres y la necesidad de
justicia de una parte considerable del país. Conoce muy bien todos los rincones de México y en particular a la gente más pobre,
a quien le sabe llegar con palabras llanas y hablando con lentitud.

Como lo ha planteado Héctor Aguilar Camín: "Se trata de un
fenómeno único en la política mexicana: un político de intempe-
rie en un medio de políticos de gabinete. Una de las ventajas de
la política mexicana, con todos sus horrores, ha sido la ausencia
de liderazgos personales independientes del tejido burocrático. Los
políticos mexicanos son del tamaño de sus cargos. Su capital político desaparece cuando pierden las posiciones en el gobierno".[28]

Su permanente contacto con la gente y su estilo de comunicación son sin duda algunos de sus grandes activos para conectar
con una parte del país normalmente no escuchada ni aludida
directamente, mucho menos visitada en los remotos lugares donde
viven los mexicanos más pobres. En sus palabras, un día antes
de su Primer Informe:

Mañana voy a informar sobre todo esto [avances de su gobierno]
y con el mismo discurso, así como les estoy hablando ahorita porque
luego me critican que por qué digo "me canso ganso" y cosas así, pues
porque así me entiende la gente. Yo le hablo a la gente, al pueblo,

41

no estoy en la academia. Antes, el político hablaba con tecnicismos y la gente que llevaban a oírlo ¡no entendía nada!, ¡sólo estaban ahí comiendo boli! En eso también hemos cambiado, ¿verdad? Ya no hay bolis.

AMLO tiene una memoria excepcional. Conoce a los líderes sociales de las comunidades más recónditas. Recuerda los favores que ha recibido, aunque más de uno dice que también puede ser mal agradecido. Ciertamente no olvida los agravios.

En corto suele ser afable y un agradable conversador para comer o cenar, por lo que cuentan quienes lo frecuentan. Enrique Krauze desayunó con AMLO en 2003: "Jovial, directo y sencillo, con una sonrisa maliciosa pegada al rostro, era difícil no simpatizar con López Obrador". [29]

Tiene también carencias importantes. Son limitadas sus capacidades administrativas. No parece tener la menor disposición a reconocer errores. Es un político con una corta y rígida visión del mundo, lo que él llama ideales y principios, su "escudo protector", como se ha referido a ellos. No le interesa nada de lo que sucede en el resto del mundo.

Se ufana de no tener autocontrol. Su "pecho no es bodega", dice. El de un presidente debería serlo, por el bien del país.

El tesón le permitió llegar al poder, pero fue un camino agreste y complicado en el que AMLO fue acumulando rencores. No logró, como sí lo hizo Nelson Mandela tras pasar 27 años en una cárcel en Sudáfrica, reconciliarse con su pasado y a partir de ello unificar a su país. Éste es quizá su mayor defecto para presidir un país.

La forma en que reaccionó a la decisión del INE el 4 de septiembre de 2020 de no darle el registro a México Libre, el partido de Felipe Calderón, lo pinta de cuerpo entero: "Los católicos, evangélicos, que están a favor de la transformación dirán: 'Es justicia divina'

Lo recomendable en estos casos es no dejar espacio.", dijo AMLO sobre la decisión del INE. Supongo que él es uno de esos creyentes.

Ninguneado por la élite, maltratado por los poderosos, ahora el poder lo tiene él. En más de una ocasión ha tomado decisiones fundamentalmente para mostrar su poder. En el caso de la cancelación del aeropuerto de Texcoco, seguramente quería verle la cara de coraje a esa élite que primero lo despreció y después, ya en el poder, trató de hacerle la barba y convencerlo de las virtudes del proyecto aeroportuario. Incluso se le planteó que la obra se licitara a la iniciativa privada para que no le costara un centavo al gobierno. No quiso. Mejor demolerla y perder lo invertido, pero mostrar quién manda.

Seguro se justifica con el argumento de que lo importante es tener el poder para así ayudar a los más pobres. Sólo así, ya no serán abusados por la élite.

No parece creer que el éxito de su movimiento pase por unir a los mexicanos, como Mandela lo entendió. Tampoco por jugar un papel activo en promover el crecimiento económico. Por el bien de los pobres, primero su poder.

Es capaz de correr todo tipo riesgos. No parece interesarle el dinero ni acumular bienes. Ha vivido de una manera austera. La percepción de que es honesto le permite defender posiciones políticamente riesgosas.

Es un político con una capacidad para decir o hacer cosas que en el caso de cualquier otro presidente le generarían grandes costos. Un ejemplo de esta capacidad: "Fue el Estado", era el grito de quienes marcharon por los normalistas desaparecidos. AMLO puede declarar que "cuando son crímenes de Estado es muy difícil saber [qué sucedió], pero [...] en el caso de los jóvenes de Ayotzinapa y en muchos otros, no se puede hablar de crímenes de esa índole".[30]

Luego cambiaría de opinión y diría que sí fue el Estado. Su capacidad de decir una cosa y luego la opuesta es notable.

Desde que arrancó formalmente su primera campaña a la presidencia el 8 de enero de 2006 AMLO no hizo otra cosa que buscar la silla presidencial. En el camino se fue rodeando de un puñado de gente leal que creyó que eso era posible.

No es fácil estar persiguiendo un sueño contra viento y marea tanto tiempo. El documental *0.56% ¿Qué le pasó a México?*, dirigido por Lorenzo Hagerman, quien fuera corresponsal de guerra en la extinta Yugoslavia y fotógrafo del célebre documental *Presunto culpable*, narra la historia del desafuero y de las elecciones de 2006. La escena final muestra un mitin de AMLO en un pueblo casi vacío ante su presencia ya en el sexenio de Calderón. Parecía que nunca lograría ganar la presidencia.

En febrero de 2012 él mismo le dijo a un empresario inmobiliario: "¿Te acuerdas en tu casa cuando dije que si la elección era limpia y libre me iba yo a ir, y si perdía, me iba yo a ir a La Chingada? ¿Te acuerdas? Sí, ahora sí. Es que yo tengo una quinta que me dejaron mis padres".[31]

Es un político que logra una lealtad fuera de serie entre muchos de sus seguidores más cercanos. Muchos de quienes lo acompañan tienen una fe casi ciega en él. En pláticas con algunos de ellos, cuando se critica alguna decisión de AMLO, una respuesta que he escuchado más de una vez es que AMLO entiende los problemas del país mejor que el resto de los mexicanos, y por ello hay que confiar en sus intuiciones. El caricaturista y amigo de AMLO, El Fisgón, lo ha expresado así: "Con Andrés Manuel me pasa con mucha frecuencia que no estoy de acuerdo con cosas que dice. Pero ahora, mi reflejo es preguntarme: '¿Qué es lo que no estoy entendiendo?' Y sí, me doy cuenta de que con mucha frecuencia, a la larga, él tiene razón, y esto lo ves a la larga".[32]

Cuando alguien tiene un gran triunfo, de cualquier tipo, político, económico, literario, está en la naturaleza humana creer que se es brillante en todos los ámbitos. Cuando se encuentra rodeado

44

de aduladores, el círculo vicioso puede ser explosivo. Esa admiración por su liderazgo es aún más extrema cuando se reclutan cuadros que saben que dependen en casi todo de él.

Hay dos excepciones visibles: Marcelo Ebrard y Ricardo Monreal. El primero, en su calidad de jefe de Gobierno del DF (2006-2012), era el candidato mejor posicionado del PRD para competir contra Peña Nieto: en encuesta a población abierta, tenía 47 por ciento de preferencias, frente a 31 por ciento de AMLO.[33] Con base en una encuesta que nunca se hizo pública se determinó que AMLO era más popular. Marcelo no rechistó.

Para AMLO, el que alguien pretendiera competir contra él debió haber sido un duro golpe. Seguramente ello lo llevó a rodearse más tarde de gente con perfiles mediocres. La excepción más clara es el propio Marcelo Ebrard, aunque ocupa un puesto, la Secretaría de Relaciones Exteriores (SRE), en principio poco lucidor.

El caso de Ricardo Monreal es distinto. No trabajó a las órdenes de AMLO en la Ciudad de México. Fue su coordinador general de campaña en 2012. En 2017 compitió contra la favorita de AMLO para la candidatura de Morena a la jefatura de Gobierno de la Ciudad de México, Claudia Sheinbaum. A través de una encuesta tampoco hecha pública se determinó que Sheinbaum sería la candidata elegida. Monreal se puso furioso, pero no abandonó el barco, como en su momento amenazó. Se hizo senador, y desde la presidencia de la mayoría morenista en el Senado es el legislador menos dependiente de AMLO.

También es cierto que AMLO no suele permitir espacio a la disidencia y quienes están con él lo saben. Es más, no acepta un "no". Cuando quiere algo, no le importa cómo se haga. Importa que se haga. Nadie le ha disputado directa y visiblemente nada al interior de su grupo político después de la candidatura presidencial de 2006.

AMLO no tiene una formación académica sofisticada. Sabe algunas cosas de historia, confusas, citadas en sus libros de forma profusa, pero a su manera, anecdótica, de héroes y villanos de papel. Como le dijo John Womack, el historiador autor del clásico *Zapata y la Revolución mexicana*, a Dolia Estévez tras la visita de AMLO a la Casa Blanca en julio de 2020: "El pobre AMLO parece que no aprendió más historia que la historia patria que los maestros le enseñaban en la primaria".[34]

Un botón de muestra de sus confusiones: en medio de una de las tantas críticas de la comunidad científica por los recortes en el presupuesto para ciencia y tecnología, AMLO dijo: "¿Quiénes apoyaron al porfiriato? Pues los Científicos, el grupo de Científicos, así se les conocía. A veces no todos los que se dedican a la ciencia, no todos los que se dedican a la cultura, a la investigación, a la academia son gentes conscientes". Los Científicos no eran hombres de ciencia, eran los tecnócratas de la época.

AMLO está, como tantos políticos, obsesionado por los símbolos. Ha construido una narrativa original y comprensible para la gran mayoría de los mexicanos. La forma en la que habla y lo que dice es fácil de entender para muchos que han estado excluidos hasta del debate público. El estilo personal de gobernar lo lleva al extremo.

Dejar la casa presidencial, Los Pinos, y abrirla al público es una muestra de su pasión por los símbolos. Como si fuera su propio rancho, decidió cambiar el lugar donde vive y trabaja el presidente de México. Ahora vive en Palacio Nacional, no en una casa aledaña como prometió. Le gusta estar y despachar en un palacio en el centro del poder, no en una mansión en un parque. Le funcionó ante la opinión pública.

El no usar el avión presidencial es, de todas sus acciones simbólicas, la que más kilometraje le dio. Aunque se ha ido desgastando. Celebrada en un arranque en todas las encuestas, con el tiempo se le empezó a cuestionar que no lo hubiese podido vender y tuvo que que inventar un sorteo, que no es una rifa, cuyos boletos nadie compraba y hubo que poner a todos sus empleados y amigos a venderlos y a comprarlos.

Hay mucha bibliografía sobre las características psicológicas de quienes buscan y alcanzan el poder. En Estados Unidos, por ejemplo, hay más de un estudio sobre el frágil ego de Trump y el impacto que supuestamente éste tiene en sus decisiones.[35] En octubre de 2017 Bandy Lee, psiquiatra forense de la Escuela de Medicina de Yale, publicó un libro en el que reunía las opiniones de 27 especialistas en salud mental sobre el estado mental de Donald Trump titulado *The Dangerous Case of Donald Trump* [*El peligroso caso de Donald Trump*].[36] el libro contiene las siguientes descripciones sobre el presidente de Estados Unidos: "hedonista en extremo", "narcisista maligno", "poseedor de un peligroso conjunto de los más destructivos síntomas psiquiátricos en un líder" y "sociópata".[37] Es claro que este reporte viola un principio profesional fundamental: opinar sobre un paciente al que no se ha tratado personalmente, pero lo hacen ante la alarma que les genera Trump como presidente.

No hay nada parecido en México, aunque algo se ha escrito sobre el ego del presidente y su psicología del poder. Al respecto, Enrique Krauze escribe: "¿Cuál es el resorte psicológico de su actitud? Sus hagiografías refieren el episodio de una excursión con el poeta Pellicer y unos amigos, en el que la traicionera corriente de un río en Tabasco puso al joven Andrés Manuel en trance de muerte. Según esa versión, López Obrador habría interpretado su salvación como un llamado a cumplir con una misión trascendental".[38]

Las fallas de carácter de quienes gobiernan importan mucho, pero son difíciles de conocer. En el caso de AMLO, José Newman ha aventurado que tiene un trastorno delirante, "una sintomatología caracterizada por la presencia insistente de ideas que el sujeto hace suyas con el carácter de creencias inmunes al análisis, a la crítica, al desmentido de la experiencia, a la prueba de su falsedad incluso".[39] En su opinión, AMLO sufre de dos delirios: el de la grandeza y el de la persecución.[40]

María Amparo Casar se pregunta si AMLO miente o si se trata de un autoengaño para convencerse a sí mismo de que va en la ruta correcta. En palabras de Casar: "En este tipo de autoengaño, la persona afectada decide transformar una verdad que le incomoda en una mentira que lo tranquiliza".[41]

Hay ejemplos de su falta de comprensión de cuál es el papel de un presidente que son sorprendentes. Por ejemplo, el 22 de septiembre de 2020, en su mensaje en el Debate General del 75° periodo de sesiones de la Asamblea General de la Organización de las Naciones (ONU), AMLO dijo sobre el avión presidencial: "Ya lo rifamos y todavía vamos a venderlo. Este avión es como un palacio en los cielos, algo insultante para nuestro pueblo […] Entonces ya, el presidente de México, quien les habla, se traslada por carretera, en vehículos y en avión de línea". Luego, al contarle al resto del mundo sobre las tres transformaciones anteriores a la que él supuestamente está llevando a cabo, dijo:

> Luego tuvimos una segunda transformación, a mitad del siglo XIX, muy importante y de trascendencia mundial, el movimiento de reforma, que encabezó un gran dirigente, un liberal, el mejor presidente que ha habido en nuestra historia, un indígena zapoteco, Benito Juárez García. Se le conoció como el Benemérito de las Américas, fue tan importante su proceder y su fama, que Benito Mussolini lleva ese nombre porque su papá quiso que se llamara como Benito Juárez.

Volviendo a la hipótesis del autoengaño: ¿no se da cuenta del tamaño de estos ridículos? ¿Nadie le advierte al respecto?

No es fácil trazar un perfil psicológico de un jefe de Estado y me parece muy complicado pretender entender a un gobernante a partir de diagnósticos de presuntas enfermedades mentales o vicios (como el supuesto alcoholismo de Felipe Calderón, inventado por Federico Arreola, según confesó él mismo, porque se enojó con el presidente). No se tiene evidencia clínica de los supuestos problemas de AMLO. Me concentro en estudiar los comportamientos visibles, no sus presuntas causas psicológicas. Lo visible con AMLO es suficiente.

Uno, es la terquedad. Él mismo la presume como unas de sus virtudes. En sus palabras: "Ya me conocen, soy terco, obcecado y loco, así como son los que buscamos el cambio". Le funcionó en su búsqueda de la presidencia. A la tercera, lo logró.

La tozudez le permitió llegar al poder en un contexto plagado de fuertes obstáculos. Sirve para imprimir dirección a un gobierno. Es muy útil para perseguir algunos objetivos que no caminan sin la presión del presidente, como el combate contra la evasión de impuestos y el uso de facturas falsas.

Sin embargo, dificulta escoger una política adecuada cuando la realidad cambia radicalmente. Ante la emergencia económica causada por el coronavirus, cualquier gobierno prudente, incluso para poder darle un mayor apoyo a su base social, hubiera pospuesto obras no prioritarias desde el punto de vista de sus grandes objetivos transformadores políticos y hasta culturales, como la refinería de Dos Bocas o el Tren Maya. Podía seguir hablando de ellas, mencionar que iban más lento, y el impacto político para quienes eso fuera importante no hubiera cambiado gran cosa. Lejos de hacerlo, en el anuncio del domingo 5 de abril de 2020 sobre las medidas de emergencia, una de ellas era… continuar con esas obras. Mientras ciertas industrias esenciales para la capacidad exportadora de México se mantenían cerradas por ser consideradas no esenciales, algo que muchos países nunca prohibieron, incluso en donde el confinamiento fue mucho más estricto que en México, las obras del presidente continuaban, eran consideradas esenciales. Los subsecuentes decretos de austeridad nunca sacrificaron sus proyectos, incluida la remodelación del Bosque de Chapultepec.

Durante la crisis del covid-19, lo sorprendente fue ver a un presidente viviendo en su mundo. Incapaz de cambiar el rumbo, de modificar el discurso. En palabras de Jesús Silva-Herzog Márquez: "Tenemos enfrente a un ideócrata, al esclavo de un manojo de frases [...] el fraseócrata es incapaz de pensar algo que contradiga su preconcepción [...] No puede verse lo que se tiene delante de la nariz porque el cerebro ya ha condenado a una parte de la realidad a la categoría de lo impensable".[42]

En general, AMLO parece poco competente para medir las consecuencias para el país de decisiones cuyo costo es evidente, o quizá simplemente no le importa. Debió sentirse bien cuando prometió libre tránsito a cuanto migrante quisiera pasar por México, pero era evidente la implicación: Estados Unidos amenazaría con cerrar la frontera. Prometió hacer una consulta respecto a la continuación de la construcción de una planta cervecera en Mexicali cuestionada por un grupo de activistas. Sin bases legales la hizo, ganó la cancelación, y se perdió una inversión de mil 400 millones de dólares. Al amparo del artículo 1110 del Tratado de Libre Comercio de América del Norte (TLCAN) (aún vigente al momento de hacer la consulta), el Estado mexicano podría ser demandado por expropiación ilícita. No parece tener una visión de largo plazo de las consecuencias para el país de muchas de sus decisiones o sólo le importan las políticas, en un sentido muy estrecho, de poder y control de lo inmediato.

En Palacio Nacional

AMLO cree que tiene una misión, frente al pueblo y frente a la historia: "No tengo derecho a fallar", ha dicho en más de una ocasión.

AMLO es un presidente visiblemente preocupado por cumplir con lo prometido, o por lo menos mostrar que lo está haciendo. Los 100 puntos leídos en el Zócalo el día de su triunfo han sido el eje de su gobierno. Sobre qué tanto ha cumplido se analiza en el capítulo 3 de este libro.

El día de su triunfo AMLO dijo: "Llamo a todos los mexicanos a la reconciliación y a poner por encima de los intereses personales, por legítimos que sean, el interés general. Como afirmó Vicente Guerrero: 'La patria es primero'".

Podría haber unido al país fácilmente. No lo hizo. No tiene opositores, pero los necesita para poder mantener su estrategia de permanente polarización. Para eso tiene a los neoliberales, a los conservadores, según él la misma cosa. Basta que alguien lo critique o que él crea que lo critican para lanzar insultos a diestra y siniestra.

Gabriel Zaid ha hecho una compilación de sus insultos, que aquí incluyo:

Achichincle, alcahuete, aprendiz de carterista, arrogante, blanquito, calumniador, camajanes, canallín, chachalaca, cínico, conservador, corruptos, corruptazo, deshonesto, desvergonzado, espurio, farsante, fichita, fifí, fracaso, fresa, gacetillero vendido, hablantín, hampones, hipócritas, huachicolero, ingratos, intolerante, ladrón, lambiscones, machuchón, mafiosillo, maiceado, majadero, malandrín, malandro, maleante, malhechor, mañoso, mapachada de angora, matraquero, me da risa, megacorrupto, mentirosillo, minoría rapaz, mirona profesional, monarca de moronga azul, mugre, ñoño, obnubilado, oportunista, paleros, pandilla de rufianes, parte del bandidaje, payaso de las cachetadas, pelele, pequeño faraón acomplejado, perversos, pillo, piltrafa moral, pirrurris, politiquero demagogo, ponzoñoso, ratero, reaccionario de abolengo, represor, reverendo ladrón, riquín, risa postiza, salinista, señoritingo, sepulcro blanqueado, simulador, siniestro, tapadera, tecnócratas neoporfiristas, ternurita, títere, traficante de influencias, traidorzuelo, vulgar, zopilote.[43]

Insultando y denostando a quienes lo critican, AMLO mantiene la ficción de que hay resistencias a su programa de gobierno entre la clase política, los empresarios y los intelectuales. Sus defensores se deleitan hablando del golpismo de sus adversarios. Una crítica de un periódico es vista como golpismo.

La lógica de buscar adversarios no sólo es una estrategia, es la forma en la que AMLO entiende las relaciones. Quien no piensa como él es su adversario. "O conmigo o contra mí", como diría Fidel Castro. O en palabras de AMLO: "Lo cierto es que estás a favor de la transformación o estás a favor del régimen de corrupción y de privilegios, desde luego hay matices, pero aquí sí es de definiciones". Tan es de definiciones que el 10 de junio dijo: "¿Para qué tantos partidos? Debería haber dos: partido liberal y partido conservador y ya, pero entonces, ¿para qué tantos partidos si al final es uno? Es el partido conservador".

Cuando en 2016 su hermano Arturo llamó a votar por el PRI para la gubernatura de Veracruz, AMLO dijo que "todos en la familia tenemos siempre alguien que desentona, que le gusta acomodarse […] Por eso yo ya no tengo esos hermanos".[44]

AMLO entiende muy bien qué es el poder y cómo usarlo. Cuáles son los resortes que permiten convencer a un antiguo adversario a cambiar de opinión.

Su obsesión por el poder, sin embargo, lo lleva al extremo de creer que basta tener la voluntad de hacer las cosas para que éstas lleguen a buen puerto. Así llegó a la presidencia. Así cree que se puede gobernar. Un presidente con temperamento romántico, lo ha llamado Jesús Silva-Herzog, por creer que es "un deseo sin restricciones" lo "que enaltece al héroe" y le permite cumplir con sus objetivos.[45] Es cuestión de tener mucha voluntad. AMLO lo ha resumido en su frase "me canso ganso". Como presidente, su mayor restricción ha sido su incompetencia para hacer realidad sus sueños.

Enfrente ha tenido una oposición desarticulada y con pocos votos y peso en el Congreso, desprestigiada, y con muchos de sus miembros queriendo evitar la cárcel por sus pasados comprometedores. Ni con los cientos de muertos por covid-19 acumulándose cada día la oposición pudo tejer una narrativa que mostrara la responsabilidad de AMLO en ese desastre.

No tuvo que buscar equilibrios políticos dentro de Morena y pudo nombrar el gabinete que quiso. Él lo controlaba todo en torno a su coalición. Llegó incluso a anunciar la composición de su gabinete durante la elección, como un acto de propaganda más, con nombres que en ciertos círculos generaban tranquilidad, y mostrando una equidad de género nunca vista antes.

Nunca se había dado el anuncio de buena parte del gabinete en campaña. Implicaba dar la lista de quienes no iban a estar en el gabinete. Un candidato no suele buscar disgustar a miembros poderosos de su coalición durante un proceso electoral. Él se pudo dar ese lujo. Morena era suyo. De los 16 futuros secretarios que anunció, 15 fueron nombrados el 1º de diciembre de 2018.

Al final, no ha importado tanto estar en el gabinete, salvo en ciertas secretarías como Hacienda o Relaciones Exteriores. La Secretaría de Gobernación casi desapareció. Incluso en Hacienda el poder del secretario es más limitado que en el pasado, como quedó claro tras la renuncia de Carlos Urzúa, quien estaba dispuesto a decirle que no a AMLO. Algo nunca visto, en más de una ocasión el presidente ha dicho estar en contra de los supuestos a partir de los cuales se construyen los documentos que por ley debe presentar Hacienda a la Cámara de Diputados para elaborar el presupuesto público.

La excepción más considerable es Relaciones Exteriores, pero no por sus responsabilidades internacionales. A AMLO no le interesa el mundo. Su política exterior se reduce a llevarse bien con Trump y a tomarse una foto en la Casa Blanca. Marcelo Ebrard, su titular, fue ampliando su área de responsabilidad. En muchas de las crisis el canciller ha estado presente, desde para comprar pipas para transportar combustible tras la crisis de desabasto de gasolina hasta para enfrentar la pandemia comprando equipo médico o coordinando las acciones del gobierno en materia sanitaria; una suerte de vicepresidente, en la opinión de algunos analistas.[46]

No es, sin embargo, un verdadero vicepresidente o segundo al mando. Es un bombero que ahora está a cargo de las relaciones comerciales con América del Norte (responsabilidad de la Secretaría de Economía), de las compras de emergencia para enfrentar la pandemia (lo deberían hacer entre Salud y Hacienda), de una parte de la estrategia de seguridad (en lugar del secretario de Seguridad Ciudadana) y de migración (responsabilidad de Gobernación).

El control de qué se hace y qué no está en AMLO y en Palacio Nacional, en un equipo, por cierto, de puros hombres. El gabinete con paridad de género es un ejercicio de relaciones públicas.

A AMLO no le importan mucho los cargos formales, sino los vínculos y las lealtades personales probadas. Casi todos fueron sus leales primero en la jefatura de Gobierno del entonces Distrito Federal y durante los muchos años de travesía en el desierto. La excepción es el Consejero Jurídico de la Presidencia, Julio Scherer, quien es más poderoso que la secretaria de Gobernación, Olga Sánchez Cordero, pero no viene de tan atrás en su relación profesional con AMLO, aunque el padre de Scherer era muy amigo de

AMLO y desde entonces se conocen. En casi todas las secretarías hay un subsecretario, hombre casi siempre, en quien reside realmente el poder, y que suele ser uno de sus leales históricos.

Gibrán Ramírez, entusiasta defensor de AMLO en los medios de comunicación, ha dicho que es "un gabinete que le ha quedado chico al presidente".[47] Lo entiendo, está exculpando al jefe. Pero no es cierto que le quedó chico. Lo escogió el presidente con ese propósito. Lo quiere chico. No le gusta que le hagan sombra. Le gusta que lo adulen.

El suyo ha sido un gabinete estable para los malos resultados que ha dado, aunque tampoco importa tanto qué hacen. Entre los secretarios de Estado ha habido cuatro renuncias, la de Carlos Urzúa a la Secretaría de Hacienda, la de Josefa González Blanco a la Secretaría del Medio Ambiente y Recursos Naturales (Semarnat), la de Javier Jiménez Espriú a la Secretaría de Comunicaciones y Transportes, y la de Víctor Toledo nuevamente a la Semarnat, sustituido por la otrora secretaria de Bienestar, María Luisa Albores, cuyo puesto fue cubierto por Javier May, subsecretario de Planeación, Evaluación y Desarrollo Regional de la Secretaría de Bienestar. De cara a la elección intermedia de 2021 AMLO les pidió a quienes buscaran un cargo electoral renunciar antes del fin de octubre. Lo hizo el secretario de Seguridad Ciudadana, Alfonso Durazo.

También ha sido un gabinete con pleitos públicos que ni el gabinete Montessori de Fox llegó a escenificar. En una grabación filtrada, el exsecretario del Medio Ambiente, Víctor Toledo, criticó al presidente y a varios de sus colegas por apoyar el uso de un herbicida prohibido en algunos países. Luego revelaría que había que plegarse a "el señor del Palacio".

Muchas dependencias han perdido parte de sus funciones o están de plano borradas del mapa. La Secretaría de Economía está debilitada. Su titular aceptó que la responsabilidad de la relación comercial con Estados Unidos pasara a la Subsecretaría de América del Norte en la SRE, encabezada por Jesús Seade, el negociador en jefe del Tratado entre México, Estados Unidos y Canadá (T-MEC); cuando históricamente esa función había estado en Economía, junto con toda la capacidad técnica que se requiere como respaldo. La relación con los empresarios y el supuesto fomento a la inversión lo lleva el jefe de la Oficina de la Presidencia, Alfonso Romo.

Los secretarios y altos funcionarios aceptan cosas inéditas, invasiones a sus responsabilidades que no se veían en el pasado. El responsable del Fondo Nacional de Fomento al Turismo (Fonatur) hará un tren, siendo que ésta es una tarea de la Secretaría de Comunicaciones y Transportes (SCT), del secretario y del subsecretario de Infraestructura. La Secretaria de Energía es la responsable de hacer una refinería de Petróleos Mexicanos (Pemex). Esto genera complejos problemas operativos en la empresa que AMLO estaba determinado a rescatar. La Secretaria de Gobernación no coordina las tareas políticas; éstas le tocan al coordinador jurídico de la Presidencia.

¿Quién es responsable de qué? Depende de lo que AMLO quiera en el momento que quiera. Lo que a AMLO le importa no es el cargo, sino el encargo. Un ejemplo: en enero de 2019 a AMLO se le cuestionó, en una mañanera, sobre el caso de unos funcionarios de Pemex que habían sido ascendidos durante su administración, y que estaban ligados a la "Estafa Maestra". La respuesta de AMLO fue que "la próxima semana la secretaria Irma Eréndira Sandoval dará un informe". Según la periodista Nayeli Roldán, de *Animal Político*, Sandoval supuestamente le comentó en privado a AMLO que su dependencia, la Secretaría de la Función Pública (SFP), no emitía informes, sino que realizaba investigaciones que podían durar varios meses. Sin embargo, según Roldán, AMLO "no dio tregua": debía cumplirse con lo que prometió ante las cámaras y ante miles de espectadores. Ante eso, "[l]os funcionarios de la dependencia dejaron de lado los temas en los que trabajaban para dedicarse a resolver la instrucción presidencial a marchas forzadas".[48] Los funcionarios señalados siguieron en la nómina de Pemex hasta el 11 de abril de 2019, cuando fueron separados de sus cargos.[49]

Este estilo de gobernar genera conflictos entre quien tiene el cargo y quien tiene el encargo. Para AMLO, ésta es una forma de no darles pleno poder a sus secretarios y de tener más control sobre ellos.

Con un presidente como AMLO es común que, para tener algo del cariño del jefe, sus colaboradores sugieran lo que el presidente quiere oír. En la mañanera del 16 de marzo de 2020, en pleno inicio de la crisis del coronavirus, López-Gatell dijo que "la fuerza del presidente es moral, no es una fuerza de contagio, en términos de una persona, un individuo que pudiera contagiar a otros". Lo dijo con el mismo tono serio y docto con el que todos los días daba números y números y explicaba la evolución del virus.

A diferencia de Estados Unidos, donde los periodistas acreditados por la Casa Blanca exponen el estilo personal de cada presidente con reportajes a profundidad sobre pleitos, diferencias, enojos y amores, en México hay poca de esa información. Menos aún un libro como el de Bob Woodward, *Fear: Trump in the White House* [*Miedo: Trump en la Casa Blanca*], sobre qué pasa en Palacio Nacional. Tampoco hay una tradición de libros autobiográficos de quienes trabajaron con el presidente. Es difícil imaginar que alguien escriba un libro como el de John Bolton, *The Room Where it Happened* [*La habitación en la que sucedió*], donde narra la ignorancia, perversidad y mezquindad de Trump. Está también el libro de una sobrina de Trump: *Too much and never enough. How my family created the world's most dangerous man* [*Demasiado pero nunca suficiente. Cómo mi familia creó al hombre más peligroso del mundo*], donde da cuenta del narcisismo de Trump y su capacidad de destruir a quienes lo rodean.

Por lo que se observa en los eventos públicos, lo que se filtra en la prensa y lo que se sabe en conversaciones privadas, en el gobierno de AMLO no hay un proceso ordenado en la toma de decisiones. Un presidente requiere tener capacidad de estudio de los problemas y de gestión en su solución. Su gente más cercana tiene que cuidar que le lleguen bien documentados los problemas importantes, y resolverlos sin descuidar el buen uso del tiempo del presidente. Con AMLO no se gobierna así. No hay un método riguroso y serio para tomar decisiones.

En los gobiernos bien estructurados no hay decisión legislativa o política importante que no pase por un proceso de deliberación. El presidente al final decide, pero de forma informada e incluso cuando un secretario piensa que la decisión es incorrecta hará un cierto esfuerzo para tratar de revertirla o matizarla. Por supuesto, los presidentes tenían sus preferencias, pero en general no se gobernaba desde la intuición y el capricho. Había un proceso más estructurado en la toma de decisiones.

En gobiernos previos, los gabinetes se reunían periódicamente con una agenda que se circulaba con antelación, con invitados permanentes por área de responsabilidad (economía, social, seguridad, por ejemplo), y con responsables de presentar los temas del día, tiempo para el debate, y un mecanismo de control y seguimiento puntual para el cumplimiento de lo acordado. El rigor de esto varió de gobierno en gobierno. Los del PAN, sobre todo el de Fox, también primerizo en la administración federal, fueron más laxos en el proceso de la toma de decisiones, pero había gabinetes formales donde se tomaba el grueso de las decisiones.

AMLO es distinto. Mudarse a Palacio Nacional resume su modo de gobernar. A cambio de una promesa de campaña (incumplida, por cierto, dado que dijo que viviría en una casa cercana a Palacio, no en Palacio) dejó un espacio funcional para vivir y sobre todo trabajar. Los Pinos era un gran activo para cualquier

58

presidente al que le importara administrar bien su tiempo y tener las condiciones para trabajar bien. Optó por irse a un lugar en el que no es fácil hacer ni lo uno ni lo otro. Seguro que no le importa no tener espacios funcionales de trabajo. Otra vez, los símbolos. Para él gobernar es ir de gira, hacer videos promocionales, hablar y hablar.

Con AMLO predominan las reuniones de trabajo bilaterales, en el coche, en el camino de su despacho a la mañanera, donde resulte. Aunque para tener esa reunión bilateral se requiere estar en el círculo cercano. Muchos secretarios casi no ven al presidente a solas. Algunos quizá nunca lo hayan hecho.

Hay un supuesto gabinete de seguridad que se reúne diario, de lunes a viernes. No está claro a qué se dedica. No está tampoco definido en la ley.

Por increíble que parezca para un gobernante que se reúne así de frecuentemente con su gabinete de seguridad, en la crisis en torno a la decisión de capturar al hijo del Chapo el presidente dijo: "Yo no estaba informado, no me informan en estos casos porque hay una recomendación general, un lineamiento general que se aplica". Esto lo dijo durante la conferencia matutina del 22 de octubre de 2019, cuatro días después del operativo fallido.

Esta respuesta contradice, por cierto, su visión de lo que implica ser presidente. En agosto de 2019 había dicho en Miahuatlán de Porfirio Díaz, en Oaxaca: "Los grandes negocios, las grandes tranzas que se llevan a cabo en México siempre llevan el visto bueno del presidente de la República. Nada de que él no se entera; el presidente sabe todo lo que está sucediendo, tiene todos los elementos, tiene toda la información".[50] Si en sus reuniones de seguridad no se discute un operativo de esa naturaleza, ¿de qué se habla? ¿Cuál es el nivel de generalidad que no se llega a tratar el operativo más importante que había tenido su gobierno hasta entonces?

Según lo que se sabe, en ese gabinete de seguridad se comparten algunas estadísticas de los delitos del día anterior —datos que, como ha escrito Alejandro Hope, no agregan gran cosa—[51] y el tiempo restante se usa para preparar la mañanera. Pareciera que cada vez se dedica más tiempo a esto último. Pero ni bajo este supuesto es comprensible que AMLO no supiera de un operativo como el que buscaba capturar al hijo del Chapo Guzmán. Ya nos confesó que él ordenó su liberación. Quizá nos confiese en el futuro que sí sabía de la existencia del operativo.

Una característica esencial de este gobierno es su uso del Ejército y de la Armada. No sólo no lo retiró de la responsabilidad de seguridad pública como prometió en campaña, sino que se la dio por completo, lo cual se analiza en el capítulo 2.

Además, las Fuerzas Armadas ahora hacen de todo: construir dos aeropuertos (el de Santa Lucía y el de Tulum), repartir libros de texto y medicinas, construir bancos, plantar árboles, traer a México las cenizas de José José, ir a rescatar a Evo Morales, construir y administrar hospitales en la crisis del coronavirus, hacer batas para médicos, combatir el sargazo, combatir el huachicol, administrar puertos y aduanas. La Guardia Nacional, por su parte, se usa para perseguir migrantes o revisar mochilas a la entrada de las escuelas.

Esta estrategia es inconstitucional. El artículo 129 de la Constitución dice: "En tiempo de paz, ninguna autoridad militar puede ejercer más funciones que las que tengan *exacta* conexión con la disciplina militar". He resaltado "exacta" por ser exacto lo que significa.

Cuánto cuesta esta militarización de la administración pública y cómo afecta la capacidad de las Fuerzas Armadas para enfrentar la inseguridad, no lo sabemos. Pero en estos dos años hemos visto un incremento en la capacidad de fuego y de reacción del crimen, como se describe en el capítulo 3.

Eso no parece importarle a AMLO. Su agenda de fondo parece ser otra. Por un lado, darle a alguien más la responsabilidad de aquello con lo que no cree poder. Por el otro, le puede servir para tener a las Fuerzas Armadas contentas con sus nuevas responsabilidades, sobre todo aquellas que permiten ejercer recursos. Nada como una buena obra pública. Hoy el Ejército es quizá la constructora con más obra pública en México. Tiene a su cargo el aeropuerto de Santa Lucía, el de Tulum, las 2 mil 700 sucursales del Banco del Bienestar, y los tramos 6 y 7 del Tren Maya. Más lo que se junte esta semana.

La prensa refiere que hay reuniones del gabinete ampliado donde él habla más que ninguno y luego hace preguntas que se responden en general con muchas imprecisiones y el seguimiento es muy poco cuidadoso. La respuesta de la secretaria de Economía, Graciela Márquez, a la salida de una reunión de gabinete el 17 de marzo, donde se iban a analizar medidas de urgencia frente a la crisis del coronavirus, es reveladora: "Nos pidió el presidente que mantuviéramos equipos de trabajo y como no hemos decidido nada, pues no le puedo comentar nada".[52]

En el organigrama aparentemente existe un secretario técnico del gabinete, Carlos Gastón Torres Rosas. Digo aparentemente porque no está en el directorio de la Presidencia, aunque éste es increíblemente poco claro. Su función parece reducirse a concentrar y procesar información. Le da la información que le pide el presidente, pero no da seguimiento a los gabinetes, porque éstos sencillamente no existen. Es, como muchos de los jóvenes de esta administración, amigo de uno de los hijos del presidente. Parece que una de las razones detrás de la renuncia de Carlos Urzúa es que se cansó de que Torres se hubiera convertido en quien alimentaba de datos e ideas al presidente.[53]

En la primera semana de junio de 2020 circuló un pequeño video de una reunión de trabajo de AMLO. No era una mesa redonda o algún espacio horizontal para poder discutir. Estaba AMLO adelante sentado frente a una mesa. Enfrente su equipo, como alumnos, como en la mañanera. El presidente anda de gracioso. Sus alumnos se ríen. En primera fila Claudia Sheinbaum celebra los chistes del maestro, la mejor alumna de todos. Aca el video: https://bit.ly/35jIPCU.

Una frase para resumir el tono de la reunión: "Los conservadores, muy desquiciados. No hay que confrontarlos tanto o confrontarlos, pero hablar despacito. No es lo mismo mandarlos a Palenque. Podemos mandar a Palenque; el modito, pues". Se trata del ya citado rancho en Palenque: La Chingada, un chiste para mantener contentos a sus alumnos.

En las redes sociales se dijo que era una filtración, aunque Epigmenio Ibarra reconoció más tarde que era una toma que hizo como parte de su entrevista a AMLO transmitida en cuatro partes los días 28 de mayo, 4, 12 y 19 de junio a través de *Milenio*. "Ese video fue filmado por mí y es un fragmento de la segunda parte de 'Y fue a Palacio'", escribió Ibarra en su cuenta de Twitter el 9 de junio. Era algo que querían presumir.

Miguel de la Madrid escribió en sus memorias la manera en que puede degradarse la forma de operar de un gobierno. Refiriéndose al fin del sexenio de Echeverría escribe: "Si hubiera una cámara oculta que filmara lo que está pasando en Los Pinos y lo diera a conocer al público, la gente se horrorizaría de cómo puede llegar a manejarse el Gobierno. Por ejemplo, en esa época Luis Echeverría de pronto se dormía en las juntas".[54]

En todo gobierno importa quién tiene el oído del jefe. En uno sin mecanismos formales para la toma de decisiones importa mucho más. Hay un séquito que desea estar cerca del soberano. Ningún gobierno tiene una voz única. Compiten distintas voces por el amor del jefe, distintos grupos, distintos intereses. Éstos se van moviendo en el tiempo.

Técnicos o moderados vs. rudos o radicales. Si los moderados ganaron la batalla de la cancelación de los contratos de siete gasoductos, los radicales los pusieron en esa peligrosa ruta. AMLO, en ese caso, al final reculó, y se buscó una salida muy reveladora. El gobierno pagará más al principio por el uso de los ductos, aunque menos en el futuro.

A AMLO no parece importarle la calidad de las decisiones. De lo que se trata para hacer mejor las cosas es trabajar mucho, o simular que se trabaja mucho. "Trabajamos 16 horas y usamos 8 para descansar. Si así lo hacemos nos va a rendir el tiempo, y no va a hacer falta que, como algunos dicen, que voy a reelegirme, no [...] Eso es importante, no trabajar 8 horas, trabajar 16 horas, cuando menos, en lo que corresponde a nosotros", dijo el 27 de octubre de 2019.[55] Lo más importante para él es ser visto, para validar que está trabajando. En medio de la pandemia dijo: "Si el presidente se encierra, si se queda en Palacio, si no da la cara, pues imagínense qué mensaje está dando".

Supuestamente mucho trabajo, pero no parece haber un uso racional de ese tiempo, en términos de una racionalidad administrativa, es decir, en ocuparse de tener la maquinaria bien aceitada, afinada, bien diseñada para llegar a su objetivo. Está más preocupado por llevar la conversación pública que las riendas de los asuntos públicos.

El grueso de su tiempo lo pasa hablando o viajando, no en el trabajo de gabinete con sus funcionarios. Dos ejemplos reveladores al respecto. En los primeros 60 días de mañaneras (éstas arrancaron el 3 de diciembre de 2018), AMLO les dedicó un total de 53 horas con 10 minutos,[56] más de tres días de trabajo efectivo (según el criterio del propio AMLO, a saber, 16 horas de trabajo diarias). En apenas cuatro meses de gobierno (al 11 de abril de 2019, el 6 por ciento del total de 72 meses de su gobierno), con sus 91 conferencias AMLO ya había superado no sólo a sus cuatro antecesores en el cargo considerando todo su sexenio (EPN: 3 conferencias en total; Calderón: 10; Fox: 40; Zedillo: 5), sino también a los presidentes estadounidenses Barack Obama (65 conferencias

en ocho años de gobierno), George W. Bush (49 en ocho años),
Bill Clinton (59 en ocho años), George H.W. Bush (89 en cuatro
años) y Ronald Reagan (15 en ocho años).[57] Hace perder el tiempo
a quienes lo oyen en sus peroratas lentas y repetitivas y muchas
veces sin mayor interés, salvo porque lo dice el presidente. No se
suele saber qué hace en las tardes, y parece disfrutar sobre todo de
viajar, abrazar gente (aun en medio de una epidemia), y promover
los bellos lugares del país, cual guía turístico-culinario.

Mientras el país vivía la angustia por la pandemia al arranque de
la etapa que se presumía como más crítica (aunque lo realmente
duro vino después), AMLO sembraba árboles en Palacio Nacional
en horas laborales. Vale la pena ver el video: bit.ly/3d0mA5s.

También le da tiempo para reflexionar sobre la crisis del neoliberalismo. En otro video en Palacio nos dio a los mexicanos sus
sabios consejos con puras generalidades y lugares comunes: bit.
ly/3dfkRt2. Luego vendría un decálogo en el que el gobierno
abdicaba de sus responsabilidades frente a la pandemia. Cada uno
es responsable de cuidarse.

Llevaba buscando ser presidente de la República por lo menos
desde que fue jefe de Gobierno del DF. Parece tener claros sus dos
grandes objetivos, la separación entre el poder político y el económico, que define a su autonombrada Cuarta Transformación,
y la lucha contra la corrupción. Ambos temas se analizan en el
capítulo 4. También su obsesión de no gastar más y de vivir dentro
de la lógica de la integración comercial con Estados Unidos sin
confrontar a ese país. Su obsesión por regresar a tener dos empresas
hegemónicas en materia energética parece inamovible.

Llegó con mucha claridad de cómo centralizar el poder y do-
blegar toda resistencia. Sin embargo, no llegó al cargo con un programa detallado ni con los cuadros técnicos para poner en marcha
su proyecto. No hay un proyecto ideológico elaborado y profundo.
Sus funcionarios tienen que reaccionar a sus deseos sin tiempo

para planear. Sus grandes obras arrancaron sin tener los estudios adecuados para poderlas ejecutar bien. Cree que le basta con asegurarse de que no haya corrupción.

AMLO cree ser la conciencia del pueblo y actúa con base en lo que él cree que quiere su base electoral. El análisis racional sobre qué necesita el país no es lo suyo, es de sus críticos. No se puede analizar su comportamiento con los cánones tradicionales. Para él interviene el ingrediente afectivo, simbólico, emocional o intuitivo. Es estratégico en el sentido de que está atento a cómo sus acciones y omisiones afectan el tablero del juego. Usa la palabra para desconcertar a sus adversarios y opositores. Mide sus acciones con base en su imagen pública para ese sector leal que espera lo apoye siempre. Le gusta estar en gira lo más posible, lo cual le permite afianzar la red de relaciones que lo acercan a su base electoral.

López Obrador muestra una curiosa combinación: por un lado, de gran cercanía con la gente (es increíble su forma de conectar y transmitir confianza) y, por el otro, una falta de empatía elemental. Un ejemplo paradigmático de esto último ha sido su relación con las víctimas de la violencia que no son sus aliados políticos. A los familiares de los estudiantes de Ayotzinapa desaparecidos en Iguala los recibe con regularidad; a una marcha encabezada por Javier Sicilia no, porque "da flojera eso".

En particular, sorprende que no parecen importarle los casos concretos de feminicidio. Nunca pudo decir el nombre de Ingrid Escamilla, la mujer asesinada en su domicilio el 9 de febrero de 2020 por su pareja de entonces, y que estremeció a la sociedad por su brutalidad y por la filtración de las fotos de la escena del crimen.

Su estilo de gobernar es un fiel reflejo de quién es AMLO. No está distorsionado por las restricciones que han enfrentado otros mandatarios. AMLO tiene una visión del mundo y ésta se impone en todos los ámbitos: si el mundo se dirige hacia las energías limpias, él propone supeditar el desarrollo de México al petróleo;

si la evidencia muestra que las políticas sociales meramente asistencialistas de poco sirven para mejorar sustantivamente la vida de los más pobres, él reduce sus políticas sociales a repartir dinero; si la evidencia muestra que la multiplicación y proliferación de organizaciones de la sociedad civil es un buen indicador del nivel de democracia en un país, él las ve como un obstáculo para su proyecto de "purificar la vida pública" de México; si para combatir la corrupción se requiere de transparencia e instituciones fuertes y autónomas, su gobierno es opaco y todo pende de su voluntad; si el movimiento feminista es una fuente de vitalidad democrática, él lo ve como un complot en su contra.

Uno de los rasgos más evidentes de AMLO es que cree saberlo todo. Bueno, casi todo: "La política es un noble oficio, pero no se sabe de epidemias, virus, yo de eso no sé, no soy todólogo, no soy sabelotodo y es un asunto muy serio como para estar opinando sin conocimiento. No puede haber conjeturas, improvisaciones, ocurrencias, es un asunto que requiere de especialistas", dijo el 12 de marzo de 2020.

Pero fuera de esa confesión, seguramente táctica, pues al principio de esa misma mañanera declaró que, ante el coronavirus, "tengamos calma […] estemos tranquilos", AMLO es un sabelotodo. Según él, "no tiene mucha ciencia extraer petróleo, pues sólo es cavar un simple pozo, meter un tubo para sacar el combustible y ya". Tampoco "tiene mucha ciencia el gobernar. Eso de que la política es el arte y la ciencia de gobernar no es tan apegado a la realidad".[58]

Como lo sabe todo, es muy difícil para los cuadros técnicos convencerlo de que hay una mejor ruta. Hacerlo toma mucho tiempo y en muchas ocasiones no se logra por más que se le expliquen las consecuencias de su actuar. Si el mundo es como AMLO lo ve, si no hay decisiones colegiadas, es difícil que AMLO se entere de lo que está pasando. No ayuda en la carrera de los funcionarios cercanos a AMLO decir la verdad.

El papel de los cuadros técnicos ha sido denigrado, muchos de los del pasado han sido despedidos, y sus propios técnicos juegan un papel marginal, aunque hay excepciones, como en el manejo de la política monetaria, responsabilidad del Banco de México. Carlos Urzúa lo expuso con claridad en su carta de renuncia a la Secretaría de Hacienda: "En esta administración se han tomado decisiones de política pública sin el suficiente sustento. Estoy convencido de que toda política económica debe realizarse con base en evidencia, cuidando los diversos efectos que ésta pueda tener y libre de todo extremismo, sea éste de derecha o izquierda".[59]

Un ejemplo de decidir sin evidencia de cuando era apenas presidente electo habla por sí mismo. Se le ocurrió cancelar un aeropuerto en curso, la obra de infraestructura más importante de América Latina. Sus asesores económicos le señalaron lo inadecuado de la decisión. En una entrevista publicada el 15 de julio del 2019 en *Proceso* a pocos días de su renuncia, Carlos Urzúa dijo: "Yo sí estaba a favor de que continuara la construcción del aeropuerto de Texcoco. Creo que la obra estaba muy avanzada y había demasiado dinero de por medio. Si bien es cierto que muchos de los terrenos aledaños estaban controlados por gente vinculada a la administración anterior, un gobierno fuerte como el de López Obrador podría haberlos expropiado por razón de Estado".[60]

No le importó al presidente lo sugerido por Urzúa y otros de sus cuadros técnicos. Simplemente canceló el proyecto, inventando para ese fin una consulta ilegal y manipulada. Un mecanismo que se ha usado tres veces y que esconde una pulsión autoritaria disfrazada de respeto a la opinión del pueblo.

En el caso del aeropuerto de Texcoco, una encuesta de *El Financiero* dada a conocer el 29 de agosto de 2018, 58 días antes de la consulta, ponía claro dónde estaba la opinión pública: el 56 por ciento de los encuestados quería que el proyecto continuara, mientras que 28 por ciento no.[61] En una encuesta posterior, realizada un mes antes de la consulta por el mismo diario, 63 por ciento respaldaba la continuación del proyecto aeroportuario, mientras que 30 por ciento la rechazaba.[62]

AMLO hizo evidente quién tenía el poder. Ése fue el objetivo. Cuando anunció la cancelación en un video, lo hizo con una pila de libros al lado, entre los que destacaba uno de Felipe González titulado *¿Quién manda aquí?* Cómo se entretiene AMLO con los símbolos. Ese acto hizo evidente la irracionalidad técnica del presidente electo. Había tantas formas de demostrar que mandaba, incluyendo, como sugirió Urzúa, expropiar cualquier terreno en el que gente del gobierno de Peña Nieto estuviera especulando con la obra. Optó por destruir el valor de uno de los activos de infraestructura más valiosos, propiedad del gobierno federal. La pregunta para muchos inversionistas fue, si esto hace con un activo del gobierno, ¿qué no hará con el activo de un privado?

AMLO no tiene paciencia para la evidencia. Importa la intuición del presidente. Optó por cancelar un aeropuerto, con lo cual tuvo que pagar 75 mil millones de pesos para liquidar los contratos, para arrancar un aeropuerto en Santa Lucía sin tener estudio alguno. Texcoco se había planeado por años y estaba plenamente financiado, con un costo estimado de 169 mil millones, que se terminaría pagando con un impuesto a los pasajeros. Según cálculos del Instituto Mexicano para la Competitividad (Imco), la cancelación del aeropuerto de Texcoco tuvo un costo total de 270 mil millones de pesos.[63]

LA PALABRA DEL REY

AMLO parece requerir estar siempre hablando, de gira, con un séquito. Se siente adorado por el pueblo a quien le brinda su amor. En medio de un mitin tuvo la pulsión de darle un beso con mordisco a una niña que se resistía a su cariño el sábado 14 de marzo de 2020, ya declarada la necesidad de distanciamiento social por la pandemia. Vale la pena ver el video: https://bit.ly/3jzt92u.

Su incapacidad de quedarse en la oficina (que es su casa) para estudiar junto con su gabinete los problemas a profundidad y la ruta a seguir lo lleva a recorrer el país frenéticamente. El 21 de marzo AMLO visitó Oaxaca para conmemorar el natalicio de Benito Juárez. Un día antes, grupos indígenas de la Sierra Norte de Oaxaca le pidieron reconsiderar la visita ante el temor por el coronavirus.[64] AMLO hizo caso omiso. En su adicción, todavía el 1º de abril llegó a hacer un mitin en Tlaxiaco, Oaxaca, siguiendo ciertos protocolos de salud, razón por la cual sólo había unas cuantas personas escuchándolo.[65] Todavía en el pico de la epidemia, AMLO optó por reanudar sus giras para inaugurar las obras de su querido Tren Maya. Tal vez es un *millennial* incapaz de estar en la oficina.

AMLO no es el director de la orquesta. Es la orquesta. Él marca el compás y sopla la trompeta. AMLO requiere estar hablando en público, ya sea en la mañanera, en una reunión de gabinete o en un mitin. Habla lento, pero todo el tiempo.

La mañanera es una muestra de este ejercicio inédito de concentración de poder. El poder del púlpito, es decir, hablar para premiar y castigar, es uno de los instrumentos más poderosos de la presidencia en cualquier país. AMLO lo ha usado al extremo.

Esta presencia constante de la voz presidencial en el debate público no es exclusiva del México de AMLO. Trump gobierna desde su cuenta de Twitter. En parte esto es posible por el cambio tecnológico. Trump se salta así a los medios tradicionales.

En el caso de AMLO, es más que eso. AMLO no manda un tuit. Se presenta en las mañanas a una conferencia de prensa a la que los medios tradicionales deben ir. Ahí los llega incluso a insultar para desprestigiarlos y hacer más rentable la propia mañanera. La estrategia es saturar el espacio público para que no haya nadie más que lo ocupe. Cada día hay un tema nuevo que sepulta el escándalo del día anterior. Todos los medios siguen sus dichos puntalmente, dominando así la conversación pública, con lo cual AMLO logra organizar el debate de los medios alrededor de lo que dijo y ganar mucha cobertura sin pagar tanta publicidad como en el pasado. Se discuten mucho más sus dichos que sus hechos.

Al dominar el espacio público, evita que los escándalos duren. Un ejemplo impresionante de esto fue cuando, en medio de la crisis por el arranque del Instituto de Salud para el Bienestar (Insabi) —su propuesta de acceso universal a la salud para quienes no tienen seguridad social, puesta en marcha sin saber qué le tocaba hacer a quién—, el 9 de enero la esposa de su hijo mayor daba a luz en un hospital en Houston, como lo hacen los fifís. No tuvo mayor impacto, salvo una corta polémica en redes sociales. AMLO se limitó a decir que tener un nieto "es una bendición".

Él da la palabra. Para manejar la agenda tiene en primera fila a sus fieles seguidores, blogueros o youtuberos (Carlos Pozos, Marco Olvera, Bernabé Adame, por ejemplo), quienes le hacen preguntas fáciles para sacarlo de alguna pregunta difícil, o para llevar la conferencia hacia los temas importantes para la Presidencia. A los de las primeras dos filas, los paleros de AMLO, les ha dado la palabra 88 por ciento de las veces.[66] El 28 de mayo de 2020 Pozos le preguntó a AMLO "si ya tienen el nombre del índice para el bienestar, ese que tanto rechazo y enojo ha causado en sus adversarios, porque ellos aseguran que es un disfraz. Las redes sociales proponen que el índice se llame *AMLOVER*, por sus iniciales".

Para estos paleros, ha sido la oportunidad de su vida de ser conocidos. Sus preguntas lambisconas les permiten crear tráfico en sus páginas de internet, lo cual les puede generar publicidad; entre más tráfico, mejor. Ya no es indispensable el chayote (igual todavía hay, no lo sé).

Al respecto, Leonardo García encontró que uno de los dueños de una de estas páginas, Regeneración.mx, es ni más ni menos que Jesús Ramírez, coordinador general de Comunicación Social y vocero de la Presidencia de la República. Según el análisis de Leonardo García, el tráfico web de su página se monetiza al repetir los mensajes del gobierno. A diferencia de otras páginas —García comparó a Regeneración con *Letras Libres* y con *Nexos*—, la mayoría del tráfico web de Regeneración viene de las redes sociales y de enlaces directos, lo que, considerando su contenido, la hace *de facto* un canal no oficial de propaganda gubernamental. Y de paso, Ramírez se enriquece.[67]

También ha habido periodistas profesionales en las mañaneras que lo han interpelado con dureza. AMLO contesta lo que quiere, y si no, simplemente evade o directamente cambia de tema. Ante cualquier dato que no le gusta, descalifica a la fuente. Con eso termina el debate.

Con el tiempo han ido predominando los paleros, los interlocutores de bajo nivel que hacen de la mañanera un ejercicio repetitivo que satura el espacio político, y se repite lo dicho en ésta en casi todos los noticieros de radio y televisión, aunque en ella se diga muy poco. No es un ejercicio de rendición de cuentas ni de transparencia. Es un ejercicio para inundar con frases el debate público. Una mañanera promedio toma más tiempo que el Segundo Informe de Gobierno.

En la mañanera se invita al funcionario que AMLO desea. Hay algunos invitados regulares, por ejemplo, cada lunes se informa sobre las gasolineras del país con los precios más altos y bajos, y constantemente se informa sobre los avances de Dos Bocas, el Tren Maya y el aeropuerto de Santa Lucía, en una función propia de un mero boletín de prensa, pero sin datos. Hay videos y generalidades.

También hay invitados para la ocasión. Parece que en más de un caso quienes participan en las mañaneras lo suelen saber en la tarde anterior. La mañanera es un ejercicio no sólo de información, sino de gobierno. Ahí muchas veces se enteran sus colaboradores de alguna decisión que determina su agenda de trabajo.

La mañanera también le sirve para mandar mensajes a ciertos individuos, sobre todo a presuntos delincuentes. Lo ha hecho con laboratorios médicos que supuestamente abusaban en las compras públicas, presuntos defraudadores, empresas o individuos con créditos fiscales, miembros de gobiernos anteriores al suyo, el Instituto Nacional Electoral (INE), el Poder Judicial.

AMLO llevaba toda su vida haciendo propaganda disfrazada de crítica. Él ve al crítico a través de ese lente: debe ser un mero propagandista. Hay que llenar el espacio para que no lo llene otro. El espacio se llena de mentiras, pero algo queda. Su seguidor le cree a él. Según Luis Estrada,[68] entre el 3 de diciembre de 2018, día en el que comenzaron las mañaneras, y el 28 de agosto de 2020, en 441 mañaneras AMLO había dicho un total de 32 mil mentiras, un promedio de 73 mentiras por mañanera.[69]

Incluso los fines de semana que no va de gira no es inusual que grabe un video. Ya en medio de la pandemia se abrió una nueva conferencia diaria que daba cuenta del avance de la enfermedad. Aunque no era nada clara la confiabilidad de los datos, tuvo por momentos un *rating* muy alto, superior al de las mañaneras de AMLO.

AMLO pronto entendió que debía hacer más conferencias. "De 6 a 7 de la noche, la conferencia de créditos; de 7 a 8 de la noche está Hugo López-Gatell, y de 8 a 9 los programas de Bienestar", anunció el 29 de abril. Se cumplió a medias, sin que tuviera mayor impacto. Para aclarar las dudas con respecto al regreso (virtual) a las clases, se abrió otro ciclo más de conferencias, a cargo de Esteban Moctezuma, que tuvieron lugar entre el 3 y el 23 de agosto.

En la mañanera del 29 de abril, ante la pregunta de una periodista sobre si seguiría los pasos de Claudia Sheinbaum de hacer videoconferencias desde su despacho, AMLO respondió: "Pero yo ya le tengo cariño a las mañaneras, ya me acostumbré".

La mañanera domina el espacio público, pero también desnuda al presidente todos los días. En su permanente fuga de la realidad, el espacio de distracción también se puede convertir en una comedia involuntaria donde exhibe sus peores reflejos.

Un tuit de Emilio Blanco publicado el 7 de mayo de 2020 resume muy bien cómo ve AMLO a México, y cómo lo expone en sus mañaneras: "Es extraña la imagen que AMLO transmite de México en sus mañaneras. Una sociedad pura, buena, agrícola, traicionada por el neoliberalismo babilónico, pero que conserva los valores familiares que la salvarán. Una mezcla de libro de primaria y folleto de los Testigos de Jehová".[70]

En ellas ha puesto a su vocero, Jesús Ramírez, a declamar poesía (video: https://bit.ly/38nhU8M). En otra ocasión, lo puso a leer aquel documento "confidencial" (palabras de Jesús Ramírez) de origen desconocido sobre el supuesto complot en su contra orquestado por el Bloque Opositor Amplio (BOA), un panfleto donde supuestamente todos los partidos de oposición, más algunos personajes públicos, la Confederación Patronal de la República Mexicana (Coparmex), y el mismísimo INE, buscan ganarle electoralmente en 2021 y en la revocación de mandato en 2022. Yo no estaba entre la lista de presuntos conspiradores desde los medios de comunicación.

En otro caso revelador, en sus palabras: "Y de repente los conservadores se disfrazan de feministas",[71] dijo sobre las protestas y los paros feministas. O cuando, durante las primeras semanas de la crisis del coronavirus, dijo que "es un hecho, es conocido, que sobre todo las hijas cuidan a los padres. Los hombres podemos ser más desprendidos, pero las hijas están siempre pendientes de sus madres y sus padres".

El instinto original de su esposa, Beatriz Gutiérrez, fue apoyar el movimiento feminista, en particular el paro de mujeres propuesto para el lunes 9 de marzo. La tarde del jueves 5 de marzo subió a su cuenta de Instagram una imagen promocional de la protesta nacional por Un Día sin Mujeres, publicación que esa misma noche eliminó, poniendo en su lugar una imagen promocional del contra movimiento No al Paro Nacional, promovido por el gobierno federal.[72]

Al cambiar su postura dejó claro que AMLO es un típico macho mexicano. El día de la marcha del 8 de marzo, AMLO defendió la importancia, para los grandes líderes sociales, de tener una esposa abnegada: "En la segunda transformación, en el movimiento de Reforma, no se puede omitir —y a lo mejor no les va a gustar a algunos, algunas que yo haya escrito—, no se puede omitir la aportación abnegada, así, lo repito, la contribución abnegada de Margarita Maza de Juárez".

Otro caso conspicuo de su incapacidad para entender la naturaleza de los problemas que enfrenta ha sido su respuesta frente al coronavirus. Ésta ha estado marcada por su esfuerzo de distanciarse de lo que él calificó como sobrerreacción ante la crisis del virus AH1N1 en 2009. En ese entonces AMLO dijo: "Es el virus de la idiotez. Calderón es muy ineficaz, muy torpe […] Calderón no estaba, y ése es el problema de origen, ni siquiera para ministerio público. Entonces lo impusieron como presidente y ahí están los resultados. Da tristeza nuestro país".[73]

En un gobierno tan centralizado, la ficción de que el supuesto encargado de tomar las decisiones técnicas era el subsecretario López-Gatell era evidente. Después de que el propio AMLO había difundido en su cuenta de Twitter qué debía hacerse, incluido el distanciamiento social, seguía organizando mítines.

Uno de los momentos más extraños fue cuando el subsecretario dijo que hasta podría ser buena idea que AMLO se infectara: "Casi sería mejor que [AMLO] padeciera coronavirus porque lo más probable es que él, en lo individual, como la mayoría de las personas, se va a recuperar espontáneamente y va a quedar inmune, y entonces ya nadie tendría esta inquietud sobre él".

Aunque como dijo John Ackerman en el programa que conduce con Sabina Berman en el Canal Once: "AMLO es el científico, por supuesto que sí. A ver, el secretario y el subsecretario de Salud están siguiendo instrucciones del presidente de la República. Por supuesto que es un científico".[74]

A diferencia de Estados Unidos, donde Trump se encontró como director del Instituto Nacional de Alergias y Enfermedades Infecciosas a Anthony Fauci, quien lo encabeza desde 1984, López-Gatell es un empleado de AMLO. Lo puede correr cuando quiera. López-Gatell lo sabe.

Al inicio de la crisis del coronavirus seguía defendiendo su mundo de giras todos los fines de semana, incluida una en Sinaloa donde pasó a saludar a la madre de Joaquín *el Chapo* Guzmán. Muy difícil darle una racionalidad de algún tipo a esta acción. Silva-Herzog lo llamó provocador.[75] Ciertamente eso fue, pero ¿con qué fin? Leo Zuckermann lo llamó "genio comunicativo",[76] lo es, pero en este caso ¿qué sentido tiene distraer la conversación del virus para incrementar el desprestigio ante un amplio sector de la población por saludar a la mamá del criminal más conocido en México?

Las cosas son como el presidente quiere. Si él es mañanero, todos sus colaboradores deben serlo. Muchos de ellos, a diferencia de su jefe, trabajan hasta tarde y llegan desmañados. Para el cerebro, la falta de sueño tiene efectos parecidos a los de estar bajo la influencia del alcohol.[77] Eso a él no le importa. No piensa en los demás. Sólo en él. Si no le gusta viajar en helicóptero, hay que moverse por tierra. Si le gusta el beisbol, a gastar recursos públicos en promoverlo. En medio de la crisis por el covid-19, el gobierno federal compró un estadio de beisbol en Sonora que costó 511 millones 690 mil pesos, y existe una Oficina de la Presidencia para la Promoción y Desarrollo del Beisbol en México (ProBeis).[78]

No hay un culto a su personalidad como lo hubo con Chávez o Castro, pero sí más de una señal de que éste se puede ir desarrollando con el tiempo. Cuando, presionado por la activista Frida Guerrera, soltó un absurdo decálogo sobre el feminicidio, repleto de lugares comunes, repetitivo y sin políticas específicas, los barberos más distinguidos lo empezaron a circular en las redes sociales como si fueran las palabras de Moisés. En corto, sus más fieles seguidores revelan una gran admiración por él, y cuando no tienen una respuesta a una decisión suya, simplemente concluyen confiadamente que el presidente sabe más que nosotros.

Es muy claro su deseo de hacer Historia, con mayúscula. El logo del gobierno federal, compuesto por las imágenes de Morelos, Hidalgo, Juárez, Madero y Cárdenas, parece estar esperando una silueta más: la de AMLO.

Sólo importan él y su proyecto. Si escribe un libro, lo promueve en la mañanera. Escribir y vender libros es el negocio personal de AMLO. En marzo de 2018, en plena campaña electoral, dijo: "No lo vayan a decir, aquí entre nos, porque no quiero parecer presumido. Pero mi libro *2018: La salida*, un libro que escribí el año pasado, fue el más vendido en el 2017 de autores mexicanos, al menos en la Gandhi fue el libro que más se vendió. No lo digan eso. Tampoco puedo decir que he recibido un millón de pesos por regalías de ese libro". ¿Se imaginan el costo político que hubiera pagado Fox si en una conferencia promoviera su marca de verduras, su negocio personal?

AMLO no concibe (o quiere que nadie crea) que alguna crítica a él o a su proyecto pueda ser una crítica genuina. Por el contrario, cree que todas tienen detrás un interés oculto. "Una artista, conocidísima, muy respetable [Thalía]. Un comediante muy conocido, con talento [Eugenio Derbez], que es medio utilizado, pero forma parte de esta estrategia general [en su contra]", dijo cuando estas figuras públicas criticaron el actuar de su gobierno ante la pandemia.

En su permanente estado de desconfianza y polarización, AMLO argumenta que todo cuestionamiento es por mala fe. El 28 de marzo, en el aeropuerto de Tijuana un reportero le preguntó por qué no se dejaba tomar la temperatura antes de subir al avión. AMLO le respondió: "No voy a caer en provocaciones. Eres un provocador".

Una de las frases preferidas de AMLO es que él tiene otros datos. En su caso no se trata de que sea un filósofo posmodernista que no crea en la objetividad científica; es simplemente un mentiroso. Puede decir que no dijo cosas que están documentadas, pero al ocupar buena parte del espacio público, su voz se repite y se repite.

Hay datos supuestamente ciertos que se repiten con alegría y sin fundamentos. Un ejemplo: los días 1° de julio,[79] 2 de agosto,[80] 1° de septiembre[81] y 1° de diciembre de 2019,[82] AMLO dijo que el robo de combustible disminuyó 94 por ciento. No hay fenómeno como ése que sea así de estable. No sé si realmente se crea lo que dice, o sea un cínico absoluto, o, dando por válida la hipótesis de María Amparo Casar, simplemente se engañe.

AMLO no es el único presidente populista con tendencias a actuar sin importarle la evidencia. Parece que son parte de la democracia contemporánea. En su caso, no sólo tiene otros datos. Habla desde tal posición de supuesta superioridad moral que se permitió grabar un video en La Rumorosa, Baja California, en el que, con aerogeneradores de fondo, dijo que "nunca más permisos para afectar el medio ambiente, para la contaminación visual. Hay que respetar la naturaleza. Esto es patrimonio de la humanidad". Palabras del responsable de destruir los manglares en Paraíso, Tabasco, para hacer su refinería o la selva de Calakmul, Campeche, para hacer un tren.

Una de sus frases más socorridas es que "el triunfo de los conservadores es moralmente imposible". En medio de la epidemia y el colapso económico, AMLO daba clases de la crisis moral del neoliberalismo, tema sobre el que, siendo presidente en funciones, escribió un libro: *Hacia una economía moral*.

Otro de sus sermones predilectos es invocar al amor como estrategia de política pública. En la mañanera del 18 de febrero de 2019, al referirse al asesinato de la pequeña Fátima, cuyo caso consternó al país, AMLO dijo: "Estamos atendiendo las causas y pensamos que en la medida en que tengamos una sociedad más justa, más igualitaria, fraterna, con valores, en la que el individualismo no sea lo que prevalezca, sino el amor al prójimo, que haya mucho cariño, que no haya odios, así vamos a ir enfrentando todos los desafíos, todos los retos".

Lo mismo hizo el lunes 20 de abril, tras uno de los días más violentos en la historia contemporánea de México, por lo menos hasta ese día, y con grupos del crimen organizado repartiendo despensas. "Eso no ayuda. Ayuda el que dejen sus baladronadas, ayuda el que le tengan amor al prójimo, ayuda el que no le hagan daño a nadie, ayuda que no se sigan enfrentando y sacrificando", les dijo a los grupos criminales.

Un presidente que viene de ser oposición, que pasó tanto tiempo tratando de descarrilar al gobierno en turno, desconfía como pocos de quienes no están con él. Es reiterada su fácil acusación a quienquiera que se le oponga de ser un conservador (no sé si se lo cree o es parte de una estrategia permanente de polarizar, o ambas), o simplemente, como ya dijimos de inventar enemigos. Cuando se siente atacado, contraataca.

El papel de víctima es una de las especialidades del presidente. Le fue útil como opositor. Como presidente, también ha recurrido a ella: su gobierno es víctima de los editoriales de periódicos nacionales y extranjeros, de las calificadoras que no entienden el propósito de su transformación, de los zapatistas que se aliaron con los conservadores, del movimiento feminista nacional, que no entiende que él y los suyos son distintos. Su utilidad es menor cuando es evidente que el poder lo tiene el presidente, y cuando ha hecho todo lo posible para que eso quede claro, pero le sirve para cambiar la conversación.

Nos fuimos acostumbrando a todo tipo de excesos verbales del presidente. En su momento, a Fox le cayó un vendaval mediático por haber nombrado "José Luis Borgues" a Jorge Luis Borges en el segundo Congreso Internacional de la Lengua Española en 2001. El desliz de Fox se hizo tan famoso que, años después, cuando el rey Felipe VI de España llamó "José Luis" al autor argentino, parte de la prensa mexicana dijo que "hizo un Fox".

Este capítulo podría ser simplemente un listado de estos dislates, pero basta un ejemplo: cuando retrató a la derecha como golpista. "No olviden lo que hicieron con las cacerolas antes del golpe de Estado a Salvador Allende en Chile", dijo sobre el Paro Nacional de Mujeres del 9 de marzo. Era una narrativa opuesta a la realidad, pues el grueso de la oposición estaba callado como momia.

AMLO Y LA LEY

La relación del presidente con la legalidad es ambigua, por decir lo menos. Tras negarse a pagar una absurda indemnización al dueño de un terreno, que tenía que pagar el gobierno del entonces DF, en palabras de Krauze:

> López Obrador declaró, con tonos extrañamente evangélicos: "Ley que no es justa no sirve. La ley es para el hombre, no el hombre para la ley. Una ley que no imparte justicia no tiene sentido", y agregó: "La Corte no puede estar por encima de la soberanía del pueblo. La jurisprudencia tiene que ver, precisamente, con el sentimiento popular. O sea que si una ley no recoge el sentir de la gente, no puede tener una función eficaz [...] La Corte no es una junta de notables ni un poder casi divino".[83]

79

La enorme legitimidad de AMLO le da el poder para violentar la ley. Como lo ha dicho Norberto Bobbio: "Que el poder sea legítimo es de interés del soberano, pues le da margen de maniobra por arriba de la ley. El que el poder sea legal es de interés del súbdito, pues es lo que le impone límites al poder".[84]

Si un opositor recurre al sistema legal para frenar una obra del gobierno, AMLO lo llama "sabotaje legal" y le resta toda legitimidad al acusarlo de que "políticamente quieren que no cumplamos con nuestros compromisos".[85] Suele escudarse en que "la justicia está por encima de todo. Si hay que optar entre la ley y la justicia, decidan en favor de la justicia".[86]

No es nuevo en un gobernante este desprecio por la ley. Sí lo es el cinismo. Gobernantes anteriores en más de una ocasión violaron la ley, pero por lo menos buscaban cubrir las formas. Un gobierno escudado en el eslogan de que "al margen de la ley, nada; por encima de la ley, nadie", cambia las leyes que quiere, y ni así las cumple.

María Amparo Casar ha documentado con precisión su desprecio por la ley. En su ilegalómetro publicado cada seis meses en la revista *Nexos*, ha mostrado que en los primeros seis meses de su gobierno violó la ley en 20 ocasiones, desde su promoción personal en publicidad oficial hasta reclutar anticipadamente personal para la Guardia Nacional, pasando por iniciar la construcción del Tren Maya sin requisitos legales como el estudio de impacto ambiental.[87] En su manejo de la crisis por la pandemia, su gobierno incurrió en cuatro omisiones (tardía convocatoria del Consejo de Salubridad General, en la adquisición de medicamentos y de equipo médico, la falta de apoyo a migrantes, la falta de transparencia y el manejo de recursos públicos), en cuatro acciones ilegales o de dudosa legalidad (en cuanto al manejo de recursos públicos, la declaratoria de actividades "esenciales", la contratación de profesionales de la salud y diversos decretos al margen de la ley) y en tres actos de corrupción (convocatorias fantasma, adjudicaciones directas, contratos con empresas bajo investigación).[88]

El suyo es un gobierno opaco. Al Instituto Nacional de Transparencia, Acceso a la Información y Protección de Datos Personales (INAI) lo ataca con frecuencia por caro y lo acusa de haber sido tolerante con la opacidad del gobierno pasado. Pero tampoco le quita el sueño. Simplemente no le hace mucho caso. Ante una solicitud ciudadana respecto a quiénes fueron invitados a una cena con empresarios donde se les pidió una cooperación para la compra de unos boletos para la rifa de un avión que no se rifaba, la respuesta de la Unidad de Transparencia de la Presidencia fue que tras "una búsqueda exhaustiva, amplia y razonable, no se encontró evidencia documental que atienda los requerimientos del interesado". El cinismo total.

Aunque le gusta decir que "mi fuerte no es la venganza", parece no olvidar agravio político alguno. Muestra de ello son todas las inconsistencias en el juicio de Rosario Robles: incongruencias en la acusación de la fiscalía, violaciones a sus derechos humanos, violaciones a su presunción de inocencia y violaciones al debido proceso legal.[89] Esto no se puede ver más que a la luz de la venganza.

UN POPULISTA DE IZQUIERDA MUY PECULIAR

AMLO es un populista extraño, porque en general éstos viven (en el caso de Maduro, sobreviven) de la movilización permanente de su base electoral. De ahí surge buena parte de su poder.

En el caso de AMLO, él no es un presidente que, ante las varias protestas en las principales ciudades del país de un grupo de clase media exigiendo su renuncia, el precursor del Frente Nacional Anti-AMLO (Frena) en mucho casos, su primera reacción sea hacer una contramarcha reivindicatoria, como lo haría Chávez. Simplemente los reta en la siguiente mañanera a que revoquen su mandato: "Sigan articulándose, vendrá la revocación de mandato", dijo a la oposición el 31 de mayo de 2020.

Como siempre, luego les subió la apuesta. AMLO los retó: "En mi caso, a la primera manifestación de 100 mil personas y que yo vea que en las encuestas ya no tengo apoyo, a Palenque, Chiapas; ni siquiera espero la revocación de mandato. Ahí nos vemos porque tengo principios e ideales", dijo AMLO el 29 de septiembre. Frena logró juntar a miles (más de 150 mil, según esta organización; apenas 5 mil, según el gobierno de la Ciudad de México). En respuesta, AMLO empezó a decir que quiere hacer su propia marcha de apoyo, para juntar a un millón de simpatizantes, aunque esperaría a que pasara la pandemia. Un grupo de simpatizantes le tomó la palabra pero sólo se juntaron unos cuantos miles (5 mil 700, según el gobierno capitalino).

En la medida en que se acerquen las elecciones su reacción natural será ir mostrando cada vez más su capacidad de movilización. Tiene todos los recursos para hacerlo. En su larga campaña fue creando una red de apoyo informal, de la cual deriva una parte importante de su control territorial, mismo que teje y teje en cada gira que hace. Los servidores de la nación están para darle más fuerza. La red depende sobre todo de él. La puede activar cuando desee.

No está usando su poder para darle poder a la gente, para democratizar al país, como ha argumentado Carlos Illades en su libro ya citado. Él es la voz del pueblo, y en él se concentra todo el poder. Cuando lo considera, pregunta "al pueblo" sobre algún tema en particular, con preguntas sesgadas y hasta a través de consultas patito como forma de validar sus decisiones.

El caso más evidente es el de la ilegal consulta sobre la cancelación del aeropuerto de Texcoco, aunque hay otras. Esta consulta fue ilegal, pero le sirvió para legitimar su decisión. Al conocer los resultados de la consulta, dijo: "Es buena noticia el que se haya optado por la construcción de dos pistas en Santa Lucía, antes que nada estamos contentos porque se aplicó un ejercicio democrático y fue la gente la que decidió y tenemos que ir creando el hábito democrático, cuando hay democracia no existe la corrupción".[90]

Otro tema donde tiene una posición muy original para sus supuestos objetivos transformadores es su visión de la familia, propia de un conservador como esos que tanto desprecia. No todo es ánimo de destrucción y centralización en el gobierno de AMLO. Hay una institución que no quiere debilitar, sino todo lo contrario: la familia. Ésta es la única institución en la que AMLO realmente parece creer.

Al hablar de su participación en la cumbre virtual del G20, llevada a cabo el 26 de marzo de 2020 con el fin de proponer soluciones ante la pandemia, AMLO dijo: "Hablé en especial de la importancia de la familia. Repetí que la familia es la institución de seguridad social más importante. Que estamos acudiendo al apoyo de las familias mexicanas para proteger a los adultos mayores y el resto de la población vulnerable".

En su panfleto "La nueva política económica en los tiempos del coronavirus", escribió:

> Por ello sostenemos que la solución de fondo, la más eficaz para vivir libres de miedos y temores, pasa por enfrentar el desempleo y la pobreza, por evitar la desintegración familiar y la pérdida de valores, y por favorecer la incorporación de los jóvenes al trabajo y al estudio [...] ha quedado de manifiesto que la familia mexicana es la institución de seguridad social más importante del país, y que gracias a ello se ha podido cuidar en nuestras casas a la población más vulnerable frente al virus [...][91]

Lo más retrógrado en su visión del mundo es el papel de la mujer en la familia. "A veces no gusta mucho porque, también con razón, se quiere cambiar el rol de las mujeres y eso es una de las causas, es una de las causas justas del feminismo, pero la tradición en México es que las hijas son las que más cuidan a los padres", dijo el 25 de junio de 2020.

Uno de sus rasgos más contradictorios y violatorio de la separación constitucional entre Iglesia y Estado es su activismo cristiano y su constante sermoneo al respecto. No le causa el menor rubor siendo que se dice gran admirador de Benito Juárez, quien llevara a cabo la separación entre la Iglesia y el Estado.

Ha dicho que su política social, como el cristianismo, tiene como propósito el humanismo y el amor al prójimo: "¿Por qué sacrificaron a Jesucristo? ¿Por qué lo espiaban y lo seguían? Por defender a los humildes, por defender a los pobres, ésa es la historia real. Entonces, que nadie se alarme cuando se mencione la palabra cristianismo. Cristianismo es humanismo. Todas las religiones tienen ese propósito: el humanismo, el amor al prójimo, ésa es la justicia social. A eso se le puede llamar solidaridad, se le puede llamar fraternidad, se le puede llamar de distintas maneras, pero es ser realmente fraterno con los demás, que haya humanismo, que no se le dé la espalda al que sufre", dijo en Sonora el 26 de octubre de 2019.[92]

Su juarismo es quizá una mera táctica para encubrir a quien usa con frecuencia discursos y símbolos religiosos. AMLO llamó Morena a su movimiento político con un objetivo parecido al de los conquistadores cuando crearon el mito de la virgen morena. Es un partido para la gente, la gente morena. AMLO busca construir algo similar a lo que hizo el PRI cuando incorporó los colores de la bandera nacional en su logo. El PRI no pretendía representar a una parte del país, sino a todos los mexicanos. ¿Qué mejor símbolo nacional que la virgen morena? El mito guadalupano antecede al país.

Casi todo lo que AMLO ha tratado de hacer lo había prometido en sus múltiples libros. Pocos pueden alegar que fueron sorprendidos. Sin embargo, ha tenido mucho más poder del que él mismo esperaba y mucha menos capacidad de la que hasta sus mayores críticos temían.

Un gobierno tan centralizado sólo puede resolver aquellos problemas y conflictos que llegan hasta el presidente. Un gobierno cuyo presidente le tiene tanta desconfianza a la burocracia existente antes de su llegada, en el que lo importante es la lealtad al jefe y no las competencias técnicas, está destinado a enfrentar muchos problemas para poder cumplir sus sueños.

CAPITULO 2

Todo el poder

Como vimos en el capítulo 1, el rasgo más notorio del gobierno de AMLO es la centralización del poder. Los políticos buscan acumular el mayor poder posible. Sin embargo, suelen enfrentar muchas restricciones en su camino.

Las sociedades plurales y las democracias representativas liberales parten del principio de que los contrapesos son deseables. Es altamente probable que un gobernante con mucho poder abuse o se equivoque, o ambas.

Cuando tales contrapesos no existen, tiene sentido construir un proceso de toma de decisiones que proteja al poderoso de sus caprichos y errores. La crítica y el debate son una forma de conocer otros puntos de vista y salir del encierro y de la soledad del poder.

AMLO, lo vimos, no es el caso. Ha centralizado como nunca el poder en él. Gobierna sin mecanismos de discusión estructurada. No tiene restricciones importantes, ni dentro de su gobierno ni en el Congreso. Está por verse si el Poder Judicial le puede imponer frenos, pero, salvo cuando el amparo impone la suspensión de una acción del Ejecutivo, en todos los otros casos lo más que puede hacer el Poder Judicial es corregir las violaciones a la ley por parte del Ejecutivo, dictando una sentencia al respecto. Pero esto toma tiempo. En nuestro caso ha tomado mucho. AMLO, en la práctica, ha podido actuar sin mayor restricción institucional.

No estamos frente a una dictadura. Habrá elecciones en 2021, hay partidos políticos de oposición financiados por el Estado, libertad de expresión, de asociación, de petición, de participación política. Pero sí estamos frente a una democracia con rasgos autoritarios que no tolera instituciones con cierto margen de autonomía.

López Obrador entiende la democracia como un mandato del pueblo, no como un tejido institucional de pesos y contrapesos. El estilo personal de gobernar de AMLO se asemeja a uno de los rasgos de lo que Guillermo O'Donnell, el politólogo argentino experto en regímenes políticos, bautizó en 1994 como "democracia delegativa". Estas democracias "se basan en la premisa de que quien sea que gane una elección presidencial tendrá el derecho a gobernar como él (o ella) considere apropiado, restringido sólo por la dura realidad de las relaciones de poder existentes y por un periodo en funciones limitado constitucionalmente. El presidente es considerado como la encarnación del país, principal custodio e intérprete de sus intereses".[1] Cuando AMLO defendió una reforma a la Ley de Presupuesto y Responsabilidad Hacendaria que le dará a él todo el poder para reconducir el presupuesto, declaró en la mañanera del 30 de abril de 2020: "Y a mí me pidió el pueblo que yo cuidara el presupuesto, que yo me convirtiera en un guardián de los dineros del pueblo".

El 17 de julio de 2018, pocos días después de la elección y meses antes de que AMLO tomara posesión, Raymundo Riva Palacio identificaba lo que, a la postre, acabaría siendo uno de los rasgos más claros de la presidencia de López Obrador:

López Obrador ha ido dando a conocer el armado de su cuarta transformación, que se edificará sobre la centralización del control político, el económico y del estado de fuerza desde Palacio Nacional, que le permitirá gobernar verticalmente el país. Nada de horizontalidad ni contrapesos. De arriba hacia abajo, como dice que hará con la corrupción, decidirá el destino de 130 millones de personas.[2]

Con un presidente centralizador, muchas de las instituciones se van a debilitando. Tanto porque no pueden operar adecuadamente a partir del capricho presidencial, como por ciertas decisiones encaminadas a debilitarlas.

Las instituciones son las reglas del juego de una sociedad. Delimitan qué se puede hacer y qué no. Reflejan el poder de quienes en su momento pudieron legislar de cierta manera y fueron construyendo una cierta interpretación de esas leyes. Las leyes existentes refuerzan el poder de unos en detrimento del de otros. En la visión de AMLO, las instituciones del viejo régimen apuntalaban los intereses del viejo régimen. En la lógica transformadora, hay que destruirlas.

Heredó instituciones frágiles, y ahora AMLO está ejecutando muchas de ellas, algunas de manotazo, otras poco a poco.

Pesos y contrapesos en la democracia mexicana

La transición a la democracia se construyó a partir de acordar la protección de los derechos de las minorías políticas. Sólo así el Partido Revolucionario Institucional (PRI) podía aceptar correr el riesgo de ser derrotado en las urnas. De serlo, ya como minoría, no sería borrado del mapa.

Para el Partido Acción Nacional (PAN) y el Partido de la Revolución Democrática (PRD) era también fundamental tener capacidad de frenar al PRI en temas fundamentales si éste seguía ganando. Aceptaron seguir en el juego democrático a cambio de tener un cierto poder de veto y de la construcción de instituciones electorales fuertes y autónomas respecto al gobierno, de modo que, si ganaban una elección, el gobierno no podría tirar el sistema de conteo de votos como lo hizo en 1988.

Nuestra Constitución delimita detalladamente cómo han de conformarse las fuerzas políticas tras las elecciones. La Constitución, en su artículo 54, IV, señala: "Ningún partido político podrá contar con más de 300 diputados por ambos principios", es decir, por el de mayoría relativa y el de representación proporcional. La mayoría constitucional se obtiene con más de las dos terceras partes de los diputados presentes; si están todos presentes, eso significa 331 diputados. La lógica del diseño es clara: evitar que un partido pueda cambiar la Constitución sin el apoyo de otros partidos.

Así, el ganador debe negociar con las minorías, si éstas tienen más de un tercio de los votos, en alguna de las Cámaras, si quiere llevar a cabo reformas constitucionales. Muchas veces es la única ruta para hacer cambios de fondo, dado que nuestra Constitución tiene un nivel de detalle inusual. Se requiere también la aprobación de la mitad más uno de los congresos estatales, es decir, 17.

Muchos de los nombramientos en órganos constitucionalmente autónomos o incluso simplemente con autonomía técnica requieren de las dos terceras partes de los votos de una de las dos Cámaras. Las modalidades son muchas, pero en cualquier caso las minorías tienen poder de veto si es que controlan ese tercio de alguna de las dos Cámaras, dependiendo de qué órgano sea.[3]

Ese tercio o más de los legisladores de una Cámara puede también iniciar controversias constitucionales. Éste es el mecanismo de la minoría para evitar abusos legislativos de la mayoría en el Congreso.[4]

Existe un órgano autónomo, la Comisión Nacional de los Derechos Humanos (CNDH), que puede presentar controversias constitucionales cuando presupone que una ley o una decisión del Ejecutivo pueda estar violando los derechos humanos, y otros órganos autónomos, como la Comisión Federal de Competencia Económica (Cofece), pueden introducir controversias constitucionales si les parece que un órgano autónomo o el propio Ejecutivo invade sus atribuciones.

La decisión del votante y las reglas electorales que transforman ese voto en representación en el Poder Legislativo habían llevado a que ningún presidente desde 1997 tuviera la mayoría absoluta en ambas Cámaras, mucho menos la mayoría calificada y por tanto la posibilidad de reformar la Constitución por sí mismo. El presidente, por diseño constitucional, está obligado a negociar si quiere modificar la Constitución. Peña Nieto pudo hacerlo gracias al Pacto por México, pero requirió ceder en muchas cosas, entre otras el control de los nuevos órganos autónomos, para obtener el voto de la oposición.

Para Fox y Calderón, llevar a cabo reformas constitucionales que cambiaran las estructuras económicas del país fue mucho más complicado. Buena parte de su agenda legislativa nunca se aprobó. Sí hicieron muchas reformas, pero no las originalmente planteadas por ambos gobiernos. Éstas las terminó haciendo Peña Nieto, aunque el PRI se había opuesto sistemáticamente a muchas de las reformas que acabarían siendo el sello distintivo del Pacto por México.

De cara a la elección presidencial de 2006, AMLO buscó no negociar con nadie. De haber ganado, hubiera sido por un margen pequeño y muy probablemente no hubiera tenido al Congreso de su lado. En esa elección su coalición sólo obtuvo 28 por ciento de los votos en el Senado y 31.4 por ciento en la Cámara de Diputados.

Ante la frustración de muchos debido a los problemas que para legislar supone un gobierno dividido, es decir, cuando el partido del presidente no tiene la mayoría en el Poder Legislativo, a finales del sexenio de Calderón surgieron voces que buscaban evitar esa situación. La propuesta era reformar la Constitución para sobrerrepresentar en el Congreso a quien ganara la presidencia. Leo

91

Zuckermann, por ejemplo, defendió esa opción con los siguientes argumentos:

> Movernos a un sistema de más representación territorial en lugar de proporcional ciertamente generaría una sobrerrepresentación del partido ganador del Congreso. Si el presidente es del mismo partido, esto favorecería la gobernabilidad en detrimento de la pluralidad. Si así lo desease el electorado, se generarían gobiernos fuertes que ya no tendrían pretextos para resolver los problemas del país y enfrentarse a los poderosos intereses de los grupos beneficiarios del *statu quo*.[5]

Yo estuve en contra de ello. Sobrerrepresentar a una fuerza política es violentar el sentido de la mayoría. El 26 de enero de 2010, en mi participación en la mesa de análisis *La cooperación entre poderes en gobiernos divididos*, organizada por el Instituto Belisario Domínguez del Senado de la República, dije que "fortalecer la relación entre los dos poderes [el Ejecutivo y el Legislativo] no pasa por sobrerrepresentar un partido en el Congreso. Pasa por generar incentivos para la colaboración".[6]

Los presidentes con mucho poder, a mi juicio, son más un riesgo que una oportunidad para tener un país más próspero y justo. La "silla" en sí misma tiene mucho poder si se sienta en ella alguien con astucia y perversidad. El costo de que el presidente abuse de su poder suele ser mayor a la hipotética ventaja de que un gobernante preocupado por el bienestar del país, honesto y con las intuiciones de política pública adecuadas pueda imponer su voluntad de cambio para el bien del país. Es más, la probabilidad de que incluso alguien con todos esos atributos los pierda si tiene todo el poder es alta. En palabras de Miguel de la Madrid: "Hay un gran peligro en el enloquecimiento de los presidentes. Los locos hacen enloquecer al presidente, porque la locura es contagiosa".[7] Por supuesto que, si un presidente se vuelve loco, él ni se entera.

La centralización del poder era inevitable con una personalidad como la de AMLO. Con o sin mayoría tendríamos una mañanera y ataques constantes a sus adversarios. La forma extrema en la que dicha centralización se está dando fue posible dada la mayoría que su coalición electoral, Juntos Haremos Historia, obtuvo en ambas cámaras legislativas, y el control que él tiene sobre el Movimiento de Regeneración Nacional (Morena) y sus aliados.

Un Legislativo que no refleja la voluntad del votante

AMLO recibió una votación inédita para el México democrático. En su tercera campaña presidencial, AMLO traía una ventaja sobre sus opositores en varios sentidos: porque la gran mayoría de los mexicanos había oído hablar de él (algo que puede parecer trivial, pero no lo es), por haber encarnado la oposición a un gobierno cada vez más corrupto, porque se alió con quien estuviera dispuesto a reconocer su liderazgo y porque logró convencer a la gente de que él representaba una ruta mejor.

La magnitud de su triunfo fue posible gracias al colapso de los partidos tradicionales de México por su historial de corrupción, soberbia e ineficacia. El PAN se dividió por la incapacidad de su presidente Ricardo Anaya de procesar las demandas de Felipe Calderón, para quien importó más su pleito con Anaya que el riesgo de empoderar a su verdadero adversario, AMLO.

El ataque de Peña Nieto al candidato de la coalición Por México al Frente, Ricardo Anaya, por presunto lavado de dinero, llevó a frenar su hasta entonces ascenso en la intención de voto. En su artículo "2018: ¿Por qué el tsunami?", que examina el avasallante triunfo de Morena en las elecciones del 2018, Jorge Buendía y Javier Márquez comienzan su análisis dando cuenta de este hecho:

Las elecciones mexicanas de 2018 fueron las menos reñidas de la historia reciente de México. También las menos impugnadas. Al mismo tiempo, han sido las únicas donde el Tribunal Federal Electoral juzgó que hubo una intervención directa por parte del gobierno federal en contra de uno de los contendientes. La intervención reconocida por el tribunal se refiere a los falsos cargos de corrupción que hizo la Procuraduría General de la República [PGR] contra el candidato Ricardo Anaya, que ocupaba entonces el segundo lugar en la contienda, 10 puntos abajo del puntero, Andrés Manuel López Obrador. Podemos ver ahora que las imputaciones falsas de la Procuraduría, de las que ella misma exoneró al candidato después de los comicios, coincidieron en el tiempo con el estancamiento electoral de Anaya y con el despegue definitivo de López Obrador, quien terminó la contienda 30 puntos arriba.[8]

En el PRI creían que su candidato, José Antonio Meade, ganaría a ese votante que estaba apoyando a Anaya y tendría dudas sobre su honorabilidad. No fue así. En todo caso, como señalan Buendía y Márquez, el Tribunal Electoral sentenció, casi un año después de la elección, el 15 de mayo de 2019, que:

En ese sentido, cabe señalar que en ciertos casos, como acontece en el presente, la conducta verdaderamente sancionable no es el uso indebido de recursos públicos sino el exceso en el ejercicio de facultades atribuidas legalmente, cuando esto tiene un impacto en las elecciones, tal y como se ha venido explicando, la actuación de la PGR respecto a la difusión de comunicados, podría haber generado un impacto en el desarrollo del proceso electoral, porque de forma innecesaria destacó la presencia de Ricardo Anaya Cortés en las instalaciones de la SEIDO [Subprocuraduría Especializada en Investigación de Delincuencia Organizada]; lo refirió como candidato de la Coalición "Por México al Frente" e incluso difundió el video de dicha asistencia, siendo que en los comunicados indicó el carácter que dicho ciudadano tenía como candidato.[9]

No sólo le ayudó a AMLO la acusación contra Anaya. Tuvo también un cierto apoyo del PRI en el proceso electoral mismo. No sé si con la venia de su dirigencia, pero una parte considerable de la militancia se sentía mucho más cerca de un expriísta como AMLO, con un discurso más cercano al del PRI histórico, que de un tecnócrata del Instituto Tecnológico Autónomo de México (ITAM), como José Antonio Meade, que ni miembro del PRI era. Había sido secretario de Estado con Calderón. Uno más con el discurso tecnocrático y globalizador que les había dificultado a tantos priistas el ascenso en su carrera política.

A esto hay que sumarle la habilidad de AMLO para lograr una sobrerrepresentación en la Cámara de Diputados superior a la que la ley prevé. No es la primera vez que alguien lo hace, pero nadie había tenido tanto éxito.

AMLO obtuvo 53.19 por ciento de los votos totales, mientras que su coalición electoral obtuvo 43.6 por ciento para la Cámara de Senadores y 43.5 por ciento para la Cámara de Diputados. Casi 20 por ciento de sus votantes en la elección presidencial no quiso darle todo el poder. Sin embargo, su coalición alcanzó 61.4 por ciento de los diputados y 53.9 por ciento de los senadores.

Morena y sus dos aliados están sobrerrepresentados en el Poder Legislativo. Esto fue posible porque, como señala José Antonio Crespo:

Pero de haber ido Morena por sí mismo, incluso recibiendo la votación del PES y el PT, no podría tener la fuerza que ahora tendrá. Conviene pues ir en coalición [...] gracias a la cláusula de sobrerrepresentación que aún persiste en la legislación electoral (desde 1996) podrá tener 18% más de escaños que el porcentaje de votos que obtuvo en las urnas. ¿Cómo es eso? La ley permite una sobrerrepresentación máxima de 8% a cada partido. Así, suponiendo que hubiera sido sólo Morena quien hubiera recibido la votación total de la coalición obradorista (43%), ese partido tendría 51% de curules (255 en vez de los 306 que tendrá la coalición). En cambio, al haber ido en alianza con dos partidos más, cada uno de ellos puede estar sobrerrepresentado hasta en 8%; sumados los tres, en principio podría haber hasta 24% de sobrerrepresentación. Tendrá en realidad 18% de sobrerrepresentación (del 43% de votos que recibió al 61% de curules que detentará la alianza).[10]

Además, muchos de los candidatos del Partido Encuentro Social (PES) y del Partido del Trabajo (PT) eran militantes de Morena. Simplemente una vez hecho el reparto de curules por parte del Instituto Nacional Electoral (INE), luego se regresaron a su partido. El caso más conspicuo es el del coordinador de la bancada de Morena en la Cámara de Diputados, Mario Delgado, quien compitió y ganó con las siglas del PT.

Las urnas mandaron, pero el poder llama a los oportunistas. Pronto el PRD perdió a nueve de sus 19 diputados y a cinco de sus ocho senadores, y aunque sólo uno de los diputados, Emmanuel Reyes, se fue a Morena, en general votan con Morena.[11] Esa organización oportunista y especializada en hacer dinero, el Partido Verde Ecologista de México (PVEM), una de las manifestaciones más puras de la mafia del poder, también migró a la coalición de AMLO: cinco diputados del PVEM se fueron a Morena. Fue el precio que pagó el PVEM por el apoyo de Morena a la aprobación de licencia del entonces gobernador saliente de Chiapas, Manuel Velasco, en el Senado. Esos diputados le dieron a Morena la mayoría absoluta de la Cámara de Diputados y con ello la presidencia de su Mesa Directiva.

Sus siete senadores son aliados *de facto* de Morena.[12] Entre ellos se encuentra Alejandra Lagunes, personaje muy cercano a Peña

Nieto y quien fue durante todo su sexenio coordinadora de la Estrategia Digital Nacional, hasta que renunció para buscar un escaño en el Senado. Es curioso, pero su currículum en la página del PVEM no menciona ese cargo que ostentó por casi seis años.[13]

AMLO se tragó el tufo de sus nuevos amigos. Sobre el PVEM, el 27 de noviembre de 2015, en Tlaxcala, AMLO había dicho que "son los que hacen el trabajo sucio a favor de la mafia del poder, a favor del PRI o del PAN". Ahora trabajan para su proyecto. No mucho antes, el 22 de mayo de ese mismo año, AMLO escribió en su cuenta de Twitter: "Votar por el PRI, PAN, PRD, Verde, etc., a sabiendas de que son unos vulgares ladrones, sería aceptar el papel de cómplice de la corrupción".

Ya han dicho que irán juntos a la elección de 2021. ¿Estará llamando "cómplices de la corrupción" a quienes voten por Morena-PVEM en la elección intermedia de 2021?

Con las reglas de una sobrerrepresentación no mayor a 8 por ciento, a su 43 por ciento del voto por diputados le hubiera correspondido 51 por ciento de éstos, muy lejos de la mayoría constitucional. No tendrían la fuerza que hoy tienen. Ésta no se la dieron las urnas, sino la maña. AMLO no tiene un mandato de la ciudadanía para legislar sin restricciones, pero tiene las condiciones *de facto* para hacerlo.

La coalición de AMLO

AMLO se cansó de negociar con los diversos grupos que controlaban al PRD. Optó por tener un partido propio que pudiera agrupar al movimiento que llevaba aglutinando en torno a él desde la campaña de 2006.

Morena, como lo ha puesto Carlos Illades, "se construyó a ras de piso con cuadros de la vieja izquierda y una base amplia y disímbola reclutada en barrios, comunidades y centros de trabajo.

La lucha, más que el estudio, fue la escuela política de sus militantes, básicamente de extracción popular o procedentes de la clase media menos favorecida".[14]

Morena fue capturando el espacio opositor después de la decisión del PRD de formar parte del Pacto por México. En la primera elección en que participó Morena, la intermedia de 2015, obtuvo 8.8 por ciento de los votos de la Cámara de Diputados, algo inédito para un partido nuevo, pero todavía debajo del PRD, que obtuvo 11.4 por ciento. En las 17 elecciones estatales de 2016, Morena obtuvo un millón 710 mil 734 votos,[15] frente a los 978 mil 668 del PRD. Se perfilaba el nacimiento de un movimiento fuerte, aunque era difícil anticipar que arrasaría en las elecciones de 2018.

El PRD buscó una coalición con Morena rumbo a la presidencia. AMLO la rechazó. "Es tiempo de aclarar que no haremos ninguna alianza con el PRD en 2018, como tampoco iremos en coalición con ningún partido corrupto [… Morena] hará alianza con el pueblo de México, con los ciudadanos", dijo AMLO el 28 de mayo de 2015. Sin embargo, el 13 de diciembre de 2017 AMLO anunció una coalición electoral con dos partidos casi polarmente opuestos.

Por un lado, con el PT, de origen maoísta, cuyo trabajo de organización de colonos, obreros y campesinos en el norte de México estaba inspirado en la Revolución Cultural china. En palabras de Jorge Iván Puma Crespo: "Su principal postulado era que los activistas del movimiento estudiantil debían integrarse a las masas. Según la estrategia delineada en el documento fundacional del grupo, el folleto 'Hacia una Política Popular', se trataba de salir de los cauces institucionales y hacer política 'popular' ".[16] Tuvieron cierto éxito en algunas ciudades de Durango, Nuevo León y Coahuila, consiguiendo tierras y apoyos monetarios del gobierno, "liberando" algunas colonias populares y dotándolas de ciertos servicios públicos como agua. En Chiapas participaron en distintos esfuerzos de movilización social. Su derrotero es una muestra exitosa de los distintos mecanismos que los gobiernos priistas utilizaban para incorporar a la política a grupos de origen revolucionario. El PT participaría en su primera elección en 1991, a la sombra del PRI, como mecanismo para dividir a la izquierda. El PT perdió el registro en 2015, pero el PRI lo apoyó para que en la elección extraordinaria del distrito 1 de Aguascalientes lo lograra refrendar.[17] Nadie sabe para quién trabaja.

Hasta la fecha, el PT se declara simpatizante del régimen comunista norcoreano. Después de que Alberto Anaya, el eterno líder del partido, viajara a Corea del Norte para solidarizarse con Kim Jong-un "tras los embates del presidente de Estados Unidos Donald Trump", en un comunicado del PT, del 2 de mayo de 2017, se leía: "El Partido del Trabajo tiene una relación profunda de respeto y reconocimiento con el pueblo norcoreano porque comparte los ideales de una visión de izquierda, con una sociedad organizada, solidaria, de transformación internacional y desarrollo universal, en favor de los más necesitados".

Por el otro lado, AMLO hizo una alianza con el PES, que obtuvo su registro nacional en 2014, y que tenía su mayor presencia en Baja California (ahí obtuvo su registro como partido político estatal en 2006), Morelos, San Luis Potosí, Sonora y Yucatán. Es un partido evangelista que se opone al matrimonio entre personas del mismo sexo y al aborto en cualquier modalidad, y que pregona "la verdad, la lealtad, el respeto mutuo y la honestidad".[18]

AMLO sabía que era su última oportunidad para llegar a la presidencia y quería ganar a toda costa. A diferencia de 2006, cuando quiso ganar sin aliados, para la elección de 2018 aceptó a cualquiera, sin importar sus antecedentes, siempre y cuando le reconocieran el liderazgo total. Por eso no quiso ir nuevamente con el PRD.

Se hicieron candidatos de su coalición los personajes más disímbolos. Tres de los más evidentes son Germán Martínez, expresidente del PAN y secretario de la Función Pública durante el sexenio de Calderón, señalado por simpatizantes de AMLO de ser uno de los artífices del supuesto fraude electoral de 2006.[19] Napoleón Gómez Urrutia, *Napito,* líder desde 2002 del Sindicato Nacional de Trabajadores Mineros, Metalúrgicos y Similares de la República Mexicana, miembro del sector obrero del PRI al más viejo estilo charro, heredero del puesto de su padre, Napoleón Gómez Sada, acusado de haber modificado los estatutos del sindicato para perpetuarse en el poder y de haber robado 55 millones de dólares de un fideicomiso de los trabajadores mineros.[20] Y Tatiana Clouthier, hija de Manuel Clouthier, el carismático candidato presidencial del PAN en 1988, quien murió en un sospechoso accidente automovilístico el 1° de octubre de 1989.

Jesús Ramírez Cuevas, uno de los ideólogos de Morena y, ya en el poder, el vocero presidencial, ha definido a esta coalición como un "bloque histórico que incluye sectores de izquierda y derecha, movimientos sociales libertarios, asociaciones conservadoras, campesinos, empresarios, trabajadores, indígenas, mujeres que luchan por sus derechos y hasta mujeres más conservadoras" que, a su juicio, se aglutinan en torno a un proyecto "democrático con sentido social".[21] Ése era el sueño aglutinador de AMLO. En la práctica había un solo pegamento: apoyar a AMLO y sacar al PRIAN del poder. AMLO se quedó con ese poder para imponer su visión del mundo.

Ante los ojos de AMLO, aquellos que buscaran entrar al paraíso mediante su coalición se purificaban *ipso facto.* Su pasado dejaba de importar. En palabras de John Ackermann, porrista entusiasta de AMLO y esposo de Irma Eréndira Sandoval, secretaria de la Función Pública en el gobierno de AMLO: "Todos merecen una segunda oportunidad".[22] Eso dijo sobre Germán Martínez. Merecen una segunda oportunidad si están con AMLO, se sobreentiende.

Un caso extremo es el de Evaristo Hernández Cruz, quien buscó la alcaldía del municipio de Centro, Tabasco, bajo las siglas del PRI. AMLO lo acusó de corrupto. La elección se anuló. El PRI no le dio nuevamente la candidatura. Se fue con Morena. AMLO no tuvo pena en decir que Hernández Cruz ha "tomado la decisión de sumarse a esta lucha y eso lo exonera. Todo el que está en el PRI y decide pasarse a Morena [...] se le debe perdonar [...] Al momento en que se sale del PRI, se limpió".[23]

Lejos de estallar su disímbola coalición con este explosivo coctel, AMLO logró atraer al votante más diverso. Había un fuerte enojo con la élite política, con sus excesos y corrupción, y con la enorme distancia entre lo prometido y lo logrado por las reformas emanadas del Pacto por México. Dos días antes de que AMLO tomara posesión, 68 por ciento de los mexicanos desaprobaba al gobierno de Peña Nieto.[24] En enero de 2018, 59 por ciento de los mexicanos tenía claro que no votaría por el PRI en la elección de julio.[25]

AMLO logró ganar en entidades donde la izquierda nunca había tenido una presencia importante, como Nuevo León, donde en 2006 obtuvo sólo 282 mil votos frente a los 488 mil de Roberto Madrazo y los 865 mil de Felipe Calderón. En 2012 AMLO obtuvo en Nuevo León 434 mil 650 votos, frente a los 653 mil 193 de Peña Nieto y los 786 mil 652 de Vázquez Mota. En 2018, en ese mismo estado, obtuvo 546 mil 616 votos, frente a los 544 mil 943 de Anaya y los 234 mil 374 de Meade. Incluso en Guanajuato, el único estado que no ganó en 2018, fue competitivo: obtuvo 606 mil 337 frente a los 815 mil 935 de Anaya y los 328 mil 665 de Meade.

AMLO obtuvo más de la mitad de los votos en 21 entidades. De los 32 estados, la coalición Juntos Haremos Historia fue la fórmula ganadora en la elección para el Senado en 24 estados, y solamente en dos, Nuevo León y Yucatán, no obtuvo al menos un senador.[26] Para la Cámara de Diputados, Morena ganó 220 de 300 diputados uninominales. Un triunfo avasallador.

Acumular poder

Al momento de escribir este libro, Morena tiene, por sí mismo, 252 diputados (163 de mayoría relativa y 91 de representación proporcional) y 61 senadores. La coalición de AMLO (sumando sus aliados *de facto* del pvem) tiene 333 diputados y 78 senadores. Es decir, 66.6 por ciento de la Cámara de Diputados y 60.9 por ciento del Senado. Existen siete experredistas, de los nueve que se fueron, que suelen votar con ellos en la Cámara de Diputados.[27]

AMLO, a diferencia de Trump, no se la pasa defendiendo políticas extremas para complacer a una parte de su electorado. Cree en lo que hace y luego lo defiende como siempre lo hace, hablando y hablando. Como domina el espacio y el debate públicos y tiene al Congreso de su lado, logra salirse con la suya.

Tiene en Morena un partido que es casi de su propiedad. AMLO ha amenazado con irse de Morena si este partido pierde el rumbo. En sus palabras: "Si el partido que fundé, Morena, se echara a perder, no sólo renunciaría, sino que me gustaría que le cambiaran el nombre porque ese nombre no se debe manchar", dijo el 28 de agosto de 2019. Siempre ha sido claro respecto a quién manda ahí.

Morena no representa realmente intereses poderosos como lo hizo el pri, que aglutinó a sindicatos, organizaciones campesinas y a todo tipo de actores organizados que serían parte de un proyecto común, pero que tenían fuerza y voz para defender sus intereses. El presidente en turno tenía mucho poder, pero requería negociar constantemente para poder ejecutar su proyecto político. Ahora ya no. En el debate presupuestal, por ejemplo, se ha aprobado el presupuesto que AMLO quería, aunque afecte a sectores que votaron por él.

Hay pocos ejemplos de cierta autonomía frente al presidente. El más exitoso es el bloque de la Coordinadora Nacional de Trabajadores de la Educación (CNTE), conformado por 40 diputados dentro de su coalición. La CNTE presionó para que se derogara la reforma educativa, en particular para que se cancelara todo el proceso de control sobre el ingreso, promoción por mérito y despido de los maestros. Bloquearon el Congreso hasta que se cumplió con su demanda central: eliminar lo que siempre consideraron como la parte "punitiva" de la reforma educativa de Peña Nieto, a saber, que evaluaciones no satisfactorias conllevaran consecuencias en su carrera magisterial.

Otro ejemplo de cierta autonomía, aunque menos exitoso, es el de Napoleón Gómez Urrutia, quien pretendió hacer una reforma para regular el *outsourcing*, para limitar el uso de las empresas de este mecanismo que saca de la órbita de los trabajadores sindicalizados muchos de los servicios que requiere una empresa, proponiendo, entre otras cosas, que aquellas empresas que violaran su reglamentación fueran consideradas delincuencia organizada.[28] Al final lo pararon desde arriba. Es el otro ejemplo visible de un legislador de Morena o de sus aliados que no propone una iniciativa simplemente por razones simbólicas.

AMLO prácticamente no enfrenta una oposición en los partidos que dicen serlo. Fueron barridos en las urnas. Los tres partidos históricos de la transición democrática, PRI, PAN y PRD, obtuvieron en la elección presidencial apenas 19 millones 764 mil 9 votos, 34 por ciento del total. En la legislativa obtuvieron 38.6 para el Senado y 39.6 para la Cámara de Diputados. El porcentaje de escaños que tienen en ambas Cámaras es 40.3 y 27.4 por ciento, respectivamente. Con Movimiento Ciudadano (MC), alcanzan 47.2 por ciento de los senadores.

Los hoy partidos de oposición no sólo son débiles, sino que están desprestigiados por las historias de impunidad y corrupción de los últimos 20 años. AMLO ha logrado posicionar muy bien la idea de que eran una mafia en el poder, corrupta y abusiva. Hay material para hacerlo. Muchos de sus miembros se saben vulnerables frente a una potencial acusación penal y, a pesar de la caída en la intención de voto por Morena para la elección de diputados federales, la intención de voto por el PRI y el PAN se mantiene baja. Sus posiciones de poder son limitadas. Su voz en el debate es casi inexistente.

Los dos candidatos presidenciales que fueron derrotados se dedicaron a otra cosa pasada la elección. No regresaron a buscar la presidencia, como AMLO lo hizo inmediatamente después de la elección de 2006 y de la de 2012. Dos años después del triunfo de AMLO, José Antonio Meade es miembro del Comité de Gobernanza Corporativa y de Nombramientos de HSBC y tiene su consultoría en temas financieros. Ricardo Anaya ha impartido clases y apenas había lanzado un mensaje por video a favor de la solidaridad frente a la pandemia. El 21 de septiembre de 2020 anunció su regreso a la política. Es pronto para saber qué estrategia seguirá y qué impacto tendrá.

A la oposición hoy le queda un poco más del tercio de los votos del Senado. Como se encuentra dividida entre cuatro partidos, y con varios senadores cautelosos para actuar por sus posibles ilícitos en el pasado, o con el oportunista deseo de colaborar con el gobierno, AMLO ha podido hacer casi todo lo que ha deseado.

Morena sólo tiene seis gobernadores, más uno del PES que también es su aliado, Cuauhtémoc Blanco en Morelos. La ventaja para AMLO es que Morena, a través de Claudia Sheinbaum, es quien gobierna en la Ciudad de México. Desde 1997 el jefe de Gobierno le había complicado la vida al presidente en turno, sobre todo a los dos emanados del PAN.

Sheinbaum es una de las más fieles pupilas de AMLO, por más que la mala gestión federal de la pandemia la fue llevando a divergir en ciertos puntos de la estrategia federal. Según notas de prensa, esto llevó a un conflicto con el subsecretario de Salud, Hugo López-Gatell.[29]

En los estados con gobernadores de otro partido, 14 tienen que lidiar con una mayoría de Morena en el Congreso local.[30] Sólo 13 gobernadores (seis de Morena, cinco del PAN, uno del PRI y uno de MC) tienen mayoría de su partido. El resto enfrenta un Congreso dividido. En todos los casos los gobernadores enfrentan serios retos en materia fiscal y de seguridad, que requieren la colaboración del gobierno federal.

¿Frente a un tirano?

En *El Federalista* número 47, James Madison escribió en 1788: "La acumulación de todos los poderes, legislativos, ejecutivos y judiciales, en las mismas manos, sean éstas de uno, de pocos o de muchos, hereditarias, autonombradas o electivas, puede decirse con exactitud que constituye la definición misma de la tiranía".[31]

Las leyes hoy son lo que quiere AMLO. El hilo conductor de sus reformas es imponer su visión del mundo y dar discrecionalidad y poder al gobierno federal.

Un ejemplo de esto es cómo ha vulnerado la posibilidad de llevar en libertad la acusación de un presunto delito. El Congreso de mayoría lopezobradorista triplicó la cantidad de delitos que son meritorios de prisión preventiva oficiosa según el artículo 19 de la Constitución. Es decir, mientras se decide si es culpable, el imputado se queda en la cárcel. Hoy, los siguientes delitos merecen prisión preventiva oficiosa: abuso o violencia sexual contra menores, delincuencia organizada, homicidio doloso, feminicidio, violación, secuestro, trata de personas, robo a casa habitación, uso de programas sociales con fines electorales, corrupción, enriquecimiento ilícito, ejercicio abusivo de funciones, uso de armas de juguete o de réplicas para la comisión de delitos, portación de armas de uso exclusivo del Ejército. A través de un cambio en la ley que equipara el fraude fiscal con el crimen organizado, los presuntos culpables en la materia se van a la cárcel mientras se prueba si son inocentes.

Entre la población general es muy popular la mano dura frente a la delincuencia. Pero implica que el gobierno puede meter a la cárcel, mientras se prueba su culpabilidad, a quien presuma que cometió uno de estos delitos. Cabe mencionar que la fiscalía no tiene la autonomía del presidente que presupone la ley.

Estos cambios se inscriben en la lógica del populismo punitivo más retrógrada: no se prioriza la defensa de los derechos, sino la capacidad del Estado para encarcelar presuntos culpables, aunque en el camino muchos inocentes acaben en la cárcel. En el diseño de cualquier sistema penal hay una tensión inherente entre los derechos de la víctima de un delito, por un lado, y los derechos de las personas a no ser acusadas injustamente de un delito, por el otro. La tensión yace, como sostiene Robert Nozick,[32] en que cualquier sistema (incluso cualquier sistema *imaginable*) que castigue algunas veces a alguien por algún delito cometido, implicará el riesgo de que, ocasionalmente, se castigue a una persona inocente (y, según Nozick, es casi seguro que castigará a alguien inocente si tal sistema opera sobre un gran número de personas). Dicho de otro modo, si un sistema jurídico garantiza el derecho de las víctimas de un delito a que el delincuente sea castigado, entonces es casi seguro que, de cuando en cuando, no garantice el derecho de las personas a no ser castigadas injustamente. Si, por el contrario, un sistema jurídico garantiza el derecho de las personas a no ser castigadas injustamente, entonces difícilmente garantizará el derecho de las víctimas de un delito a que el delincuente sufra una pena. Resolver de manera definitiva esta encrucijada es humanamente imposible. Pero el diseño de todo sistema de procuración de justicia debe hacerse cargo de esta tensión y optar por dónde prefiere correr riesgos, por el lado de dejar delincuentes altamente peligrosos libres o por el de encarcelar inocentes.

En los países donde se respeta el debido proceso sólo permanecen en la cárcel, mientras se les juzga, aquellos que suponen riesgo de fuga o peligro social. En México, 41 por ciento de las personas encarceladas sigue en espera de una sentencia. Las reformas de AMLO han llevado a que, por ejemplo, en cuanto a delitos del fuero común, entre enero y junio de 2020, haya aumentado 14.4 por ciento el número de hombres en prisión sin sentencia, y 16.7 por ciento el número de mujeres en la misma condición, y a que, para el mismo periodo en cuanto a delitos del fuero federal, haya aumentado 1.9 por ciento el número de hombres encarcelados sin sentencia, y 10.3 por ciento el número de mujeres en la misma condición.[33] Sus escasas derrotas legislativas han sido por plantear temas contrarios a la lógica misma del sistema presidencial mexicano y de la equidad en el proceso electoral, como hacer una revocación de mandato el mismo día de la elección intermedia, lo cual le habría permitido a AMLO hacer campaña en dicha elección. Era una propuesta tan amenazante contra la integridad del proceso electoral que los senadores de oposición resistieron la presión acordando permitir la revocación hasta el primer trimestre de 2022.

En sus primeros 15 meses de gobierno, Morena llevó a cabo ocho reformas constitucionales. Un récord de velocidad y ambición. En términos del número de artículos reformados, ningún presidente tiene el récord de AMLO durante su primer año de gobierno: 34 en total.

Hasta ahora, AMLO ha reformado la misma cantidad de artículos constitucionales que reformó José López Portillo durante todo su sexenio. Solamente seis presidentes (Luis Echeverría, Miguel de la Madrid, Carlos Salinas de Gortari, Ernesto Zedillo, Felipe

Calderón y Enrique Peña Nieto), de un total de 20, le llevan la delantera a AMLO en artículos constitucionales reformados, pero ello considerando todo su sexenio.[34] Las reformas del Pacto por México supusieron 50 artículos constitucionales modificados en sus primeros dos muy productivos años.[35]

AMLO está tan orgulloso de sus reformas que argumenta que ya son, para fines prácticos, una nueva Constitución. El 5 de febrero de 2020 presumió, durante el evento por el 103 Aniversario de la Promulgación de la Constitución de 1917, que:

> Con esta Constitución, con su espíritu ahora estamos emprendiendo la Cuarta Transformación de la vida pública del país y se están actualizando las reformas que han hecho los legisladores a propuestas del Ejecutivo o iniciativas de diputados y de senadores. Pueden, lo he dicho en otras ocasiones y lo repito ahora, pueden ser consideradas dichas reformas como una nueva Constitución. Es una nueva Constitución dentro de la Constitución del 17. Las reformas que se han hecho han atendido la necesidad de cambio.[36]

Al momento de escribir este libro, hasta ahí ha llegado su deseo de cambio. No ha hecho reformas de fondo en el sistema electoral, ni en el sistema de partidos, ni en la división de poderes, ni en la existencia de entes autónomos, aunque hay una reforma al respecto en la congeladora legislativa y una iniciativa para hacer coincidir la elección intermedia con la consulta popular. No sabemos si hubiera podido hacer reformas en estas materias si lo hubiera intentado en su primer año de gobierno, ni si lo intentará más adelante.

Entre los seguidores de AMLO hay muchos que están felices porque, gracias a todo lo hecho, ya estamos en un nuevo régimen, o casi. La creación de un supuesto nuevo régimen lo justifica todo. Como lo ha puesto Luis Rubio:

El gobierno y sus acólitos afirman que con su elección se dio un cambio de régimen, lo que explica (y justifica) todas las tropelías, excesos y problemas que hoy caracterizan a la economía y a la sociedad. De acuerdo con esta tesis, el actuar de la administración se deriva de un cambio en las reglas del juego, reflejando a la nueva coalición gobernante. Por consiguiente, lo que tiene lugar en el acontecer nacional es una nueva realidad política con lo que eso implica en términos de decisiones, criterios y acciones.[37]

No es muy útil discutir ahora si se trata o no de un nuevo régimen, concepto sobre el cual escribió el político y jurista ecuatoriano Rodrigo Borja, presidente de Ecuador entre 1988 y 1992, en los siguientes términos:

Este vocablo tiene, en política, al menos dos significados importantes. Es sinónimo de gobierno, o sea del conjunto de autoridades políticas del Estado, pero es también el ordenamiento político real establecido en una sociedad por el juego de los poderes constitucionales y extraconstitucionales que obran sobre ella. En este último sentido, la palabra *régimen* indica las soluciones fácticas que encuentra una sociedad a los problemas de su convivencia. Es, por decirlo así, la *manera de ser* de una comunidad política.[38]

Así pues, cambiar de régimen no se reduce a cambiar las leyes. Es cambiar las relaciones de poder. Si esto se logró de forma permanente y, por ejemplo, tendremos la prometida separación entre el poder político y el económico, o si simplemente estamos frente a un presidente con mucho poder por su éxito en las urnas y la sobrerrepresentación de su coalición en el Congreso, se sabrá más adelante.

De haberse modificado el régimen, el que esto haya sido para beneficio de los mexicanos es una pregunta adicional. En Venezuela hubo un cambio de régimen, pero hoy ese país se encuentra mucho peor que antes en cualquier indicador.

Como veremos en el siguiente capítulo, los resultados hasta ahora son malos. No por falta de poder. Tampoco por haber enfrentado resistencias importantes, sino por falta de capacidades para definir mecanismos adecuados para obtener sus objetivos de políticas públicas.

Obnubilados por la idea del cambio de régimen, han perdido el tiempo en destruir y centralizar, sin tomar en cuenta sus capacidades para hacer realidad sus promesas. Un ejemplo evidente y dramático fue el desmantelamiento del Seguro Popular sin tener ni siquiera las reglas de operación de su sustituto, el Instituto de Salud para el Bienestar (Insabi).

Según Julio Frenk, quien fuera secretario de Salud con Vicente Fox, y actualmente presidente de la Universidad de Miami:

> México tiene la oportunidad de llevar a cabo una reforma auténticamente progresista, que mire hacia el futuro, corrija las limitaciones del Seguro Popular y construya, sobre el valioso legado de varias generaciones de médicos y enfermeras, un sistema de salud verdaderamente universal que mejore las condiciones de salud y los niveles de protección financiera de la población, y así contribuya al bienestar general del país. La actual administración, sin embargo, está embarcada en una contrarreforma reaccionaria, es decir, un movimiento que pretende revertir los cambios que representan progreso para la sociedad, y que voltea al pasado, al retomar valores arcaicos y restaurar instituciones y formas de organización caducas, autoritarias y burocráticas. Si persiste en transitar por este camino, este gobierno terminará violando el pacto federal y limitando el ejercicio efectivo de los derechos ciudadanos, con lo cual erosionará los avances logrados en el arduo esfuerzo, siempre perfectible, por construir una sociedad democrática.[39]

AMLO ha sido muy competente para centralizar el poder. Ha logrado usar la silla presidencial para tener el control sobre el aparato público. Pero ha sido incompetente para implementar su plan de gobierno. Casi todos sus programas son improvisados e implementados a las carreras.

¿El regreso del viejo PRI?

¿Con esta centralización se está recreando el viejo PRI? Éste fue el miedo de muchos antes de la elección. No tan distinto al que se tenía con el inminente triunfo de Peña Nieto seis años antes.

El 28 de junio de 2018, en un texto llamado "La elección y la escatología", Lorenzo Meyer criticaba a quienes decían que AMLO suponía un regreso al viejo PRI. En sus palabras:

> Estos nuevos Jeremías aseguran que AMLO significaría el regreso del abominable priismo clásico, del autoritarismo puro, del que cerrará y arruinará a la economía —acabará con el TLC [Tratado de Libre Comercio], expropiará y reestatizará empresas, subsidiará lo incosteable e indebido, detendrá la construcción de infraestructura indispensable (el nuevo aeropuerto)—, hará un pacto de impunidad con el crimen organizado y con el presidente saliente, echará por la borda la reforma educativa, pondrá a Morena en manos de sus hijos, aceptará en su partido a corruptos, no entenderá la complejidad del sistema internacional y propiciará movilizaciones constantes.[40]

Como argumenta Javier Lara Bayón en su texto "Lorenzo Meyer, antiprofeta",[41] muchos de esos miedos se han cumplido, como aceptar en su partido a corruptos, cancelar el aeropuerto de Texcoco y revertir la reforma educativa. Otros, sobre todo respecto a los pilares básicos de la economía liberal, como la apertura económica, la prudencia fiscal y el ya citado respeto a la autonomía del Banco de México, son miedos que no se han cumplido. Esto distingue a AMLO de otros gobiernos de izquierda de la región. Pero no lo distingue del viejo PRI. Éste fue pragmático cuando requería serlo. La errática política económica de 1970 a 1982 terminó por descarrilar la economía por décadas, pero el PRI en general fue más pragmático y competente en sus políticas públicas, e incluso logró evitar perder el poder tras la catástrofe de 1982 porque entendió que se requería una nueva política económica. El PRI tampoco se peleaba a fondo con los Estados Unidos y llegó a crear la autonomía del Banco de México o a firmar el TLCAN cuando consideró que ésa era la ruta para consolidarse en el poder.

En términos de la amplitud de su poder, AMLO sin duda se parece a los presidentes del PRI clásico. Busca llenar todos los espacios posibles de poder, aunque su mecánica es distinta; se basa en su persona, no en las instituciones. AMLO tiene más poder discrecional para hacer o deshacer sin consultar a nadie del que tuviera cualquier presidente emanado del PRI en el pasado.

El PRI, como ya vimos, representaba intereses con más autonomía respecto al presidente que los grupos aglutinados en torno a Morena. El PRI llegaba a ofrecer resistencia a las propuestas del presidente. Morena, casi no. Como veremos más adelante, lo que sí enfrenta es un sistema electoral en el que los votos se cuentan y hay restricciones importantes a lo que un presidente puede hacer en un proceso electoral, así como un Poder Judicial más autónomo que en el pasado, aunque está por verse hasta dónde ambos se enfrentarán con éxito a AMLO en caso de ser jurídicamente necesario.

La falta de resistencia dentro de Morena se explica porque AMLO tiene el control sobre el partido en lo que le interesa, no porque sea un movimiento monolítico. Hay una clara diversidad de posiciones ideológicas en el movimiento, algunas de ellas muy radicales, aunque dentro de esto sus objetivos y estilos son muy

112

distintos. Por ejemplo, quien fuera su presidenta interina, Yeidckol Polevnsky, el 1° de mayo de 2020 compartió en su cuenta de Twitter un video de Fidel Castro celebrando dicho día en el 2000, acompañándolo con las palabras: "Día del Trabajo de 2000, palabras de Fidel, principios que son vigentes, anuncian que un mundo mejor es posible. En México lo celebramos construyendo con el presidente López Obrador una nación justa, incluyente, libre y soberana", y quien el 2 de marzo de 2017, siendo secretaria general de Morena, escribió, también en su cuenta de Twitter: "Este 2 de marzo, Venezuela se respeta: tuitazo mundial en apoyo a Venezuela Bolivariana". Otros de los radicales son Héctor Díaz Polanco, presidente de la Comisión Nacional de Honestidad y Justicia de Morena y Rafael Barajas, *El Fisgón*, director del Instituto Nacional de Formación y Capacitación Política de Morena.[42]

Los radicales en el gobierno, sin embargo, son pocos. Los más evidentes: Paco Ignacio Taibo II (quien durante una entrevista sugirió a Enrique Krauze y a Héctor Aguilar Camín, tras ser atacados por AMLO en una mañanera, cambiarse de país), director del Fondo de Cultura Económica, y Luciano Concheiro, subsecretario de Educación Superior. Pedro Salmerón, quien fuera director del Instituto Nacional de Estudios Históricos de las Revoluciones de México, renunció después de haber llamado "valientes" a los miembros de la Liga Comunista 23 de Septiembre que asesinaron a Eugenio Garza Sada en 1973.

El caso de mayor jerarquía entre los radicales es el de la secretaria de la Función Pública, Irma Eréndira Sandoval. Viene de la academia, fue investigadora de tiempo completo en el Instituto de Investigaciones Sociales de la Universidad Nacional Autónoma de México (UNAM) y pertenece al Sistema Nacional de Investigadores. Ha sido amable con los amigos del presidente: exoneró a Manuel Bartlett de posibles conflictos de interés y de haber hecho omisiones en sus declaraciones patrimoniales. Es dura con

113

los adversarios: la secretaría a su cargo impuso una multa por casi un millón de pesos a la revista *Nexos*, además de inhabilitarla por dos años para celebrar contratos con el gobierno federal y con los gobiernos estatales, por supuestamente haber falsificado un comprobante del Instituto del Fondo Nacional de la Vivienda para los Trabajadores (Infonavit) con el propósito de (palabras de Sandoval) "ocultar sus deudas en aportaciones patronales" y obtener "adjudicaciones millonarias", adjudicaciones que, como se mostró más tarde, ascendían a 66 mil pesos más IVA.[43]

Es la voz cantante en materia de austeridad presupuestal. Desde la Ley de Austeridad Republicana que se introdujo por primera vez en el Congreso el 11 de septiembre de 2018, hasta los decretos de austeridad republicana del 19 de noviembre de 2019, en los cuales desaparece, como quería originalmente, algunos fideicomisos. Era legalmente inviable la vía del decreto. Entonces, a cambiar la ley. Lo lograron a pesar de ciertas resistencias de los afectados. Los fideicomisos daban cierta libertad a quienes ejercen esos recursos públicos. Esto va en contra de los objetivos centralizadores de la 4T.

Sandoval tiene, por su familia, claros conflictos de interés. Guillermo Sheridan ha documentado evidentes casos de nepotismo en la familia Sandoval-Ackerman: Rebeca Ballesteros, tía de Sandoval, trabaja como secretaria técnica en el Programa Universitario de Estudios sobre Democracia, Justicia y Sociedad (PUEDJS), que dirige Ackerman en la UNAM; Marisol Espejel, hija de Rebeca Ballesteros y prima de Sandoval, trabaja como webmaster en el PUEDJS; Amílcar Sandoval, hermano de la secretaria de la Función Pública, estudió un semestre en el programa World Fellows de la Universidad de Yale, en cuyo comité de selección estaba Bruce Ackerman, papá de John Ackerman, y el otro hermano de la secretaria, Netzaí Sandoval, fue director de la Escuela de Derecho Ponciano Arriaga, incorporada a las Universidades del Bienestar Benito Juárez de la 4T.[44]

En el sector energético las posiciones más radicales han sido la constante a lo largo del sexenio. Cabe señalar que los radicales en el sector tienen poder porque AMLO desea que lo tengan. No hay un movimiento social detrás de su política energética, ni detrás de ninguna, para el caso, salvo la eliminación de la reforma educativa. Ni los sindicatos de Petróleos Mexicanos (Pemex) o de la Comisión Federal de Electricidad (CFE) presionan para revertir la reforma energética, aunque el de la CFE ya logró, sin que fuera visible la presión, regresar al régimen de pensiones que tenía hasta 2016. Si AMLO hubiera optado por una estrategia distinta en materia energética, se habría seguido. Es por su visión del mundo que ha decidido pagar una serie de costos económicos y políticos con el fin de tener nuevamente empresas energéticas hegemónicas.

La mayor diferencia con respecto a la era del PRI hegemónico está en la existencia de diversas instituciones con cierto grado de autonomía, la más importante de las cuales es, desde el punto de vista de la separación de poderes, el Poder Judicial. El INE y un Tribunal Electoral son las que más impacto tienen en la lógica central de los años del priismo clásico, cuando el dedo del presidente seleccionaba a su sucesor e influía en todas las candidaturas de su partido a los cargos de elección popular, y una vez destapados, la elección era un mero trámite. Ambos garantizan elecciones no controladas por el gobierno mediante leyes que le imponen al presidente restricciones importantes respecto a qué puede hacer durante el proceso electoral.

A DEBILITAR INSTITUCIONES

AMLO ha debilitado las instituciones de dos formas. La primera, sustituyendo a buena parte de la burocracia del gobierno central con personajes leales. En sus palabras, para el servicio público se necesita "99 por ciento de honestidad y 1 por ciento de capacidad"; lo dijo el 13 de agosto de 2019. Más tarde cambiaría la fórmula de la pócima mágica a 90 por ciento de honestidad y 10 por ciento de capacidad. Imposible saber si son honestos, mucho menos si, en caso de que lo fueran, seguirán siéndolo. Honestidad para AMLO realmente significa lealtad.

Un partido nuevo en el poder, como le sucedió a Fox cuando llegó a la presidencia, tiene dificultades naturales para conseguir cuadros capacitados porque los que lo están en ese momento han trabajado con el gobierno al que se sustituye, y cuando se da la alternancia por primera vez, no hay nadie de ese partido a quién recurrir para poder gobernar. Fox trató de enfrentar eso siguiendo el consejo de José Medina, entonces presidente de la empresa de *headhunters* Ray & Berndtson para España y Portugal, quien le sugirió que se auxiliara de estos profesionales para conformar su gabinete.[45] Hizo algunas contrataciones con ese criterio (como la del director general de Pemex, un directivo de Dupont México, aunque no por ello fue un buen director), pero como en todos los gobiernos, los cargos políticamente más importantes quedaron en manos de quienes habían estado largo tiempo acompañando al candidato ganador.

Con Fox llegó un nuevo grupo al poder, aunque sobrevivió una parte importante de la tecnocracia.[46] Ésta transitó sin problemas del PRI al PAN y de regreso al PRI. El caso más conspicuo fue José Antonio Meade, quien con Fox fue director general del Banco Nacional de Crédito Rural y posteriormente de Financiera Rural, y con Calderón, secretario de Energía y de Hacienda. Con Peña Nieto sería secretario de Relaciones Exteriores, de Desarrollo Social y nuevamente de Hacienda. Fue su fallido candidato a la presidencia en 2018.

En el caso de AMLO, el grueso de quienes lo han acompañado no ha tenido mayor experiencia de gobierno que, si acaso, en el Gobierno de la Ciudad de México hace más de 12 años. Entre los secretarios con quienes arrancó el gobierno federal, siete habían sido secretarios o subsecretarios en gobiernos previos.[47] Éstos, en promedio, habían estado fuera del gobierno 22.5 años, es decir, la época "neoliberal", según AMLO. Es el regreso de una parte de los desplazados por la tecnocracia con la llegada de Salinas de Gortari al poder.

Hay sólo dos que fueron secretarios o subsecretarios dentro en ese periodo. El primero es Esteban Moctezuma, a quien AMLO conoció cuando era secretario de Gobernación de Ernesto Zedillo en 1995. Juntos fallaron en forzar la renuncia de Roberto Madrazo como gobernador de Tabasco, por un presunto fraude electoral.[48] El otro, Víctor Villalobos, quien fuera subsecretario de Agricultura con Fox. De los directores de entidades paraestatales, sólo Bartlett (CFE) y Germán Martínez (Instituto Mexicano del Seguro Social, IMSS) habían sido secretarios o subsecretarios en gobiernos previos al de AMLO, Bartlett con Miguel de la Madrid y Martínez con Felipe Calderón.

Más de uno es bastante rico. Para un gabinete supuestamente franciscano sorprende no sólo el alto patrimonio de varios de ellos, sino que dos de sus miembros cobren una pensión a la par de cobrar su salario. El caso más contradictorio es el de Olga Sánchez Cordero, la secretaria de Gobernación. Cobra su pensión, por sus 20 años de ministra de la Suprema Corte de Justicia de la Nación (SCJN), de 2 millones 895 mil pesos al año.[49] Nada mal. El erario le paga también su sueldo de secretaria de Gobernación.

Para tratar de proteger a la administración pública de los abruptos cambios en la burocracia con la llegada de un nuevo gobierno y un ciclo interminable de llegada de nuevos funcionarios sin capacidad ni experiencia burocrática, Fox creó una Ley de Servicio Profesional de Carrera en 2003. Con ésta llegarían a su puesto por un proceso meritocrático los enlaces administrativos, los jefes de departamento, los subdirectores, los directores y los directores generales. Fue un proceso cuestionado, pero había un esfuerzo por construir una burocracia menos partidista. En el sexenio de Peña Nieto se eliminó de esa categoría a los directores generales y a los directores generales adjuntos. Eso le permitió poner a sus fieles en cuadros que supuestamente deberían ser técnicos.

Entre los populistas predomina la idea de que los técnicos al servicio del gobierno tienen su propia agenda, que son portavoces de ideas peligrosas, y que en el gobierno deben estar sólo los miembros del movimiento. Hay que poner a los propios. Lo dijo con toda claridad Dolores Padierna respecto a un nombramiento bloqueado por el Poder Judicial: "La ley orgánica de Prodecon [Procuraduría de la Defensa del Contribuyente] requiere que el procurador tenga cinco años de experiencia en materia fiscal. Cómo vamos a cumplir con eso si la 4T lleva 1.5 años en el poder. El juez debe analizar ese artículo no con los ojos neoliberales, sino de la 4T".[50]

La tecnocracia es corrupta e incompetente. En palabras de AMLO: "Los tecnócratas corruptos y conservadores están muy molestos y han agarrado esa cantaleta de que se va a caer el crecimiento, como si ellos hubieran alcanzado mucho crecimiento en 36 años. Todos los días salen con eso", dijo el 3 de mayo de 2019. Para su desgracia, sí se cumplió la cantaleta de los tecnócratas corruptos.

Trump lo llama el *deep state*. También lo ha tratado de desmantelar, y aunque en Estados Unidos la burocracia es mucho más fuerte, incluso ahí un procurador leal como William Barr puede poner a la justicia al servicio de su jefe.

México siempre ha sido mucho menos institucionalizado que Estados Unidos. El procurador siempre ha sido un empleado del presidente, nadie lo pone en duda. Para tratar de trascender eso, como parte de la agenda anticorrupción impulsada por el Pacto por México, en el gobierno de Peña Nieto se modificó la Constitución para crear una Fiscalía General autónoma, cuyo titular fuera

propuesto por dos terceras partes de los miembros presentes en el
Senado en una lista de al menos 10 candidatos, enviada al Ejecutivo para su elección, y cuyo cargo fuera por nueve años. No podría
ser removido salvo por el presidente y sólo "por incurrir en alguna
de las causas graves contempladas en el Capítulo II del Título
Tercero de la Ley General de Responsabilidades Administrativas
o por la comisión de uno o más delitos considerados como graves
por la legislación penal u otros ordenamientos".[51]

Peña Nieto trató de dejar a su fiscal carnal (el papel que jugó
Ricardo Anaya en descarrilar este esfuerzo agrió la relación entre
ambos). No pudo. AMLO tuvo el poder para nombrar a Alejandro
Gertz Manero, quien fue su asesor durante la campaña presidencial. Había sido secretario de Seguridad Pública con Fox y había
ocupado el mismo cargo con Cuauhtémoc Cárdenas y con Rosario Robles en el otrora Distrito Federal de 1998 a 2000.

Con la llegada de AMLO fue inducida la salida de muchos de
los funcionarios de carrera. Nadie podía ganar más que el presidente, quien se bajó el sueldo 27 por ciento. Con ello, vinieron
descensos de toda la burocracia. Los sueldos de los secretarios de
Estado pasaron de un promedio de 140 mil pesos mensuales a un
máximo de 108 mil 376 pesos.[52] Esto, no obstante, en el papel,
porque se ha documentado que, en la práctica, hay cuatro funcionarios de la Presidencia, ocho secretarios de Estado y dos funcionarios
del gabinete ampliado que ganan más que el presidente.[53]

Esta restricción se hizo extensiva a los órganos autónomos. Varios de éstos la han peleado en los tribunales. Al momento de
escribir este libro, el Banco de México, la Cofece, el INE y el Instituto Federal de Telecomunicaciones (IFT) han ganado suspensio-
nes definitivas en sus reducciones salariales, fijadas en el Presupuesto
de Egresos de la Federación (PEF) 2020. Pero son la excepción y
mientras no se les notifique formalmente no podrán regresar a su
antiguo salario.

Además, les quitó a todos los funcionarios el seguro médico privado de gastos mayores. La propuesta original era eliminarlo a todos los que reciben recursos públicos. Se hizo en el gobierno central y en muchas dependencias desconcentradas o descentralizadas. Pero hasta ahora no ha sucedido en algunos organismos, como la Universidad Autónoma Metropolitana (UAM) y la UNAM. Para 2019, hay información de que 13 dependencias siguieron pagando con cargo al erario seguros de gastos médicos mayores a sus empleados: el Poder Judicial, la Policía Federal, la Secretaría de Relaciones Exteriores, el Instituto Nacional Electoral, la Comisión Nacional del Deporte, el Tribunal Electoral del Poder Judicial de la Federación, el Colegio de Posgraduados, la Cámara de Senadores, Liconsa, el Instituto Federal de Telecomunicaciones, la Comisión Nacional de los Derechos Humanos, el Centro de Investigaciones y Estudios Superiores en Antropología Social y el Banco Nacional de Obras y Servicios Públicos.[54]

Muchos burócratas se fueron saliendo del servicio público en la medida en que su posición se iba volviendo más precaria, menos bien pagada. Entre el 1° de diciembre de 2018 y el 15 de mayo de 2019 renunciaron (muchos de ellos obligados, según consta en testimonios) 21 mil burócratas de 263 dependencias.[55]

Otros miles fueron cesados. Tan sólo en el primer mes del gobierno de AMLO fueron despedidos 10 mil 585 burócratas, 175 por ciento más que en el primer mes de gobierno de Peña Nieto.[56]

Hay poco respeto por las carreras técnicas en el sector público y mucho desprecio y sospecha de corrupción hacia quienes en algún momento de su carrera migran al sector privado. La Ley Federal de Austeridad Republicana, promulgada el 19 de noviembre de 2019, establece que "los servidores públicos que se separen de su cargo no podrán ocupar puestos en empresas que hayan supervisado, regulado o tenido información privilegiada en el ejercicio de su cargo público, salvo que hubiesen transcurrido al menos diez años".[57]

Probablemente la ley sea anticonstitucional. Ha llevado a muchos de quienes se quedaron en el gobierno a buscar un puesto de menor responsabilidad (la ley sólo contempla a los grupos jerárquicos de mando superior a los que se refiere el manual de percepciones de la Ley Federal de Presupuesto) o en áreas donde no son expertos de verdad, para luego poder irse a donde sí lo son.

A AMLO también le ha dado por desaparecer cuerpos burocráticos enteros de los que sospechaba sobre su honestidad, por no decir lealtad. El caso más evidente es la desaparición de la Policía Federal. La decisión de eliminarla, como lo ha argumentado Alejandro Hope, experto en temas de seguridad, no fue tan distinta de la de cancelar el aeropuerto de Texcoco. Supone privar al poder de una fuerza civil ya establecida, que tenía problemas, pero que había avanzado con un presidente interesado en fortalecerla, y limpiarla habría sido posible.[58]

Se ha documentado una estela horrenda de corrupción en este cuerpo: al menos seis años de desvíos (2013-2018) por un total de 2 mil 657 millones de pesos, de los cuales mil 308 millones correspondían a viáticos y a gastos de traslado que la Policía Federal quedó a deber a cientos de hoteleros y transportistas. Pero también hay escándalos de este tipo en el Ejército, como de los 156 millones de dólares que, entre 2013 y 2019 (ya, pues, con AMLO en el poder), fueron desviados a empresas fantasma,[59] y no por ello AMLO ha eliminado al Ejército. La detención del general Salvador Cienfuegos en Estados Unidos el 15 de octubre de 2020 por presunto lavado de dinero y apoyo a un grupo de narcotraficantes deja al Ejército en una situación no tan distinta a la de la desaparecida Policía Federal denostada por AMLO tras la detención el 10 de diciembre de 2019 de quien fuera el secretario de Seguridad Pública de Felipe Calderón, Genaro García Luna.

AMLO desconfía de cualquier cosa creada por Felipe Calderón. Quería un cuerpo propio y vinculado a las Fuerzas Armadas, de ahí la creación de la Guardia Nacional. La idea original parecía ser crear una policía nacional para sustituir a las Fuerzas Armadas. Llegó a decir el 1º de julio de 2019: "Si por mí fuera, yo desaparecería al Ejército y lo convertiría en Guardia Nacional. Declararía que México es un país pacifista que no necesita Ejército y que la defensa de la nación, en el caso de que fuese necesaria, la haríamos todos". Así, quien por años criticó la militarización de la seguridad pública por parte de Calderón, quien en 2012 dijo que "no debe seguir exponiéndose al Ejército, ni socavarlo: regresarlo [a los cuarteles] en la medida en que se vaya profesionalizando la policía, y eso nos llevará seis meses", ahora creaba como pilar de la seguridad púbica un cuerpo proveniente del Ejército.

Esta militarización de la seguridad pública fue duramente criticada en el proceso de la reforma constitucional para crearla. El Observatorio Internacional sobre Derechos Humanos advirtió, por ejemplo, que la Guardia Nacional únicamente agravaría la militarización de la seguridad en México. El gobierno prometió que sería un cuerpo civil. El artículo quinto transitorio del Acuerdo por el que se crea la Guardia Nacional establece que "durante los cinco años siguientes a su entrada en vigor, y en tanto la Guardia Nacional desarrolla su estructura, capacidades e implantación territorial, el presidente de la República podrá disponer de la Fuerza Armada permanente en tareas de seguridad pública de manera extraordinaria, regulada, fiscalizada, subordinada y complementaria".[60]

Ha sido una mera simulación. Salvo los elementos que venían de la Policía Federal, casi 27 mil, el resto provienen de las Fuerzas Armadas, y sus plazas están ahí. Estamos hablando de 70 por ciento de sus elementos. Tampoco se les ha certificado como policías, ya que ninguno cuenta con el Certificado Único Policial (CUP). La

Guardia Nacional no depende, en la práctica, de la Secretaría de Seguridad Ciudadana, como se dice, sino de la de Defensa. La ley dice otra cosa. Pero a nadie parece importarle. Como dice Alejandro Hope, "se está sacrificando la ley en el altar de la nada".[61]

Sin el éxito esperado en el combate al crimen, y seguramente bajo la presión del Ejército y de la Marina que no querían seguir sangrando personal en una Guardia Nacional que en principio es civil, aunque dependiera en personal y liderazgo del Ejército, AMLO optó por regresar al Ejército y a la Marina directamente a funciones de seguridad. Para ello, publicó un decreto en el *Diario Oficial de la Federación (DOF)* que, en supuesto respaldo a la Guardia Nacional, dotaba de atribuciones extraordinarias de seguridad pública al Ejército y a la Marina hasta el 27 de marzo de 2024, para prevenir la comisión de delitos, salvaguardar la integridad personal y patrimonial, y garantizar, mantener y restablecer el orden y la paz social.[62]

Nunca habíamos tenido tanto personal militar a cargo de la seguridad pública: 71 mil 882 elementos, frente a 52 mil 690 y 54 mil 980 con Calderón y Peña Nieto, respectivamente, en el pico de ambos sexenios.[63]

Desmantelar las capacidades burocráticas del Estado mexicano le ha dado margen de acción para hacer lo que desea, dado que el conocimiento técnico impone ciertos límites a quien gobierna, no sólo porque le informa qué se puede hacer y qué no, sino porque en el extremo, los funcionarios responsables se niegan a firmar algo que vaya contra la ley. A este presidente eso no le importa y presiona a que hagan su voluntad a quienes le ofrecen alguna resistencia. No hay margen para decirle que no a AMLO. Lo que les queda es renunciar, como lo hizo Jaime Cárdenas, quien dejó la Dirección del Instituto para Devolver al Pueblo lo Robado (Indep) tras poco más de 100 días en el cargo porque detectó irregularidades mayores, incluida la desaparición de piedras preciosas en joyas subastadas incautadas, sin que a sus jefes pareciera importarles. También se cansó de insistir en el "cumplimiento de normas administrativas, [lo que] a veces [...] se veía como un obstáculo para la toma de las decisiones y para conseguir los resultados".

AMLO quiere que las cosas que a él le interesan se hagan. No importa qué diga la ley. En palabras de Jaime Cárdenas: "Ellos esperaban, seguramente, de mí una lealtad, que, por supuesto, tuve, pero mi lealtad no era ciega, sino una lealtad reflexiva".

En ese mayor margen de acción que le permite a AMLO hacer lo que desea se encuentra, paradójicamente, también el riesgo de transitar por caminos que no llevan a ningún lado. Esto ha hecho mucho más difícil para el presidente el cumplir sus proyectos. Su gobierno sencillamente no tiene las capacidades burocráticas necesarias. Un gobierno con mucho poder, pero pocas competencias para actuar eficazmente en muchos de sus grandes objetivos.

AMLO estuvo 18 años esperando llegar a la presidencia. No formó en todo ese tiempo cuadros calificados y competentes para llevar a feliz puerto su ambiciosa agenda. Ni siquiera de la UNAM, con tantos académicos críticos de los anteriores gobiernos, salió un grupo visible de expertos con propuestas bien armadas al servicio del nuevo gobierno. Vimos más migración de la UNAM a la Ciudad de México cuando AMLO ganó la jefatura de Gobierno del entonces DF. El caso más notable es Claudia Sheinbaum. Además de Irma Eréndira Sandoval, el otro funcionario a nivel secretario que venía de ser profesor de tiempo completo de la UNAM es Víctor Toledo, investigador en esa universidad desde 1970. Duró en su cargo 16 meses.

La centralización no sólo es un tema de cambio de personal, sino de control en los procesos. El ejemplo más visible de esto fue la decisión de centralizar todo el control del gasto directamente en la Secretaría de Hacienda. Tradicionalmente, el gasto en cada secretaría era controlado por su oficial mayor. Éste dependía directamente del titular de la entidad, quien en general lo había seleccionado para el puesto. El gobierno de López Obrador decidió que fuera la Secretaría de Hacienda la que los nombrara, ahora llamándoles Unidades de Administración. Éstas dependen de Hacienda para cualquier decisión importante. El esquema se volvió visiblemente disfuncional en la compra de medicinas.

La centralización también ayuda a tener menos crítica de entes que habían sido relativamente autónomos. A AMLO no le gustan puntos de vista distintos al suyo, incluso en el reducido mundo de la investigación académica.

Los gobiernos anteriores desarrollaron un sistema de centros públicos de investigación de alta calidad. Se les dio libertad de investigar, aunque en muchas ocasiones sus conclusiones fueran contrarias a los intereses del gobierno. Yo dirigí uno de ellos, el Centro de Investigación y Docencia Económicas (CIDE), nueve años, de 1995 a 2004. Las llamadas que tuve del gobierno para tratar de limitar la opinión de un investigador, y había muchos muy críticos del gobierno, fueron únicamente dos. Expresé que nos regíamos bajo el principio de libertad de cátedra. No sé si quedaron satisfechos, pero no castigaron presupuestalmente al CIDE.

Ahora está en curso un proceso para convertir a los investigadores de estos centros en empleados públicos. Ya fueron obligados a llenar su declaración patrimonial, como lo hacen todos en el gobierno. El objetivo, me temo, es sujetarlos a reglas disciplinarias de todo tipo. El primer indicio de ello fue el decreto, en medio de la pandemia, en el que se instruía a los investigadores a no publicar ni opinar nada del coronavirus sin el visto bueno del respectivo director.[64]

Para ciertos temas críticos para el presidente, la ruta de control pasó por crear mecanismos no institucionales. El más evidente, el de los llamados "Servidores de la Nación", 19 mil 131 simpatizantes de Morena empleados para elaborar el censo del bienestar a partir

125

del cual se distribuirían los programas sociales de AMLO. Son los operadores territoriales de Morena. Así de simple. Había padrones y existe el Instituto Nacional de Estadística y Geografía (INEGI) para este tipo de tareas. Se lo saltaron.

Sobre los Servidores de la Nación y el censo del bienestar, el exdiputado perredista Rafael Hernández Estrada escribió:

> El presidente Andrés Manuel López Obrador puso en marcha una gravosa estructura burocrática, que [...] realiza una gigantesca operación electoral con uso indebido del presupuesto para los programas sociales [...] Esta estructura es centralizada y designada de arriba hacia abajo, lo que asegura su control verticalista. Es, además, excluyente de los gobiernos estatales y municipales, de las organizaciones sociales y comunitarias y prescinde, incluso, de las propias dependencias del gobierno federal que han visto menoscabadas sus atribuciones para el nombramiento de sus representantes en las entidades federativas en favor de los superdelegados, a la vez que varias de ellas han debido jugar un papel testimonial en la ejecución de programas sociales que son de su competencia, arrebatada en favor de los Servidores de la Nación.[65]

Como lo ha documentado María Amparo Casar, 23 millones de mexicanos recibirán recursos de manera directa: se trata de los beneficiarios de los programas Pensión para el Bienestar de las Personas Adultas Mayores, Jóvenes Construyendo el Futuro, Beca Universal para Estudiantes de Educación Media Superior Benito Juárez, Pensión para el Bienestar de las Personas con Discapacidad Permanente, Sembrando Vida y Tandas del Bienestar.[66]

Esta red de activistas de Morena está controlada por Gabriel García, que en Morena había sido secretario de Organización del partido y secretario técnico de su Consejo Nacional, y luego, ya con AMLO en la Presidencia, pasó a ser coordinador general de los Programas de Desarrollo. Los servidores de la nación llevaban chalecos con el nombre de AMLO al momento de hacer sus tareas. A la autoridad electoral le llevó más de un año declarar que el uso de esos chalecos era violatorio de la ley, aunque se determinó que AMLO no era responsable de ello.[67]

Hoy no sabemos muy bien siquiera si se están utilizando estos padrones. Se ha afirmado que se harían públicos. No ha sucedido, por lo menos hasta ahora. Lo que se sabe, según nota de prensa, es que ese ejército, de voluntarios se decía, hoy trabaja para la Secretaría del Bienestar y cuesta 2 mil millones de pesos anuales.[68]

AMLO ha querido disponer y enviar cuantos recursos puede con su firma. Son sus dádivas. Por ejemplo, los microcréditos de 25 mil pesos otorgados a beneficiarios del IMSS para enfrentar la crisis provocada por la pandemia iban precedidos por una carta que iniciaba diciendo: "En nombre del gobierno que yo represento…" El Tribunal Electoral del Poder Judicial de la Federación (TEPJF) ordenó el cese de repartos de estas cartas por considerar que hacían promoción personalizada del presidente, algo prohibido por la ley.

En paralelo a ese esfuerzo estaba contemplado otro de capacitación de cuadros de Morena, a través del Instituto Nacional de Formación y Capacitación Política de Morena. Las desavenencias al interior de Morena parece que no han logrado fructificar ese esfuerzo. En febrero de 2020 Yeidckol Polevnsky anunció que Morena ya no daría recursos a dicho instituto porque, pues como resolvió el INE, "no cuenta con personalidad financiera para manejar recursos".[69]

El gobierno también ha hecho su parte en materia de adoctrinamiento. AMLO manifestó su intención de cambiar los contenidos de los libros de texto gratuitos, porque en los últimos años "se exaltó el individualismo, la codicia, triunfar a toda costa". En su lugar, propuso "exaltar los valores que tenemos como mexicanos; hay una gran reserva de valores, pero eso ha quedado oculto, no han sido puestos de relieve".[70] En efecto, en los nuevos libros de texto dedicados a la historia de México, el bloque dedicado a estudiar el periodo de 1982 a la actualidad contiene apartados titulados: "Inflación, devaluaciones y deuda externa", "La presión de los organismos financieros internacionales", "Estatización y venta de la banca" e "Instauración del neoliberalismo".[71]

Estos esfuerzos de control territorial y adoctrinamiento son poco conocidos y no han avanzado como se esperaba, al menos por lo que se sabe públicamente. Con todo, no tienen el alcance de proyectos más ambiciosos en ese sentido, como el visto en gobiernos con claro espíritu revolucionario.

LOS SINDICATOS

AMLO no ha avanzado visiblemente en su esfuerzo de colonizar los sindicatos. Éstos fueron uno de los pilares del poder priista. Sí, hizo un cambio legal profundo en materia laboral con las reformas a la Ley Federal del Trabajo aprobadas por el Senado el 29 de abril de 2019, como parte de la renegociación del Tratado entre México, Estados Unidos y Canadá (T-MEC), para estimular su democratización.

Al respecto, la nueva legislación contempla 1) los derechos de libre afiliación y participación de los trabajadores en sindicatos, federaciones y confederaciones; 2) la elección de los dirigentes sindicales mediante el voto personal, libre, directo y secreto; 3) la obligación de los patrones de entregar, en un plazo no mayor a 15 días, una copia del contrato colectivo a cada uno de los trabajadores; 4) dichos contratos colectivos deben revisarse al menos una vez cada cuatro años.

Hasta ahora, al menos en los sindicatos más visibles, no ha cambiado nada importante. Pero el proceso de revisión está apenas arrancando.

El esfuerzo por crear sindicatos morenistas avanza en por lo menos dos frentes. El primero, el de la Confederación Autónoma de Trabajadores y Empleados de México (CATEM), creada en 2010 y liderada por Pedro Haces Barba, antiguo priista también (fue consejero político del PRI en la Ciudad de México y presidente de la Comisión de Financiamiento del Comité Directivo Estatal del PRI, también en la Ciudad de México). Haces es muy cercano a Monreal. Por el otro lado está el senador Napoleón Gómez Urrutia, líder de la recién creada (por él) Confederación Sindical Internacional Democrática (CSID).

La CATEM ha ganado los contratos colectivos para el Tren Maya, y parece que en Veracruz ha tenido las puertas abiertas para las obras de ampliación del puerto, puertas abiertas por Cuitláhuac García, gobernador morenista del estado.[72] La CATEM también ya se inmiscuyó en las reformas laborales en torno al T-MEC.[73]

Al más puro estilo priista, AMLO asistió al 10° Congreso Nacional de la CATEM el 17 de febrero de 2020. Ahí, dijo:

> Me da mucho gusto participar en este congreso de CATEM para reafirmar nuestros principios, para dejar de manifiesto que el gobierno que encabezo, que represento, siempre va a apoyar, a respaldar el sindicalismo de México, no podría ser de otra forma […] Se logró también el año pasado, el día 1° de mayo, la aprobación de la nueva ley laboral, que es una ley de avanzada, porque se garantiza la libertad sindical, se establece que debe haber democracia sindical, que en la elección de los dirigentes, de los sindicatos, tienen que participar los trabajadores, voto libre, directo y secreto de los trabajadores para elegir a los dirigentes, democracia sindical. Pero no sólo consultar a los trabajadores para la elección de dirigentes, también consultar a los trabajadores en la firma de los contratos colectivos, que los trabajadores estén informados y aprueben lo que sus dirigentes firmaban antes a espaldas de los trabajadores. Libertad y democracia sindical […] ¡Que viva el

sindicalismo de México! ¡Que viva la democracia sindical! ¡Que vivan los trabajadores!

Pedro Haces le respondió: "Señor presidente, no tenga duda de que los trabajadores son sus aliados permanentes para transformar la vida laboral de México; el presidente no está solo, estamos con él". Pedro Haces es tradicionalista no sólo en el discurso. También en su modo de vida. Todavía confinados, quiso celebrar su cumpleaños en gran fiesta con una corrida de toros, con la participación de 40 matadores, en su rancho en el Ajusco. Gracias a la publicidad del evento por una nota de *Reforma*, la fiesta fue cancelada.

El segundo lo encabeza el senador Napoleón Gómez Urrutia, quien en febrero de 2019 creó, como ya dijimos, la CSID. Ésta agrupa a sindicatos de las industrias automotriz y maquiladora de Chihuahua, Tamaulipas, Coahuila y Nuevo León, y tiene lazos (que, se presume, hizo Napito durante su "exilio" en Canadá) con sindicatos poderosos de Estados Unidos y de Canadá, como United International, AFL-CIO y United Steel Workers. Víctor Flores (líder del sindicato ferrocarrilero), Abel Domínguez (líder de la Confederación de Trabajadores y Campesinos) y el mismo Pedro Haces se han rehusado a unirse a la aventura sindical de Napito.[74]

Seguramente las centrales afines a Morena estarán buscando ampliar sus márgenes de acción. La entrada en vigor del T-MEC probablemente incentivará una mayor movilización sindical, con el apoyo de sindicatos de Estados Unidos y Canadá.

El otro esfuerzo es ir domesticando o colonizando el sindicalismo tradicional. No lo han logrado. Ninguna de las centrales obreras afiliadas al PRI ha pretendido ser opositora al gobierno. Han buscado no confrontar. Tampoco se han vuelto morenistas.

En los sindicatos de trabajadores del sector público, una de las fuentes más claras de poder dentro del PRI, AMLO ha cosechado un triunfo importante: la renuncia del líder histórico del Sindicato de Trabajadores Petroleros de la República Mexicana, Carlos Romero Deschamps. Fue sustituido por uno de sus leales, Manuel Limón Hernández.

LOS ÓRGANOS AUTÓNOMOS

A AMLO le da temor cualquier ente que no esté a su servicio. Le gusta mandar.

Seguramente tiene en mente la experiencia brasileña, en la visión del Partido de los Trabajadores (PT) de ese país. Según ésta, esos órganos autónomos, en manos de la derecha, actuaron facciosamente y corrieron al PT del gobierno y no dejaron a Lula competir nuevamente por la presidencia.

Ese miedo lo ha expresado Hernán Gómez, analista político que apoyó a AMLO durante la pasada campaña presidencial, aunque no es un defensor a ultranza de AMLO:

La noticia de que un expresidente sea juzgado por corrupción en una nación latinoamericana —donde la impunidad suele ser la regla— podría parecer un avance. Sin embargo, un proceso judicial en el que los fiscales y jueces han actuado de forma parcial, sin apego a la legalidad y violando las garantías del inculpado constituye una enorme amenaza para la democracia y un acontecimiento que —en pleno año electoral— será motivo de incertidumbre y crispación entre los brasileños.[75]

En Brasil, sin embargo, esos órganos autónomos no sólo han actuado contra gobiernos de izquierda. Esos mismos órganos están actuando también contra el presidente actual, Bolsonaro; son simplemente autónomos. Pero ése es el pecado de origen para AMLO: el que puedan ser autónomos contra su poder.

131

Le gustaban cuando él era oposición. Acá un video sobre qué pensaba del IFE en el pasado. Defendía al IFE por ser autónomo del poder: https://bit.ly/3e2ocvB. Hoy él es el poder.

En sus palabras, hoy los entes autónomos son "pantallas" y "han guardado silencio cómplice", dijo el 8 de noviembre de 2019. Además, "en todos esos organismos la mayoría de los consejeros representaban a los grupos de intereses creados y nos vendieron la idea de que esto era la independencia, la autonomía, la llamada sociedad civil, que eran gente decente [*sic*], porque los del gobierno eran unos corruptos, entonces se resolvía el problema creando estos organismos autónomos con características particulares".

AMLO extraña el periodo del desarrollo estabilizador. Lo ha dicho muchas veces. En esa economía cerrada el gobierno distribuía de todo, desde subsidios hasta electricidad. Podía fácilmente castigar a un empresario movilizado políticamente. Una Cofece o un IFT en manos del poder político dejarían muy vulnerables sobre todo a las empresas grandes, seguramente dominantes en su mercado.

Probablemente debido a eso, por ejemplo, quiere poder contralar a discreción, desde la Subsecretaría de Prevención y Promoción de la Salud, a cargo de Hugo López-Gatell, la Comisión Federal para la Protección contra Riesgos Sanitarios (Cofepris), el organismo encargado de asegurar que los productos y servicios que consumimos no dañen la salud. La Cofepris puede cerrar, sin orden judicial de por medio, cualquier instalación que amenace la salud pública. Un poder enorme si se usa discrecionalmente.

En el caso de los órganos autónomos o con autonomía técnica, hasta ahora no los ha desaparecido. Los ha colonizado con gente cercana a él para que le obedezcan. Eso es lo que le importa. AMLO no ha dejado "órgano autónomo" con cabeza; son consabidas sus embestidas verbales y presupuestales contra el INE y hasta el INEGI.

No ha logrado colonizar a todos, ya que el ciclo de renovación es lento y en muchos casos el proceso de elección de los comisionados está muy regulado. No ha impuesto nombramientos en cada uno de los órganos autónomos, pero avanza en ese sentido, o en cambiar las formas de administrar aquello que no depende directamente de él.

Hay tres casos que, por la naturaleza de los cargos y por la forma en la que se dieron los nombramientos, son una buena muestra de la forma de operar de AMLO. No se requiere cambiar la ley para tener el control.

En primer lugar, el caso de la Comisión Reguladora de Energía (CRE), relevante porque el sector energético ha sido el más colonizado por la 4T (situación entendible, dado que ese sector es primordial para su proyecto político). Cuando todavía le quedaban cuatro años en el cargo, Guillermo García Alcocer renunció a la presidencia de la CRE el 15 de junio de 2019, después de que el gobierno federal diera a conocer que estaba realizando una investigación en su contra por posibles conflictos de interés. Una vez que renunció, la acusación en su contra desapareció como por arte de magia.[76]

Su lugar lo ocupó Vicente Melchi García, ingeniero químico de la Universidad Veracruzana, y quien de 2005 a 2016 trabajó en Pemex en las áreas de Instalaciones Industriales, Logística, Exploración y Perforación. El 4 de marzo de 2020 fueron nombrados, como comisionados de la CRE, Guadalupe Escalante Benítez (originalmente propuesta por AMLO en febrero de 2019, y quien se hizo famosa por haber buscado en internet, en plena comparecencia, el significado del acrónimo de la comisión que pretendía dirigir) y Hermilo Ceja Lucas. Este control le permitió volver a la CRE un órgano que recibe instrucciones de la CFE y Pemex, a quienes debería regular. Ya no requiere del personal técnico: a finales de junio de 2020 la CRE despidió a cerca de 200 personas, 40 por ciento de su plantilla.[77]

En segundo lugar, la destitución de Gonzalo Hernández Licona del Consejo Nacional de Evaluación de la Política de Desarrollo Social (Coneval) el 22 de julio de 2019, días después de que Hernández Licona cuestionara en una columna de opinión publicada en *Animal Político* el plan de austeridad de López Obrador. En específico, escribió: "Durante este gobierno se han tenido problemas en las áreas de salud, seguridad, cultura, deporte, entre otras, debido a recortes que no han tenido un sólido fundamento y a controles que se han convertido en frenos para el gasto".[78] El Coneval se rige aún por la vieja ley, no se ha reglamentado su autonomía, por lo que AMLO tuvo el margen para destituirlo. Era simplemente su empleado. Su lugar fue ocupado por José Nabor Cruz.

En tercer lugar, el caso más escandaloso de todos, por tratarse de un órgano constitucionalmente autónomo, fue la imposición de Rosario Piedra en la presidencia de la Comisión Nacional de los Derechos Humanos (CNDH), en sustitución de Raúl González Pérez, cuyo periodo terminaba el 12 de noviembre de 2019, y no buscó la reelección. El nombramiento de Piedra estuvo viciado tanto en su origen como en su proceso: *1)* en 2018 Piedra fue candidata de Morena a diputada federal por el estado de Nuevo León, y este hecho le impedía, por ley, ser candidata a la presidencia de la CNDH en los tiempos en los que lo fue; *2)* el día de su nombramiento en el Senado, el 7 de noviembre de 2019, el PAN denunció que su nombramiento fue ilegal, pues contravenía lo que dice el artículo 102 de la Constitución: dicho cargo será "elegido por el voto de dos tercera partes de los miembros presentes de la Cámara de Senadores". El PAN, en la voz de Gustavo Madero, señaló que "la lista de asistencia fue de 118 senadores, las boletas entregadas fueron 118, hay video de 116 senadores votando y la Mesa Directiva sólo contó 114 votos, de ellos 76 fueron para Rosario Ibarra, cifra que nunca fue dos terceras partes de los presentes".[79] Como repuesta al nombramiento de Piedra han renunciado seis miembros (de un total de 10) de su Consejo Consultivo: Alberto Athié, Mariclaire Acosta, María Ampudia González, Angélica Cuéllar, María Olga Noriega y Jesús Orozco.

La CNDH importa mucho. Había tenido la suficiente capacidad y autonomía para oponerse al presidente cuando se violaban los derechos humanos. La CNDH fue muy crítica con Peña Nieto, por ejemplo, en el caso de Ayotzinapa, y con Calderón por el incendio en la Guardería ABC.

Bajo la presidencia de Rosario Piedra, la CNDH no ha hecho recomendaciones críticas al gobierno de AMLO. Las que se tienen registradas son sobre los derechos humanos de mujeres encarceladas en centros penitenciarios de Baja California, sobre la contaminación del río Suchiapa, en Chiapas, y sobre la violación a los derechos humanos que supone la instalación y la operación de una cervecera en Mexicali, Baja California.

Su mandato se ha caracterizado por señalar constantemente los despilfarros y las omisiones de presidencias anteriores a la suya, por aplicar a rajatabla la "austeridad republicana" dentro de la CNDH (reducción de sueldos, eliminación de personal eventual o por honorarios, reducción de viáticos, prohibición de viajes al extranjero) y por hacer gala de los resultados de tales ajustes, como cuando anunció que la CNDH destinaría 100 millones de pesos a ayudar a sortear la emergencia del covid-19, "contribución resultado de los ahorros del plan de austeridad y reorganización que inició en enero [de 2020]".[80] Su director ejecutivo, Francisco Estrada, es un militante morenista. Según un artículo de la periodista Peniley Ramírez, es el poder tras el trono.[81] Difícil que este activo militante vaya a buscar afectar al creador de Morena, AMLO.

La CNDH es la única entidad autónoma con posibilidad de presentar acciones de inconstitucionalidad en materia de derechos humanos. Durante la presidencia de Raúl González Pérez, de 2014 a 2019, la CNDH presentó 224 acciones de inconstitucionalidad, frente a las 39 presentadas entre 2006 y 2014.[82] Durante del gobierno de AMLO, González Pérez presentó cuatro acciones de inconstitucionalidad en contra de las leyes que rigen el actuar de la Guardia Nacional (en específico, respecto al uso de la fuerza y el registro de detenciones). Ante esto, AMLO dijo: "Los respeto, pero no considero que tengan mucha autoridad moral, porque guardaron silencio cómplice cuando el Estado era el principal violador de los derechos humanos".[83]

Hasta ahora, la CNDH de Rosario Piedra sólo ha presentado una acción de inconstitucionalidad, por el Código Civil del Estado de Puebla, el cual impide el matrimonio igualitario. No ha iniciado acción de inconstitucionalidad alguna contra el gobierno de AMLO. Con respecto a promover alguna en contra del acuerdo que permite al Ejército hacer labores de seguridad pública, la CNDH de Rosario Piedra dijo que "nos vemos imposibilitados legalmente, al tratarse, no de una ley, sino de un acuerdo del Ejecutivo federal, acto que [...] no se contempla como causa para iniciar la acción solicitada".[84] Rosario Piedra ha entendido bien su papel: no incomodar a su jefe López Obrador.

La estrategia hasta ahora con los órganos de regulación económica ha sido colonizarlos. Pero esto puede quizá cambiar en el futuro. El senador Ricardo Monreal presentó una iniciativa para fusionar a la Cofece, el IFT y la CRE bajo el Instituto Nacional de Mercados y Competencia para el Bienestar (Inmecob). Justificado en un supuesto ahorro de 500 millones de pesos, la razón para tratar de fusionarlas fue tenerlas bajo su control.[85] Es una iniciativa transparente. De lo que se trata es de poner como comisionados a allegados al gobierno actual. Para ello, en palabras de la iniciativa, "se propone eliminar el examen de conocimientos para: Evitar la formación endogámica. Incorporar visiones externas. Evitar un sesgo a favor de una formación exclusiva tecnocrática". Saben bien que, si hay que pasar exámenes, se quedan sin candidatos. La iniciativa proponía eliminar al Comité de Evaluación para que fuera el Senado el que considerara al idóneo para el cargo, nombres que mandaría al presidente para que, de esa lista, eligiera a las personas que integrarán el órgano de gobierno del Inmecob. La iniciativa no ha sido dictaminada.

Es la lógica inversa respecto a la que se crearon las instituciones autónomas hoy vigentes. Se les dotó de mucho poder, sí, pero se le quitó ese poder al presidente. Para procurar que no se usara con criterios políticos, sino con criterios técnicos, con base en la ley, tratando a todos por igual. Contar con expertos por supuesto que cuesta más dinero que tener inexpertos, por eso seguramente a AMLO le gusta pagar poco. En un mundo de contrapesos estos funcionarios deberían hacer un buen trabajo, no sólo por razones de prestigio profesional, algo que este gobierno no entiende (desean en el futuro ser contratados en algún otro lado, aunque para AMLO eso es el pecado de origen), sino para evitar ser derrotados en los tribunales.

Como ya se ha dicho, a la única institución autónoma que AMLO ha respetado es al Banco de México. En sus palabras: "Nosotros somos respetuosos de la autonomía del Banco de México", dijo el 22 de abril de 2020. Su miedo a una crisis macroeconómica lo ha llevado incluso a aceptar que rechazaran su petición de que le adelantaran los remanentes del Banco de México para 2020.

Pasemos ahora a los órganos autónomos más importantes para el futuro político de México. Los que organizan y validan las elecciones y el Poder Judicial.

LAS INSTITUCIONES CLAVES PARA LA DEMOCRACIA

Hasta la creación del IFE, en agosto de 1990, la Secretaría de Gobernación era la encargada de organizar las elecciones. Los votos los contaban sus empleados. Si los resultados de los votos no eran los esperados por el gobierno, bastaba argumentar que el sistema se había caído, como lo hizo la Secretaría de Gobernación, en 1988, cuando la encabezaba Manuel Bartlett. Se sabía que Bartlett se había callado por instrucciones superiores.

Desde su derrota en 2006, AMLO ha sido un feroz crítico del IFE primero y luego de su sucesor, el INE. Como candidato y ahora como presidente. "Están muy molestos los del INE, están desquiciados, durante mucho tiempo, con todo respeto, se hicieron de la vista gorda ante fraudes electorales y ya no es así, ya no les funciona eso porque ya no se va a tolerar el fraude, va a haber democracia, entonces ése es todo su enojo con nosotros", dijo el 30 de enero de 2020.

Que yo sepa, nunca ha reconocido que su triunfo fue posible gracias al trabajo del INE. Como presidente electo, sí le agradeció (a su modo) a Peña Nieto que no haya intervenido en los resultados del 1º de julio de 2018: "Pero si tú durante años padeces de fraudes electorales no te la crees tan fácil. Eso me lleva a tenerle una consideración especial al presidente Peña Nieto. Pero el presidente de la República, y me consta, por muy debilitado y por muy tonto que sea, si decide hacer daño lo logra".[86]

Si bien ha habido amagos de cambiar la ley para poder deshacerse del actual presidente del INE, Lorenzo Córdova, al pretender que la presidencia sea rotativa cada tres años y no cada nueve, como es ahora, y de disminuir a siete el número de consejeros con el pretexto de la austeridad republicana, la iniciativa al respecto, presentada por el diputado morenista Sergio Gutiérrez el 5 de noviembre de 2019, está en la congeladora. Tampoco modificaron la Constitución para reducir las prerrogativas a los partidos políticos, en parte porque el PT y el PVEM, sus aliados políticos, se negaron a ello.[87]

Pero la andanada se volvió presupuestal. En la mañanera del 18 de junio de 2020 AMLO dijo: "El organismo encargado de organizar las elecciones en México es el más costoso del mundo".

La idea parece ser empobrecerlo para debilitarlo. Lo seguiría repitiendo. La mayoría de Morena también nombró a un titular del Órgano Interno de Control cercano a ellos y muy crítico de las decisiones administrativas del Consejo del INE.

Vendrá acompañada de otra andanada: la crítica sobre su actuar en el pasado. Gracias a la negociación judicial con Emilio Lozoya, en la que éste aceptó regresar a México y colaborar con las autoridades, AMLO ahora puede regresar a su crítica al IFE por la elección de 2012. Si la elección de Calderón se la robaron, la de Peña la compraron. "Se sabe que se utilizó dinero de Odebrecht para financiar esa campaña [la de Peña Nieto ...] La decisión del INE en ese entonces es de que no había ningún delito y que los que habían rebasado el tope de campaña éramos nosotros, así está establecido en un dictamen del INE", dijo AMLO el 24 de julio de 2020.

La crítica es no sólo al ahora INE, sino a su presidente, Lorenzo Córdova, quien era consejero en esa elección. Un INE con menos legitimidad tenderá a ser más cauto en tratar de frenar al gobierno en su interés por estirar la liga todo lo que pueda en la elección de 2021.

El 3 de abril de 2020 terminaron su periodo cuatro de los 11 consejeros del INE: Benito Nacif, Pamela San Martín, Enrique Andrade y Marco Antonio Baños. En 2023 concluye el periodo de cuatro más: Lorenzo Córdova, Ciro Murayama, José Roberto Ruiz y Adriana Favela. Uno de los consejeros, José Roberto Ruiz, ya ha estado votando sistemáticamente en el sentido de lo que Morena desea. Un ejemplo: Ruiz Saldaña fue el único voto disidente en la multa que en su momento el INE puso a Morena (197 millones de pesos) por el caso del fideicomiso Por los Demás, creado supuestamente para apoyar a las víctimas del terremoto de 2017.

Si bien la coalición de AMLO tiene las dos terceras partes de los votos para nombrar consejeros, una mayoría que desde la existencia del IFE nadie había tenido, las reglas para el nombramiento de los consejeros del INE imponen ciertos candados a la Cámara de Diputados, como la consideración de su idoneidad para desempeñar el cargo y un criterio de selección condicionado "a los mejores evaluados", según lo dispuesto en el artículo 41 de la Constitución. La Junta de Coordinación Política de la Cámara de Diputados, de mayoría morenista, aprobó el 27 de febrero de 2020 la integración del Comité Técnico de Evaluación, encargado de examinar a los candidatos al Consejo General del INE para el periodo 2020-2029. En dicha elección destacan seis académicos de renombre: Diego Valadés, Silvia Giorguli, Blanca Heredia (propuestos por la Cámara de Diputados), Ana Laura Magaloni, José Roldán Xopa (propuestos por el INAI) y Sara Lovera (propuesta por la CNDH). El séptimo miembro es John Ackerman, también propuesto por la CNDH.[88]

Ackerman trató de reventar el proceso. Si bien no lo logró, fue capaz de cerrar la elección a un grupo más limitado, de cinco candidatos. De éstos salieron los ganadores.

Fueron nombrados Norma Irene de la Cruz, Carla Humphrey, José Martín Fernando Faz y Uuc-kib Espadas. Con 399 votos a favor, cinco votos en contra (cinco diputados de Morena: Rubén Cayetano, Alejandro Carvajal, Víctor Adolfo Mojica, Graciela Sánchez y Martha Robles) y cinco abstenciones (cinco diputados de Morena: María Díaz, Mónica Guerra, Reynaldo Huerta, Víctor Varela y Beatriz López). De los 91 diputados ausentes en la votación, 33 fueron de Morena, 18 del PAN, 18 del PRI, 9 del PES, 5 del PT, 3 del PVEM, 2 de MC, 2 del PRD, y 1 independiente.

Parecían buenos perfiles, ninguno parecía ser el resultado de un pacto político con algún grupo ni contar con una historia de lealtad a Morena o a algún otro partido político, aunque muy pronto se exhibió que, en una reunión de Consejo del INE, Norma Irene de la Cruz estaba filtrando información de la misma a Ackerman.

Fue un buen proceso. Da cierta tranquilidad respecto a la autonomía del INE. Morena no recurrió a su mayoría para imponer a sus cuates. Funcionaron las reglas que estipulan que la decisión de a quién nominar recaiga en un grupo de individuos con solidez técnica y profesional, encargado de velar por que se cumpla con los requisitos para el cargo.

¿Los votos se seguirán contando escrupulosamente? Yo creo que sí. Lo que está por verse, y lo veremos con más detalle en la conclusión, es hasta dónde va a tratar de intervenir AMLO en la campaña electoral de 2021. También falta saber si el INE responderá con contundencia y, en su caso, si AMLO acatará o, en cambio, atacará sus decisiones.

La pieza definitiva del sistema electoral es el TEPJF. Es la última palabra en cualquier proceso electoral y, de haberla, en cualquier diferencia.

El TEPJF ha tomado algunas decisiones contrarias a AMLO, como el haber ordenado frenar el envío de cartas, firmadas por él, en las que se informaba sobre la implementación del Programa de Apoyo Financiero a Microempresas Familiares por el covid-19. Sin embargo, en un caso clave, el de validar o no la legalidad del fideicomiso creado por Morena para ayudar a las víctimas del sismo de septiembre de 2017, el TEPJF revocó la multa de 197 millones de pesos que el INE había originalmente impuesto a Morena. El INE había considerado como esenciales las manifestaciones de AMLO en el sentido de que Morena integraría un fideicomiso; en opinión del TEPJF, el INE "presumió un uso indebido de recursos a favor de Morena", pero, según la magistrada Mónica Soto, "el vínculo entre Morena y el fideicomiso no quedó acreditado más allá de una duda razonable y el INE no probó si Morena se benefició del Fideicomiso Por los Demás, sino que sólo mostró indicios insuficientes para concluir que recursos privados trascendieron al ámbito político-electoral".[89]

Durante el sexenio de Peña Nieto, en el TEPJF se había construido una mayoría cercana al PRI: Alejandro Luna, magistrado presidente del TEPJF entre 2011 y 2015 y encargado, por tanto, de validar la elección de 2012, fue militante del PRI en su juventud, y tanto el PAN como el PRD acusaron en su momento a María del Carmen Alanís, presidenta del TEPJF entre 2007 y 2011, de tener vínculos con el PRI.[90] El caso más notable de acción a favor del PRI fue la elección de gobernador de Coahuila en 2017. El INE había acusado al candidato priista, Miguel Riquelme, de haber sobrepasado 9.2 por ciento el tope de gastos de campaña mediante la entrega de tarjetas y monederos, el pago de representantes de casilla y propaganda difundida en Facebook (un total de 84 spots). La Sala Superior del TEPJF rechazó cada uno de estos cargos.

Una de las razones de la mayor facilidad para apropiarse al TEPJF es que muchos de sus miembros pretenden pasar luego a la SCJN. La terna la manda el presidente de la República. Lo sabe y lo saben, aunque hasta ahora nadie lo haya logrado.

AMLO parece haber domado al TEPJF. Éste optó por darles registro a tres partidos aliados del presidente López Obrador, dos de los cuales, según el INE, habían cometido suficientes irregularidades como para negarles el registro. Paralelamente, el TEPJF confirmó la negativa del INE del registro del partido de Felipe Calderón, México Libre. Se les midió con varas distintas. A los amigos y aliados de AMLO, una generosa interpretación de la ley. A su enemigo y potencial contrincante, la más dura posible.

Se trata de la primera decisión importante de la elección de 2021. Una de las centrales. Quién tiene derecho a competir. Decidió con una lógica política y con argumentos claramente distintos en las respectivas sentencias. Es un mal presagio respecto a la autonomía de esta pieza clave en nuestro régimen electoral.

EL PODER JUDICIAL

El Poder Judicial es crucial para evitar que la mayoría de Morena en el Congreso y el propio presidente violen la Constitución. Como vimos en el capítulo 1, AMLO tiene una relación muy laxa con la legalidad. Para él tiene prioridad la justicia, y eso está abierto a que cada uno la puede definir según su entender. No es éste el espacio para entrar en discusiones filosóficas al respecto, pero el régimen constitucional mexicano parte del principio de la legalidad, no de qué opina el soberano respecto a la justicia.

La procuración y administración de justicia están realmente compartidas entre el Poder Ejecutivo y el Judicial. Al primero le corresponde prevenir, investigar, y perseguir delitos, mientras que al segundo le corresponde imponer y modificar las penas correspondientes. Le corresponde también velar por que no se viole la Constitución, ni en las acciones del Ejecutivo ni en las del Legislativo.

A mediados de enero de 2020 se filtró una iniciativa para reformar el sistema de justicia, supuestamente creada en la oficina del fiscal general de la República, Alejandro Gertz Manero, que proponía la creación de "superjueces", es decir, jueces que pudieran juzgar penalmente a otros jueces y a magistrados federales por delitos "cometidos contra la administración de justicia", tarea que hoy hace fundamentalmente el Consejo de la Judicatura Federal. En la iniciativa original se leía que "es prioritario combatir las deficiencias o distorsiones que mal encauzan la justa aplicación de la ley y evitar todo acto de corrupción, especialmente ante los jueces en la materia penal [...] se plantea esta propuesta con la intención de combatir la corrupción y la comisión de delitos por jueces y magistrados en el desempeño de sus funciones".[91] Pero eso es lo de menos: la iniciativa contemplaba, por ejemplo, ampliar la figura del arraigo a todos los delitos, así como la eliminación del auto de vinculación a proceso, que en su forma actual establece que "ninguna detención ante autoridad judicial podrá exceder del plazo de setenta y dos horas, a partir de que el indiciado sea puesto a su disposición, sin que se justifique con un auto de vinculación a proceso".[92]

La iniciativa no prosperó. Pero encarcelar gente sin el debido proceso, y ya no digamos encarcelar inocentes, fue uno de los rasgos del régimen posrevolucionario. También fue uno de los grandes instrumentos de poder de quien controlaba el Ejecutivo durante los años de hegemonía priista.

El Poder Judicial y en particular la SCJN son la contención última de los excesos del Ejecutivo y de su mayoría legislativa. Está para defender la Constitución y los derechos de las minorías.

AMLO ha criticado fuertemente a la SCJN por representar los intereses de la mafia del poder. En plena campaña electoral, el 7 de febrero de 2018, en Colima, dijo que sus miembros "no desquitan su salario y están maiceados por la mafia del poder para actuar bajo consigna". Qué hacer con la Corte es un dilema típico de todo gobernante que quiere romper con el pasado.

Hay varias rutas. Zedillo los jubiló a todos (en ese entonces eran 26) el 31 de diciembre de 1994. Además de ello, redujo su número a 11, e instituyó que sus mandatos terminaran de forma escalonada. Al respecto, dijo: "Por primera vez en nuestra historia, la Suprema Corte de Justicia de la Nación es un órgano genuinamente autónomo, electo por el Senado de la República. Reitero que se acabaron los tiempos de los nombramientos políticos y las influencias del presidente sobre la Suprema Corte".

No hubo mucha resistencia; era una Corte con poco prestigio, un vestigio del antiguo dominio del PRI. Sobre esto último, escriben los investigadores Josafat Cortez y Grisel Salazar:

En 1917 se diseñó una Corte independiente con un carácter liberal garante de la división de poderes. El comportamiento de la SCJN durante los primeros años después de la Constitución de 1917 fue un tribunal que se comportó de forma independiente del poder político en materia de amparo en temas agrarios y laborales. Sin embargo, las reformas constitucionales de 1928, 1934 y 1946 modificaron las condiciones de independencia de la Corte propiciando su marginalidad en el sistema político mexicano. Fue una Corte débil, apegada a los intereses de la coalición en el gobierno y con jueces sin toga que utilizaban el cargo como un eslabón más en su carrera política.[93]

Otra ruta es crear una nueva sala para ir nombrando a los nuevos ministros y tener mayoría en el pleno. Esto fue propuesto por Ricardo Monreal el 4 abril de 2019 (una "sala anticorrupción", la llamó). Al día siguiente, AMLO dijo que "ya no necesitamos más aparatos; lo que se requiere es mantener la voluntad de no permitir la corrupción. Acabar con la corrupción de arriba hacia abajo".

Hasta ahora ha seguido la ruta de sustituir ministros. Aunque los nuevos ministros le fueran leales, no es una colonización rápida. A AMLO le ha tocado nombrar a tres de los 11, uno de ellos porque renunció.

Presionado por una investigación judicial en su contra, Eduardo Medina Mora renunció el 3 de octubre de 2019. Era el ministro más odiado por el presidente, por lo menos por sus citas públicas. Ante su nombramiento a la SCJN, dijo: "El nuevo ministro de la Corte, Eduardo Medina Mora y la procuradora general de la República, Arely Gómez, fueron impuestos por Emilio Azcárraga, dueño de Televisa, porque el corrupto de Murillo Karam era del grupo de Manlio Fabio Beltrones, porque tampoco es monolítica la mafia, se ponen de acuerdo para mantener el régimen opresor y de corrupción, pero tiene [sic] sus diferencias".[94] A Medina Mora se le acusó de haber emitido resoluciones que en su momento permitieron desbloquear cuentas bancarias de narcotraficantes y de "personas corruptas", según dijo en su momento Santiago

Nieto, titular de la Unidad de Inteligencia Financiera (UIF) de la Secretaría de Hacienda.[95]

Su renuncia fue desaseada. El artículo 98 de la Constitución dice: "Las renuncias de los ministros de la Suprema Corte de Justicia solamente procederán por causas graves; serán sometidas al Ejecutivo y, si éste las acepta, las enviará para su aprobación al Senado". No se hizo pública la carta de renuncia, lo cual impide saber las causas y si fueron graves, lo cual hace cuestionable la legalidad de su renuncia. Esto alimentó todo tipo de sospechas, sobre todo porque las acciones judiciales en su contra pararon al momento de su renuncia. AMLO ganó con ello un espacio adicional en la SCJN.

En el ciclo natural de la SCJN, a AMLO le quedaría un ministro más por nombrar durante su mandato. Fernando Franco termina su periodo el 12 de diciembre de 2021.

Si bien en la elección de ministros se requieren dos terceras partes del voto en el Senado, es decir, la minoría tiene cierto peso, el proceso favorece al presidente. Éste selecciona la terna. Si se la rechazan dos veces, acaba nombrando a quien quiera dentro de los miembros de las dos ternas rechazadas. Este mal diseño lo critiqué, junto con Ana Laura Magaloni, en un artículo en el que señalábamos cómo el nombramiento de los ministros de la SCJN incide en su elección, desempeño y legitimidad.[96]

La coalición de AMLO ha logrado imponer en la terna a los candidatos que parecían contar con las mayores simpatías del presidente. En el primer caso fue electo Juan Luis González Alcántara. El ahora ministro fue presidente del Tribunal Superior de Justicia del DF cuando AMLO fue jefe de Gobierno. Es un hombre que simpatiza con la izquierda, honesto (aunque en 2013 circuló una crítica a su actuar respecto al juicio de pensión alimenticia que en ese entonces enfrentaba el expresidente de la SCJN, Genaro Góngora) y un buen jurista.

Ha votado a favor de la posición de AMLO en temas como la reducción de salarios de funcionarios de órganos autónomos (como candidato a la scjn, él mismo dijo aceptar una reducción de su sueldo), pero en contra de decisiones fundamentales para AMLO, al menos en términos simbólicos: votó en contra de la Ley Federal de Remuneraciones de los Servidores Públicos, en la que se estipulaba que ningún servidor público podría ganar más que el presidente de la República. El voto de González Alcántara fue decisivo: en tres sesiones anteriores del pleno de la scjn, se había pronunciado por "rechazar la invalidez total de la ley". En una cuarta sesión, votó en su contra.[97] Votó a favor de la constitucionalidad de la consulta popular, aunque con una pregunta distinta, como veremos más abajo.

La segunda silla fue ocupada por Yasmín Esquivel, quien fuera presidenta de la Sala Superior de lo Contencioso Administrativo de 2012 a 2015. Es esposa del constructor José María Rioboó, personaje muy cercano a AMLO, y quien construyó por asignación directa el segundo piso del Anillo Periférico cuando AMLO fue jefe de Gobierno. En enero de 2020 se manifestó a favor de que ningún funcionario público ganara más que el presidente de la República, "bateando la suspensión solicitada por los organismos [autónomos en su contra]".[98] Votó a favor de la constitucionalidad de la consulta popular.

En la tercera quedó quien era una subordinada del presidente, Margarita Ríos Farjat. Encabezaba el Servicio de Administración Tributaria (sat) desde el arranque de su administración. En su momento votó, junto con Jorge Pardo Rebolledo y Alfredo Gutiérrez, a favor de que los funcionarios del Banco de México, del INE y del IFT recibieran salarios más altos que el del presidente de la República, en contra de la voluntad expresa de éste. Votó a favor de la constitucionalidad de la consulta popular.

Al arranque del sexenio, a la scjn le tocó elegir a su presidente. Se ha especulado mucho si quien ganó, Arturo Zaldívar, lo hizo con el apoyo de AMLO y si se ha puesto a su servicio, al ser alguien cercano al círculo inmediato de López Obrador: Olga Sánchez Cordero, John Ackerman e Irma Eréndira Sandoval.[99] Sobre una posible injerencia del grupo lopezobradorista en la SCJN hay un texto de Guillermo Sheridan que habla de la contratación de un hermano de Irma Eréndira Sandoval, Netzaí Sandoval, en la Coordinación de Asesores de la SCJN.[100]

No hay evidencia publicada de que haya realmente habido un acuerdo, ni mucho menos detalles sobre su naturaleza. Sí tenemos muchas declaraciones de AMLO favorables al ministro Zaldívar: "La opinión que tengo del ministro Zaldívar es que es un hombre íntegro y que le tengo confianza [...] Sí lo considero una gente honorable y de bien, me da confianza. Si no, no lo diría", dijo AMLO el 11 de octubre de 2019.

Al haberse ganado el respeto de AMLO, Zaldívar pudo presentar una propuesta de reforma cuando no le correspondía al Poder Judicial hacerlo: la llamada "reforma judicial con y para el Poder Judicial", que plantea, entre otras cosas, la creación de un sistema de precedentes y cambios al concepto de "tesis", con el fin de que cada una de las sentencias de la SCJN genere jurisprudencia; la creación de plenos regionales, que unificarían los criterios de los tribunales colegiados, y contempla sancionar, más allá de con meras medidas administrativas, acciones como la corrupción, el nepotismo y el acoso.[101] Al respecto, Zaldívar dijo: "De manera muy especial reconozco y agradezco la confianza del presidente de la República, licenciado Andrés Manuel López Obrador, al haber hecho suya nuestra propuesta de reforma judicial y haber suscrito la iniciativa, la cual hará llegar al Senado por las vías legales correspondientes. Este acto supone un respeto absoluto a nuestra independencia y una deferencia que abona a la fortaleza de nuestro estado constitucional y democrático de derecho".[102]

Los méritos de la gestión de Zaldívar se podrán valorar cuando ésta termine. El reto que ha tenido es cómo buscar un balance entre no confrontar a AMLO innecesariamente sin dejar de decidir con autonomía y rapidez en los temas críticos. La forma en que encabezó el proceso de deliberación respecto a la constitucionalidad de la consulta popular promovida por AMLO y su voto a favor de ésta deja muchas dudas sobre su independencia.

Es en los votos de los ministros en temas que para AMLO son importantes, en particular el voto de Zaldívar, donde iremos viendo qué tan autónoma es la SCJN. Si bien no podemos caer en el simplismo de que para ser autónomo hay que votar sistemáticamente contra los deseos del Ejecutivo, algunas de las acciones de éste parecen ser muy cuestionables desde el punto de vista constitucional. El proceso de revisión de las muchas leyes y acciones presuntamente inconstitucionales va muy atrasado, lo cual ya es un mal síntoma.

La SCJN mostró, el 11 de mayo de 2020, una posición clara con su decisión unánime respecto a la inconstitucionalidad de la llamada ley Bonilla, la cual pretendía ampliar de dos a cinco años el periodo de mandato de Jaime Bonilla, gobernador de Baja California. Mostró su independencia ante el Ejecutivo y respeto al marco constitucional.

En mayo de 2020 la Primera Sala otorgó a la Cofece una suspensión a la resolución que obligaba la reducción del sueldo de sus funcionarios. Pero quedan muchos pendientes. La lista de asuntos no atendidos es extensa e incluye cuestiones fundamentales para el proyecto político de la autoproclamada Cuarta Transformación. Si se resuelven conforme a derecho, algunos van a sacar chispas. Si simplemente no los resuelven, será una forma perversa de dejar que el presidente haga su voluntad.

El caso más preocupante hasta ahora es la decisión del 1º de octubre de 2020, de una mayoría de seis ministros, de considerar que consultar sobre si se debe aplicar la justicia a los expresidentes es constitucional. La pregunta para la consulta fue planteada por AMLO.

Tres de los ministros que votaron a favor fueron, como ya vimos, nombrados por AMLO. Se le sumaron el presidente de la scjn, Alfredo Gutiérrez Ortiz Mena, quien fuera jefe del sat entre julio de 2008 y noviembre de 2012, y Alberto Pérez Dayán, quien ha hecho carrera en el Poder Judicial y fue el único de los ministros con este origen que se atrevió a votar en ese sentido.

Todos los abogados entrevistados durante el debate previo en los medios de comunicación, o que escribieron en ellos, estaban convencidos de que eso es inconstitucional. No he visto una defensa de terceros sobre la decisión de la scjn.

Los argumentos esgrimidos son poco convincentes. Zaldívar dijo:

La consulta que se nos plantea no expone a nadie como culpable ni es sugestiva. La materia de la consulta no asume que las personas que menciona son responsables ni tampoco busca que la ciudadanía decida su culpabilidad. Lo que la consulta busca conocer es simplemente si la ciudadanía está de acuerdo en las que las autoridades investiguen y, en su caso, sancionen su presunta responsabilidad en la comisión de delitos conforme a las leyes y los procedimientos aplicables. En este sentido, es falso que la consulta implique una exposición mediática estigmatizante y, por tanto, que pueda generar un efecto corruptor en las eventuales investigaciones que se realicen.

Morena recolectó firmas en muchos lugares con la siguiente publicidad: "¿Quieres que Salinas, Peña y Calderón vayan a la cárcel? Firma aquí". El mismo Zaldívar, quien en su momento argumentó que por un montaje televisivo al momento de su captura hubo un efecto corruptor en el juicio contra Florence Cassez, argumentó que en este caso no había tal efecto.

Zaldívar también argumentó que la consulta "no va a provocar una presión desmesurada en las autoridades [...] No podemos presumir que nuestras autoridades de impartición de justicia van a faltar a sus deberes constitucionales".

Lo dice cuando está mostrando otra cosa. AMLO, un día antes, había mandado un mensaje claro: primero criticó a la SCJN por haber negado el derecho a la democracia directa en el pasado, para rematar diciendo: "Entonces, ¿vamos a seguir con lo mismo? Yo me deslindo y que cada poder asuma su responsabilidad".

Los seis ministros que votaron a favor no le dejaron a AMLO la pregunta que él quería. La redactaron así: "¿Estás de acuerdo o no en que se lleven a cabo las acciones pertinentes, con apego al marco constitucional y legal, para emprender un proceso de esclarecimiento de las decisiones políticas tomadas en los años pasados por los actores políticos, encaminado a garantizar la justicia y los derechos de las posibles víctimas?"

Estos ministros creen que, al no poner los nombres de los expresidentes, ya no se corrompe el proceso judicial. Pero la pregunta que les hará AMLO a los electores en las mañaneras será la misma que los ministros desecharon. ¿Quién lo va a sancionar por ello?

Dada su generalidad, la pregunta da para todo, incluidas decisiones del gobierno de AMLO que han dejado muchas muertes en el camino, como su política frente a la pandemia por el covid-19. Convierte las consultas en un acto de mera demagogia, una forma de quitarles todo valor genuinamente democrático.

La SCJN aún tiene la oportunidad de mostrar que puede ser independiente del poder político. Héctor Aguilar Camín ha hecho un recuento de asuntos y leyes pendientes:[103] la Ley de Remuneraciones del Sector Público, la de Austeridad Republicana, la Orgánica de la Administración Pública, la Nacional de Extinción de Dominio, la de la Guardia Nacional y el Uso de la Fuerza

Pública, la General de Educación, las reformas legales en materia de delitos fiscales y de prisión preventiva, los presupuestos federales de 2019 y 2020, la eliminación del programa de Estancias Infantiles, además de todos los amparos pendientes de resolución en cuanto a la cancelación del aeropuerto en Texcoco, la construcción del de Santa Lucía y la refinería de Dos Bocas. Hay que añadir los amparos en contra de la construcción del Tren Maya.

María Amparo Casar ha analizado los rezagados tiempos con los que van muchas de estas controversias. Están en manos de la SCJN "al menos, siete acciones de inconstitucionalidad y 33 controversias constitucionales relativas a los proyectos más emblemáticos de la actual administración". Son litigios donde están en juego los principios básicos de nuestra Constitución, por lo menos desde la visión de los quejosos. El problema, en palabras de Casar, es que "de las acciones y controversias tres fueron sobreseídas (por improcedencia o por quedarse sin materia) y dos resueltas. El resto está en la sala de espera a pesar de su gran relevancia. La más antigua —Ley Orgánica de la Administración Pública— data del 27 de diciembre de 2018, con diecinueve meses sin resolución".[104]

La SCJN tendrá que decidir ya sobre las 17 acciones de inconstitucionalidad y controversias constitucionales que ha metido en la congeladora. Ahí nos mostrará hasta dónde llega su sumisión. Es complicado, porque éstas requieren de ocho votos para que se declaren inconstitucionales. Justicia que no es expedita, no es justicia.

AMLO no sólo decide qué leyes tendremos, sino que comenta respecto a los casos de la SCJN. Presumió, por ejemplo, haberla presionado para que a unos exaccionistas de Grupo Modelo les fuera negado el amparo que habían solicitado para la devolución de impuestos. "Pues sí intervenimos, el consejero jurídico de Presidencia, con la directora del Servicio de Administración Tributaria, que es una espléndida abogada, una mujer honesta, Margarita Ríos", dijo en su mañanera del 5 de febrero de 2019. Cuando la SCJN

152

falló a favor de la Cofece en el ya citado caso de los sueldos, dijo: "Que quede lo suficientemente claro: no es posible que no haya un tope en lo que ganamos los funcionarios públicos. ¿Cómo que va a haber funcionarios que ganen 200 o 300 mil pesos mensuales? Menos en esta circunstancia. Es un asunto de justicia".

También presiona al Poder Judicial cuando una sentencia no le gusta. Lo ha hecho muchas veces, y en más de una ocasión con éxito, en el sentido de obligarlo a revertir su decisión. Un caso visible fue cuando un juez otorgó un amparo al empresario Alonso Ancira por la prescripción del delito de defraudación fiscal.

AMLO reaccionó así: "Si no se devuelve el dinero, pues nosotros no podemos otorgar perdón, para decirlo con claridad. Cómo vamos nosotros a darnos por atendidos si no se repara el daño, eso no lo podríamos hacer, sería complicidad. Tienen que devolver el dinero, ésa es la condición". Pocas horas después, el Consejo de la Judicatura Federal destituyó al juez federal (tercer distrito con residencia en Tapachula) que había otorgado un amparo a Ancira. AMLO aplaudió la decisión: "Cuándo se veía en México que un hombre tan influyente como Ancira recibiera un revés del Poder Judicial, de la judicatura del Poder Judicial, que sanciona o suspende a un secretario de juzgado que resuelve que ya no se podía enjuiciar al señor Ancira", dijo el 21 de agosto de 2020.

Ancira respondió con una demanda contra el presidente. Algunas de las implicaciones de dicha demanda las analiza Riva Palacio en su artículo del viernes 11 de septiembre de 2020, intitulado "A juicio, AMLO y las mañaneras", y reproduce algunas partes de ésta. Al respecto, escribe que Ancira "demandó al presidente Andrés Manuel López Obrador por haber violado sus derechos al transgredir 10 artículos constitucionales y uno más de la Convención Americana de Derechos Humanos, y exigió que se pronuncie el Poder Judicial sobre las mañaneras". En la demanda se lee: "El poder que detenta el presidente de la República tiene un alcance de enorme magnitud y las declaraciones que ha realizado implican un amedrentamiento a los juzgadores nacionales [...] Con sus manifestaciones se menoscaba seriamente la posibilidad de que el principio de independencia judicial tenga operatividad y eficacia".[105] Un juez le negó la razón a Ancira con el argumento de que la mañanera tiene por objeto "difundir y publicar información e ideas, lo cual es imprescindible no solamente como instancia esencial de autoexpresión y desarrollo individual, sino como condición para ejercer plenamente otros derechos fundamentales, y como elemento determinante de la calidad de la vida democrática en un país". Para rematar: "Máxime que las expresiones o respuestas que realice el presidente de los Estados Unidos Mexicanos, no son vinculantes para los juzgadores del Poder Judicial de la Federación".[106]

EL PACTO FEDERAL

Otro tema central en la distribución de poder y la gobernabilidad en México es la relación entre la Federación y los estados. Es difícil gobernar países extensos y muy poblados como México con una Constitución centralista. Sólo funcionó así antes de la Independencia. En el Virreinato, el poder delegado del virrey estaba centralizado en la Ciudad de México.

La larga Guerra de Independencia generó un vacío de poder que les dio autonomía a los poderes locales. Los dos largos periodos de estabilidad del México independiente, el porfirismo y el priismo hegemónico, fueron en buena medida posibles gracias a una Constitución federal, pero con una enorme centralización en la práctica. El presidente tenía que negociar con los poderes locales, aunque solía tener la fuerza suficiente para imponerse en los temas que más le preocupaban.

Un signo de que el priismo iba de salida de su modelo clásico fue la exitosa rebeldía de Roberto Madrazo, entonces gobernador de Tabasco, en contra del gobierno de Zedillo y de su secretario de Gobernación, Esteban Moctezuma (ahora secretario de Educación con AMLO). En 1995 el gobierno de Zedillo estaba acorralado por las acusaciones de fraude electoral que, según el PRD, habían tenido lugar en Tabasco. Ante esto, Moctezuma le pidió a Madrazo su renuncia. Éste acordó hacerlo, pero luego se negó a irse. Al final, Zedillo se vio obligado a mantener a Madrazo como gobernador.

Con Fox en la presidencia, el 13 de julio de 2002 los gobernadores de Campeche, Chiapas, Chihuahua, Coahuila, Colima, Durango, Guerrero, Hidalgo, Estado de México, Michoacán, Oaxaca, Puebla, Quintana Roo, San Luis Potosí, Sinaloa, Sonora, Tabasco, Tlaxcala, Veracruz y Zacatecas, así como los representantes de los gobiernos de Baja California Sur, el Distrito Federal y Tamaulipas,[107] crearon un frente común para enfrentar al recién electo presidente panista: la Conferencia Nacional de Gobernadores (Conago). En sus orígenes, la Conago estuvo conformada por gobernadores del PRI y del PRD; los gobernadores del PAN se unieron a ella en su X Reunión Ordinaria, que tuvo lugar el 30 de julio de 2003 en San Luis Potosí. El antecedente de la Conago fue la Asociación Nacional de Gobernadores (Anago), creada el 23 de octubre de 1999 por los gobernadores (todos perredistas) de Zacatecas, Ricardo Monreal; de Baja California Sur, Leonel Cota; de Tlaxcala, Alfonso Sánchez; de Nayarit, Antonio Echevarría, y la jefa de Gobierno del DF, Rosario Robles.

Al no tener mayoría en ninguna de las dos Cámaras, y con el PRD desplegando una actitud de opositor sistemático, Fox requería el voto del PRI para sacar cualquier ley, incluido el presupuesto. Los legisladores federales del PRI, huérfanos de un presidente priista, gravitaron en torno a los gobernadores de su entidad. Fueron capaces de dirigir una parte creciente del presupuesto hacia los estados. El Estado de México, con la bancada más grande, logró impulsar en 2007 un cambio en la fórmula de repartición de recursos federales, lo que le dio aún más dinero.

Esto, al darse durante el *boom* del precio del petróleo y cuando México producía alrededor del doble de lo que hoy, los inundó de dinero. Nunca hubo tanta corrupción en algunos estados. Nadie les ponía freno. Con justa razón se les llamaba los nuevos virreyes o señores feudales.

Pablo Montes ha documentado algunos de estos excesos y, sobre todo, la impunidad con la que estaban descaradamente robando muchos gobernadores. Sus estudios, que abarcan el periodo 2000-2013, dan cuenta de 303 casos de escándalos políticos entre los 62 gobernadores que gobernaron durante ese periodo. De esos 303 casos, solamente en 30 hubo alguna sanción por parte del partido político del gobernador. Al respecto, Montes escribe: "Este simple dato muestra que el hecho de que un partido político repruebe un supuesto mal comportamiento por parte de alguno de sus gobernadores es más la excepción que la regla. El amplio número de escándalos (303 en 16 años de estudio) muestra también que para un partido estar en una situación de escándalo es normal. Esto es consistente para todos los partidos".[108]

Con la llegada de Peña Nieto a la presidencia, el exgobernador del estado más poblado del país, la relación cambió. Nuevamente había un líder claro en la presidencia, aunque este líder había llegado a ella negociando con muchos de estos gobernadores priistas, quienes seguramente lo ayudaron con el financiamiento de su campaña.[109]

Pareciera que más de un gobernador amigo del presidente se sintió con licencia para robar más. En las observaciones de la Auditoría Superior de la Federación (ASF) sobre los recursos mal gastados en Veracruz bajo el gobierno de Javier Duarte, por ejemplo, se destaca que no había prueba de que los 652 millones de pesos para el programa Habilidades Digitales para Todos recibidos en

2011, los 190 millones de pesos para el Programa de Apoyo para Fortalecer la Calidad en los Servicios de Salud y los 114 millones de pesos de subsidio federal para profesionalizar a sus policías de 2013 se hubieran empleado para el fin con el que se planearon. Ya para 2015, su administración había desviado o malversado 4 mil 630 millones de pesos destinados a educación y salud.[110]

El enojo de los ciudadanos con los gobernadores corruptos vinculados a Peña Nieto fue el detonador de la debacle de la fuerza priista en varios estados. En 2016 el PRI perdió siete de las 12 gubernaturas que estaban en juego frente a una alianza entre el PAN y el PRD con la promesa de acabar con la corrupción y meter a la cárcel a los gobernadores corruptos. En 2018 este enojo contra la corrupción fue capturado por Andrés Manuel López Obrador para ganar la presidencia de la República.

Como ya vimos, sólo seis gobernadores son de Morena y uno del PES. Pero Morena controla 20 legislaturas locales y el Congreso de la Unión. La presidencia tiene una gran fuerza frente a los gobiernos estatales. No los necesita para aprobar el presupuesto, dado que controla con comodidad la Cámara de Diputados. Y muchos gobernadores necesitan de Morena para aprobar sus presupuestos y, en general, para poder gobernar.

Desde esta posición, AMLO está como pez en el agua. No le gustan las negociaciones. Le gusta imponerse. Con la Conago se reunió sólo tres veces en sus primeros 21 meses de mandato. No pasa de la foto, de la reunión protocolaria. Prefiere la relación uno por uno. Para que no le echen montón.

Un grupo de gobernadores que se sintieron abandonados empezaron a buscar mecanismos de colaboración entre ellos. Desde principios de enero de 2020 los gobernadores de Coahuila, Miguel Riquelme; de Nuevo León, Jaime Rodríguez, y de Tamaulipas, Francisco García, se reunieron al menos ocho veces para articular una respuesta conjunta ante el desdén del gobierno federal por la crisis económica potenciada más tarde por el coronavirus. A dicho grupo se unieron poco después los gobernadores de Michoacán, Silvano Aureoles del PRD, y de Durango, José Rosas Aispuro del PAN. El 29 de abril corrió el rumor de que "gobernadores de por lo menos 21 estados analizaban la formación de un bloque opositor para impugnar el pacto fiscal federal y [...] suspender la tributación a la Federación, incluso al grado de sacar a la Federación de sus asuntos internos".[111]

La incomodidad creció debido a la forma en la que el gobierno federal manejó la crisis de la pandemia. Su reticencia a usar recursos fiscales para apoyar la planta productiva, la falta de inclusión en la toma de decisiones, las contradicciones permanentes entre el decir del gobierno y el hacer del presidente y la evidente insuficiencia en la construcción de un sistema de salud centralizado llevaron a esta resistencia.

El 8 de septiembre, menos de un mes después de su última reunión, 10 gobernadores abandonaron la Conago para formar la Alianza Federalista por México. Las diferencias centrales tienen que ver con la distribución de recursos fiscales. Con un presupuesto encogiéndose, el pacto fiscal es cada vez más cuestionado por estados en donde el gobierno federal recauda más respecto a los recursos federales que luego les regresa en participaciones y aportaciones. Cuando el ingreso petrolero era muy alto, compensaba, y en muchos estados con creces, ese diferencial. Ya no es así.

La relación se fue tensando cuando el 26 de octubre de 2020 le pidieron a AMLO una reunión para tratar diversos temas fiscales, entre ellos la eliminación de fideicomisos y los recortes presupuestales previstos para 2021. El 29 de octubre AMLO les respondió que dialogaría con ellos "siempre y cuando no haya politiquería, imagínense que se use la investidura presidencial con propósitos partidistas". Algunos gobernadores lo amenazaron con abandonar un pacto fiscal al que dicen contribuir con más de lo que reciben. AMLO los retó a que les consultaran a sus ciudadanos si eso querían. Más de uno le tomó la palabra. AMLO reviró la apuesta y los acusó de querer romper el pacto federal, es decir, de querer salirse de los Estados Unidos Mexicanos, algo que nadie había propuesto.

En su relación con los estados, el estilo de AMLO de hacer las cosas es revelador. Se creó la figura de los superdelegados, una suerte de regentes para cada entidad, coordinados desde Palacio Nacional por Gabriel García, y cuya justificación oficial es que con ellos se eliminan los intermediarios en las entregas de los programas sociales. Los críticos de tal figura señalan que son poco más que operadores electorales de Morena, y que su accionar viola el pacto federal.

Los superdelegados ("coordinadores estatales", según su nombre oficial) tienen a su cargo "la coordinación e implementación de planes, programas y acciones para el desarrollo integral, funciones de atención ciudadana, la supervisión de los servicios y los programas a cargo de las secretarías, las dependencias y entidades".[112] Bajo la lógica del gobierno federal, los delegados estatales no sólo supervisan que los programas del gobierno "bajen" a donde realmente tienen que llegar, sino que, con su presencia, se eliminan intermediarios indeseables. Bajo la lógica de los gobernadores, los delegados estatales no sólo implican una violación del pacto federal, sino que son potenciales rivales político-electorales.

A través del control del dinero federal, se esperaba que tuvieran un gran peso político. Sin embargo, contra lo temido por muchos gobernadores, no se convirtieron en una suerte de gobernador paralelo, aunque en cada estado su peso relativo varía. Depende de la capacidad del gobernador en turno el construir una relación directa con AMLO. Más de uno ha tenido que acercarse a AMLO por el peso de Morena en su respectivo congreso local.

159

Los pleitos de los liderazgos locales de Morena han debilitado a muchos de los superdelegados. Perciben, con razón, que éstos son una suerte de precandidatos de Morena a la gubernatura de su estado. Muchos ya compitieron como candidatos de Morena en el pasado, aunque fueron derrotados.

No sabemos cuántos de estos superdelegados serán candidatos a gobernador ni cuántos ganarán la contienda. Sí se sabe que 10 de ellos han enfrentado acusaciones de corrupción,[113] 12 de ellos acusaciones de nepotismo,[114] y algunos han tenido enfrentamientos muy visibles con actores políticos locales en Jalisco, Puebla, Tabasco y Chiapas.[115]

Será hasta las elecciones de 2021, cuando 15 gubernaturas estarán en juego, sólo una de Morena, cuando veremos la capacidad de Morena de hacerse de un porcentaje mayor de los ejecutivos estatales. Los resultados de esta elección serán centrales para la evolución de la relación entre las entidades federativas y AMLO. Además de las 15 gubernaturas, se eligen 30 congresos estatales y cerca de 2 mil ayuntamientos. También será crucial para la relación con las entidades si Morena y sus aliados mantienen la mayoría de la Cámara de Diputados, y por lo tanto el control de la negociación presupuestal, o no.

CONTRA LA SOCIEDAD CIVIL

AMLO defiende a la familia, pero ha buscado debilitar a la sociedad civil, porque todo poder alternativo le incomoda. En su libro *The Narrow Corridor: States, Societies, and the Fate of Liberty*, Daron Acemoglu y James A. Robinson sostienen que la libertad no es el orden natural de las cosas; que, históricamente, el orden natural de las cosas ha sido el dominio de los fuertes sobre los débiles. Esto porque, o bien los Estados han sido muy débiles para proteger a los débiles de los fuertes, o han sido ellos mismos, los Estados, los que

han asumido el papel de los fuertes contra los débiles. La libertad
surge, sostienen los autores, sólo cuando se alcanza un delicado
(y precario) balance entre el Estado y la sociedad: cuando el Estado no es lo suficientemente fuerte como para derivar en tiranía, en
parte por enfrentar una sociedad bien organizada, pero tampoco lo
suficientemente débil como para derivar en anarquía o en captura
por parte de grupos poderosos, incluido el crimen organizado.

AMLO parece haber leído el libro. En 2019 les quitó a las
organizaciones de la sociedad civil un apoyo de 6 mil 200 millones de pesos que sí recibieron en 2018. Les ha dicho en diversas
ocasiones a algunos de los empresarios que financian estas organizaciones que se dediquen a invertir y crear empleos, que eso que
estaban haciendo es una función del Estado.

Alaín Pinzón, del Consejo Ciudadano para VIH e ITS, dijo que,
por esta decisión, "la sociedad civil ha tenido que reestructurar todos sus planes económicos a largo plazo. Se corre el riesgo de que
algunas ONG [organizaciones no gubernamentales] dejen de operar
debido a que el apoyo otorgado por el Estado era sumamente vital
para la continuidad de sus trabajos".[116] AMLO lo justifica diciendo que "había moches por todo el sistema de intermediación que
prevalecía". Hasta donde sé, no hay un solo indiciado por esa
supuesta corrupción.

Tampoco le importó mucho el impacto de sus decisiones,
como el hecho de que en el camino la Fundación de Cáncer
de Mama (Fucam) se quedara sin recursos públicos, aunque ello
implicara suspender tratamientos en curso. Ante las protestas de
las afectadas, el gobierno aceptó que la Fucam continuara con los
tratamientos de las personas que hubieran iniciado su tratamiento antes del 31 de diciembre de 2019. El resto, a atenderse en hospitales
públicos, aunque no hubiera los recursos para apoyarlas.

Su animadversión a las organizaciones civiles es tan manifiesta
que, al tomar posesión como presidente, su Circular Número 1

dictaba dejar de dar recursos a las organizaciones sociales, porque ahora las transferencias del Estado se harían "sin intermediarios".

Como señala María Elena Morera, con acciones de este tipo AMLO "le está dando a la sociedad civil organizada un trato de adversario político, contraviniendo el principio básico democrático de la participación social en los asuntos públicos, y desdeñando el hecho de que la calidad de una democracia se da en función de la participación vigorosa y autónoma de su sociedad".[117] Estas prácticas, señala Morera, pueden ser reflejo de "la tentación de regresar a formas autoritarias en las que las políticas públicas se definen por una sola persona".[118] Para esto, el gobierno de AMLO se ha podido amparar en la absurda ley que impide otorgar financiamiento a las organizaciones de la sociedad civil (OSC) que no sean donatarias autorizadas; el problema, como apunta Morera en su texto, es que sólo una de cada cinco OSC es donataria autorizada.

Su pleito más visible con una ONG ha sido con Mexicanos Contra la Corrupción y la Impunidad (MCCI), presidida hasta julio de 2020 por el hijo de un viejo enemigo suyo, quien como presidente del Consejo Coordinador Empresarial (CCE) coordinó la respuesta mediática de los empresarios en contra de su campaña en 2006. En ese año, AMLO acusó al CCE, junto a las empresas Sabritas y Jumex, en supuesta alianza con el PAN y el Doctor Simi, de haber llevado en contra suya una "guerra sucia" que, ultimadamente, lo llevó a perder la elección.[119]

Ahora se desquita con el hijo de su adversario de 2006. El 24 de septiembre de 2019 AMLO llamó a dicha ONG "Mexicanos por la Corrupción": "Ahora hay una asociación que se llama 'Mexicanos por la Corrupción'. ¡Ah!, no. Sí, me equivoqué. 'Mexicanos en Favor de la Corrupción', qué, ¿no es así?, que dirige Claudio X. González y otros adversarios nuestros".[120]

Para AMLO, la razón de que lo critiquen es simple: "Mexicanos en Favor de la Corrupción, que está financiada su asociación por empresas, muchas de ellas no pagaban impuestos. ¿Cómo van a estar contentos? Están molestos porque ya se prohibió la condonación de impuestos, pero en fin, ése es otro asunto".

La realidad es muy distinta. Los directivos de MCCI y otras organizaciones similares como el Instituto Mexicano para la Competitividad (Imco), de cuyo consejo asesor fui parte hasta septiembre de 2014, tuvieron que defender su autonomía de quienes los financiaban, defendiendo muchas veces posiciones que éstos no querían.

No es casualidad tanto foco contra este tipo de organizaciones. Él ganó en parte gracias al trabajo y los resultados de éstas y otras organizaciones que hicieron evidente y público el alcance depredador de la corrupción durante el gobierno de Peña Nieto. Las investigaciones sobre los casos de Duarte y Borge le pusieron nombre, apellido y *modus operandi* a la mafia del poder. AMLO se montó en ello. No quiere que le hagan nada parecido.

LOS MEDIOS DE COMUNICACIÓN

El día de su triunfo, AMLO agradeció a los medios de comunicación su comportamiento durante el proceso electoral: "Fue ejemplar la pluralidad y el profesionalismo de la prensa, la radio y la televisión. Los medios de información no fueron, como en otras ocasiones, correas de transmisión para la guerra sucia. También mi gratitud a las benditas redes sociales". Ciertamente, sin la cobertura que tuvo desde que fue jefe de Gobierno, en particular de la prensa y de la radio más crítica del gobierno federal de entonces, su visibilidad política habría sido mucho menor. Ya en el poder se olvidó de esto.

Ha sido el presidente que más ha atacado a los medios de comunicación, bajo el argumento de que ejerce su derecho de réplica: "Respetamos las opiniones, pero cuando no corresponden

163

a la verdad no tenemos que quedarnos callados. No limitamos la libertad de expresión, no hay censura, sólo usamos el derecho de réplica", dijo el 31 de julio de 2019.

Para él, los medios de comunicación que no se alinean a su proyecto son "fantoches", "servidores de los conservadores", "sabelotodos", "pasquines inmundos". El periodismo convencional está muy cerca del poder económico. Si desde ahí lo critican, es por intereses económicos. En la mañanera del 22 de abril de 2020 dijo:

El buen periodismo es el que defiende al pueblo y que está distante del poder, el que no defiende al poder, el que defiende al pueblo. Lo que tenemos ahora es un periodismo muy cercano al poder, sobre todo al poder económico, y muy distante del pueblo. Es un periodismo de la élite, que no defiende al pueblo raso; cuando mucho, a la clase media y de ahí para arriba. Y a la clase media la utilizan nada más como parapeto. Es como las pymes, que las usan de bandera, las ponen por delante para sacar provecho los de mero arriba.

Parece olvidar que hoy él es el poder. Criticarlo es, por definición, estar distante del poder. De su enorme y creciente poder. A los medios que no le aplauden los acusa de formar parte de alguna conspiración en su contra.

Cuando el 11 de septiembre de 2020 el periódico *Reforma* dio a conocer los desfalcos que por parte de Morena y de una cuñada suya habían tenido lugar en Macuspana, lugar natal de AMLO, éste dijo:

Ah, lo de Macuspana. Miren el *Reforma*, un pasquín inmundo, ocho columnas del *Reforma*. Con todo mi respeto a los trabajadores del *Reforma*, reporteras, reporteros, camarógrafos, a los trabajadores de los talleres, me estoy refiriendo que es un pasquín inmundo de los de mero arriba, porque este periódico es protector, patrocinador de Carlos Salinas de Gortari.

Ya antes había acusado al *Reforma* de haberse quedado mudo ante los atropellos del gobierno de Salinas. Tiene razón. Lo estuvo casi todo el sexenio, sencillamente porque no existía entonces. Su primer ejemplar se publicó el 20 de noviembre de 1993, apenas un año antes de concluir su sexenio. Ahora se atreve a criticarlo a él. Intolerable:

> No somos iguales a los gobiernos de antes, a veces calienta, porque nos confunden. Por ejemplo, el *Reforma* y otros medios que nunca denunciaron el saqueo que se llevó a cabo durante el gobierno de Salinas, ahora son paladines de la decencia y la honestidad [...] Y no es censura, es nada más aclarar, informar, dar elementos para que nadie sea sorprendido. Los patrocinadores del *Reforma* pues eran los dueños del país, se sentían los todopoderosos, eran los que hacían los grandes negocios al amparo del poder público, eran los que no pagaban impuestos y ahora están molestos, están inconformes y no se detienen ni siquiera ante la tragedia, porque son tiempos en que deberíamos estar pensando en cómo ayudar para curar los enfermos, para salvar vidas, pero no, ellos andan en otra idea.

Siempre es la víctima. Según él, "desde la época del presidente Madero no se había atacado como ahora [a un gobierno]". Pero la realidad es que a lo largo del día los medios repiten y repiten lo que él dice. Si no tiene el impacto que él espera, es por el mensaje original, cada vez más desapegado de la realidad.

El ataque a medios específicos tiene el propósito de erosionar su legitimidad ante sus seguidores. Así, según esto, no leerán lo que es crítico de AMLO. ¿Funciona? Información anecdótica muestra que el *Reforma* es visto en los círculos académicos de izquierda como un periódico de derecha al que ya ni voltean a ver.

Tras las declaraciones de AMLO de que el *Reforma* es un pasquín inmundo, Jorge Zepeda escribió: "Los editores de *Reforma* han convertido a la portada del diario en un escaparate de todo lo que pueda ser lodo y mácula para López Obrador, en detrimento de la información del país en muchos otros órdenes".[121] Quien haya leído el *Reforma* a lo largo de su existencia sabrá que siempre ha sido crítico del poder. El día posterior a las revelaciones del escándalo de la "Casa Blanca" de Peña Nieto fue el único diario impreso que lo traía en primera plana.

Tras el triunfo de Trump, en Estados Unidos subieron de forma importante las suscripciones del *New York Times* y del *Washington Post*, por oponerse claramente a Trump. En México no hemos visto nada parecido.

Un estudio del Reuters Institute[122] señala que, en general, los medios de comunicación tradicionales en México han ido perdiendo credibilidad: de 2017 a 2020 la confianza cayó 11 puntos porcentuales, pasando de un grado de confianza de 50 por ciento en 2017 a 39 por ciento en 2020. Las mentiras e inexactitudes de las mañaneras, como vimos en el capítulo 1, terminan por tener su impacto.

Al gobierno de AMLO le molesta tanto la crítica que sus fieles atacaron a Carmen Aristegui en su vida personal cuando difundió la investigación de Signa Lab y Artículo 19 que mostraba cómo, desde Notimex, la agencia de noticias del Estado mexicano, se había puesto en marcha una operación para desprestigiar a algunos periodistas críticos con la gestión de Sanjuana Martínez al frente de dicha agencia. Estos ataques a Aristegui se dan a pesar de que, como señala Raymundo Riva Palacio:

> La investigación que hizo su equipo sobre la "Casa Blanca" provocó que la aprobación del presidente Enrique Peña Nieto tuviera un desplome casi vertical, a lo que se añadió un humor social tan adverso al régimen que los expertos en opinión pública, temprano en la campaña presidencial de 2018, no dudaban que López Obrador ganaría las elecciones, y sólo discutían por cuántos puntos sería. Aristegui contribuyó

en la construcción de esa animadversión de los líderes priistas y panistas, merecida en muchos casos, pero no fue la única.[123]

Se ha documentado que existe una red de *bots,* es decir, de programas automatizados en las redes sociales para diseminar información controlada desde Palacio Nacional. En palabras del semanario *Proceso*:

La estructura piramidal de la organización que apoya y defiende al presidente Andrés Manuel López Obrador en las redes sociales quedó descubierta el pasado 14 de abril. Ese día, en su conferencia matutina, el morenista volvió a ofrecer que la revocación de su mandato presidencial se realice en 2021, pese a que esa opción es rechazada por sus opositores porque es un año de elecciones intermedias y no quieren que aparezca en la boleta. Después de la mañanera, como en otras ocasiones, la estrategia consistió en posicionar el tema en la opinión pública, especialmente en Twitter. Para ello, desde la oficina de Coordinación del Equipo de Trabajo de Comunicación Digital, cuyo director general es Daniel Tovar y a quien fuentes identifican como la persona detrás de estas campañas, se crearon *banners* políticos (espacios de publicidad) con el *hashtag* (etiqueta) #ElPuebloManda, imágenes de la población y frases en tipografía color blanco como: "El pueblo pone", "En democracia el pueblo pone y el pueblo quita" y "Estamos listos y listas para ir a las urnas". Luego, se pidió "compartir" la etiqueta #ElPuebloManda a las cinco de la tarde en redes sociales en un chat "informal" de WhatsApp llamado "Temas Varios 4T", que integran Tovar, encargados de comunicación de algunas dependencias, asesores, miembros de Morena y coordinadores de medios de comunicación alternativos pro-AMLO, según una fuente bajo condición de anonimato, quien compartió capturas de pantalla para sustentar su información.[124]

Según el *Washington Post*, los ataques de *bots* incrementan el riesgo de los periodistas en un lugar como México, al que el diario estadounidense llama "mortal" para ejercer el periodismo. "Los críticos que aplaudieron el audaz trabajo de estos medios en los tiempos del presidente anterior, Enrique Peña Nieto, se han vuelto contra los mismos periodistas en los tiempos de AMLO, como si de alguna manera perdieran su rigor en los últimos dos años", sentencia el *Washington Post*.[125]

DONALD TRUMP

El único que le ha marcado un alto en el camino a AMLO ha sido el presidente de Estados Unidos, Donald Trump, en los temas que a éste le interesan, por supuesto. La esperanza de una parte de la élite económica mexicana es que Trump modere, y haga reconsiderar a AMLO, pero aquél sólo se mete en lo que afecta su agenda política.

Con el triunfo de Biden, la política exterior de los Estados Unidos regresará a un cauce más institucional y con una visión más de mediano plazo sobre los riesgos para Estados Unidos de lo que sucede en su frontera sur.

Para AMLO seguramente va a ser una relación más complicada, sobre todo en materia ambiental. Trump y AMLO piensan igual en su desprecio al cambio climático y su deseo de desarrollar los combustibles fósiles. Para Biden, la agenda de descarbonización de su matriz energética va en serio.

AMLO por lo visto hasta ahora va a tener que buscar cómo acomodarse a esta nueva realidad. En su relación con los Estados Unidos, AMLO es muy distinto al típico populista latinoamericano, para quien no hay nada mejor que enredarse en la bandera nacional en la lucha contra el imperialismo yanqui.

AMLO llegó a escribir un libro titulado *¡Oye, Trump!* Había por supuesto frases que sonaban muy bien, como la defensa de los mexicanos en Estados Unidos: "Defenderemos sin ningún condicionamiento el derecho de nuestros connacionales a ganarse la vida" o "Es una canallada que Trump y sus asesores se expresen de los mexicanos como Hitler y los nazis se referían a los judíos". También llamaba "a no cerrar fronteras o imponer aranceles y, mucho menos, apostar a una guerra comercial con ningún país o bloque de países, por el contrario: 'es indispensable integrar más nuestras economías y promover el libre comercio'".[126]

A la menor provocación acusaba a Peña Nieto de someterse a Trump. "Trump ninguneó a Peña Nieto, o sea, lo sobajó; eso se debe aclarar de inmediato [...] A ningún mexicano le va a gustar que Donald Trump haya tratado como lo hizo al presidente de México", dijo AMLO el 1° de febrero de 2017. Vale la pena ver el video: https://bit.ly/2UlG6Tg.

El belicoso político de oposición se volvió un perrito faldero. Un ejemplo: cuando a finales de mayo de 2019 Trump amenazó con imponer un arancel de 5 por ciento a las importaciones mexicanas "hasta que se detenga el flujo de migrantes indocumentados", como escribió Trump en su cuenta de Twitter, AMLO le envió una carta en la que le decía: "Le propongo profundizar en el diálogo, buscar alternativas de fondo al problema migratorio y, por favor, recuerde que no me falta valor, que no soy cobarde ni timorato sino que actúo por principios: creo en la política que, entre otras cosas, se inventó para evitar la confrontación y la guerra". Conocemos el desenlace de la amenaza de Trump: AMLO estrenó su Guardia Nacional persiguiendo centroamericanos indocumentados que querían llegar a Estados Unidos.

Cuando Trump le pidió que lo apoyara en su campaña, fue sin rechistar. No había salido del país. Era el momento de hacerlo. Llegó a decir en la Casa Blanca que, por parte de Trump, "en vez de agravios, México ha recibido respeto y comprensión".[127] Lo dicho por AMLO se convirtió en material para la propaganda de Trump dirigida al votante de cara a su fallida reelección.

CAPÍTULO 3

Radiografía de una promesa

"Nadie con buen juicio evaluaría a un gobierno reformista con menos de un año en el encargo en los mismos términos que a un gobierno de normalidad política. Un gobierno de cambio, y más uno que aspira a transitar a un régimen político distinto, debe juzgarse más bien por su éxito en destruir lo que aspira a destruir, y aquel que tenga en su labor de siembra de un nuevo futuro." Son palabras de Gibrán Ramírez de su artículo intitulado "Avanzando, sin novedades".[1]

Éste es un capítulo escrito por alguien sin buen juicio. Trata de hacer esa evaluación. Tiene a su favor que ya no es un año de gobierno, sino prácticamente dos. Un tercio del sexenio ya casi ha pasado. Los resultados que estamos viendo son ya la cosecha de "su siembra de nuevo futuro".

Ramírez está equivocado en justificar la falta de logros por tratarse de un cambio de régimen. Cuando un gobierno puede hacer con las leyes lo que quiere, cuando no tiene oposición, destruir no tiene mayor chiste. Se manda una orden al Congreso y se cambia la ley. Para la desaparición de un programa basta con la publicación en el *Diario Oficial*. Para castigar presupuestalmente a una institución, basta con disminuir su presupuesto. Los diputados lo aprobarán. Si se quiere cancelar un aeropuerto, basta con hacerlo, sin importar los recursos que se desperdiciarán; nadie tiene el poder para impedírselo.

171

Un gobierno transformador no puede justificar su falta de éxitos por el cambio. La responsabilidad del gobierno es destruir con sentido de futuro. Incluso destruir lo que supuestamente era un foco de corrupción, si se hace mal, puede alejar el objetivo deseado, como hasta ahora ha sido el caso con la destrucción del Seguro Popular y la creación del Instituto de Salud para el Bienestar (Insabi).

Gobernar es hacerse cargo de las consecuencias de las decisiones. En palabras de AMLO, después de que el gobernador de Jalisco, Enrique Alfaro, acusara a su gobierno de sembrar a quienes vandalizaron el centro de Guadalajara el día 4 de junio de 2020: no se puede "echarle la culpa a otros de lo que está uno enfrentando, de los problemas que cotidianamente tiene uno que enfrentar como gobernante".[2]

AMLO llegó al poder por el enojo de los ciudadanos ante los tres principales problemas del país: el bajo crecimiento económico, la alta inseguridad y la desbordada corrupción. Este capítulo centra su evaluación en estos tres grandes objetivos de su gobierno. Hago también un repaso a los 100 compromisos prometidos en el Zócalo de la Ciudad de México el día de su victoria, que fueron básicamente refrendados en el Plan Nacional de Desarrollo. Es inevitablemente un capítulo breve respecto a lo complicado que es evaluar toda la acción de un gobierno. Pongo el énfasis en lo que me parece más relevante. Sólo puedo comentar aquellos temas donde hay suficiente información. En el apéndice está la lista de los 100 compromisos.

La gran mayoría de los 30 millones de personas que votaron por AMLO esperaban un mejor futuro, no uno peor. La idea implícita en el texto de Ramírez es que se pueden sacrificar algunos años, o quizá él está pensando en toda una generación, si la última recompensa es un futuro mejor. Ha sido una justificación típica de la izquierda.

172

Más allá de si en el futuro llegará la tierra prometida, el problema en una democracia es que el triunfo en una elección no da una justificación eterna para gobernar. Se requiere dar resultados dentro del periodo para el cual fue electo.

La aprobación de un gobierno pasa no sólo por su legitimidad democrática de origen, sino por su eficacia en el desempeño. Por eso, en la teoría política suele distinguirse la legitimidad de origen del poder de la legitimidad de ejercicio del poder.

AMLO empezó con niveles de aprobación muy altos, los más altos de los que se tenga registro. Después fue disminuyendo, con caídas considerables en algunos meses, para repuntar a partir de la segunda mitad de 2020. En octubre cae un poco para repuntar en noviembre. En la gráfica 3.1 se muestran los datos.

GRÁFICA 3.1. *APROBACIÓN DE AMLO*

PORCENTAJE DE APROBACIÓN SEGÚN EL FINANCIERO

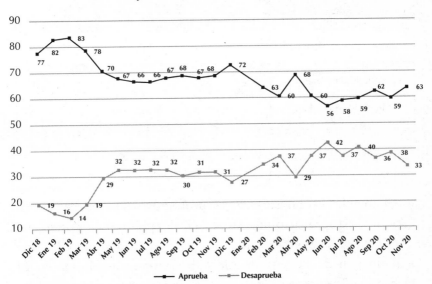

Esta gráfica muestra la evolución mensual de la aprobación del presidente. La encuesta es telefónica.

Fuente: Elaboración propia con datos de la Encuesta Nacional de *El Financiero.*

A los dos años de gobierno, el de Salinas de Gortari tenía una mayor aprobación que el de AMLO en ese mismo momento de su sexenio, porque había mostrado ser muy eficaz.

Muchos de los defensores de AMLO lo justifican porque tiene un amplio apoyo popular. ¿Habría entonces que aprobar lo hecho por Salinas? En el cuadro 3.1 se muestra el comparativo con otros sexenios. La fuente utilizada es distinta para poder tener la comparación con gobiernos previos.

CUADRO 3.1. APROBACIÓN DE LOS PRESIDENTES DE MÉXICO
PROMEDIO EN EL SEGUNDO AÑO DE GOBIERNO

Carlos Salinas de Gortari	71%
Ernesto Zedillo Ponce de León	45%
Vicente Fox Quesada	52%
Felipe Calderón Hinojosa	61%
Enrique Peña Nieto	45%
Andrés Manuel López Obrador	53%

La aprobación de AMLO es su promedio hasta noviembre de 2020.
Fuente: Elaboración propia con datos de Consulta Mitofsky.

Es notable el contraste entre la aprobación del presidente López Obrador y la aprobación de sus principales políticas. Los presidentes suelen tener políticas públicas mejor evaluadas que ellos. De acuerdo con la encuesta de Alejandro Moreno publicada en *El Financiero* podemos ver cómo todas se encuentran por debajo de la aprobación de AMLO, aunque en materia de lucha contra la corrupción la evaluación ha mejorado (cuadro 3.2).[3]

CUADRO 3.2. *EVALUACIÓN DEL DESEMPEÑO DE GOBIERNO*
(PORCENTAJE)

Tema	Muy bien / bien		Muy mal / mal	
	Dic 19	Nov 20	Dic 19	Nov 20
Salud	41%	35%	32%	37%
Corrupción	41%	39%	33%	37%
Seguridad Pública	27%	28%	51%	54%
Economía	43%	25%	31%	49%
Pobreza	30%	-	33%	-

Fuente: Elaboración propia con datos de la Encuesta Nacional de *El Financiero* diciembre 2019 y noviembre 2020. Los porcentajes no suman 100% por las respuestas "Neutral" y "No sabe".

AMLO nunca dijo que había que esperar un sexenio o más para empezar a ver resultados de su siembra de futuro, como argumentan algunos de sus defensores. El candidato siempre prometió que los buenos resultados vendrían pronto. Ha tenido tan poca oposición que sus logros o fracasos son un reflejo de lo atinado de sus diagnósticos y de las competencias de su gobierno.

AMLO suele afirmar, no importa cuál sea la realidad, que todo irá bien. Ya con la crisis del coronavirus bien avanzada en el mundo, el 2 de abril de 2020, con Italia y España contabilizando 760 y 950 muertos por día, AMLO dijo: "Yo tengo tranquila mi conciencia y sé que vamos bien, y eso es lo que quiero transmitirle al pueblo y le estoy transmitiendo al pueblo, vamos a salir adelante […] vamos a salir fortalecidos, o sea, que nos vino esto como anillo al dedo para afianzar el propósito de la transformación".[4]

Ya con la economía parada, continuaba sacando las matracas. Llegó a decir: "¿Cómo voy a ser pesimista? Imagínense, un presidente pesimista, eso solamente los que les ha ido mal porque se dedicaban a robar y ya no pueden, están enojados. Pero nosotros tenemos que cantar *Gracias a la vida*, que nos ha dado tanto. Nosotros tenemos que ver con optimismo el futuro y salir adelante".[5]

Ahora bien, AMLO piensa que la pandemia es la gran justificación del estancamiento de la economía. El domingo 24 de mayo de 2020 dijo: "Íbamos muy bien, ahora sí, como dicen en mi pueblo, por una expresión de un exgobernador, 'tan bien que íbamos', y se nos presenta lo de la pandemia".[6]

AMLO puede creer que tendrá ahora la justificación exacta para sus fracasos, pero su manejo de la pandemia, cuyos resultados en materia de salud se ven en el capítulo 7, exacerbó los problemas que ya mostraba su gobierno. En ninguno de los indicadores importantes veníamos bien.

Economía y desarrollo

El objetivo de AMLO era lograr un crecimiento de 4 por ciento anual promedio. Llegó a prometer en su libro *2018: La salida* un crecimiento de 6 por ciento el último año de su gobierno.

Esto habría significado un crecimiento promedio en el producto per cápita de 3.1 por ciento anual.[7] No sólo crecería el pastel, como se dice coloquialmente. El objetivo explícito de AMLO era que, a diferencia del periodo neoliberal, esta vez habría "beneficios para toda la población: menos desempleo y pobreza, más especialización de la fuerza laboral y mejores salarios".

Este gobierno aún no sabe qué es tener un año con crecimiento respecto al mismo periodo del año anterior. Después de un colapso como el del segundo trimestre del año el tercer trimestre iba a ser mucho mejor, pero sigue muy abajo del tercer trimestre de 2019. Ese año la economía se estancó. El producto per cápita cayó en 1.1 por ciento.

Los malos resultados se dieron en un contexto internacional propicio y con una economía de Estados Unidos en pleno crecimiento: 2.3 por ciento en 2019. En el pasado, cuando nuestro vecino crecía nosotros lo hacíamos más. Ya no.

Por más que desde mediados de 2019 se veía que de seguir con su estrategia económica se iba a quedar muy por debajo del 2 por ciento de crecimiento esperado por Hacienda para el año,[8] al presidente no le gustan los datos negativos. Lo suyo es negarlos y criticó al economista en jefe del Bank of America por su pronóstico de cero crecimiento para 2019. En sus palabras: "Vamos a crecer cuando menos 2 por ciento este año. Ése es mi pronóstico. Y el año próximo vamos a crecer 3 por ciento. Apuesto".[9] Se cumplió el pronóstico del banco. Nadie le ha ido a cobrar la apuesta.

La vengativa diosa fortuna llegó después. Con la crisis del coronavirus y la pobre reacción gubernamental, en 2020 se esperaba una contracción de alrededor de 9 por ciento, frente a una de 4 por ciento de Estados Unidos. Es la caída del producto más fuerte desde 1932, cuando la economía era fundamentalmente rural, con una amplia parte de la población en actividades de subsistencia. No se espera un rebote importante para 2021, a lo mucho de 3.2 por ciento, según la misma encuesta del Banco de México. Para 2022 se espera un crecimiento de no más de 2 por ciento.[10]

El producto interno bruto (PIB) refleja la cantidad de valor económico generado cada año. Tiene dos grandes componentes, la inversión y el consumo. En México la inversión total, pública y privada, representaba 20.3 por ciento del PIB en 2018. El consumo, 78.7 por ciento, del cual el privado es 66.9 por ciento del PIB y el del gobierno 11.8. El resto son las exportaciones netas, es decir, descontadas las importaciones. Las exportaciones son el consumo mundial de los bienes y servicios mexicanos. Esto hace crecer nuestro PIB. Las importaciones hacen crecer al PIB de los países de donde provienen los bienes y servicios del exterior que consumimos, aunque son un reflejo de la fortaleza de la demanda nacional.

Una razón importante del estancamiento en 2019 fue la caída en la inversión fija. Ésta, como se puede ver en la gráfica 3.2, comienza su desplome con la decisión de cancelar el aeropuerto, se consolida al arranque de 2019 con la errática política económica del gobierno y cae abruptamente con la pandemia. La misma tendencia se ve en la gráfica 3.3 con las importaciones de bienes de capital. Esto es, la importación de la maquinaria y equipo necesarios en muchas de las nuevas inversiones. Cuando ambos indicadores caen por un tiempo largo se va minando el potencial productivo del país. Hoy estamos consumiendo el capital invertido en el pasado. Si no invertimos hoy no sólo hay menos demanda de bienes y servicios, sino que el potencial de crecimiento se va erosionando.

GRÁFICA 3.2. INVERSIÓN FIJA BRUTA

(ÍNDICE 2013 = 100)

Esta gráfica mide el nivel de la inversión total de la economía mexicana, pública y privada. La base 100 es para 2013. Entre mayor el número, más alto el nivel de inversión.

Fuente: Elaboración propia con datos del INEGI. Serie con ajuste estacional.

GRÁFICA 3.3. *IMPORTACIÓN DE BIENES DE CAPITAL*
(MILLONES DE DÓLARES)

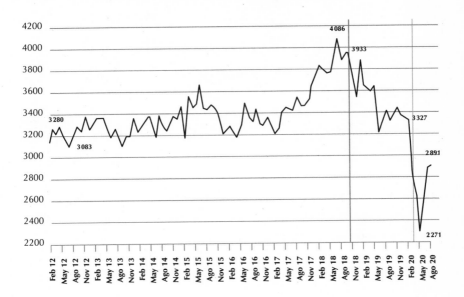

■Cancelación del NAIM   ■ Inicio de la pandemia

Esta gráfica mide mensualmente el total de las importaciones de maquinaria y equipo en millones de dólares.
　　Fuente: Elaboración propia con datos del Sistema de Información Económica (SIE) de Banxico.

No fue la expectativa del triunfo de AMLO lo que espantó al inversionista privado (véase la gráfica 3.4). Esto era bastante esperable desde principios de 2018 y era casi un hecho por ahí de marzo. Fueron las primeras decisiones de AMLO, aun antes de tomar el poder, las que cambiaron el ánimo de quienes hacen inversiones físicas, es decir, poner una fábrica en México, a diferencia de las inversiones financieras, es decir, comprar deuda del gobierno mexicano.

GRÁFICA 3.4. INVERSIÓN PRIVADA

(MILES DE MILLONES DE PESOS)

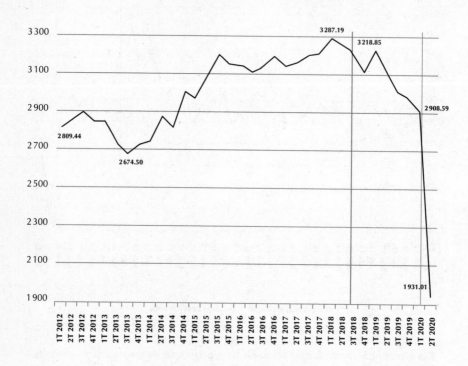

Esta gráfica mide trimestralmente la inversión privada en miles de millones de pesos. Serie con ajuste estacional.

Fuente: Elaboración propia con datos del SIE Banxico.

En el caso de la inversión pública, ésta continúa una caída que arrancó desde principios de 2014 (véase la gráfica 3.5). La promesa de usar los ahorros provenientes de la lucha contra la corrupción en más obra pública no se ha cumplido. El poco dinero para inversión que hay se ha concentrado en las obras del presidente, sacrificando otros proyectos públicos.

GRÁFICA 3.5. *INVERSIÓN PÚBLICA*

(*MILES DE MILLONES DE PESOS*)

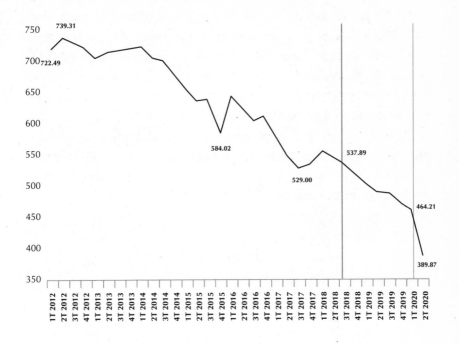

■ Cancelación del NAIM ■ Inicio de la pandemia

Esta gráfica mide trimestralmente la inversión pública en miles de millones de pesos. Serie con ajuste estacional.

Fuente: Elaboración propia con datos del SIE Banxico.

El componente más importante del PIB es el consumo. Se refiere a las decisiones de los agentes económicos sobre cómo quieren hoy adquirir satisfactores con su dinero. Lo que se consume es para usarlo ya. Puede ser un bien duradero, pero su goce empieza el día que se compra. La inversión es una apuesta sobre el futuro, sus beneficios pueden o no llegar. El consumo es una decisión para el presente.

El consumo privado sostuvo durante el 2019 su ritmo ascendente, aunque con una tasa de crecimiento menor a partir de 2017. El gasolinazo de enero de ese año erosionó la capacidad de compra de una parte importante de la población (gráfica 3.6).

Como se puede observar en la gráfica 3.7 el triunfo de AMLO, donde se encuentra la primera línea vertical, generó un fuerte optimismo entre el consumidor, aunque sobre todo en sus expectativas de lo que podría consumir en el futuro. Para el mes de septiembre de 2019 el optimismo respecto al triunfo de AMLO empezó a caer. Sus acciones no se habían reflejado en las mejoras esperadas en el ingreso y ya era evidente una baja disponibilidad de empleos bien pagados.

GRÁFICA 3.6. *CONSUMO PRIVADO EN EL MERCADO INTERIOR*

(ÍNDICE 2013 = 100)

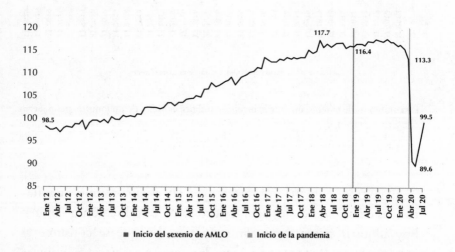

Esta gráfica mide el nivel del consumo privado. La base 100 es para 2013. Entre mayor el número, más alto el nivel de consumo.

Fuente: Elaboración propia con datos del INEGI. Serie con ajuste estacional.

GRÁFICA 3.7. *CONFIANZA DEL CONSUMIDOR (ÍNDICE)*

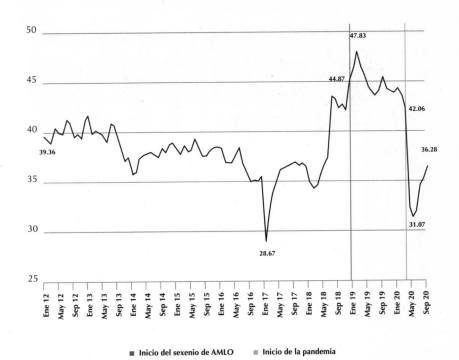

Inicio del sexenio de AMLO   Inicio de la pandemia

Está gráfica mide la confianza del consumidor con base en la Encuesta Nacional sobre Confianza del Consumidor (ENCO) del INEGI. Los datos de abril a julio de 2020 corresponden a la Encuesta Telefónica sobre Confianza del Consumidor (ETCO) que se tomaron vía telefónica debido al confinamiento. Entre más alto el número, más alta la confianza.

Fuente: Elaboración propia con datos del INEGI.

Las exportaciones se mantuvieron como la parte más dinámica de la economía. Dependen de la fortaleza de la economía mundial. Solamente si las condiciones para invertir en México se deterioran mucho, la mejor explicación de la trayectoria de nuestro sector exportador en el corto plazo es qué sucede en Estados Unidos. Pero como México cerró de forma casi indiscriminada la industria en los primeros meses de confinamiento, la producción industrial descendió más que la de Estados Unidos (cuadro 3.3).

183

CUADRO 3.3. *TASAS DE CRECIMIENTO*
DE LA PRODUCCIÓN INDUSTRIAL (PORCENTAJE)

Fecha	México		Estados Unidos	
	Industrial	Manufacturera	Industrial	Manufacturera
Abril 2020	-30.1	-35.5	-16.3	-19.7
Mayo 2020	-29.6	-35.5	-15.8	-16.6
Junio 2020	-17.5	-18.3	-11.0	-10.9
2T 2020	-25.7	-29.7	-14.4	-15.7

Fuente: Para México, INEGI. Para Estados Unidos, Banco de la Reserva Federal de Saint Louis (FRED). Tasas de crecimiento anual, serie desestacionalizada.

Con la llegada de la pandemia y el confinamiento en Estados Unidos se desplomaron nuestras exportaciones (véase la gráfica 3.8). Se están recuperando, pero siguen por debajo del nivel que tenían antes.

GRÁFICA 3.8. *EXPORTACIONES*

(MILLONES DE DÓLARES Y MEDIA MÓVIL SEMESTRAL)

Exportaciones de México por mes. Se aplicó una media móvil semestral, para que los cambios sean menos abruptos y se pueda apreciar mejor una tendencia.
Fuente: Elaboración propia con datos del SIE Banxico.

Por lo visto hasta ahora, en materia de crecimiento este sexenio está perdido. En lo que resta de su gobierno, no recuperaremos el nivel de riqueza que generaba el país antes de la llegada de AMLO al poder. Tomando las optimistas tasas de crecimiento anual pronosticadas por la Secretaría de Hacienda para 2020 y 2021 (-8 por ciento y 4.6 por ciento), además de sus cálculos de crecimiento hasta 2024, la economía mexicana crecería a una tasa promedio de 0.7 por ciento.[11]

El Banco de México presentó, en su segundo informe trimestral, tres escenarios de recuperación para la economía nacional: caer 8.8 por ciento anual en 2020 y crecer 5.6 en 2021 (tipo V), decrecer 11.3 por ciento en 2020 y crecer 2.8 en 2021 (tipo V profunda) y finalmente, una caída de 12.8 por ciento anual en 2020 y una recuperación de 1.3 por ciento el año siguiente (U profunda).[12] De acuerdo con el subgobernador Jonathan Heath, nominado al cargo

185

por López Obrador, la recuperación llegará hasta el segundo trimestre de 2025,[13] por lo que los escenarios más factibles son los más pesimistas, una V profunda o una U profunda.

Medido en términos de crecimiento, AMLO está rotundamente reprobado, no sólo frente a lo prometido, sino de cara al pasado (ver gráficas 3.9 y 3.10). AMLO corre el riesgo de hacer historia: tener el sexenio con menor crecimiento del PIB desde que tenemos sexenios, es decir, desde 1934. Habremos pasado de un crecimiento mediocre, a una recesión negligente.

GRÁFICA 3.9. *PRODUCTO INTERNO BRUTO DESDE 1980*

(*BILLONES DE PESOS CONSTANTES, BASE AÑO 2013*)

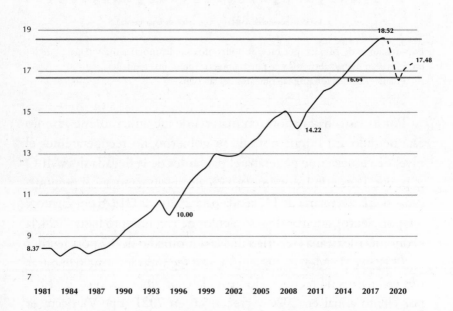

Evolución anual del producto interno bruto. La serie punteada muestra la mediana de los pronósticos de la encuesta de expectativas de Banxico septiembre 2020.

Fuente: Elaboración propia con datos del INEGI. Los datos anteriores a 1993 son estimados por el INEGI para hacerlos compatibles con la forma en la que se mide el PIB hoy.

GRÁFICA 3.10. *PRODUCTO INTERNO BRUTO DESDE 2006*
(BILLONES DE PESOS CONSTANTES, AÑO 2013)

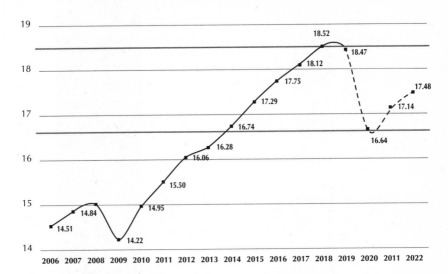

Similar a la anterior. Pero sólo desde 2006 para ver mejor el detalle. Evolución anual del producto interno bruto. La serie punteada muestra la mediana de los pronósticos de la encuesta de expectativas de Banxico septiembre 2020.
    Fuente: Elaboración propia con datos del INEGI.

A Calderón le tocó enfrentar la crisis de 2008, pero el nivel previo a la crisis se recuperó en el cuarto trimestre de 2010.[14] Ni la crisis de 1982 fue tan profunda como parece que será la actual. Entonces, la recuperación se dio en el cuarto trimestre de 1987, aunque en ese caso venía acompañada de una alta inflación y un tipo de cambio en continua devaluación, lo cual tenía un efecto importante en el ingreso disponible de los consumidores y en los ahorros financieros de quienes lo hacían en pesos, la gran mayoría de la población.

AMLO prometió un incremento del salario mínimo de 15.6 por ciento cada año más inflación.[15] Los primeros dos años cumplió. En términos reales, en 2019 aumentó 13 por ciento. En 2020, 15.6 por ciento.

187

CUADRO 3.4. IMPACTO DE LAS CRISIS ECONÓMICAS EN EL EMPLEO FORMAL

Crisis	Empleos al iniciar la crisis	Empleos al tocar fondo	Meses que tomó tocar fondo	Despidos	Destrucción mensual del empleo	Destrucción total del empleo	Meses que duró la recuperación
1994-1995	10 301 252	9 223 128	10	1 078 124	1.1%	10.5%	19
2001	12 559 358	12 170 945	10	388 413	0.3%	1.6%	35
2008-2009	14 564 570	13 868 132	7	696 438	0.7%	4.8%	15
2020	20 613 536	19 495 952	5	1 117 584	1.1%	5.4%	?

Fuente: Elaboración propia con datos del IMSS.

188

Esto fue importante para impulsar el aumento de la masa salarial, es decir cuánto valen todos los salarios pagados en el país. En 2019 la baja inflación permitió un crecimiento real de 3.8 por ciento del salario promedio de cotización en el Instituto Mexicano del Seguro Social (IMSS). Con datos de septiembre de 2020, el salario promedio de cotización ha aumentado 9.1 por ciento en términos reales desde que inició el sexenio.

AMLO prometió, antes de las elecciones de 2018, que si llegaba a ser presidente crearía 2 millones 300 mil empleos, tan sólo para los jóvenes inscritos a su programa Jóvenes Construyendo el Futuro.[16] Como presidente electo prometió una tasa de desempleo de cero en México, citando el logro de Franklin D. Roosevelt con el *New Deal*.

Pero la creación de empleo se desaceleró con su llegada al poder. Los empleos formales creados en el 2019 fueron 342 mil, 319 mil menos que los creados en 2018.

En el primer semestre de 2020 se destruyeron 921 mil 583 empleos formales. Esto, a pesar de que el presidente llamó a los empresarios al inicio de la pandemia a no despedir a nadie, pero sin ofrecer apoyo alguno, como se hizo en la mayor parte de los países.[17] Con los datos disponibles hasta septiembre, en lo que va del segundo semestre se han creado 202 mil 333 empleos formales.

La tasa de participación económica, es decir, el porcentaje de quienes tienen edad de trabajar (15 años) y están trabajando, disminuyó en abril de 59.8 a 47.5 por ciento, lo que implica que cerca de 12 millones de personas abandonaron la población económicamente activa (PEA). En tanto que la tasa de subocupación, es decir, el porcentaje de la PEA que trabaja menos horas de las que desearía trabajar, pasó de 9.1 a 25.4 por ciento, por lo que la población subocupada pasó de 5 a 11 millones de trabajadores respecto al mes previo.[18]

En términos de pérdida de empleos formales la comparación histórica se ve en el cuadro 3.4.

Y MI PALABRA ES LA LEY

Ya en medio de la crisis económica y el desplome del empleo formal e informal, AMLO prometió crear 2 millones de empleos nuevos. La primera vez que lo dijo no se entendía a qué se refería. Tardó en decir cómo. Resultó que eran fundamentalmente los individuos que recibirían ingresos del gobierno, los probables empleos por los créditos nuevos del Instituto del Fondo Nacional de la Vivienda para los Trabajadores (Infonavit) y del Fondo de la Vivienda del Instituto de Seguridad y Servicios Sociales de los Trabajadores del Estado (Fovissste) y unos cuantos miles producto del trabajo que generan sus obras (cuadro 3.5). No parece importarle la distinción entre empleos productivos, que generan riqueza e impuestos, y quienes trabajan para una obra pública, reciben créditos del gobierno o transferencias pagadas con los impuestos recaudados por el gobierno.

CUADRO 3.5. *LA PROMESA DE AMLO DE CREACIÓN DE EMPLEOS EN 2020*

(2 millones de empleos nuevos; abril-diciembre de 2020)		
No	Programa / Proyecto	Empleos adicionales
1	Jóvenes Construyendo el Futuro	230 872
2	Programa de Mejoramiento Urbano con 50 ciudades adicionales	228 135
3	Sembrando Vida	202 216
4	Tren Maya	80 715
5	Construcción de la refinería de Dos Bocas	72 109
6	Banco del Bienestar	47 791
7	Contratación de médicos y enfermeras	45 080
8	Aeropuerto General Felipe Ángeles	44 150
9	Contrataciones Sedena	26 714

190

(2 millones de empleos nuevos; abril-diciembre de 2020)		
No	Programa / Proyecto	Empleos adicionales
10	Mantenimiento y conservación de carreteras	21 916
11	Guardia Nacional	21 430
12	Caminos de mano de obra	15 970
13	Contrataciones Protección Federal	13 000
14	Caminos rurales	12 422
15	Carreteras en construcción	11 714
16	Generación de energía eléctrica con la modernización de plantas	11 644
17	Rehabilitación de las seis refinerías	9 391
18	Desarrollo del Istmo de Tehuantepec	7 300
19	Universidades para el Bienestar	6 033
20	Internet para todos	5 780
21	Terminación de presas y canales	3 090
22	Sistema aeroportuario de la Ciudad de México	2 200
23	Espacio cultural de Los Pinos y Bosque de Chapultepec	1 852
24	Contrataciones Semar	1 380
25	Parque Ecológico Lago de Texcoco	460
	Subtotal	1 123 364
27	Créditos para vivienda Infonavit	800 000
28	Créditos para vivienda Fovissste	170 000
	Subtotal de empleos indirectos	970 000
	Total	2 093 364

Fuente: Elaboración propia con datos del Gobierno de México.

Los empleos perdidos si acaso serán absorbidos por el empleo informal, aunque con un ingreso menor. Incluso éste cayó de forma importante con el confinamiento (gráfica 3.11). No tenían a dónde ir. Éste se está recuperando, porque la gente trata de hacer algo. De acuerdo con el INEGI, hasta agosto de 2020 la población ocupada era de 50.4 millones de personas, un incremento de 653 mil respecto al mes anterior, aún lejos de los 55 millones de antes de marzo. Mientras que en agosto el número de personas ocupadas informales era de 27.8 millones, 500 mil más que en julio (gráfica 3.12).[19]

GRÁFICA 3.11. *POBLACIÓN ECONÓMICAMENTE ACTIVA*
(*PORCENTAJE DE LA POBLACIÓN TOTAL*)

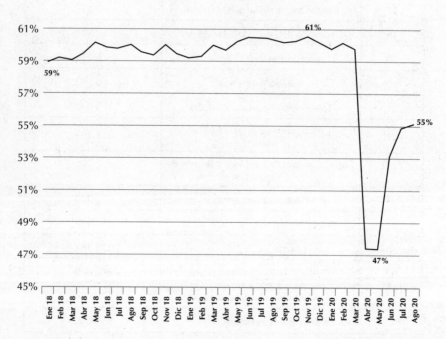

Esta gráfica muestra la evolución mensual de la PEA. De marzo a junio de 2020 se utilizó la Encuesta Telefónica de Ocupación y Empleo (ETOE) debido al confinamiento. Elaboración propia con datos del INEGI.

GRÁFICA 3.12. *OCUPACIÓN INFORMAL*

(MILLONES DE PERSONAS)

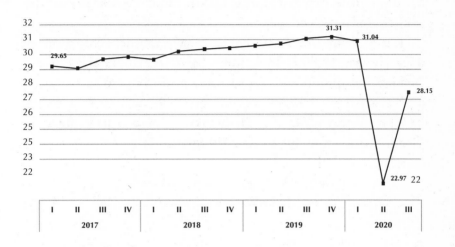

Esta gráfica muestra la evolución mensual del número de trabajadores informales, en millones. Para el segundo trimestre de 2020 se utilizó la Encuesta Telefónica de Ocupación y Empleo (ETOE) debido al confinamiento. Elaboración propia con datos del INEGI.

De acuerdo con información del INEGI, en marzo 1.1 millones de personas estaban ocupadas en unidades económicas de agricultura de subsistencia. El organismo reportó 2 millones en agosto, por lo que el número de mexicanos ocupados en agricultura de subsistencia prácticamente se duplicó durante los últimos cinco meses. Esta situación presenta un grave riesgo para el potencial de la economía mexicana, pues se reubican trabajadores de los sectores productivos de la economía hacia los menos productivos. [20]

Un dato que le preocupa mucho a AMLO es el tipo de cambio. Seguramente recuerda la frase de José López Portillo: "Presidente que devalúa, se devalúa".[21] En las mañaneras, AMLO ha presumido la estabilidad del peso cuando le conviene, como si fuera casa de cambio, con el precio del dólar atrás del escenario.

193

AMLO ha respetado dos herencias neoliberales, la autonomía del Banco de México y el tipo de cambio flexible. Pero nada en la vida es gratis. Para mantener el tipo de cambio estable México ha mantenido las tasas de intereses reales más altas que en otros países.

Tras el triunfo de AMLO y la cancelación del aeropuerto, el dólar pasó de 18.86 el 1° de junio de 2018 a 19.65 el 30 de diciembre del mismo año. En su primer año el peso se mantuvo estable, arrancó en 19.58, terminó en 18.86, una revaluación de 3.68 por ciento. Hasta el 27 de octubre, el peso se ha depreciado 11 por ciento en lo que va de 2020 (gráfica 3.13).[22]

GRÁFICA 3.13. *TIPO DE CAMBIO PESO/DÓLAR*

(PESOS POR DÓLAR; CIERRE)

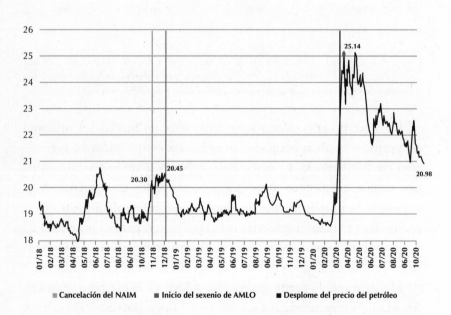

Se toma el tipo de cambio al cierre de cada sesión. El marcador en gris representa el máximo histórico de la serie.

Fuente: Elaboración propia con datos del SIE Banxico.

Otro logro de AMLO es que la inflación se ha mantenido baja. Frente a una tasa de 4.83 por ciento en 2018, pasó a 2.83 por ciento en 2019. Respecto a septiembre de 2019, la inflación es de 4.01 por ciento.[23] Parte de este incremento se puede explicar por la aceleración de los precios del componente de alimentos, que en ese mismo periodo registraron un aumento de 6.99 por ciento anual, frente al 3.71 por ciento del resto de las mercancías.

Este buen desempeño de la inflación estuvo apoyado por la baja del precio de la gasolina, que pasó de 19.44 en diciembre de 2019 a 15.10 en abril de 2020. Una caída del 22 por ciento. La caída fue menor a la del precio internacional, que pasó de 1.54 a 0.418 dólares por galón, una caída de 73 por ciento.[24] Una parte del diferencial fue por la decisión de dejar de subsidiar el impuesto especial sobre producción y servicios (IEPS). Este subsidio se terminó en la primera semana de febrero de 2020.[25] Con ello, los ingresos públicos por este concepto aumentaron en dicho mes en casi 10 por ciento respecto al mismo mes de 2019.

AMLO prometió la creación de una "zona franca" fronteriza. No es como en el pasado una zona con un régimen de importación distinto al del resto del país. Ya somos hoy un país abierto al comercio. AMLO habla con lenguaje del pasado, pero a lo que se refiere es a bajar ahí el impuesto al valor agregado (IVA) a 8 por ciento y el impuesto sobre la renta (ISR) a 20 por ciento. AMLO cumplió. Se hizo a través de un mecanismo muy restrictivo para hacer muy difícil que cualquiera se domicilie en la frontera para aprovechar la tasa preferencial de ISR. Aunque inicialmente los cálculos de Hacienda indicaban que la recaudación en la frontera había disminuido 59 mil 827 millones de pesos en 2019,[26] ésta cayó casi 75 mil millones de pesos. El crédito fiscal de 50 por ciento al IVA representó 71 mil 917 millones de pesos de menores ingresos.[27] También bajó el precio de la gasolina con la medida.

Por ejemplo, en Tijuana, Juárez y Reynosa ésta bajó 18, 17 y 17 por ciento, respectivamente.[28]

AMLO propuso que el aumento nominal del salario mínimo en la frontera fuera de 100 por ciento. En 2019 se cumplió. En 2020 aumentó 5 por ciento nominal. Si bien al principio de 2019 hubo varias huelgas en Matamoros por la presión de algunos sindicatos para hacer extensivo el aumento del mínimo al resto de los salarios, no afectó visiblemente la creación de empleos en la frontera. Había un *boom* impulsado por el crecimiento de la demanda en Estados Unidos.

En cuanto al apoyo a las pequeñas y medianas empresas, AMLO prometió que la Secretaría de Economía se convertiría en una dependencia para el fomento de este sector, en particular las pymes, con un presupuesto anual adicional de 10 mil millones de pesos. El único programa realmente implementado fue el de Microcréditos para el Bienestar a partir del 28 de febrero de 2019. Hasta septiembre de 2020 se había otorgado 99 por ciento de los créditos planeados, con un monto por crédito de 25 mil pesos. La meta de la Secretaría de Economía era dar un millón de créditos.[29] Estos créditos los contabilizó el gobierno como si fuera inversión pública. Una curiosa forma de contabilidad, por decir lo menos.

El presupuesto de esa secretaría pasó de 9 mil 528 millones en 2018 a 9 mil 56 millones en 2019 y a 6 mil 255 millones de pesos en 2020. El programa de apoyo más importante a las pymes, el Instituto Nacional del Emprendedor (Inadem), simplemente desapareció.[30] El monto del Fondo Nacional Emprendedor destinado al apoyo de las micro, pequeñas y medianas empresas, disminuyó 80% de 2018 a 2019, de acuerdo con el Presupuesto de Egresos.

Los principales proyectos de infraestructura prometidos fueron la construcción del Tren Maya para comunicar "una de las regiones de mayor importancia cultural en el mundo"; el desarrollo de un corredor económico y comercial en el istmo de Tehuantepec, que contaría con 300 km de línea ferroviaria, la rehabilitación de los puertos de Coatzacoalcos y Salina Cruz, y por último, la creación de dos pistas en la base aérea de Santa Lucía para resolver el problema de saturación del aeropuerto de la Ciudad de México, una vez cancelada la obra del aeropuerto de Texcoco.

Los tres proyectos fueron anunciados por AMLO antes de tener los requerimientos ambientales y las justificaciones de rentabilidad. En el camino ha ido subsanando estos requisitos, con el apoyo de una Semarnat cada vez más complaciente con AMLO.

De acuerdo con el análisis costo-beneficio del Tren Maya, el proyecto tendrá una tasa interna de retorno social de 21.2 por ciento y permitirá un retorno de capital de 206 mil millones de pesos. Para 2023 se estima que se transportará a 43 mil 680 pasajeros al día, mientras que para 2053 se alcanzarán los 100 mil pasajeros diarios en el tramo de mayor demanda.[31] Se ven heroicos los supuestos de aumento en el número de pasajeros, más en tiempos de pandemia.

Ni con la necesidad de recursos fiscales para enfrentar la epidemia fueron suspendidos sus deseados proyectos. Para 2020 se les presupuestaron, respectivamente, 24 mil 440, 8 mil 468 y 5 mil 372 millones de pesos. El Tren Maya y el Aeropuerto Felipe Ángeles llevan al tercer trimestre de 2020, según los datos de Hacienda, un avance de 0.2 y 35 por ciento, respectivamente.[32] De acuerdo con el cronograma de licitaciones del Tren Maya, las obras de los primeros cinco tramos debían iniciar antes de que terminara mayo de 2020, pero no sucedió.[33] Mientras tanto, la rehabilitación del puerto de Coatzacoalcos es el punto más avanzado dentro del proyecto del corredor, con un avance de 58 por ciento. La rehabilitación del puerto de Salina Cruz cuenta con nulo avance, de 0.2 por ciento. Al cierre del segundo trimestre de 2020 el Programa para el mantenimiento de las vías férreas Chiapas-Mayab cuenta con 85 por ciento de avance físico, mientras que el Programa para la adquisición y acondicionamiento de vía férrea entre Palenque y Campeche lleva 52 por ciento de avance.

El presidente afirma que el Tren Maya estará listo a inicios de 2024; "llueva, truene o relampaguee", el aeropuerto quedará el 21 de marzo de 2022.[34] El proyecto del corredor, para finales de 2023.[35] El costo oficial estimado total para cada uno de ellos es de 156 mil millones, 82 mil 136 millones y 3 mil 113 millones de pesos. Para el Tren Maya, de acuerdo con el director de Fonatur, al costo de la obra se le tendrán que sumar 25 mil millones de pesos más de la parte que será electrificada, un cambio de última hora.[36] Seguro vendrán otros.

No se ve fácil que AMLO pueda cumplir en tiempo y precio. Caprichos presidenciales del pasado, como el Tren México-Toluca, cuya terminación, según la propuesta original de Peña Nieto, hubiera sido a finales de 2017. Está aún inconcluso. Iba a costar 21 mil 505 millones de pesos. Ahora la inversión reportada es de 70 mil 371 millones de pesos, de un costo estimado total de 76 mil 347 millones. El avance físico de la obra es del 92 por ciento.[37] Se espera tenerlo listo en 2022. Desde 2017 se compraron los trenes, y actualmente se encuentran guardados en una bodega.[38]

Veremos si el gobierno de AMLO es realmente distinto y puede terminar sus obras.[39] Por lo pronto, en julio de 2020 anunciaron que ya están por licitar los trenes para el Tren Maya, aunque luego decidieron que una parte del recorrido sería electrificado y no de diésel. No queda claro cuándo se van a licitar. Pero si cumplen en sus tiempos de ejecución de la obra civil, hay que hacerlo ya.

Agricultura, ganadería y pesca

Durante la campaña, López Obrador habló en reiteradas ocasiones de la autosuficiencia alimentaria. La meta del presidente era lograr una balanza comercial agropecuaria no deficitaria durante el último año del sexenio. En 2021 se lograría la autosuficiencia en maíz y frijol, mientras que en 2024 en arroz.

Se creó Seguridad Alimentaria Mexicana (Segalmex), con el fin de cumplir con estas metas. Se creó un programa de precios de garantía, con un presupuesto de 6 mil millones de pesos para 2019, de los cuales se ejerció el 100 por ciento. La producción de maíz, frijol y arroz en 2019 cayó en 28, 26 y 16 por ciento anual, respectivamente. Para 2020 el presupuesto pasó a 15 mil millones de pesos. Al momento de escribir este libro no hay datos sobre la producción de estos granos en 2020.[40]

Si se suman los resultados de Diconsa y Liconsa en 2019, Segalmex —que se originó de la fusión de estas paraestatales—, tuvo su peor balance operativo desde 1990, una pérdida de 7 mil 752 millones de pesos. Esto sucedió porque sus ingresos pasaron de 21 mil 152 millones de pesos en 2018 a 17 mil 920 millones en 2019, mientras que sus gastos sólo bajaron de 26 mil 272 millones de pesos a 25 mil 673 millones.[41] De acuerdo con Mexicanos Contra la Corrupción y la Impunidad, en el primer año de la administración de AMLO Liconsa dejó fuera del reparto de leche a más de 478 mil mexicanos en situación de pobreza e incrementó 150 por ciento el precio del litro a los más pobres.[42]

El Consejo Nacional de Evaluación de la Política de Desarrollo Social (Coneval) señaló que el programa Precios de Garantía enfrentó restricciones en cuanto a recursos humanos e infraestructura; no obstante, el despliegue operativo de este programa fue ágil y funcional debido a que el personal a nivel central contaba con amplia experiencia en el sector. La institución recomienda incluir un mecanismo de verificación de documentos para evitar las prácticas de simulación. Además, el programa se debe dividir en dos subprogramas: uno enfocado en mejorar los ingresos de los productores más pobres y otro dirigido a la autosuficiencia alimentaria. También se recomienda utilizar los criterios de medición de pobreza del Coneval, al ser un referente de ingreso mínimo para el sector rural. El padrón de beneficiaros actual debe solicitar mucho más que sólo la Clave Única de Registro de Población (CURP), por ejemplo, características socioeconómicas como nivel de ingreso o edad.[43]

En segundo lugar, se crearía un programa integral de fomento agropecuario: otorgamiento de créditos a la palabra para la compra de animales, semillas y material de trabajo y el establecimiento de un sistema de precios de garantía. Por las notas de prensa lo que se sabe es que el programa ha tenido diversas irregularidades, como que los animales contemplados mueren tras pocos días de ser entregados.[44] La Confederación Nacional de Organizaciones Ganaderas (CNOG) ha solicitado en varias ocasiones la reactivación del programa[45] que la Secretaría de Agricultura y Desarrollo Rural (Sader) suspendió en marzo ante la emergencia del coronavirus. Para 2020 sólo le fueron asignados mil millones de pesos, una reducción de 75 por ciento respecto a 2019.

De acuerdo con la evaluación del programa que realizó el Coneval, la experiencia de los agentes técnicos y el personal operativo ayudó mucho al desarrollo del programa durante su primer año. Sin embargo, la premura en el arranque impidió una operación homogénea, es decir, con los mismos criterios, en todas las entidades federativas. El Coneval recomienda fortalecer la identificación del ganado para contribuir al control de sus enfermedades, contemplar la contratación de un número suficiente de profesionistas para atender a la población objetivo y notificar a los beneficiarios con antelación.[46]

Finalmente, la siembra de un millón de árboles frutales y maderables y el aumento del presupuesto destinado a centros de investigación como el Instituto Nacional de Investigaciones Forestales, Agrícolas y Pecuarias (INIFAP) y el Centro de Investigación y de Estudios Avanzados del Instituto Politécnico Nacional (Cinvestav), entre otros, fortalecerían la posición del campo mexicano. El programa Sembrando Vida tuvo un presupuesto de 15 mil millones de pesos en 2019, de los cuales ejerció 13 mil 472 millones, y para 2020 se le otorgaron 28 mil millones. Sembrando Vida tiene como objetivo que los campesinos mejoren sus ingresos para hacer productiva la tierra, y de esta forma contribuir a la autosuficiencia alimentaria y a la reforestación. El apoyo mensual otorgado es de 5 mil pesos. Es realmente una transferencia condicionada a sembrar árboles, lo cual muchas veces implica talar bosques.

La prensa reporta problemas de corrupción: varios campesinos han testificado que les piden dinero a cambio de permanecer en el programa, que tienen que comprar insumos por su cuenta y, además, que el criterio de selección de los técnicos no es el adecuado.[47] Otras notas muestran que no hay árboles disponibles para el programa, además del uso de trabajadores como prestanombres para poder acceder al dinero del programa.[48] La secretaria de Bienestar (hasta septiembre de 2020), María Luisa Albores, reconoció que de una meta inicial de 575 millones de árboles y plantas, sólo se plantaron 80 millones, y apenas sobrevivió la mitad, es decir, sobrevivió 7 por ciento de los árboles contemplados.[49]

De acuerdo con datos de Global Forest Watch, en 2019 se perdieron 321 mil hectáreas de bosques y selvas.[50] Sembrando Vida es un poderoso incentivo a la deforestación: los propietarios del campo desmontan superficies para hacerse acreedores al subsidio que otorga el programa, y aunque de acuerdo con las reglas de operación serían inelegibles, en la práctica no importa; nadie lo puede verificar.[51]

En su más reciente evaluación, el Coneval señaló la necesidad de ajustar los calendarios de entregas de plantas, herramientas e insumos para que estén acordes con los ciclos agrícolas, pues hacerlo de manera posterior genera un alto porcentaje de mortandad en las plantas. Además, recomendó la creación de un mecanismo de supervisión cruzada que permita dar un mejor seguimiento al programa, pues, dado que opera con una estructura vertical inflexible, deja una gran responsabilidad en los técnicos, con mucha injerencia en la población y margen de maniobra. Tampoco se identificó algún plan estratégico para el programa. Finalmente, la insuficiencia de cajeros automáticos y sucursales del Banco del Ahorro Nacional y Servicios Financieros (Bansefi), el único banco que trabaja con el programa, hace mucho más difícil para los beneficiarios retirar sus apoyos.[52]

El presupuesto de la Secretaría de Agricultura y Desarrollo Rural tuvo una caída importante, pasando de 72 mil 125 millones en 2018 a 65 mil 434 millones de pesos en 2019 y a 46 mil 253 millones en 2020. Los programas más afectados fueron Fomento a la Agricultura, que tuvo una reducción del presupuesto de 96 por ciento en 2020 respecto al año anterior, mientras que Crédito Ganadero a la Palabra tuvo 75 por ciento menos.

CIENCIA Y CULTURA

En el caso del apoyo a la investigación y a la ciencia, no encontré promesas concretas, sólo generalidades de que había que apoyar, eso sí, a una "ciencia con brújula moral". En junio de 2018 se presentó Plan de reestructuración estratégica del Consejo Nacional de Ciencia y Tecnología (Conacyt), señalando "la imposición de lógica neoliberal en el ámbito científico tecnológico".[53] Veintidós meses después, la directora del Conacyt criticó que la "ciencia neoliberal" había dejado al país sin la innovación necesaria para responder a la pandemia.[54]

Lejos de aumentar, el presupuesto bajó. En 2019 el presupuesto del Programa Especial de Ciencia, Tecnología e Innovación (Peciti) disminuyó en 2.8 por ciento nominal respecto a 2018.[55] En cuanto al presupuesto correspondiente al Conacyt como organismo descentralizado, la caída fue del 9.2 por ciento. En el 2020 hubo un repunte nominal en el Peciti del 10 y del 3.4 por ciento para el Conacyt. Los incrementos reales fueron de 7 y 0.6 por ciento, respectivamente.

Aquello en lo que se vaya a gastar es otra cosa. Con la pandemia, se había propuesto un recorte de 75 por ciento al gasto operativo de todos los centros de investigación del país, incluido el Conacyt. Se pospuso el recorte, pero una parte de su impacto ya se dio.

El gasto en cultura refleja un comportamiento similar. Hubo una disminución de 4 por ciento para 2019 y un aumento de 7.8 por ciento para 2020, 4.9 por ciento en términos reales.[56]

Para la ciencia es muy importante contar con fideicomisos que permitan el gasto multianual. Muchos de estos fideicomisos se fueron nutriendo de donativos y remanentes de servicios prestados. El gobierno decidió eliminarlos. Representan 25 mil 741 millones de pesos que se quitan a la ciencia. Se prometió se seguirían haciendo los pagos. No hay partida presupuestal asignada para ello en 2021.

EDUCACIÓN

AMLO prometió revertir la reforma educativa por ser, según él, una reforma laboral que no servía en nada a mejorar la educación. Acá cumplió. No queda nada claro cómo se va ahora a garantizar tener los mejores maestros, el núcleo de la reforma que fue derogada.

No hay apoyos importantes adicionales para educación. El presupuesto para la Secretaría de Educación Pública (SEP) pasó de 291 mil 213 millones de pesos en 2018 a 308 mil millones en 2019 y 325 mil millones en 2020. En 2018 se ejercieron 315 mil 466 millones de pesos, mientras que en 2019 se ejercieron 332 mil 304 millones. En términos reales, en 2019 hubo un aumento de 0.3 por ciento respecto a 2018.

López Obrador prometió que no habría estudiantes rechazados en el nivel educativo superior: habría cien por ciento de inscripción. Se suspenderían los exámenes de admisión pues éstos no evalúan conocimientos, sino que excluyen a la gran mayoría de los aplicantes y aumentan la matrícula de las universidades privadas.

Los exámenes de admisión no se cancelaron. Para atender el problema de quienes no alcanzaban por su desempeño acceso a una universidad, la SEP anunció el programa Rechazo Cero en la Educación Superior, que en 2019 ofrecía 51 mil espacios educativos adicionales para los jóvenes rechazados de la Universidad Nacional Autónoma de México (UNAM), Universidad Autónoma Metropolitana (UAM), Universidad Autónoma del Estado de México (UAEM) e Instituto Politécnico Nacional (IPN).[57] Para que un joven se registre, basta con su CURP y el número de folio del examen de admisión a la universidad que lo rechazó. La página oficial del programa reportaba hasta agosto de 2020 que aún había 51 mil lugares disponibles y sólo 2 mil 722 alumnos inscritos. No había una lista detallada de las instituciones educativas que participan en el programa.[58] Para 2020 se decidió continuar el programa y ahora se ofrecen 100 mil lugares. Ahora sí hay una lista de instituciones.[59]

Para ayudar a alcanzar la meta de educación superior para todos se iniciaría con la construcción de 100 universidades públicas en regiones pobres y apartadas del país, las llamadas Universidades para el Bienestar Benito Juárez. Un estudio de Mexicanos Contra la Corrupción y la Impunidad en febrero de 2020, realizado a 30 Universidades Benito Juárez, refleja que sólo 38 por ciento se encuentra en zonas de alta y muy alta marginación, condición establecida en el programa.[60] Además, en la información oficial únicamente se identifica un programa educativo por institución educativa. De los 22 casos en los que se pudo documentar la planta docente, se encontró un plantel con un solo profesor, dos con dos profesores, seis casos con tres y cuatro, respectivamente, y cuatro casos con cinco. Sólo en tres casos había más de cinco docentes. De acuerdo con la directora del programa en julio, al cierre de la última convocatoria se registraron en la plataforma 22 mil 600 estudiantes, que se unen a los 15 mil 105 que ya tenían.[61]

El Coneval reconoce en su última evaluación al programa la intención de fortalecer la infraestructura educativa en municipios donde la oferta ha sido tradicionalmente poca o escasa. Los primeros planteles comenzaron a construirse a finales de 2018 y comenzaron a recibir alumnos en sedes provisionales, antes de elaborar el programa educativo y los lineamientos de operación. No se ha obtenido la certificación y validez oficial de los programas de estudio, con lo que se pone en riesgo la posibilidad de emitir títulos y cédulas profesionales.[62]

De forma adicional, el informe del Coneval señala que no existe un registro confiable de la población que atiende. Los documentos oficiales muestran que, en su primer año, tanto éste como la mayoría de los programas de esta administración carecen de registros que permitan conocer cuántas personas atienden, si los apoyos realmente llegan a quienes los necesitan y, sobre todo, cuál es su contribución al objetivo del bienestar planteado por el presidente.[63]

Finalmente, y como parte del programa Jóvenes Escribiendo el Futuro, AMLO prometió que habría 300 mil estudiantes del nivel superior con una beca de 29 mil pesos anuales por alumno. La Coordinación Nacional de Becas reporta que esta meta se cumplió.[64] Para 2020 se tienen programados 310 mil becarios, y el último avance reportado, hasta junio, es de 29 por ciento.[65]

Había también el objetivo de atender a 3.5 millones de estudiantes de educación media superior con un presupuesto de 17 mil 280 millones de pesos. No es claro si esto se alcanzó. Sólo se tiene la fuente oficial que dice que sí.[66] En 2020 el presupuesto asignado al programa fue mayor, de 28 mil millones de pesos. Antes de la creación de estos programas existía el Programa Nacional de

Becas, que en 2018 tuvo un presupuesto de 11 mil 214 millones de pesos. Los estudiantes reciben mil 600 pesos de forma bimestral.

ENERGÍA

En el sector energético está la gran apuesta de cambio de este gobierno. El capítulo 6 analiza la política energética la Cuarta Transformación. Ahí veremos cuán lejos va la producción de Petróleos Mexicanos (Pemex) respecto a lo prometido y si hoy Pemex se encuentra financieramente más sólido que en el pasado.

SEGURIDAD PÚBLICA

En campaña AMLO prometió que no se utilizaría más a los militares para cuestiones de seguridad.[67] También aseguró que, en 2024, la delincuencia organizada estaría acotada y en retirada. Los índices delictivos serían 50 por ciento más bajos en comparación con el sexenio de Peña Nieto.[68] Cinco meses antes del inicio de la nueva administración, Alfonso Durazo, el secretario de Seguridad Pública propuesto por AMLO, declaró en una entrevista que esperaba que a la mitad del sexenio México tuviera niveles de inseguridad similares a los de los países que integran la Organización para la Cooperación y el Desarrollo Económicos (OCDE).[69]

El exterminio de la corrupción en todas las instancias gubernamentales sería de gran ayuda para disminuir la violencia y delincuencia organizada. El Centro de Investigación y Seguridad Nacional (Cisen) desaparecería, ya que el Ejército y la Marina contaban con sus propios sistemas de inteligencia.

El día de su victoria dijo: "A partir de mañana, convocaré a representantes de derechos humanos, a líderes religiosos, a la ONU y a otros organismos nacionales e internacionales para reunirnos las veces que sean necesarias y elaborar el plan de reconciliación y paz para México que aplicaremos desde el inicio del próximo gobierno. Me reuniré todos los días, desde muy temprano, con los miembros del gabinete de Seguridad Pública; es decir, habrá mando único, coordinación, perseverancia y profesionalismo".

Ese plan nunca se dio. La reconciliación no se ha visto. La paz no ha llegado. Incluso ha rechazado sentarse a dialogar con activistas y organizaciones, como sí lo hizo Calderón. Cumplió con la reunión diaria del gabinete de Seguridad.

En el poder se decidió que el Ejército y la Marina se sumaran al esfuerzo de garantizar la seguridad pública, mientras se analizaba la creación de una Guardia Nacional. Se disolvió la Policía Federal y en su lugar se creó la Guardia Nacional. Contra lo prometido, ésta se encuentra bajo el control de las Fuerzas Armadas. El grueso de su personal está adscrito a ellas.

El 22 de abril de 2019 López Obrador solicitó un plazo de seis meses para reducir los niveles de inseguridad en el país: "Nuestros adversarios padecen amnesia. No había protección para la gente. No había cuerpos de seguridad. No permitían ni al Ejército ni a la Marina hacerse cargo de la seguridad pública".[70] Quien prometía desmilitarizar la seguridad pública ahora dice que no se hacía. Él le ha dado toda la responsabilidad de seguridad pública a las Fuerzas Armadas, contra lo que señala la Constitución.

El 1° de noviembre del mismo año solicitó un año adicional para dar resultados. El 15 de enero de 2020, y tras una acalorada discusión con el periodista Jorge Ramos, puso fecha: el 1° de diciembre de 2020 habría mejores cifras de seguridad.[71]

Los resultados han sido malos. El homicidio doloso (aquellos donde presuntamente hay intencionalidad, no incluye a los culposos, como cuando un conductor mata con su auto a un peatón por accidente) por cada 100 mil habitantes pasó de un promedio de 23.22 en 2018 a 23.27 en 2019.[72] Hasta septiembre de 2020 estaba en 22.98. Véanse las gráficas 3.14 y 3.15.

Por número de homicidios dolosos se pasó de 29 mil 100 en 2018, el peor año en el sexenio anterior, a 29 mil 459 en el 2019 y 19 mil 579 en lo que va del año. A este ritmo, con una simple regla de tres serán 29 mil 247 en 2020. Con los datos de septiembre de 2020 el número total de homicidios en el sexenio de AMLO es de 81 mil 45. Frente a 48 mil 156 en el mismo periodo de Calderón y 62 mil 317 en el de Peña Nieto.

El nivel de homicidios no ha disminuido en el país desde el inicio de la actual administración federal, ni siquiera en las circunstancias excepcionales creadas por la epidemia del coronavirus, donde por el confinamiento uno esperaría menos oportunidad para matar. Si comparamos el número de homicidios dolosos del peor año de Calderón, que fue 2011 con 22 mil 409 muertos, AMLO va peor.

GRÁFICA 3.14. *HOMICIDIOS DOLOSOS*

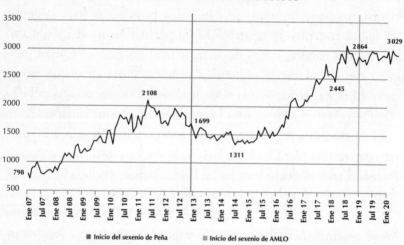

El homicidio doloso es un subtipo del homicidio, donde el victimario busca intencionalmente la muerte de la víctima.

Fuente: Elaboración propia con datos del Secretariado Ejecutivo del Sistema Nacional de Seguridad Pública.

GRÁFICA 3.15. *HOMICIDIOS DOLOSOS*
(TASA POR CADA 100 MIL HABITANTES)

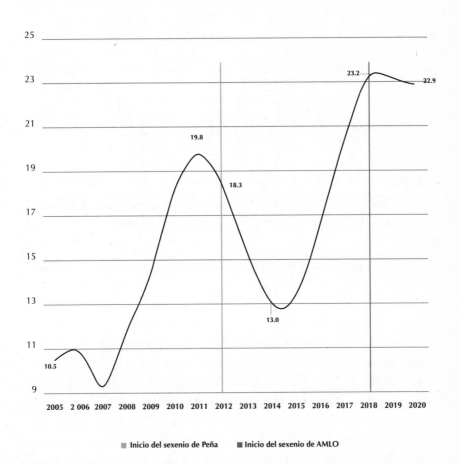

■ Inicio del sexenio de Peña   ■ Inicio del sexenio de AMLO

Esta gráfica muestra el número de homicidios dolosos por cada 100 mil habitantes.

Fuente: Elaboración propia con datos del Secretariado Ejecutivo del Sistema Nacional de Seguridad Pública.

Los datos de Lantia Consultores indican que las ejecuciones han ido en aumento. Esto se observa en la gráfica 3.16.

GRÁFICA 3.16. *HOMICIDIOS RELACIONADOS*

CON EL CRIMEN ORGANIZADO

Esta gráfica muestra el número de homicidios relacionados con el crimen organizado en el país.

Fuente: Elaboración propia con datos de Lantia Consultores.

Las distintas modalidades de robo han presentado un mejor comportamiento en los últimos meses. Los robos a casa habitación pasaron de 83 mil 694 en 2018 a 81 mil 472 en 2019. En tanto que los robos a transeúnte pasaron de 95 mil 285 a 82 mil 517. Los robos de vehículos de 213 mil 991 a 185 mil 730. Estos indicadores presentan una disminución de 21, 24 y 20 por ciento, respectivamente, desde el inicio de 2020 hasta el mes de septiembre. Con una gran parte de la población recluida, era esperable una disminución. Se dio. Por la misma razón, la violencia doméstica pasó de 15 mil 851 a 20 mil 87 casos en el mismo periodo, con un pico en el mes de marzo de más de 20 mil 500 casos. AMLO alega que también ha bajado, sin dar cifras publicadas en fuentes oficiales.[73] Éstas indican que ha subido, como se ve en la gráfica 3.17.

GRÁFICA 3.17. *VIOLENCIA INTRAFAMILIAR*

(MILES DE CASOS)

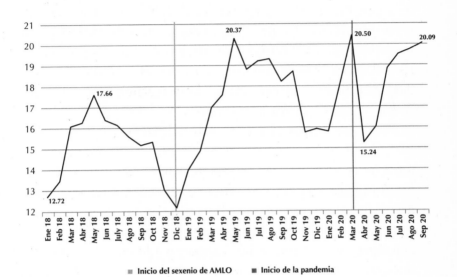

Fuente: Elaboración propia con datos del Secretariado Ejecutivo del Sistema Nacional de Seguridad Pública.

No existe un plan de seguridad que específicamente atienda el problema del homicidio. El plan de seguridad presentado por la nueva administración hace mucho énfasis en la relación entre la pobreza, la marginación y el desempleo con la inseguridad, y en la importancia del combate a la corrupción y promoción de derechos humanos.[74] Además, habla de la recuperación y dignificación de las cárceles.

En cuanto a estrategias de seguridad, sólo se menciona la creación de la Guardia Nacional y de coordinaciones estatales y regionales en cada una de las 266 regiones en las que está dividido el país. Me parece que este despliegue tiene sobre todo una lógica política: que el ciudadano vea que existe un cuerpo nuevo. Su distribución no parece tener nada que ver con las necesidades de confrontar al crimen organizado.

Una herramienta adicional para medir los resultados en materia de seguridad es el Registro Nacional de Personas Desaparecidas y No Localizadas. Desde el inicio del sexenio de AMLO y hasta septiembre de 2020 habían desaparecido 29 mil 988 personas, de las cuales sólo 54 por ciento han sido localizadas. En el mismo lapso durante el sexenio de Peña Nieto desaparecieron 31 mil 121 personas, pero se localizó a 72 por ciento.[75]

Para dignificar las cárceles se han realizado operativos de revisión. Sin embargo, aún no se tiene registro de acciones que "mejoren las condiciones de alojamiento, salud y alimentación de los reclusos, todo ello en atención a recomendaciones de expertos nacionales e internacionales". En el plan también se menciona el establecimiento de un Consejo para la Construcción de la Paz. Según reportes de prensa, dicho consejo no sólo no se ha instaurado, sino que no se ha vuelto a mencionar.[76]

En lo que se refiere al acotamiento de la delincuencia organizada, los resultados visibles son los opuestos a lo prometido. En primer lugar, existen notables diferencias en la identificación de los grupos criminales respecto a los informes de la Administración de Control de Drogas (DEA, por sus siglas en inglés).[77] La Fiscalía General de la República (FGR) señala la existencia de nueve cárteles, mientras que la agencia antidrogas estadounidense, seis. Además, el mismo reporte de la FGR identifica presencia de grupos criminales sólo en 17 estados. La DEA afirma que tan sólo el Cartel Jalisco Nueva Generación opera con regularidad en 24 estados.

Existe falta de comunicación por parte de las dependencias del Estado para reconocer las actividades criminales de los grupos delictivos. De acuerdo con un mapa dado a conocer por la Unidad de Inteligencia Financiera (UIF), el Cártel Jalisco Nueva Generación y el Cártel de Sinaloa se han dividido el control y el trasiego de drogas en 75 por ciento del territorio nacional, además de que controlan 80 por ciento de la frontera con Estados Unidos; el resto se distribuye entre el Cártel del Golfo y Los Zetas. El Cártel de Santa Rosa de Lima ya sólo mantiene presencia al oeste de Guanajuato y en San Luis Potosí, luego de la detención de su líder, el Marro.[78]

AMLO prometió que ya no habría matanzas. Éstas se siguen acumulando. Si se toma como matanza un ataque con más de cinco muertos, entonces durante 2019 se documentaron al menos 13, donde murieron al menos 156 personas.[79] También siguen sucediendo enfrentamientos entre cuerpos de seguridad y presuntos criminales, donde mueren puros criminales, lo cual siempre hace pensar que fueron ejecuciones.[80]

Ejemplo dramático de los problemas de la gestión de este gobierno es el que en un operativo fallido el 17 de octubre del 2019 el gobierno de AMLO soltó a uno de los hijos del Chapo Guzmán, Ovidio. La Secretaría de la Defensa Nacional (Sedena) había localizado a Ovidio Guzmán, quien se encontraba con su familia en Culiacán. De inmediato rodearon el lugar y comenzó la operación, pero no lo extrajeron con rapidez. Esto permitió que vehículos con personas armadas se plantaran afuera de las bases militares en Culiacán. Comenzó una serie de agresiones, tiroteos y quema de vehículos en diversos puntos de la ciudad. El presidente decidió suspender el operativo, aunque su primera reacción fue negar que él lo hubiera hecho.

Otro fue el atentado contra Omar García Harfuch, secretario de Seguridad Ciudadana de la Ciudad de México, afortunadamente no exitoso, aunque murieron tres personas, dos miembros de su cuerpo de seguridad y una señora que pasaba por ahí rumbo a su trabajo.

El atentado fue en el corazón de la zona diplomática de la Ciudad de México. El presunto responsable es el Cártel Jalisco Nueva

Generación. Se trata de un desafío a las instituciones de seguridad como nunca lo habíamos visto en la capital del país.

Un grupo criminal capaz de tratar de matar a un funcionario de esa jerarquía debe haber considerado que el costo de hacerlo, incluso fallando, era menor que el beneficio de actuar. Desgraciadamente, todo parece indicar que no le temen a la policía de la Ciudad de México, sino a su titular. Creen que si se va el hombre que los está combatiendo, se resolverá el problema. Tampoco le temen a la reacción del Estado. El presidente fue rápido en aclarar que él no les declarará la guerra a los grupos criminales.[81]

Administración pública

La más visible promesa de López Obrador en materia de administración pública fue una reducción de sueldos a los funcionarios públicos, comenzando con una de 50 por ciento al presidente. El sueldo bruto (antes de impuestos) del presidente pasó de 214 mil 994 a 155 mil 835 pesos.[82] Un recorte de 27.5 por ciento, aunque prometió uno de 40.[83] En su caso no se contabiliza el que no se le cobra renta por vivir en Palacio Nacional, ni todo el apoyo que tiene con recursos públicos.

No hay una razón para justificar esa reducción. ¿Por qué no más? ¿O menos? De acuerdo con la Constitución, su sueldo es la base a partir de la cual se fijan los sueldos del resto del gobierno. Nadie puede ganar más que él.

Esto llevó a reducciones en los sueldos brutos de los secretarios de Estado de 218 mil a 154 mil pesos al mes. El de los directores generales, de un rango de entre 130 mil y 204 mil pesos mensuales, bajó a uno de entre 122 mil y 149 mil pesos.[84]

Las 19 secretarías de Estado operarían sólo con 30 por ciento de los funcionarios de confianza del más alto nivel. Este recorte de personal de confianza parece que sólo se hizo en la SEP.[85] Ni para este caso se encontraron datos para saber si este recorte se dio o se trata de una mera declaración.

Se prometió que se eliminarían las pensiones a los expresidentes, que Los Pinos pasaría a ser un espacio para el arte y la cultura, que el Estado Mayor Presidencial se incorporaría a la Sedena y que se vendería el avión presidencial. Estas promesas se han cumplido, salvo el infructuoso intento de vender el avión.

Se prometió una reforma a la Constitución para que el presidente pudiera ser juzgado por corrupción y desaparecer el fuero. La reforma fue aprobada el 29 de octubre de 2019.[86] Se incorporó ese delito, pero el fuero permanece. Para ser juzgado debería primero haber una declaración de procedencia por el Senado, donde se requiere mayoría calificada, es decir, dos tercios.[87] El Movimiento de Regeneración Nacional (Morena) y sus aliados, incluido el Partido Verde Ecologista de México (PVEM), tienen el 60 por ciento.

Se prometió que, salvo las secretarías de la Defensa, Marina, Gobernación, Relaciones Exteriores y Hacienda, que se mantendrían en la Ciudad de México, el resto se reubicaría en diversas entidades federativas.[88] Varios secretarios compitieron al arranque del sexenio por mostrar que estaban haciendo bien la tarea que les había dejado el maestro AMLO.

El 9 de diciembre de 2018 Esteban Moctezuma, secretario de Educación Pública, anunció que estimaba que la descentralización concluiría a finales de 2020 o principios de 2021.[89] Sin embargo, el 12 de diciembre de 2019 Moctezuma aclaró que el traslado a Puebla se había complicado por situaciones políticas.[90] A pesar de ello, el 30 de enero de 2020 el presidente López Obrador aseguró que Moctezuma ya despachaba dos veces a la semana en la sede alterna de Puebla.[91] No hay evidencia de que esto esté pasando.

El secretario de Turismo llegó a decir el 4 de diciembre de 2019 que despacharía desde Chetumal.[92] Nunca se hizo. El exsubsecretario de Turismo incluso reveló en un tuit que el secretario lo obligó a ser parte de una mentira, enviándolo a unas oficinas en Chetumal que no existían.[93] No hay nada más.

Lo único que aparentemente sí se hizo fue la descentralización de la Subsecretaría de Minería a Chihuahua. Las nuevas oficinas fueron inauguradas unos días después de que comenzara la nueva administración.[94] El subsecretario vivía ahí, aunque viajaba constantemente a la Ciudad México. Esta subsecretaría desapareció en agosto de 2020.

AMLO prometió todavía el 24 de diciembre de 2019 que para finales de 2020 se habría cumplido con más de 50 por ciento de la descentralización.[95] No ha vuelto a hablar del tema. Nunca ha dicho tampoco qué no se está haciendo o qué no se va a hacer. Lo suyo no es aceptar un error o reconocer que no ha cumplido.

FINANZAS PÚBLICAS

En cuanto a las finanzas públicas, la principal bandera siempre ha sido el combate a la corrupción. Tras erradicarla, lo cual sería casi inmediato, se obtendrían ahorros de 500 mil millones de pesos, dijo AMLO en muchas ocasiones. No se recortarían programas, sino que habría incluso recursos adicionales, sin generar un déficit en las finanzas públicas y por ello no se incrementaría la deuda. Durante toda su campaña defendió que el ahorro de esos 500 mil millones se lograría con la centralización de las compras gubernamentales y el combate a la corrupción.

Tras el segundo informe de gobierno del presidente, la suma de ahorros por corrupción presentada subió a 560 mil millones de pesos. Pero de acuerdo con Mariana Campos, coordinadora del programa de gasto público de México Evalúa: "Este monto no se debe a un esfuerzo de ahorro, sino a que se han debilitado los ingresos públicos de manera importante en los últimos dos años. Los ingresos de enero a julio de este año son equiparables a los ingresos de enero-julio del 2015, es decir, retrocedimos cinco años en nivel de ingresos".[96]

El 18 de marzo de 2020 AMLO presumió que la cancelación del Nuevo Aeropuerto Internacional de México (NAIM) y la construcción del Aeropuerto de Santa Lucía le permitieron cuantiosos ahorros. En sus palabras: "Supongamos sin conceder que por esta crisis mundial tengamos la necesidad de reducir los gastos, el presupuesto o considerar un déficit, por una caída en el crecimiento de la economía, estoy tranquilo porque contamos con estos 225 mil millones de pesos".

Como tantos otros datos, es pura fantasía. Hasta el 30 de julio de 2019 y con datos de la Secretaría de Comunicaciones y Transportes (SCT), se habían pagado casi 105 mil millones de pesos para cancelar el NAIM.[97] AMLO dijo a la prensa el mismo mes que ya se había terminado de pagar la deuda por cancelación.[98] Sin embargo, en enero de 2020 la misma prensa ventiló que aún faltaba liquidar contratos con algunas empresas.[99] El nuevo aeropuerto está presupuestado en 82 mil 136 millones de pesos.[100] Se espera que termine costando por lo menos 174 mil 594 millones de pesos.[101] No se sabe si este presupuesto contempla todas las obras de infraestructura necesarias para dejarlo bien conectado con la Ciudad de México.

Los datos de Hacienda respecto a los ahorros alcanzados muestran los siguientes resultados. Como se puede apreciar en el cuadro 3.6, el mayor ahorro obtenido en 2019 proviene de una disminución nominal de 56 por ciento del ramo 23, cuya función principal es canalizar recursos a las entidades federativas y municipios. Asimismo, las secretarías de Comunicaciones y de Gobernación recortaron su gasto, en términos nominales, en 52 y 48 por ciento. El total de los 10 ramos con mayor ahorro durante 2019 fue de 349 mil 26 millones de pesos. Esto se logró desapareciendo muchos programas y dejando muchos otros con muy poca capacidad operativa.

También hubo ramos cuyo gasto se disparó respecto al año anterior. El gasto de la Secretaría de Energía fue 21.5 veces mayor que el observado en 2018 (véase el cuadro 3.7). En tanto que el incremento real en el gasto observado del IMSS, del Instituto de Seguridad y Servicios Sociales de los Trabajadores del Estado (ISSSTE) y de la Secretaría del Bienestar fue de 6.4, 14.6 y 42.2 por ciento, respectivamente. El total observado de los 10 ramos con el mayor incremento del gasto durante 2019 fue de 564 mil 32 millones de pesos.

CUADRO 3.6. *RAMOS CON EL MAYOR AHORRO OBSERVADO (MDP)*

Ramo		2018	2019	Ahorro
23	Provisiones Salariales y Económicas	261 467	114 807	146 660
9	Comunicaciones y Transportes	142 245	68 764	73 481
30	Adeudos de Ejercicios Fiscales Anteriores (Adefas)	61 216	11 232	49 984
4	Gobernación	85 080	44 495[102]	40 586
8	Agricultura y Desarrollo Rural	72 056	62 114	9 942
22	Instituto Nacional Electoral	23 999	15 704[103]	8 295

218

Ramo		2018	2019	Ahorro
16	Medio Ambiente y Recursos Naturales	43 582	36 514	7 068
21	Turismo	9 775	2 941	6 835
15	Desarrollo Agrario, Territorial y Urbano	21 296	18 082	3 214
2	Oficina de la Presidencia de la República	3 682	721	2 961

Este cuadro muestra los 10 ramos con el mayor ahorro presupuestario durante el ejercicio de 2019, respecto al año anterior, en millones de pesos.
Fuente: Elaboración propia con datos de la SHCP.

CUADRO 3.7. RAMOS CON EL MAYOR INCREMENTO
DEL GASTO OBSERVADO (MDP)

Ramo		2018	2019	Incremento
18	Energía	5 695	128 327	122 632
19	Aportaciones a Seguridad Social	710 739	795 030	84 291
50	Instituto Mexicano del Seguro Social	682 140	746 408	64 267
51	Instituto de Seguridad y Servicios Sociales de los Trabajadores del Estado	289 504	341 042	51 538
24	Deuda Pública	452 875	500 880	48 006
33	Aportaciones Federales para Entidades Federativas y Municipios	695 711	742 657	46 947

	Ramo	2018	2019	Incremento
20	Bienestar	100 705	147 258	46 553
28	Participaciones a Entidades Federativas y Municipios	844 045	879 344	35 299
36	Seguridad y Protección Ciudadana	0	33 817	33 817
7	Defensa Nacional	80 936	111 618	30 682

Este cuadro muestra los 10 ramos con el mayor incremento del gasto durante el ejercicio de 2019, respecto al año anterior, en millones de pesos. Fuente: Elaboración propia con datos de la SHCP.

CUADRO 3.8. *EJERCICIO DEL PRESUPUESTO DE EGRESOS (MDP)*

Concepto	2018		2019	
	Presupuestado	Observado	Presupuestado	Observado
Poder Legislativo	15 575	15 186	13 002	13 349
Poder Judicial	71 366	64 817	63 657	63 755
Órganos Autónomos	42 009	41 737	35 678	34 759
Poder Ejecutivo	3 961 193	4 289 101	4 361 395	4 441 366
Petróleos Mexicanos	502 756	498 432	589 737	496 562
Comisión Federal de Electricidad	412 964	472 102	464 335	497 729

Este cuadro muestra el ejercicio del Presupuesto de Egresos de 2018 y 2019 y contrasta el gasto presupuestado contra el gasto observado, en millones de pesos. Fuente: Elaboración propia con datos de la SHCP.

Como se puede ver en el cuadro 3.8, el gasto total del gobierno creció respecto a 2018, aunque en 2019 se gastó muy poco por arriba de lo presupuestado, mientras que en 2018 se gastó significativamente más.

Con estos datos no podemos evaluar si donde hubo ahorros fue porque se combatió la corrupción o porque se dejaron de hacer tareas que antes se hacían. Igualmente, no podemos decir si donde hubo aumentos es porque subió la corrupción o porque se están haciendo cosas nuevas. Hay rubros donde es obvio que se gastó en actividades nuevas, como el incremento en Energía que se fue para la construcción de Dos Bocas y los apoyos a Pemex. Pero no he encontrado ningún documento del gobierno o de algún tercero que permita saber el costo y beneficio de estas reasignaciones.

Hasta junio de 2020, el gasto programable presenta un ahorro de 100 mil millones de pesos respecto a lo originalmente presupuestado. La partida de servicios personales, es decir sueldos y salarios, cuenta con un ahorro de 39 mil millones de pesos, mientras que con el resto del gasto de operación se ahorran casi 48 mil millones.[104]

Estos ahorros están dejando al gobierno sin capacidad de hacer sus funciones. Un recorte de 75 por ciento al gasto operativo está dejando a muchos organismos sólo con dinero para pagar salarios. Nada más. Un ejemplo de esto, pero hay muchos más, es la Secretaría de Economía, que anunció a sus empleados el retiro del equipo de cómputo a principios de julio. Luego de que la prensa ventilara la información, se canceló esta absurda medida. Sin embargo, se retiraron hornos de microondas, se canceló la impresión de documentos y la entrega de papelería, se sugirió que se "aprovechara la luz natural de los inmuebles a fin de retrasar el uso de la luz eléctrica", y ante la cancelación de servicios de jardinería, se invitó a los empleados a "adoptar una planta".[105]

221

AMLO prometió que no aumentarían, en términos reales, ni los impuestos ni la deuda pública durante todo el sexenio; no se gastaría más de lo que se ingresara y se mantendría la disciplina fiscal. En el cuadro 3.9 se muestra la manera en que ha evolucionado la deuda.

CUADRO 3.9. *SALDO HISTÓRICO DE LOS REQUERIMIENTOS FINANCIEROS DEL SECTOR PÚBLICO FEDERAL (RFSPF)*

Año	Millones de pesos	% del PIB
2016	9 797 440	48.67
2017	10 031 832	45.74
2018	10 551 719	44.85
2019	10 870 037	44.85
2020*	12 197 340	54.7
2021*	12 525 174	53.7
2022*	12 779 036	53.4
2023*	13 024 925	53.1
2024*	13 275 121	52.8

Este cuadro muestra la evolución del saldo histórico de la deuda pública del país como porcentaje del PIB.

*De 2020 en adelante se utilizó la proyección más reciente de la Secretaría de Hacienda para los RFSPF y su pronóstico de crecimiento del PIB. Como el PIB se encoge, crece más el porcentaje de deuda con respecto a éste.

Fuente: Elaboración propia con datos de la SHCP.

En la medida en que la cantidad de riqueza generada se colapsa, eso y no otra cosa es la caída del PIB, la relación deuda respecto al

PIB va a crecer. Si esta razón crece, por lo menos vale la pena que sea porque tanto la deuda como el PIB crecieron, no porque el PIB se contrajo. Los datos del Fondo Monetario Internacional (FMI) son mucho menos optimistas respecto al futuro. Calculan que la deuda como porcentaje del PIB en 2021 será de 65.5 por ciento y en 2022 de 65.6.[106]

El presidente ha cumplido parcialmente el no aumentar impuestos. Sí cambió la ley del IVA para servicios digitales. Esta medida entró en vigor el 1° de junio de 2020 y consiste en la retención del IVA a residentes en el extranjero por la prestación de servicios digitales utilizados en el país, como pueden ser las plataformas de *streaming*, comercio electrónico, música y videojuegos.

Se aumentó el impuesto al ahorro, tras una reforma a la Ley del Impuesto sobre la Renta. Pasó de 1.04 a 1.46 por ciento. Es decir, se incrementó la cantidad que los clientes deben pagar a las instituciones financieras por los intereses de sus ahorros. La Asociación de Bancos de México no estuvo de acuerdo con la medida, al considerarla regresiva y que afecta a quienes menos tienen.[107] Para 2021, la Secretaría de Hacienda propuso corregir la plana: regresar el impuesto al ahorro a 0.97 por ciento, esto en el marco de una caída de las tasas de interés que llevaba a tasas reales después de impuestos negativas.[108]

El proyecto de reforma al sistema de pensiones, al aumentar la contribución del patrón al fondo de retiro, es básicamente un impuesto a la nómina que se trasladará parcialmente al consumidor; esto depende de qué tanta competencia haya en cada sector de la economía. Al ser un impuesto a la nómina encarece el factor trabajo. No se ha aprobado aún.

Los ingresos han crecido por un Servicio de Administración Tributaria (SAT) mucho más activo y combativo contra los evasores fiscales. Esto ha permitido compensar la caída de los ingresos petroleros (véase el cuadro 3.10).

CUADRO 3.10. *INGRESOS PRESUPUESTARIOS*
DURANTE LOS PRIMEROS NUEVE MESES (MDP)

Concepto	2018	2019	2020
Ingresos totales	3 791 500	3 976 254	3 889 301
Petroleros	713 910	707 351	396 959
Gobierno Federal	405 437	329 514	163 685
Propios de Pemex	308 473	377 837	233 274
No petroleros	3 077 590	3 268 903	3 492 342
ISR	1 256 824	1 298 011	1 343 034
IVA	702 780	710 775	719 943
IEPS	250 266	344 690	343 110
Combustibles	128 582	218 944	222 941

Este cuadro muestra la evolución de los ingresos presupuestarios de enero a septiembre, en millones de pesos.

Fuente: Elaboración propia con datos de la SHCP.

Como candidato, AMLO prometió revertir el gasolinazo de enero de 2017.[109] Ya como presidente prometió que no habría más gasolinazos, aumentos en el precio del gas y la energía eléctrica.[110]

La caída en el precio de la gasolina en los mercados mundiales permitió que disminuyera en México el precio de ésta, pero el impuesto que se cobra pasó de 4.49 pesos por litro en la magna y 3.88 en la premium al momento de tomar posesión, a 4.95 y 4.18 respectivamente en 2020. Así, el precio de la gasolina era de 19.22 pesos por litro el día de su toma de posesión, y para el 13 de octubre de 2020 era de 18.5 pesos por litro. Para el 2021 hay una sobre tasa en el IEPS para que, en caso de bajar los precios de la gasolina en el mercado mundial, como sucedió en los meses inmediatamente posteriores al arranque de la pandemia, en lugar de que bajen los precios aumente el impuesto.

AMLO cumplió parcialmente en 2019 su compromiso de mantener el balance de las finanzas públicas. El superávit primario, es decir, la diferencia entre los ingresos del gobierno y los gastos antes del servicio de la deuda, proyectado con base en los Criterios Generales de Política Económica para el año 2019, fue de 153 mil millones de pesos, y se logró uno de 268 mil millones de pesos. Pero el balance público,[111] que es la resta de los ingresos presupuestarios menos el gasto neto total presupuestario, sí fue deficitario en 393 mil millones de pesos. En el camino tuvieron que tomar 125 mil millones —aproximadamente 45 por ciento— del fondo de estabilización, un ahorro que se venía acumulando desde 2001, cuando se creó el Fondo de Estabilización de los Ingresos Petroleros, que en 2014 pasaría a ser el Fondo de Estabilización de los Ingresos Presupuestarios.[112]

Con la pandemia resultaron más papistas que el papa. Mientras que la mayoría de los países relajaron su política fiscal para enfrentar la crisis económica que produjo la necesidad de confinamiento para enfrentar la epidemia, México no lo hizo. Los apoyos fiscales de Estados Unidos equivalieron a 14.8 por ciento del PIB; los de Colombia, a 7.9 por ciento; los de Perú, a 12 por ciento; los de Chile, a 10.3 por ciento; los de Brasil, a 11 por ciento. Los de México, a 0.6 por ciento. En el continente, solamente Bahamas tuvo una política fiscal menos expansiva que la de México.

Para hacerse de recursos optaron por eliminar 109 fideicomisos del sector público, de los 338 sin estructura administrativa. Éstos permiten desvincular el gasto de ciertos rubros de las negociaciones presupuestales anuales. Se calcula que hay 68 mil millones de pesos en estos fideicomisos.[113]

La Cámara de Diputados aprobó en comisiones su extinción.[114] El pleno aprobó la eliminación de los fideicomisos en la Cámara de Diputados el 6 de octubre. El Senado hizo lo propio el 21 de octubre de 2020.

Desarrollo urbano

Se construirían 300 caminos para comunicar cabeceras municipales que sólo contaban con terracería, especialmente en Oaxaca. De forma adicional, se propuso un programa de construcción de obras y servicios públicos en las colonias populares del Valle de México, ciudades fronterizas y en la periferia.

Al momento de escribir estas líneas van aproximadamente 30 caminos rurales dentro del estado de Oaxaca, que es al que se le ha dado prioridad. El plan inicial era que para 2020 se entregaran 108, y en 2021, otros 100.[115]

El proyecto de banda ancha para todos ha recibido hasta ahora mil 91 millones de pesos. Hasta febrero de 2020 llevaba un avance de 1.11 por ciento, de acuerdo con datos de la Secretaría de Comunicaciones y Transportes, y de 6.6 por ciento respecto a los espacios públicos prioritarios.[116] El presidente prometió, durante la presentación de su segundo informe de gobierno, que en 2021 su programa Internet para Todos llegaría a todo el país,[117] pero no se encontraron datos de fuentes oficiales para evaluar la factibilidad de esa declaración.

Desarrollo social

AMLO prometió que el programa Jóvenes Construyendo el Futuro empadronaría a 2.3 millones de jóvenes sin estudios y trabajo por año. Jóvenes Construyendo el Futuro arrancó con un presupuesto de 40 mil millones de pesos en 2019. En realidad se gastaron 22 mil millones de pesos para empadronar a más de 800 mil jóvenes. En 2020 el presupuesto se redujo a 25 mil 384 millones de pesos. Se han empadronado en total un millón 317 mil jóvenes.[118] Al mes de septiembre la Secretaría del Trabajo reportó 405 mil 321 "aprendices vinculados".[119] Para 2021 el presupuesto presentado por la Federación para este programa fue de 20 mil 600 millones de pesos.

Un estudio de Mexicanos Contra la Corrupción y la Impunidad, realizado a finales de agosto de 2019, reveló importantes fallas en el programa: un patrón atípico, con una evolución de jóvenes prácticamente lineal, proporciones de edad, género y escolaridad constantes; centros de trabajo que en realidad no existían o no habían recibido becarios, y un alto nivel de ausentismo por parte de los jóvenes.

El 25 de mayo de 2020 la Secretaría del Trabajo presumió haber conseguido trabajo permanente para 64 mil 693 jóvenes adheridos al programa.[120] Éste era el objetivo central del programa. No simplemente darles dinero un año a los jóvenes seleccionados. En sus propios términos es un fracaso.

De acuerdo con el Coneval, el programa Jóvenes Construyendo el Futuro ha realizado un gran esfuerzo de operación, pues al cierre de su primer año se les otorgó la oportunidad de insertarse en el mercado laboral a un millón 120 mil jóvenes. "Gran esfuerzo" es una forma de decir que no se ha logrado lo prometido.

Para el Coneval, se requiere contar con indicadores que permitan evaluar los resultados en el mediano y largo plazos. El programa debe fortalecer su presencia en municipios y localidades marginadas y con altos índices de violencia. Es necesario que se diseñen procedimientos que faciliten la inscripción y permanencia de las mujeres, pues la mayoría de los jóvenes que no estudian o trabajan son mujeres. Los centros de trabajo podrían tener incentivos perversos para reemplazar a su personal con becarios del programa, por lo que se requiere una mayor vigilancia de sus resultados y del desempeño de los jóvenes para evitar que el programa financie su planta laboral.[121]

Otro rubro destacado por el Coneval es que el programa compite de cierta forma con la educación formal, pues el monto del apoyo mensual es superior a Jóvenes Escribiendo el Futuro y a las Becas Benito Juárez. En otras palabras, conviene dejar de estudiar para cobrar más. De acuerdo con el estudio "Jóvenes con un futuro sombrío", esto ya está sucediendo. Por primera vez en los últimos 20 años la matrícula de educación media–superior disminuyó 1.8 por ciento.[122]

AMLO prometió que desde el primer día de su gobierno las pensiones a los adultos mayores se duplicarían.[123] El Programa para el Bienestar de las Personas Adultas Mayores tuvo un presupuesto de 103 mil 200 millones de pesos en 2019 y de 130 mil 570 millones en 2020. Atiende a 8 millones de mexicanos.[124] Es el programa que mejor ha funcionado, en parte porque ya estaban listos los padrones, y sólo hubo que ampliar el monto y hacerlo federal, ya que desaparecieron los programas estatales análogos. Solamente Jalisco mantiene una pensión no contributiva estatal.

La Pensión para Personas con Discapacidad Permanente pasó de 8 mil 500 millones de pesos en 2019 a 11 mil 905 millones de pesos en 2020. Atendió a 815 mil discapacitados en 2019 con un pago de 2 mil 620 pesos cada dos meses y se espera llegar a la meta de un millón en 2020. Para 2021 están presupuestados 15 mil 456 millones de pesos.

Para el Coneval el programa ha ayudado a que se incremente la visibilidad del problema de pobreza y exclusión que padece la población con discapacidad. No obstante, la caracterización y cuantificación que realiza de su población corresponde en general a personas con discapacidad y no con discapacidad permanente, que es realmente la población a la que se dirige el programa. El Coneval considera que se priorizó la incorporación de beneficiarios para conseguir la meta de un millón antes que la planeación y el diseño del programa.[125]

El principal programa para apoyar a los más pobres era Prospera, que arrancó en 1997 con el nombre de Progresa y fue sobreviviendo cambios de sexenios con los siguientes nombres: Oportunidades (2002) y Prospera (2014). Era un programa dirigido a la población en condiciones de pobreza extrema, que buscaba impactar de forma simultánea en tres factores: la alimentación, la salud y la educación. Para remediar los problemas otorgaba una transferencia monetaria directa a la madre de familia, para empoderarla frente al marido, revisiones médicas preventivas obligatorias y becas. A las niñas en tercero de secundaria se les pagaba 13 por ciento más que a los niños para estimular que las dejaran ir a la escuela. En 2018 el presupuesto asignado a Prospera fue de 46 mil millones. Un año después y a punto de desaparecer, se le otorgaron 20 mil 300 millones de pesos.

El programa fue sustituido por las Becas Benito Juárez, en el rubro de educación, y por Atención a la Salud y Medicamentos Gratuitos para la Población sin Seguridad Social Laboral. En 2020 a estos programas se les etiquetaron 30 mil 475 millones y 6 mil 634 millones de pesos, respectivamente. Para 2021 tienen presupuestados 31 mil 937 millones y 74 mil 766 millones de pesos. El incremento presupuestal de Medicamentos Gratuitos para la Población sin Seguridad Social Laboral se explica en gran medida por la desaparición del Seguro Popular, que en 2020 tuvo un presupuesto de 72 mil 538 millones de pesos. Ahora este programa hará una parte de esas tareas. No queda claro cuáles.

El número de beneficiarios de programas sociales pasó de 12.8 millones de personas en el sexenio pasado a 21.1 millones, un aumento de 65 por ciento. De los apoyos que entrega la actual administración, 11.7 millones son apoyos para estudiantes, 8.5 millones para adultos mayores, 842 mil para personas con discapacidad y 184 mil para hijos de madres trabajadoras. El número de becas otorgadas es el dato que más resalta, pues en el último año de del sexenio de Peña Nieto se otorgaron sólo 7.7 millones.[126]

El gasto social total en 2018 fue de un billón 998 mil 261 millones de pesos, en 2019 de 2 billones 201 mil 882 millones y en 2020 se presupuestaron 2 billones 346 mil 664 millones. En términos reales, es decir, descontada la inflación, es un aumento de 5.11 y 3.64 por ciento cada año, importante, pero nada del otro mundo. De 2005 a 2018 este presupuesto creció en promedio 5.89 por ciento anual en términos reales.[127]

Es importante destacar que aunque el presupuesto para la Secretaría del Bienestar se incrementó, hubo subramos dentro del rubro de desarrollo social que disminuyeron, como el gasto en medio ambiente, en el Banco del Bienestar (antes Bansefi), en cultura y la eliminación del Instituto Nacional para la Evaluación de la Educación.

México Evalúa detectó que 42 por ciento de los subsidios presupuestados para 2021 se gastarán en programas que no tienen reglas de operación. Destacan los 93 mil 660 millones de pesos para el Instituto de Salud para el Bienestar y los más de 74 mil millones de pesos para el Programa de Atención a la Salud y Medicamentos Gratuitos para la Población sin Seguridad Social Laboral; estos dos programas representan 53 por ciento del presupuesto de la Secretaría de Salud.[128]

Las transferencias aumentaron. Como lo ha argumentado John Scott, el gasto en transferencias directas aumentó 0.3 por ciento del PIB en 2019 y otro 0.3 por ciento en 2020 como respuesta a la crisis originada por la pandemia. Según Scott, esto lleva a un gasto en transferencias totales de 360 mil millones de pesos para 2020. Ya que el gobierno estima que las transferencias cubren 70 por ciento de la población, la transferencia media sería de 335 pesos mensuales por persona, apenas una quinta parte del costo de la canasta alimentaria básica. Sin embargo, el diseño de las transferencias deja desprotegido a dos grupos muy vulnerables ante la crisis: los millones de trabajadores informales que perdieron su empleo y los niños en edad preescolar.[129]

Con la crisis de la pandemia no se crearon nuevos programas, pero el gobierno anunció que destinaría un millón de créditos de 25 mil pesos cada uno para comerciantes afectados por el coronavirus; la mitad de los créditos para el sector formal y la mitad para el informal. El crédito es a pagar a tres años con tres meses de gracia. Se han adelantado apoyos de otros programas existentes, cómo Crédito Solidario a la Palabra y Pensión para el Bienestar de Adultos Mayores y Personas con Discapacidad, pero no mucho más.

Un estudio elaborado por el Instituto Mexicano para la Competitividad (Imco) señala que las modificaciones que se realizaron a los programas sociales no generan certeza en cuanto a reducir la desigualdad, al carecer de reglas claras. Se eliminó Prospera y se suprimieron las estancias infantiles a pesar de contar con resultados positivos en sus evaluaciones. De forma adicional, no se destina atención a los gobiernos locales, que es donde debe combatirse la corrupción.[130]

El índice de progreso social (SPI, por sus siglas en inglés) mide el cumplimiento de los países con las necesidades sociales de sus ciudadanos. Aspira a ser una medida más ilustrativa que el PIB en términos de bienestar. En 2019 México se ubicó en el lugar 55 de 149, un lugar por debajo de su nivel en producción per cápita. Esto le permitió alcanzar un nivel de progreso social "medio alto", similar al de los países latinoamericanos, excepto Chile y Argentina. No obstante, dentro del país existen marcadas desigualdades regionales. Nuevo León, Querétaro y Aguascalientes son los estados con mayor puntaje, mientras que Chiapas, Guerrero y Oaxaca, los de peor.[131]

Por el bien de todos, primero los pobres fue el lema de campaña de López Obrador en 2006. Ha sido su gran sello político. En la retórica está del lado de los pobres. Les manda dinero. Pero no los apoya para salir de la pobreza. Es políticamente rentable. Según una encuesta de GEA-ISA, entre quienes reciben transferencias la aprobación de AMLO es de 60 por ciento vs. 30 de quienes no. La misma encuesta señala que 42 por ciento de la población recibe un apoyo, 8 más de uno y 50 ninguno.[132]

Si bien la inflación ha bajado, ha permanecido alta en la canasta que consumen los más pobres. Esto se puede notar por la evolución de las líneas de pobreza del Coneval.[133] En mayo de 2020 las líneas de pobreza extrema (canasta alimentaria) urbana y rural se incrementaron 5.6 y 6.3 por ciento respecto al año anterior.

El futuro pinta mal. De acuerdo con los pronósticos del Coneval,[134] el número de pobres aumentará entre 7.2 y 7.9 puntos porcentuales; es decir, habrá entre 8.9 y 9.8 millones de nuevos pobres. En el caso de pobreza extrema, se estima que entre 6.1 y 10.7 millones de personas pasarán a dicho umbral. Por último, se estima un aumento en la tasa de desempleo de 3.3 a 5.3 por ciento y de la pobreza laboral de 37.3 a 45.8 por ciento, durante el segundo trimestre de 2020. El Coneval hace mucho énfasis en la ausencia de seguridad social que sufre gran parte de la población vulnerable ante la crisis y propone algunas alternativas para mitigar la pobreza laboral.

Un estudio del Programa Universitario de Estudios del Desarrollo (PUED) de la UNAM reveló que 16 millones de mexicanos habrían caído en pobreza extrema por ingresos a causa de la crisis económica entre los meses de febrero y mayo de 2020. Por lo tanto, en este lapso el número de personas en condición de pobreza extrema habría pasado de 22 a 38 millones de personas. De acuerdo con el estudio, las transferencias de la administración federal no estarían teniendo un impacto significativo en las condiciones adversas que vive la población. El PUED estima que con 450 pesos mensuales por persona en promedio se aseguraría la adquisición de la canasta básica alimentaria del Coneval.[135]

LA LUCHA CONTRA LA CORRUPCIÓN

El gran objetivo de AMLO es la lucha contra la corrupción. Es la bandera que más presume. También es la más difícil de evaluar. No hay indicador fácil para saber cómo va la administración.

Utilizamos cuatro. El primero, cuánto se gasta en las instituciones que conforman el Sistema Nacional Anticorrupción (SNA). Estas instituciones son la Secretaría de la Función Pública, la Fiscalía General de la República, el Consejo de la Judicatura, el Tribunal Federal de Justicia Administrativa, el Instituto Nacional de Transparencia y la Secretaría Ejecutiva del SNA.

El gasto de estas instituciones en 2018 fue de 83 mil 573 millones de pesos. En 2019 pasó a 76 mil 441 millones y en 2020 a 83 mil 172 millones. Si excluimos el Poder Judicial, este monto pasó de 21 mil 735 millones en 2018 a 19 mil 981 millones en 2019 y a 23 mil 338 millones en 2020.

El segundo, los índices comparados respecto a la percepción de la corrupción en los distintos países. Son índices compuestos, una parte importante es mera percepción. No son ideales, pero es lo que hay.

De acuerdo con el índice de capacidad para combatir la corrupción (CCC) de 2020, el puntaje de México se ha deteriorado. Entre más alto el puntaje, mejor. Este índice analiza 14 variables clave, entre ellas la independencia de las instituciones judiciales y la fuerza del periodismo de investigación. De esta forma, se evalúa la capacidad de los países latinoamericanos para descubrir, castigar y detener la corrupción. México pasó de obtener un puntaje de 4.65 en 2019 a 4.55 en 2020.[136]

En tanto que el Índice de Percepción de la Corrupción, elaborado por Transparencia Internacional, mide los niveles de corrupción percibidos en el sector público a lo largo de 180 países y territorios. La escala va de 0 a 100, de más corrupto a menos corrupto. En 2019 México ocupó el lugar 131 con 29 puntos. En 2018 ocupaba el lugar 132 con 28 puntos.[137]

El tercero es el Índice Global de Estado de Derecho, elaborado anualmente por World Justice Project. Aquí la escala también va de 0 a 100, de menor a mayor Estado de derecho. En 2020 México ocupó el lugar 104 de 128, con un puntaje general de 0.44. Un año antes obtuvo 0.45 para colocarse en el lugar 103, mientras que en 2018 se obtuvo el mismo puntaje y el lugar 92. En América Latina sólo Honduras, Nicaragua, Bolivia y Venezuela presentan un puntaje menor. El índice contempla una sección de ausencia de corrupción, donde 100 es ausencia total de corrupción y 0 el mayor grado de corrupción; en 2020 México tuvo un puntaje de 0.27 y se colocó en el lugar 121 de 128, sólo por debajo de países como Uganda, Camboya y República Democrática del Congo.[138]

El cuarto son las inhabilitaciones emprendidas por la Secretaría de la Función Pública. En febrero de 2020 se anunció en un informe que entre el 1º diciembre de 2018 y el 31 de diciembre de 2019 se había inhabilitado a mil 280 servidores públicos.[139] Durante el sexenio de Peña Nieto, entre 2013 y 2017 se inhabilitó en promedio a 2 mil 300 funcionarios al año. Aún no se cuenta con datos de 2020.[140]

De acuerdo con la última Encuesta Nacional de Calidad e Impacto Gubernamental, la tasa de prevalencia de las víctimas de corrupción creció 7.5 por ciento, pues pasó de 14 mil 636 víctimas por cada 100 mil habitantes en 2017 a 15 mil 732 en 2019. Además, la tasa de incidencia de actos de corrupción pasó de 25 mil 441 casos de corrupción en 2017 a 30 mil 456 en 2019.[141]

En cuanto al desempeño de dos instituciones clave para el sistema (la UIF y la FGR), los resultados han sido buenos. En 2019 la FGR llevó ante jueces federales un 17 por ciento más de expedientes y ha logrado 37 por ciento más de sentencias condenatorias que en 2018. No obstante, el porcentaje de impunidad sobre el total de casos denunciados aún es de 98 por ciento. Mientras que en 2019 la UIF congeló 690 cuentas más respecto de 2018.[142]

Finalmente, están los apresados de alto perfil por razones de corrupción. Este gobierno metió a la cárcel a Rosario Robles por supuestos actos de corrupción, en un proceso irregular dado que no había riesgo de fuga, se presentó a declarar, y la ley vigente estipula que pueda permanecer fuera de prisión durante el juicio. En principio la cárcel debiera ser sólo para quienes son culpables o estando en proceso hubiese riesgo de fuga o de que dañasen a alguien. El 13 de agosto de 2019 fue ingresada en el penal de Santa Martha Acatitla después de que se le acusara de ejercicio indebido de la función pública tanto en la Secretaría de Desarrollo Social (Sedesol) como en la Secretaría de Desarrollo Agrario, Territorial y Urbano (Sedatu), además de participar en la "Estafa Maestra".

La extradición del exdirector de Pemex Emilio Lozoya fue con base en un acuerdo de cooperación; se discute en el capítulo 4. Está en proceso de extradición a México César Duarte, el exgobernador de Chihuahua, con denuncias en su contra por parte del gobierno de Chihuahua desde 2014.[143] En el capítulo 4 veremos otros casos emblemáticos. Algunos peces gordos, pero a casi dos años de haber llegado al poder, ninguno con sentencia condenatoria.

CAPITULO 4

Poder político
y poder económico[1]

El 3 de mayo de 2018, siendo todavía candidato a la presidencia, Andrés Manuel López Obrador afirmó: "Así como hubo la separación en su momento del Estado y de la Iglesia, porque a Dios lo que es de Dios y al césar lo que es del césar, así se necesita ahora una separación del poder económico del poder político".

En su libro *2018: La salida. Decadencia y renacimiento de México*, lo puso así:

> El poder político y el poder económico se han alimentado y nutrido mutuamente y se ha implantado como *modus operandi* el robo de los bienes del pueblo y de las riquezas de la nación. [...] No sólo se trata [...] de actos delictivos individuales o de una red de complicidades para hacer negocios al amparo del poder público, ahora la corrupción se ha convertido en la principal función del poder político [...] En términos de bienestar colectivo la política de pillaje se ha traducido en un rotundo fracaso y ha conducido a la ruina del país. Pero nadie debería sorprenderse: en realidad el modelo está diseñado con el propósito de favorecer a una minoría de políticos corruptos y delincuentes de cuello blanco que se hacen llamar "hombres de negocios".[2]

Según AMLO, el mayor problema de la época neoliberal es la forma en la que se concentró ese poder en unos cuantos. En sus

237

palabras: "El grupo original 'compacto' salinista que se benefició con el remate de bienes públicos, no sólo continuó acumulando riquezas, sino que también fue concentrando influencia política hasta que llegó a ser un poder fáctico situado por encima de las instituciones constitucionales".[3]

Alcanzar una democracia capitalista en la que el poder económico no tenga al poder político en el bolsillo y en la que esta dinámica no sea la forma de hacerse rico es un objetivo que aplaudo y que he promovido en libros anteriores. No podremos tener un país moderno y democrático si para tener éxito en los negocios el empresario debe ser dominante en su mercado o tener el poder suficiente como para evitar ser regulado, o ambos. Menos aún si los políticos de hoy son los ricos de mañana.

Para AMLO, esta separación entre el poder político y el económico es la esencia de su llamada Cuarta Transformación, y será posible porque el suyo será un gobierno honesto, tal como lo dijo al día siguiente de haber ganado la elección presidencial:

La transformación que llevaremos a cabo consistirá, básicamente, en desterrar la corrupción de nuestro país. No tendremos problema en lograr este propósito porque el pueblo de México es heredero de grandes civilizaciones y, por ello, es inteligente, honrado y trabajador. La corrupción no es un fenómeno cultural sino el resultado de un régimen político en decadencia. Estamos absolutamente seguros de que este mal es la causa principal de la desigualdad social y económica y de la violencia que padecemos. En consecuencia, erradicar la corrupción y la impunidad será la misión principal del nuevo gobierno.

AMLO presume ser honesto por ser una persona con valores. Él va a moralizar la vida pública y a sacar al país de ese mundo echado a perder por el neoliberalismo. Así de sencillo es el planteamiento. Ciertamente, muy popular.

Se trata por lo tanto de una propuesta transformadora que en principio amenaza sólo a los deshonestos. Los ricos con recursos legítimos no serán afectados, sólo los corruptos. Y sólo los corruptos del futuro. Para apaciguar a los de larga cola, durante la campaña e incluso en su toma de protesta aclaró que no habría una cacería de brujas: "Tendríamos que empezar con los de mero arriba, tanto del sector público como del sector privado. No habría juzgados ni cárceles suficientes y lo más serio meteríamos al país en una dinámica de fractura, conflicto y confrontación".[4]

Fue su adversario electoral, Ricardo Anaya, quien propuso una ruta distinta: "Por supuesto que sí [metería a la cárcel a Peña Nieto]. Ya estuvo bueno de que haya intocables en nuestro país. Aquí el que la haya hecho la tendrá que pagar, y esto incluye al presidente de la República, Enrique Peña Nieto".

AMLO entendió mejor que Anaya qué decir sobre Peña Nieto y cómo tratar al todavía presidente. A Ricardo Anaya, el gobierno de Peña Nieto le respondió con una acusación de lavado de dinero, que descarriló su campaña por la presidencia y que desestimó dos días antes de que acabara el sexenio.

En la campaña de 2018 AMLO tampoco se mostró amenazante para el orden capitalista. No criticó al Tratado de Libre Comercio de América del Norte (TLCAN) ni propuso expropiar empresas, como lo hizo Mitterrand en su exitosa búsqueda de la presidencia de Francia en 1981. Tampoco planteó hacer una reforma fiscal progresiva, es decir, quitarles más a quienes más tienen para darles a los menos favorecidos, como suelen proponer movimientos de izquierda cuando quieren llegar al poder. Éste puede ser un discurso popular si el nuevo impuesto afecta a una minoría muy rica.

Al contrario, como candidato, prometió que durante la primera mitad de su sexenio no habría aumento de impuestos. Ya como presidente lo ratificó: "No hay en puerta ningún proyecto de reforma en materia fiscal. Estamos reafirmando el compromiso de no aumentar impuestos en términos reales. No lo hemos hecho en el tiempo que llevamos en el gobierno ni vamos a crear impuestos nuevos".[5]

A su manera, durante la campaña envió una señal de conciliación a los empresarios que estaban abiertamente en su contra. En palabras de Carlos Alba, profesor de El Colegio de México:

También en Zongolica, López Obrador hizo un pronunciamiento de alto impacto al declarar: "Es cierto que hay un grupo de empresarios —traficantes de influencias— que presionan mucho para que se unan los otros candidatos en contra mía". Según el mencionado boletín de campaña, López Obrador comentó que "los integrantes de la mafia del poder están divididos" y les mandó decir "que no se preocupen, que no es su fuerte la venganza, que van a cambiar las cosas, lo único que puede ser que no les guste es que ya no van a seguir robando y ya no van a tener el privilegio de mandar". También diría públicamente: "No es nada más el que quieren seguir robando, es que quieren el privilegio de mandar, porque son muy vanidosos, pero yo los voy a tratar con mucho respeto, no voy a perseguir a nadie, va a haber respeto al Estado de derecho […], al margen de la ley nada, por encima de la ley nadie, va a haber legalidad, no habrá arbitrariedades".[6]

Este capítulo analiza la forma en la que AMLO ha abordado el objetivo central, en sus palabras, de su gobierno. La separación entre el poder político y el económico y la lucha contra la corrupción son temas relacionados, pero aquí comenzamos por el primero para pasar luego al segundo. En la última sección abordo lo casi no abordado por AMLO: el poder corruptor del crimen organizado.

PODER ECONÓMICO Y POLÍTICO

En la mañanera del 27 de abril de 2020 AMLO resumió cómo, para él, operaba esa relación antes de su llegada al poder: "La verdad es que tenían secuestrado al Estado, lo cierto es que el Estado estaba al servicio de una minoría, de un grupo".

Hay mucho de razón: un grupo de políticos y empresarios coludidos ha amasado increíbles fortunas. "El que no transa no avanza", es un dicho popular mexicano. Esa corrupta relación entre poder político y económico es una de las causas de nuestro bajo crecimiento. La gran mayoría de las grandes fortunas de este país proviene de concesiones o favores gubernamentales. Esto deslegitima la economía de mercado y hace más probable la aparición de líderes populistas como el propio AMLO.

La relación entre el gobierno y los empresarios importa mucho porque afecta de manera central tanto la disposición del sector privado a invertir como la forma en la que lo hace. Muchos empresarios han hecho de su relación con el gobierno su principal activo. Los empresarios cercanos al gobierno tienden a ser rentistas, es decir, buscan un ingreso a partir de una relación política, a través de un contrato público a precios inflados, y no por su experiencia o capacidad de generar riqueza en un mercado competido. Esto tiene un efecto sobre el crecimiento de la economía; son exitosos en buena medida porque se quedan con esa renta, no por su capacidad de crear riqueza. Los empresarios rentistas tienen pocos motivos para invertir en investigación y desarrollo. Además, los empresarios que se sienten amenazados por el poder político invierten menos, sobre todo en proyectos nuevos y cuya rentabilidad se alcanza sólo en el mediano plazo.

En un régimen corrupto, una parte significativa de los recursos públicos no se asigna donde son más rentables para la sociedad, sino donde se beneficia alguien cercano al poder. Un gobernador transa que se hace multimillonario no sabe de negocios; el dinero que se roba lo invierte en propiedades vistosas o en cuentas bancarias en Suiza, donde ni siquiera tiene un efecto multiplicador en consumo en México.

La corrupción explica en buena medida nuestra crónica incapacidad de generar bienes públicos. Los recursos para la salud de los mexicanos pueden terminar en un gigantesco rancho en Valle de Bravo, como denunció el entonces gobernador de Veracruz, Miguel Ángel Yunes, al mostrar a la opinión pública el rancho Las Mesas, decomisado a su antecesor en el cargo, Javier Duarte, quien entre otros presuntos delitos desvió recursos del ya extinto Seguro Popular.[7]

El individuo con poder tiende a abusar. Está en la naturaleza humana. Si lo que tiene es poder político, tratará de hacerse de dinero. Si el dinero es su fortaleza, tratará de tener al poder en el bolsillo, para hacer más dinero, o incluso comprará un puesto público con sus recursos.

No es un problema exclusivo de las sociedades capitalistas. De hecho, donde menos abusos del poder económico y político ha habido en la historia contemporánea es en aquellas democracias capitalistas con fuertes instituciones para castigar a quienes abusan de su poder, ya sea económico o político.

En la extinta Unión Soviética el dinero también compraba de todo y quienes tenían poder eran los mejor colocados dentro de la burocracia del Partido Comunista como para hacerse de todo tipo de privilegios: tenían su propio sistema de salud, educativo, tiendas especiales, barrios protegidos y, por supuesto, dinero. El sistema fue en un inicio muy exitoso en términos de crecimiento. El Estado tenía el poder para canalizar el ahorro nacional hacia los proyectos prioritarios, incluido seguir exportando el trigo de Ucrania a la par de permitir que murieran miles de ucranianos de hambre, así como para forzar a trabajar a millones, muchos de ellos presos

242

políticos, en sus grandes obras de infraestructura. Sin embargo, terminó por ser un desastre para generar riqueza de forma sostenida. La corrupción lo permeaba todo, distorsionaba las decisiones de los funcionarios, y sin mercados funcionales no había cómo asignar eficientemente las inversiones. Ese régimen que pretendía controlarlo todo se volvió políticamente insostenible.

El Partido Comunista de China aprendió de esa experiencia. El intento de Mao de construir un sistema comunista había quebrado al país, pero China logró transitar a un capitalismo de Estado a partir de las reformas de Deng Xiaoping en 1978. Al permitir la creación de empresas privadas y la operación de un mercado con algunas de las características de los países capitalistas, la capacidad productiva de China creció de forma impresionante.

El Partido Comunista ha logrado mantener el monopolio del poder, en buena medida gracias a un eficaz desempeño económico que le da una enorme legitimidad ante los ciudadanos. La disidencia se castiga de forma brutal y han hecho de internet un poderoso instrumento de espionaje y represión política, cada vez con más capacidades de monitorear cómo se comportan sus ciudadanos. El gobierno tiene un fuerte control sobre el poder económico. La corrupción existe, pero hay conciencia y voluntad política de contenerla, sobre todo cuando se trata de combatir a los adversarios del primer ministro. El gobierno ha alcanzado suficiente racionalidad y capacidad administrativa para invertir en temas de interés general, desde una infraestructura de calidad hasta un sistema educativo brutalmente meritocrático.

El poder del dinero impacta de formas distintas en las democracias capitalistas. En Estados Unidos el poder del dinero es tal que no hay límite legal en su uso en una campaña electoral. Su sistema electoral, con un absurdo colegio electoral que permite el triunfo de un candidato que obtuvo menos votos que su competidor, dificulta que las mayorías realmente gobiernen.

En Estados Unidos el dominio del dinero en materia regulatoria y legislativa ha llevado a mercados cada vez menos competidos, respecto al caso de Europa, y a reglas laborales muy favorables al capitalista.[8] Con todo, en Estados Unidos existe una libertad y una alta capacidad de innovación que le ha permitido capturar de forma importante las rentas monopólicas y los beneficios económicos que vienen del cambio tecnológico exponencial. Existe un respeto fundamental a los derechos de propiedad, acceso al financiamiento, y un capital humano de alta calidad (local e inmigrado), con una legislación laboral muy flexible. Todo esto le permite a Estados Unidos tener las empresas de tecnología más poderosas del mundo (y débilmente reguladas).

En los países de Europa occidental el poder del dinero pesa menos. Está muy limitado el financiamiento privado en las campañas electorales y las instituciones gubernamentales suelen estar menos capturadas por los regulados, en parte porque la Unión Europea tiene poderosos órganos reguladores basados en Bruselas, distante geográfica y políticamente de los empresarios afectados. Los sistemas electorales de los países europeos suelen llevar a gobiernos que reflejan más fidedignamente la voluntad electoral de la mayoría.

Los países menos corruptos no lo son porque tengan un líder bondadoso y honesto, aunque puede ayudar mucho el tenerlo, sino porque, entre otras cosas, tienen procesos electorales a través de los cuales la difusión de la información sobre los candidatos dificulta a un corrupto llegar al poder. Con sistemas judiciales independientes que persiguen al corrupto y una prensa libre que informa de los abusos, el ciudadano está informado sobre los abusos del poderoso y el sistema judicial puede actuar en contra de ellos aunque tengan mucho poder. Antes de la llegada de Trump al poder, en Estados Unidos estos mecanismos parecían haber funcionado.

El reto para cualquier diseño institucional es que incluso si llega un individuo corrupto o corruptor haya capacidades para resistirlo y terminar sacándolo del poder sin necesidad de recurrir a la violencia. La renuncia de Nixon a la presidencia en 1974 mostró que el sistema podía contener a quien abusaba de su poder. Por ello, para tener un buen gobierno se requieren reglas del juego que no sean destruidas por un líder corrupto y abusivo y que esas instituciones actúen contra cualquiera que se lo merezca, aunque se trate del funcionario favorito del líder bondadoso y honesto.

En los países con instituciones débiles, quien tiene poder o dinero tiene más margen para actuar. Las empresas más grandes tienen más recursos que las medianas para enfrentar la discrecionalidad gubernamental y para sacar del mercado a sus competidores. Los procesos electorales son particularmente vulnerables. Las elecciones requieren dinero y esto puede llevar a una colusión entre el poder político y el económico. Quien tiene poder político puede usar una parte del presupuesto como le dé la gana.

GOBIERNO Y EMPRESARIOS

Si la separación entre el poder político y el económico define la transformación de AMLO, no tengo más que aplaudirla. Ahora bien, ¿cómo piensa AMLO resolver este histórico problema? ¿Cómo hacerlo sin afectar al empresariado que también está harto de esas transas? ¿Cómo no crear en el camino a un nuevo grupo de empresarios beneficiados por el nuevo régimen?

Con lo que lleva de su gobierno, ¿en qué se ha distinguido la forma en la que se relaciona con los empresarios respecto al pasado? ¿Se trata de una estrategia de control político, del deseo de crear un Estado interventor en la economía, o podemos considerarlo un genuino esfuerzo de luchar contra la corrupción para establecer un piso parejo para todos los empresarios? ¿Para qué quiere AMLO usar el poder del Estado que ha concentrado en sus manos?

Como casi todo en su gobierno, a pesar de que se trata del objetivo central de la autodenominada Cuarta Transformación, no hay nada detallado al respecto, sólo frases generales como la citada al principio de este capítulo. Más allá de sus nobles objetivos, la opacidad de este gobierno y el esfuerzo deliberado por debilitar a cuanta institución o poder autónomo de la sociedad civil existe, desde las organizaciones no gubernamentales (ONG) hasta la prensa, dificultarán lograr el cometido de separar al poder político del económico. Nada es mejor para los poderosos que las relaciones personales, que abren la puerta a la discrecionalidad. Por la forma de operar del gobierno, también hará muy difícil saber si no se está construyendo una nueva mafia en el poder.

La relación con los empresarios fue una preocupación central de los gobiernos posrevolucionarios. La Revolución mexicana transformó las relaciones de poder: quién gobierna y para quién. Terminó por expropiar gran parte de las tierras de la élite agraria porfirista y la de algunos de los generales revolucionarios convertidos en terratenientes para repartir entre los campesinos cerca de la mitad del territorio nacional. Destruida la élite agraria porfirista y lastimada la relación con la inversión extranjera extractiva, sobre todo tras la expropiación petrolera en 1936, para lograr una economía con crecimiento basada en el modelo de sustitución de importaciones, el naciente régimen tuvo que diseñar nuevos mecanismos de relación con la clase empresarial industrial, la cual no fue expropiada por la Revolución, aunque sí se le veía con desconfianza.

Los gobiernos posrevolucionarios tuvieron que enfrentar dos dilemas centrales, uno económico y otro político. El primero consistía en conciliar el discurso revolucionario de justicia social con un crecimiento económico que requería de los capitalistas nacionales e internacionales. El capitalismo genera desigualdad. El dilema era particularmente complicado, porque había muchas promesas de justicia social que la Revolución estaba lejos de haber cumplido. El dilema político consistía en conciliar la hegemonía política del partido en el poder, elemento central en la lógica de los gobiernos a partir de Lázaro Cárdenas (1934-1940), con la relativa autonomía de quienes controlan recursos económicos.

Para resolver ambos dilemas, los gobiernos socialistas como el de la Unión Soviética eliminan la propiedad privada. Así, el Estado detenta los recursos económicos y políticos. Sin embargo, para los gobiernos priistas, sin legitimidad democrática, con necesidades de financiamiento superiores al ahorro nacional, una ambiciosa agenda modernizadora y un vecino como Estados Unidos, el socialismo no fue una opción viable, más allá de la retórica de incluir en la Constitución en 1933 el proyecto de una educación socialista y del discurso de varios de los grupos que conformaron el Partido Revolucionario Institucional (PRI), como la Confederación de Trabajadores de México (CTM), cuyo lema central al momento de su creación en 1936 era "Por una sociedad sin clases". El crecimiento económico requería de inversión privada.

Otra de las razones por las que los gobiernos emanados del PRI no destruyeron la propiedad privada es que muchos de esos gobernantes la querían para sí y para sus allegados. La tercera transformación, para usar la terminología de AMLO, transformó a muchos de los antiguos revolucionarios en empresarios o simplemente en dueños de fortunas imposibles de entender sin su paso por el gobierno. Para pacificar a los generales se les toleraron elevados niveles de corrupción.

En varios sexenios se apoyó abiertamente desde el poder a ciertos empresarios. El caso paradigmático fue la forma en la que se construyó la fortuna del presidente Miguel Alemán. Su sexenio está muy bien analizado por Stephen R. Niblo en su libro *México en los cuarenta. Modernidad y corrupción.*[9] Los mexicanos sabrían años después que un accionista importante en la empresa en la que se fusionaron en 1955 las compañías a las que en su gobierno se les dieron las concesiones de los canales 4, 5 y 2 era Miguel Alemán.

Esta corrupción era parte central de la lógica con la que se gobernaba. Llevó a un capitalismo de cuates en el que se creaban y protegían fortunas. Permitió crecer a tasas elevadas, pero llevó a una mala asignación del capital y a crecientes problemas de competitividad en ese protegido sector industrial, sobre todo en las regiones que gravitaban en torno al poder político, más evidente en la Ciudad de México que en Monterrey, por ejemplo.

Es imposible conocer el nivel de esta corrupción. Por su propia naturaleza, la gran mayoría de los actos ilícitos se solapan y nunca salen a la luz pública. El enriquecimiento de la clase política y de los empresarios vinculados a ésta fue la tónica de los años de la hegemonía priista. Si AMLO pretende repetir el desarrollo estabilizador tal y como era realmente, aspira a construir una nueva mafia en el poder.

La relación entre dinero y poder tenía otra vertiente. Repartir dinero era la forma de resolver ciertos conflictos políticos. Había un dicho de la época: "Problema que se resuelve con dinero sale barato". Cuando es dinero del erario, lo más caro es compartir el poder. A billetazos había menos necesidad de reprimir los movimientos sociales disidentes.

El presupuesto público era un instrumento de control político y muchos grupos organizados aprendieron que hacer política era pedir dinero. Los instrumentos para lograrlo eran las marchas, los bloqueos y las movilizaciones. En los sindicatos de trabajadores del sector público esta relación se dio de la forma más perversa: corrupción entre los líderes y condiciones de trabajo excepcionales (frente a los de la empresa privada) para la base trabajadora, pensiones altas que ponían en riesgo de quiebra a las empresas del

Estado, inmovilidad laboral, herencia de plazas y un largo etcétera. Con esa mezcla de vicios proveer servicios públicos de calidad es casi imposible.

Los gobiernos posrevolucionarios intentaron conciliar la tensión entre el discurso revolucionario y el desarrollo capitalista con una economía mixta en la que el sector público controlaba sectores clave con empresas estatales de todo tipo, unas por diseño (desde Petróleos Mexicanos —Pemex— hasta la siderúrgica Lázaro Cárdenas-Las Truchas, creada en 1976 para evitar que el Grupo Monterrey tuviera el monopolio del acero) y otras para evitar quiebras que llevaran a la pérdida de empleos (como el rescate, que terminó en estatización, de Banco Somex en 1962).

El principio explícito de que la política estaba reservada al PRI hacía manejable la tensión entre la hegemonía del partido tricolor y la relativa autonomía, frente a los otros sectores sociales, del empresariado. El gobierno podía castigar a los empresarios con aspiraciones políticas rebeldes negándoles el permiso de importación de un insumo, generándoles problemas sindicales, auditorías fiscales, presiones regulatorias o invadiendo sus tierras. Esto último lo vivió Manuel Clouthier en los años setenta cuando iniciaba su carrera como líder empresarial muy crítico del gobierno. Los empresarios, por su parte, aprendieron a usar sus organizaciones gremiales y el poder del dinero para tratar de influir en políticas sectoriales o para lograr beneficios para sus negocios. No eran órganos para confrontar al poder político.

Durante el desarrollo estabilizador, si bien hubo algunos momentos de mayor conflictividad, como en 1962 y 1963 con la reglamentación de la provisión constitucional en el artículo 123 de repartir una parte de las utilidades de las empresas, el sector privado nunca fue una amenaza política seria para el gobierno, aunque para quien quiere todo el poder cualquier espacio de autonomía es sospechoso. En él se pueden incubar futuros desafíos. Desde la lógica del gobierno, entre más autónomos los empresarios, más peligrosos.

La inversión privada es mucho mayor cuando los empresarios tienen perspectivas de rentabilidad y cierta certidumbre de que no serán expropiados por el gobierno o por alguna actividad criminal tolerada o no por el gobierno. Según Carles Boix, hay por lo menos dos caminos para el desarrollo capitalista.[10] Se puede lograr con pocas regulaciones y bajas tasas impositivas, con lo cual el Estado no protege adecuadamente temas de interés general, como el medio ambiente, por ejemplo, ni tiene muchos recursos como para proveer bienes públicos que permitan una mayor productividad por la mejor salud y educación del trabajador, pero las utilidades para las empresas son altas y hay por lo tanto incentivos para la inversión privada, y ésta sostiene un crecimiento económico razonablemente alto. El Reino Unido posterior a Margaret Thatcher es el ejemplo que utiliza Boix, aunque Estados Unidos sea nuestra referencia más obvia.

Durante el desarrollo estabilizador México siguió una variante de este primer modelo. El gobierno resolvió la permanente desconfianza de los que tienen dinero frente a un gobierno muy poderoso y con un discurso y ciertas acciones claramente antiempresariales, con libertad cambiaria, estabilidad del tipo de cambio, baja inflación y baja presión fiscal. Los bienes públicos eran limitados y de baja calidad, pero los niveles educativos del trabajador requeridos en esa fase del desarrollo industrial no eran muy altos. Incluso había un poder judicial que daba cierta protección jurídica a quienes sabían navegar por sus oscuras aguas, además de que la inseguridad no afectaba de forma importante a las poblaciones urbanas.

También se puede crecer en una economía capitalista a partir de mayores tasas impositivas y más regulaciones, aunque esto es sostenible sólo si estas regulaciones no asfixian la actividad económica y si el Estado gasta bien esos ingresos impositivos adicionales en educación y salud de calidad para todos. Con esto se logra incrementar la productividad del trabajador y del propio capital. Boix utiliza a España como el ejemplo de este segundo modelo. El exitoso caso chino de hoy en día es una versión extrema de ese modelo. De nuestros socios de Norteamérica, Canadá se acerca más a esa forma de relación entre Estado y mercado. Esto intentaron hacer Echeverría y López Portillo.

Con Luis Echeverría, el gobierno buscó expandir la inversión pública y propuso ciertas políticas que los empresarios percibieron como amenazantes, desde una reforma fiscal hasta una ley de asentamientos humanos. Echeverría se dedicó a polarizar, como forma de legitimación frente a una izquierda alienada de la política institucional tras la matanza de estudiantes de 1968.

El conflicto con los empresarios llevó a que el gobierno dejara correr o incluso estimulara, según algunas versiones, el asesinato del empresario más importante de Monterrey, don Eugenio Garza Sada, a manos de miembros de la Liga Comunista 23 de Septiembre. El periodista Jorge Fernández Menéndez ha investigado minuciosamente este caso y encontró, en sus palabras:

[...] los documentos que permitían confirmar que la muerte del presidente de la Cervecería Cuauhtémoc y líder empresarial del llamado Grupo Monterrey, ocurrido el 17 de septiembre de 1973 tras un frustrado intento de secuestro por una célula guerrillera, había sido una acción consentida, conocida previamente y realizada con el visto bueno del gobierno en turno, que encabezaba Luis Echeverría. En el documento de la DFS [Dirección Federal de Seguridad] desclasificado y marcado con el expediente 11-219-972, en el legajo dos, hojas 46 y 47, se puede leer un detallado informe enviado por el representante de la DFS en Nuevo León, Ricardo Condelle Gómez, titulado "Planes de secuestro de los industriales Eugenio Garza Sada y Alejandro Garza

251

Lagüera". El documento está fechado el 22 de febrero de 1972, un año y medio antes de los hechos.[11]

Una política monetaria y fiscal expansiva y el pleito con una parte del empresariado mexicano condujeron a una crisis macro-económica profunda. La devaluación del peso el 1° de septiembre de 1976 fue un costoso reflejo de los límites de la expansión de un Estado que lo quería controlar todo, pero que no pudo mantener un tipo de cambio de 12.50 pesos por dólar vigente desde abril de 1954.

José López Portillo entendió la necesidad de rehacer la relación con los empresarios. En su discurso de toma de protesta del 1° de diciembre de 1976 dijo: "A los factores de producción, obreros y empresarios, les preciso que el problema principal no se da entre ellos […] Sería necio suponer que la respuesta es el enfrentamiento que reduce o hasta cancela nuestra capacidad de producción y competencia como país".[12]

El recién descubierto petróleo le dio a su gobierno los recursos financieros para imponer su visión: un Estado desarrollista, creador de empresas estatales y fijador de ciertos precios por razones económicas o políticas. Con este modelo se esperaba lograr una mayor productividad de la economía gracias a un mayor gasto público.

El Estado quebró en el esfuerzo por no entender que estaba enfrentando un cambio de fondo en las condiciones de los mercados mundiales que llevó, primero, a un aumento inusitado de las tasas de interés. La tasa de interés del Sistema de la Reserva Federal (Fed, por sus siglas en inglés) pasó de 4.5 por ciento en diciembre de 1976 a 17.5 por ciento en agosto de 1981. Lo segundo fue una caída en el precio del petróleo de 36 dólares por barril en junio de 1981 a 28.4 dólares por barril, nueve meses después. La crisis financiera tuvo como desenlace la expropiación de la banca al final de su sexenio, el 1° de septiembre de 1982.

Un gobierno que inició su sexenio construyendo una buena relación con los empresarios terminó rompiendo con ellos como nunca en los gobiernos posrevolucionarios. La justificación de la nacionalización bancaria es similar al objetivo central del gobierno de AMLO: imponer el poder político sobre el económico. En palabras de López Portillo: "Lo único que vamos a cambiar es de dueño [...] El gobierno no sólo está eliminando un intermediario, sino a un instrumento que ha probado más que suficientemente su falta de solidaridad con los intereses del país y del aparato productivo. La banca privada mexicana —mexicana y mexicanizada, eso es lo más doloroso— ha pospuesto el interés nacional y ha fomentado, propiciado y aun mecanizado la especulación y la fuga de capitales".[13]

Es muy probable que AMLO compartiera esta visión a los 27 años, cuando vivió aquella coyuntura. Mucha agua ha pasado abajo del puente desde entonces. Los sucesores de López Portillo tuvieron que modificar el papel del Estado en la economía y su relación con los empresarios para sacar al país de la quiebra.

Miguel de la Madrid buscó recomponer la relación con los empresarios. Trató de darle certidumbre jurídica al inversionista cambiando la Constitución para delimitar el papel del Estado en materia económica. El cambio legal no le funcionó, porque fue interpretado por los movilizados empresarios tras la nacionalización bancaria como un esfuerzo de estatizar la economía.

La relación con los empresarios fue muy ríspida. En general, De la Madrid desconfiaba de ellos. Así lo dice en sus memorias: "El sector capitalista en México es increíblemente egoísta, increíblemente limitado, increíblemente ignorante. Sus actitudes son realmente incomprensibles en ocasiones. Ahora que trato a los empresarios, veo la altanería e insolencia con que actúan. Se sienten una casta divina, un grupo privilegiado que está por encima de los problemas del país".[14]

Pero no se dedicó a sabotearlos, porque sabía que los necesitaba para poder retomar el crecimiento. Una política económica más ortodoxa y un estilo público conciliador frente a ellos le permitieron salir de la ruptura y rehacer parcialmente el pacto con los empresarios en materia de inversión, aunque la inestabilidad macroeconómica y las presiones del servicio de la deuda externa impidieron retornar a la senda de crecimiento con baja inflación.

De la Madrid tuvo que enfrentar a un Partido Acción Nacional (PAN) unificado y fortalecido por la crisis económica y el enojo empresarial y de las clases medias. Esto volvió al PAN electoralmente competitivo, aunque al final el gobierno pudiera retener las elecciones para gobernador, incluida la de Chihuahua, donde todo parece indicar que se consumó un fraude electoral en contra del candidato panista Francisco Barrio, orquestado, según Francisco Ortiz Pinchetti, por Manuel Bartlett. Fue el llamado "fraude patriótico" para evitar que un estado fronterizo cayera en manos de la derecha.[15] En un artículo sobre el fraude electoral en Chihuahua, publicado en *Nexos* el 1° de marzo de 1987, Juan Molinar (1955-2015) concluyó que "tras el caso Chihuahua, la credibilidad del sistema electoral mexicano se sumió en el abismo: a partir de esa fecha casi cualquier historia o anécdota de fraude que se mencione encontrará un auditorio dispuesto a creerla".[16]

Carlos Salinas profundizaría la política económica iniciada por Miguel de la Madrid. Ante la falta de recursos fiscales, llevó a cabo privatizaciones para lograr tener ingresos públicos con los cuales pagar una parte de la enorme deuda que arrastraba el país.

Esto le dio la oportunidad para crear una nueva clase empresarial. Los activos se vendieron en subastas abiertas, y aunque se ha especulado que hubo todo tipo de arreglos bajo la mesa y alguna evidencia anecdótica señala algunos casos que parecen confirmar eso, lo que se tiene documentado es que ganó quien más quiso pagar por el activo puesto en venta. El mayor problema de la privatización de empresas con carácter monopólico fue no tener reguladores sólidos y autónomos del poder político para acotar el poder de los privados que las compraron, como Teléfonos de México (Telmex).

En su libro *2018: La salida*, AMLO califica el proceso privatizador como un pillaje:

> Aun cuando el neoliberalismo se aplica en casi todo el mundo, lo peculiar o lo característico de México es que este llamado "nuevo paradigma" fue utilizado de parapeto para llevar a cabo los robos más grandes que se hayan registrado en la historia del país. Es necesario reiterar lo que hemos escrito en otros textos: la política económica elitista conocida como "consenso de Washington" empezó a impulsarse desde el gobierno de Miguel de la Madrid (1982-1988) y se profundizó durante el sexenio de Carlos Salinas de Gortari (1988-1994). En esos tiempos se hizo un primer ajuste al marco jurídico para legalizar el pillaje, encubierto con el eufemismo de la "desincorporación de entidades paraestatales no estratégicas ni prioritarias para el desarrollo nacional".[17]

Algunas de las reformas de ese sexenio hoy son pilares del actual gobierno, como la autonomía del Banco de México. Ésta ha acotado la posibilidad de financiar el gasto público con mecanismos inflacionarios. La madre de todas las reformas fue el TLCAN. Impensable en el sexenio de Miguel de la Madrid, se trataba de anclar la economía en un tratado con nuestros socios de América del Norte para limitar la arbitrariedad del gobierno con un instrumento jurídico firmado con Estados Unidos y Canadá. A partir del TLCAN se le quitaba al gobierno mexicano la discrecionalidad para fijar aranceles y tarifas con nuestro principal mercado. El TLCAN limitaba la acción gubernamental también en materia regulatoria y expropiatoria, dadas las medidas de protección al inversionista incluidas en este tratado.

Se trató de una poderosa restricción externa al poder discrecional del gobierno. Con todo, el gobierno continuó teniendo mucho poder, el PRI seguía sin perder una elección presidencial, y seguía manejando discrecionalmente muchas decisiones de política económica importantes. Por ello no pudo hacer ni siquiera lo que supuestamente sabía hacer mejor: estabilizar la economía. Con la elección presidencial de 1994 encima, optaron por contener el tipo de cambio a cualquier precio. Ganaron la elección, pero en el camino quebraron al país.

La crisis de 1994 marcó el sexenio de Zedillo y el derrotero del PRI. Sin embargo, al lograr estabilizar la economía y con el acceso al mercado de Estados Unidos, México logró retomar el crecimiento. Si bien para el fin del sexenio Zedillo era un presidente muy popular, el PRI quedó marcado por los costos de la crisis económica.

La transición a la democracia mexicana en el año 2000 se dio desde la derecha, contra todas las expectativas generadas por la exitosa candidatura de Cuauhtémoc Cárdenas en 1988. No supuso, por ello, una amenaza para el modelo económico ni para el poder de los grandes empresarios. La vaguedad de las promesas de Vicente Fox no conllevaba ninguna amenaza concreta: "A nuestro país le urge vigor, entusiasmo y decisión. Le urge honestidad y transparencia. Valores morales y efectividad en el ejercicio de gobierno". "Lo que ofrecemos es muy sencillo. Un cambio para mejorar, para progresar. Un cambio sin rupturas ni violencias. Un nuevo liderazgo. Un liderazgo fuerte, humano, honesto y capaz. Así de simple, así de importante."[18]

La retórica de Fox, aunque en su estilo, no era tan distinta de la de AMLO. En su Primer Informe de Gobierno, Fox afirmó que "en materia social y económica dejamos atrás el neoliberalismo y su confianza ciega en el mercado y lo estamos sustituyendo por una economía de rostro humano".

El gobierno de Fox y luego el de Calderón no atajaron el poder del dinero vía el empoderamiento de las mayorías que implicaba su triunfo electoral. En ambos gobiernos hubo escándalos de corrupción. Difícil saber si más que en el pasado, pero ciertamente la corrupción no fue un tema central en la elección de 2012 cuando ganó un priista del Estado de México, donde la colusión entre poder político y poder económico era bien conocida como lo eran muchas irregularidades durante el gobierno de gobernador Arturo Montiel, a quien su sucesor, el gobernador Peña Nieto, no había tocado ni con el pétalo de una rosa.

En todo caso, la dispersión del poder que vino con la democratización les abrió el espacio a quienes tenían poder económico para apalancarlo aún más y a quienes tenían poder, sobre todo en muchos gobiernos estatales, para cometer sin límites todo tipo de actos de corrupción. Como lo ha argumentado Luis Rubio, siguiendo el modelo de Francis Fukuyama, México es un caso típico de un país que llegó a ser democrático antes de tener competencias estatales fuertes. El PRI nunca las construyó y la democracia desgraciadamente las hizo aún más frágiles. La corrupción lo permeó todo.[19]

En esos 12 años, por ejemplo, poco hicieron ambos gobiernos para regular el sector de telecomunicaciones, es decir, tanto al hombre más rico de México, Carlos Slim, como al empresario con más poder en la opinión pública, Emilio Azcárraga, dueño de Televisa, o en general a las empresas más grandes. En el capítulo 6 de mi libro *Por eso estamos como estamos*[20] analizo la forma en que el poder de mercado de ciertas empresas les permitía vender bienes y servicios caros que en su gran mayoría consumen en una mayor proporción de su ingreso los más pobres. Más caros de lo que serían en mercados competitivos. Dado el poder político de estas empresas, el gobierno no pudo durante años cambiar las leyes que permitieran regularlas mejor.

La derrota del PRI generó la expectativa de que se podría sanear la vida política en México. Sucedió algo muy distinto.

El que ahora fuera el voto la forma de llegar al poder hizo muy tentador buscar financiamiento privado ilegal para ser competitivo en la contienda. Luis Carlos Ugalde y María Amparo Casar han documentado los extremos de esta perversa dinámica. Seis de sus principales hallazgos al respecto son que: 1) por cada peso reportado como gasto ejercido en una campaña a gobernador, 15 pesos nunca son reportados; 2) en promedio, los candidatos a gobernador gastan 10 veces más que el tope de gasto legal; 3) las mayores fuentes del financiamiento ilegal provienen del desvío de recursos públicos, del financiamiento privado ilegal y del crimen organizado; 4) entre las principales modalidades del desvío están recaudaciones en efectivo que nunca ingresan a las tesorerías y descuentos de nómina; 5) estas modalidades muchas veces implican lavado de dinero, defraudación fiscal y creación de empresas fantasma; 6) el principal destino de los desvíos es el clientelismo electoral bajo la forma, por ejemplo, de compra, movilización e inhibición del voto.[21]

Ya en el poder, el gobernante favorecido por el voto popular, gracias a la fortuna que invirtió en la elección, puede estar obligado a pagar sus deudas y, con ánimo de hacer dinero, aprovechar esos mismos mecanismos para hacerlo. En muchos gobiernos locales esta dinámica se hizo brutalmente visible.

La democratización llevó también a ciertos grupos económicos a tener su propia representación en el Congreso. El Partido Verde Ecologista de México (PVEM) ha sido el favorito para cumplir con ese papel, pero casi todos lo han hecho. El caso más conocido es el de la telebancada. Para la LXII Legislatura del Congreso de la Unión (1º de septiembre de 2012-31 de agosto de 2015), el PRI y el PVEM propusieron 18 candidatos ligados a los intereses de Televisa y TV Azteca. De los 18 candidatos, 16 obtuvieron una curul; 10 diputados federales y cinco senadores.[22]

Peña Nieto y el poder económico

Irónicamente, uno de los objetivos centrales de las reformas estructurales de Peña Nieto era el de separar, a través de reformas constitucionales que crearan instituciones autónomas fuertes, el poder político del económico. Estas reformas buscaban fortalecer al Estado en su papel de regulador económico para propiciar competencia y crecimiento. Localizar ese poder no en subordinados del presidente, sino en los órganos autónomos, fue la lógica central del Pacto por México. Esto fue posible porque el partido del presidente no tenía la mayoría y tuvo que negociar con la oposición para poder hacer las reformas.

La Comisión Federal de Competencia Económica (Cofece) y el Instituto Federal de Telecomunicaciones (IFT) fueron diseñados para limitar el poder de los empresarios más fuertes con capacidad de imponer sus condiciones en su sector (extrayendo así una renta al consumidor, es decir, cobrando por sus servicios más de lo que valdrían en un mercado competitivo), y con el suficiente poder político como para capturar estructuras burocráticas regulatorias más débiles y con menor autonomía. Estas reformas, en principio, deberían estimular una mayor inversión privada, asignada además a los proyectos más productivos, no a donde se tienen conexiones políticas o poder monopólico. Estaban diseñadas para tener mayores niveles de competencia, reduciendo así las ganancias extraordinarias de algunos empresarios en sectores donde son dominantes. El poder de estas instituciones no quedaba en manos de quien controlaba la presidencia, sino en órganos constitucionalmente autónomos.

Donde es más visible el éxito es en la caída de los precios de los servicios de telecomunicaciones en México. De acuerdo con el IFT, entre 2014 y 2017 las tarifas de interconexión de servicios móviles entre los países de la Organización para la Cooperación y

259

el Desarrollo Económicos (OCDE) disminuyeron en promedio 42 por ciento, con México representando la mayor reducción (84 por ciento) entre los países miembros.[23]

Peña Nieto tiró todo por la borda debido a su frivolidad y a la visible y elevada corrupción de su administración. Más visible aún fue su larga tolerancia con la corrupción de los gobernadores de su partido, muchos de ellos sus amigos y seguramente financiadores para que pudiera llegar a la presidencia, como según algunas notas de prensa declaró en uno de sus juicios Javier Duarte.[24] El 1º de julio de 2012, día en que ganó la elección, Peña diría: "Somos una nueva generación, no hay regreso al pasado". En su campaña por la presidencia, Peña Nieto puso a Roberto Borge, entonces gobernador de Quintana Roo, y a los Duarte (César y Javier, de Chihuahua y Veracruz, respectivamente) como ejemplos del "nuevo PRI". Estos tres personajes están en la cárcel al momento de escribir este texto.

No fue un mero mal comportamiento de un presidente sin brújula moral y convencido de que la corrupción era un problema cultural. La corrupción era parte del diseño del nuevo grupo en el poder. Así han gobernado siempre en el Estado de México y en muchos de los otros estados donde el PRI ha tenido el poder sin haberlo perdido nunca.

Al arranque de su gobierno, uno de sus asesores presumía en privado que iban a construir una nueva clase empresarial, como la que supuestamente se había creado en el sexenio de Miguel Alemán. No era consciente del alcance de sus palabras. Venían del Estado de México y de su red de contratistas, como la constructora OHL y el Grupo Higa, y ahora se preparaban para ganar los contratos federales. Así fue.

AMLO Y LOS EMPRESARIOS

AMLO había luchado políticamente teniendo en contra a la mayoría de los empresarios. Como ha dicho Carlos Alba:

> En el ámbito de la política, los empresarios no son homogéneos ni tienen una postura unificada. Sin embargo, puede considerarse que la mayoría de los medianos y grandes, que son los que están más organizados y mejor representados a través de sus organizaciones, han tenido una clara preferencia por el PRI y el PAN, y han sido contrarios a López Obrador, tanto cuando militó en el PRD [Partido de la Revolución Democrática] como en el Movimiento Regeneración Nacional (Morena), mientras que sus principales simpatizantes en la iniciativa privada están entre los pequeños empresarios.[25]

Algunos de los grandes empresarios encabezaron distintas formas de resistencia en las tres campañas de AMLO. Pero en la de 2018, según Alfonso Romo, encargado del enlace de AMLO con los empresarios durante la campaña, se fueron limando las asperezas en el curso del proceso electoral y muchos incluso apoyaron su candidatura.[26]

En cualquier caso, fueron rápidos en reconocer el triunfo de AMLO. Nuevamente en palabras de Carlos Alba:

> Alejandro Ramírez, propietario de Cinépolis, en nombre de los cerca de sesenta miembros del CMN [Consejo Mexicano de Negocios], celebró que las elecciones se hubieran realizado en paz y tranquilidad, y expresó por escrito "su felicitación a Andrés Manuel López Obrador […], ya que las tendencias electorales lo dan por ganador […] Asimismo, reitera su determinación [del CMN] de colaborar con su gobierno para que México tenga mayor crecimiento y genere más empleos en beneficio de todos […][27]

AMLO entiende la relación con los empresarios en términos de poder, fundamental en su visión de las cosas para buscar la prometida separación entre el poder político y el económico. Para tratar de relacionarse con ellos creó, desde el inicio de su gobierno, un Consejo Asesor Empresarial compuesto por Bernardo Gómez, Olegario Vázquez Aldir, Carlos Hank González, Daniel Chávez, Miguel Alemán Magnani y Ricardo Salinas Pliego.

La idea parecía ser la de tener una interlocución directa con ellos. Los elegidos no representan a algún sector o grupo regional, ni está claro por qué fueron seleccionados, aunque tres de ellos representan a los tres grupos con una concesión activa de televisión nacional. Por la información que se tiene hubo algunas reuniones al arranque de la administración, pero éstas se fueron espaciando.

Este Consejo parecía ser una forma de saltarse los órganos representativos tradicionales de la cúpula empresarial. A AMLO le gustan las relaciones bilaterales y muchos temas los trata de ese modo. Así ha sido por ejemplo su relación con Carlos Slim.

Sin embargo, en el primer año ambas partes buscaron una relación más institucional. Esto a pesar de que muchos de los empresarios apoyaron a José Antonio Meade en la campaña y de un recelo mutuo inicial, agravado por la cancelación del aeropuerto de Texcoco, los empresarios optaron por colaborar. Dado que la gran mayoría de los empresarios tienen una gran dependencia del gobierno, entendieron el costo de enfrentar el enorme poder de AMLO y éste busco tener una relación de cercanía con los líderes empresariales.

Para los empresarios la relación es particularmente complicada de manejar dado que las organizaciones empresariales son más débiles que en el pasado. La que las agrupa a todas es el Consejo Coordinador Empresarial (CCE), dependiente económicamente de los empresarios más ricos e influyentes del país, a través del CMN. Éste fue financiando cada vez más al CCE, tras la falta de fondos que dejó la reforma del sexenio de Zedillo que en 1998 suprimió la obligatoriedad de la afiliación en las cámaras gremiales. Cuando dicha afiliación era obligatoria, todos estaban, por ley, obligados a pagar sus cuotas.

Muchos empresarios medianos no se sienten bien representados y no participan ni pagan por estar en estas organizaciones. Tienen razones para ello. Entre los empresarios medianos predominan quienes viven en mercados competitivos y dependen menos de las concesiones públicas. Además, en muchas ocasiones algunas de estas organizaciones han sido un vehículo para promover los intereses económicos de quienes las dirigen. Dadas la debilidad de estas organizaciones y su dependencia de los grandes empresarios, su capacidad de respuesta política es limitada frente a un gobierno con tanto poder como el de AMLO.

Hay también una tensión entre los empresarios de más edad, muy acomodados con el gobierno, acostumbrados a resolver muchos temas con discreción y que no quieren hacer muchas olas, y empresarios más jóvenes que desearían una relación de mayor confrontación. También hay una tensión entre los empresarios que dependen más de las compras públicas y de concesiones y regulaciones del gobierno frente a los que dependen más del mercado. Pero a final de cuentas todos se saben muy débiles frente al gobierno. Están lejos de ser un colectivo homogéneo y con intereses alineados.

En el gobierno de AMLO hemos visto, en lo que va de su sexenio, uno supuestamente transformador con muy pocos conflictos. Es tal su poder que puede cambiar leyes y modificar políticas a su antojo con muy pocas protestas. Yo diría que hemos visto en sus primeros dos años menos conflicto que en ningún sexenio. Si uno compara el primer año de AMLO con el primero de Lázaro Cárdenas, por ejemplo, el contraste es apabullador. Cárdenas tenía todo en contra, desde Plutarco Elías Calles, *el Jefe Máximo,* hasta una sociedad fracturada por los ecos de la Cristiada, empresarios movilizados contra las medidas del nuevo gobierno y la necesidad de administrar una creciente movilización social de sindicatos y organizaciones de campesinos.

AMLO no ha tenido oposición. Como vimos en el capítulo 2, controla el Congreso y tiene una gran influencia sobre el Poder Judicial. Tampoco ha enfrentado presiones sociales importantes. Por eso son más frustrantes sus pocos logros.

Hasta contó con el apoyo de los grandes empresarios. Los presidentes del CCE, Carlos Salazar, y del CMN, Alejandro Ramírez, primero, y a partir del 22 de febrero de 2019 Antonio del Valle Perochena, buscaron entablar una relación productiva con el gobierno. En 2019 se reunieron con AMLO con mayor frecuencia que en ningún gobierno anterior, lo que ayudó a destrabar conflictos, como la amenaza de rescindir los contratos de siete gasoductos, o para armar un programa de infraestructura, basado en un estudio elaborado por el sector privado.

El tono de las reuniones con el presidente, refieren algunos de los asistentes, fue en general muy cordial, y éste parecía escucharlos, aunque muchas veces luego no les hiciera caso. En otros gobiernos llamaríamos "capitalismo de cuates" a esta relación donde en lo oscurito se pretendía acordar qué obras de infraestructura había que emprender. Máxime si no se está en el camino fortaleciendo las instituciones encargadas de asegurar la competencia, sino incluso atacando a quien preside la Cofece, Alejandra Palacios, por haber interpuesto un recurso legal contra la disminución de salarios dictada por el gobierno de AMLO. Peor aún si luego se les invita a los empresarios amigos a una cena en Palacio Nacional, de tamales y atole, eso sí, nada fifí, para "comprar" los boletos de la absurda rifa, que no lo fue, del avión presidencial.

AMLO creó, alrededor de la figura del jefe de la Oficina de la Presidencia, Alfonso Romo, un conocido empresario de Monterrey que optó por apoyarlo desde 2012, el mecanismo de enlace con los empresarios. Romo desempeñó esta función durante la campaña presidencial. Ya con AMLO electo, Romo les dijo a los empresarios que no se preocuparan, que el aeropuerto de Texcoco no iba a ser cancelado.

Romo creó consejos estatales, con unos 20 empresarios notables de cada estado, para que AMLO pudiera tener contacto con un grupo más amplio que el que tiene con los grandes empresarios a nivel nacional. Hubo reuniones de consejos estatales con empresarios de unos 14 estados. Hasta donde entiendo, se dejaron de hacer; AMLO perdió el interés de reunirse con ellos.

A partir del 29 de enero de 2020 Romo fue formalmente encargado con la coordinación del gabinete para el Crecimiento Económico. No parece que este gabinete se reúna periódicamente ni encontré información sobre sus acuerdos ni acciones. El objetivo de este gabinete parece chocar con la visión de AMLO respecto a qué hacer para impulsar la inversión: nada. Cualquier apoyo es subsidio. AMLO incluso empezó a defender que el crecimiento de la economía en el fondo no importa tanto. Lo central es el bienestar y la felicidad.

Aunque Romo es una cara visible y ha desplazado a la secretaria de Economía como interlocutora con los empresarios, su capacidad de maniobra es limitada. No ha tenido la cercanía con el presidente que seguramente esperaba. El gobierno opera en función de a quién ve AMLO. Tampoco ha logrado tener la influencia que él esperaba en la asignación de créditos de la Banca de Desarrollo, ni en frenar algunas de las acciones que más han generado incertidumbre, como las ilegales consultas para cancelar el aeropuerto de Texcoco y una planta de cerveza en Mexicali.

Tampoco ha logrado mediar en otros temas, como en el etiquetado de alimentos. Normalmente la Secretaría de Economía intercede por los intereses de los industriales afectados por alguna regulación. Ni Romo ni Economía pudieron frenar o modular el cambio en etiquetado de alimentos impulsado por el subsecretario López-Gatell.

Economía, tradicionalmente preocupada por estimular la inversión, ahora parece tener un mandato distinto: controlar. Por ejemplo, en materia de importación de insumos, se ha regresado a la lógica de que se requiere cumplir con la norma oficial mexicana (NOM), la cual está llena de vericuetos discrecionales antes de hacer una importación. El 1º de octubre de 2020 la Secretaría de Economía publicó en el *Diario Oficial de la Federación* cambios en el llamado Anexo 2.4.1, referentes a los procedimientos para cumplir con la NOM de etiquetado comercial. A partir de esta fecha, la Secretaría de Economía extendió los trámites a los bienes intermedios, y no solamente a los de consumo final, como era antes. Estas nuevas reglas han detenido las importaciones que requieren muchas industrias para su producción.[28]

La buena relación inicial con los empresarios se dio a pesar de que en más de una ocasión AMLO ha hablado de ellos como si fueran enemigos. "A veces les doy la mano a delincuentes de cuello blanco, ¿cómo no se la voy a dar a una señora de 92 años?", dijo el 30 de marzo de 2020 después del escándalo que suscitó su saludo a la madre del Chapo en una gira por Sinaloa. Según el semanario *Proceso*, hasta el 26 de marzo de 2020 AMLO les había dedicado 71 expresiones peyorativas a los empresarios.[29]

AMLO ha enfrentado a algunos empresarios cuyas fortunas, según él, dependen de sus contactos con el gobierno y por lo tanto de relaciones corruptas, como en la distribución de medicinas. Caso paradigmático es el de la empresa Pisa, investigada por su supuesta colusión en la crisis de desabasto de medicinas a principios de 2020. "Son hechos de corrupción acompañados de falta de escrúpulos morales", dijo AMLO. No encontré noticia en prensa de que haya habido acusaciones formales por parte de

PODER POLÍTICO Y PODER ECONÓMICO

la Fiscalía General de la República (FGR) al respecto, sólo una sanción administrativa en octubre del 2020 impuesta a Pisa y a Dimesa por supuestamente haber presentado información falsa en el proceso de adjudicación de un servicio integral de anestesia en 2017, lo que llevó a un desabasto de anestesia desde principios de octubre de 2020, según afirmaron varios médicos de distintas instituciones.

Como documentó Carlos Urdiales, el desabasto de medicamentos fue resultado de consolidar las compras en la Oficialía Mayor de Hacienda, y no en el Instituto Mexicano del Seguro Social (IMSS), como era la práctica iniciada en el sexenio de Calderón y consolidada en el de Peña Nieto, práctica que en su momento se reconoció como un gran avance: la OCDE informó a principios de 2018 que las compras consolidadas en el IMSS le habían ahorrado al Estado mexicano 14 mil millones de pesos entre 2013 y 2016.[30] Este desabasto llevó al gobierno a realizar compras extraordinarias y más caras, incluso a las mismas empresas otrora vilipendiadas.[31] A AMLO le importa más prevalecer en sus convicciones que garantizar el abasto de medicamentos esenciales, incluso si luego escasean o hay que comprarlos más caros.

Después de una relación prometedora entre AMLO y Carlos Salazar, presidente del CCE, su relación se empezó a deteriorar el 5 de abril de 2020, cuando AMLO anunció en el patio central del Palacio Nacional su Programa Emergente para el Bienestar y el Empleo, programa que no contemplaba apoyo alguno para las empresas ante la crisis en ciernes, y que se reducía a la continuación de los programas preferidos de AMLO.[32]

La ruptura se daría cuando en una conferencia virtual Carlos Salazar contestó la siguiente pregunta: "¿Crees que hemos llegado al punto de decirle a AMLO: corriges o te vas?"

Salazar respondió:

Parece que no entendemos la democracia que tenemos. Por más comunicados que ustedes puedan lanzar para que se vaya, el señor tiene el apoyo que le dio esta estructura democrática; dentro de un año y pico, tendremos la posibilidad, porque así lo estableció nuestro Congreso, de hacer una revisión democrática o un rechazo de mandato, ¡ése es el momento!" […] Si ése es el resultado que queremos, unámonos. Nada más que tenemos que tener 30 millones de mexicanos detrás de nosotros.[33]

Un evento revelador del deterioro de la relación fue cuando en la mañanera del 27 de abril de 2020 AMLO, en respuesta a que un grupo de empresarios agrupados en el CMN acordaron un programa de créditos para sus proveedores con una subsidiaria del Banco Interamericano de Desarrollo (BID), dijo:

No me gusta mucho el modito de que se pongan de acuerdo y quieran imponernos sus planes. Si ya no es como antes, antes el poder económico y el poder político eran lo mismo, se alimentaban, se nutrían mutuamente; ahora ya no, ahora el gobierno representa a todos, hay una separación entre poder económico y poder político. Entonces, ¿cómo que se hace un acuerdo y que ahora Hacienda lo avale? ¿Y qué?, ¿nosotros estamos aquí de floreros, de adorno?

Yo ingenuamente creí que el enojo con los empresarios tenía que ver con que había mal entendido la naturaleza del acuerdo con el BID. Éste no implicaba un subsidio del gobierno o algún pago con recursos públicos. Ya que se lo explicaran, recapacitaría. Sin embargo, al día siguiente, al momento de decir que no veía mal el programa, se volvió a enojar, a pesar de que el plan no tenía nada que ver con condonación de impuestos. En sus palabras:

La verdad, de acuerdo a la experiencia, aunque sea utilizado para apoyar a la pequeña empresa, aunque sea utilizado para que haya crecimiento económico, aunque sea utilizado para crear empleos, lo que está demostrado es que esos rescates de arriba son equivalentes a corrupción, son sinónimo de corrupción. ¿Cuántos años, décadas, de condonación de impuestos a las grandes corporaciones?

En la visita de AMLO a Washington D. C. para supuestamente celebrar el arranque del Tratado entre México, Estados Unidos y Canadá (T-MEC), cuatro empresarios vinculados con los medios (Bernardo Gómez, Francisco González, Ricardo Salinas Pliego y Olegario Vázquez) fueron invitados a la cena con Trump, junto con otros dos miembros del Consejo Asesor, Daniel Chávez y Carlos Hank González. También fueron Patricia Armendáriz, Carlos Bremer, Miguel Rincón, Marcos Shabot y Carlos Slim. No fueron invitados empresarios que exportan a Estados Unidos ni los representantes de los organismos privados. La ausencia más notable fue la del presidente del CCE, Carlos Salazar. Ni siquiera fueron quienes habían sido parte del proceso de negociación del nuevo tratado de libre comercio. El CCE contestó con una carta felicitando al presidente por el éxito de la visita y esperando poder trabajar con él y sus colaboradores. "Las organizaciones del sector privado coincidimos con su mensaje. La visión sobre América del Norte expresada por usted en la Casa Blanca nos alienta a seguir trabajando juntos", se lee en la misiva.

Al momento de escribir estas líneas, la relación con los directivos de los organismos empresariales seguía lastimada, aunque hay vasos comunicantes. La paciencia le ha sido útil al CCE en algunos casos. Uno, por ejemplo, en la reforma al sistema de pensiones presentada por AMLO el miércoles 22 de julio de 2020. Fue posible gracias a la Secretaría de Hacienda, que generalmente desempeñaba un papel más activo en canalizar las demandas de los empresarios.

La reforma propuesta al régimen de pensiones es una excepción de la muestra del poder de Hacienda. Su debilidad relativa en este sexenio ha desconcertado a empresarios y organizaciones empresariales acostumbradas a tener una Hacienda con influencia sobre el Servicio de Administración Tributaria (SAT) y con capacidad de resolverles problemas.

La reforma se refiere al régimen de pensiones de los trabajadores adscritos al IMSS. Por primera vez en su sexenio, no destruye el pasado, en este caso el régimen existente que tanto criticó, sino que lo mejora. Implica que los empresarios incrementen su contribución de 5.15 por ciento del salario del trabajador a 13.875 al paso de ocho años. Es un impuesto a la nómina. Todo el peso adicional recae en los empresarios, aunque a fin de cuentas es un costo al trabajo que en función de las condiciones de cada mercado se podrá o no trasladar al consumidor.

No se modifica la contribución de los trabajadores ni el monto que aporta el gobierno. Es una propuesta que proviene del CCE. AMLO lo reconocería: "Porque si se trata de poner estrellitas, yo diría que le correspondería antes que a nadie, la concreción y la realización de esta nueva propuesta de reforma, a Carlos Salazar Lomelín, presidente del Consejo Coordinador Empresarial [...] Hemos tenido diferencias, nos distanciamos, por la sana distancia, y sin embargo él continuó trabajando y siguió abierta la comunicación con el gobierno federal a través del secretario de Hacienda; siguieron trabajando en la elaboración de este proyecto", dijo el 22 de julio de 2020.

Fue una reforma bien recibida por casi todos. Una de las excepciones fue Gibrán Ramírez, para quien fue una concesión de "quien iba a separar al poder político del poder económico". Según él, lo hizo porque AMLO optó por priorizar la lucha contra la corrupción sobre la separación entre el poder político y el económico, quizá para tratar de estimular la economía.[34] No parece ser el caso; simplemente en esta ocasión escuchó a las voces más moderadas de su gobierno, en particular al secretario de Hacienda.

AMLO en el fondo desconfía del sector privado. Cree que el grueso del dinero de los empresarios proviene del abuso, del amiguismo y de los rescates gubernamentales. Ha dicho en reiteradas ocasiones que el gobierno no permitirá los abusos de las empresas que obtuvieron "jugosos contratos en el periodo neoliberal". No le importa si hay contratos firmados, sólo que a él le parezcan jugosos.

Nuevamente en el caso de su relación con la industria farmacéutica, al no poder resolver el tema del abasto, su solución fue una interesante paradoja. Por un lado, modificar la ley con el fin de poder comprar, sin licitación, las medicinas en el extranjero, lo que en sus palabras significa "quebrar el monopolio que existía de empresas que tenían el control en México, vendían a precios elevados los medicamentos, de mala calidad y con problemas frecuentes de desabasto". Por el otro, su solución llevó a la creación de una empresa estatal para distribuir las medicinas, porque, nuevamente en sus palabras, "no se tenía una distribuidora, todo se privatizó, todo se contrataba, el gobierno estaba como una fachada, si acaso eran oficinas para firmar contratos. Todo, todo, todo se subrogaba, se contrataba, vean la situación del Instituto de Seguridad y Servicios Sociales de los Trabajadores del Estado (ISSSTE), todo está subcontratado. Entonces, estamos buscando la forma de mejorar todo lo que tiene que ver con servicios". Es decir, abrir el sector a la competencia externa y, paralelamente, estatizar la distribución de medicinas.

Dado que entiende la relación con los empresarios como una relación de poder, antepone siempre a la lógica de atraer inversiones la lógica de su hegemonía política, desde su muy peculiar punto de vista de cómo se muestra que él tiene el poder. El caso más claro, por supuesto, es el aeropuerto de Texcoco. El segundo es su animadversión a las inversiones privadas en el sector energético, el cual cree que debe estar reservado para el Estado.

El enojo ha sido particularmente fuerte contra las empresas españolas. "México no es tierra de conquista", dijo AMLO el 25 de junio de 2020 tras la cancelación de la construcción de una central térmica en Tuxpan, Veracruz, por parte de Iberdrola. Después de Estados Unidos, España es el segundo país con mayor inversión directa en México.

Su ataque contra la empresa Iberdrola es inusual para un presidente. No la acusó de violar la ley, simplemente de ser abusiva. "Abusaron las empresas. ¿Va a seguir el mismo saqueo porque va a haber denuncias penales o amparos? Todos los que sean. Claro que vamos a litigar, vamos a defender la hacienda pública, vamos a defender los intereses de la nación", dijo el 12 de junio de 2020.

El esfuerzo por separar el poder político del económico es para AMLO un problema exclusivo del ámbito federal. En los estados nada parece haber cambiado de forma visible, menos aún en los menos desarrollados desde el punto de vista económico y cuyos gobernadores han logrado aliarse con AMLO y evitado una mayor sacudida en la distribución del poder ahí donde han gobernado durante décadas. Falta ver si en la elección de 2021 son electos candidatos de Morena con proyectos transformadores de fondo o si, como hemos visto en los estados hoy gobernados por Morena, son muy parecidos a quienes sustituyeron con su triunfo, en algunos casos incluso parecen ser peores, pero con otro color partidista.

AMLO también cree que un exfuncionario que luego trabaja para el sector privado es necesariamente un corrupto. Es ciertamente un problema que habría que regular mejor. Pero AMLO se fue al extremo. Impulsó una ley que prohíbe por 10 años a los servidores públicos trabajar en el sector privado en los temas de su competencia. No le importa la erosión de las capacidades técnicas de su gobierno que esto conlleva.

Más generalmente, AMLO desconfía de los ricos. En palabras de Soledad Loaeza: "Para López Obrador ser rico es un pecado capital, y la única diferencia que reconoce en el mundo que lo rodea es la que separa a ricos y pobres. A partir de esa oposición ordena su mundo político y construye una ética muy personal en la que los ricos son los representantes del Mal y los pobres no cometen crímenes, aunque roben y maten con crueldad y sin cuartel, lo hacen por razones sociológicas. No son crímenes, son compensaciones justas".[35]

En medio de la pandemia, hasta los médicos son criticables por ser unos abusivos buscadores de dinero. Para AMLO, el mercantilismo, "que desgraciadamente también llegó a predominar en el periodo neoliberal en todo lo relacionado con la salud, como se decía antes de los médicos, que sólo buscaban enriquecerse ¿no?, que llegaba el paciente y lo primero que hacían era preguntarle: '¿Qué tienes?' 'No, es que me duele acá, doctor.' 'No, ¿qué tienes de bienes?'", dijo en la mañanera del 8 de mayo de 2020.

No rescatarás

AMLO se hizo líder nacional de la izquierda mexicana criticando el Fondo Bancario de Protección al Ahorro (Fobaproa), el saqueo más grande de México después de la Conquista, según él. No quería ser responsable de nada parecido. Cualquier apoyo a los empresarios le parece inmoral. Así justificó el no apoyar a las empresas medianas y grandes durante la crisis que desató la pandemia, ya acrecentada por la forma en que se confinó a la población.

AMLO decidió no intervenir incluso cuando se trataba de un *shock* sorpresivo y externo. Afectó a todos los empresarios, y no sólo a aquellos que tomaron una decisión equivocada o arriesgada. Al presidente no parecen importarle las consecuencias en materia de empleo. Bastaba con prohibir que los empresarios despidieran gente. Las empresas más grandes tendieron a cumplir, las medianas y pequeñas, no. La pérdida de empleo fue muy fuerte en los primeros dos meses de la pandemia. Dada la destrucción de tantas empresas la recuperación del empleo formal va a ser muy lenta.

Hay un argumento económico poderoso a favor de que ante una contingencia de esta naturaleza, en la que los empresarios están obligados a parar la actividad económica, el gobierno deba generar, por interés público, condiciones para que sobrevivan, incluso si luego les cobra esos apoyos. Existen mecanismos para apoyar a las empresas sin caer en privatizar ganancias y socializar pérdidas, imponiendo condiciones como mantener la planta laboral y prohibir el retiro de utilidades o la recompra de acciones de la empresa, y atando la ayuda a que una parte de la recuperación del valor de la empresa respaldada sea para el gobierno, por ejemplo, con participación en la tenencia accionaria, de forma pasiva, por parte del gobierno como pago a ese apoyo.[36]

AMLO no lo ve así. En sus palabras: "Si hay una quiebra de una empresa, pues que sea el empresario el que asuma la responsabilidad o los socios o los accionistas, porque el Estado tiene que proteger a todos [...] Es una inmoralidad utilizar al Estado para rescatar a empresas o a instituciones financieras en quiebra", dijo en la mañanera del 7 de mayo de 2020.

Esto llevó a una suerte de neoliberalismo puro que veremos con más detalle en el capítulo 5. AMLO parece creer que el mercado debe resolverlo todo. Esa posición está muy bien reflejada en una entrevista a Milton Friedman en 1979: "El capitalismo es un sistema que genera ganancias y pérdidas, no hay razón para rescatar a los que perdieron. Es como se limpia el sistema".[37]

Peor aún, casi parecía que AMLO quería ver quebrar a los empresarios y sus empresas. Para alguien obsesionado con el poder, todo se ve desde ese lente. Para AMLO esto representaba seguramente una oportunidad para que el poder político se impusiera finalmente sobre el poder económico.

Lo ha resumido muy bien uno de sus porristas más cercanos: Epigmenio Ibarra. En palabras de AMLO, citadas por Ibarra, de lo que se trata es de pasar del "Estado gestor de oportunidades del neoliberalismo a un Estado garante de derechos que son innatos al individuo y al colectivo, irrenunciables, universales y de cumplimiento obligatorio". Por eso, nos dice Ibarra, el gobierno de AMLO no salió a rescatar a los empresarios. Por eso "no aplicó sus recetas". Ibarra vuelve a citar a AMLO: "¿Qué hacer con los ricos? ¿Cómo hacerlos comprender que tienen un papel protagónico que desempeñar en esta transformación distinta a las demás, por inclusiva?"[38]

En algún sentido parecen creer en la revolución por la inacción. Si AMLO cree que antes las crisis hicieron ricos a unos cuantos, ahora los hará pobres. Si los ricos lo son porque han sido rescatados en el pasado, la crisis viene como anillo al dedo para mostrar que no volverán a ser rescatados y en el camino dejarán de ser ricos. En la visión maniquea del presidente, los ricos explican a los pobres; si resolvemos el problema de los ricos, resolveremos el problema de los pobres.

Muestra de su manera de pensar es que esta misma lógica explicaría la naturaleza del secuestro. En sus palabras: "No secuestran a un pobre, secuestran al que tiene". Esto lo dijo después de afirmar que "si se apoya abajo, hay paz, hay tranquilidad y se ayuda al de arriba". Parece sugerir que sin ricos no habría secuestros, aunque su argumento va por otro lado. "¿Cómo evitamos el secuestro? Con una sociedad mejor, con justicia y así somos libres de verdad, no sufrimos porque es una crueldad el perder la libertad o lo que significa un secuestro. Entonces, así nos ayudamos", dijo en la mañanera del 12 de junio de 2020.

El objetivo de la respuesta ante la crisis, en palabras de AMLO, fue: "Proteger al 70 por ciento de las familias mexicanas, equivalente a 25 millones de hogares, sobre todo a los pobres y a los integrantes de las clases medias". Así se apoya, en el fondo, cree AMLO, a los más ricos, pues enfrentarán menos violencia, menos riesgo de ser secuestrados.

Ésta es también su apuesta política. No cree que en esta crisis, como sí sucedió en las pasadas, el pobre sea el que va a sufrir más. AMLO cree que ese 70 por ciento al que dice apoyar se lo va a agradecer en las elecciones de 2021. A AMLO le importa el poder relativo, esto es, el poder frente a los otros poderes. Su expectativa parece ser que habrá unos ricos más débiles y por tanto él será más poderoso. También debe de creer que los liderazgos de los partidos políticos nuevos o existentes no podrán capturar el enojo de los millones de mexicanos que con la crisis y que con su inacción van a estar peor que antes.

Si bien desconfía de los empresarios, AMLO no ha expropiado directamente activos, aunque algunos de sus cambios de reglas en materia eléctrica, si los empresarios no obtienen la protección de la justicia, equivalen a una expropiación. Una planta terminada que no se puede conectar a la red eléctrica no vale nada.

EL GARROTE TRIBUTARIO

AMLO ha fortalecido al gobierno frente al empresariado con un sinnúmero de nuevas leyes y regulaciones. Las dos más evidentes en la relación con los empresarios son la prisión preventiva oficiosa para la evasión fiscal, que incluye que no basta con resarcir el daño para no ser perseguido, como era hasta antes de esta reforma, y la llamada extinción de dominio (el riesgo de perder una propiedad por presunta colaboración con el crimen organizado antes de un juicio), la cual se planteaba hacer extensiva a cuentas congeladas sin juicio previo por parte de la Unidad de Inteligencia Financiera (UIF) de Hacienda.[39]

Recaudar más sin aumentar las tasas impositivas actuales ni crear nuevos impuestos es uno de los objetivos centrales de su política fiscal. Va por buen camino, como vimos en el capítulo 3.

Estas reformas se han ha montado en los esfuerzos de las décadas anteriores por dotar al SAT de más herramientas para poder cobrar impuestos. Durante por lo menos tres sexenios se venía avanzando con diversos cambios legales y reglamentarios, así como con capacidades tecnológicas muy potentes que le dan a la autoridad un gran poder frente al causante. Ahora hay un presidente directamente involucrado en la recaudación.

Nunca un presidente había acusado directamente a alguna empresa de no pagar adecuadamente sus obligaciones, y esto, para el SAT, supone un respaldo que lo vuelve más agresivo, más ahora que lo encabeza una mujer incansable, Raquel Buenrostro. En la Procuraduría Fiscal se encuentra otro funcionario competente y motivado, Carlos Romero Aranda. La autoridad fiscal está mucho más agresiva, por ejemplo, en la cancelación de los sellos fiscales, sin los cuales no se puede cobrar una factura, y en el congelamiento de cuentas bancarias, por decisión administrativa, sin juicio de por medio.

En el pasado, el secretario de Hacienda podía interceder en materia fiscal en casos que él consideraba que así lo ameritaban por razones políticas o económicas. El jefe del SAT le respondía a él. Ya no; ahora le responde al presidente y éste está obsesionado con romper ciertos vínculos perversos que se habían ido tejiendo con aún mayor virulencia y perversidad en el sexenio de Peña Nieto.

Un tema en el que el gobierno de AMLO ha sido muy terco, y lo celebro, es en su lucha contra el fraude fiscal organizado. El negocio de la condonación de impuestos ha sido una fuente inagotable de enriquecimiento. También lo han sido ciertos esquemas abusivos de *outsourcing*.

277

En el capítulo 4 de mi libro *Con dinero y sin dinero. Nuestro ineficaz, precario e injusto equilibrio fiscal*[40] analicé el pacto fiscal ilegal que se había ido construyendo en los últimos años bajo una serie de prácticas de compra de facturas y lavado de dinero, así como la necesidad de confrontarlo. Qué bueno que AMLO esté haciendo un esfuerzo recaudatorio más intenso.

El procurador fiscal, en una entrevista en julio de 2020, dio a conocer cómo, para su sorpresa y para la de cualquiera preocupado por estos temas, no había "ninguna investigación abierta contra ningún facturero, los asuntos que aquí había eran pequeños, de tres, cinco y 10 millones, pero únicamente por defraudación; donde había alguna omisión, nos daban vista y se presentaba la querella, pero no había montos importantes, ni grandes defraudadores ni ninguna investigación en curso".[41] Para el tamaño del problema, raya en la negligencia criminal el que el gobierno anterior no haya actuado.

El impacto recaudatorio tiene un aspecto político muy visible. El presidente ha celebrado que varias empresas hayan pagado créditos fiscales abiertos en la administración pasada. Las reportadas en los medios son América Móvil: 8 mil 289.9 millones de pesos; Walmart: 8 mil 79 millones de pesos; Femsa: 8 mil 790 millones de pesos; IBM: 669 millones de pesos; Minera Fresnillo: 4 mil 500 millones de pesos.[42]

Un reporte del SAT del 8 de septiembre de 2020 reporta que se logró cobrar a unos 630 grandes contribuyentes 156 mil 315 millones de pesos, sin necesidad de litigación alguna. De éstos, 77 mil 846 fueron en efectivo y 78 mil 469 de pérdidas fiscales del pasado que ya no se podrán usar para compensar futuras obligaciones tributarias.[43] En el primer semestre de 2020 las autoridades hacendarias recaudaron 269 mil 500 millones de pesos, frente a los 97 mil 200 millones de pesos que recaudaron en el primer semestre de 2019 y los 92 mil 600 millones de pesos que recaudaron en el primer semestre de 2018.[44]

Según cuenta el senador Ricardo Monreal, "yo supe que en efecto ellos tienen despachos fiscales y de abogados muy prestigiados y supe que en un principio dijeron: 'Vamos a los tribunales', y algunos otros que deben recursos por impuestos del [20]19 dijeron: 'Nos vamos a ir al tribunal y te voy a pagar como en el año 3000' de manera irónica. Lo sé porque tuve conocimiento de esa conversación. El presidente dijo: 'Está bien, pues vayamos a los tribunales'".[45]

¿Estos cobros están basados en un empleo riguroso de la ley o hay un elemento de presión o hasta extorsión detrás de la anuencia de estos empresarios a desistirse de ir por la vía judicial? La información anecdótica con la que cuento es que hubo un importante elemento de presión. También la que aparece en la prensa. El SAT logró recuperar algunos créditos fiscales aparentemente a partir de la amenaza de usar la cárcel como castigo a quienes no pagaran o de obstáculos regulatorios en todos los ámbitos donde operan estas empresas.[46]

Paralelamente, la Barra Internacional de Abogados (IBA, por sus siglas en inglés), el Colegio de Abogados de Estados Unidos (ABA, por sus siglas en inglés) y la Barra Mexicana de Abogados (BMA) han denunciado intimidaciones por parte del SAT para que los contribuyentes se abstengan de recurrir a abogados o a contadores, con el propósito ulterior de llegar a acuerdos directamente con el SAT. "No es apropiado que las autoridades fiscales pidan renunciar a ese derecho y que los contribuyentes se sometan a una negociación directamente con la autoridad", dijo sobre dicha práctica del SAT Héctor Herrera, presidente de la BMA.[47]

Más de uno no sólo están pagando, sino que en desplegados de prensa les piden a otros que paguen también. Parece ser parte del acuerdo con el SAT.[48]

El fortalecimiento de las capacidades de recaudación fiscal es indispensable para todo Estado que pretenda regular el poder económico. Tener un SAT eficaz puede ser una de las mejores herencias de AMLO. En nuestro caso, sin embargo, ese poder no radica en instituciones autónomas (no tienen que ser constitucionalmente autónomas, no lo es la autoridad recaudatoria de Estados Unidos, el IRS, pero no recibe órdenes del presidente), sino en manos de los empleados del presidente.

La historia nos dirá cómo se usó ese poder: si para cumplir lo que se dice en el discurso o como un instrumento para amedrentar o castigar a ciertos empresarios o políticos. Hay una línea delgada entre perseguir a los delincuentes fiscales y tratar a los enemigos como criminales aduciendo algún problema fiscal o administrativo, como en el caso de la sanción impuesta a la revista *Nexos* por un problema de papeles en una licitación pública.

Para los empresarios, el reto es enorme. A la falta de apoyos gubernamentales ante una pandemia sin control que pone en riesgo la salud de sus trabajadores y de sus clientes hay que sumarle que tendrán al fisco en la yugular sin garantías de poder litigar de forma justa alguna de las muchas diferencias que puede haber en la interpretación de toda ley. Sumemos a esto una inseguridad al alza. Con un presidente que ataca verbalmente al empresariado, que ha redefinido las reglas en el sector energético de manera unilateral, vemos que los empresarios, por más que estén al día con el fisco, están invirtiendo menos en México.

AMLO Y LA CORRUPCIÓN

AMLO se siente satisfecho con lo que hasta ahora ha conseguido para separar el poder político del económico. En sus palabras en julio de 2020: "El gobierno ya no es un simple facilitador para el saqueo, como había venido sucediendo, y ha dejado de ser un comité al servicio de una minoría rapaz".[49] La estrategia gubernamental parte del supuesto de que él es honesto. Le preocupan los pobres y vive modestamente. Un buen cristiano.

Sobre su declaración patrimonial, recordó que como funcionario público está obligado a presentarla, y anticipó: "No he adquirido ningún bien, no tengo dinero en bancos, no tengo cuentas bancarias, nada más donde me pagan y eso lo administra Beatriz. Yo no tengo tarjetas de crédito, nunca he tenido, pero no ahora, llevo así creo que 30 años, nunca he tenido, tengo mis ahorritos y manejo mi efectivo si requiero algún gasto, pero acerca de bienes no he adquirido nada, no tengo tampoco nada que me pertenezca".[50]

AMLO afirma que sólo tiene como ingreso su sueldo, aunque ello no cuadra con declaraciones públicas anteriores. Como ya vimos en el capítulo 1, en el pasado decía que su ingreso más importante eran las regalías de sus libros, y ha seguido escribiendo y hasta aprovecha las mañaneras para darles publicidad. ¿Esto acaso no es también corrupción? ¿O por lo menos claro conflicto de interés?

Escudado en su austeridad y en su buena reputación, ha logrado convencer a una proporción importante de los mexicanos de que él es honesto. Al 1º de septiembre de 2020, 49 por ciento de los mexicanos creía que AMLO era honesto. Su pico máximo al momento de escribir estas líneas fue en septiembre de 2019, cuando 63 por ciento de los mexicanos creía que AMLO era honesto.[51]

Hasta ahora ha logrado convencer a la gente de que, como es austero, es honesto. Sin embargo, como señala María Amparo Casar: "Ser austero no es lo mismo que ser honesto. AMLO y Morena no se salvan del vicio que corroe a todos los partidos: el del dinero mal habido, ilícito o desviado, el no transparentado y mal utilizado. Ocurrió cuando era jefe de Gobierno y ha ocurrido a lo largo de su larga campaña".[52]

Los videos difundidos el 20 de agosto de 2020, en los que se ve a su hermano Pío López Obrador recibiendo dinero de David León, recién nombrado para encabezar la agencia estatal para distribuir medicinas a nivel nacional, pusieron a AMLO en una situación muy incómoda. En la mañanera del 30 de julio de 2020 AMLO se había referido a David León como "uno de los mejores cuadros, mejores servidores públicos del gobierno", alguien "eficaz, entregado, comprometido". En los videos se escucha a David León aclarando que el dinero que está entregando es para "apoyarlos en el movimiento", "a futuro, el proyecto al 18", y le pide al hermano de AMLO hacerle saber "al licenciado a través de tus medios que lo estamos apoyando". Pío va tomando cuenta de lo que le entregan, preguntando "¿se los voy a descontar?" y diciéndole a David León: "Ya no te alcanzó. Bueno, espérame".

¿No eran ellos distintos? Parte de la aurora moral de AMLO se vio abollada con estos videos; muestra de ello es que, tras su difusión, por primera vez menos de la mitad de los mexicanos le atribuía "honestidad" a AMLO, tal como lo expone la encuesta del 1° de septiembre de 2020 ya aludida.[53]

AMLO, no obstante, tiene una ventaja: viene después de gobiernos en los que la clase política no sólo usaba los recursos públicos para viajar con todo y familias y gozar de otros privilegios, sino con historias increíbles de corrupción. Gracias a ello, la austeridad en sí misma ha mostrado tener un gran valor político y le ha permitido sostener el discurso de la lucha contra la corrupción.

"Corrupción" es una de las palabras más repetidas por AMLO en sus discursos. Un artículo de Ricardo Alvarado, basado en una exhaustiva revisión de Katia Guzmán al respecto, resume los siguientes hallazgos: de los 667 discursos presidenciales dados entre el 4 de diciembre de 2018 y el 5 de marzo de 2020, en 90 por ciento "fue mencionada la palabra 'corrupción', por lo menos una vez; asimismo, el vocablo corrupción o sus derivados (corrupto, corruptelas, etc.) fueron mencionados un total de 5 324 veces". En el mismo sentido, "el despacho de comunicación política Spin señala que la frase más mencionada por el titular del Ejecutivo federal en su primer año de gobierno fue la corrupción y sus derivados (2 321); de hecho, la frase sigue siendo la más mencionada en lo que va de 2020 (860 menciones)".[54]

El considerar que los problemas del país se reducen a la corrupción o a la maldad de los políticos no es nuevo. El propio Peña Nieto dio grandes discursos al respecto. Como lo cita en su texto el mismo Ricardo Alvarado, en febrero de 2015 dijo:

> La corrupción en México es [...] un problema estructural que entre todos debemos enfrentar. Y si bien he sostenido que la corrupción es un problema para todos los países y en muchas ocasiones un tema de carácter cultural, no hay excusa para dejar de tomar acciones decididas. Y aquí quiero ser enfático, el presidente no otorga contratos, no adjudica compras, ni obras, tampoco participa en ningún comité de adquisiciones, arrendamientos o servicios.

Si revisamos los discursos presidenciales del pasado, encontramos a casi todos los presidentes con argumentos similares. En 1997 Fox también creía que bastaba con "echar a esos barbajanes de Los Pinos en el año 2000".

Muchos años antes, en 1982, tras los excesos durante el gobierno de López Portillo, Miguel de la Madrid decía que "en el México de nuestros días, nuestro pueblo exige con urgencia una renovación moral de la sociedad que ataque de raíz los daños de la corrupción en el bienestar de su convivencia social".[55] Estas palabras las pudo haber dicho AMLO, aunque él lentamente y con su estilo dicharachero. También las siguientes: "La renovación moral fue definida como la revigorización de todo lo que propicie y garantice el cumplimiento de nuestros deberes para con la nación. Ofrecí inducir con el ejemplo del gobierno, con el mío propio, el compromiso de todos los mexicanos para fortalecer nuestros valores".[56] En los días posteriores a su toma de posesión, como señal del cambio, más de una nota periodística señalaba cómo, rumbo a Palacio Nacional, el auto de Miguel de la Madrid se detenía cuando los semáforos marcaban el rojo. Él era un ciudadano más.

Comparado con Miguel Alemán, Adolfo Ruiz Cortines fue un presidente austero y honesto. En su toma de protesta como presidente el 1º de diciembre de 1952, Ruiz Cortines dijo: "Reitero mi exhortación a la colectividad en general para que coadyuve a la moralidad administrativa y pública; seré inflexible con los servidores públicos que se aparten de la honradez y la decencia".[57] Se le conocía por su modo de vida austero: "Desde su llegada a la presidencia (inclusive desde su campaña), la actitud de Adolfo Ruiz Cortines fue discreta, austera, en franco contraste con la de su antecesor".[58]

La pluralidad que vino con la democratización hizo de la corrupción un instrumento para llegar al poder al tener más recursos para competir en la contienda. Esto abrió un espacio para inexplicables riquezas de políticos y empresarios bien relacionados. Con la llegada de Enrique Peña Nieto y su estilo de gobierno à la Atlacomulco, el problema adquirió dimensiones de escándalo. Nunca habíamos visto, ni mucho menos se había documentado, la magnitud y el modo de operación de los corruptos.

Las investigaciones de organizaciones de la sociedad civil como Mexicanos Contra la Corrupción y la Impunidad (MCCI) documentaron, por ejemplo, los nexos entre la filial petroquímica de Odebrecht, Braskem, y la campaña presidencial de Peña Nieto,[59] así como la existencia de empresas fantasma creadas por el gobernador de Veracruz, Javier Duarte, ahora preso.[60] Es imposible saber si antes de ellos habían existido estos niveles de corrupción, por más que abundaban los políticos enriquecidos de la noche a la mañana. Pero nunca se había documentado tan detalladamente durante el propio sexenio.

López Obrador llegó al poder en buena medida por el enojo que causó esta corrupta relación entre un número creciente de políticos y empresarios. Más de un empresario que yo conozco votó por él asqueado por esa corrupción. Muchos no lo hacían público por miedo, aunque más de uno participó públicamente en la campaña de AMLO.[61]

Lo que AMLO hace muy bien es publicitar su esfuerzo por luchar contra la corrupción. El problema lo encara por lo menos en el discurso. Por ejemplo, cuando renunció el director de la Administración General de Aduanas, Ricardo Ahued, AMLO no dijo cómo resolvería el problema de la corrupción en las aduanas, pero sí lo complicado que resultaba. En sus palabras:

En el caso de las aduanas viene una limpia porque se han hecho intentos. El hasta ahora director de aduanas [es] una gente íntegra, honesta, pero es un monstruo lo de aduanas de 100 cabezas; que la aduana de Manzanillo, que la de Lázaro Cárdenas, que la aduana de Tijuana, si les contara lo que sucede porque se fueron haciendo costumbre los actos de inmoralidad [...] Todo eso se tiene que terminar y ha costado trabajo, es lo que sucedía. Ha mejorado mucho en migración y va a seguir limpiándose migración. Y es lo que vamos a seguir haciendo en el SAT. Nada de "Yo tengo influencia y no voy a pagar los impuestos o debo impuestos, pero no voy a pagar o tengo un buen despacho de fiscalistas que me va a defender y al final, por mis influencias, por mis agarraderas, no voy a cumplir como contribuyente". Todo eso se va a terminar. Desde luego lleva tiempo, pero ya empezó la limpia desde que llegamos al gobierno de arriba para abajo, como se barren las escaleras, y vamos hacia delante.

El gobierno de AMLO ha hecho más que ningún otro para mostrar muchas de las redes de corrupción del pasado reciente. Desde el Consejo Mexicano de Promoción Turística, denunciado ante la FGR por la UIF por pagos superfluos y desvío de recursos, según informó Santiago Nieto el 20 de septiembre de 2019, hasta los gastos en la Policía Federal desviados, incluidos viáticos presuntamente endosados a los jefes. Así en muchas otras instituciones en donde hubo mucho dinero. La forma en la que se podían enriquecer los políticos deshonestos era escandalosa. Pero son hasta ahora pocos los casos en los que la denuncia pública termina con los responsables en la cárcel.

Había un mercado de cabildeo y búsqueda de favores con el Legislativo y con la administración federal. Un ecosistema de cuasi coyotes que operaba en muchas instituciones. No se conocen bien los detalles, pero muchos individuos con conexiones se podían hacer millonarios en unos cuantos años si un amigo quedaba en una buena posición política.

Con AMLO toda esa operación se ha debilitado. Se legisla de manera exprés y sin cambiarle una coma a la iniciativa del presidente. Esto desarma el cabildeo, aunque lleva a políticas que no contemplan bien sus implicaciones. En el camino ha trasladado el cabildeo exclusivamente a la propia Presidencia y a su coordinador general jurídico. Ante la falta de transparencia y reglas nuevas para regular esta operación, puede estar pasando cualquier cosa.

Hasta ahora la bandera de la lucha contra la corrupción ha sido más un instrumento de propaganda que uno para transformar la manera en que se distribuyen los recursos públicos. Hoy en la opacidad puede estar pasando exactamente lo mismo que en el pasado, aunque la austeridad republicana ha dejado menos dinero que en el pasado en la mayor parte de la administración pública.

AMLO justifica y explica todo por su lucha contra la corrupción. Para él los corruptos son los únicos afectados por su gobierno. Ya en el extremo, con toda seriedad AMLO dijo en la mañanera del 4 de junio, respondiendo a qué medidas estaba tomando contra el coronavirus:

Lo mismo que yo recomiendo y que a mí me han dicho: la sana distancia, mantener sana distancia, el aseo, el lavado de las manos,

286

básicamente, la alimentación, pues comer saludable, no comer productos chatarra, pero también eso es voluntario, no puede ser obligatorio, y estar bien con nuestra conciencia, no mentir, no robar, no traicionar, eso ayuda mucho para que no dé el coronavirus.

En una lógica perversa, AMLO concluye que si alguien protesta por algo que él haya propuesto o hecho es, por definición, un corrupto. En lo que va de su gobierno ha subrayado más de una vez que de ahí viene la oposición. "Nada más decirle a la gente: la aversión [a su gobierno] es porque se está limpiando al gobierno de corrupción. Se tiene que purificar la vida pública y ya saben cómo somos nosotros de perseverantes", afirmó el 28 de enero de 2020.

Ya empezada la emergencia del coronavirus, el 29 de marzo dijo:

¿Saben qué quieren los conservadores? Que me aísle, imagínense. No habría conducción o sí habría la conducción de ellos porque en política no hay vacíos de poder. Los vacíos se llenan y eso es lo que ellos quieren, que haya un vacío para que se apoderen ellos de la conducción política del país de manera irresponsable, porque todo lo que están haciendo es por su coraje ante los cambios que estamos llevando a cabo, como estaban dedicados a robar, a saquear, y decimos basta.

En la misma lógica, cuando ha querido eliminar alguna política del pasado, le basta decir sin documentarlo que había corrupción. Esto hizo con las estancias infantiles, el Seguro Popular, los refugios para mujeres maltratadas, las contribuciones del gobierno federal a las ONG, el apoyo gubernamental a la cultura, la eliminación de los fideicomisos del gobierno federal... Bajo esa lógica tendría que cerrar casi todo el gobierno, incluidas las Fuerzas Armadas.

Para justificar todo está siempre la presunta, porque en general no la prueba, corrupción del pasado. La austeridad, por ejemplo, es siempre para evitar robos. Así justificó la cancelación de los fideicomisos en la mañanera del 8 de junio de 2020:

> ¿Por qué ahora las protestas? Porque ya no hay fideicomisos o no va a haber para estar manteniendo a quienes guardaban silencio. Nosotros queremos que mejor protesten, pero no vamos a estar sobornando a nadie, es mucho mejor para la democracia que se dé la crítica en estos grupos, estas organizaciones llamadas no gubernamentales que dependían del gobierno completamente [...] Es como las organizaciones que actuaban como intermediarios y que se les tenía que dar dinero para que ellos repartieran y había sobornos y no llegaba el dinero a los beneficiarios. Nada de intermediarismo, por eso nos está rindiendo el presupuesto, porque era muchísimo lo que se utilizaba para silenciar a grupos y a los medios de información, no a todos, pero sí, esa práctica funcionaba, porque había muchísimas cosas que la gente no sabía [...] Ahora que vamos a quitar los fideicomisos, inmediatamente: "Ya se va a dejar sin dinero a las víctimas, a los familiares de las víctimas de la violencia". No, no, no. "Ya se va a dejar sin dinero a los investigadores", no, "a los creadores", no "a los artesanos", no, no, no. Van a recibir muchísimo más, están recibiendo mucho más.

La lucha contra la corrupción es un instrumento utilizado con fines políticos. En muchas ocasiones ha usado algo sospechoso para presionar a un adversario: sucedió con Guillermo García Alcocer, antes de renunciar a la Dirección General de la CRE; con Eduardo Medina Mora, antes de renunciar a su cargo de ministro de la Suprema Corte de Justicia de la Nación (SCJN); con Miguel Ángel Celis, que como director del Instituto Nacional de Neurología y Neurocirugía se negó a adherirse al Instituto de Salud para el Bienestar (Insabi), y AMLO lo acusó en una mañanera de presuntos problemas con un contrato; y con José Narro, cuando empezó a criticar las cifras oficiales de la pandemia.

Ha sido claro en la crítica del pasado. ¿Qué propone? En su Plan Nacional de Desarrollo 2019-2024, AMLO escribió que para erradicar la corrupción se iban a "prohibir las adjudicaciones directas", "monitorear en línea y en tiempo real el dinero para adquisiciones y realizar verificaciones obligatorias de los precios de mercado antes de cualquier adquisición".[62]

En su libro *2018: La salida* enumeró unos lineamientos básicos que incluían "mecanismos ágiles y efectivos para permitir a los ciudadanos la denuncia en casos de corrupción"; "la obligación legal y moral de publicar la declaración patrimonial, la declaración de intereses y la declaración fiscal de toda la cadena de mando", es decir, "hasta el último funcionario que participe en los procesos licitatorios"; que la función pública realizará "una verificación no aleatoria sino total de las declaraciones de intereses de los funcionarios" y las "contralorías y órganos de control local actuarán en tiempo real, no como sucede en la actualidad".[63]

¿En qué ha cambiado su gobierno? Mexicanos Contra la Corrupción y la Impunidad ha documentado que, hasta junio de 2020, 78.2 por ciento de las contrataciones del gobierno de AMLO ha sido por adjudicación directa. Durante el sexenio de Peña Nieto este récord se dio en 2017, cuando 77.8 por ciento de sus contrataciones fue por adjudicación directa; en el sexenio de Calderón el pico fue en 2011, con 72.2 por ciento de sus contrataciones por adjudicación directa.[64]

El gobierno de AMLO tampoco sale bien librado en la otra cara de la moneda: las licitaciones públicas. En el 2020, hasta el mes de junio, sólo 15.2 por ciento de sus contrataciones se habían dado por esta vía, frente al 13.5 por ciento de 2019; en cambio, en 2013, por ejemplo, 17.9 por ciento de las contrataciones del gobierno federal fue por licitaciones públicas, y en 2012, el 19 por ciento.[65] Los escándalos de compras con empresas extrañas han continuado. No creo que al mismo ritmo que en el pasado, aunque tampoco lo sé.

En el caso del Tren Maya se ha documentado que 39.4 por ciento de los recursos destinados ha sido por adjudicación directa. Lo más grave es que aparentemente 44 por ciento de los contratos ya tenía un ganador antes de licitarse.[66]

Un estudio del Instituto Mexicano para la Competitividad (Imco) señala que en 2019 nueve de cada 10 pesos que destinó la Guardia Nacional a compras públicas fueron mediante adjudicaciones directas, "ignorando por completo las leyes que priorizan la licitación pública y la competencia".[67] En la discrecionalidad en el proceso de compras es altamente probable que se escondan muchas redes de corrupción.

Aunque aún no tenemos las historias de corrupción del sexenio pasado, con tanta discrecionalidad no sería raro que se esté construyendo la Morena burguesía; sobran casos de empresas sin historial que ahora ganan licitaciones o tienen permisos de importación de insumos médicos que no consiguen quienes no están cerca del poder político.

Habrá que ver si al final no resulta que a sus empresarios favoritos les está repartiendo obras o ayudando de manera discrecional sin que hoy se pueda ver. Es improbable que tanta asignación directa de contratos no sea una forma deliberada de propiciar el triunfo de algún amigo, y aunque ése no fuera sea el objetivo, llevaría con facilidad a todo tipo de actos de corrupción. Podríamos simplemente estar viendo un pacto con otro grupo de empresarios, los amigos del nuevo gobierno.

Hay recursos públicos que ya sabemos que se están asignando discrecionalmente, y que se trata mejor a los amigos. El gasto en publicidad del gobierno disminuyó 47.5 por ciento en comparación con lo que gastó el gobierno de Peña Nieto en 2018, pero lo gastado hasta ahora refleja las amistades de AMLO. *Proceso* señala que "algunos ganaron en la administración actual, particularmente *La Jornada*, los diarios locales *Tabasco Hoy* y *Por Esto!*"[68] Según el reportaje de *Proceso*, *La Jornada* recibió 94 millones 856 mil pesos en 2018, frente a los 200 millones 788 mil pesos que recibió en 2019. Los periódicos *Tabasco Hoy* y *Por Esto!*, que no estaban en la nómina de comunicación social del gobierno federal, recibieron 42 millones 348 mil pesos y 46 millones 116 mil pesos, respectivamente. El dueño de *Tabasco Hoy* es Miguel Cantón, amigo de López Obrador. También es su amigo Mario Menéndez, dueño de *Por Esto!* Sirva como referencia que en 2019 Televisa, según ese reportaje, recibió 303 millones de pesos, 77.8 por ciento menos que lo que había recibido en 2018.

Ya hay algunos indicios de todo tipo de personajes y actividades sospechosas. En Tabasco, el gabinete del gobernador morenista Adán A. López está repleto de personajes de dudosa honestidad: Mario Llergo, titular de la Secretaría de Bienestar, Sustentabilidad y Cambio Climático, fue denunciado en 2013 por peculado; Jesús Alí de la Torre, encargado de la Coordinación General de Enlace Federal y Vinculación Institucional, dejó una deuda de 500 millones de pesos en el municipio de Centro, cuando fue alcalde; Carlos Íñiguez, a cargo de la Coordinación General Ejecutiva de la Gubernatura, estuvo implicado en la fraudulenta compra de un edificio del Instituto Electoral y de Participación Ciudadana de Tabasco, compra en la que, por cierto, estuvo involucrada la notaría 27 del estado, cuyo titular era el actual gobernador de Tabasco.[69]

Lo sucedido en la tierra donde nació AMLO, Macuspana, no deja de ser simbólico: tras una revisión de la Comisión Inspectora de Hacienda del Congreso de Tabasco, se descubrieron faltantes y pagos sin justificar por un total de 223 millones de pesos. Ante esto, el Congreso decidió desconocer al cabildo. Pero eso no es todo: Macuspana estaba gobernado por Morena, y una de sus síndicas, que renunció al cargo después de esta revelación, era Concepción Falcón, cuñada de AMLO. El viernes 11 de septiembre de 2020, *Reforma* dio a conocer esta información en su primera plana.[70] La respuesta de AMLO: en la siguiente mañanera llamó "pasquín inmundo" al *Reforma*.

Las primeras auditorías respecto al gasto en 2019 por parte de la Auditoría Superior de la Federación (ASF) muestran muchas irregularidades en el gobierno de AMLO y en los gobiernos morenistas en general. Es apenas una primera entrega, la pandemia retrasó el trabajo. No se analizan aún las obras emblemáticas del gobierno: Dos Bocas, Santa Lucía y el Tren Maya. El informe es muy opaco y falta estudiarlo con cuidado, pero el gobierno no ha mostrado el mismo apetito por atacar los presuntos problemas de corrupción de su gobierno, como lo hace con lo sucedido en el pasado, por lo menos en el discurso.

El caso de Manuel Bartlett es revelador. Primero, por tratarse de quien, como secretario de Gobernación, estuvo a cargo de la elección presidencial de julio de 1988, cuando se cayó el sistema informático que llevaba el conteo de votos que hizo imposible saber quién ganó la elección. Según un reportaje de Carlos Loret de Mola dado a conocer en agosto de 2019, Manuel Bartlett posee 23 casas de lujo en el valle de México. Esto, en principio, no tendría nada de malo, si no fuese por el hecho de que, como señala el reportaje, Bartlett declaró ante la Secretaría de la Función Pública (SFP) una fortuna de 51 millones de pesos e ingresos anuales por 11 millones de pesos; pero, teniendo en cuenta el valor de sus propiedades, su fortuna sería 16 veces mayor. Antes, un reportaje de MCCI dado a conocer en mayo de 2020 mostró que su hijo, León Manuel Bartlett, vendió a la delegación del IMSS en Hidalgo 20 ventiladores a un costo de un millón 550 mil pesos cada uno, "el precio más alto desde que se declaró la emergencia sanitaria por covid-19".[71] Para hacer el enredo mayor, otro reportaje de Loret de Mola mostró que la casa de campaña de AMLO fue rentada a Jesús Hernández Torres, colaborador de Bartlett durante 49 años, por un monto de 130 mil pesos mensuales. El 1° de diciembre de

2018 Morena supuestamente compró la casa a petición de Yeidckol Polevnsky por un monto de 42 millones de pesos, aunque, según denunció el propio Comité Ejecutivo Nacional de Morena, nunca se hizo el pago.[72]

La respuesta de AMLO ante el primero de los reportajes de Loret de Mola: "Pruébenlo. Por lo que corresponde a nosotros, el señor es el presidente de la CFE [Comisión Federal de Electricidad]. A ver, ahí, ¿cuáles son las transas? Los contratos entregados, cómo se hacía antes, por influencia [...] Yo tengo en estos casos un criterio que considero amplio, no se puede sólo acusar sin pruebas". Eso dijo.

También es notable cómo reaccionó a los videos de su hermano recibiendo dinero de un empleado suyo en el gobierno federal, David León. "Nuestros adversarios buscan equiparar las cosas y decir 'todos son lo mismo, todos son iguales', pero no es así." Dijo que el dinero que recibió su hermano son aportaciones en momentos en los que "la gente era la que apoyaba, básicamente, nosotros hemos venido luchando durante muchos años y nos ha financiado el pueblo, como ha sucedido cuando se han llevado a cabo revoluciones". Luego Beatriz Gutiérrez remató diciendo que "Leona Vicario también dio dinero y no la grabaron. Me gustaría ver el video de cuando Leona Vicario daba dinero para que todos pudieran comer en los campamentos y lucháramos [sic] por la Independencia". AMLO básicamente está justificando violar la ley por un principio superior, que es su autodenominada cuarta transformación.

La corrupción es el problema, pero el instrumento para corregirlo, la honestidad de AMLO, es limitado e insuficiente. Salvo en materia impositiva, no parece haber interés por cimentar instituciones fuertes. En el combate a la corrupción, no se ve la misma voluntad política que AMLO ha exhibido en materia de recaudación fiscal.

Tras el escándalo de la Casa Blanca, Peña Nieto aceptó montar un sistema anticorrupción que, aunque iría arrancando lentamente, permitiría sentar las bases para un cambio de fondo. Este sistema estaba basado en la premisa de que "la corrupción es un mal que afecta la vida económica, política y social de cualquier nación", y que por ello "el Sistema Nacional Anticorrupción coordinará a las autoridades encargadas de prevenir, investigar y sancionar los posibles actos de corrupción, así como a aquellas responsables de fiscalizar los recursos públicos. El Sistema contempla un Comité de Participación Ciudadana integrado por cinco mexicanos distinguidos que, junto con las autoridades, velará por los intereses de la sociedad", dijo Peña Nieto el 27 de mayo de 2015 en la ceremonia de inauguración del Sistema Nacional Anticorrupción.

El Sistema no es fácil de administrar, en la opinión de Jesús Cantú Escalante expresada en el foro "Fortalezas y Debilidades del Sistema Nacional Anticorrupción" el 11 de marzo de 2017, porque *1)* su estructura de gobernanza es "abigarrada y compleja", *2)* sus atribuciones son limitadas y *3)* es limitada la participación ciudadana en su operación.[73]

Pero en este sexenio se ha hecho aún menos. El mismo sistema ha sido cuestionado por AMLO. En sus palabras:

> El colmo fue la creación de esta institución de combate a la corrupción, Sistema Nacional Anticorrupción y saben, empieza en debate para crear al Sistema Nacional Anticorrupción, y la corrupción no era delito grave porque desde 1994 se reformó el Código Penal para que la corrupción no se considerara delito grave. Están funcionarios y los de la llamada sociedad civil porque todos esos lo que buscaban eran acomodarse en estos organismos, hablando del instituto anticorrupción cuando no era delito grave la corrupción, el que robaba podría salir bajo fianza, a ese grado de simulación se llegó.[74]

294

No extraña que parezca estar sepultado. A nadie, salvo a algún artículo,[75] parece importarle.

La principal herramienta para combatir la corrupción, según AMLO, es la pedagogía pública. Tras el anuncio de que Emilio Lozoya sería extraditado a México, afirmó en la mañanera del 6 de julio que eso

> permitirá conocer los actos de corrupción que se hicieron durante el periodo neoliberal, porque la justicia no sólo es castigar, la justicia es prevenir, es evitar la repetición, la justicia es el que se pueda juzgar a quienes cometen actos de corrupción en el tribunal ciudadano, en el tribunal del pueblo, que se vaya estigmatizando la corrupción, que no sea un asunto nada más de los recovecos de las oficinas de los pasillos de los juzgados o de los poderes, sino que sea asunto ventilado públicamente para que dé vergüenza, porque el peor de los males es que se cometían actos de corrupción y los responsables ni siquiera perdían su respetabilidad. Entonces, el que sepamos todo esto va a ayudar mucho a sanear, a limpiar, a purificar la vida pública, a que se mande la señal de que no se puede triunfar a toda costa, sin escrúpulos morales de ninguna índole. Así, fortaleciendo valores, sobre todo la importancia que tiene la honestidad, convirtiéndola en un hábito, en una costumbre, así es como vamos a salir adelante, así es como vamos a lograr el renacimiento de México.

Hay que educar al pueblo para que sea honesto. "Esto es lo que viene a proponer la Cuarta Transformación mediante una regeneración moral y ciudadana que quiere tener impacto político."[76] Con ese fin, AMLO ordenó la distribución, a nivel nacional, de la *Cartilla moral* de Alfonso Reyes. Lo curioso frente a quienes ven a AMLO de izquierda es que, como señala Virginia Aspe Armella:

La *Cartilla* nunca fue incluida en los textos SEP a pesar de que el secretario de Educación Jaime Torres Bodet (1943-1946) se la pidió al humanista [a Alfonso Reyes] con expreso encargo de difundirla como política educativa, es en este tiempo cuando se reforma el artículo tercero de la Constitución que en el cardenismo había puesto a la educación socialista como única en México [...] el encargo del secretario de educación a Alfonso Reyes tenía como objetivo contrarrestar el embate socialista que permeaba en las políticas públicas; éstas educaban con una concepción materialista del ser humano y con principios positivistas que dejaban fuera las creencias, la cultura y el arte [...] A pesar de ello, la *Cartilla* que ahora avala nuestro presidente, fue rechazada por el laicismo imperante y por los criterios marxistas de la época; el rechazo —se argumentó a Reyes— se debía a que incluía la palabra "cristianismo". Reyes contestó que el texto defendía las creencias universales. Pero no fue suficiente, la *Cartilla* fue relegada y pasó a formar parte de los escritos sueltos de las obras completas de su autor. No fue sino hasta el sexenio de Ernesto Zedillo, que la *Cartilla* por fin se imprimió con 700 mil copias, pero hasta ahora se le incluye como un proyecto de educación popular gracias a Andrés Manuel López Obrador.[77]

Educar o desprestigiar al adversario para AMLO parece ser lo mismo. "He estado preguntando con abogados y me dicen que las pruebas de este tipo parece que no son de tanto valor en los juicios, en lo estrictamente legal; pues puede ser que no tengan valor en lo legal, pero en lo moral son de primer orden, de primer orden", dijo AMLO sobre los videos de Lozoya en la mañanera del 14 de agosto de 2020. El presidente dijo que sería bueno que el pueblo viera los videos prometidos por Lozoya y horas después apareció uno en la red. En la mañanera siguiente lo proyectó, reclamando que los medios no le habían dado suficiente atención. Se ve a unos funcionarios panistas del Senado contando billetes. Se concluye, sin prueba alguna, que se trata del dinero de Lozoya.

El uso principal de este juicio parece ser electoral. Ante el alto y creciente número de muertes por la pandemia, y la profunda recesión económica en la que se encuentra México, un buen espectáculo puede ser políticamente rentable.

Lozoya no ha pisado la cárcel al momento de escribir este texto, de hecho, no se le ha visto. Está en arresto domiciliario. El espectáculo sirve. Los señalados ya están condenados por una parte de la opinión pública.

Incluso intelectuales serios como Jorge Volpi, que defendió con valor la presunción de inocencia de Florence Cassez, y quien escribió incluso una novela basada en ese caso, ya concluyó que la estrategia de Calderón contra el crimen organizado fue un negocio. En sus palabras en un artículo publicado en *Reforma* el 15 de agosto: "Hoy por fin queda claro, además, que los responsables directos de diseñarla y operarla, García Luna y su camarilla, en realidad eran cómplices de los delincuentes que en teoría buscaban perseguir". Ya condenados, matiza en la siguiente frase: "Si se comprueban las acusaciones formuladas en Estados Unidos..."[78]

Destapar la corrupción del pasado es algo que celebro. AMLO tiene razón en que es el gran lastre que arrastra el país. Sin embargo, si queda en mero espectáculo no será tan distinto al ciclo redentor del pasado, cuando cada seis años había un chivo expiatorio, sólo que ahora de mayor jerarquía.

Como lo ha puesto Mauricio Merino, parecería que la teoría de los peces gordos ha regresado. Exhibir a un pez gordo, incluso quizá al pez más gordo, pero no cambiar las estructuras que han hecho posible esta horrenda corrupción. El gobierno de AMLO no ha mostrado la voluntad de hacer un gobierno transparente y que dé cuenta del adecuado uso de los recursos públicos.[79]

La esperanza de algunos es que este caso sea distinto porque Lozoya no se va a quedar callado, como lo han hecho en el pasado los peces que han caído. Que esto va a destapar cómo operaba el sistema. Ojalá sirva para eso, y no sea una forma de Lozoya y de AMLO de irse contra sus adversarios más odiados, cosa nada improbable dado que no hay respeto alguno al debido proceso. Lozoya ha puesto el grueso de sus baterías contra Luis Videgaray. Para poder salpicar a Calderón, una de las acusaciones de Lozoya es por la asociación de Pemex con Braskem, propiedad de Odebrecht, que tuvo lugar en 2010.

Han sido pocos los que han pisado la cárcel. El caso más notable es el de Rosario Robles, que está llevando su proceso encarcelada, cuando podría estar haciéndolo en libertad, dado que se presentó a declarar y a que el crimen imputado no requiere, por ley, prisión preventiva.

Emilio Lozoya parecía que sería el segundo en terminar en una cárcel mexicana, pero la estrategia cambió cuando se llegó a una negociación con él para evitar su juicio de extradición en España. Ni al juzgado va a firmar, ni se transmite en vivo por vía digital lo que ha sucedido en sus audiencias. ¡Se hace por WhatsApp! A su llegada a México, Lozoya fue internado en un hospital privado por presentar anemia y debilidad. "El perito médico de la FGR realizó la revisión física y médica del extraditado y encontró anemia desarrollada y problemas sensibles en el esófago, así como una debilidad general en toda su salud, por lo que propuso su internación en un hospital", dijo al respecto la FGR.

Hasta ahora, para mí el cambio más notable es haber iniciado un proceso contra Gerardo Sosa, quien al momento de escribir este texto estaba en prisión. Sosa había logrado mantener un control sobre la Universidad Autónoma del Estado de Hidalgo y se le acusa de haber desviado una parte de los recursos que llegaban vía el patronato de la universidad que él controlaba. Sosa había logrado aliarse con AMLO, y en Morena hay nueve diputados locales y dos federales que son sus aliados.

AMLO escoge bien a quién perseguir y cuándo. Hasta hace muy poco no quería saber nada de investigar a Peña Nieto. Cuando el titular de la UIF, Santiago Nieto, dijo que "la investigación a Videgaray y Peña Nieto llegará, no somos tapadera de nadie", AMLO aclaró que "no hay investigación ni denuncia contra Enrique Peña Nieto".

Cada vez que se siente presionado, sin embargo, ha optado por decir que hará una consulta para preguntar si hay que iniciar juicios contra los expresidentes:

> Mi postura es que el Ejecutivo no persiga, que no es mi fuerte la venganza, que pensemos en cambiar esto, de verdad, como lo estamos haciendo, pero que si los ciudadanos reúnen las firmas que se requieren y se hace una consulta y la gente dice: "Queremos que se proceda en contra de los expresidentes, de cuando menos Salinas para acá, Salinas, Zedillo, Fox, Calderón, Peña Nieto", se consulta y la gente dice: "juicio", yo estaría en contra de eso, porque no creo que le convenga al país, pero respetaría la decisión de la gente y se lleva a cabo la consulta, y si la opinión de la gente es que se enjuicie a los expresidentes lo tendríamos que hacer.

Tras los videos de su hermano recibiendo dinero, para cambiar la conversación, hizo de la consulta respecto a enjuiciar a los expresidentes su estrategia mediática. La Constitución es clara al respecto: el artículo 35 señala que "no podrán ser objeto de consulta popular la restricción de los derechos humanos reconocidos por esta Constitución". El debido proceso es uno de los derechos humanos. La Corte le autorizó hacer la consulta, aunque cambiando la pregunta, como vimos en el capítulo 2.

Independientemente de la consulta, el proceso contra Lozoya puede terminar en acusaciones contra Peña Nieto. Lozoya se va a dedicar a acusar a sus superiores. Esto incluye a Luis Videgaray, que no era en estricto sentido su jefe, y por supuesto a Peña Nieto.

Incluso en materia de lavado de dinero se han fincado menos acusaciones reales de las que uno supone con tantas denuncias ante los medios de comunicación. El uso de la UIF para congelar cuentas, sin que en muchas ocasiones haya un proceso judicial de por medio, es particularmente ominoso. Cualquiera está expuesto a ello.

El propio fiscal general de la República ha acusado a la UIF de no respetar el debido proceso. En sus palabras, la FGR, "como órgano autónomo, ha sido muy respetuosa de la presunción de inocencia [...] porque hay unidades, no de la fiscalía, sino del gobierno, que no respetan esa presunción".[80] Luego de que Gertz Manero acusara a Santiago Nieto de afectar las investigaciones de la FGR al congelar cuentas (lo que viola disposiciones de la SCJN al respecto) y de sólo buscar salir en medios con declaraciones, AMLO dijo: "Hay que buscar el acuerdo, la conciliación, el trabajo coordinado [...] Ahí sí que es 'amor y paz', hay que buscar la conciliación".[81]

En todo caso, no se trata solamente de señalar la corrupción del pasado. Se trata de construir las instituciones necesarias para que no vuelva a pasar y de tratar a todos por igual, amigos y enemigos.

¿Será un caso como el de Lozoya o Rosario Robles como el caso Lava Jato en Brasil, una oportunidad para destapar la cloaca, caiga quien caiga? Lo dudo. En el caso de México la investigación no es de un actor externo a la coalición gobernante y con verdadera autonomía, sino de una fiscalía muy cercana al presidente.

EL CRIMEN ORGANIZADO

La búsqueda de la separación entre el poder político y económico debería considerar como crucial la más corrupta de todas las relaciones, la del crimen organizado con los políticos y funcionarios del gobierno. Las fortunas de muchos políticos, sobre todo en ciertas localidades con fuerte presencia de tráfico de drogas, se han hecho en contubernio entre su poder político y el poder económico del crimen organizado. Más de un empresario de estos que surgen un poco de la nada tiene su origen en dinero producto de actividades criminales.

El crimen no podría haber crecido como lo ha hecho sin la corrupción de ciertos políticos en funciones centrales y de las propias fuerzas de seguridad, municipales, estatales y federales. Un caso paradigmático fue el de Mario Villanueva, gobernador de Quintana Roo entre 1993 y 1999 y acusado por el gobierno de Estados Unidos de recibir 500 mil dólares por cada envío de drogas que el Cártel de Juárez enviaba a ese estado. Ya preso en Estados Unidos, Villanueva admitió los cargos que se le imputaban. Curiosamente AMLO, ya en su calidad de presidente, ha intercedido por la libertad de Villanueva.

Las Fuerzas Armadas, el bastión último en el que descansa AMLO en tantos asuntos públicos, no han sido inmunes a la corrupción. El caso más notable había sido el arresto del general Gutiérrez Rebollo, encargado de la lucha contra el narcotráfico, en 1996, por estar coludido con Amado Carrillo, *el Señor de los Cielos*. Fue sentenciado a 40 años de prisión.

Con la aprehensión en Estados Unidos del general Salvador Cienfuegos el 15 de octubre de 2020, quien fuera el secretario de la Defensa durante todo el sexenio de Peña Nieto, se ha abierto una discusión pública en cuanto a qué tan ajeno es realmente el Ejército al efecto corruptor del crimen organizado. La primera reacción de AMLO fue decir que los funcionarios de la Secretaría de la Defensa Nacional (Sedena) involucrados en el caso serían "suspendidos, retirados y si es el caso puestos a disposición de las autoridades". Dos días después había cambiado el discurso. En sus palabras: "Todo debe probarse, no podemos adelantar vísperas ni hacer juicios sumarios". Sobre Luis Cresencio Sandoval y Rafael Ojeda, secretarios de la Sedena y de la Marina, respectivamente, dijo: "Son incorruptibles y tienen toda mi confianza". AMLO se anotó un gran triunfo ante el Ejército cuando su gobierno logró que Estados Unidos optara porque Cienfuegos fuera juzgado en México.

La gran opacidad en las Fuerzas Armadas y su organización jerárquica hacen muy difícil para los civiles saber qué está pasando en ellas. Los gobiernos previos procuraban no depender sólo de una fuente de información y tener una sola capacidad operativa. Para ello servía el Centro de Investigación y Seguridad Nacional (Cisen), la Marina y la Policía Federal.

AMLO puso todos los huevos en una canasta: el Ejército, responsable ahora de toda la seguridad pública del gobierno federal. La inteligencia civil, el sucesor del Cisen, también está en manos de un exmilitar, aunque muy cercano a AMLO.

AMLO siempre es selectivo en sus argumentos. Cuando Genaro García Luna fue apresado en Estados Unidos, afirmó que el exsecretario de Seguridad era culpable y Calderón responsable.

En el fondo AMLO ha hecho muy poco respecto al poder corruptor del crimen organizado. Prometió que ya no irían tras los capos, sino tras el dinero del crimen organizado. En palabras de Alfonso Durazo, "se centralizarán las instancias de Contraloría y se fortalecerán los mecanismos fiscalizadores, como la Secretaría de la Función Pública, la Auditoría Superior de la Federación y la Unidad de Inteligencia Financiera".

En lugar de la violencia, la inteligencia financiera. La estrategia tiene sentido. Lo malo es que, según palabras del experto en seguridad Eduardo Guerrero, "los anuncios de congelamiento de cuentas, tanto de aquellas vinculadas a grupos criminales como a políticos corruptos, se volvieron frecuentes, sin embargo, en lo que a crimen organizado se refiere, todavía no queda claro que las acciones de la UIF estén haciendo una diferencia".[82]

Poco importante se ha logrado al respecto. El caso más notable es el bloqueo de mil 939 cuentas del Cártel Jalisco Nueva Generación (CJNG) en el operativo llamado "Agave Azul". Pero, como reconoció inmediatamente AMLO, este operativo fue a "solicitud del gobierno de Estados Unidos".

Es revelador que entre las medidas que planteó en noviembre de 2018 el gobierno entrante para combatir financieramente al crimen organizado estaban prohibir las adjudicaciones directas e investigar y clausurar empresas fantasma.[83] Ya vimos cómo en este sexenio se han dado más adjudicaciones directas que en el anterior.

Tampoco parece tener como objetivo contener la expansión territorial del crimen organizado con presencia focalizada en las zonas donde éste tiene mayor presencia. La Guardia Nacional se ha desplegado a lo largo de todo el país sin un criterio estratégico.

Contener la expansión del crimen organizado no se menciona siquiera como uno de los temas centrales de su agenda política. No lo hizo en su toma de protesta en el Zócalo, ni en su informe a un año de las elecciones, ni cuando presentó sus 50 puntos de austeridad y anticorrupción. Ha dicho, en cambio, que "no se han detenido a capos porque no es ésa nuestra estrategia. Ya no es la intención armar operativos contra capos, lo que queremos es reducir la inseguridad atendiendo las causas".

La detención de José Antonio Yépez Ortiz, *el Marro*, líder del Cártel de Santa Rosa de Lima, el 2 de agosto de 2020, fue por su involucramiento en el negocio del robo de combustibles, no por tráfico de drogas. Pero no hizo más que darle espacio a un grupo criminal que, la evidencia sugiere, no han combatido con vigor. Pareció que, en términos de la dinámica del crimen en esa zona, el ganador de la detención del Marro sería el CJNG.

Menos de una semana después se difundió en redes un mensaje del CJNG en el que decían:

> Se les comunica que hoy [8 de agosto] el Cártel Jalisco Nueva Generación se compromete con ustedes, pueblo de Guanajuato y con las autoridades, a mantener el estado tranquilo y en paz. Hoy, al igual que al pueblo de Guanajuato, nos complace conocer la detención de José Antonio Yépez, alias *El Marro, el Mata Inocentes*. Respetaremos lo dicho, que la guerra era contra *El Marro*, que sus días estaban contados, así como también reiteramos lo dicho por parte de CJNG, que dirige el señor *Mencho*, podrán vivir tranquilos y tener la seguridad de que mantendremos la paz y la tranquilidad, porque nosotros como cártel, no nos dedicamos al secuestro, a las extorsiones ni al cobro de piso. La familia de Yépez, del *Mata Inocentes* y de todos sus seguidores, por parte del CJNG no habrá persecución ni represalias, siempre y cuando dejen de seguir los pasos que afectaron por años, y dejen de extorsionar y cobrar piso.

Con todo AMLO siempre busca la publicidad. La detención del Marro le sirvió para presumir el 14 de agosto de 2020 que "a partir de la detención del presunto líder delictivo, se ha observado una disminución de homicidios, no han desaparecido, pero sí, ya no está en primer lugar Guanajuato". Suena en esta cita igual que Calderón.

Sin embargo, para variar, los datos lo desmienten: a un mes de la detención del Marro, Guanajuato seguía ocupando el primer lugar de homicidios a nivel nacional.[84] Algo poco usual, el 1º de octubre de 2020 AMLO, tras reconocer que la delincuencia en Guanajuato no bajó, remataría con sus tesis de siempre: "No necesitamos estos actos espectaculares de que se detuvo a una personalidad de la delincuencia y difusión y todo, porque tampoco eso resuelve nada, porque además de que no es serio tampoco resuelve nada".[85]

Por eso quizá su inacción. Cree que no sirve para nada. La estrategia de fondo parece haber sido evitar la confrontación para tratar de impedir una mayor violencia a la par de mandarles recados de que se "porten bien". A los narcos los va a acusar con sus papás y con sus mamás y con sus abuelos para que les llamen la atención. Pidió que lo ayudaran dándoles consejos a sus nietos. Llegó incluso a saludar, en pleno territorio del Chapo, a la mamá del capo, lo cual se prestó a todo tipo de especulaciones.

Mientras a los empresarios les critica sus moditos por hacer un pacto con el Banco Interamericano de Desarrollo (BID) para salvar empleos, a los criminales una semana antes les mandó el siguiente mensaje: "Aprovecho para decirles a los que están en las organizaciones que se dedican a la delincuencia, que he estado viendo que reparten despensas. Eso no ayuda. Ayuda el que dejen sus balandronadas, ayuda el que le tengan amor al prójimo [...] ayuda que piensen en sus familias, sobre todo en sus madres", dijo AMLO el 20 de abril de 2020.

¿Cuál es la lógica política detrás de esto? No lo sé. La hipótesis perversa es que hay un pacto con el crimen organizado, o con algún cartel en particular, el más obvio sería el Cártel de Sinaloa. Sí sorprende la forma en la que se mueve por Sinaloa, con poca protección, saludando desde a la mamá del Chapo hasta a un intérprete de narcocorridos. "El que nada debe, nada teme", ha dicho AMLO al respecto.

¿No debe nada porque no hace nada? ¿Tiene un pacto? Lo dudo. La hipótesis más verosímil para mí es que prefiere evitar el conflicto y el enfrentamiento. Seguramente piensa que, como en el pasado remoto, eso basta para no tener problemas.

En el Plan Nacional de Desarrollo lo expresó así: "Con la convicción de que la violencia engendra más violencia, y tomando en cuenta el justificado reclamo ciudadano por la inseguridad, el actual gobierno decidió cambiar las medidas de guerra por una política de paz y seguridad integral que ataque las raíces mismas del descontrol delictivo y de la pérdida de seguridad y que tenga como objetivo inmediato la reducción de los índices delictivos".[86]

Es una estrategia que parte de una lectura equivocada de la dinámica criminal y del pasado. Desde los años setenta los tentáculos de los narcotraficantes se fueron expandiendo y llevaron a todo tipo de conflictos entre ellos y con el gobierno. Por ello, el Ejército había cumplido labores de combate al crimen organizado desde hace muchos años. La "Operación Cóndor", que duró de 1977 a 1987 en el Triángulo Dorado, región formada por Sinaloa, Chihuahua y Durango, donde se sembraba mariguana y amapola, involucró la movilización de 2 mil 200 miembros de la Armada.[87] De acuerdo con una solicitud de acceso a la información a la Secretaría de la Defensa, el saldo de la operación fue de 27 civiles y 19 militares muertos, 2 mil 19 presuntos narcotraficantes y 224 mil 252 plantíos destruidos.[88] Esta operación ocasionó el desplazamiento de narcotraficantes a otros estados del país, principalmente a Jalisco, donde se establecieron y constituyeron organizaciones criminales.[89] Como resultado, Jalisco vivió oleadas de violencia durante los años ochenta. Tras el asesinato de Enrique Camarena, agente de la Administración de Control de Drogas (DEA, por sus siglas en inglés), la presión del gobierno de los Estados Unidos llevó a que el gobierno mexicano iniciara operaciones militares en la zona. Sobran ejemplos como éstos antes de la llegada de Calderón a la presidencia.

Según el historiador Benjamin Smith, este tipo de violencia en México tiene sus orígenes en la declaratoria de la "guerra contra las drogas" de Nixon, que obligó a México a declararla en nuestro territorio de la mano de la DEA: "Fueron Estados Unidos y la policía mexicana, no los narcotraficantes, quienes introdujeron la violencia en el negocio de las drogas. La causa de la violencia fue la guerra contra las drogas, no el tráfico de drogas".[90]

Yo no estoy de acuerdo con el sentido literal de esa frase. No se puede dejar al crimen gobernar un territorio porque su ambición de control y de incursionar en nuevos negocios va creciendo.

El problema del crimen organizado es el mayor reto que tiene el Estado mexicano. Es donde se encuentra el poder que lo desafía y teje perversas redes entre el poder económico y el político. No se puede regresar al pasado, porque a éste no se puede regresar y porque además ese pasado es mítico, no fue como lo imagina AMLO.

Por la forma en que se combatió al crimen en el pasado, hoy no hay tantos caminos disponibles para hacerlo. Yo no sabría cuál es el mejor. Hay muchos expertos en la materia, pero no parece que sean consultados por el gobierno.

Sí me parece evidente que simplemente no hacer nada no es la solución. Incluso lo empeora. Lo estamos viendo. Su estrategia de no confrontar al crimen no ha disminuido la violencia y ha permitido la presencia territorial y de negocios de los grupos criminales. Según un estudio clasificado de la Agencia Central de Inteligencia (CIA, por sus siglas en inglés) elaborado poco antes de la llegada de AMLO al poder, el cual fue dado a conocer por el *Washington Post* el 29 de octubre de 2020, los grupos del crimen organizado tenían un "control efectivo" sobre alrededor de 20 por ciento del territorio nacional.[91]

Es imposible que este control territorial haya terminado bajo la administración de AMLO, como afirmó Durazo al presentar un balance de su gestión como secretario de Seguridad y Protección Ciudadana. En el mejor de los mundos no ha cambiado gran cosa ese control, y ese control es inaceptable si queremos vivir con seguridad y libertad.

AMLO ha tenido todo el poder. Su objetivo central ha sido separar el poder político del económico. No hay que subestimar el impacto del liderazgo del presidente; en materia de

307

recaudación lo ha mostrado. Porque ahí ha puesto mucha de su energía. No en otros ámbitos, donde las cosas están igual o peor que antes.

El siguiente capítulo da cuenta de cuál ha sido su política económica. En ella se expresa en la práctica cómo está redefiniendo la relación entre el poder político y el económico. ¿Es realmente un nuevo modelo económico, como prometió en campaña?

CAPITULO 5

La política económica de AMLO

AMLO ganó la presidencia con la promesa de transformar el modelo de desarrollo de México. Como pocos momentos en la historia, el presidente ha tenido todo el poder y una amplia legitimidad para tratar de hacer realidad su proyecto. En este capítulo analizaremos cómo se ha traducido todo ese poder y su objetivo de separar el poder político del económico durante los primeros 18 meses de su gobierno.

AMLO heredó un crecimiento mediocre en promedio de 2000 a 2018 de 2.2 por ciento. Muy por debajo de sus pares de América Latina. El crecimiento promedio de Perú en ese periodo fue de 4.9 por ciento, el de Colombia 3.8, el de Chile 3.9 y el de Brasil 2.5. Sólo Argentina y Venezuela crecieron menos.[1]

El promedio de crecimiento en México, como todo promedio, esconde las enormes diferencias entre los estados. Los estados geográficamente más vinculados al Tratado de Libre Comercio de América del Norte (TLCAN), los de la frontera norte, crecieron en promedio 3.3 por ciento de 2000 a 2018. Los del Bajío (Aguascalientes, Guanajuato, San Luis Potosí y Querétaro) 3.5 por ciento. En contraste, los tres estados más pobres (Chiapas, Guerrero y Oaxaca) crecieron 1.21 por ciento. La Ciudad de México, durante ese mismo periodo, 2.3 por ciento.

No parece mucha la diferencia, pero como se acumulan cada año, el impacto final es grande. Supongamos que dos estados del mismo tamaño tienen un producto interno bruto (PIB) de 10 mil millones de pesos. El que creció 3.5 por ciento en 18 años termina con uno de 19 mil 225 millones de pesos. El que creció 1.21, con uno de 12 mil 567 millones de pesos. Como en nuestro caso crecen más los estados más ricos, la desigualdad regional no ha hecho más que crecer.

AMLO también heredó una economía más resiliente a los cambios súbitos, como la caída en el precio del crudo en 2009 y en 2016. La disciplina fiscal, la autonomía del Banco de México y el tipo de cambio flexible permitieron acomodar esos cambios de precios sin entrar en una seria crisis financiera, de balanza de pagos y fiscal, como en el pasado. Desde 1995 México no ha tenido una crisis de ese tipo.

Sin embargo, la economía mexicana no ha podido incorporar a un empleo formal bien pagado a la mayoría de su fuerza de trabajo, enfrenta una seria desigualdad entre regiones y entre familias, y los niveles de pobreza son inaceptablemente altos. En 2018 el 56 por ciento de la población ocupada trabajaba en la informalidad. Para quienes están en la economía formal el salario promedio de cotización diario del Instituto Mexicano del Seguro Social (IMSS) era de 352 pesos. AMLO pudo culpar de esta situación económica al llamado *neoliberalismo*, es decir, al conjunto de reformas estructurales impuesto a partir de la crisis de 1982.

El ciclo estatista anterior terminó con la expropiación bancaria y con la imposición de un control de cambios el 1º de septiembre de 1982 en el último informe de gobierno de José López Portillo. Fue el último coletazo de un estatismo que iba de salida.

El arranque simbólico de la 4T fue la cancelación del aeropuerto de Texcoco. Parecía la bandera de salida para muchas otras políticas absurdas en términos económicos, incluso para los intereses del Estado mexicano, ya que ese aeropuerto no era una obra privada. Era la obra de infraestructura del gobierno federal más

LA POLÍTICA ECONÓMICA DE AMLO

importante en su cartera de inversión. Pudo haber sido una máquina de hacer dinero para su dueño, el gobierno federal. Un gobierno interesado en impulsar el desarrollo seguro querría un proyecto como ése. Pero de lo que se trataba era de mostrar quién mandaba. Lo logró. Los inversionistas tomaron nota de la potencial irracionalidad de la política económica, y la inversión privada en activos físicos y el crecimiento económico empezaron a caer.

Para muchos, tras la decisión de Texcoco se escondía una sombra: AMLO seguiría una política económica expansiva y estatista, como la del gobierno de Echeverría y como se vivió en varios países de América del Sur durante la primera década del siglo XXI. No ha sido así. Salvo en materia energética, AMLO no ha revertido el modelo que tanto criticaba. No ha nacionalizado empresas ni mucho menos sectores.

El listado de acciones que AMLO prometió hacer e hizo es preciso. Se trata de una mezcla de política social a partir de transferencias directas a los beneficiados, financiadas con uno de los recortes al gasto público más agresivos de la historia de México, medidas intervencionistas en algunos mercados, en particular en el energético, y un programa de inversiones públicas en el sureste del país que busca atraer inversión privada.

A AMLO le encanta argumentar que él sí está atendiendo las causas de nuestros problemas. Tristemente no es cierto. La suya es una política económica que, como Luis Rubio ha argumentado, se ocupa más de los síntomas, la pobreza, por ejemplo, que de las causas de nuestros bajos niveles de ingreso. Su política social no está diseñada para propiciar el crecimiento ni para darles a los hijos de los más pobres una educación de calidad y una posibilidad de mayor bienestar futuro.[2] Lo suyo es repartir dinero.

En su texto "El populismo y la política económica de México, 1970-1982",[3] Carlos Bazdresch y Santiago Levy argumentan que "populismo" es una definición poco clara, cargada ideológicamente, pero que desde el punto de vista de la política económica, para ellos se puede resumir en "el uso dispendioso de los gastos públicos, el uso intensivo de los controles de precios, la sobrevaluación sistemática del tipo de cambio y las señales inciertas de la política económica, que tienen efectos deprimentes en la inversión privada".[4]

AMLO es un populista en el sentido político, según se utiliza hoy el término. Llegó al poder capturando el enojo social contra la élite, contra la tecnocracia y contra un sistema económico injusto y excluyente. Con una visión simplista de la realidad, gobierna desde la intuición. En el caso de AMLO no hay una tendencia racista o supremacista blanca como en algunos de sus pares, aunque sí está muy presente la polarización permanente entre el pueblo sabio y los horrendos fifís y hay una profunda desconfianza hacia quienes tienen dinero, pero no tiene la mayoría de los rasgos de los populistas desde el punto de vista económico.

En campaña, AMLO no prometió expandir el gasto público, cerrar las fronteras al comercio o manipular el tipo de cambio. Tampoco una política económica propia de la izquierda moderna. Mucho menos una socialista. Ya en el poder, AMLO no ha cambiado los pilares de la política económica de los últimos 30 años. No ha habido una expansión desenfrenada del gasto público. No hemos visto una política económica como las de Echeverría y López Portillo.

En algún sentido parece un neoliberal de clóset, al abrazar sin titubear algunos de los pilares de las reformas estructurales: la apertura económica, la autonomía del banco central y la disciplina fiscal, hasta el extremo de haber seguido a rajatabla el control del gasto en medio de la crisis provocada por el coronavirus.

Esto puede cambiar como respuesta al deterioro en la economía. Hasta ahora no ha sucedido. Incluso en medio de la pandemia, y con rumores de que había interés por parte de algunos legisladores de la coalición en el poder de estatizar las afores, las cuentas individuales producto de la reforma pensionaria de 1997, se anunció una reforma al sistema de pensiones que va en el sentido de afinar y mejorar el sistema de cuentas individualizadas.

Según AMLO, lo deseable es regresar al modelo del desarrollo estabilizador, es decir, a esas dos décadas de alto crecimiento y baja inflación, el llamado milagro mexicano.[5] El 27 de febrero de 2019, en la 36 Asamblea Anual Ordinaria del Consejo Coordinador Empresarial, ya como presidente, AMLO dijo:

> El modelo que queremos impulsar, que estamos diseñando y que ya se está poniendo en práctica, es que la inversión pública sea básicamente capital semilla y que se complemente, se mezcle, con la inversión privada nacional y extranjera. Esto tiene que ver con la tradición de economía mixta que ha dado resultados en el país, sobre todo en el periodo conocido como desarrollo estabilizador, se logró que actuaran de manera conjunta el sector público, el sector privado, el sector social y creció la economía.

La idealización del desarrollo estabilizador como exitoso modelo de crecimiento fue una de las justificaciones históricas del Partido Revolucionario Institucional (PRI). Fue un éxito respecto a nuestro bajo crecimiento en otros momentos de la historia. Pero el mundo entero creció como pocas veces en la historia. Muchos países lo aprovecharon mejor que México.

Anna Kurowska ha concluido que fue en ese periodo cuando México se rezagó frente a España. Para mediados del siglo XX, ambos países tenían estructuras sociales bastante similares. En 1960 el PIB per cápita de ambos países era casi el mismo; el de España, de 5 mil 960 dólares, y el de México, de 5 mil 624 dólares. Para 1970, el de España era de 11 mil 253 dólares y el de México de 8 mil 184 dólares. Y para 1976, 15 mil 443 dólares contra 9 mil 681 dólares.

Una razón central de nuestro mal desempeño relativo fue haber mantenido la economía cerrada.[6]

El desarrollo estabilizador no fue la panacea ni es replicable ahora, entre otras cosas porque el mundo cambió. Su éxito requirió tres condiciones estructurales que ya no se van a repetir. Primero, una economía que permitía distorsionar precios y sostener empresas improductivas. Segundo, una acelerada migración rural a las ciudades que permitió crear empleos mucho más productivos. Tercero, la incorporación de las mujeres al mercado laboral, con lo cual la población económicamente activa creció de manera importante.

AMLO, en la práctica, está lejos de tener una estrategia similar a la de entonces. La diferencia es de fondo. Su visión del mundo ya en el poder no es similar a la de ninguno de los gobiernos posrevolucionarios.

Para mí, lo más notable de AMLO en materia económica es que no parece creer en el poder transformador de las políticas públicas para hacer de México un país más rico, moderno y productivo. No parece creer en las capacidades del Estado para transformar el aparato productivo, salvo en materia energética.

La primera gran diferencia con el pasado al que dice aspirar es que no es un desarrollista, como lo fueron los gobiernos posrevolucionarios. Éstos tuvieron muy claro, sobre todo a partir de la Segunda Guerra Mundial, por lo menos en el discurso, hacia dónde querían ir y fueron tratando de construir las capacidades burocráticas y las condiciones políticas para lograrlo.

"Desarrollista", en palabras de Alan Knight, es:

Una etiqueta fea pero útil para el programa o proyecto callista/sonorense [...]: sus políticas buscaron una sociedad próspera, patriótica, estable, productiva y secular; una sociedad unida, leal al Estado, que podría superar su atraso cultural y socioeconómico, y así resistir las

314

amenazas tanto externas (de los Estados Unidos, de las compañías petroleras y del Vaticano) como internas (la Iglesia, los "reaccionarios", los caudillos disidentes). El Estado tendría un papel clave —regulando la propiedad, la inversión extranjera, las relaciones laborales y la Iglesia—, pero sin ensayar una economía estatal ("economía de mando"), al estilo estalinista.[7]

AMLO no persigue realmente ninguno de estos objetivos. AMLO manifiesta una tensión muy curiosa. Por una parte, su discurso promueve su visión del Estado del desarrollo estabilizador: la creencia en que la inversión pública puede detonar el crecimiento de algunos sectores o regiones; en el caso de AMLO, el sector energético y la región sureste. Por la otra, cree que la economía de subsistencia es moralmente superior, y casi pareciera por algunas de sus decisiones, como cancelar el aeropuerto de Texcoco, que tiene una aversión al desarrollo.

En sus palabras en Hidalgo, el 21 de julio de 2019: "Fortalecer la economía popular apoyando a los artesanos, a los pequeños productores del campo y la ciudad, y a microempresarios, es igual o más importante en creación de empleos y desarrollo, que sólo apostar a las grandes corporaciones de mucho consumo de capital, automatizadas y de poca generación de puestos de trabajo". Lo dijo al tiempo que se tomaba un jugo de caña. "Éste es el jugo de la caña, 10 pesos este vaso de jugo de caña exquisito, natural, sabroso, no el agua puerca esa que venden embotellada, que no voy a decir cómo se llama porque no le voy a hacer publicidad", agregó.

La importancia de la agricultura tradicional se encuentra en sus Lineamientos Básicos del Proyecto Alternativo de Nación 2018-2024, cuyo punto 19 dice:

Se rescatará al campo por su importancia social, ambiental y cultural, y se logrará la autosuficiencia alimentaria. Se apoyará a los productores

315

nacionales con subsidios y créditos para alcanzar la soberanía alimentaria y dejar de comprar en el extranjero lo que consumimos. Con ello se arraigará a la gente en sus comunidades y se generarán empleos rurales que ayuden a contener la migración. Además, no olvidemos que en el campo no sólo se producen alimentos y existen recursos ambientales indispensables, sino que también se desarrolla una forma de vida sana, con valores morales y espirituales. Regresar al campo significa fortalecer una identidad cultural de la más alta calidad humana.[8]

El 15 de junio, en una visita a Veracruz, defendió su programa Sembrando Vida con el siguiente argumento: "Si vinieran de Estados Unidos a instalar las plantas de Ford a Veracruz, no se generarían los 68 mil empleos que está generando Sembrando Vida en Veracruz". El programa no genera empleos productivos, sino transferencias a cambio de sembrar árboles.

Dada su visión del mundo idílico del campo y el subsidio público, por más que haya fracasado en todos sus pronósticos de cuánto crecería la economía mexicana, AMLO no pareciera haberse frustrado por el estancamiento económico al que metió a la economía mexicana con sus malas decisiones. Al contrario, empezó a recordarles a los mexicanos que no importa el crecimiento, sino el bienestar. "[...] PIB, producto interno bruto, esos términos ya también deben entrar en desuso, hay que buscar nuevos conceptos. En vez de crecimiento, hablar de desarrollo; en vez de producto interno bruto, hablar de bienestar; en vez de lo material, pensar en lo espiritual. Hay que cambiar ya con todo eso y no creer tanto en esas cosas. Hay una canción, antes, de protesta: 'No te dejes engañar cuando te hablen de progreso, porque tú te quedas flaco y ellos aumentan de peso'", dijo el 6 de mayo de 2020.

La idea de los gobiernos posrevolucionarios había sido que el desarrollo, o como se le llamó después, la modernidad, fortalecería a México frente al gigante y poderoso vecino y permitiría tener un país más próspero. Uno donde los ciudadanos tendrían más oportunidades y con ello se elevaría el nivel de vida de los más pobres, atrapados en una economía de subsistencia empobrecedora.

La modernización incluye retos enormes: el desarraigo de las comunidades, los cinturones de pobreza en torno a las grandes ciudades, el consumismo absurdo y destructor del medio ambiente. Incluso si se logra crecer aceleradamente, la desigualdad se incrementa, y consecuentemente las diferencias sociales se vuelven más profundas, por lo que se requiere compensarlas con una política social inteligente e incluyente. Sin embargo, sin los recursos del crecimiento, la explosión demográfica llevaría a una pobreza aún más profunda a una sociedad sin recursos para enfrentar lo esencial, y a un país más débil, expuesto al poder del crimen organizado. No hay país con altos niveles de desarrollo, con derechos reales para la mayoría de la población, cuya economía no haya crecido mucho por mucho tiempo.

El desarrollo estabilizador terminó mal por no haber entendido que había llegado a su límite, aunque es cierto que permitió al país dar un gran salto en casi todos los indicadores de bienestar. Desde mediados de los ochenta México llevaba tratando de implementar un modelo económico con un Estado más acotado en materia económica, aunque con el mismo objetivo del desarrollo estabilizador: lograr un mayor crecimiento y un país más moderno.

El cambio de modelo, conviene recordar, surgió por la necesidad de estabilizar la economía tras los excesos del gasto público y de sobreendeudamiento que llevaron a la profunda crisis financiera y fiscal de 1982. No había recursos para continuar con un modelo en el que el Estado mal gastaba la hacienda pública, erogaba más de lo que ingresaba, y en el que, para sobrevivir, muchas de las empresas requerían evitar la competencia externa. De un proyecto de estabilización macroeconómico, para el cual era necesario vender

317

YO MI PALABRA ES LA LEY

activos estatales improductivos para poder contener el gasto público, se fue avanzando hacia una serie de reformas estructurales para tratar de crear un modelo de desarrollo de mayor apertura que pusiera a competir a un empresariado acostumbrado a vivir en un mercado protegido, produciendo bienes de baja calidad a un alto precio.

Tras la entrada en vigor del TLCAN, el impulso reformista se estancó. Como ha dicho Luis Rubio, para México parecía que el TCLAN era el punto de llegada. No el de partida, como en Canadá, donde se hicieron innumerables reformas para poder aprovechar más integralmente el acceso al mercado de Estados Unidos y darles apoyos a quienes fueran afectados por los productos de América del Norte que ahora entrarían sin aranceles.[9]

Los 12 años de gobierno del Partido Acción Nacional (PAN) poco lograron en materia de reformas de corte económico. Las retomaría el gobierno de Peña Nieto, en materia educativa, energética, de competencia y telecomunicaciones, por mencionar las más importantes. Iban en el mismo sentido: más mercado, pero a través de construir instituciones estatales más poderosas que pudieran limitar los privilegios del poder, ya fuera del actor dominante en telecomunicaciones o del sindicato de maestros. No dieron los frutos esperados porque tomaban tiempo y estuvieron mal implementadas. En otros países han funcionado.

AMLO construyó buena parte de su candidatura oponiéndose a estas reformas, en sus palabras, las de la mafia del poder, las privatizadoras. Prometió revertirlas todas. El punto 4 del ya citado Proyecto Alternativo dice:

En lo específico, expongo la postura que mantendremos en cuanto a las llamadas reformas estructurales (laboral, educativa, fiscal, energética, entre otras). De entrada, confieso que soy partidario de revertirlas. Tengo suficientes razones para sostener que no benefician al pueblo, sino que

318

lo perjudican. Sin embargo, no responderemos a una imposición con otra imposición. Por ello, se consultará a la gente si las reformas se mantienen o se cancelan y se respetará la decisión de la mayoría.[10]

El triunfo de AMLO es una respuesta al fracaso de estas reformas estructurales. La derrota política de ese modelo económico en la elección del 2018 es indudable. Es ocioso discutir ahora si fue porque el modelo no funcionó o porque no se implementó bien. Lo que sí sabemos es que la corrupta administración saliente no fue ni siquiera tan económicamente eficaz como prometió. No es que la corrupción fuera el precio a pagar por un alto crecimiento. Fue una alta corrupción con un crecimiento mediocre. El peor de los mundos. Bueno, casi el peor. Ahora la economía está en caída libre, aunque sí, con mucha retórica contra la corrupción.

AMLO Y LOS MERCADOS ABIERTOS

AMLO fincó buena parte de su carrera política como un opositor del TLCAN y de todas las reformas llamadas neoliberales. En sus primeras dos campañas a la presidencia, una parte de su discurso en materia económica consistía en criticar el TLCAN. Por ejemplo, en la primera, el 13 de febrero de 2006, en Zacatecas, dijo: "Voy a plantear la revisión del TLC. Hay mecanismos en el mismo tratado para que las políticas de apertura comercial no afecten a los productores. No podemos aceptar, y eso lo vamos a plantear en su momento a los gobiernos estadounidense y canadiense, y como ya está firmado para entrar en vigor en 2018, la libre importación de maíz y frijol. ¡Eso no lo vamos a permitir!"[11]

En 2006 al norte de Michoacán sólo ganó en Nayarit, Zacatecas y Baja California Sur. Ningún estado fronterizo. No se podía ganar en una buena parte del país con un discurso antilibre comercio, como le funcionó, por ejemplo, tan bien a Trump.

AMLO lo entendió bien. El último ataque que encontré de AMLO al TLCAN fue el 14 de febrero de 2014, en Villa Arista, San Luis Potosí, cuando dijo que, contrariamente a la propaganda, el TLCAN "canceló el crecimiento y no ha permitido empleos ni bienestar".[12]

Ya en la campaña de 2018 AMLO no criticó el TLCAN (aunque aseguró que, dado que México tiene "muchos recursos naturales, muchas riquezas", la desaparición del tratado no sería fatal para nuestro país).[13] Esto le ayudó a ganar todos los estados del norte, sólo perdió Guanajuato.

Al momento de ganar la elección hizo todo lo posible por llegar a un acuerdo con el gobierno de Trump para hacer posible el Tratado entre México, Estados Unidos y Canadá (T-MEC). Este nuevo acuerdo fue aprobado por el Senado con el voto casi unánime del Movimiento de Regeneración Nacional (Morena) y del Partido del Trabajo (PT), partido, como ya vimos, creyente en el modelo económico de Corea del Norte; de Morena, sólo votaron en contra las senadoras Jesusa Rodríguez, Nestora Salgado y Ana Lilia Rivera.

AMLO ahora cree en el libre comercio y lo defiende a la par que critica el neoliberalismo. Algo muy original. En sus palabras del 15 de mayo de 2020:

> Abundando sobre los beneficios que reciben y podrán acrecentar las familias de mejores ingresos en el país, destaca el enorme campo de negocios que abre la ratificación del tratado comercial entre México, Estados Unidos y Canadá (T-MEC) [...] una vez iniciado el 1º de julio el Tratado entre México, Estados Unidos y Canadá (T-MEC), se crearán más oportunidades de negocios para empresarios y comerciantes, así como puestos de trabajo mejor pagados en beneficio de técnicos y profesionales con altos niveles académicos.[14]

AMLO entendió que ahora, a diferencia de los años del desarrollo estabilizador, México tiene una economía abierta y regulada por 12 tratados de libre comercio,[15] incluido el T-MEC, y es miembro de la Organización Mundial del Comercio (OMC). Tras décadas de apertura, la economía mexicana está fuertemente integrada con la de Estados Unidos y se ha transformado en una economía muy compleja que no puede ser dirigida por el Estado como en el pasado. Cerrarla sería apagar el motor de crecimiento más importante que tiene México, que son las exportaciones y que explican el mayor crecimiento promedio de los estados del norte y centro-occidente respecto al resto del país.[16] Incluso en su discurso en medio del colapso de la economía, su gran esperanza era que el T-MEC lograra impulsar la economía mexicana.

A diferencia del pasado populista de México o de los gobiernos de principios del siglo XXI en América Latina, como Venezuela, la nuestra es una economía insertada en el mundo. Con la aprobación del T-MEC, AMLO ha aceptado vivir bajo las restricciones de una economía abierta.

Tendrá también la obligación de cumplir con otros límites impuestos por el T-MEC y otros tratados parecidos, como la protección al inversionista extranjero, no sólo de una expropiación directa del gobierno, sino de una regulación que tenga efectos expropiatorios respecto a la utilidad esperada por los inversionistas o que sea discriminatoria entre inversionistas nacionales y extranjeros. En el sector energético, como veremos en el siguiente capítulo, ha tomado decisiones que lo pueden llevar a tener que compensar a esos inversionistas.

Cabe señalar que el T-MEC sólo protege las inversiones de empresas nacionales de Estados Unidos y Canadá en sectores concesionados, como el de energía y minería, a diferencia del TLCAN, que las protegía en cualquier sector. Uno de los objetivos de Trump ha sido atraer inversión a Estados Unidos, no darle protección a la inversión que sale de su país.

El T-MEC también impone una serie de cambios legales. Uno de ellos no podía ser más neoliberal: la extensión de los derechos intelectuales en medicinas y semillas. Pero otros están diseñados para hacer a México menos competitivo, como un nuevo capítulo en materia laboral, que podrá impedir el acceso a Estados Unidos de productos agrícolas o manufactureros que violen las nuevas disposiciones en la materia. Incluye también nuevas medidas de protección al medio ambiente.

AMLO no sólo ha abrazado el libre comercio con el resto del mundo. En general, parece creer en la competencia económica, quizá por razones políticas, como una forma de domesticar el poder económico nacional. Lo cierto es que ha buscado abrir mercados con poca competencia interna. Quiso enfrentar los altos precios de ciertas medicinas producto de la posición dominante de ciertas empresas trayendo medicinas de fuera, no con controles de precios.

Para "acabar con la corrupción" y "no ceder ante las presiones", a principios de 2020 el gobierno federal invirtió 60 millones de pesos en la compra de medicamentos fuera de México, especialmente para niños con cáncer.[17] "Hay resistencias porque existían estos monopolios, ha habido campañas para hablar de desabasto, de falta de medicamentos, han hablado de falta de medicamentos para niños con cáncer, enfermos de sida, todo eso. Bueno, tuvimos que comprar medicamentos en el extranjero. Estamos padeciendo de boicots de parte de los que manejaban este gran negocio", dijo AMLO el 8 de enero de 2020.

Ese mismo instinto procompetencia lo ha mostrado para enfrentar lo que ha sido un monopolio en la certificación de cuáles productos se pueden importar y cuáles no, lo cual protege de la competencia a empresas que abusan de su poder de mercado.

La respuesta fue impulsar la competencia en certificaciones. Así, el gobierno federal creó, mediante la Secretaría de Economía, una nueva Ley de Infraestructura de la Calidad y una segunda entidad de acreditación, con el fin de "darle cauce a una nueva firma de acreditamiento para hacer contrapeso en el mercado".[18] O para señalar a los abusivos, como en el caso de las gasolineras, como mecanismo de hacer que el consumidor tenga información y el mercado presione a la baja los precios.

Como siempre con este gobierno, lo que hace no es por la vía institucional. No sabía que existía la Comisión Federal de Competencia Económica (Cofece), como reconoció en la mañanera del 28 de mayo de 2020. Éste es uno de los instrumentos centrales para separar el poder político del económico. Las empresas dominantes en un mercado prefieren gobernantes que no los haga competir. La mejor forma de evitar esto es con una Cofece fuerte y autónoma del poder político.

EL BANCO CENTRAL: CUIDAR EL TESORO

Otra diferencia con las políticas de la izquierda en América Latina y con su anhelado desarrollo estabilizador es el tipo de cambio flexible vigente y las instituciones que nos han permitido una inflación baja ya por varias décadas, en particular la autonomía del Banco de México.

México ha mantenido desde 1996 tasas de interés reales en pesos bajas y se ha estimulado el desarrollo de mercados financieros profundos integrados con mercados mundiales bien informados respecto a lo que sucede en México. Estos mercados pueden mover miles de millones de dólares en minutos si detectan algún riesgo en sus inversiones. El tipo de cambio flota con libertad, se deprecia y aprecia en función de las expectativas del mercado, lo que ha permitido a la política monetaria centrarse en la estabilidad de precios.

Sí, los *shocks* considerados permanentes, como cuando el crudo abandonó los precios superiores a 100 dólares por barril, llevaron a una depreciación del peso. El crudo pasó de un promedio de 87.65 en 2014 a un promedio de 44.21 en 2015 y el peso se depreció, para esos mismos años, de 14.51 a 17.07. Pero los *shocks* considerados transitorios, como el daño que Trump le haría a la economía mexicana, permiten que el peso se aprecie. Éste pasó del pico de 20.87 en noviembre de 2016 a 17.49 ocho meses después.

Las tasas de interés también se mueven de acuerdo con el mercado, aunque a partir de las decisiones del Banco de México. El objetivo central de éste es controlar la inflación, que el mismo Banco de México define como "el aumento sostenido y generalizado de los precios de los bienes y servicios de una economía a lo largo del tiempo. El aumento de un solo bien o servicio no se considera como inflación. Si todos los precios de la economía aumentan tan sólo una vez tampoco eso es inflación".[19] Hoy en México la información relevante es pública y transparente. Las reservas internacionales se publican semanalmente, al igual que las minutas de las decisiones de política monetaria.

Tanto durante los años del desarrollo estabilizador como durante los años de Echeverría y López Portillo existía un tipo de cambio fijo (en el caso de López Portillo con pequeños deslices diarios). Dado que incluso la baja inflación mexicana de los años sesenta era algo mayor a la de Estados Unidos, había una tendencia a la sobrevaluación del peso mexicano. En los años setenta y principios de los ochenta la inflación se aceleró y esa tendencia se volvió insostenible, lo que llevó a las devaluaciones de septiembre de 1976 y febrero de 1982. La tasa de interés real en pesos a partir de 1973 fue predominantemente negativa,[20] el gobierno se financiaba en el exterior con deuda bancaria y con emisiones monetarias del banco central, los mercados financieros estaban poco integrados, y la información disponible para la toma de decisiones era muy limitada. Las reservas internacionales del Banco de México se publicaban tres veces al año; ahora, una vez por semana.

AMLO ha respetado la autonomía del Banco de México. Aunque al arranque de su gobierno pudo haberlo hecho, no nombró subgobernadores a economistas activistas (su equivalente a Rosario Piedra en la Comisión Nacional de los Derechos Humanos —CNDH—), sino a economistas reputados, que han sido independientes de AMLO en sus decisiones. AMLO no ha criticado públicamente al Banco de México por no emplear una política monetaria tan expansiva como el resto de las economías emergentes, como sí lo ha hecho Trump con la Reserva Federal.

AMLO no ha buscado públicamente una tasa de interés menor, ni en medio de la recesión más profunda de nuestra historia moderna, siendo que muchos analistas han afirmado que la tasa de interés real se ha mantenido demasiado alta, lo cual ha afectado el crecimiento de la economía. Hasta el Fondo Monetario Internacional (FMI) ha pedido una política monetaria más expansiva.

En marzo de 2020 el diferencial entre las tasas de México y Estados Unidos era el más elevado desde marzo de 2009, de 6.5 puntos porcentuales. La tasa en México era de 6.5 y la de Estados Unidos de 0 por ciento. Ese diferencial ha caído, ahora es de 4.5. Entre los países con un nivel de desarrollo similar al de México, Sudáfrica y Brasil, que tradicionalmente han tenido tasas de interés mayores a las de México, en julio de 2020 tenían en dólares una tasa 100 y 250 puntos base menor a la de México.

Cuando AMLO pidió que le adelantaran los remanentes del banco central, su gobernador le explicó que no era posible y ahí quedó todo. "No hay posibilidad porque no lo permite la norma", dijo AMLO.

También le ha pedido al Banco de México que cuide las reservas: "Con lo que debemos tener cuidado es en el uso correcto, moderado, cuidadoso, de las reservas del Banco de México, que son las reservas de la nación, ahí no son del Banco de México, son las reservas de la nación, entonces cuidar ese tesoro para decirlo con claridad y no disponer de esos recursos sin necesidad, tiene que justificarse muy bien". Esto puede ser interpretado como una presión para que el Banco de México no actuase durante la crisis con una política monetaria más agresiva, como lo ha hecho la mayoría de los bancos centrales del mundo, pero es una crítica desde la posición de evitar expandir la economía.

APRETARSE EL CINTURÓN

Otra diferencia con los gobiernos populistas en materia económica es la austeridad presupuestal y la preocupación por no incrementar el nivel de endeudamiento del sector público. Hasta ahora, en lo que más se parecen el actual gobierno y los del desarrollo estabilizador es en creer que la clave es el control de la chequera.

Los ciclos de expansión del gasto requieren de una fuente de recursos abundante. Nadie quiere terminar quebrado. En general se inicia un ciclo porque se cree que hay el espacio para hacerlo por la presencia de recursos adicionales disponibles, y que esto permitirá crecer más de forma sostenida. Echeverría tuvo los petrodólares que se reciclaron tras el aumento en el precio del crudo en 1973 y pudo así financiar con deuda extranjera una parte de la expansión del gasto público.

Gracias al recién descubierto yacimiento de Cantarell y a un alto crecimiento de la deuda apalancada en ese petróleo recién descubierto, López Portillo tuvo un inusual influjo de recursos. En palabras de Bazdresch y Levy: "Podemos especular: si no se hubiese encontrado petróleo es posible que la economía mexicana hubiese retornado a las políticas macroeconómicas del desarrollo estabilizador, pero con la lección adicional de que ya no podían posponerse las reformas estructurales a la política tributaria, comercial y regional. Pero se encontró petróleo y eso cambió todo".[21]

AMLO vivió la crisis de los ochenta y sabe bien el costo político de vivir una ruptura del orden macroeconómico. Ha prometido no incurrir en más deuda. Su estrategia de impulsar ciertos proyectos consentidos y la distribución de recursos sociales se ha llevado a cabo a partir de la austeridad y del ahorro dentro del gobierno. Algo no visto en la izquierda latinoamericana.

AMLO no tendrá ningún ingreso fiscal adicional fácil, como sí lo tuvieron Echeverría, López Portillo, Hugo Chávez, Lula y Néstor Kirchner. Tuvo algunos fideicomisos diseñados para los años de vacas flacas para sortear las presiones de gasto del primer año (como Peña tuvo las ganancias del Banco de México para cuadrar las cuentas en 2017) y que utilizó también en 2020 para enfrentar la brutal caída de la economía. AMLO tendrá también las ganancias del Banco de México en 2021.

AMLO heredó un gobierno que gastó 23.8 puntos del PIB en 2018, con un déficit público de 495 mil millones de pesos. En 2019 gastó 23.7, con un déficit de 394 mil millones de pesos. Se ha mantenido el control del gasto, incluso con recortes muy fuertes en ciertos rubros. El programa de apoyo para enfrentar la crisis fue de los más limitados del mundo como porcentaje del PIB.

Dadas las capacidades operativas del gobierno mexicano, hay buenas razones para no endeudar al país con el riesgo de gastar mal, pero en nuestro caso la política consistió en no hacer casi nada, siendo que había medidas que no requerían de gran capacidad operativa, como posponer pagos de impuestos o aumentar las garantías de la banca de desarrollo. Esto supone, para AMLO, subsidiar a los ricos a costa de los más pobres.

La austeridad republicana ha sido brutal. Todo para poder financiar sus programas, incluido ese pozo sin fondo que es Petróleos Mexicanos (Pemex). Los ahorros no han sido los prometidos en campaña, pero han existido, aunque a costa de eliminar muchos programas, no porque se contuvo la corrupción.

Por la retórica según la cual recortando gasto se protege a los más pobres no se crearon nuevos programas para apoyar a los afectados por el encierro. Muchos pobres están desprotegidos. Un ejemplo: un albañil desempleado no tiene apoyo. Aunque su familia reciba ayuda de alguno de los programas vigentes, se perdió el ingreso principal. Salvo quienes viven en la autarquía, los informales también dependen de una economía en marcha. A excepción de los burócratas, cuyo empleo está asegurado, la clase media está a su suerte.

La justificación de AMLO es que, con estas medidas de ahorro, no está apoyando a los ricos, como en el modelo neoliberal. No miente. No habrá nada para las empresas, salvo créditos para las micro. AMLO sólo quiere salvar una empresa: Pemex.

Quebrarán en el camino miles de pequeñas y medianas empresas, cuyos dueños están lejos de ser ricos. Quizá a AMLO no le parece grave que se pierdan empleos formales, dado que, si el trabajador es explotado, quien más pierde en ese caso, desde esa lógica, es el rico, pero sin esas empresas funcionando la recuperación va a ser mucho más lenta.

En lo que va del gobierno de AMLO se han mantenido sin aumentar las tasas de los dos principales impuestos, el impuesto sobre la renta (ISR) y el impuesto al valor agregado (IVA). La parte central de su estrategia impositiva consiste en recaudar más presionando más al contribuyente. Como vimos en el capítulo 3, los primeros nueve meses de 2020 fueron muy buenos en términos de recaudación, sobre todo dado el contexto económico recesivo, aunque una parte de esta recaudación es por el cobro de créditos fiscales del pasado, lo cual no se va a repetir.

Para lograr contener el gasto, el gobierno se ha apretado el cinturón. Como en el pasado, una parte importante del ajuste fue en la inversión física del sector público.

Un Estado que gastaba poco, en términos comparativos con otros países, ahora gasta aun menos. Hasta el sistema de salud fue víctima del recorte. Se cercenó la capacidad de ejercer la rectoría en ese sector por parte de la Secretaría de Salud, fundamental para poder avanzar en la consolidación de un verdadero derecho a la salud, con la eliminación de la Subsecretaría de Integración y Desarrollo del Sistema de Salud (SIDSS). Esto según quien fuera la encargada de la SIDSS hasta el 18 de junio de 2020, Asa Christina Laurell,[22] muy cercana a AMLO cuando éste era jefe de Gobierno.

El intermediario soy yo

La quinta diferencia con un típico gobierno de izquierda, que se desprende de su austeridad, pero que va más allá de ella, es que AMLO no parece creer que se necesiten capacidades burocráticas para proveer una serie de nuevos o mejores servicios públicos. Basta que él les distribuya sus apoyos sociales.

Históricamente, la izquierda ha aumentado el tamaño del gobierno —ampliando las estructuras burocráticas—. Aun sin el clientelismo propio de toda expansión del gasto del gobierno, donde se generan empleos para dar trabajo a los leales, se requiere gastar más para poder crear más derechos sociales de verdad, no sólo, como le gusta a la izquierda mexicana, simplemente ponerlos en la Constitución. Las izquierdas responsables han financiado este mayor gasto aumentando la carga tributaria; las irresponsables, con deuda pública o inflación.

El presidente ha descrito el gobierno de México como un elefante reumático y corrupto. En sus palabras: "No es fácil, como ustedes comprenderán, parar al elefante reumático y mañoso que nos dejaron, y empujarlo para que camine", dijo el 27 de octubre de 2019 en Punta Chueca, Sonora.

Es cierto que en la mayoría de las instituciones federales sobra gente, tanto de confianza como personal sindicalizado inamovible. También es verdad que un sinnúmero de estas instituciones enfrenta regulaciones absurdas, muchas supuestamente para evitar la corrupción, misma que, todo hace parecer, aumentó durante el sexenio de Peña Nieto.

El problema es serio, y es sin duda una de las principales razones por las que muchos votaron por AMLO. Lo curioso es la solución planteada por él: adelgazar al Estado. Con todo el poder que tiene para reparar las instituciones públicas con el fin de hacerlas más eficientes y desterrar la corrupción, el objetivo parece que es deshacerse de funcionarios provenientes de gobiernos anteriores y adelgazar la mayor parte de las instituciones como mecanismo para poder actuar sin restricciones de la propia burocracia, financiar los proyectos de infraestructura del nuevo gobierno y pagar los programas sociales de AMLO.

AMLO no sólo desconfía del sector privado, también parece desconfiar del público. Cree que el gobierno era tan corrupto y con tantos excesos de gasto, que ha decidido terminar con muchos programas que existían para apoyar a la gente más necesitada. Salvo su obsesión por repartir él los recursos públicos, no parece haber una estrategia que señale cuáles son las funciones fundamentales del Estado y qué derechos sociales no pueden quedar en la mera retórica. Para que sea realmente efectivo, todo derecho implica recursos fiscales. Los datos de los recortes están en el capítulo 3.

El caso de las estancias infantiles es emblemático. Como parte del recorte generalizado al gasto público, en 2019 este programa vio mermado su presupuesto en 2 mil 28 millones de pesos, frente a los 4 mil 70 millones de pesos que obtuvo en el presupuesto de 2018. Cuando fue evidente que el programa no podía operar con ese recorte, en lugar de rectificar, el gobierno abolió el programa, bajo la excusa, sin pruebas, de que había corrupción, es decir, niños inscritos que no iban o ni siquiera existían. El 7 de julio *Reforma* publicó haber pedido ocho solicitudes de información sobre los "niños fantasma" a las dos dependencias directamente relacionadas con el programa: la Secretaría de Bienestar y el Sistema Nacional para el Desarrollo Integral de la Familia (DIF). Y ambas respondieron "no saber o no tener documentos de los presuntos menores inexistentes".[23]

El dinero utilizado anteriormente para pagar una estancia infantil será, de acuerdo con lo prometido, distribuido entre las madres, padres o tutores que antes apoyaba.[24] Lo pueden o no usar para mandar a sus hijos a las estancias infantiles. Bajo los nuevos lineamientos, el que un menor no esté acudiendo a una estancia infantil no es causal para suspender el subsidio temporal o definitivamente. Tampoco hay lineamientos que obliguen al gobierno a hacer inspecciones de las estancias infantiles a las que, se espera, acudirán los beneficiarios del programa.

Esto es muy revelador de la lógica bajo la que está operando la 4T, en éste y otros asuntos: su desconfianza casi absoluta en los intermediarios, y una confianza casi ciega en el pueblo, que AMLO espera que no olvide el dinero que le llega en su nombre. Ni Milton Friedman llegaba al extremo de sugerir dar a los padres el dinero etiquetado para el gasto de las escuelas públicas. Ni este neoliberal le otorgaría a la gente la libertad de disponer de ese dinero para cualquier cosa, y por eso proponía *vouchers* para comprar servicios educativos privados: *vouchers* que no pudiesen emplearse para otro fin.

En el caso de las estancias infantiles es aún peor, porque el dinero que se pretende repartir no alcanza para un servicio confiable de cuidado de menores. Las estancias están desapareciendo. Curioso, por decir lo menos, que un gobierno retóricamente preocupado por integrar al mercado laboral a las mujeres que no trabajan les quite el apoyo más importante, cuando son madres, para poder hacerlo: una guardería.

Quizá el caso más extremo de un neoliberalismo salido del clóset sea la desaparición del organismo encargado de hacer escuelas, el Instituto Nacional de la Infraestructura Física Educativa, el Inifed (hasta 2008 se llamaba Comité Administrador del Programa Federal de Construcción de Escuelas, creado en 1944), para darles el dinero directamente a los padres. Su desaparición, y la posterior entrega de recursos "de manera directa a cada escuela, para que nos ayuden maestros y padres de familia y se mejore la situación de los planteles escolares", como afirmó AMLO,[25] iría a contracorriente de la Iniciativa Mundial para Escuelas Seguras, promovida por el Fondo de las Naciones Unidas para la Infancia (UNICEF), cuyo objetivo es "garantizar un enfoque coordinado y apoyo para los gobiernos en su ejecución de seguridad escolar a nivel nacional y local".[26] Para el caso de México, ya no habría gobierno con el cual coordinarse y al cual apoyar.

La misma lógica anima el programa anunciado el 20 de abril del 2020 de otorgar créditos directos del Instituto del Fondo Nacional de la Vivienda para los Trabajadores (Infonavit) al trabajador para la construcción. Para saltarse al desarrollador, quien, según AMLO, se queda con una parte de los recursos. En sus palabras:

Queremos que, en el caso del Infonavit, estoy planteando que se entreguen los créditos de manera directa a los trabajadores, o sea que si el crédito es de 400 mil pesos, se le entregue al trabajador, que no haya intermediación. De una vez lo voy a plantear. Cuando hay intermediación, esos 400 mil en realidad se les vuelven 200 mil, porque entran las empresas y tienen ganancias y otras ni siquiera, poca ganancia o ganancia razonable; si no, cobran muchísimo para un departamento muchas veces mal hecho en barrancas, en sitios alejados donde no hay comunicación, huevitos. Entonces, ¿por qué no el mismo trabajador con su dinero decide comprar su terreno y empezar a hacer su casa? Y puede ser que le alcance, que la haga bien, a su gusto y que ahorre. Y entonces también nos ayuda, porque lo que queremos es fortalecer el criterio de que el gobierno somos todos. Entonces, ese beneficiario con el crédito va a contratar a maestros albañiles, a trabajadores y al mismo tiempo que está haciendo su casa, bien hecha, ahorrando, porque no va a repagar los materiales de construcción, al mismo tiempo está dando trabajo a otros compañeros, personas, albañiles, electricistas. Entonces, si soltamos así 400 mil créditos, son 400 mil frentes de trabajo. Si ese dinero lo pasamos por las empresas, no baja completo, tarda.

Tampoco parece creer en ciertas regulaciones. No ha optado por la desregulación típica de la derecha, que elimina muchas reglas, con el objetivo de estimular un mayor crecimiento. Lo suyo es eliminar sólo aquellas que afectan a amplios sectores sociales.

Un ejemplo de esto ha sido su búsqueda por desmantelar el aparato de inspectores en ámbitos tan diversos como la fiscalización a los establecimientos comerciales, las inspecciones de salud o de medio ambiente. La ley relativa a los establecimientos comerciales, llamada Ley de Fomento a la Confianza Ciudadana, fue publicada en el *Diario Oficial de la Federación (DOF)* el 20 de enero de 2020, y pretende "establecer las bases para la instrumentación de acciones y programas que las dependencias de la Administración Pública Federal deberán implementar, de acuerdo con sus atribuciones, para fomentar la confianza ciudadana, otorgando beneficios y facilidades administrativas relacionadas con la actividad económica que desempeñan las personas físicas y morales". En palabras de AMLO, "los dueños de los establecimientos sólo tendrán como obligación inscribirse en un padrón [...] y cada dueño de un establecimiento comercial de una empresa va a manifestar, bajo protesta de decir verdad, que conoce la ley, que conoce los reglamentos, conoce sus obligaciones y va a actuar de manera responsable, y firma esa manifestación y queda inscrito [...] Estoy seguro de que todos los ciudadanos van a actuar de manera responsable, ya no va a haber inspectores de vía pública".[27]

En paralelo se han debilitado las capacidades de regulación del gobierno. El caso más emblemático es la Comisión Nacional Bancaria y de Valores (CNBV). Como parte de la disminución de sueldos y salarios y de las restricciones para trabajar en el sector privado por 10 años, puestos claves de la CNBV se mantienen con un encargado de despacho. En medio de una crisis económica como en la que estamos, esto puede llevar a problemas muy serios en el sector. Un ejemplo, la manera en que intervinieron el Banco Famsa. Según los reportes de la CNBV, el índice de capitalización de este banco era de 10.7 en enero, por encima del 10.5 que exige la regulación bancaria, frente a una capitalización promedio en el sistema de 16.2. El 30 de junio fue intervenido por haber perdido su capital. No se puede deteriorar tan rápido una cartera; los datos reportados no deben haber sido los correctos, en alguna medida por la falta de capacidad de monitoreo de la autoridad.

Bueno, no en todos los casos desregulan. Regular es una fuente de poder y de esto AMLO entiende como pocos. Por ello en una institución clave, sobre todo en momentos de pandemia, la Comisión Federal para la Protección contra Riesgos Sanitarios (Cofepris), lo que hay es obstáculos a todo lo que requieren los privados, como desde pruebas covid-19, cuya disponibilidad amplia aumentaría el número de casos reportados, algo que el gobierno no desea. El resultado es que ha aparecido todo tipo de pruebas patito.[28] Para controlar directamente la Cofepris, que antes tenía mayor autonomía técnica, el gobierno decidió volverla una dependencia más de la Subsecretaría de Prevención y Promoción de la Salud a cargo del siempre leal Hugo López-Gatell.

Con el pretexto de mejorar la salud de los mexicanos optaron en medio de la pandemia por cambiar el etiquetado que advierte al consumidor de las propiedades alimenticias de lo que consume. Pasaron de forma acelerada de uno que daba el contenido de azúcar, grasas, sodio, etc., a uno de máximos tolerados. El resultado es que no se distingue entre un producto con un poco más de sal de la permitida de uno que tiene mucha más sal. No está claro que ayude a mejorar la salud, pero ciertamente sólo aplica a los alimentos industrializados. En nada afecta a los negocios informales, a los productos que se venden sin control sanitario. Castigar a los grupos industriales y favorecer al pequeño productor, aunque sea ilegal, parece ser uno de los verdaderos objetivos.

La mayor parte de la estrategia de gasto social de AMLO también pasa por el principio de desaparecer al intermediario, o sea, el gobierno. Se han priorizado las transferencias directas. Nada del gasto está enfocado en crear incentivos para promover que el niño asista a la escuela y a la clínica de salud ni en empoderar a la mujer con el control de los recursos, como era antes con el programa estelar de la política social, el más y mejor evaluado de México.

Éste empezó con el nombre de Progresa en 1997, pasó a llamarse Oportunidades a partir de 2002, y acabó bautizado como Prospera en 2014. Prospera, programa que fue imitado en varios países, incluido el Brasil de Lula, fue radicalmente modificado bajo AMLO.

AMLO ha justificado la laxitud de las reglas al momento de entregar éstos y otros apoyos: "Había moches por todo el sistema de intermediación que prevalecía: organizaciones sociales de todo tipo, organizaciones de la llamada sociedad civil que también recibían dinero para apoyar a niños de la calle, para apoyar a migrantes, para apoyar a adultos mayores".[29] Ahora reparte dinero a su nombre con padrones levantados por simpatizantes de Morena, y sin que se sepa a quién le llega el apoyo y a quién no. Más laxo que antes, pero es su programa.

Tampoco pretende hacer algo más que repartir dinero a su clientela política. No se busca incidir en el comportamiento de los beneficiados. AMLO no cree que el Estado pueda ayudar a desarrollar al individuo. Fue la lógica también en la Ciudad de México. En palabras de la periodista Adela Cedillo: "Los programas sociales de AMLO como jefe de gobierno tenían un aire innegable de caridad cristiana. […] Si bien discursivamente AMLO ha sido fiel hasta el anacronismo al nacionalismo revolucionario y al liberalismo republicano, ha sido su visión social con tintes religiosos la que lo ha posicionado como el político más popular del país".[30]

En la visión de uno de los escasos ideólogos del régimen: "El enfoque predominante, focalizado, era de necesidades, no de derechos, y condicionaba la ayuda para satisfacer dichas necesidades al cumplimiento de obligaciones como ir al médico, inscribirse en la escuela u otras que la política suponía incumplidas por razones propias de la dinámica familiar (y no de la estructura social)".[31] Para el gobierno de AMLO, las personas tienen *derecho* a recibir una renta, sin importar cómo o en qué la utilicen.

Es una renta minúscula; una familia puede cobrar 800 pesos mensuales por niño (el pago es bimestral) y 1 274 pesos mensuales por discapacitado. La pensión de adultos mayores pasó de 2 550 pesos bimestrales en 2019 a 2 620 pesos bimestrales en 2020. Un aumento de 70 pesos. Una renta que sólo les llega a ciertos grupos sociales.

El gobierno de AMLO se resistió a un programa (acaso temporal) de ingreso básico universal, propuesto de distintas formas por varios legisladores de oposición. No creó programas de apoyo para quienes dejaron de trabajar y perdieron su ingreso. En sus medidas para el apoyo de las clases populares durante la emergencia, se centró en adelantar el reparto del dinero.

La intuición y el poder como base de la política económica

El de AMLO es un gobierno que parece promover un Estado limitado y que desprecia la evidencia y el conocimiento científico para gobernar. En sus palabras: "No crean que tiene mucha ciencia el gobernar. Eso de que la política es el arte y la ciencia de gobernar no es tan apegado a la realidad. La política tiene más que ver con el sentido común, que es el menos común, eso sí, de los sentidos".[32]

En esto se aleja del neoliberalismo y, también, del socialismo, por lo menos en sus orígenes. Ambas doctrinas parten de la creencia de que las tareas del gobierno pueden sujetarse a las reglas del método científico. No es una cuestión de sentido común (el cual, al contrario del método científico, no está sujeto a un control objetivo). Para el neoliberalismo, las tareas del Estado han de restringirse a aquellas que el mercado no puede resolver por sí solo (como la seguridad pública); pero esto desde la teoría económica seria no es dogma, se debe decidir con base en evidencia en qué se interviene y en qué no.

En todos los países que AMLO catalogaría de "neoliberales" se incluye la educación pública como una función prioritaria del Estado, y de calidad para que no sea mera retórica, y en casi todos, servicios de salud financiados o provistos directamente por entes públicos. Esas políticas públicas se pueden organizar de forma óptima siguiendo las recomendaciones de las ciencias sociales. En el caso del socialismo, la ambición científica es todavía mayor. Todo se puede organizar desde un Estado que satisface racionalmente, de forma centralizada, las necesidades de la población, mismas que son conocidas por el gobierno.

AMLO no parece creer en la necesidad de planear en función de criterios racionales y empíricos. Su Plan Nacional de Desarrollo es más bien un manifiesto. Recoge, en sus palabras, "los sentimientos del pueblo",[33] interpretados por él. No le interesan las metas específicas ni los indicadores para poder focalizar la acción del gobierno y evaluar sus resultados. Sobre esta visión de la planeación como retórica voluntarista habló Urzúa en su entrevista con Hernán Gómez poco después de su renuncia a Hacienda:

> Hacer una refinería como la de Dos Bocas no es óptimo en las condiciones actuales. Los encargados de construirla dicen que costará unos 8 mil millones de dólares. Sin embargo, la gran mayoría de las empresas señala que no se puede hacer por menos de 15 mil millones de dólares y la mayoría de los expertos aseguran que no puede hacerse en tres años. Por eso la licitación estuvo desierta. Tú no puedes persistir en una idea cuando hay empresas que saben más que tú y dicen lo contrario. El problema de este gobierno es su voluntarismo.[34]

La de AMLO es una supuesta izquierda que no cree en las políticas públicas, al menos en el sentido técnico ("tecnocrático", dirían algunos despectivamente) del término. Todo lo que se hace es porque al presidente le parece intuitivamente correcto o deseable. No se conocen estudios que justifiquen lo que se está haciendo, ni programas piloto en los que se procure evaluar el impacto de lo propuesto.

Su programa social originalmente planteado como el que más recursos consumiría, Jóvenes Construyendo el Futuro, tiene como uno de sus propósitos que los jóvenes se incorporen al mercado de trabajo: "Se va a ir casa por casa inscribiendo a los jóvenes al trabajo [...] Se los puedo resumir en una frase: 'becarios sí, sicarios no'".[35] No es tanto para hacerlos productivos, sino para que no sean sicarios, pero era una intuición. No se hizo un piloto ni mucho menos está sujeto a una evaluación rigurosa.

Salvo por un intento ingenuo y fallido que al respecto realizó la Universidad de Guadalajara, el programa no se probó antes de instaurarlo.[36] Como señala Alexandra Zapata, directora de Educación e Innovación Cívica del Instituto Mexicano para la Competitividad (Imco), "si se suelta esa cantidad de dinero [110 mil millones de pesos] sin tener claridad sobre cómo será más empleable el joven y qué tipo de empleabilidad se busca desarrollar a largo plazo, esto será la guardería más cara del sexenio".[37] Como vimos en el capítulo 3, el programa quedó muy lejos de cumplir su objetivo de insertar en el mercado laboral a los apoyados y terminó gastando mucho menos de lo que se pensaba.

De la misma manera, las obras públicas que promueve el presidente parten también de una mera intuición. No hay estudios técnicos para justificar, por ejemplo, que esas obras sean las mejores para el objetivo de desarrollar el sureste de México o de conectar por vía aérea la Ciudad de México. No le gustaba el aeropuerto de Texcoco. Quería uno austero, por no decir chafa. Quería hacerlo en Santa Lucía; ya luego se vería cómo reordenar el espacio aéreo, cómo conectarlo con la Ciudad de México.

En este gobierno desconfían de una ciencia útil para apoyar el desarrollo tecnológico. Los fideicomisos para apoyar la ciencia había que cancelarlos por la corrupción imperante, incluidas, como lo dijo la directora general del Conacty en la mañanera del 21 de octubre de 2020, las "transferencias millonarias al sector privado vía Conacyt". El haber recibido dinero los hacía corruptos. No se ha probado que hayan existido transferencias ilegales. Por lo contrario, les importa establecer un diálogo de "saberes horizontal con el conocimiento autóctono y la ciencia campesina milenaria de México, una de las grandes riquezas con las que contamos".[38]

Si bien en los hechos AMLO dista mucho de tener una política económica que se pueda catalogar de izquierda y ha mantenido y hasta profundizado los pilares de la política económica que tanto criticó, no ha cambiado su discurso contra el neoliberalismo. Al contrario, le sirve para justificar cualquier cosa. Todos los problemas del pasado son por el neoliberalismo y es su rémora lo que impide a México mejorar más rápidamente. Le permite recordar a sus bases que la alternativa a él es regresar a esos abusivos del PRI y del PAN.

Su recurrente discurso contra los ricos y los empresarios quizá se debe, como ha dicho Jorge Castañeda, a que en el fondo AMLO es un político de izquierda resignado, pero no rendido: entendió que el estatismo es inviable, pero no indeseable. "Se han resignado a que 'otro mundo no es posible', pero no a que no fuera deseable."[39] Por ello, cada vez que puede, sale su instinto antiempresarial. Toda ganancia es un pecado. El rico es rico porque explota al pobre.

Sea por resignación, como señala Castañeda, o por otra razón, lo cierto es que no ha planteado una estrategia de expropiar activos o procurar un impuesto sobre la renta más progresivo o uno a la riqueza o a las herencias. Tampoco ha planteado nacionalizar sectores de la economía.

Si bien no ha expandido el papel del Estado en la economía, salvo en el sector energético, en una escala pequeña ha buscado expandir su presencia en áreas que él considera claves para su estrategia política, como la creación de sucursales bancarias en zonas pobres y alejadas para poder repartir el dinero de sus programas sociales.

Hay ciertos elementos de control de precios que ya ha exhibido el gobierno de López Obrador y que recuerdan a los años de Echeverría. El más evidente, la puesta en marcha de una estrategia de precios de garantía en productos básicos con el fin de recuperar la soberanía alimentaria, definida como el consumo de solamente maíz nacional. Sin embargo, dada la apertura comercial, el proyecto de comprar a un precio fijo los productos básicos es muy acotado, con un gasto de apenas 6 mil millones de pesos en el presupuesto de 2019 y de 10 mil millones en el de 2020. Para 2021 se le presupuestaron, tentativamente, 10 mil 962 millones de pesos.[40]

AMLO parece tener claro que no puede hacerlo universal. Si se garantiza un precio al que se compraría el grano, con el fin de que sirva para apoyar a los campesinos, este precio tiene que ser superior al del mercado, y cualquiera que vendiera ese grano tendría acceso a ese pago mayor al del mercado. Dado el T-MEC, no sería fácil excluir el grano importado, y ello terminaría por subsidiar a los productores de Estados Unidos y Canadá. Tampoco parece querer afectar a esa gran parte de la economía agraria exportadora y generadora de riqueza. En el pasado, los precios de garantía estaban al alcance de todos los productores de granos básicos, lo cual terminó generando un enorme costo fiscal y ese hoyo de corrupción y pérdida de dinero que fue la Compañía Nacional de Subsistencias Populares (Conasupo). Su sucesora, Seguridad Alimentaria Mexicana (Segalmex), creada apenas el 18 de enero de 2019, ahora también está envuelta en innumerables escándalos de corrupción.[41]

LA DESCONFIANZA HACIA LOS EMPRESARIOS

AMLO desconfía de los empresarios. Por eso exhibe, a la menor provocación, un instinto hostil a la libre empresa y la utilidad. Por ejemplo, al enfrentar la falta de cobertura de internet en las zonas más pobres del país, su reacción no fue fortalecer el proyecto en curso de red compartida o la red troncal que estaba por licitarse y que fue cancelada (en ambos casos su objetivo es precisamente dar cobertura), sino crear, en sus palabras, "una empresa de la nación para que haya comunicaciones e internet en todo México".[42] La falta de internet para todos llevó a que, cuando por la presencia del virus no fue posible reabrir las escuelas para el ciclo escolar de agosto de 2020, las clases se dieran por televisión, una suerte de telesecundaria como la de los años setenta.

Hay la visión de que todo aquello que hace el sector privado de alguna manera drena al sector público. Esto es particularmente claro en el sector energético, y no únicamente en sectores donde hay una suerte de suma cero, en los cuales se puede argumentar que si hay una empresa privada ésta desplaza a la pública. Por ejemplo, en la distribución de gasolina, la reforma energética permite que los privados sustituyan a Pemex. El gobierno de AMLO cree que eso es una forma de abuso. Esa misma lógica prevalece incluso cuando hay pastel para todos. Por ejemplo, el gobierno presume que Pemex desarrolla más rápido que los privados los campos que éstos ganaron en las licitaciones del gobierno de Peña Nieto, y que por eso no han licitado más campos. Aunque fuera cierto que Pemex lo hace mejor, y la evidencia no apunta en esa dirección, Pemex no puede hacerlo todo. Si no se licitan muchos de los yacimientos que tenemos, el crudo se quedará en el subsuelo.

Entre sus simpatizantes no han faltado voces que sugieran una estrategia más radical. Entre las iniciativas presentadas por algún miembro de su bancada o incluso de otros partidos se encuentran gravar las herencias, prohibir el *outsourcing*, controlar los precios de la gasolina, expulsar del país a las agencias calificadoras, eliminar las comisiones que cobran los bancos y medir la riqueza patrimonial de las personas mediante el Instituto Nacional de Estadística y Geografía (INEGI).

En plena crisis por la pandemia, tras publicar un decreto de salubridad que permitía al gobierno "utilizar como elementos auxiliares todos los recursos médicos y de asistencia social de los sectores público, social y privado existentes en las regiones afectadas y en las colindantes", algunas de las plumas más cercanas a AMLO andaban pidiendo la expropiación del sector.[43] AMLO optó por un convenio con la Asociación Nacional de Hospitales Privados. AMLO se ha mantenido firme en su estrategia: hacer lo menos posible.

Ante la pandemia tuvo una respuesta en el fondo claramente neoliberal: le toca al mercado decidir qué industrias viven o mueren. Raúl García Barrios ha resumido bien su estrategia:[44]

342

Obligados por el mercado, hagamos valer estrictamente su discurso ético: 1. Eliminemos las intervenciones del Estado que impiden la competencia, sobre todo rescates financieros que incentivan malas prácticas corporativas, 2. Combatamos la pobreza y la desigualdad con transferencias directas, no distorsionantes, otorgadas a jóvenes y adultos mayores, aumentos no inflacionarios al salario para hacerlo corresponder con la productividad del trabajo y estímulos a la productividad sostenida de millones de pequeños productores rurales y urbanos; 3. Hagámoslo con la más estricta disciplina tributaria y presupuestaria, rechazando toda alza de la deuda pública.

En palabras de AMLO, en respuesta a las "Recomendaciones para el Acuerdo Nacional. 68 ideas para México" del Consejo Coordinador Empresarial (CCE):

Entonces, con todo respeto, nosotros no vamos a continuar con más de lo mismo, no van a haber rescates para potentados. Si hay una quiebra de una empresa, pues que sea el empresario el que asuma la responsabilidad o los socios o los accionistas, porque el Estado tiene que proteger a todos y no actuar otorgando privilegios para nadie. Se tiene que poner por delante el interés general, el interés de la mayoría de los ciudadanos y de manera humanitaria atender con preferencia a los pobres. Es una gran injusticia, es una inmoralidad utilizar al Estado para rescatar a empresas o a instituciones financieras en quiebra. Si se trata de rescate, pues hay que hacerlo pensando en los que más lo necesitan, no regresar a lo que sucedió con el Fobaproa, de bancos quebrados, banqueros ricos, no socializar las pérdidas y privatizar las ganancias. ¡Cómo se van [a] convertir en deuda pública las deudas privadas! No coincidimos en eso, pero no es ahora, de siempre.

El CCE no pedía rescatar empresas. Sugería estimular la economía, con un conjunto de medidas de apoyo al empleo, como reforzar el sistema de seguridad social, reformar el sistema de ahorro para el retiro, fortalecer la industria nacional, o detonar los sectores de construcción y vivienda.

AMLO claramente tiene una definición distinta de neoliberalismo. Para él, por ejemplo, lo que estaba sucediendo en el mundo durante el coronavirus era un reflejo de la crisis del neoliberalismo, y rescatar empresas sería darle oxígeno a ese modelo: "Nada de rescates al estilo del periodo neoliberal, que les daban a los bancos, a las grandes empresas. Que no estén pensando que va a haber condonaciones de impuestos u otros mecanismos. Si tenemos que rescatar, ¿a quién hay que rescatar? A los pobres".

Uno de los intercambios más extraños durante la crisis fue ver al Fondo Monetario Internacional (FMI), en voz de Alejandro Werner, subsecretario de Hacienda en el gobierno de Calderón, un tecnócrata por excelencia, pidiéndole al gobierno de AMLO que gastara más, de forma prudente y temporal (conteniendo otra vez el gasto en el futuro), y que hiciera una reforma fiscal redistributiva.[45] AMLO no cree necesitar tal reforma. La transferencia a los más pobres será exitosa porque en su gobierno nadie roba. Pocas cosas son más populares. Los recursos excedentes vendrían de eliminar la corrupción. Todavía en su decreto de austeridad del 22 de abril de 2020, éste seguía siendo el eje de su proyecto: recorte al gasto y honestidad.

Como en todo gobierno, en el de López Obrador hay distintas visiones sobre cómo hacer lo que se tiene que hacer, desde los radicales que querrían restringir al máximo los mercados hasta los que creen que la justicia social requiere una economía de mercado que funcione. El triunfo de AMLO es el regreso de los desplazados por el ascenso de la tecnocracia liberal. Sin embargo, Hacienda está en manos de Arturo Herrera Gutiérrez, un secretario no tan distinto en sus posturas a las que hubiera tenido casi cualquiera de sus antecesores. Lo distinto es que predomina la lógica política, tal como

AMLO la ve. El poder está más centralizado que nunca. Se hará lo que AMLO desee.

Mucho de lo que AMLO pretende hacer lo ha escrito en sus libros. Lo que no hay es una visión bien articulada de una nueva política económica para el siglo XXI. Las reformas previas a la llegada de AMLO estaban fundadas en medidas propuestas por la Organización para la Cooperación y el Desarrollo Económicos (OCDE) e instituciones afines.

Los defensores de la expansión del Estado en los años setenta tenían una visión más o menos sofisticada, que se desprendía del neokeynesianismo de moda en Cambridge, Reino Unido. En 1981, en la revista *Economía Mexicana*, publicada por el Centro de Investigación y Docencia Económicas (CIDE), dos reputados economistas de Cambridge, John Eatwell y Ajit Singh, en un artículo intitulado "¿Se encuentra 'sobrecalentada' la economía mexicana? Un análisis de los problemas de política económica a corto y mediano plazo",[46] concluían que la economía mexicana no se encontraba "sobrecalentada", dado que la capacidad instalada utilizada había incluso caído y la inflación era sobre todo un problema de costos, en parte por el desliz del peso. La estrategia ortodoxa de permitir la flotación del peso y de contener el gasto público llevaría a una inflación mayor por la devaluación y a un mayor desempleo. Para los autores, la solución óptima para enfrentar el creciente déficit comercial y la inflación era continuar con la expansión del gasto púbico, pero conteniendo las importaciones y teniendo un tipo de cambio fijo. En este sentido, también recomendaban un cierto control de precios.

Entre los principales funcionarios económicos de AMLO no hay nada parecido a los análisis de Eatwell y de Singh, por más que estaban equivocados eran parte de una escuela de pensamiento de entonces. No lo hay porque sólo está la obra de AMLO, propagandística, no analítica.

La peculiar forma de organizar las funciones públicas por parte de AMLO y la erosión de las facultades técnicas del gobierno fue minando la capacidad de reacción en ciertas áreas. Por ejemplo, Jesús Seade renegoció la parte final del T-MEC, desde la Secretaría de Relaciones Exteriores, sin todo el apoyo técnico que antes acompañaba al responsable (que era el subsecretario de Comercio Exterior), aparentemente sin cotejar a profundidad los manuscritos legales en ambos idiomas, y con Estados Unidos obteniendo ciertas ventajas, como el establecimiento de paneles que podrán resolver problemas laborales en las industrias manufacturera y minera.

Durante la pandemia, fue notoria la falta de rigor en la decisión de cuáles sectores habrían de cerrar y cuáles no. El sector del tequila fue considerado esencial; el de la cerveza no. Bueno, dos plantas sí: las de Constellation Brands podían producir porque todo era para exportación.

El 6 de abril la Secretaría de Agricultura envió una carta a la Cámara de la Industria de la Cerveza y de la Malta anunciando que continuaría la producción de cerveza, anuncio que después fue desmentido por López-Gatell. Lo más absurdo, pero acá no estamos hablando de un error técnico, sino de la imposición de las preferencias de AMLO, es que todas sus obras emblemáticas fueron consideradas esenciales, actividades que no generan hoy valor, a lo mucho cierto empleo.

Estas actividades esenciales fueron las que de manera directa eran necesarias para atender la emergencia sanitaria (actividades laborales de la rama médica, paramédica y administrativa, y de apoyo en todo el sector salud, tanto en el campo público como privado). También las que involucraban seguridad pública, protección ciudadana, defensa de la integridad y soberanías nacionales, así como los sectores considerados esenciales para el funcionamiento fundamental de la economía: sector financiero, recaudación tributaria, distribución y venta de energéticos, generación y distribución de agua potable, industria de alimentos y bebidas no alcohólicas, mercados, supermercados y tiendas de autoservicio, servicios de transporte de pasajeros y de carga, producción agrícola, pesquera y pecuaria, agroindustria, industria química, productos de limpieza, ferreterías, servicios de mensajería, guardias y labores de seguridad privada, guarderías y estancias infantiles, estancias para personas de la tercera edad, refugios para mujeres víctimas de la violencia, telecomunicaciones y medios de información, servicios privados de emergencia, servicios funerarios y de inhumación, servicios de almacenamiento y de enfriamiento de suministros esenciales, aeropuertos, puertos y ferrocarriles, y actividades cuya suspensión pudiera tener efectos irreversibles para su continuación.[47] Entre estas actividades esenciales (presumiblemente en la categoría de "actividades cuya suspensión pudiera tener efectos irreversibles para su continuación") estaba la remodelación del Bosque de Chapultepec.

Por lo hecho hasta ahora y dadas las restricciones que enfrenta AMLO, no estamos frente a una política económica populista, según la definición del término que vimos al principio de este capítulo. Tampoco estamos frente a un cambio de fondo en el modelo de desarrollo, por más que a AMLO le guste estar criticando el neoliberalismo. Estamos frente a una política económica errática que impulsa lo que a AMLO le interesa y abandona casi todo lo demás.

El impacto en el crecimiento futuro

Con lo que hemos visto en lo que lleva en el poder, AMLO no es un populista en términos económicos como los que predominaron en América del Sur a principios de este siglo. Tampoco es una nueva versión de Luis Echeverría.

Sin embargo, sí cumple con dos de las características enumeradas por Carlos Bazdresch y Santiago Levy. La primera, "las señales inciertas de la política económica, que tienen efectos deprimentes en la inversión privada".[48] La segunda, una inversión pública mal planeada y centrada en los caprichos del presidente, aunque su monto sea limitado, por lo acotado de los recursos que tiene disponibles. Una diferencia no trivial respecto a las gigantes inversiones de los años setenta.

No hay tampoco un nuevo modelo que promueva un mayor crecimiento. No es una cuestión de que haya que darle tiempo para que madure su estrategia, o que la pandemia le echó a perder su modelo. El problema es que los mecanismos que ha utilizado no llevan a mayor inversión, ni pública ni privada.

Los gobiernos del periodo del desarrollo estabilizador, a los que dice querer emular, se distinguían por estar casi obsesionados por impulsar el desarrollo. Eran poco ideológicos, tenían una veta pragmática en las decisiones económicas, avaladas en criterios técnicos. Reconocían la necesidad de procurar la confianza de los inversionistas privados, que fueron el motor del crecimiento de ese periodo.

Con AMLO, las decisiones de asignación de inversiones son arbitrarias y al gobierno no parece importarle, en los hechos, la inversión privada. En general estamos frente a una política económica desordenada y contradictoria, con un presidente que está obsesionado por hacer unas obras con poca lógica económica, mirando al pasado, con una visión de que la riqueza es mala y donde él determina si un contrato del pasado fue justo o no. Por ello, tenderá a prevalecer la visión política de AMLO sobre las necesidades de crear condiciones adecuadas para la inversión.

Los pesos y contrapesos son fundamentales para dar certidumbre al inversionista. Todo el poder en las manos de una persona es colocar todo el riesgo bajo sus decisiones y caprichos. Los proyectos económicos importantes requieren de plazos largos. Requieren la garantía de un Estado con suficiente poder como para hacer cumplir las reglas, pero no en manos de un individuo que lo pueda utilizar discrecionalmente en contra de sus adversarios políticos.

Hay unos cuantos países donde una gran concentración de poder en unas cuantas manos ha coincidido con altos niveles de crecimiento. El ejemplo más evidente es el de China en las últimas décadas, pero venía de un mundo donde estaba prohibida la propiedad y las empresas privadas. La apertura económica liberó la capacidad empresarial del país, entumecida por décadas de comunismo. El crecimiento de ese país no tiene antecedentes en la historia del mundo, aunque dada la incertidumbre que da el poder del Estado chino, hoy una parte importante de la élite china busca tener un pie y una parte de su dinero afuera.

Un poder centralizado puede ser muy bueno para el crecimiento cuando aquél queda en manos de un gobernante que entiende qué requiere una economía de mercado, incluida una infraestructura de primera y un sólido Estado de derecho en materia comercial y contractual. Éste es el caso de Singapur, donde el primer ministro tiene todo el poder, pero lo usa para construir la mejor administración posible, tratando de tomar las mejores decisiones técnicamente hablando. Sin embargo, por cada Singapur hay decenas de dictadores abusivos, tontos, apresurados, iluminados, que dejan un desastre.

En México estamos frente a un gobierno que centraliza el poder, y puede desde ahí amenazar a un inversionista o a sectores enteros de la economía. Para colmo, no contiene la inseguridad. Esto tiene un alto costo para las empresas. El principal problema que enfrentan las empresas para llevar a cabo su actividad es la inseguridad: de acuerdo con los censos económicos del INEGI en 2019, el 43.3 por ciento de las pymes identifica la inseguridad pública como su mayor problema, un poco más que el 40.4 por ciento de las grandes empresas.[49]

Como lo han analizado Salvador Alva y José Antonio Fernández en su libro *Un México posible*, los gobiernos exitosos en promover el crecimiento entienden que el nombre del juego hoy es desarrollar las condiciones para tener una población educada, saludable, estimulada para el trabajo creativo y la disposición a tomar el riesgo de emprender una nueva actividad económica. En el mundo se compite por atraer talento y capital. Para ello hay que crear condiciones de vida atractivas, seguras, donde se abran las oportunidades y se premie el talento empresarial, no la cercanía con el poder. Hay que tener ciudades pujantes especializadas en ciertos sectores para que se conviertan en nodos de atracción de más inversión. La gente más talentosa hoy es muy móvil. Cada mexicano con talento empresarial que se va a Estados Unidos es una pérdida de riqueza para el país.[50]

No hay razones objetivas para que los privados inviertan más que antes, por más discursos que hagan frente al presidente, cuando tenían aún una relación cercana, invitándolo a hacer "de la inversión una obsesión, para que el país pueda crecer al 4 por ciento".[51] El poder de AMLO le permite controlar políticamente a los empresarios, pero no logra hacerlos invertir.

Ante mayor riesgo, menor inversión, o sólo la que es de alta rentabilidad potencial y a un plazo no muy largo. AMLO parece no darse cuenta de que México compite con otros países por atraer inversión o por retener la de los mexicanos.

Las reformas del gobierno de Peña Nieto se hicieron para impulsar la inversión privada, generando mayor competencia y abriendo un sector cerrado, el energético, cuyos altos costos e ineficacias frenaban la expansión del sector manufacturero, que es la base de nuestras exportaciones, e implicaba tener que utilizar recursos fiscales en actividades que podían hacer los privados. La inversión privada pasó, como proporción del PIB, de 16.84 por ciento en 2013 a 19.26 en 2016.

La elección de Trump generó incertidumbre y la inversión bajó para situarse en 18.99 por ciento del PIB en 2018. Las decisiones del gobierno de AMLO han espantado aún más a la inversión privada, que en 2019 bajó a 18.09 por ciento del PIB. Para 2020 hemos visto una caída de la inversión privada de 23.5 por ciento durante el primer semestre.

Esto en un contexto donde la caída de la inversión pública no ha hecho más que caer. Si en 2012 representaba 25.6 por ciento de la privada, en 2019 llegó a ser el 15.9, de un monto total de inversión privada más pequeño que antes. Del total de la inversión pública, 44 por ciento en 2019 fue de Pemex.[52]

Es tal su desconfianza en el sector privado, tal su determinación en no apoyarlo, en no subsidiarlo, dice él, que muchas inversiones de infraestructura, incluso las que él más desea, no las apoya, como la propuesta de un grupo de inversionistas de ampliar la carretera Cancún-Tulum y ahí poner las vías de su Tren Maya. Todo ingreso de un privado que él considere excesivo no tendrá el visto bueno de su gobierno.

Como el gobierno de AMLO tendrá una permanente escasez de recursos fiscales, la inversión pública no podrá compensar la menor inversión privada. Será, además, una inversión mal asignada y peor ejecutada, por lo que el impacto positivo sobre la economía será pequeño.

AMLO no entiende o no le importa la necesidad de generar condiciones propicias para la inversión, que no tienen por qué ser subsidios. Tampoco parece entender el costo que implica una inversión privada deprimida. Éste no sólo se verá en el sector más afectado por sus decisiones de política económica, el energético, que veremos en el capítulo siguiente, sino en casi todos los sectores.

Paradójicamente, al no estimular la llegada de una mayor inversión está fortaleciendo el poder de los grandes empresarios, supuestamente a quienes quería debilitar frente al poder político. Lo mismo generará su negativa a apoyar a las empresas medianas o pequeñas con algún recurso que les ayude a sobrevivir la pandemia. La única manera en que aparezcan competidores para los grandes empresarios es con nuevos jugadores que estén dispuestos a invertir en México o con el crecimiento de empresas medianas que vayan participando en un mercado dominado por alguna empresa más grande. Para finales del sexenio tendremos seguramente una economía más concentrada en unos cuantos grandes empresarios.

Además, aunque el gobierno se dice de izquierda, ha impuesto medidas claramente regresivas, es decir, que apoyan a quienes más tienen. El menor impuesto al valor agregado (IVA) en la frontera le concede a una franja poblacional con ingresos superiores al promedio del país una tasa privilegiada: 8 por ciento frente al 16 para el resto del país. También una tasa preferencial del impuesto sobre la renta (ISR) para las empresas de 20 por ciento respecto al 30 para el resto del país.

La falta de apoyo del gobierno a las mujeres trabajadoras con hijos tiene consecuencias económicas negativas. Que las madres trabajadoras no tengan acceso al cuidado de sus hijos, como sucede tras la cancelación de las estancias infantiles, dificulta que participen en el mercado de trabajo. Esto no sólo afecta sobre todo a las mujeres de menos ingresos, sino que les resta autonomía respecto a sus parejas. Una menor inserción de las mujeres en el mercado de trabajo se vuelve también un freno al crecimiento de la economía.

Qué tan sostenible es la política fiscal con una economía en franca recesión se irá viendo en los siguientes meses, pero los mercados financieros ya perciben un riesgo mayor sobre los bonos de México que el esperable dada su calificación crediticia. El 28 de abril de 2020 Paraguay emitió 2 mil millones de dólares con vencimiento a 11 años y a una tasa de 4.95 por ciento en dólares. Pocos días antes México emitió 2 mil 500 millones de dólares con vencimiento a 12 años y a una tasa de 5 por ciento.[53] Es decir, los dos emitieron, casi al mismo tiempo, montos similares, con vencimientos parecidos y a prácticamente la misma tasa, aunque la calificación crediticia de Paraguay es de grado especulativo, mientras que la de México continúa con grado de inversión. México es, según las agencias calificadoras, BBB, mientras que Paraguay es menos, BB. Cuando las tasas de interés que paga el gobierno aumentan, suelen aumentar también las que pagan las empresas privadas que piden prestado.

Con una economía estancada, por más que se presione al contribuyente, la recaudación tenderá a caer y por lo tanto también caerán los recursos para apoyar a quienes menos tienen. El ingreso petrolero, lejos de compensar esta caída, trae una tendencia a la baja porque el precio está deprimido y las promesas de crecimiento acelerado en la producción petrolera están lejos de haberse cumplido.

Mantener el equilibrio fiscal y promover una economía abierta son objetivos correctos, propios de un neoliberal, pero lo primero está dejando al gobierno debilitado, con competencias técnicas disminuidas, y lo segundo no se puede aprovechar plenamente sin un gobierno capaz de implementar políticas a favor del crecimiento. Éstas requieren instituciones efectivas, desde las educativas hasta las de supervisión fitosanitaria y la protección del medio ambiente.

La austeridad, como la entiende AMLO, va a llevar a un Estado mínimo, salvo en los temas que le interesan. Un Estado mínimo incapaz de proveer seguridad y certidumbre.

Peor aún. Se empiezan a acumular medidas que irán creando un costo fiscal creciente. Cancelar el aeropuerto de Texcoco implicó dejar enterrada una obra que se va a pagar con el impuesto que pagan hoy los usuarios del actual aeropuerto capitalino, de tal suerte que deberán encontrar otras fuentes de financiamiento para expandir el sistema aeroportuario de la capital. Las tasas de interés subieron para compensar a los inversionistas financieros la mayor incertidumbre generada por ésa y otras medidas contrarias a la

353

lógica económica. Esto implica un costo financiero mayor para las finanzas públicas. En el mismo sentido, hoy Pemex requiere pagar tasas de interés mucho mayores por su deuda, porque su plan de negocios no se percibe como creíble.

Otro ejemplo difícil de entender para un gobierno preocupado por la austeridad republicana y la disciplina fiscal se anunció el 19 de agosto de 2020: la Comisión Federal de Electricidad (CFE) había aceptado regresar a las antiguas reglas de retiro. Nuevamente una mujer se jubilará a los 25 años de servicio, sin importar su edad, y los hombres a los 25 años de servicio si tienen 55 años o más, o a los 30 años de servicio, sin importar su edad, como era antes de la reforma pensionaria de 2018 de Peña Nieto, que estipulaba que las mujeres podían jubilarse siempre que tuvieran 30 años de servicio y 65 años de edad, o 35 años de servicio sin importar su edad, y los hombres siempre que tuvieran 30 años de servicio y 65 años de edad, o bien 40 años de servicio sin importar su edad. Va a implicar un costo alto para CFE. Es difícil que no terminen por darles este mismo trato a los trabajadores de Pemex. La pueden poner en riesgo de quiebra.

Ninguna de las medidas hasta ahora impulsadas parece que llevará a un mayor crecimiento en el futuro. En las políticas públicas de AMLO no hay programas que traten de impulsar algún objetivo que ayude a estimular la inversión o la productividad, del capital o del trabajo. No hay por ello nada que permita prever un incremento en el potencial de crecimiento del país.

Las transferencias no condicionadas a los más pobres no mejorarán la oferta de capital humano de México. La intervención en ciertos mercados, como el energético, en nada ayudará a aumentar la productividad en el sector.

El concentrar la inversión pública en el sureste creará cuellos de botella en el resto del país con el riesgo de ni siquiera poder mejorar la infraestructura en el sureste por la deficiente planeación de estas obras, cuya probabilidad de ser terminadas es baja. Tanto la refinería de Dos Bocas como el Tren Maya, incluso si las lograran terminar, llevarán a una presión fiscal adicional en el futuro, porque difícilmente serán rentables. La cancelación del aeropuerto de Texcoco debilitará el potencial de crecimiento del centro del país, amén de mandar una señal de poca certidumbre sobre México como destino para la inversión.

Apostar al petróleo, cuando ya tenemos poco crudo, es extraño, por decir lo menos. Nuestro potencial de crecimiento se encuentra en la manufactura y en los servicios, desde el turismo hasta los de alto valor agregado, como programación sofisticada. Lo primero requiere energía disponible con certeza y a precios competitivos, algo que no se va a lograr con la política energética de este país. Lo segundo, un buen sistema educativo y la capacidad de retener y atraer al mejor talento disponible en el mundo.

México debería apostarle a ganar parte de la inversión que se saldrá de China por la inestabilidad comercial entre ese país y Estados Unidos. En ese sentido, puede resultar más caro el costo de oportunidad de lo que no se hará en ese tipo de esfuerzos, al apostarle nuevamente al crudo, que el costo de no encontrar ese petróleo.

Obsesionado por el pasado, AMLO no parece tener una visión clara de cuál debe ser la estrategia para insertar a México en el cambio tecnológico exponencial en el que estamos inmersos. Tampoco sabe qué hacer frente al nuevo paradigma geopolítico que está impulsando el gobierno de Donald Trump, el cual en lo referente a su visión de China es compartido por la mayoría de la élite de Estados Unidos, por lo que no cambiará mucho durante el gobierno de Biden.

Incluso antes de la crisis del coronavirus, el gobierno de AMLO estaba construyendo un modelo de crecimiento basado en una pobre creación de bienes y servicios públicos. Esto es ahora extremo. Muchos de los servicios públicos que provee el gobierno

—desde dar con agilidad permisos para alguna actividad económica hasta procurar ciudadanos educados y saludables— serán limitados, como limitado será el impacto en la productividad. Hay quizá una perversa lógica política detrás de esta destrucción de la capacidad del gobierno de proveer bienes públicos: el tener una relación privada con los electores a través de las transferencias de sus programas sociales.

El crecimiento había sido bajo antes de la emergencia por el coronavirus, y si no hubiera habido tal emergencia, es muy probable que hubiera continuado bajo. Ahora la economía ha experimentado una caída sin precedentes. Esta estrategia económica basada en intuiciones del pasado, con bajas competencias técnicas, se da en medio de un cambio tecnológico en el mundo que requiere gobiernos altamente flexibles y competentes. A eso hay que sumarle el costo de la nueva política energética, el cual es el tema del siguiente capítulo.

CAPÍTULO 6

Otro presidente apostador[1]

Ya tuvimos un presidente apostador, como nombró Gabriel Zaid a José López Portillo.[2] El éxito de su sexenio dependía de un precio del petróleo alto y al alza. Cuando el precio del crudo cayó en el mercado mundial en junio de 1981, en lugar de ajustar el gasto público (ya presionado por la fuerte subida en las tasas de interés a nivel mundial), corrió al director general de Petróleos Mexicanos (Pemex), Jorge Díaz Serrano. Éste, viendo las condiciones de un mercado a la baja, había optado por hacer un descuento de cuatro dólares por barril sin consultarle antes al presidente. No existía entonces un crudo de referencia con un precio dado por el mercado, como hay ahora. Se negociaban los precios y esto siempre daba margen a la discrecionalidad.

López Portillo canceló por decreto la mitad del descuento otorgado por Díaz Serrano, apostando a que se trataba de una caída temporal de los precios, y a que podría vender al precio que él decidiera porque, según él, nadie querría perder la garantía de suministro de México. No fue así. Sabemos cómo terminó esa historia: en la crisis más profunda que había tenido la economía mexicana desde la Gran Depresión de los años treinta.

En ese momento Andrés Manuel López Obrador era presidente del Comité Directivo Estatal del Partido Revolucionario Institucional (PRI) tabasqueño, primero, y a partir de 1984 director de Promoción Social del Instituto Nacional del Consumidor, una vez que se mudó a la capital del país. AMLO parece haber aprendido algunas lecciones de aquella crisis: la más grande fue la importancia del balance fiscal. Otras no las aprendió, como cuán imprudente es apostar un sexenio al precio del petróleo. Su apuesta por el petróleo va mal.

Toda decisión, en la vida y en la política, es una suerte de apuesta. Nadie puede saber lo que nos depara. Cuando López Portillo se jugó su sexenio a un precio del crudo alto y al alza, tenía bastante sentido: se había descubierto mucho petróleo. Al 31 de diciembre de 1980 los datos de Pemex mostraban que teníamos 47 mil 224 millones de barriles de crudo de reservas probadas,[3] lo que representaba 7.3 por ciento del total en el mundo. Éramos el quinto país con mayores reservas probadas de crudo.[4]

Por lo menos en los alegres datos de esa época. Las reservas de hidrocarburos de Pemex no se auditaban por terceros independientes como lo hacían otras petroleras grandes para presentar los datos en sus estados financieros. Fue hasta 1995, bajo la dirección de Adrián Lajous, cuando se revisaron las reservas de Pemex de acuerdo con los criterios adoptados por las convenciones. Durante tres años se realizaron diversos estudios de estimación de reservas tanto al interior de Pemex, con la asistencia técnica del Instituto Mexicano del Petróleo, como con ayuda de dos firmas de expertos independientes.[5] Una vez medidas como lo hace la industria, pasaron de 47.8 mil millones de barriles de petróleo crudo equivalente en 1997 a 21.6 mil millones en 1998.[6]

Durante el gobierno de López Portillo el precio del crudo no había hecho más que subir. El barril pasó de 2.7 a 11 dólares en 1973. En 1979 pasó a 30 dólares. Para 1980 ya valía 35.5 dólares.[7] En 1981 la producción de crudo en México cerró en 2 millones 312 mil barriles diarios. En 1977 se producían apenas 981 mil barriles diarios.

Pemex llegó a ser la tercera mayor empresa petrolera a nivel mundial[8] por un accidente geológico: Cantarell, descubierto casualmente en 1961 por el pescador Rudesindo Cantarell en aguas someras, es decir, sin conflictividad social y sin demasiadas complicaciones geológicas. Su producción inició hasta 1979.

Cualquier empresa con ese yacimiento de 37 mil 562 millones de barriles de reservas probadas sería grande.[9] En su pico, en 2004, Cantarell produjo por sí mismo 2 millones 136 mil barriles diarios.[10] Para 2020, al mes de septiembre produjo un promedio de 98.7 mil barriles diarios.[11]

Otro gran yacimiento, no lejos de Cantarell, Ku-Maloob-Zaap (KMZ), en la Sonda de Campeche, cuyos primeros descubrimientos se hicieron en 1977, tenía reservas probadas de más de 26 mil 309 millones de barriles de petróleo.[12] Inició operaciones hasta 2002.[13] En su pico, en 2013, produjo un promedio de 854 mil 863 barriles diarios.[14] En 2020, con datos hasta septiembre, produjo en promedio 699 mil barriles diarios. Ya entró en fase de declinación.[15] Se esperaba una caída gradual. Iba bien, hasta 2020, cuando el campo más importante, Maalob, empezó a descender de forma más rápida. De casi 385 mil barriles diarios en enero de 2020 pasó a 276 mil en julio. En septiembre se recuperó la producción y produjo 317.7 mil barriles diarios en promedio.

Pemex se acostumbró a vivir de estos dos grandes yacimientos, y otros dos muy grandes con más de 4 mil millones de barriles cada uno, Antonio J. Bermúdez y Abkatún-Pol-Chuc. Ya no parece existir ese tipo de campos. Por lo menos no los ha descubierto Pemex.

AMLO decidió apostarle al petróleo cuando ya no somos una potencia petrolera y el mundo dependiente del hidrocarburo va de salida. Aún no se sabe qué tan rápido, pero marchamos rumbo a un cambio energético que hará de los hidrocarburos un energé-

359

tico menos importante que en el pasado. La electricidad tenderá a producirse cada vez más de fuentes renovables como el sol y el aire y los autos utilizarán cada vez más electricidad.

Contra lo que algunos temieron, no se ha acabado el crudo en el mundo. Los cambios tecnológicos permiten extraer recursos antes inaccesibles técnica o económicamente. En paralelo, la transición energética llevará a un menor crecimiento de la demanda de hidrocarburos. Al paso que vamos se quedará, como reservas inexplotadas, una parte importante del crudo del planeta. Muchas de las grandes petroleras están en proceso de transitar hacia compañías de energía que produzcan también energías limpias. Es la forma de tener futuro.

Con todo, hay oportunidad de extraer una parte del crudo que tenemos en el subsuelo, dado que muchos yacimientos en el mundo se están terminando y deben ser sustituidos. Para no dejar el dinero de los mexicanos en el subsuelo se requieren políticas muy bien pensadas y flexibles para reaccionar a los cambios de este entorno.

En un mundo de menor demanda del crudo, y peor aún, de una abundante oferta de éste, sólo los productores más eficientes pueden ganar dinero. No sabemos realmente a qué precios son rentables los campos de Pemex que hoy explota ni a qué precio del crudo es rentable todo Pemex, incluyendo sus deudas, los impuestos que paga y las pensiones que otorga.

Las reservas de crudo se clasifican, de acuerdo con la probabilidad de extracción que se tiene de los hidrocarburos identificados, en probadas (1P), probables (2P) y posibles (3P). Las reservas probadas (1P) tienen una probabilidad de recuperar al menos 90 por ciento del volumen de hidrocarburos detectado. Las reservas probables (2P) tienen una probabilidad de 50 por ciento o más de ser recuperadas. Y las reservas posibles (3P) tienen una probabilidad de al menos 10 por ciento de que el volumen recuperable sea igual o mayor a lo estimado. En este sentido, las reservas 3P incluyen la suma de las 1P y 2P, mientras que las 2P incluyen también las reservas 1P, porque el cálculo de mayor probabilidad incluye a las que tienen menos probabilidad.[16]

Son modelos probabilísticos que dependen además del precio del crudo y del cambio tecnológico. Por ejemplo, las reservas de crudo en Estados Unidos que requieren técnicas de extracción no convencional se conocen desde hace décadas, pero no eran consideradas 1P porque no tenía sentido económico desarrollarlas con precios bajos del crudo. Cuando cambió la tecnología y los precios lo permitieron, se pudieron explotar. Campos de aguas profundas que contaban como reservas 1P dejaron de tener esa categoría cuando el precio del crudo cayó de forma importante.

En 2019 México tenía 0.33 por ciento de las reservas probadas (1P) mundiales.[17] Según información de Pemex, al 1º de enero de 2019 las reservas totales de crudo de la empresa eran de 15 mil 292 millones de barriles, de las cuales sólo 34.8 por ciento son reservas probadas (1P),[18] es decir, 5 mil 332 millones barriles. Con la producción de Pemex promedio hasta septiembre de 2020 estas reservas alcanzaban para 8.7 años. Pemex conservaba, a principios de 2019, 80 por ciento de las reservas posibles (3P) del país.[19]

Uno de los logros de esta administración ha sido mejorar la tasa de restitución de reservas que alcanzó 119 por ciento en 2019, una mejora notable (gráfica 6.1). Ojalá este ritmo sea sostenible. Ojalá también que los números estén bien, porque cuando se les rasca a los datos no parecen ser reservas que sean comercialmente viables, menos en las condiciones de precio del crudo actuales.

GRÁFICA 6.1. *TASA DE RESTITUCIÓN DE RESERVAS*

(PORCENTAJE)

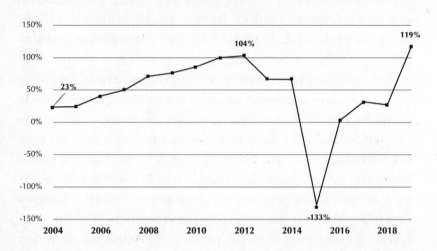

Esta gráfica muestra la tasa de restitución de reservas que se obtiene de dividir el total de reservas probadas generadas por descubrimientos, desarrollos, delimitación de campos, y revisiones de las reservas entre la producción total del periodo.

Fuente: Plan Quinquenal de Licitaciones para la Exploración y Extracción de Hidrocarburos 2020-2024.

Vale la pena sacar nuestras reservas, y pronto. Para hacerlo no hay necesidad de invertir recursos públicos ni de correr riesgos en exploración y producción. Basta ser el dueño de los yacimientos. El gobierno mexicano lo es. La reforma energética de Peña Nieto no cambió eso. Simplemente permite que otros corran el riesgo del negocio y apuesten su capital. No lo tiene que hacer Pemex con el dinero de los mexicanos. Si los privados tienen éxito, el gobierno se llevará una buena parte del ingreso, como veremos más abajo.

Dada la decisión de AMLO de suspender las rondas de subasta de campos, es muy probable que muchas de esas reservas ya no las extraigamos nunca. Aunque AMLO optara por reanudar las licitaciones pronto, el interés por ellas ha decrecido, dada la caída en el precio del crudo.

362

Como somos un país que importa más hidrocarburos de los que exporta, y además somos exportador de manufacturas, nos conviene un precio bajo del crudo, y a la hacienda pública, cobrar altos impuestos a la gasolina. Esto le podría dejar al fisco más dinero del que le dejan los ingresos por la venta del crudo.

La apuesta de López Portillo estaba basada en lo que a la postre fue una lectura equivocada del mercado del petróleo. Sin embargo, le pudo haber salido bien. La mayoría de las proyecciones anticipaban que el precio del crudo continuaría en una ruta ascendente. Para 1985 se esperaba que el barril costara 56.23 dólares.[20] En 1985 valía 25.33 dólares por barril. Su error fue no darse cuenta de que el mercado había cambiado, y no sólo el petrolero, sino también el financiero, pues las tasas de interés del Tesoro de Estados Unidos con madurez de un año pasaron de 4.88 por ciento en 1977 a 10.59 en 1979, y a 14.06 en 1981, con lo cual el servicio de la deuda externa se incrementó de forma importante.[21]

La apuesta de AMLO fue por pura necedad. Todo indicaba que la tendencia del precio era a la baja, antes de la pandemia. Fue como tratar de regresar en el tiempo. No sé en qué año estaba pensando. Con la pandemia la apuesta se volvió un serio problema para su proyecto y para la sustentabilidad fiscal del país.

Cuando el precio del petróleo se desplomó y era evidente que la apuesta le estaba saliendo mal, AMLO dijo el 21 de abril de 2020: "¿Por qué no nos afecta tanto lo de la caída en el precio del petróleo? Porque invertimos el año pasado en la perforación de pozos, se trabajó en campos nuevos y ya tenemos esos pozos, y a esos pozos nuevos ahora que no tiene valor el petróleo les podemos cerrar las válvulas, no pierden presión". Cuando lo dijo sonrió pícaramente, orgulloso de cuán listo es.

El argumento es absurdo. Si no se hubiera gastado ese dinero en esos nuevos yacimientos estarían sin producir también y Pemex tendría el dinero gastado en ellos para enfrentar mejor los retos de liquidez. Por otro lado, los pozos en cuestión estaban produciendo, cuando dijo esa frase, 24.2 mil barriles diarios.[22] Es además técnicamente erróneo. Al cerrarse temporalmente, todos los pozos corren el riesgo de no recuperar los niveles originales de presión y por lo tanto producir menos en el tiempo de lo que se esperaba.

LA REFORMA DE PEÑA NIETO

Las dos grandes empresas del Estado, Pemex y la Comisión Federal de Electricidad (CFE), no estaban preparadas para la competencia. Décadas de monopolio estatal las habían llevado a ser organismos sin el personal técnico óptimo, con excesos de todo tipo, de personal, de malas decisiones de inversión, de deudas, de corrupción.

Sin competencia nunca iban a mejorar. Lo ideal hubiera sido un calendario gradual para la apertura, pero en el mundo real, si no se abría el mercado una vez aprobada la reforma, habría habido mil razones para posponer la entrada de la competencia eternamente.

La reforma de Peña Nieto trazó una ruta que permitiría construir un mejor sector energético. Se elaboró a partir de la experiencia internacional para construir una política integral capaz de proveer energía suficiente y a precios competitivos, con criterios de protección creciente al medio ambiente, y que les permitiría a las dos grandes empresas del Estado ser más competitivas sin exprimir al consumidor o al fisco. Faltaron por definir muchos temas, como la estrategia óptima para desarrollar aguas profundas, la cual requería una fuerte inversión de Pemex en la infraestructura para hacer rentables esos yacimientos, inversión que se recuperaría con ganancias si se hacían bien las cosas.

Culpar al "neoliberalismo" de los problemas en el sector es fácil, pero falso. El de hidrocarburos fue el único sector importante de la economía que no se abrió, como sí se hizo con el resto.

Las reformas estructurales hasta antes de las de Peña Nieto no lo tocaron en realidad. El Tratado de Libre Comercio de América del Norte (TLCAN) no lo afectó. Contra lo que dice AMLO, la inversión en nuestra empresa petrolera había estado creciendo desde 2000, como se verá más abajo.

La reforma petrolera de Calderón no modificó la Constitución y fue muy limitada: creaba nuevos mecanismos para que Pemex contratara empresas privadas en sus actividades, sin que Pemex pudiera compartir la producción de crudo. La reforma dio mayores responsabilidades al Consejo de Administración de Pemex en temas presupuestales, de deuda, adquisiciones y compras, y además creó diversos comités que se encargarían de supervisar esas atribuciones. Adicionalmente, se reformaron las actividades reguladas por la Comisión Reguladora de Energía (CRE) y se creó la Comisión Nacional de Hidrocarburos (CNH) como un órgano técnico desconcentrado de la Secretaría de Energía (Sener). Finalmente, la reforma de Calderón fortaleció la inclusión de energías renovables y estableció objetivos de financiamiento para la transición energética del país.[23]

Dos sexenios antes, el gobierno de Zedillo temía enfrentar cortes en el suministro eléctrico dada la recuperación de la economía, en particular el crecimiento de las exportaciones de manufactura. La disponibilidad de electricidad a buen precio era crucial para sostener este modelo y atraer la inversión manufacturera a México. Tras el fracaso de una reforma de fondo planteada por el gobierno de Ernesto Zedillo, ante la negativa del Partido Acción Nacional (PAN) para apoyarla, el sector de la electricidad tuvo una apertura muy limitada en 1999. No cambió la estructura del mercado en la que se mantuvo un solo jugador en transmisión y distribución. Se permitió la entrada de generadores privados de electricidad, para quienes era un buen negocio venderle a la CFE su producción, dado que sus costos eran muy inferiores a los de la CFE.

La verdadera apertura en el sector energético ocurrió hasta 2014. Peña Nieto anunció desde su campaña que buscaría abrir y transformar el sector energético en su libro *México, la gran esperanza*, donde mencionaba que el Estado conservaría la propiedad sobre los hidrocarburos y Pemex, pero con un esquema flexible que le permitiera asociarse con empresas privadas en sus actividades de exploración y extracción de hidrocarburos.[24]

La reforma que Peña Nieto envió al Congreso conservó ese objetivo. Incluso señaló que el texto retomaba "palabra por palabra" la redacción de Lázaro Cárdenas en el periodo de expropiación petrolera en 1938.[25] El Partido de la Revolución Democrática (PRD), que había dicho que estaría de acuerdo con esa redacción, luego se retractó.

Las negociaciones de la reforma de los artículos 25, 27 y 28 constitucionales tomaron meses y concluyeron en diciembre de 2013. El texto acordado terminó siendo más ambicioso que el presentado por el gobierno, pues liberaba más el sector, como forma de tener el apoyo del PAN.

Contó con el voto a favor de 354 diputados (71 por ciento) y 131 en contra (26 por ciento), de estos últimos 1 voto fue del PRI, 3 del PAN, 95 del PRD, 13 del PT y 19 de Movimiento Ciudadano.[26] En el Senado se aprobó con una mayoría de 95 votos (77 por ciento) y 28 votos en contra (22 por ciento), 1 en contra del PRI, 2 del PAN, 19 del PRD, y 6 del PT.[27] Las reformas a las leyes secundarias se dieron en el transcurso de 2014 y resultaron en 21 leyes, 9 nuevas y 12 reformas a regulaciones previas.[28]

La reforma petrolera se aprobó cuando el precio del barril estaba muy alto. El día que el gobierno introdujo su reforma constitucional en la materia, la mezcla mexicana valía 100.86 dólares por barril. Eran años de vacas gordas y de mucho optimismo en el sector.

La reforma energética se hizo para finalmente someter a la competencia a la CFE y a Pemex, diversificar las fuentes de inversión en la materia, desarrollar un sistema menos dependiente de un par de agentes, sin renunciar a la rectoría del Estado y a la propiedad de la nación de los recursos del subsuelo. Los elementos centrales del sector se mantuvieron bajo control del Estado. En hidrocarburos, la propiedad de la nación de los yacimientos y de Pemex. En electricidad, el control del despacho eléctrico y la propiedad de la CFE. El objetivo era maximizar el interés del consumidor y del dueño del crudo, que somos los mexicanos.

Con el fin de administrar óptimamente el sector energético se fortalecieron dos agencias regulatorias, con autonomía técnica, no constitucional: la CRE y la CNH. Ambas tienen su origen en el artículo 28 constitucional, que establece la creación de los órganos reguladores coordinados en materia de energía.

La CRE es una dependencia con autonomía técnica, operativa y de gestión con el encargo de fomentar el desarrollo eficiente de la industria energética, promover la competencia en el sector y cuidar la cobertura nacional, la confiabilidad, estabilidad y seguridad del suministro y prestación de servicios energéticos en el país. La CRE regula el desarrollo de actividades como el transporte, almacenamiento y distribución de petróleo, gas natural y licuado, petrolíferos y petroquímicos; el transporte de ductos, almacenamiento, distribución y venta de bioenergéticos, y la generación de electricidad, incluidos los servicios de transmisión, distribución y comercialización de electricidad.[29]

Por su parte, el objetivo de la CNH es regular de forma eficiente y confiable la exploración y extracción de hidrocarburos en el país. Es un órgano técnico con autonomía para regular y supervisar la explotación de hidrocarburos; mejorar la regulación sobre esta materia; consolidar la aprobación, administración, seguimiento y supervisión de actividades de las asignaciones y contratos petroleros, así como asesorar al gobierno mexicano en los aspectos técnicos relacionados con el sector de hidrocarburos.[30]

La CNH tiene un mandato específico sobre el sector de hidrocarburos, mientras que la CRE abarca diferentes temas de la industria energética nacional.

La reforma eléctrica se discute más adelante. En materia petrolera la lógica de la reforma en materia de exploración y producción fue la siguiente: toda inversión en hidrocarburos es una apuesta geológica. Nunca se sabe a ciencia cierta qué hay en el subsuelo y todo proyecto de extracción está lleno de riesgos.

Si el dueño del crudo somos los mexicanos, para maximizar los ingresos hay que licitar los yacimientos. La reforma obligó a que Pemex le diera la información geológica a la nación, a través de la CNH, para que la pudiera compartir con terceros interesados en explotarlos, a través de las rondas donde se subastó el derecho a hacerlo. Puede que vean oportunidades donde Pemex no las ve. La geología no es ciencia exacta.

Para tener mejor información sobre la naturaleza de las reservas, se le permitió a cualquiera hacer estudios para conocer partes del territorio. La llamada *sísmica* se hizo de forma regulada y con la obligación de compartir esta información con la CNH. Esto llevó a una importante inversión por parte de terceros para conocer mejor la geología del país. De acuerdo con los datos de la CNH, se han invertido 4 mil 274 millones de dólares desde 2015 hasta junio de 2020 en las conocidas como Autorizaciones para Reconocimiento y Exploración Superficiales (ARES).[31]

La idea central es que los yacimientos de la nación sean desarrollados por quien crea que tienen más valor, reflejado esto en que está dispuesto a pagar una mayor proporción de su valor al Estado. Con el fin de que el país compartiera el riesgo exploratorio con otras empresas, durante el sexenio de Peña Nieto se licitaron 107 contratos petroleros.

La CNH llevó el proceso de licitación de campos de forma impecable, transparente, y con reglas claras. No hubo una sola inconformidad, según lo reportó en 2018 el secretario de Energía, Pedro Joaquín Coldwell.[32] Para una administración con tantas historias de corrupción, no hay en la prensa historias de corrupción respecto a este proceso.

AMLO prometió revertir los contratos si detectaba actos de corrupción: "Entonces, se está revisando el contrato, pero aquí lo más importante es que eso ya es pasado, ya se fue a la historia, pero al basurero de la historia […] lo más importante es que nunca más vuelva a suceder", dijo el 26 de febrero de 2020. No ha revertido ningún contrato. Tampoco ha vuelto a licitar un solo campo.

A Pemex se le asignaron, previo a las licitaciones, todas las reservas que estaba explotando. De las reservas probadas (1P), se quedó con 97 por ciento; de las probables (2P), con 83 por ciento, el total de lo que solicitó Pemex. El porcentaje solicitado por Pemex de las reservas posibles (3P) fue 31 por ciento, y se le dio 21 por ciento de los recursos.[33] Según Pemex, con su propuesta original de conservar 31 por ciento de los recursos posibles (3P) del país sería suficiente para mantener la producción promedio de 2014 por 13 años más.[34]

Pemex tiene derecho a concursar por reservas adicionales. Debe estar dispuesto a pagar más por ellas que las otras empresas que participen en la licitación. Esto es lo que le conviene al dueño del petróleo que somos todos los mexicanos.

Pemex tuvo la posibilidad de concursar en todas las licitaciones. No lo hizo porque no podía invertir en todos los campos subastados al mismo tiempo. Sin estas licitaciones estos campos seguramente se hubieran quedado sin desarrollar. Participó en cuatro licitaciones, donde ganó 14 áreas de un total de 161 licitadas por la CNH.

Ninguna empresa del mundo podría desarrollar por sí sola todos los yacimientos que aún tiene México. Son muchos y cada uno tiene su propia complejidad. Las empresas petroleras suelen compartir el riesgo exploratorio y de ejecución de los yacimientos más complicados con otras compañías.

La reforma le permite a Pemex buscar socios para los yacimientos que ya tiene a través de los llamados *farmouts*, con los que se licita un yacimiento y se encuentra al mejor postor con el fin de que ponga capital y tecnología. Pemex sólo llevó a cabo tres *farmouts*. Logró hacer el primero hasta diciembre de 2016.[35] La reforma definió que, para evitar discrecionalidad de con quién se asocia Pemex, la CNH organizara la licitación y decidiera al ganador.

Irónicamente, al no haber cancelado los contratos petroleros ya asignados, dejó abierta la única puerta por la que puede ganar otra apuesta: que la reforma de Peña Nieto termine por funcionar. Hay 140 planes de inversión por 36 mil 390 millones de dólares.[36] La trayectoria en la producción de crudo en manos de privados se muestra en la gráfica 6.2. Mientras que la producción de Pemex ha caído en lo que va de la administración de AMLO, la de los privados tiene una curva ascendente, aunque a partir de cero.

A septiembre de 2020 se habían invertido en exploración y producción 6 mil 187 millones de dólares, de los cuales 4 mil 120 millones corresponden a contratos de exploración y extracción (CEE) licitados en las rondas petroleras, mil 520 corresponden a migraciones de asignaciones de Pemex y 547 son las inversiones en asociaciones que ha hecho Pemex con privados.[37] Por su parte, la Asociación Mexicana de Empresas de Hidrocarburos (Amexhi) señala que las empresas privadas han invertido 14 mil 557 millones de dólares desde 2015 hasta julio de 2020. Esta cifra incluye además de la inversión en exploración y producción, pagos al Fondo Mexicano del Petróleo, compra de información, transferencias a Pemex y pagos de aprovechamientos.[38]

GRÁFICA 6.2. PRODUCCIÓN DE PETRÓLEO CRUDO DE PRODUCTORES PRIVADOS
(MILES DE BARRILES DIARIOS PROMEDIO)

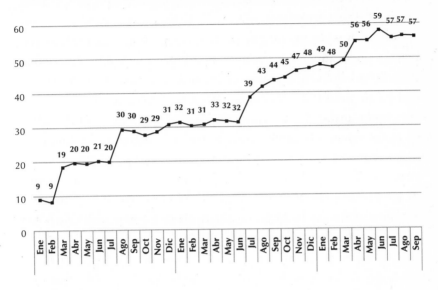

Esta gráfica mide la producción total de petróleo, únicamente de los privados de enero de 2018 hasta septiembre de 2020.

Fuente: Elaboración propia con datos de la CNH.

Es una apuesta en la que el gobierno no tendría que meter dinero ni tiempo de gestión de Pemex. Sólo esperar a que los inversionistas produzcan crudo, siempre y cuando no obstaculicen a los inversionistas privados que requieren todo tipo de permisos por parte de la autoridad.

Las empresas ganadoras estuvieron dispuestas a pagarle al gobierno (el llamado *government take*) un alto porcentaje de la producción o de la ganancia esperada. De acuerdo con datos de la consultora EY, el *government take* en otros países varía considerablemente. En Brasil, por ejemplo, el Estado se queda con 62.9 por ciento del valor del proyecto; en Colombia, con 68 por ciento; en Estados Unidos, con 68.3 por ciento, mientras que en Noruega se queda hasta con 70.8 por ciento.

371

Una comparación más precisa requiere hacerlo en función de las características de cada campo. No hay espacio aquí para examinar toda esa información.

Un análisis de los rangos de participación que obtuvo el gobierno mexicano en las rondas petroleras revela que hubo una gran variedad en cada proceso, pero que las rondas 1 y 2 arrojaron una participación promedio esperada de 72.4 por ciento del Estado en las utilidades de esos campos. Por ejemplo, en la Ronda 1 de aguas someras (segunda convocatoria), la petrolera italiana ENI ganó el primer contrato para desarrollar un campo frente a las costas de Tabasco al ofrecer al Estado mexicano 83.75 por ciento de la utilidad operativa del campo.[39] Acá el gobierno seguramente ganará más que si lo hubiera desarrollado Pemex, con costos de operación mucho más altos.

CUADRO 6.1. *RESULTADOS OFICIALES DE LAS RONDAS PETROLERAS*

Licitación	Fecha	Modalidad	Contratos otorgados	Rango de participación del Estado en las utilidades (%)	Participación esperada del Estado en las utilidades (%)	Inversión esperada (mmd)	Inversión firme (mmd)
R1.1 Aguas someras exploración	15 de julio de 2015	CPC[a]	2	74-83	n. d.	2 870	151
R1.2 Aguas someras extracción	30 de septiembre de 2015	CPC	3	82-90	85.3 (máx. 88.3)	3 248	600
R1.3 Áreas terrestres extracción	15 de diciembre de 2015	Licencia	25		n. d.	1 044	623
R1.24 Aguas profundas	5 de diciembre de 2016	Licencia	8	48-76	59.8 (máx. 66.1)	34 353	344
R2.1 Aguas someras exploración	19 de junio de 2017	CPC	10	20-75	77.4 (máx. 83.9)	8 193	309

Licitación	Fecha	Modalidad	Contratos otorgados	Rango de participación del Estado en las utilidades (%)	Participación esperada del Estado en las utilidades (%)	Inversión esperada (mmd)	Inversión firme (mmd)
R2.2 Áreas terrestres extracción	14 de julio de 2017	Licencia	7	41-86	75 (máx. 82)	1 100	169
R2.3 Áreas terrestres extracción	14 de julio de 2017	Licencia	14	42-98	75 (máx. 82)	964	279
R2.4 Aguas profundas	31 de enero de 2018	Licencia	19	53-74	64.7 (máx. 67.2)	92 794	1 387
Ronda 1 y 2		83% licencias	88	20-98	72.4 (máx. 77.5)	144 566	3 862

Este cuadro presenta los resultados oficiales obtenidos en los procesos de licitación de las rondas petroleras mexicanas derivadas de la reforma energética. Se muestran los diferentes rangos de participación o *government take* acordado con las empresas ganadoras y una estimación de la participación real que puede esperar el gobierno de estos contratos y la inversión comprometida para cada ronda.

ª Contrato de producción compartida.

Fuente: Víctor Padilla Rodríguez, "Evaluando los contratos de exploración y extracción de hidrocarburos en México, 2015-2017", *Problemas del Desarrollo. Revista Latinoamericana de Economía, vol. 50, núm. 197,* 2019.

En lo que se refiere al resto del sector de hidrocarburos, todos los procesos posteriores a la extracción de crudo, es decir, toda la actividad de transformación del crudo en combustibles o petroquímicos, más las tareas de almacenaje y transporte, que en la terminología de la industria se denomina aguas abajo (*downstream*), los cambios tuvieron una lógica: estimular la competencia. La reforma creó las condiciones para que empresas privadas invirtieran en actividades de comercialización, transporte, almacenamiento y distribución de petrolíferos, refinación y petroquímicos y dio las facultades a la CRE para regular la mayor parte de las actividades relacionadas con aguas abajo. La Sener conservó la facultad regulatoria sobre la importación de petrolíferos y petroquímicos, pero el resto de las autorizaciones requeridas para estos procesos de esta industria quedaron en manos de la CRE.

Adicionalmente se creó el Centro Nacional de Control del Gas Natural (Cenagas) en agosto de 2014 como uno de los organismos descentralizados, sectorizados de la Sener. El objetivo de este centro es garantizar la gestión, el transporte y el almacenamiento necesarios para el abasto seguro, confiable y eficiente de ese hidrocarburo en México. También se creó el Sistema de Transporte y Almacenamiento Nacional Integrado de Gas Natural (Sistrangas) con los activos del Sistema Nacional de Gasoductos y los gasoductos de Tamaulipas, Zacatecas, Bajío, Ramones I, II y Ramones sur.[40]

En 2015 Pemex firmó un convenio para transferir sus ductos de gas al Cenagas. Hubo un debate por el valor real de los activos: la transferencia de esos activos representó, según cálculos de Pemex, una pérdida de 27 mil 882 millones de pesos para Pemex Logística, la subsidiaria dueña de los activos.[41] Con esta decisión el gobierno conservó el control de gasoductos estratégicos para el país y abrió espacio para que empresas privadas invirtieran en nuevos proyectos de forma independiente o en conjunto con las empresas productivas del Estado.

CONSEJERO DE PEMEX

Fui consejero de Pemex durante cuatro años y medio. Me tocó participar en la implementación de esta reforma. Es imposible hablar de Pemex sin decir algunas palabras sobre mi experiencia en tratar de implementar la reforma energética.

Antes de explicar cómo fue mi paso por el Consejo conviene dar algunos datos básicos de Pemex. La empresa presentó su producción máxima de crudo en 2004 y desde entonces cada año se reducía el crudo extraído. La evolución de la producción se muestra en la gráfica 6.2.

Como se observa en la gráfica 6.3, mi encargo como consejero de Pemex se dio en un periodo de caída en los precios del crudo. Eso obligó a todas las empresas en el sector a hacer recortes profundos en su gasto.

GRÁFICA 6.3. *PRECIO PROMEDIO DE LA MEZCLA DE PETRÓLEO CRUDO*

(DÓLARES POR BARRIL)

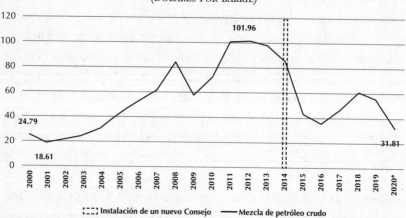

Esta gráfica muestra el precio promedio de la mezcla de petróleo crudo mexicano y la entrada en vigor del Consejo de Administración en el que participé. Los datos de 2020 son el promedio observado hasta julio.

Fuente: Anexo Estadístico del Informe de Gobierno.

376

En 2014 la empresa generaba 858 mil millones de pesos de EBITDA (Earnings Before Interest Tax, Depreciation and Amortization, por sus siglas en inglés). Una cantidad brutal de dinero. El EBITDA muestra el beneficio bruto de explotación antes de deducir los gastos financieros, pago de impuestos, depreciación y amortización de los activos. Esta medición sirve para saber la utilidad que genera la empresa sin tomar en cuenta el costo de pagar la deuda y cumplir con los compromisos de pago de impuestos o reservas actuariales para pagar pensiones. Este indicador suele usarse para comparar los resultados de distintas empresas.[42] El precio del crudo estaba en niveles históricamente muy altos, pero el EBITDA ya iba de bajada.

GRÁFICA 6.4. EVOLUCIÓN DEL EBITDA

(MILES DE MILLONES DE PESOS CORRIENTES)

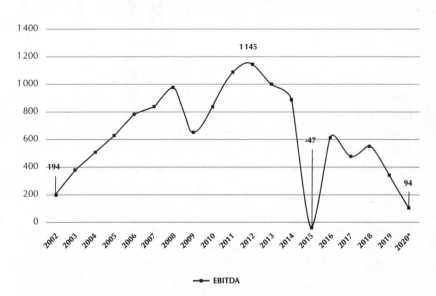

Esta gráfica muestra la evolución del EBITDA o beneficio bruto de la empresa antes de deducir costos financieros, depreciación, impuestos y amortizaciones en millones de pesos. Los datos de 2020 llegan hasta el primer semestre del año.

A pesar de ese EBITDA tan elevado, en 2014 la empresa presentaba una pérdida neta de 265 mil millones de pesos. El rendimiento neto se obtiene al restarle al EBITDA los costos totales de la actividad empresarial, tales como nuevas inversiones, reservas actuariales para pago de pensiones, impuestos, intereses, depreciación de activos y gastos generales. Es la foto completa del desempeño de una empresa, tomando en cuenta todos los gastos que tiene y el deterioro de los activos que posee.

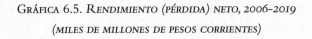

GRÁFICA 6.5. RENDIMIENTO (PÉRDIDA) NETO, 2006-2019
(MILES DE MILLONES DE PESOS CORRIENTES)

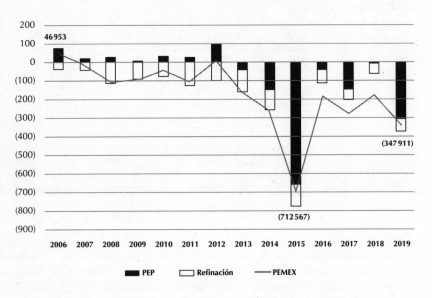

Esta gráfica muestra el desempeño financiero de Pemex entre 2006 y 2019. Las barras oscuras presentan las pérdidas o ganancias netas generadas por Pemex Exploración y Producción (PEP), y las barras blancas, las de Refinación; la línea muestra el rendimiento neto de toda la empresa. En algunos casos éstas son menores a la suma de las pérdidas en PEP y Refinación porque al consolidarse las pérdidas con el resto de las subsidiarias se reducen las pérdidas totales de la empresa. Los datos presentados en número corresponden al rendimiento neto.

Fuente: Elaboración propia con los estados financieros presentados por Pemex.

Pemex siempre ha argumentado que se le cobraban muchos impuestos y por eso perdía dinero. Hacienda, que Pemex era muy ineficiente. Ambas cosas eran ciertas.

La evidencia sí señala que en términos generales la carga impositiva de Pemex era mayor que la de la mayoría de las petroleras en el mundo. Hacienda nunca había aceptado disminuirla de forma importante, lo ha hecho con el gobierno de AMLO.

Lo difícil era determinar un nivel de impuestos adecuado, porque Pemex suele ser menos eficaz que las grandes empresas que cotizan en bolsa. La reforma petrolera, al subastar los campos, lo lograba: ganaba el que estuviera dispuesto a darle más al erario.

Cuando llegué al Consejo el director general de Pemex era Emilio Lozoya, muy cercano al presidente. Había sido el coordinador de Vinculación Internacional durante su campaña presidencial, presentado, se decía, por Luis Videgaray. Muy pronto construyó una relación directa con EPN, según consta en información en los medios de comunicación. El Consejo no aprueba el nombramiento del director general. Es decisión del presidente.

Tras la reforma energética, el Consejo de Administración quedó conformado por cinco funcionarios públicos y cinco consejeros independientes. Por ley, el Consejo es presidido por el secretario de Energía, durante todo el sexenio a cargo de Pedro Joaquín Coldwell. Los otros miembros son el secretario de Hacienda y tres funcionarios nombrados por el presidente. Salvo por el presidente del Consejo, los secretarios prácticamente no asistían a las reuniones.

En el gobierno de Peña Nieto los miembros del gobierno siempre votaron en bloque, con lo cual mostraban que había una posición del gobierno, no de cada uno de los consejeros. En caso de empate, el presidente del Consejo tiene voto de calidad. Esta solución nunca fue necesaria. Para ser válida una decisión, la mayoría debe incluir por lo menos a dos consejeros independientes.

Uno de los errores de diseño de este Consejo es que los consejeros del gobierno tienen dos responsabilidades que entran muchas veces en conflicto: la de regulador y la de consejero. Si bien por ley su papel debería ser maximizar el interés de Pemex, en la práctica muchas veces estaban más preocupados por los intereses de la función que cumplían. Por ejemplo, los consejeros de Economía y la Secretaría de Medio Ambiente y Recursos Naturales (Semarnat) opinaban muy poco, y cuando lo hacían era en relación con sus responsabilidades como funcionarios, sus tareas de impulso a la industria o protección al medio ambiente. En el caso de los consejeros de Hacienda y Energía la tensión estructural es más profunda. Muchas de las decisiones de Pemex tienen que ser validadas por esas dos secretarías. En sus intervenciones era frecuente que hablaran como reguladores, no en función del interés de Pemex.

Una de las grandes complicaciones para los recién llegados consejeros fue que la empresa no sólo llevaba décadas de vivir como monopolio estatal con todo tipo de inercias y distorsiones, sino que ya llevaba una dirección muy clara cuando entramos al Consejo. Apalancado en un alto precio del crudo, Emilio Lozoya traía una ambiciosa agenda de expansión. Llevaba ya un año y 10 meses como director general con pleno control sobre la empresa y con un crudo a precios muy altos. Pensaba que todo era posible.

La estrategia general de la empresa ya se había tomado y se estaba ejecutando. Ésta incluía importantes inversiones en exploración y producción, en refinación y la compra de una empresa de fertilizantes, Agronitrogenados, uno de los dos presuntos delitos imputados a Lozoya cuando se solicitó su extradición desde España.

Ésta no fue la única decisión muy cuestionada de Lozoya previo a nuestra llegada. Hay otra notable: la compra de 51 por ciento de las acciones del astillero Hijos de J. Barrera en mayo de 2013, pese a que ya estaba en proceso de quiebra.

Sus decisiones más polémicas, salvo Fertinal, que discuto más adelante, fueron previas a la reforma energética. Esto muestra que el Consejo en el que participé le impuso límites que no tenía antes.

En los consejos se suele buscar el consenso. El objetivo es mejorar las propuestas, no simplemente alzar la mano en contra. Por supuesto, hay veces que uno cree que tiene que votar en contra, cuando no se logra frenar o mejorar una iniciativa y es evidente que es un error serio. Lo hice en varias ocasiones. La más relevante, aunque no la única, fue en la compra de Fertinal.

La adquisición de esta empresa fue planteada por la dirección general por primera ocasión el 25 de mayo de 2015. Se argumentó que era necesaria para completar la estrategia planteada desde el momento de adquirir Agronitrogenados, empresa productora de fertilizantes con base en nitrógeno. La idea era combinarla con Fertinal, productora de fertilizantes con base en fósforo, y juntarlas con una planta de Pemex que producía amoniaco en Cosoleacaque, Veracruz, insumo vital para los fertilizantes. Con ello se podría tener una empresa especializada en fertilizantes dentro de Pemex, Pemex Fertilizantes. Esto sustituiría las cuantiosas importaciones de fertilizantes que hace el país, y también podríamos, lo defendió así la administración, darle mayor valor agregado a nuestro gas. Se argumentó que iba a ser una inversión rentable.

Luego no tendríamos suficiente gas para alimentar estas plantas, pero así es la historia en Pemex. La hoy muy criticada decisión de firmar un contrato con Braskem, subsidiaria de Odebrecht, en noviembre de 2009, cuatro años antes de la reforma energética, se hizo cuando sobraba etano y las proyecciones de producción de este hidrocarburo daban para surtir a Braskem y a las plantas de Pemex.[43] Cabe señalar que esta compra no fue parte de las acusaciones que llevaron al encarcelamiento de Lozoya en España.

Mi decisión de votar en contra estuvo basada en la visión estratégica que tuve durante mi paso por el Consejo. El artículo 4 de la Ley de Petróleos Mexicanos dice: "Petróleos Mexicanos tiene como fin el desarrollo de actividades empresariales, económicas, industriales y comerciales en términos de su objeto, generando valor económico y rentabilidad para el Estado mexicano como su propietario".

Con base en este artículo había que poner todo el foco, el capital, la mejor gente, el tiempo de la administración, en la parte de Pemex que hace o hacía dinero, Exploración y Producción. Incluso ahí sólo en campos de un buen tamaño y claramente rentables.

Históricamente, los procesos industriales en Pemex habían sido un hoyo negro. Las pérdidas acumuladas de 2000 a 2014 de Pemex Refinación fueron de un poco más de un millón de millones de pesos, un *billón* en español.[44] La deuda adicional acumulada de Pemex en ese periodo fue de 61 mil 842 millones de dólares. Si se convierte la deuda a pesos considerando el tipo de cambio promedio de cada año, esta cifra significa 879 mil 796 millones de pesos. Esto quiere decir que la deuda acumulada de Pemex entre 2000 y 2014 logró cubrir sólo 83 por ciento de las pérdidas en Refinación. Esto a pesar de que la inversión en esta subsidiaria aumentó cada año desde 2004.

Una anécdota ejemplifica la cultura de Pemex. En una visita a una planta de petroquímica en Coatzacoalcos nos mostraron los márgenes que generaba cada uno de los productos, es decir, la diferencia entre costos de producción y precio de venta. Era un equipo joven, el expositor era articulado y claramente con muy buena formación técnica. Los márgenes eran altos. Como en general en Pemex no incluían en sus proyecciones financieras todos los costos laborales —solían dejar fuera las reservas actuariales necesarias para poder cubrir el pago de pensiones de sus trabajadores—, pregunté si estaban incluyendo todos los costos laborales. La respuesta fue que ninguno. Si los incluimos, nos dijeron, perdemos dinero. El costo laboral era visto como una variable fuera del control de quienes tomaban decisiones. Ésa era la cultura de Pemex. Importaba producir. No generar utilidades.

La ley obliga a Pemex a generar valor con lo que produce, no a producir más, aunque pierda. El artículo 4 de la Ley de Petróleos Mexicanos también dice que se debe "procurar el mejoramiento de la productividad para maximizar la renta petrolera del Estado y contribuir con ello al desarrollo nacional".[45] Mi responsabilidad como consejero era buscar gastar nuestro capital y capacidad administrativa en lo que fuera más rentable. No en nuevas aventuras industriales. Lejos de comprar nuevas plantas, había que vender lo que teníamos o asociarnos con terceros, quienes las pudieran operar bien.

En Pemex Exploración y Producción, (PEP) aun con ineficiencias, se puede ganar buen dinero. Pemex tenía experiencia y capacidad en el tipo de yacimientos de aguas someras donde llevábamos décadas operando. Dada la mala capacidad de gestión de los activos industriales de Pemex, lo razonable es usar los recursos disponibles para nuevos proyectos y desarrollar nuevos campos. Como lo expuse en el Consejo, la ganancia esperada de la compra de Fertinal equivalía a 1 por ciento de las pérdidas de 2014 de Pemex Refinación.

Un argumento esgrimido por la administración fue que el presidente Peña Nieto había prometido en su campaña la autosuficiencia en fertilizantes. Esto se había puesto como un compromiso del Pacto por México.

Mi posición fue otra. Las promesas y los objetivos de política pública del presidente, dije, no son una razón para tomar decisiones en Pemex. Si el gobierno quiere ser autosuficiente en fertilizantes, que lo haga por su lado. El mandato de los consejeros es claro: "Procurar el mejoramiento de la productividad para maximizar la renta petrolera del Estado".

La compra de Fertinal se hizo a partir de una serie de documentos elaborados por firmas de reputación que mostraban que el valor de la planta se encontraba dentro de los parámetros propuestos por la dirección general para su compra, incluida la deuda. En algunos de estos documentos su valor era bastante superior. Al refinanciarse la deuda a un costo menor, permitiría disminuir los costos financieros de Fertinal.

La empresa fue valuada en diversos momentos por Evercore y Goldman Sachs (en ambos casos con valor superior al precio pagado). Se contó con el dictamen de los auditores independientes Grant Thornton, que le dieron un valor contable a la empresa de 600 millones de dólares.[46] Se contrató a PricewaterhouseCoopers para que hiciera una valuación independiente de los activos y pasivos y su capacidad de generar ingresos en el futuro y un estudio de mercado que se presentó al Consejo previo a la compra del activo. De acuerdo con los datos revisados por la Auditoría Superior de la Federación (ASF), el valor de Fertinal estimado por un despacho independiente estaba entre los 442 y los 663 millones de dólares. Adicionalmente, se proyectó que era posible que Pemex hiciera los cambios físicos y administrativos para crear sinergias con un valor entre 269.4 y 291.2 millones de dólares.[47] El 22 de mayo de 2015 el Consejo de Administración, con mi voto en contra, aprobó iniciar las gestiones para la adquisición de Fertinal. Hice explícitas mis razones y mi voto quedó registrado en actas.[48] El 26 de octubre de 2015 se aprobó su compra por hasta 635 millones de dólares, considerando las contingencias y los diferentes estudios *due diligence* que se realizaron.

Los consejeros independientes que votaron a favor de la compra de Fertinal lo hicieron a partir de los documentos que mostraban que el valor que se iba a pagar estaba avalado con los activos y los flujos esperados de la transacción. Con sus comentarios y su involucramiento en el proceso lograron hacer una mejor compra.

Cuando critico alguna acción del gobierno de AMLO, algunos me acusan en las redes sociales (sospecho que lo hacen por falta de argumentos para rebatir esa crítica puntual) el no haber visto como consejero de Pemex los actos de corrupción de Lozoya. Conviene aclarar que las acusaciones de la Fiscalía General de la República (FGR) contra Lozoya son: operaciones con recursos de procedencia ilícita, asociación delictuosa y cohecho, e iniciaron antes de la administración de Peña Nieto.[49]

Los principales pagos a Lozoya se dieron durante 2012 por 10.5 millones de dólares; una parte se otorgó presuntamente para la campaña presidencial de Peña Nieto, según la propia acusación, y el resto para que presuntamente se le diera un contrato a Odebrecht para diversas obras en la refinería de Tula por un valor de mil 746 millones de pesos.[50] La contratación de Odebrecht para la refinería de Tula se finalizó el 27 de enero de 2014, nueve meses antes de mi llegada al consejo. El proceso había arrancado unos meses antes y se contrató por adjudicación directa.[51] De acuerdo con los datos de la ASF, los términos y condiciones del contrato los aprobó el consejo anterior en enero de 2014. Fue la subdirección de Proyectos de Pemex Refinación la que adjudicó el proyecto. Las acusaciones que hace la Fiscalía incluyen diversas transacciones que se dieron antes de la reforma energética y antes de mi entrada al Consejo, en septiembre de 2014. La FGR, con todos sus recursos, no ha encontrado nada más.

La ley es clara: los consejeros deciden en función de la información que se les presenta y no tienen responsabilidad por daños o perjuicios que sufra Pemex siempre y cuando actúen de buena fe, se cumplan los requisitos de aprobación de los temas que deben votarse en el Consejo, se tomen las decisiones con base en la información que provea la administración de Pemex, el auditor externo o un experto independiente, y siempre que se haya tomado la alternativa más adecuada a su leal saber y entender.[52]

En 2014 sabríamos del escándalo internacional de Odebrecht. El involucramiento de Lozoya con esta red se hizo público hasta diciembre de 2016, cuando Lozoya ya no era director de Pemex, a partir del testimonio judicial de Luis de Meneses, otrora director general de Odebrecht en México, cuando se dio a conocer una serie de videos que involucraban a Lozoya en la trama.[53]

Esta información fue tema de muchas discusiones en el Consejo. El 1º de marzo de 2017 el Consejo ordenó revisar contratos y solicitó una investigación sobre los controles internos. La administración de Pemex presentó cinco informes con fechas del 26 de junio de 2017, 17 de octubre de 2017, 17 abril de 2018, 30 de agosto de 2018 y el 31 de octubre de 2018 el informe final. Todos los contratos de Odebrecht fueron terminados. En uno de ellos (Tula 1) se demandó por 122 millones de pesos por incumplimientos y cobros en exceso. Pemex presentó una denuncia ante la Procuraduría General de la República (PGR) en enero de 2017, la cual fue ampliada en dos ocasiones. Se hizo una investigación por un tercero experto (Hogan Lovells, una empresa de abogados de Estados Unidos, con el apoyo de la firma de contadores Ernst and Young) para recabar información que pudiera ser útil para la investigación de la PGR y para fortalecer los controles internos en Pemex. Se fortalecieron los controles internos para minimizar este tipo de riesgos.

Cuando arrancó el nuevo Consejo, el 7 de octubre de 2014, el precio del crudo estaba en 83.41 dólares por barril. A finales de noviembre de ese mismo año hubo un declive gradual del precio del petróleo. A los seis meses de haber llegado al Consejo la mezcla mexicana valía 50.66 dólares, para llegar a su mínimo de 18.9 dólares por barril el 20 de enero de 2016.[54]

La caída del crudo nos obligó a reducir costos al interior de Pemex. Sin embargo, en el arranque de 2016 se hizo evidente que Emilio Lozoya no había contenido el gasto de la empresa, como se le había solicitado. En el Consejo le habíamos pedido a Lozoya múltiples veces un plan de acción agresivo de contención de gastos, desde que se vio la profundidad de la caída del crudo en 2014. Se le señaló de distintas formas que era necesario entrar a un modo de emergencia. Teníamos que repensar la compañía. Cortar de raíz la hemorragia que nos generaba la parte industrial y concentrar los esfuerzos de la compañía en exploración y producción, y sólo en los campos rentables. Enfrentar el tema del exceso de personal.

Lozoya renunció a Pemex en febrero de 2016. Quedó en su lugar José Antonio González Anaya, quien venía de ser director del Instituto Mexicano del Seguro Social (IMSS) desde el arranque del gobierno de Peña Nieto. Era nuestro segundo director general tras 17 meses de nuestra llegada al Consejo.

Fue necesario hacer un ajuste profundo de suerte tal que el gasto total de inversión de Pemex pasó de 277 mil millones de pesos en 2014 a 183 mil millones en 2016. La inversión no regresó nunca a los niveles de 2014. La gráfica 6.6 muestra la evolución de la inversión en exploración y producción. Se hizo un esfuerzo por concentrar la inversión en aquellos proyectos con mejores perspectivas de rendimiento. También se hizo un recorte de personal. Pasamos de tener 153 mil 889 a 130 mil 333 empleados.

GRÁFICA 6.6. *Montos de inversión de Pemex*
Exploración y Producción, 2000-2019
(MILLONES DE PESOS CORRIENTES)

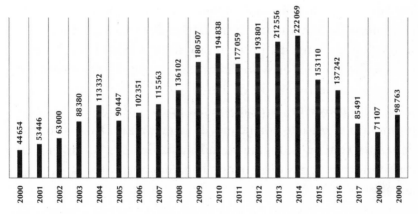

Esta gráfica presenta el gasto en inversión capitalizable en Pemex Exploración y Producción en millones de pesos, esto excluye las inversiones en mantenimiento no capitalizable.
Fuente: Elaboración propia con base en los estados financieros presentados por Pemex.

Hacienda decidió a finales de 2014, en plena caída de los precios del crudo y de los ingresos de Pemex, decretar un dividendo de 100 mil millones de pesos, que después de varias transferencias Pemex reconoció como un retiro de patrimonio por 70 mil millones pesos. Dada esa restricción externa, la única alternativa era gastar menos, incluido invertir menos, lo cual sin duda afectó el desempeño de la empresa más adelante.

Para sostener la operación de la empresa, y dado que Hacienda no estuvo dispuesta a dar apoyos, Pemex tuvo que endeudarse. La deuda de Pemex tuvo una tasa de crecimiento anual de 10.2 por ciento entre 2008 y 2014. Esto con un precio del crudo alto. Ya estaba muy endeudada cuando llegué al Consejo. Con la caída en el precio del crudo, la deuda pasó de 76 mil 748 millones de dólares a 101 mil 371 en 2017, 104 mil 093 millones de dólares en 2018 y 103 mil 476 millones de dólares en 2019; entre 2014 y 2019 se incrementó 35 por ciento, es decir, a una tasa anual de 6.2 por ciento.

Buena parte del incremento en la deuda previa a mi llegada al Consejo fue para pagar dos caros proyectos que no fueron rentables: el desarrollo de Chicontepec y la reconfiguración de la refinería de Minatitlán. Entre 2011 y 2015 Chicontepec consumió 9 por ciento del presupuesto de inversión de PEP, mientras que los trabajos en Minatitlán absorbieron 15 por ciento del presupuesto de inversión de Pemex Refinación entre 2011 y 2012. Dos proyectos tan caros y tan poco rentables dejan comprometido el espacio financiero de la empresa. Dada la inercia de la que veníamos, lograr estabilizar la deuda a un precio del crudo mucho menor que cuando llegamos al consejo no era una tarea sencilla.

GRÁFICA 6.7. *TOTAL DE LA DEUDA DE PEMEX, 1999-2019*
(*MILLONES DE DÓLARES*)

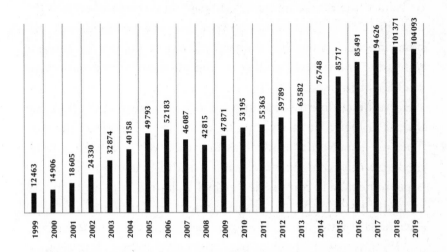

Esta gráfica presenta la deuda de largo plazo de Pemex en millones de dólares., los datos incluyen la deuda de corto y largo plazo tanto en moneda nacional como en otras divisas.
Fuente: Elaboración propia con datos de los estados financieros.

En general, en PEP siempre había optimismo en que la caída en la extracción de crudo se podía remontar con nuevos descubrimientos. En noviembre de 2017 Peña Nieto anunció el descubrimiento del campo Ixachi en las costas de Veracruz (el director general de Pemex, Octavio Romero, en su informe a la Cámara de Diputados el 14 de octubre del 2020, sugirió que el campo se descubrió en 2019). El anuncio causó expectativas ya que se promocionó como el mayor descubrimiento de los últimos 15 años en México.[55] Hoy es uno de los campos prioritarios y uno de los más productivos con 4 mil barriles diarios. Se espera que su producción alcance los 82 mil barriles diarios en 2022. Importante, pero nada frente a los grandes campos de Pemex. Falta ver si se logra y durante cuánto tiempo.[56]

389

El anuncio del descubrimiento de Ixachi que hizo Peña Nieto se realizó sin mucha información al respecto, incluso al interior de Pemex faltaban datos para determinar con precisión el tamaño del descubrimiento, los recursos prospectivos y la factibilidad de explotación del campo. Sin embargo, la lógica política de mostrar resultados prontos de la reforma empujó la decisión de informar este descubrimiento.

Sirvan estas líneas sobre mi paso por el Consejo para tratar de ilustrar la lógica de la reforma tal como la viví desde el interior. También para aclarar dos temas que cada vez que hago un comentario crítico algún tuitero me hace. El primero, cuál fue mi papel respecto a la compra de Fertinal. Ya lo dije, voté en contra. El segundo, hasta dónde un consejero puede ser considerado responsable de la corrupción de la empresa en la que sirve en tal carácter.

Hay una paradoja típica para quienes enfrentan una responsabilidad en el sector público: los críticos acusarán al que toma decisiones respecto a lo que pudo haber hecho si las hubiera tomado mejor, el defensor defiende las que se tomaron respecto a las muchas más malas que no se tomaron. En el caso de un consejo de administración es más complicado aún porque un consejero es un voto, no es quien decide. Un presidente es plenamente responsable, él sí decide.

Muchos enardecidos tuiteros seguramente creen que AMLO no era responsable de que Bejerano llenara de billetes una bolsa o que Ponce, quien fuera su secretario de Finanzas en el gobierno capitalino de 2003 a 2004, apostara recursos de origen dudoso en Las Vegas. Pero paralelamente creen que yo fui de alguna manera responsable de que Lozoya recibiera dinero dos años antes de mi llegada al Consejo.

En mi caso, toda información sospechosa que tuve con ciertos visos de credibilidad la llevé a las instancias correspondientes. Un consejero no es el director general ni el contralor. Cuando me llegaba información, más allá de un chisme, de un presunto delito, siempre lo informé por escrito a las instancias correspondientes.

Mi mandato terminaba en septiembre de 2020, seis años después de mi nombramiento. Había la posibilidad de reelegirse. Uno de los consejeros electos en la primera ronda, Octavio Pastrana, optó por ella. A ambos nos tocó la transición de gobierno. Ambos renunciamos el 30 de abril de 2019.

Decidí salir del Consejo porque invertir recursos en una nueva refinería me parece equivocado, por la misma razón por la que voté en contra de la compra de Fertinal. En este caso, sin embargo, no era una decisión relativamente menor frente a los muchos otros proyectos de Pemex. La compra de Fertinal implicó un pago de 203 millones de dólares por valor del capital, y cerca de 425 millones de dólares por otros conceptos de la compra, como la adquisición de la deuda vigente y el ajuste al capital de trabajo de la empresa al momento de la compra. Esto significó gastar un total de casi 630 millones de dólares. En lo que se refiere al costo del capital (203 millones de dólares) representó 1.6 por ciento del presupuesto de inversión de 2015, y la nueva deuda (425 millones de dólares) representó 0.5 por ciento de la deuda de largo plazo que tenía Pemex ese año. En este caso, la refinería de Dos Bocas era uno de los ejes centrales del proyecto del nuevo gobierno con un costo estimado de 8 mil millones de dólares, que muy probablemente terminaría costando muchos más. Un estudio del Instituto Mexicano para la Competitividad (Imco) alertaba sobre el enorme riesgo de nunca ganar dinero y sobre cómo la tendencia en el mundo de muchas petroleras es cerrar o vender las instalaciones existentes.[57]

Además, era claro que el Consejo no iba ser un espacio de deliberación, como lo había sido con la administración anterior. Fueron muy corteses, pero no tenían mayor interés en lo que decíamos. No tenía caso ser el voto negativo testimonial. Así, una vez que tuvieron dos consejeros nombrados por ellos (muy pronto se sumó un tercero), tenían los votos suficientes para hacer lo que quisieran. No lo hice antes para no entorpecer el funcionamiento de la empresa, que requiere un mínimo de dos consejeros independientes dentro de los requisitos de quórum, y había temas importantes que no se podían posponer, como la entrega a las instancias regulatorias de los estados financieros dictaminados y aprobados por el Consejo. Con sus dos consejeros nombrados, ya no ayudaba a nadie mi permanencia.

Concluyo señalando cuán poco tiempo estuvo vigente la reforma en materia de hidrocarburos. Un gobierno poderoso y con voluntad de desterrar la corrupción y el exceso de gastos en Pemex hubiera podido aprovechar las oportunidades abiertas por la reforma energética. El gobierno de AMLO tenía el poder de enfrentar los intereses en Pemex que lo han hecho tan disfuncional, desde la histórica corrupción con los contratistas de siempre hasta el contrato laboral, cuyos privilegios se extienden a los mandos medios y altos.

El crudo como creencia

AMLO tiene una relación sentimental con el crudo, aunque en 1996 una de sus actividades era bloquear pozos causando pérdidas enormes a Pemex. No parece saber que es difícil extraerlo y que es una industria llena de riesgos. Con el barril rondando los 58.98 dólares, el 24 de septiembre de 2019 declaró: "No olvidemos lo que decía Rockefeller: el petróleo es el mejor negocio del mundo y el petróleo mal administrado es el segundo mejor negocio del mundo".

Supongo que pensaba que en México es el segundo mejor negocio del mundo, por no estar bien administrado. Eso fue quizá el caso hace 30 años. Ya no lo es.

Hasta en el mundo capitalista, donde las empresas están bien administradas o quiebran, el crudo ya no es lo que fue. Las acciones de las empresas de hidrocarburos están muy rezagadas frente al índice de la bolsa. El retorno promedio para los accionistas de empresas de exploración y producción de 2005 a 2019 es... cero. Es un promedio. Unas empresas ganan, pero muchas otras pierden.

Las técnicas no convencionales de extraer crudo desarrolladas en Estados Unidos rompieron la forma en la que antes se movía el mercado. Como pueden reaccionar muy rápidamente a un aumento en los precios, ya no han tocado los altos niveles a los que llegaron en 2014 (la última vez que llegó a 100 dólares por barril).

En refinería y comercialización la rentabilidad ha sido mejor, 6 por ciento. A esto se suma que el pico de demanda por hidrocarburos está previsto para la década de 2030, lo que reduce la ventana de oportunidad para extraer renta del petróleo en el mediano plazo.[58]

Tener una empresa petrolera estatal era a mediados del siglo pasado un activo muy importante para un país débil y pobre como el nuestro. Lázaro Cárdenas se adelantó a su época con la nacionalización. Le dio al país control sobre sus recursos naturales.

A mediados del siglo xx los países petroleros se quedaban con un porcentaje bajo de la renta, no sólo porque los impuestos eran bajos, sino porque les era muy difícil monitorear la producción y calidad del crudo extraído. Mucho menos podían saber cuál era para el país la mejor estrategia para desarrollar los campos petroleros. No se tenía la capacidad regulatoria. Sin una empresa estatal, se estaba a merced de las empresas transnacionales, sin capacidad de desarrollar una industria petrolera de servicios y de incorporar nuevas tecnologías.

Ahora es muy distinto. Los gobiernos de países en desarrollo pueden quedarse con una gran parte de la renta. Pueden medir todas las variables relevantes y, al licitar sus reservas, no depender de empresas estatales que, salvo excepciones, se politizan y son fuente de riqueza para los contratistas, los administradores y los trabajadores. Las decisiones en estas empresas no se toman con base en criterios técnicos y de optimización de los ingresos de la nación, sino en función de las necesidades políticas del presidente en turno. La presión por cumplir con las promesas de producción de Fox llevó a una sobreexplotación de Cantarell que aceleró su caída y se terminó por sacar menos crudo que el posible de haber estado bien administrado.

La petrolera estatal en un país en desarrollo mejor administrada es la de Arabia Saudita, Saudi Aramco. Se maneja como una empresa privada, el idioma oficial es el inglés, para tener acceso a los mejores empleados del mundo. Ahí la familia real no se puede meter recomendando familiares o contratistas. En el fondo no es una empresa estatal. Es la máquina de hacer dinero del rey. Se decidió maximizar su ingreso administrándola profesionalmente. En los países en desarrollo las empresas estatales se vuelven fácilmente un botín político.

Hoy un gobierno nacionalista y sofisticado utilizaría su empresa estatal como instrumento para extraer lo más posible al menor costo las reservas de hidrocarburos y maximizar sus recursos para el fisco. Para ello la pondría a competir con las mejores del mundo licitando los yacimientos del país al mejor postor. Esto a la par de asegurar que el precio, la calidad y disponibilidad de los combustibles y productos petroquímicos sean los mejores posibles, para estimular las cadenas de valor en toda la economía.

La visión de AMLO sobre lo que debe hacer Pemex y respecto a la reforma energética está anclada en el pasado. Como lo dijo el 18 de mayo de 2020:

> [...] se entregaron contratos, en el caso de Pemex se dejó de invertir para que se dejara de producir petróleo, se entregaron estos contratos a

394

particulares con la llamada reforma energética y según esos contratos, y así lo dijeron, engañando a todo el pueblo, iban a significar más producción petrolera y más beneficios. ¿Cuáles beneficios se obtuvieron? Nada. Bajó la producción, acabaron con la industria petroquímica, dejaron en ruina las refinerías, se esmeraron en no construir una nueva refinería en 40 años, aumentaron lo que quisieron el precio de las gasolinas.[59]

Esta visión la siguió manteniendo cuando el precio del crudo se desplomó y Pemex seguía incrementando sus pérdidas: "Tenemos que lograr el propósito general de rescatar a Pemex, de que Pemex se convierta en palanca del desarrollo nacional, también tenemos como propósito el procesar toda nuestra materia prima, el no vender petróleo crudo y comprar gasolinas en el extranjero".

En el sector energético estamos frente a un gobierno de izquierda latinoamericana tradicional que actúa en función de su visión ideológica. No ha modificado las leyes de la reforma energética del sexenio anterior ni mucho menos la Constitución, aunque ya ha amenazado con hacerlo. Pudo haber sido para cumplir una promesa hecha en campaña de no hacerlo, aunque sospecho que tiene que ver más con no quererse pelear directamente con los inversionistas internacionales, y menos mientras ocurría la renegociación del TLCAN. El Tratado entre México, Estados Unidos y Canadá (T-MEC) incluye la apertura del sector energético.

La reforma de Peña Nieto buscaba crear mercados competitivos y asegurar un piso parejo frente a dos actores poderosos como Pemex y la CFE. En el gobierno de AMLO existe la firme creencia de que es un asunto de soberanía y seguridad nacional fortalecer a Pemex y a la CFE. Por todas las vías está tratando de que las empresas del Estado no pierdan mercado ante los competidores e inyectando recursos fiscales adicionales a Pemex.

Se está usando la posición hegemónica de ambas empresas para exprimir a los consumidores, es decir, venderles un servicio más caro y de menor calidad del que habría en un mercado con más competencia. Para el gobierno de AMLO la competencia con los privados no puede ser en condiciones de igualdad. Por ejemplo, el que la CFE y Pemex (como lo tiene que hacer Telmex) deban compartir una parte de su infraestructura redundante a un precio regulado implica para él subsidiar a las empresas privadas, no desarrollar nuevos mercados para tener más actores en el sector.

Los objetivos en materia energética los refrendó el 22 de julio de 2020 en un memorándum a los reguladores. Éste llevo a una serie de decisiones hechas públicas el 23 de septiembre de 2020 que básicamente frenan toda nueva inversión privada en el sector que se piense que puede afectar a CFE o a Pemex.

El memorándum arranca criticando la reforma energética del gobierno anterior. Incluye como un hecho dado el supuesto de que los legisladores fueron sobornados, sin que ello se haya probado. No se ha visto evidencia al respecto ni mucho menos se ha resuelto en un juicio. Todo, según el memorándum, fue un saqueo que dejó a las empresas del Estado en ruinas "y, para colmo, sometidas a una regulación que privilegia a los particulares". El objetivo es rescatarlas y "regresar, sin ignorar las nuevas realidades, a la política que aplicaron en su tiempo los presidentes Lázaro Cárdenas del Río y Adolfo López Mateos".

Se pregunta si se puede fortalecer Pemex y la CFE en el marco de la actual ley buscando implementar los siguientes principios: respetar contratos existentes, salvo si hubo corrupción, en cuyo caso hay que hacer las denuncias penales (no se sabe cuántas denuncias llevan hasta ahora). No dar subsidio alguno; claramente esto incluye las reglas asimétricas de regulación de la reforma. "Detener el otorgamiento de permisos y concesiones a particulares en el sector energético por sobreoferta de petróleo y electricidad para el mediano y largo plazo." Y apoyar a Pemex y la CFE "para evitar que sigan perdiendo participación en el mercado".

Para el caso específico de los hidrocarburos, éstos son los objetivos: no aumentar en términos reales los precios de los combustibles; alcanzar la autosuficiencia energética; no exportar crudo y extraer sólo el necesario para alimentar refinerías de Pemex; aumentar la producción de Pemex hasta llegar a 2.2 millones de barriles en 2024; procesar para 2022 un millón 200 mil barriles de crudo en las refinerías existentes más los 340 mil de Dos Bocas.

Lo que les pide a los reguladores es que "en apego a su autonomía" le informen si es posible hacer esto con la ley actual y "bajo ninguna circunstancia, alterar el Estado de derecho", aunque luego sostiene "que los órganos de regulación creados durante el periodo neoliberal deben ajustarse a la nueva política económica y energética" y no terminar "convertidos, como era la intención de los tecnócratas y de sus jefes, en simples instrumentos, con la simulación del libre mercado, en instancias a modo y en andamiajes serviles en beneficio del sector privado y en perjuicio del patrimonio nacional". Estos reguladores ya están a su servicio.

AMLO también señala que se "debe desterrar la corrupción". El supuesto detrás de la estrategia es que los problemas de Pemex no son estructurales, por razones geológicas o por falta de capacidades administrativas o tecnológicas, sino que se deben a la corrupción. Basta un gobierno no corrupto para rescatar a Pemex. El lema no oficial de esta administración ha sido *Let's Make Pemex Great Again*.

Por supuesto que la corrupción ha sido un problema en Pemex, en la CFE y en buena parte del gobierno federal. Tener un Pemex o una CFE o un gobierno sin corrupción sería muy bueno para el país. Desgraciadamente la lucha contra la corrupción depende de AMLO y su voluntad. No se están creando instituciones para garantizar que esto suceda. En todo caso, para alcanzar el objetivo de erradicar la corrupción sería mejor empezar por temas más fundamentales, como los ministerios públicos, sin los cuales disminuir la impunidad y la corrupción en el resto del gobierno, incluido Pemex y la CFE, es muy difícil.

Nada es tan simple como argumenta AMLO. Ni todos los funcionarios en el pasado han sido corruptos, ni todos los del presente son honestos. No hay un indicador objetivo para conocer la intensidad de la corrupción en Pemex o en la CFE hoy con respecto al pasado.

La evidencia señala que hoy Pemex asigna más contratos por invitación restringida que en el pasado, en lugar de hacerlo a través de una licitación abierta y competitiva. Según un estudio del Instituto Nacional de Transparencia, Acceso a la Información y Protección de Datos Personales (INAI), en 2019 se contrataron más recursos por medio de asignaciones directas que en 2018, a pesar de que los contratos otorgados en esta modalidad pasaron de 587 a 507, el volumen contratado creció 15.3 por ciento en tan sólo un año. El 40 por ciento de lo gastado por Pemex en 2019 se hizo por esa vía.[60] A través de estas asignaciones fácilmente pueden estar favoreciendo a los empresarios amigos del gobierno.

Además, entre menos competencia con otras empresas haya, más fácil es esconder la corrupción y permitir que sobreviva en ambas empresas todo tipo de ineficiencias por corrupción. Ésta no se reduce a asignar un contrato a algún amigo, sino que también consiste en contratar a alguien sin experiencia para cumplir funciones técnicas que no se pueden aprender sobre la marcha.

Gracias a las licitaciones de campos petroleros del sexenio anterior, sabemos que algunas reservas en manos de Pemex sin explorar tenían abundantes recursos. El campo Zama, licitado en la ronda 1.1, realizada el 15 de julio de 2015, y ganado por el consorcio Sierra Oil & Gas, Talos Energy y Premier Oil, lo tuvo Pemex en sus manos. Nunca le pareció que valía la pena desarrollarlo.

Pemex parece haber hecho nada para quedárselo en la ronda cero, la asignación de campos que la CNH le dio antes de empezar las licitaciones de campos al mejor postor. Algunas notas en prensa señalan que Pemex tenía información sísmica y geológica del campo que ya mostraba gran potencial, pero que no conservó el campo en la ronda cero por presiones del gobierno que buscaba poner campos atractivos en las siguientes rondas de licitación para obtener resultados prontos de la reforma. Pero no existe una denuncia formal al respecto, por lo menos no pública.[61]

Ahora bien, incluso suponiendo que se haya logrado desterrar la corrupción en Pemex o en la CFE, el problema no queda resuelto. Una empresa es tan buena como su gente. Los procesos de reclutamiento del personal de Pemex, que conozco mucho mejor que la CFE, están lejos de ser óptimos. El mérito no es el criterio rector en el avance de una carrera. No llegan los mejores a Pemex, ni avanzan necesariamente los mejores dentro de su estructura burocrática. El hecho de que el presidente decida quién será el director general lo ha vuelto un nombramiento donde predominan los criterios políticos, no técnicos.

El gobierno de AMLO no ha sido la excepción. El director general que nombró no tenía experiencia en el sector. Ni siquiera experiencia financiera propia para el manejo de una empresa de ese tamaño. Vino acompañado por funcionarios cuyos puestos anteriores poco tenían que ver no sólo con una empresa tan compleja como Pemex, sino simplemente con algo, desde el punto de vista administrativo, medianamente complejo.

Otro de los lugares recurrentes de AMLO es que el problema central de Pemex ha sido la falta de inversión. Esto es un mito genial. El mito de la baja inversión se construyó por lo que sucedió durante la crisis de los ochenta, cuando casi todo el dinero de Pemex se destinaba a pagar los platos rotos de la apuesta fallida de López Portillo (pagables gracias al petróleo descubierto y desarrollado durante su gobierno). Otra contracción importante de la inversión ocurrió tras el colapso del precio del petróleo en 2015, cuando la empresa se vio obligada a recortar el gasto, como ya vimos, ante la negativa de Hacienda de recortar su presupuesto de inversión.

Como se mostró en la gráfica 6.6, la inversión en exploración y producción no hizo más que subir de forma acelerada a partir de 2006 hasta 2015, cuando se desplomó el precio del crudo. Como señaló Juan Carlos Boué en 2013, cuando Pemex estaba por llegar a máximos de inversión en el siglo XXI: "A partir de 2005, lejos de haber sido descapitalizada por causa de la 'voracidad fiscal' del gobierno federal, Pemex ha dedicado montos sin precedentes de capital a la inversión en actividades de exploración y producción, pero los resultados obtenidos han sido exiguos, por decir lo menos".[62]

El caso más dramático relativamente reciente de una inversión absurda en Pemex es Chicontepec. La administración de Felipe Calderón, cuando Jesús Reyes Heroles era el director general de la empresa, preocupado de que si no se empezaban a desarrollar los yacimientos podían dejar de ser considerados por los certificadores como reservas, apostó a que ahí se encontraba el futuro. A principios de 2008 se proyectaba que para 2009 Chicontepec produciría 790 mil barriles diarios, pero para ese año estaba produciendo apenas 29.5 mil barriles diarios, y se pronosticaba una producción máxima de 839 mil barriles diarios en 2011.[63] Su máximo histórico fue de 68 mil 560 barriles en 2012.[64]

Hasta 2013, en Chicontepec se invirtieron más de 168 mil 194 millones de pesos.[65] Pemex reveló que entre 2006 y 2011 Chicontepec presentó el factor de recuperación más bajo de las cuatro regiones productivas en las que se dividía el país. No sólo eso, Chicontepec pertenece a la región norte, cuyos campos promediaron un factor de recuperación de crudo y gas de 11.8 y 29.5

por ciento, respectivamente. Mientras que Chicontepec no superó 1 por ciento en recuperación de crudo y llegó a 3.6 por ciento en gas, muy por debajo del promedio.

Pemex tiene dificultades para hacer hasta lo más básico. En la epidemia fueron incapaces de evitar el contagio entre sus trabajadores. La muerte de empleados en activo para noviembre de 2020 llegó a 348, más 720 jubilados muertos y 506 fallecimientos entre los familiares de empleados o jubilados de Pemex. Los enfermos para noviembre llegaron a 9 mil 45.[66] A inicios de septiembre un reportaje de *Bloomberg* señalaba que Pemex era la petrolera con mayores muertes reportadas por covid-19, mayor que la suma del total de fallecidos de las grandes petroleras. Con los datos al 10 de septiembre de 2020, un empleado en plataformas de Pemex era hasta 10 veces más propenso a morir por covid-19 que un mexicano promedio.[67]

AMLO está apostando a que Pemex pueda, por sí sola, desarrollar las reservas que tiene y revertir la caída en la producción de crudo, que pasó de 3.4 millones de barriles diarios en promedio en 2004 a 1.78 millones al cierre de 2018. Su proyecto, llamado "Sembrar petróleo", esperaba que, para 2024, Pemex produjera 2 millones 697 mil barriles diarios.[68] Ya como presidente electo, López Obrador anunció que buscaría elevar la producción de crudo del país a 2.5 millones de barriles al día en dos años.[69] Tan sólo dos meses después el equipo de transición corrigió: serían 2.4 millones de barriles al final del sexenio.[70] El plan de negocios de Pemex publicado en julio de 2019 espera que para 2022 Pemex esté produciendo 2 millones 321 mil barriles al día y para 2023, 2 millones 528 mil barriles al día. Sin embargo, la producción promedio a julio de 2020 ya marcaba una tendencia de producción por debajo de la meta del gobierno. En 2020 se revisaron a la baja las expectativas de producción.

GRÁFICA 6.8. *PRODUCCIÓN OBSERVADA VS. PLAN DE NEGOCIOS 2019-2023 Y METAS REVISADAS (MILES DE BARRILES DIARIOS)*

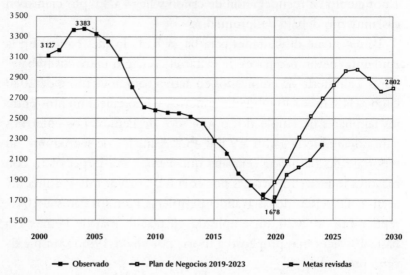

Esta gráfica presenta los datos de producción promedio de Pemex hasta agosto de 2020 (puntos negros), las proyecciones del Plan de Negocios 2019-2023 (puntos blancos) y las metas revisadas de la administración (puntos grises). Los datos observados para 2020 reflejan el promedio a julio.

Fuente: Plan de Negocios de Pemex 2019-2023 y Comparecencia del director general de Petróleos Mexicanos ante la Cámara de Diputados, 14 de octubre de 2020.

Ya corrigieron su ambicioso proyecto. Ahora esperan cerrar el sexenio con una producción promedio de 2 millones 236 mil barriles diarios, es decir, 431 mil barriles diarios menos que lo previsto en el Plan de Negocios de la empresa.[71] Las metas son muy altas aún. Con los datos de producción disponibles, Pemex tendría que elevar su producción promedio de un millón 620 mil barriles diarios a 2 millones 116 mil barriles diarios en el último trimestre de 2020 para alcanzar la meta que se ha fijado la propia administración. La tendencia actual apunta a que no lo lograrán.

La producción de petróleo disminuyó 7.24 por ciento en 2019 con respecto a 2018. Antes del desplome en el precio mundial del

OTRO PRESIDENTE APOSTADOR

crudo, por la parálisis económica mundial generada por la pandemia, en julio de 2020 Pemex produjo un millón 548 mil barriles diarios, esto es, 10 por ciento menos que el promedio de 2019 y por debajo del millón 866 mil que pronosticaba la empresa como promedio para 2020. Para llegar a la meta, Pemex debería haber producido al menos 2 millones 604 mil barriles a partir de octubre de 2020. Es decir, volver de inmediato a los volúmenes de producción que había en 2009. En septiembre de 2020 la plataforma de producción total (incluida la producción asociada con privados y la de privados que ganaron rondas petroleras en el sexenio anterior) fue de un millón 644 mil barriles diarios, aun por debajo del millón 850 mil estimado por Hacienda. Pemex produjo un millón 587 mil barriles diarios ese mes, mientras que los privados contribuyeron con 57 mil barriles diarios.[72]

GRÁFICA 6.9. *PRODUCCIÓN DE PETRÓLEO CRUDO*

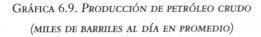

(*MILES DE BARRILES AL DÍA EN PROMEDIO*)

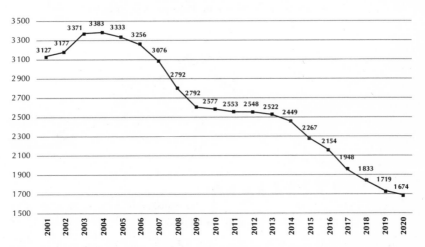

Esta gráfica mide la producción total de petróleo señalada en la etiqueta superior y a partir de 2016 se divide la producción en asignaciones (las otorgadas a Pemex en la Ronda Cero), la producción de las rondas petroleras, las asociaciones de Pemex y las migraciones de contrato de Pemex. Para 2020 se toma el promedio de barriles diarios entre enero y septiembre.
Fuente: Elaboración propia con datos de la CNH.

El eje central de la estrategia de recuperación de la producción serían los 20 campos prioritarios a los que se les invertirían 16 mil 87 millones de dólares en un periodo de 15 años para producir 15 mil barriles diarios en 2019, 185 mil en 2020 y 307 mil en 2022.[73]

Como suele suceder cuando se aceleran los procesos técnicos de evaluación de campos, se corren muchos riesgos porque hay que apostar al éxito de estrategias de perforación no suficientemente estudiadas. No sorprende que la realidad haya quedado muy por debajo de lo prometido. En septiembre de 2020 la producción promedio de los campos activos fue de 90.8 mil barriles diarios. El promedio de producción de estos campos en 2020 ha sido de 39.8 mil barriles diarios, por debajo de los 185 mil barriles proyectados por Pemex para el final de 2020. Pemex trae en sus documentos una producción mucho más optimista que la CNH.

GRÁFICA 6.10. *PRONÓSTICO DE PRODUCCIÓN DE CRUDO DE LOS CAMPOS PRIORITARIOS DE PEMEX VS. PRODUCCIÓN OBSERVADA*

(MILES DE BARRILES DIARIOS)

Esta gráfica muestra el perfil de producción de petróleo crudo estimado por Pemex para los 20 campos prioritarios anunciados por la administración de AMLO (línea gris), los datos de 2019 y 2020 se presentan como el promedio anual estimado y la producción observada hasta agosto de 2020 (línea negra). Los datos se muestran en miles de barriles diarios.

Fuente: Plan de Negocios de Pemex 2019-2023 y CNH, "Tablero de Producción de Petróleo y Gas".

La inversión capitalizable en Pemex Exploración y Producción pasó de 96.7 mil millones de pesos en 2018 a 111.3 mil millones en 2019. Como se puede observar en la gráfica 6.6, sigue estando abajo del nivel más alto del sexenio de Peña Nieto, en el año de 2014, cuando alcanzó 222 mil 69 millones de pesos.

Confiado en la capacidad de Pemex, las licitaciones de yacimientos ya programadas fueron canceladas por AMLO bajo el argumento de que las ya hechas no habían generado lo esperado, aunque como siempre, sin dar pruebas. AMLO ha suspendido también los llamados *farmouts*, esto es, licitaciones de campos propiedad de Pemex para que los ganadores los exploten, a cambio de un porcentaje de la producción de petróleo. El gobierno ha preferido hasta ahora correr el riesgo de no desarrollar un campo o desarrollarlo mal y poseer el 100 por ciento, invirtiendo dinero en el camino, a que otro ponga buena parte del dinero y se quede con un porcentaje de lo que se extraiga. O invertir mal y perder toda la inversión.

Para AMLO, con los principios de la reforma energética Pemex pierde, pues tiene que compartir el petróleo que saldrá de los yacimientos mexicanos. No entiende que lo importante para los mexicanos no es cuánto produzca Pemex, sino cuánto gana el Estado, y por lo tanto los mexicanos, con los ingresos de los yacimientos que tiene el país. No parece darse cuenta de la enorme ventaja para el Estado y para Pemex de no tener que correr el riesgo exploratorio y de producción solo. Si no existe el crudo esperado, algo que sucede con alarmante frecuencia, o si la ejecución del proyecto es más complicada de lo esperado (hay que ver cuánto han producido los campos prioritarios de este gobierno vs. lo prometido, como se ve más arriba), Pemex acota sus pérdidas. El Estado puede maximizar el valor de las reservas si se las asigna a quien más está dispuesto a pagar por ellas. Pemex puede desarrollar más yacimientos con socios que haciéndolo por sí misma, no sólo porque requiere mucho menos dinero, sino también porque otras empresas ayudan con la gestión y la tecnología para explotar yacimientos.

Esta decisión va a llevar a dos escenarios malos para el país. El primero, a que no se desarrolle nunca una parte de las reservas del país, y en el subsuelo las reservas no valen nada. El segundo, a que todo el riesgo de desarrollo que sí se haga lo asuman las finanzas públicas a través de Pemex.

Pemex ha solicitado mantener las asignaciones en aguas profundas, pero también ha dicho que no pretende desarrollarlas directamente ni se ha anunciado que se vayan a desarrollar con terceros a través de *farmouts*. En agosto de 2018 la CNH aprobó los planes de exploración de tres asignaciones en aguas profundas con el voto en contra del comisionado Sergio Pimentel, que argumentó que el Plan de Negocios de Pemex no considera proyectos en aguas profundas. AMLO le apuesta al petróleo, pero Pemex no quiere desarrollar aguas profundas por razones de estrategia, dado el limitado capital disponible. Si no cambian de estrategia se van a quedar en el subsuelo, lo cual sería un error gigantesco.

Cerca de 53 por ciento de nuestras reservas potenciales lo componen hidrocarburos que requieren ser explotados con técnicas no convencionales por ser reservas en mantos cuyas características geológicas son tales que deben fracturarse (*fracking*) para extraerlas mediante pozos horizontales.[74] AMLO está en contra de esa técnica (usada por Pemex desde hace muchos años en algunos yacimientos) que ha hecho de Estados Unidos nuevamente una potencia petrolera. AMLO justifica su negativa por razones de protección del medio ambiente (sí, el mismo presidente que quiere hacer un tren en medio de la selva, una refinería en un manglar y le apuesta al carbón como fuente de energía). También las vamos a dejar en el subsuelo.

La otra gran promesa en el sector ha sido la autosuficiencia energética de combustibles, que es realmente de combustibles líquidos. En palabras de AMLO: "Imagínense lo que nos sucedería si deciden en el extranjero no vendernos gasolina, ¿cuánto tiempo duraría el movimiento productivo del país? Cuando mucho, 15 días. Entonces, no podemos darnos ese lujo teniendo nosotros el petróleo para poder producir nuestras gasolinas". Con este fin, se ha prometido invertir 25 mil millones de pesos en la renovación de las seis refinerías existentes.[75] Se canceló todo intento de asociación de Pemex con terceros en alguna de sus refinerías, y se optó por iniciar una refinería grande para crudo pesado en Dos Bocas para bajar los precios de la gasolina, a fin de que "logrando la autosuficiencia en gasolinas y diésel podamos, en el mediano plazo, bajar en términos reales los precios de los combustibles".[76] Si piensa cumplir esa promesa, para el fisco es mejor no terminar esa refinería.

La premisa de la política es equivocada. El riesgo para la soberanía energética es nuestra dependencia del gas natural. Los ductos que lo traen de Estados Unidos no pueden ser sustituidos por barcos, salvo si se hacen cuantiosas inversiones. La buena noticia es que Estados Unidos tampoco tiene mercados alternativos para ese gas, tendría que hacer inversiones muy cuantiosas.

En 2018 el 9.7 por ciento de la electricidad que generamos fue con gas natural.[77] México tiene gas en el subsuelo, pero una buena parte está en aguas profundas (a un costo muy alto) y otra en yacimientos que requieren técnicas no convencionales que el gobierno ha decidido no utilizar, por razones ecológicas, dicen. Además, a Pemex no le suele resultar interesante invertir en gas, en general menos rentable que el crudo. Para Pemex, al precio actual y con las reglas fiscales existentes, no es buen negocio extraerlo de los yacimientos que ha detectado. Se paró el desarrollo de nuevos gasoductos y varios están frenados por algún conflicto social, sin que se haya visto mayor interés por parte del gobierno en desatorarlo.

La producción nacional de gas natural ha caído desde 2009, cuando se producían 7 030 millones de pies cúbicos diarios (mmpcd) en promedio. Hasta septiembre de 2020 la producción de ese hidrocarburo está en 4 839 mmpcd, es decir, una caída de 31 por ciento comparado con 2019. Por el contrario, la importación de gas natural se duplicó entre 2015 y 2019 para satisfacer la demanda nacional.

GRÁFICA 6.11. *PRODUCCIÓN DE GAS NATURAL*
(MILLONES DE PIES CÚBICOS DIARIOS)

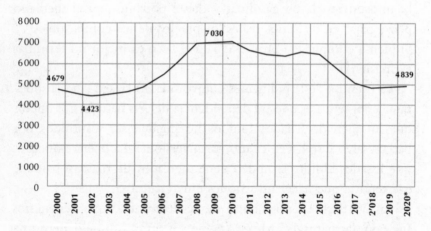

Esta gráfica muestra la tendencia de producción de gas natural en México desde 2000 hasta agosto de 2020 en millones de pies cúbicos diarios.

Fuente: CNH, "Tablero de Producción de Petróleo y Gas".

La gasolina es un producto que se transporta con relativa facilidad. Es un poco más caro traerla de más lejos, pero se hace muchas veces cuando el precio más bajo lo justifica. Cuando en agosto de 2017 Estados Unidos nos dejó de vender gasolina, nadie se enteró. No fue por una razón política, sino por el huracán *Harvey*, que en su violenta llegada a las costas de Texas obligó al cierre de toda actividad de exportación de combustibles. Lo que hizo Pemex fue traer la gasolina de Rotterdam y de Asia. Es un mercado donde se puede resolver este tipo de problemas.

En todo caso la soberanía energética es un concepto poco útil. Lo es mucho más el de seguridad energética. Esto significa poder asegurar el suministro de energía a precios y calidad razonables en escenarios adversos en México o fuera de nuestro país. Podemos tener soberanía y un sistema que obligue a toda la economía a pagar un precio más alto que el de un sistema interconectado con el mundo y que puede dejarnos sin energía en caso de un accidente o catástrofe natural.

Para tener una mayor seguridad energética lo que se requiere es ampliar la capacidad de almacenamiento y diversificar la matriz energética para depender menos del hidrocarburo. Para ello la reforma energética contemplaba un paulatino aumento en los días de almacenamiento que México debería tener de gasolina y de gas. Este gobierno puso freno a esa parte de la reforma. En noviembre de 2019 la Sener presentó un anteproyecto ante la Comisión de Mejora Regulatoria (Conamer) para reducir la obligación de tener inventarios de petrolíferos de 13 a cinco días.[78]

La refinación ha sido para Pemex un pésimo negocio. El dinero que se planean gastar en Dos Bocas, que terminará siendo mucho mayor a lo programado, sería mucho mejor para Pemex gastarlo en donde ha sabido ganar dinero, aunque no siempre, en Exploración y Producción. En contraste, Petrobras decidió vender sus ocho refinerías como parte de su estrategia de negocio, esto significa deshacerse de la infraestructura para refinar 1.1 millones de barriles diarios.[79]

La Secretaría de Hacienda sabía muy bien lo absurdo de gastar capital en una nueva refinería. Logró convencer al presidente de convocar a una licitación internacional para asegurar que se les encargara la obra a empresas de primera, a un costo y tiempo predeterminado. AMLO dijo respecto a las cuatro empresas invitadas a la construcción de Dos Bocas que eran "las mejores del mundo, las cuatro se seleccionaron a partir de un estudio, una investigación".[80] Dijo también que en México "no hay experiencia suficiente" para una construcción de ese tipo.

Cuando las mejores del mundo dijeron que no se podía hacer a ese precio y en ese tiempo, en Hacienda creyeron que finalmente podrían cancelar tan costoso proyecto. Pero el presidente cambió de opinión, sin una discusión técnica de por medio, y decidió que se hiciera desde la Sener y con empresas mexicanas.[81]

Está en marcha su construcción. El presupuesto estimado es de 8 mil millones de dólares, es decir, 154 mil millones de pesos al tipo de cambio promedio de 2019, para ser terminada en 2022, así está programada en el Plan de Negocios vigente de Pemex. En 2019 se ejercieron sólo 356 mil pesos. No es broma, esto es lo reportado en el avance físico y financiero de los programas y proyectos de inversión, informe que es presentado trimestralmente al Congreso.[82]

No hay más información sobre el estado de la obra, fuera de los reportes verbales y siempre optimistas de la secretaria de Energía y del presidente. No se tienen datos actualizados dado que la Sener ahora pasó a tener el control del proyecto a través de una filial de Pemex, por lo que solamente se reportan avances financieros, no físicos.[83] A diferencia de cuando estaba en manos de Pemex, no encontré dónde se reporta el avance tanto físico como financiero del proyecto. Ahora hay unos videos muy simpáticos que se actualizan cada semana, pero sin datos.[84] En la página de la Sener hay una presentación breve con poca información del avance de la refinería; se presumen los estudios de ingeniería, ambientales, permisos sociales y geotécnicos, pero no hay datos sobre el avance físico de las plantas.[85]

En septiembre de 2020 David Shields reveló una licitación pública del Instituto Mexicano del Petróleo para elaborar un diag-

OTRO PRESIDENTE APOSTADOR

nóstico de la ejecución de la refinería de Dos Bocas. La solicitud es para un estudio de un mes sobre el estado que guarda la refinería y proponer estrategias para mitigar los riesgos que se encuentren. A estas alturas del partido quieren saber cómo van.[86] Ese mismo mes la firma KBR abandonó su participación en la construcción de la refinería porque los costos que proyectaba la empresa para avanzar en la construcción eran superiores a los que la Sener está dispuesta a pagar.[87]

En la modernización de las seis refinerías se propusieron gastar 50 mil millones de pesos.[88] En 2019 se gastaron 573 millones de pesos. Al segundo trimestre de 2020 habían invertido 22 mil 462 millones de pesos.[89] La refinería con mayor avance físico de las obras en curso reportado es Tula, con 57.3 por ciento. Le sigue Minatitlán, con 29.3 por ciento, y Salina Cruz, con 24.2 por ciento. Finalmente, Madero, Cadereyta y Salamanca cuentan con avances de 13.3, 9.1 y 7.9 por ciento, respectivamente. El Plan de Negocios de Pemex establece la posibilidad de adecuar y modernizar la refinería de Tula en asociación con privados, pero no se han dado detalles de los posibles socios o del alcance de su participación.

El procesamiento de crudo, es decir, la cantidad de crudo que se transforma en las refinerías, pasó de 510 mil barriles al día cuando AMLO tomó posesión, a 570 mil un año más tarde y 605 mil para septiembre de 2020. Esto llevó a que la producción de gasolina aumentara de 173 mil barriles diarios a 195 mil, y la de diésel, de 99 mil barriles a 128 mil. El combustóleo, que es lo que sobra del proceso de refinación, pasó de 149 mil a 228 mil.[90] El combustóleo es difícil de vender. Su exceso explica en alguna medida el cambio en la política eléctrica en contra de los productores basados en combustibles no renovables, como se ve más adelante.

Es tanta la obsesión por refinar crudo que, ante la caída de ingresos de Pemex, se anunció un recorte de 40 mil 500 millones de pesos en PEP, pero nada similar para refinación. Es decir, la inver-

411

sión física programada para PEP será un 15 por ciento menor a la presupuestada.[91]

En 2019 cayó el valor de las ventas de gasolinas en 12.3 por ciento, a pesar de que su precio subió 5.65 por ciento. Es un dato desconcertante, porque si el robo de gasolinas cayó de forma tan significativa (91 por ciento reporta el gobierno), se debería ver más consumo de gasolina legal. Una explicación es que la caída de la actividad industrial haya reducido el consumo de gasolinas, ya que no sólo se redujo la producción nacional de petrolíferos, sino también su importación.

GRÁFICA 6.12. *DEMANDA INTERNA DE GASOLINAS*

(MILES DE BARRILES DIARIOS)

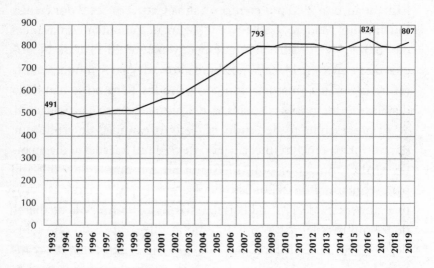

Esta gráfica muestra los datos de la demanda nacional de gasolinas y las tendencias de crecimiento desde 1993 hasta 2019.

Fuente: Elaboración propia con datos del Sistema de Información Energética de la Sener.

Todavía se importaba 73.2 por ciento del consumo nacional en 2019, frente al 78.3 en 2018. En el primer semestre de 2020, frente a ese mismo periodo de 2019, la caída en el consumo de gasolinas ha sido de 21.2 por ciento.[92] Esto llevó a una caída del 31 por ciento en la importación. Aún se importa 45 por ciento de lo que se consume.

Un tema que celebro es la lucha frontal del presidente contra el robo de combustibles, el llamado *huachicol*. Escribí varias veces sobre la necesidad de combatir este delito. Fue sin duda uno de los temas más frustrantes de mi paso por el Consejo de Pemex.

Era un tema sensible, porque los responsables de atender el problema siempre tenían la duda de hasta dónde estaba involucrado en el robo el personal de las terminales o de las refinerías. Sin embargo, se trató todo tipo de estrategias para enfrentarlo. Muchas veces lo discutimos en el Consejo. Algunas estrategias que aprobamos se implementaban, pero muy pronto resultaban insuficientes.

Un problema es que no había voluntad política en el gobierno para coordinar a todas las fuerzas estatales en ese sentido. La lucha frontal se logró dar en 2017. El director general aprovechó el tener a un amigo en la Secretaría de Hacienda y una buena relación con el procurador general, Raúl Cervantes. En reuniones con muy poca gente, porque la administración tenía miedo de que al interior de Pemex el crimen organizado tuviera informantes, se nos fue presentando con cierta regularidad la estrategia para combatir el ducto más pinchado, el de Minatitlán, que cruza varios estados del centro del país. La estrategia era por todos los frentes. Fue cuando se generaron conflictos sociales en poblaciones cercanas a los ductos ordeñados. Pero los datos iban bien; el robo disminuía. Incluso se llegó a cerrar parcialmente el ducto para secar al crimen. Pero la liebre saltó por otro lado. Los problemas alrededor del ducto de Salamanca crecieron justo con la migración del crimen organizado hacia Guanajuato. En la medida en que las grandes organizaciones criminales hicieron del huachicol un gran negocio, la estrategia requería todo el apoyo presidencial. AMLO se lo tomó en serio. Qué bueno.

413

Lo único que lamento es que no hay claridad sobre hasta dónde ha tenido éxito. En agosto de 2020 se presentaron 930 tomas clandestinas en ductos de Pemex, lo que significa un total de 6 mil 732 tomas hasta septiembre de 2020.[93] ¿Todas esas tomas, pero ya casi no se roban el combustible? Tampoco sabemos qué proporción de la gasolina se mueve en pipas y cuánto cuesta.

Son muy pocos los presuntos huachicoleros que han terminado en la cárcel. En 2019 Pemex presentó 3 mil 96 denuncias ante el Ministerio Público por robo en sus ductos, de las cuales 2 mil 306 (74 por ciento) están archivadas por falta de elementos de acusación; en 779 casos (25 por ciento) los acusados lograron que no se ejerciera acción penal en su contra, otros seis fueron sobreseídos, Pemex logró tres acuerdos reparatorios y sólo dos casos terminaron en sentencia condenatoria.[94]

El secretario de Seguridad y Protección Ciudadana, Alfonso Durazo, señaló el 21 de octubre de 2020 que los delitos en materia de hidrocarburos cayeron 48.6 por ciento entre 2019 y 2020 (comparando las cifras acumuladas de enero a septiembre) y que como resultado de la estrategia para combatir el huachicol el gobierno se ha ahorrado 111 mil 284 millones de pesos entre el 21 de diciembre de 2018 y octubre de 2020, al comprar las cifras acumuladas de enero a septiembre. El secretario no explicó con detalle en qué rubros disminuyó este delito.[95] De ser preciso este dato, equivaldría a los ingresos petroleros que obtuvo el gobierno en el segundo semestre de 2020. Una recuperación de ese tamaño debería tener un impacto positivo en las finanzas públicas y en los resultados de la empresa.

La reforma en materia de hidrocarburos fue diseñada para un país donde el petróleo ya no era la actividad dominante. Antes de la caída del precio del crudo en 2020, en 2019 la extracción de crudo y gas representaba 3.25 por ciento del producto interno bruto (PIB) nacional. El crudo representa 5 por ciento de nuestras exportaciones. Para el primer trimestre de 2020 la explotación de hidrocarburos representa 3.45 por ciento del PIB de México.[96] Todavía en 2008, cuando los precios del crudo estaban en su máximo punto, los ingresos petroleros del gobierno federal representaron 44 por ciento de los ingresos del gobierno, pero para el primer semestre de 2020 los ingresos petroleros representaron 9.6 por ciento de los ingresos presupuestales del gobierno federal.[97] AMLO cree que somos el país del pasado.

El eslogan de Pemex es "Por el rescate de la soberanía". Los resultados no han sido los esperados, pero está costando el rescate. En 2019 se le inyectaron cerca de 80 mil millones de pesos de recursos fiscales, a través de una capitalización de 25 mil millones de pesos, una monetización de los pasivos laborales de 25 mil millones de pesos y 30 mil millones de pesos por la reducción de la carga fiscal de Pemex.[98]

En tanto que en 2020 se pretendían inyectar 86 mil millones de pesos a la petrolera: una capitalización de 46 mil millones y un ahorro de 45 mil millones, producto de una menor carga fiscal.[99] Además, en el primer trimestre de 2020 pagó 35 por ciento menos impuestos respecto al mismo periodo del año anterior, es decir, 31 mil 948 millones de pesos menos. Esto es tanto por la caída en el precio del crudo como porque la tasa del derecho por utilidad compartida, que es el impuesto que paga Pemex por sus actividades de extracción y venta, pasó de 65 por ciento en 2019 a 58 por ciento en 2020.[100] En 2019 Pemex obtuvo apoyos por la monetización de los pagarés del pasivo laboral y los beneficios fiscales mencionados antes.[101]

En 2019 Pemex perdió en términos netos 347 mil 911 millones de pesos. Las pérdidas incluyen el deterioro contable de pozos, ductos, propiedades, plantas y equipos, así como el costo de lo vendido e impuestos pagados por la empresa en 2019. La pérdida total de Pemex durante el primer semestre de 2020 fue de 606 mil

508 millones de pesos. La mayor parte de esas pérdidas se generó en el primer trimestre, cuando la empresa perdió 562 mil millones de pesos. La administración señaló que esto se debía a la devaluación del peso frente al dólar. Sin embargo, las ventas totales de la empresa se desplomaron 52 por ciento cuando se compara el segundo trimestre de 2020 con el de 2019.[102] Asimismo, la caída en la actividad económica a causa del covid-19 y los bajos precios internacionales del crudo están han afectado el desempeño de la empresa.

Estos datos son un indicador importante de la capacidad futura de generar ingresos con las variables existentes al momento de la auditoría, como el precio del crudo. Sin embargo, no reflejan necesariamente que las actividades de la empresa están generando menos efectivo.

Es más claro ver qué pasó en términos de EBITDA, que como ya vimos son los ingresos antes del pago de intereses, impuestos, depreciación y amortización. Es el efectivo que genera la empresa antes de tener que pagar compromisos impositivos, pago de deuda o deterioro del capital.

Pemex pasó de generar 544 mil 574 millones en 2018 a 339 mil 259 en 2019. Por supuesto, afectó de forma importante la caída en el precio del crudo. Éste pasó de un promedio de 56.89 en 2018 a 51.18 en 2019 y 31.81 en el primer semestre de 2020. Desde 2018 el EBITDA de la empresa al primer semestre de cada año ha disminuido constantemente, en 2018 el EBITDA del primer semestre cerró en 288 mil millones de pesos, en 2019 en 221 mil millones de pesos y en 2020 la empresa reportó un EBITDA de 94 mil millones de pesos (véase la gráfica 6.4).

Las ambiciosas metas de AMLO no se han cumplido. La producción está lejos de lo prometido. En 2019, el precio del crudo esperado fue muy similar al que se dio. Para 2020 se presupuestó a partir de un precio de 49 dólares por barril promedio. Para septiembre el precio promedio era de 34.03 dólares. El procesamiento de crudo tampoco está en los niveles programados y la compañía está aún más frágil financieramente hablando.

El gobierno federal ha apoyado a Pemex para mejorar su situación financiera. A pesar de ello el gobierno cada vez recibe menos recursos de Pemex:w en el primer semestre de 2019 Pemex transfirió 195 mil 600 millones de pesos por derechos y otros impuestos a la extracción, mientras que para el mismo periodo de 2020 el gobierno recibió 113 mil 799 millones de pesos, es decir, 42 por ciento menos.[103] El gobierno destina más recursos públicos a Pemex y obtiene cada vez menos retorno de esas inversiones.

Dada la estrategia escogida, el gobierno deberá seguir apoyando fiscalmente a Pemex. Tiene el enorme reto de hacerlo en un entorno de finanzas públicas muy apretadas.

LA REFORMA ELÉCTRICA

La reforma eléctrica de Peña Nieto se hizo con el objetivo de crear un mercado eléctrico como el que existe en otros países. No está de más recordar que ninguno de los países de la Organización para la Cooperación y el Desarrollo Económicos (OCDE), y casi nadie en el mundo tiene un sistema que restrinja la participación de privados en toda la cadena de producción, distribución, transmisión y comercialización de electricidad.

En palabras de la iniciativa de reforma constitucional de 2013:

> La apertura limitada a la participación privada ha permitido a los actores privados contribuir a brindar seguridad energética al país, así como ofrecer mejores tarifas a sus clientes. Sin embargo, el esquema actual se está agotando y los beneficios no están siendo distribuidos a toda la sociedad. Adicionalmente, las condiciones a las que está sujeta la CFE no

le han permitido competir en igualdad de circunstancias para captar y mantener a los clientes más rentables, que son los grandes usuarios.[104]

Con la reforma de la Ley de Servicio Público de Energía Eléctrica (LSPEE) se dividieron las actividades de la industria eléctrica; bajo el concepto de "servicio público de energía eléctrica" se establecieron las actividades reservadas para el Estado: la planeación del sistema eléctrico nacional; la generación, conducción, transformación, distribución y venta de energía eléctrica, y la realización de obras e instalaciones para dar mantenimiento al sistema eléctrico nacional.[105] Asimismo, esta ley definía las actividades en las que podían participar los privados, entre las que se encontraba la generación de electricidad para autoabastecimiento, cogeneración o pequeña producción; la generación de privados para venta a la CFE; la generación eléctrica para su exportación, derivada de cogeneración, producción independiente y pequeña producción; la importación de energía eléctrica para autoconsumo, y la generación eléctrica para emergencias.[106] La reforma se monta sobre la reforma de 1992, la cual había abierto parcialmente el sector. Esta reforma creó la figura de *productor independiente* y amplió la de autoabasto. La primera podría ser otorgada por la Sener a través de permisos a personas físicas o morales cuando la energía generada fuese vendida exclusivamente a la CFE mediante contratos de largo plazo. Mientras que el modelo de autoabastecimiento contemplaba la generación eléctrica exclusiva para satisfacer las necesidades de personas físicas o morales, siempre que ésta no fuera inconveniente para el país, a juicio de la Sener.[107] Además de estas modalidades existían las figuras de cogeneración, exportación e importación de electricidad.

Los primeros permisos de cogeneración y autoabastecimiento se dieron en 1994, el primer permiso de importación se otorgó en 1996 y un año después el primer permiso de producción dependiente de energía. Hasta 2000 se dio el primer permiso de exportación.[108] Este modelo regulatorio se encontraba muy limitado por las restricciones constitucionales, cuestionado en su legalidad, liderado por el entonces senador del PT Manuel Bartlett y el diputado Salvador Rocha Díaz. Ambos demandaron ante la ASF a diversos funcionarios de la Sener, la CRE y la CFE. Como resultado de esta denuncia, la ASF observó y cuestionó la legalidad de los permisos de generación eléctrica otorgados por la CRE.[109] La Suprema Corte decidió que la ASF no estaba facultada para observar los permisos otorgados por la CRE y reconoció de forma tácita los permisos de cogeneración y autoabastecimiento que había otorgado la CRE. Con esta decisión, la Corte favoreció el modelo de competencia en la generación eléctrica basado en la reforma legal de 1992.

La reforma de 1992 permitió ampliar la generación de electricidad. Al momento de hacer la reforma la capacidad instalada era de alrededor de 27 mil megawatts (MW), 15 años más tarde era de 59 mil MW, de los cuales 84 por ciento era de la CFE. Para el año de la reforma de Peña Nieto, en 2014, la capacidad total había subido a 65 mil 392 MW, de la cual la CFE tenía el 83 por ciento.[110] Antes de la reforma, en 1992, el crecimiento en la capacidad de generación fue de 0.5 por ciento. Ese crecimiento fue de 7.5 y 8.5 por ciento en 1993 y 1994, respectivamente.[111] La reforma aceleró el desarrollo de la industria con ayuda de los privados.

Este modelo les permitió a los grandes consumidores de energía buscar fuentes más baratas, apalancando las nuevas plantas con la garantía de su consumo, a la par de quitarle presión al sistema eléctrico. Aunque la reforma de 1992 dio pasos en la dirección adecuada, el modelo generó una subinversión en el mercado eléctrico porque había fuertes restricciones para contraer deuda pública que pudiera financiar nueva infraestructura para la generación de energía. Para resolver este problema, en 1995 se modificaron las leyes de deuda pública y de presupuesto y se crearon los Proyectos de Inversión Diferidos en el Gasto (Pidiregas). Esta modificación solucionó el flujo de capital para fondear nuevas plantas de generación, que vio mayor crecimiento a partir de 2000.[112]

La reforma de Peña Nieto era, con todo, una apertura limitada frente a lo que se ha hecho en países como Estados Unidos, Australia, Reino Unido o Chile. Se optó por conservar el control de la red eléctrica en manos de un organismo público, el Centro Nacional de Control de Energía (Cenace), que tiene por objetivo darle certidumbre al sistema, tanto al productor como al consumidor. Este organismo controla el Sistema Eléctrico Nacional y el Mercado Eléctrico Mayorista para garantizar la imparcialidad en la transmisión eléctrica y las redes de distribución eléctrica. El Cenace también desarrolla los programas de ampliación y modernización de la Red Nacional de Transmisión y las redes generales de distribución.[113] Con estas facultades, el Cenace puede asegurarse de que se despache primero la electricidad más barata disponible en el mercado y tener así un balance en la matriz energética que favorezca al consumidor final.

La idea fue diseñar reglas que llevaran a darle una lógica económica al uso de la red. Primero se debe despachar la electricidad de los productores más baratos, para premiar la eficiencia y desarrollar una red de transmisión robusta para compensar las fuentes renovables, en general intermitentes, con las más estables, la mayoría de ellas dependientes de diversos combustibles. El sistema obedece a la ley de oferta y demanda con base en los costos variables de cada generador, es decir, cuánto le cuesta a cada generador calificado generar un megawatt por hora (MWh). Se determina la demanda de electricidad para un periodo y se despacha primero la electricidad más barata disponible, hasta que se satisface la demanda. A todos los generadores que están inyectando electricidad en ese periodo se les paga el costo variable de la última central en ser despachada.[114] De esta forma los productores más baratos son los que obtienen un margen de ganancia más alta, lo que incentiva a otras empresas a invertir en tecnologías de generación baratas y eficientes.

El Cenace tiene por mandato cuidar que la red sea robusta; puede licitar a terceros la construcción de nuevos tramos. Estaban en curso dos líneas de alta tensión, cuyo objetivo era interconectar el istmo de Tehuantepec y Baja California con el resto del país y usar de forma más eficiente las energías renovables, en general intermitentes, en particular las que se producen en los 27 parques eólicos de Oaxaca que representaban, hasta 2019, 57 por ciento de la capacidad eólica instalada en el país. La línea de transmisión llevaría electricidad desde esos parques eólicos hasta el centro del país donde la demanda eléctrica es mayor, lo que reduciría así los precios de la electricidad en esta región. El segundo proyecto buscaba llevar a la península de Baja California la energía producida por 1 500 MW de capacidad instalada y conectar así la península con el resto del país.[115]

La reforma de Ernesto Zedillo de 1995 detonó varios mercados; primero el del suministro de gas. Sin embargo, en la práctica no hubo interés en los privados de invertir por lo poco atractivo del marco regulatorio. En 1995 se reformaron leyes secundarias para permitir la participación de privados en el transporte, almacenamiento y distribución de gas natural en México. Esta reforma optó por crear un sistema en el que el sector público y privado participaran en diversas partes de la cadena de suministro del gas. Para lograrlo se reservaron las actividades estratégicas para el Estado: exploración, explotación, producción y ventas de primera mano, y se abrió la construcción, operación y propiedad de los sistemas de transporte, almacenamiento y distribución de gas.[116] Esta reforma avanzó en la dirección adecuada, incrementó la participación de privados en el desarrollo de infraestructura de transporte y distribución, pero no tuvo el mismo efecto en la comercialización y almacenamiento, ya que no creó los incentivos de mercado en estas dos áreas.[117]

Con la reforma de 2014 la CFE necesitaba usar el combustible fósil más barato disponible: el gas de Estados Unidos, el cual tenía un precio de 4.26 dólares por millón de BTU (unidades térmicas británicas, por sus siglas en inglés) en 2014, frente a un pico de nueve dólares en el pasado.[118] Era entonces el mercado más barato de gas en el mundo. La exitosa industria del crudo no convencional (*shale oil*) dejaba como subproducto el gas. Para aprovecharlo se licitó una serie de gasoductos que, apalancados en su consumo de gas, permitieron llevar llevar este combustible a zonas del país donde no había, no solamente a las plantas de la CFE. Sin red de gas natural muchas de las industrias manufactureras no pueden ser competitivas. Pasamos de tener 11 mil 347 kilómetros de gasoductos en 2012 a 17 mil 210 kilómetros en 2019.[119]

También creció la inversión privada en generación con plantas de ciclo combinado alimentadas con gas natural. La generación de los privados pasó de 51 por ciento en 2014 a 53.4 por ciento en 2019. Antes de los cambios en la política energética se estimaba el valor de las inversiones hasta por 714 mil millones de pesos entre 2018 y 2032 en nuevas plantas de ciclo combinado.[120]

Otro mercado que se detonó fue la generación de electricidad a través del sol y el viento. Parte importante de ese desarrollo se dio gracias a las subastas eléctricas en las que las empresas ofertaban un precio para su electricidad, y si éste resultaba ser el más barato en la subasta se formalizaba la firma de un contrato de compra de entre 15 y 20 años. Estas subastas generaban incentivos para que las empresas produjeran electricidad cerca de los centros de mayor demanda y sin discriminar entre tecnologías con el objetivo de que los precios bajaran por la competencia entre las plantas de generación más eficientes. Adicionalmente, la Ley de la Industria Eléctrica consideró la creación de los Certificados de Energías

Limpias (CEL). Estos certificados los otorga la CRE y certifican la producción de 1 MWh de energía limpia.

Los CEL estaban pensados como un esquema de incentivos para la generación de energías limpias. La ley establecía quiénes eran los sujetos obligados a adquirir estos certificados y el gobierno determinaba qué porcentaje del consumo de energía de los sujetos obligados debía provenir de fuentes renovables. Para 2015 se estableció una meta de 5 por ciento que iría incrementando con los años. La ley contemplaba una multa para los sujetos obligados que no consiguieran el número de CEL necesarios al final del año.[121]

La regulación en materia eléctrica y la caída en los costos de las plantas de energía renovable detonaron la instalación de estas plantas en el país. En 1988 el costo de los paneles fotovoltaicos de gran escala rondaba los 10 dólares por watt instalado; en 2013, durante la discusión de la reforma energética en México, el costo de los paneles era de 70 centavos de dólar por watt y para finales de 2019 llegó a 30 centavos.[122] Los precios de las energías renovables caen con ayuda de la innovación tecnológica y las economías de escala en la cadena de producción, por lo que es de esperarse que éstas sean cada vez más competitivas en la generación de electricidad.

La CFE enfrentó una restructuración de fondo. Para poder cumplir con el mandato de permitir la competencia, se pasó a separarla en nueve empresas subsidiarias y dos filiales. Las subsidiarias quedaron divididas en seis empresas de generación, una de transmisión eléctrica, otra de distribución y una más de suministro básico. Las filiales son CFE Energía y CFE Internacional.[123] Esta separación buscaba mejorar las condiciones de competencia económica en diversas regiones del país y mejorar la eficiencia operativa y administrativa de la empresa.

REVERTIR LA REFORMA ELÉCTRICA

AMLO también decidió revertir la reforma eléctrica, aunque hasta ahora no haya cambiado la ley. Siempre estuvo en contra de esta reforma:

> En el caso de la industria eléctrica lo mismo, les entregaron el mercado de la electricidad a particulares violando la Constitución al inicio, en el gobierno de Salinas entregaron contratos a empresas particulares nacionales, pero fundamentalmente extranjeras, empresas que luego se llevaron a trabajar a los altos funcionarios públicos, que les permitieron esas privatizaciones, hasta un expresidente se fue de consejero de una empresa eléctrica española, de Iberdrola, un expresidente de la República. Contratos leoninos muy favorables a las empresas particulares, tanto en la adquisición de gas como en la compra de la energía eléctrica, dejando de lado a la Comisión Federal de Electricidad con un plan de cerrar las plantas para dejarles todo el mercado a las particulares, al grado de que llegaron a venderle a la Comisión Federal de Electricidad el 50 por ciento de toda la energía eléctrica que consumimos en el país. Y también, ¿en qué se beneficiaron los consumidores si subía y subía el precio de la luz?, ¿por qué entonces no protestaban los que ahora se inconforman?

Para AMLO la reforma eléctrica fue parte integral de un saqueo para favorecer a contratistas privados, sobre todo españoles.[124]

En materia eléctrica los objetivos específicos del memorándum ya citado son no aumentar en términos reales el precio de la electricidad, "construir o reconstruir plantas para satisfacer la demanda del sureste, en particular, de la península de Yucatán; así como abastecer con energía suficiente a Baja California Sur". Hay que potenciar las hidroeléctricas, porque es una fuente de energía limpia y barata. "El sistema eléctrico nacional deberá ser alimentado en este orden: en primer lugar, subirse a la red de distribución la energía producida en las hidroeléctricas: en segundo, lo generado en otras plantas de la CFE; en tercero, la energía eólica o solar de particulares y al final, la energía de ciclo combinado de empresas privadas." En ninguna circunstancia la producción privada "podrá superar el 46 por ciento del consumo nacional".

Como no puede repetir la nacionalización del sector eléctrico llevada a cabo por López Mateos, como recordó nostálgico AMLO en la mañanera del 20 de mayo de 2020, la cual se hizo comprando poco a poco a los productores privados, AMLO los está estrangulando al eliminar condiciones regulatorias que favorecen la competencia en el sector, con el fin de que, en la práctica, la CFE vuelva a ser un monopolio.[125]

La CRE ya está al servicio de fortalecer las empresas del Estado. No de fomentar la competencia, que es, por ley, su misión, como vimos en el capítulo 2. Esto le ha permitido contar con su apoyo para tratar de implementar su estrategia.

En la reversión de la reforma eléctrica, la secuencia de acciones ha sido la siguiente:

Primero, durante enero de 2019 cancelaron las líneas de transmisión que interconectarían e integrarían el sistema eléctrico nacional con Baja California y el Istmo de Tehuantepec. El 21 de enero se canceló el proyecto de Baja California y el 28 el del Istmo.[126] Los proyectos estaban diseñados para permitir la expansión de las energías solares y eólicas, y, al conectar bien a todo el país, compensar la intermitencia de un lado de éste con las que continuarían produciendo en otro. La decisión de no invertir en transmisión es para matar a los renovables. Usan el dinero de transmisión para invertir en producción, donde tienen el monopolio y donde ganan dinero, como veremos más adelante. El 31 de enero de 2019 se cancelaron las subastas de energía limpia.[127] Éstas le permiten a la CFE comprar al precio más barato la energía, pero no quieren competencia en el mundo de las energías renovables, mucho más baratas que las plantas de la CFE.

El siguiente paso, el 28 de octubre de 2019, fue adulterar los CEL, que es un instrumento financiero para fomentar proyectos de energía renovables.[128] Éstos se les otorgaron a las hidroeléctricas y geotérmicas de la CFE ya existentes, con lo cual abarataron los CEL y se redujeron los incentivos de los privados a entrar a la generación de energía limpia. Muchos de los afectados se han amparado.[129]

El tercer paso ha sido sabotear la ampliación de la red de gasoductos que haría posible dejar de usar combustóleo. Esto le está costando a la CFE en pagos por servicios que no usa. Ni siquiera los aprovecha para distribuir gas en partes del país donde no hay suficiente. El caso del ducto marino que opera TC Energy (antes TransCanada) para la CFE es revelador. Opera a 32 por ciento de su capacidad, aunque podría surtir gas al sureste del país.

Otro ejemplo es el ducto a Tula desarrollado por TC Energy para llevar gas a la planta de CFE. Le falta menos de 20 por ciento para terminar. No lo pueden concluir porque una comunidad a la que se le pagó el derecho de vía dice que no es suficiente. La jueza Yolanda Velázquez Rebolledo suspendió la obra en 2017 porque consideró que el proyecto podía afectar el derecho colectivo a la tierra de las comunidades y creyó necesario realizar de nuevo la evaluación de impacto social del proyecto. El gobierno parece no estar interesado en arreglar el problema. Incluso en enero de 2020 el presidente prometió que el ducto no se construiría por el cerro de San Pablito, Puebla, un cerro que las comunidades consideran sagrado.[130]

Para sabotear las plantas solares y eólicas, el 15 de mayo de 2020 se emitió un Acuerdo de Confiabilidad, Seguridad, Continuidad y Calidad en el Sistema Eléctrico Nacional para bloquear la entrada en operación de centrales renovables y para que el Cenace pueda violar sus reglas de tener que despachar primero a las energías más baratas, que son las renovables, para poder utilizar primero las caras y contaminantes de las plantas de la CFE.

El cambio en la política eléctrica, según Bartlett, ha sido para no subsidiar a privados. En sus palabras: "De ninguna manera se intenta recuperar el carácter monopólico de la CFE a costa de las energías renovables y en perjuicio de los mexicanos".[131]

En un inicio, la CFE prometió hacer directamente las nuevas inversiones en materia de generación de electricidad. "La CFE detonará 33 proyectos de generación eléctrica", dijo Bartlett en diciembre de 2019.[132] En julio de 2020 anunció que iba a cancelar las licitaciones para cuatro nuevas plantas, excusándose en la pandemia.[133]

Días más tarde, el 21 de julio de 2020, se anunció la creación del Fideicomiso Maestro de Inversión con el que se invertirá en la construcción y compra de centrales eléctricas. La estrategia consiste en utilizar las utilidades acumuladas de CFE Energía y el capital que se obtenga mediante la Fibra E para financiar los proyectos de inversión.[134] La lógica detrás de esta inversión es mejorar la posición de la CFE en el mercado eléctrico nacional.

Esta secuencia tiene una lógica económica y una política. La primera, limitar las ganancias de las empresas privadas con el fin de que se las quede la CFE. Supone que la CFE puede producir más barato que el precio de venta de esa energía por parte de los privados a la CFE. Los datos, sin embargo, hablan por sí mismos. Los productores independientes que vienen de la reforma de 1992 generan energía más barata que la CFE. La tercera subasta eléctrica realizada por la CFE y el Cenace en 2017 arrojó precios promedio de 20.57 dólares por MW (cerca de 389 pesos ese año) en energía limpia, uno de los precios más bajos a nivel internacional en ese año.

CUADRO 6.3. *COSTOS DE CONTRATOS LEGADOS PARA SUMINISTRO BÁSICO*
CENTRALES DE CFE VS. PRODUCTORES INDEPENDIENTES
(PESOS POR MWH)

Tecnología	CFE (A)	Pie (B)	Diferencia
Ciclo combinado	1 140	966	-174
Térmicas	1 547	0	
Carboeléctrica y nuclear	1 355	0	
Termoeléctrica convencional	2 063	0	
Combustión interna	2 337	0	
Turbogás	1 949	0	
Hidroeléctricas de gran escala	722	0	
Hidroeléctricas en mediana y pequeña escala	776	0	
Intermitentes	1 130	0	
Eólica	1 584	1 086	-498
Solar	1 962	0	
Minihidro intermitente	1 076	0	
Geotérmica	1 112	0	
Total	1 231	968	-263

Fuente: Comisión Reguladora de Energía, "Memorias de cálculo de tarifas de suministro básico".

La segunda, que las empresas sepan que dependen de estar conectadas por la CFE. Íbamos rumbo a un mercado eléctrico moderno; ahora controlan a quién le compran y a quién le venden. No les importa la competitividad de la economía mexicana.

Las empresas afectadas se han amparado. Ganan tiempo. Pero es una batalla jurídica permanente. Hasta junio de 2020 se presentaron 172 amparos de todo tipo en contra de la política energética de AMLO. Algunos reclaman los cambios a los CEL, los acuerdos con el operador técnico, la política de confiabilidad que estableció la Sener, entre otros.[135] Según los datos del Consejo Coordinador Empresarial, todos los amparos han sido resueltos en sentido favorable a las empresas o apuntan en esa dirección.

La CFE y la Sener continuarán acosando al sector privado. Al vivir en la incertidumbre, la inversión va a caer, no sólo la de ese sector, sino la de cualquiera que requiera un suministro importante de electricidad.

La reforma eléctrica se hizo en buena medida porque la CFE no tenía recursos. Ahora que se quiere quedar con todo el pastel, tampoco los tiene. Pierde en todas sus subsidiarias donde produce, sólo gana en distribución y transmisión. En eso es en lo que no invierte. De acuerdo con los datos de la cuenta pública 2019, la CFE obtuvo 18 mil millones de pesos en utilidades de su negocio de transmisión, lo que representa un margen de utilidad de 24 por ciento. El negocio de distribución eléctrica también presentó utilidades por 14 mil millones de pesos, lo que da un margen de 11 por ciento.[136] Donde se pierde dinero es en la generación eléctrica que han decidido hacer sin ayuda de privados, restaurando plantas eléctricas retiradas que tienen altos costos de generación y baja eficiencia.[137] Los datos de ganancias en distribución eléctrica contrastan con la imagen que promueve el director de la CFE, la de una empresa que pierde en el negocio de transmisión gracias a los contratos "leoninos" de las empresas privadas.

No es fácil obtener datos recientes acerca de la producción de eléctricas o la capacidad de generación de la CFE, pues al momento de escribir este texto no se ha publicado el informe anual de 2019 y algunas de las plataformas de recolección de datos han dejado de actualizarse.[138] Siguiendo la tradición de Manuel Bartlett, las ligas de internet están, pero no se puede acceder a ellas porque se cayó el sistema.

En cuanto a su desempeño financiero, la CFE tuvo un EBITDA de 62 mil 582 millones de pesos en el último trimestre de 2019, un monto 24 por ciento menor al del mismo periodo del año anterior. En el primer trimestre del año bajó a aproximadamente 48 mil millones de pesos. Para el segundo trimestre hubo una ligera mejoría, pues ahora se obtuvo un EBITDA de 49 mil 500 millones de pesos, además de una utilidad neta de 25 mil millones de pesos.[139]

DESTRUIR EL MEDIO AMBIENTE

En materia energética ya vimos que el gobierno tiene una visión de izquierda, pero del siglo pasado. La izquierda en el mundo de hoy no está preocupada por sacar petróleo, sino por cuidar el planeta, por impulsar las energías renovables.

Los mexicanos también piensan así. Ante la pregunta de "¿Qué cree usted que es mejor para el futuro de México?", 66 por ciento de los mexicanos cree que lo son las energías limpias, frente a 25 por ciento que cree que lo son el petróleo y el gas.[140]

Las ganas de regresar al pasado han ido llevando a una serie de decisiones ecológicamente desastrosas. Tanto por lo hecho por Pemex, como por la CFE.

El gobierno, ya vimos, está obsesionado por refinar más crudo para alcanzar la autosuficiencia energética. No sólo va a perder más dinero, sino que eso es muy costoso para el medio ambiente.

Las refinerías generan residuos al procesar el crudo. El combustóleo es el principal de ellos. De nuestras seis refinerías, tres lo pueden procesar a través de una coquizadora, la cual rompe el

OTRO PRESIDENTE APOSTADOR

combustóleo para de ahí sacar más gasolinas y otros combustibles, a los que hay que retirar varios contaminantes, en particular azufre. En México estas plantas no suelen funcionar óptimamente, y algunas tienen serios errores de diseño.

Al estar refinando más, Pemex ha estado generando cada vez más combustóleo. Esto se debe a la dieta de crudo que están recibiendo las refinerías que consta de 51 por ciento de petróleo pesado y 49 por ciento ligero, en promedio.[141]

La capacidad de almacenar el combustóleo es muy baja. Se necesita desplazarlo, pero venderlo es muy difícil. Antes se podía usar en los motores de los barcos. Ahora está prohibido globalmente, por la contaminación que genera. Antes lo consumía la CFE, pero el gas natural es mucho más barato y limpio. Las exportaciones de combustóleo cayeron 31 por ciento si se compara el primer semestre de 2020 con el de 2019.[142] Esta situación está presionando el precio del combustóleo a la baja, que pasó de valer 7.2 pesos por litro en 2018 a 5.24 pesos en julio de 2020.[143] No hay datos públicos de a qué precio compra la CFE el combustóleo. En todo caso el precio público del combustóleo es menor que el del crudo. Si se produce una proporción alta de éste, refinar es quemar dinero.

La ley de electricidad obliga al Cenace, responsable de asignar a quién se le compra electricidad, a priorizar las fuentes baratas de flujo eléctrico. Éstas son las renovables, incluida la hidroeléctrica, luego la nuclear, después el gas natural. Al final de la cola viene la generación por combustión interna, en la que se incluye el combustóleo, incluso al precio bajo en el que hoy se encuentra.

En una acción sin precedentes, justificada por la supuesta necesidad de darle estabilidad a la red eléctrica por la pandemia (el razonamiento es aún más absurdo dada la baja en la demanda por la propia pandemia), la Sener decidió arbitrariamente sacar las renovables producidas por el sector privado del sistema eléctrico.

De acuerdo con la controversia constitucional que interpuso la Comisión Federal de Competencia Económica en contra de la Política de Confiabilidad, Seguridad, Continuidad y Calidad en el Sistema Eléctrico Nacional, ésta es contraria a los artículos 16, 28 y 133 constitucionales y a las leyes en materia de electricidad.[144] El decreto no fue autorizado por el órgano encargado de velar por la legalidad y racionalidad de la regulación, la Conamer. Su titular renunció.

La Corte otorgó la suspensión a los amparados por este cambio el 21 de octubre de 2020. Al día siguiente AMLO declaró en la mañanera que cambiaría la Constitución. *Su palabra es la ley:* "Si es necesario, propondría en su momento, lo he dicho, una reforma constitucional para que prevalezca el dominio de la nación sobre los recursos naturales y para que el interés general, el interés del pueblo, esté por encima de intereses personales o de grupos, por legítimos que sean".

La CFE consume ahora una buena parte del combustóleo que genera Pemex. Cuando la CFE quema combustóleo, se perjudica la salud en los alrededores de esa planta termoeléctrica. En palabras de Gabriel Quadri: "estudios recientes en México estiman que la CT Tula [Central Termoeléctrica de Tula] es responsable de más de 14 mil muertes prematuras al año en Tula y en la ZMVM [Zona Memiolitana del Valle de México".[145] Si más termoeléctricas consumen combustóleo, el problema se incrementará.

Nuevamente en palabras de Quadri: "El gobierno con sus acciones viola impune y ostensiblemente la Ley de Transición Energética, la Ley de Cambio Climático y el Acuerdo de París, que es Ley Suprema de la Nación de acuerdo con el artículo 133 Constitucional. Ha convertido a México en un Estado delincuente (*Rogue State*)".[146]

La reforma energética estableció una ley de transición energética que empujaba por una matriz energética más limpia. Ésta contenía metas para alcanzar una transición ordenada y paulatina. Establecía la meta de que cuando menos 35 por ciento de la energía para la industria nacional proviniera de fuentes limpias y para ello usaba el mecanismo de los CEL.[147] AMLO refrendó estas metas, sin embargo, la política energética del gobierno ha desincentivado la inversión en energías limpias y ha apostado todos los recursos en el sector de hidrocarburos.

IMPLICACIONES PELIGROSAS

El gobierno ha tratado de revertir la reforma sin cambiar la ley, colonizando los órganos reguladores y poniéndolos al servicio de Pemex y la CFE. Lograr los objetivos de AMLO en la materia sin cambiar la ley está resultando más complicado de lo esperado. Si no se cambia la Constitución va a ser un proceso lleno de litigios.

Hoy tiene los votos para hacer con la ley lo que quiera. Ya anunció que buscará incluso reformar la Constitución si es necesario. No se ve muy complicado. El PRD estuvo en contra de esa reforma y el PRI no creo que corra riesgos para enfrentarse con AMLO por un tema que ideológicamente les debe parecer a muchos el correcto.

La restricción es externa: Estados Unidos. Los tratados de libre comercio regulan qué tan abiertos a la competencia están los distintos sectores de la economía. Salinas explícitamente dejó fuera del TLCAN al sector energético. Pero en el TLCAN está estipulado que si un sector se abre ya no se puede volver a cerrar.

En la negociación del T-MEC la idea fue plasmar la reforma energética. Cuando se lo presentaron a AMLO dijo que de ninguna manera lo firmaría.

La solución que se encontró fue la siguiente. En el Tratado Integral y Progresista de Asociación Transpacífico (TIPAT), o TPPII que sustituye al fallido Acuerdo Transpacífico de Cooperación

Económica (Trans-Pacific Partnership, TPP), tras la decisión de Donald Trump de no firmarlo está incorporada la reforma energética. México es parte del TIPAT desde 2018.[148]

El T-MEC aclara que no se puede ser más restrictivo en materia comercial o de inversión de lo estipulado en otro tratado de libre comercio. México está obligado a ofrecer el mejor trato que tenga con terceros. Dar marcha atrás en la reforma energética violaría ambos tratados.

Ahora bien, si optara por cambiar la ley, el sector energético sería aún más disfuncional de lo que es hoy. Los costos fiscales y económicos de la política energética de AMLO ya son altos. Los errores en energía se expanden al resto de la economía. Tanto por la incertidumbre que genera el cambio de reglas como por el impacto de los precios energéticos en el resto de la actividad económica. Como señala Enrique Quintana: "Algunos ven como un problema que se pierda la confianza de los inversionistas privados en este sector. Para la visión de López Obrador, ése es precisamente uno de los objetivos, ya que menos inversiones privadas en el mercado implican más espacio para CFE".[149]

La competencia para AMLO es una forma de empobrecer a Pemex y a la CFE a costa de darles negocios a los privados. Quienes hicieron la reforma energética lo ven distinto: es una forma de hacer más competitivo el sector para favorecer al consumidor. Es la forma de hacer a Pemex y a la CFE más competitivos y ayudar con ello a la economía mexicana y a la propia hacienda pública.

En el corto plazo y en términos relativos, es decir frente a los privados, la política del gobierno de AMLO puede darle espacio a la CFE y a Pemex. Sin embargo, los cambios ya hechos han deprimido la inversión privada en el sector y en general. La CFE y Pemex basarán su estrategia, como todo monopolio, en exprimir al consumidor y no en preocuparse por la falta de suministro. En un monopolio no pierdes mercado por ello. A diferencia de un monopolio privado donde el ganador es el accionista, acá el propio fisco terminará por cargar con los errores y excesos. De ahí venimos.

Los costos de esta estrategia se irán viendo con más claridad en el tiempo. Anticipo los siguientes:

Primero está la interrogante de si el gobierno tendrá los recursos para proveer todas las necesidades energéticas del país. Para los próximos 13 años se requieren, según el Programa de Desarrollo del Sistema Eléctrico Nacional (Prodesen) 2018-2032, unos 2 millones de millones de pesos (billones en español) en inversión total de infraestructura eléctrica, de los cuales 84 por ciento correspondería a proyectos de generación, 9 por ciento a proyectos de transmisión y 7 por ciento a proyectos de distribución.[150] Los errores en Pemex cuestan mucho al fisco, pero todos los combustibles líquidos se pueden importar, aunque se puede congestionar la infraestructura para hacerlo. En electricidad, *si no hay, no hay*. Esto puede desestimular la inversión manufacturera que requiere certidumbre en el suministro.

Segundo, Pemex se ha vuelto un riesgo para las finanzas públicas. Ya perdió el grado de inversión, es decir, ya es considerada una inversión tan riesgosa que hay muchos fondos que no pueden invertir en el papel de Pemex. En 2020 su deuda total arrancó con un valor de 103 mil 476 millones de dólares. Su deuda en 2020 es de 8.2 por ciento del PIB. El efecto de la devaluación y la contracción del PIB explican en buena medida que en 2019 haya aumentado tanto.

Las tasas de interés que paga están cerca de los 700 puntos base, es decir, 7 puntos porcentuales, en su papel de largo plazo (10 años) sobre su equivalente del gobierno federal a tasa fija. Este diferencial era cercano a los 200 puntos base en julio de 2018, cuando ganó AMLO.[151]

Tercero, incluso si el gobierno tuviera el dinero, ¿tendrá la capacidad organizacional para enfrentar las necesidades energéticas del país? Por el desempeño histórico de ambas empresas se ve complicado. Con los resultados hasta ahora desde el cambio de rumbo impuesto por este gobierno, no hay razones para el optimismo.

Cuarto, al fijar los precios de los combustibles, sólo moverlos en términos reales, se corren varios riesgos. Si el precio del combustible baja a nivel internacional, estaremos pagando más en México, con el costo para el consumidor y la competitividad de la industria manufacturera. Si los precios suben, el costo fiscal para el gobierno va a ser enorme. Lo hemos visto en el pasado.

Quinto, siendo más cara la electricidad producida con combustóleo, se requerirá pasarle el costo al consumidor, o asumir una pérdida. En palabras de Jorge A. Castañeda, en 2019:

> Se aprobaron para subsidios de la CFE 52 mil millones de pesos para el subsidio a las tarifas eléctricas, pero terminó costando 75 mil millones de pesos. Para este año [2020], el monto aprobado fue de 70 mil millones de pesos, pero al cierre del primer semestre, ya se habían erogado 42 mil millones de pesos. Más de 60 por ciento y previo a la temporada fuerte de calor donde el subsidio a la tarifa eléctrica para aire acondicionado es vital para millones de mexicanos. Éste es un gasto enorme del gobierno mexicano. En 2019, el monto pagado para el programa presupuestal de subsidios a las tarifas eléctricas fue más grande que el del Seguro Popular, que el del IPAB [Instituto para la Protección al Ahorro Bancario] y que los Servicios de Educación Superior y Posgrado.[152]

Sexto, si la CFE va a usar más combustóleo, dejará de consumir el gas contratado en la red de ductos privados construidos a partir de la demanda de la propia CFE. La CFE tiene cinco centrales de combustión interna que podrían aumentar su consumo de combustóleo. Parece que lo va a hacer a pesar de que sus costos de generación sean los más caros. Por el contrario, el gas natural ha mantenido precios bajos que permiten generar electricidad casi a la mitad de precio que los sistemas de combustión interna. Si a esto se suman las pérdidas que tendría el país por una red de gasoductos subutilizada, la estrategia de incrementar el uso de combustóleo no resulta rentable, salvo que le sirve a Pemex para deshacerse del exceso de este producto.

Séptimo, el riesgo de no tener acceso a la energía, sobre todo a electricidad, es un costo alto para la economía. La reforma estaba diseñada para evitarlo, pero aún no había logrado resolver del todo el que en México no hay suficiente electricidad a precios competitivos a pesar de que hay inversionistas dispuestos a desarrollar el sector. Hoy todavía en muchas industrias intensivas en energía es más razonable apagar sus plantas en la hora pico que pagar la tarifa pico.

Octavo, AMLO puede discrecionalmente cambiar las reglas del juego en materia energética. Sin embargo, su gobierno deberá enfrentar costosos y complicados litigios con los inversionistas perjudicados y conflictos con nuestros principales socios comerciales. Esta nueva amenaza de revertir la reforma seguramente profundizará esta tendencia.

Noveno, lograr capitalizar las empresas del gobierno exprimiendo al consumidor es un impuesto disfrazado con altos costos para la economía que da una falsa ilusión sobre la fortaleza de estas empresas. Como país manufacturero, precios energéticos altos o incertidumbre en la disponibilidad de ellos afecta la capacidad de atraer inversión.

Décimo, la innovación en el sector eléctrico internacional está liderada por privados, tanto en el desarrollo de nuevas y más eficientes tecnologías de generación, las líneas de transmisión de ultraalto voltaje que conecten mercados eléctricos distintos, hasta las innovaciones en sistemas de almacenamiento de electricidad. El sistema de competencia abierta genera espacios para la innovación y la reducción de costos en favor del consumidor. El sistema centralizado que busca este gobierno retrasará la incorporación de nuevas tecnologías, lo que provocará pérdidas en la competitividad de las empresas mexicanas frente a sus pares internacionales. Las transiciones tecnológicas toman décadas, cada momento que perdemos en avanzar en esa dirección nos pone en desventaja con el resto de las economías desarrolladas.

Undécimo, las decisiones del gobierno por favorecer energías fósiles sobre fuentes de energía limpias retrasan la transición energética que se requiere para controlar el cambio climático y avanzar hacia un modelo de desarrollo sustentable y amigable con el ecosistema. Existe un consenso científico sobre las medidas que se deben tomar para reducir la emisión de gases de efecto invernadero y este gobierno ha decidido ignorarlas, incluso contravenirlas. Puede además tener altos costos para empresas exportadoras el no tener en su matriz de electricidad un alto porcentaje de energías limpias.

CAPÍTULO 7

Frente a la pandemia

El presidente prometió muchas cosas en campaña. Escribió varios libros detallando sus propuestas. Ya vimos cuál ha sido el desempeño de su gobierno. Ha quedado muy lejos de lo prometido.

Cumplir las promesas es sólo una parte de la responsabilidad de gobernar. Los eventos sorpresivos obligan a respuestas prontas e inteligentes. Gobernar también es tener la capacidad de enfrentar los problemas no previstos. El más evidente que han enfrentado AMLO y sus pares en el mundo ha sido la pandemia por covid-19.

Es en estos imponderables cuando se hace más evidente la capacidad de gobernar, para dar resultados en ese mundo que no se tenía contemplado. Las crisis desnudan a los gobiernos.

José López Portillo no entendió que dos mercados centrales de la economía mundial y críticos para su gobierno, el precio del dinero y el del crudo se estaban deteriorando. No se dio cuenta de la duración y las implicaciones de la subida de las tasas de interés, primero, y de la caída en el precio del crudo, después. Un sexenio que iba bien en casi todos los indicadores terminó como un desastre monumental. Si hubiera reaccionado bien y rápido, hoy seguramente sería recordado como un muy buen presidente.

Miguel de la Madrid se vio rebasado por el terremoto de 1985. En las giras por las zonas afectadas no se acercaba mucho a donde estaban las víctimas. Se le veía a lo lejos y con cara de preocupación. La torpe y lenta reacción del gobierno dejó una estela de inconformidad y enojo. Por más esfuerzos que se hicieron por minimizar los muertos, oficialmente entre 5 mil y 6 mil, se supone que fueron por lo menos 12 mil.[1] Un gobierno que ya arrastraba los saldos de la crisis de 1982 fue marcado por el sismo. Llevó a un despertar ciudadano que desembocaría en la cuestionada elección de 1988.

AMLO no dimensionó la importancia y las implicaciones de la pandemia. Cegado por su desconfianza de la ciencia y sus ganas de distanciarse de Calderón, optó por hacer lo contrario a su némesis. En sus palabras del 11 de febrero de 2020: "No vamos a cometer el error que se cometió... en el gobierno [de Calderón]. La fortaleza del virus... lo peligroso que es, está demostrado que no va acorde con todo lo que se ha manejado mundialmente".[2] En mayo de 2009, había criticado con dureza a Calderón por supuestamente haber sobrerreaccionado y por no tener un plan para enfrentar el virus.[3]

Puede estar tranquilo. Nadie lo puede acusar de sobrerreaccionar. En su caso tuvo tiempo de sobra para planear qué hacer. A diferencia de la pandemia de la influenza de 2009 que empezó en México y Estados Unidos o de un temblor que golpea de sorpresa era evidente lo que venía. El gobierno de China decidió confinar Wuhan, epicentro de la epidemia, el 22 de enero.[4] En esos días AMLO aún negaba el riesgo de la pandemia.[5] El 28 de febrero se atrevió a decir que la enfermedad "ni siquiera es equivalente a la influenza".[6] Para esas fechas en España e Italia ya estaban teniendo 17 muertos diarios. Veintidós días después ambos países ya estaban reportando 324 y 793 muertos al día, respectivamente.

El sistema de salud ya era frágil cuando AMLO llegó al poder. De acuerdo con el último informe de salud para América Latina y el Caribe, México cuenta con serias carencias de infraestructura hospitalaria y personal médico. La OCDE reporta que México cuenta con 3.3 camas en la unidad de cuidados intensivos por cada 100 mil habitantes, por debajo del promedio reportado para la región, que es de 9.1. Además, el país cuenta con tres médicos y enfermeras por cada 100 mil habitantes, nuevamente debajo del promedio regional, que es de 4.7. Finalmente, la fragmentación del sistema de salud representa un reto durante la pandemia, pues implica más gasto al tener subsistemas con funciones duplicadas.[7]

Ese frágil sistema fue estrangulado. Primero, le cortaron los recursos. La asfixia presupuestal que sufrió el IMSS durante 2019 provocó una disminución en casi todos los indicadores relevantes en materia de salud: hubo 4.5 por ciento menos de enfermedades detectadas, se dejaron de aplicar 2.8 millones de vacunas, entre ellas la de la influenza, se hicieron menos trasplantes, se repartieron 2 millones menos de anticonceptivos y hubo menos doctores por cada mil derechohabientes. La falta de recursos llevó a un aumento de 53 por ciento en el monto que pagó el IMSS en juicios perdidos.[8]

Durante 2019 el gobierno de AMLO no pudo ni siquiera gastar el presupuesto asignado. De acuerdo con un análisis de México Evalúa, 65 por ciento del presupuesto aprobado para proyectos de infraestructura hospitalaria no se gastó en 2019. El ISSSTE tuvo un subejercicio de 81 por ciento y el IMSS uno de 65 por ciento. La compra de equipo médico representó 37 por ciento del subejercicio. Por si fuera poco, el gasto presupuestal en salud se ha ido reduciendo desde 2012, pasando de 2.8 a 2.4 por ciento del PIB en 2019.[9]

Con todo y pandemia, el gasto en salud durante el primer semestre de 2020 se quedó corto en 4 por ciento respecto a lo programado y fue 1.7 por ciento menor al del mismo periodo del año pasado. Hasta el primer semestre del año, se cuenta con un avance de 31 por ciento en el ejercicio del presupuesto para compra de medicamentos, 27 mil millones de pesos, cuando fueron aprobados cerca de 86 mil millones de pesos.[10]

En casi cualquier indicador, los resultados son muy malos. Datos recientes sobre la cobertura de vacunación dentro del país son alarmantes y una muestra de la incapacidad administrativa de AMLO. De acuerdo con la UNICEF, la cobertura para sarampión, rubiola, tuberculosis, influenza, difteria-tétanos y polio en 2019 tuvo un descenso anualizado de 25, 25, 21, 6.8, 6.7 y 6.7 por ciento, respectivamente. México tuvo la caída más marcada, de 195 países, en cuanto a vacunas contra sarampión y rubiola a nivel mundial se refiere. En tuberculosis tuvo la segunda peor caída, sólo por debajo de Arabia Saudita. En las otras vacunas se encuentra entre los seis países con más caída, sólo por debajo de Haití, Angola o Bolivia.[11]

En septiembre de 2020, la misma UNICEF advirtió nuevamente acerca de la cobertura de vacunación, ante las circunstancias extraordinarias por la pandemia. La Encuesta de Seguimiento de los Efectos del covid-19 en el Bienestar de las Niñas, Niños y Adolescentes (Encovid19) informó que cuatro de cada 10 hogares dejaron de recibir vacunas para sus niños o sólo se les aplicaron algunas.[12]

A ese sistema con poco dinero decidieron transformarlo de raíz. El plan era desaparecer el Seguro Popular, el mecanismo para financiar la atención médica de los mexicanos sin seguridad social, para construir un sistema de salud como el de Dinamarca o el de Noruega. Cuando se anunció la creación del Insabi, AMLO lo puso así: "Los populistas de Dinamarca y de Noruega garantizan el derecho a la salud. La salud en Dinamarca es gratuita, está en lo que ellos conocen como Estado de bienestar; hay protección al ciudadano desde que nace hasta que muere. Nosotros queremos crear un sistema de salud pública de primera y gratuito, porque la salud, como la educación, no son privilegios, son derechos".

Llevaban 13 meses en el poder y no fueron capaces de sustituir el Seguro Popular con algo que estuviera bien definido. Se hizo sin la planeación adecuada, como tantas cosas en este gobierno. El Insabi arrancó sin reglas de operación en enero de 2020. En julio del mismo año, aún no tenía reglas de operación, a pesar de que la reforma legal que lo creó obligaba a tenerlas a más tardar en junio.[13] Esto fragilizó aún más el sistema.

Según Julio Frenk y Octavio Gómez:

[Un] elemento que influye en el curso de una pandemia es el tipo de sistema de salud que la enfrenta, el cual debe estar bien financiado, disponer de recursos físicos, materiales y humanos suficientes y adecuados, y ser capaz de responder de manera ágil a las demandas inesperadas. La pandemia de covid-19, por desgracia, nos sorprendió en medio de una caótica transformación que desmanteló el Sistema de Protección Social en Salud y su brazo operativo, el Seguro Popular, para crear el Instituto de Salud para el Bienestar (Insabi). Se trata de una agencia prestadora de servicios que se diseñó pensando en el anticuado modelo asistencial y segregado que prevalecía en México en los años setenta del siglo pasado. Su propuesta de reconversión se topó con un estancamiento del presupuesto para la salud, conjuntado con un nivel sin precedentes de impericia administrativa y el desarreglo de las relaciones entre la Federación y los estados, todo lo cual generó desabasto de insumos, incluyendo el equipo de protección para los trabajadores de la salud, y altos niveles de incertidumbre e insatisfacción entre el personal.[14]

En efecto, como lo han señalado Julio Frenk y Octavio Gómez, mientras la oferta disminuye, producto principalmente de los recortes presupuestales que sufre la Secretaría de Salud desde 2016, la demanda aumenta debido al envejecimiento poblacional y al aumento de enfermedades cardiovasculares, cáncer y diabetes. El gasto de bolsillo de las personas (consultas, hospitalizaciones y medicamentos) y los gastos catastróficos (aquellos que exceden 30 por ciento del ingreso disponible de un hogar) se han incrementado como consecuencia de la ineficacia y falta de cobertura de los servicios de salud. El porcentaje de hogares con gastos catastróficos se redujo de 5.2 a 2.1 por ciento entre 2004 y 2014, pero en 2016 hubo un ligero repunte, cuando el número de hogares con este tipo de gastos pasó de 705 mil a 713 mil.[15]

Con la ordeña del Fondo de Protección contra Gastos Catastróficos, que en noviembre de 2020 fue de 32 mil millones de pesos, este problema va a seguir creciendo. Ya en noviembre de 2019, la administración de AMLO había recortado 63 por ciento este fondo, que pasó de tener un presupuesto de 66 mil millones de pesos a uno de 26 mil millones de pesos. Esto llevó, en su momento, a una crisis en el abasto de inmunosupresores y de antirretrovirales.[16]

AMLO se dedicó a prometer que todo estaría bien. El 12 de marzo de 2020 dijo: "Tengamos calma, estemos tranquilos. Nuestra economía está fuerte. Tenemos finanzas públicas sanas, reservas suficientes para enfrentar cualquier crisis que se pudiera presentar. Vamos a mantener una política que proteja a los más débiles".[17]

Respecto al sistema de salud, el 31 de marzo declaró: "Desde antes del coronavirus ya habíamos hecho una gira por los hospitales. Desde antes del coronavirus se había creado el Insabi. Antes del coronavirus habíamos aumentado el presupuesto del sector salud en 40 mil millones de pesos. Antes del coronavirus habíamos definido dos acciones: que no faltaran los medicamentos, que no faltaran los médicos, que se mejoraran las instalaciones y que se les diera atención especial a los trabajadores de la salud".[18]

En lugar de tratar de evitar que el virus entrara en el país, se optó por seguir el modelo centinela, es decir, intentar rastrear la evolución de la pandemia a partir de una muestra. Este modelo puede funcionar si se tienen las capacidades de monitoreo adecuadas y con un virus para el cual ya haya cierta respuesta inmune entre la población. En este caso fue un fracaso.

Muchos países confinaron rápido y cerraron fronteras. Para el 22 de marzo de 2020 Vietnam ya había prohibido vuelos del exterior, Tailandia lo hizo el 25 de marzo. Dos meses y medio después, ambos países ya estaban abiertos y con un número muy pequeño de muertos.[19]

Ésa era la respuesta inteligente. En palabras del primer ministro griego, Kyriakos Mitsotakis: "Me resultó evidente que en algún momento teníamos que pasar al confinamiento total. Y mi decisión política fue hacerlo más temprano que tarde". Grecia depende del turismo, pero cerró completamente sus fronteras. Para el 28 de octubre tenía 615 muertos acumulados. Mitsotakis es un tecnócrata electo como respuesta a la falta de resultados de su populista predecesor Alexis Tsipras.

Ruanda, un país mucho más pobre que México, también enfrentó con éxito la pandemia con "una combinación de liderazgo fuerte, cobertura sanitaria universal, trabajadores de la salud bien apoyados y comunicaciones claras en materia de salud pública", según reconoció la OMS. Dado ese éxito la Unión Europea incluyó a Ruanda entre los países cuyos ciudadanos podían viajar en el verano de 2020 sin restricciones a los territorios de la Unión Europea.[20] A mediados de noviembre, Ruanda tenía un total de 5 mil 362 casos confirmados, 4 mil 994 casos de recuperación y apenas 42 muertes totales.

México nunca cerró fronteras o prohibió vuelos del exterior. Los pasajeros que llegaban de países con altos niveles de infección no eran ni revisados al entrar ni se les pedía información alguna, mucho menos se les daba seguimiento. El virus se fue desparramando. Fue hasta 24 días después del primer caso que inició el confinamiento, el 28 de febrero.

Como tantas cosas en este gobierno, a medias y mal. El confinamiento nunca fue obligatorio. Por ello la movilidad de los mexicanos, en particular la de los capitalinos, disminuyó menos que en ciudades similares. México se ubica por debajo de países latinoamericanos como Perú, Panamá, Costa Rica, Bolivia, Colombia y Argentina en cuanto al respeto a la cuarentena.[21]

Se definieron las actividades esenciales sin mucha lógica económica. Mientras renovar el Bosque de Chapultepec era considerado esencial, la producción de cerveza no. El tequila sí. Casi todos los lugares del mundo mantuvieron la producción de cerveza. La falta de ella llevó al incremento de las ventas de alcohol adulterado y por lo menos a 199 muertos por su consumo.[22]

Las promesas de cómo evolucionaría la pandemia fueron rebasadas una y otra vez por la realidad. En el Senado, López-Gatell informó el 17 de marzo de 2020 que "los efectos del covid-19 no serán mayores a los que existen normalmente por la influenza estacional".[23] Esto cuando China estaba confinada de forma draconiana y había acumulado 3 mil 226 muertos e Italia empezaba a salirse de control con mil 640 muertos sólo en Lombardía.

En nuestro caso, pareciera enmascarar la búsqueda de la inmunidad de rebaño. No la defendieron como tal, aunque López-Gatell llegó a afirmar, por ejemplo, que era mejor cerrar una escuela con muchos niños contagiados que con pocos.

La estrategia fue alargar el ciclo de la enfermedad, para evitar el colapso del sistema de salud ante la oleada de enfermos. El objetivo nunca fue tratar de eliminar la presencia del virus en el país, ni hacer pruebas para detectar los focos de infección y poderlos contener, dando seguimiento a los contactos de los enfermos. Hacer más pruebas fue considerado un desperdicio de recursos.

Según los datos públicos, las autoridades lograron tener más camas con ventilador y contratar a miles de nuevos médicos. Sin embargo, no es fácil intubar bien a un paciente. Se requiere mucha experiencia. Quizá por eso entre los pacientes covid-19 que ingresan al IMSS la tasa de letalidad hasta el mes de septiembre era de 66 por ciento.[24] Es casi una sentencia de muerte.

El gobierno se ufanaba de que los hospitales nunca fueron rebasados, que había camas con ventiladores disponibles, pero la evidencia muestra que muchos prefirieron morir en casa. De acuerdo con un reportaje de *Quinto Elemento Lab*, entre el 23 de marzo y el 27 de mayo la bitácora de llamadas del 911 registró mil 179 personas que fallecieron en sus casas o en lugares distintos a un hospital por causas asociadas al coronavirus, mientras que la Secretaría de Salud contabilizó 329 en el mismo lapso.[25] En la práctica, conseguir cama fue una pesadilla en los momentos más complicados de la enfermedad.

Un estudio de Signos Vitales señala que 60 por ciento de los pacientes de coronavirus que ingresan a hospitales mueren en un periodo máximo de tres días. Tomando esta información como válida, se podría concluir que es difícil que los hospitales colapsen.[26] Mueren pronto y desocupan la cama. Un estudio de Pensando en México, en el que participaron seis exsecretarios, muestra que 79.6 por ciento de quienes murieron víctimas del contagio de coronavirus no recibieron tratamiento con ventilador ni cuidados intensivos.[27]

Un dato aterrador es el número de muertos e infectados entre el personal médico. El estudio de Signos Vitales afirma que, hasta el 16 de junio de 2020, 32 mil 388 de los 154 mil 863 contagios eran del personal médico y sanitario. Las defunciones de este grupo poblacional representan 2.6 por ciento del total de las muertes en México, el doble que en Brasil y cinco veces más que en China o el Reino Unido. Según un estudio de Amnistía Internacional, México es el país con más personal médico muerto, por encima de Estados Unidos y Reino Unido.[28]

447

No sorprenden estos datos ante la precaria capacidad de respuesta del gobierno. El recién nacido Insabi registró todo tipo de denuncias por falta de organización, además de demoras en pagos y firmas de contratos. En más de un caso reportado el personal fue obligado a trabajar ante el coronavirus sin estar dado de alta en el Seguro Social y muchos de los trabajadores que fueron contratados para enfrentar la emergencia se han ido. El Insabi reconoció que existen fallas, pero sólo se tratan de errores administrativos, no de un problema estructural.[29] La lista de las disfunciones es larga y rebasa los propósitos de este texto.

Si lo que importaba era proteger a la población, falló el pronóstico clave, el de muertos. López-Gatell, a principios de mayo, dijo que serían en total 6 mil, un mes después dijo que 35 mil. El 13 de noviembre la suma era de 97 mil 624 fallecidos. El 4 de junio afirmó que un escenario "muy catastrófico" sería tener 60 mil muertos.[30] De acuerdo con un estudio académico, con datos hasta el 29 de mayo, alrededor de 70 por ciento de los muertos tenían estudios de primaria o menos.[31] Primero los pobres.

Las proyecciones presentadas en las conferencias de prensa no están disponibles en el sitio oficial del gobierno destinado al coronavirus. Empero, tomando como referencia para el pico lo dicho por López-Gatell el 5 de mayo, en la gráfica 7.1 se puede apreciar cómo los casos diarios no sólo no se estabilizaron, sino que aumentaron al grado de que el 1º de agosto se registró un nuevo máximo de casos diarios, 9 mil 556. En octubre se observa una tendencia a la baja, pero por lo sucedido en otros países, en la medida que la gente está saliendo más de sus casas era previsible que suba con cierta rapidez. Y así sucedió.

GRÁFICA 7.1. *CORONAVIRUS EN MÉXICO*

(*CASOS CONFIRMADOS DIARIOS*)

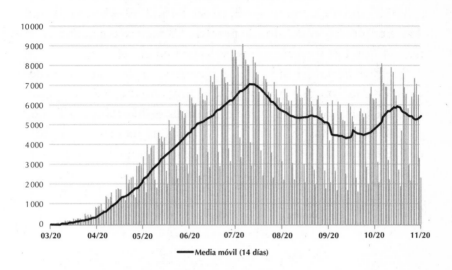

Esta gráfica muestra el número diario de casos confirmados de coronavirus en el país. Es posible que el número no coincida con lo anunciado diariamente en las conferencias de Hugo López-Gatell, pues los datos se continúan actualizando.

Fuente: Elaboración propia con datos del Gobierno de México.

Para encubrir el fracaso, el engaño, hacer las menos pruebas posibles. Para salir mejor en la foto, mejor dejar de contar como muertos por covid-19 a muchos fallecidos. Cuando ni eso nos saca de ser el tercer país en fallecimientos —y eso que habría el triple según el propio López-Gatell—, mejor decir que la comparación relevante es por cada millón de habitantes, aunque a este paso también terminaremos como uno de los punteros.

Esto a pesar de una definición muy estrecha de quién ha tenido covid-19. Sólo se consideraban aquellos muertos con síntomas y a quienes se les hicieron las pruebas. Con datos al 13 de octubre de 2020 México es de los países que menos pruebas por millón de habitantes ha hecho. Alemania ha aplicado 229 mil 861; Corea

449

del Sur, 47 mil 789; Italia, 213 mil 696; España, 312 mil 34; el Reino Unido, 417 mil 289; Estados Unidos, 366 mil 648; Chile, 196 mil 839; Argentina, 50 mil 393; Brasil, 84 mil 39; México, 16 mil 453. En números absolutos de pruebas, México se encuentra en el lugar 40 de 192 y en términos per cápita en el 155.[32]

La trayectoria del número de muertos con los datos oficiales también muestra que no controló realmente el problema, como en otros países donde el número de muertos fue casi cero. El número de fallecidos se mantuvo alto con una tendencia a la baja que se detuvo en octubre. Es previsible que empiece a aumentar, esperemos no lo haga de forma acelerada.

GRÁFICA 7.2. *CORONAVIRUS EN MÉXICO*

(DEFUNCIONES DIARIAS)

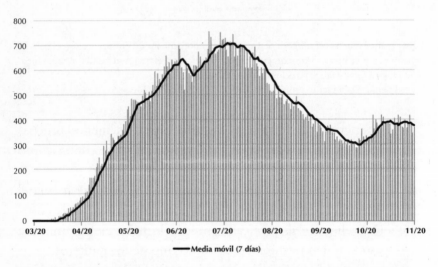

━━ Media móvil (7 días)

Esta gráfica muestra el número diario de defunciones por coronavirus en el país. Es posible que el número no coincida con lo anunciado diariamente en las conferencias de Hugo López-Gatell, pues los datos se continúan actualizando. Fuente: Elaboración propia con datos del Gobierno de México.

Fuente: Elaboración propia con datos del Gobierno de México.

450

Esto con los datos oficiales. Hay mucha evidencia de subreporte de muertos por el virus. Un estudio de Mexicanos Contra la Corrupción y la Impunidad señala que en la Ciudad de México, entre el 18 marzo y el 12 de mayo, había por lo menos 4 mil 577 actas de defunción con coronavirus como causa de muerte confirmada o probable, un número tres veces mayor al reportado por las autoridades.[33]

El 17 de marzo López-Gatell fue al Senado, donde tranquilizó al país con el mensaje de que la tasa de letalidad del coronavirus sería de entre 2.5 y 3.2 por ciento.[34] La tasa de letalidad (muertos respecto a contagiados) en el país ha sido de las más altas. Esto cuando la edad promedio de México es de 29 años, frente al 46 de Italia, 40 del Reino Unido y 44 de España.

El propio López-Gatell, en entrevista con el *Washington Post*, reconocería que el número de muertos en la Ciudad de México aumentó el triple de lo normal entre marzo y mayo. Al ser cuestionado sobre un estudio periodístico —que sugería que el número de muertos que presentaba el gobierno no coincidía con las actas de defunción—,[35] el subsecretario afirmó que el número inexacto de fallecidos se debía a que algunas personas no pudieron recibir buen tratamiento porque los hospitales estaban saturados de pacientes y al morir no fueron diagnosticados por coronavirus, aunque "es probable que la mayoría sean de covid-19".[36]

Hasta el 31 de julio de 2020 se habían registrado en el país 122 mil 765 muertes adicionales a las esperadas, de acuerdo con los índices de mortandad de años anteriores. Ya que esta cifra correspondía sólo a 22 estados, el matemático Raúl Rojas realizó un ajuste y obtuvo que, hasta la fecha antes señalada, en todo el país había 148 mil muertes en exceso, contra la cifra oficial de 47 mil decesos por coronavirus. El factor entre ambos números es 3.15.[37]

El semanario *The Economist* publica un comparativo internacional del exceso de muertes en todo el mundo. Entre las 23 ciu-

451

dades y países que se incluyen en el análisis, la Ciudad de México es el lugar con el mayor exceso de muertes durante la pandemia, lo que sólo fortalece la narrativa del subregistro. Entre el 26 de abril y el 4 de julio hubo 22 mil 340 muertes en exceso. Sólo se reportaron oficialmente 5 mil 719 muertes en el mismo periodo.[38]

Finalmente, *Animal Político* y Proyecto Li reportaron que entre abril y julio de 2020 México registró 130 mil defunciones más que en el mismo periodo de 2019. De esos muertos, oficialmente sólo 51 mil murieron por coronavirus. El restante se atribuye principalmente a tres causas: coronavirus la gran mayoría, personas con otras enfermedades que no fueron atendidas y personas que fallecieron en sus casas por miedo de ir a los hospitales. El estudio se hizo utilizando las actas de defunción de 31 estados del Registro Nacional de Población.[39]

De acuerdo con datos de la secretaría de Salud actualizados al 10 de octubre, el total de muertes en exceso respecto al año anterior es de 203 mil 231, una cifra ampliamente superior a las 83 mil 642 muertes confirmadas por coronavirus hasta esa fecha, por lo que el factor de subregistro para esta muestra sería de 2.4.

Las autoridades decidieron reanudar actividades en un marco de incertidumbre: se acordó implementar un sistema de semáforos con base en proyecciones epidemiológicas que resultaron ser muy equivocadas.[40] México empezó su desconfinamiento en medio de mensajes encontrados. AMLO nos dijo el 27 de mayo que se iba de gira al sureste, cuando la reapertura estaba programada para el 1º de junio.[41] El 13 de mayo se inventaron un sistema de semáforos para decidir cuándo terminaba la jornada de sana distancia. Hasta el 1º de junio se podía realmente reanudar la actividad económica.[42] La reanudación fue desordenada y confusa. Se agregó un color, el naranja, porque no se cumplía con las condiciones para poner amarillo, aunque nunca se explicó la metodología usada.

El resultado es que para el 28 de octubre hay, según datos oficiales, 30 mil 510 enfermos activos en México y 5 mil 870 en la Ciudad de México. Muchos más que cuando nos confinamos por primera vez, el 23 de marzo, cuando los enfermos activos eran 310. Los datos indican que estamos ante el inicio de una nueva oleada de enfermos.

Todos los países exitosos abrieron cuando la tasa de infección venía claramente de bajada, para no tener que enfrentar un rebrote masivo. En nuestro caso se hizo en plena pandemia.

La falta de rigor en la toma de decisiones llevó a una menor contención del virus de lo esperado y a un mayor daño económico del que hubiera sido necesario. Nuestro tardío y parcial confinamiento dejó moribunda la economía, y bien desperdigado el virus. Fue un sacrificio inútil.

La gráfica 7.3 resume cómo fallamos en los dos indicadores clave: número de muertos y tamaño de la recesión.

GRÁFICA 7.3. *CORONAVIRUS Y DESACELERACIÓN ECONÓMICA*

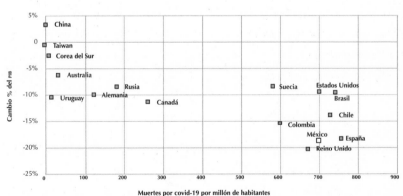

Esta gráfica muestra la relación entre el número de muertes por coronavirus por millón de habitantes, hasta octubre de 2020, y la pérdida del PIB experimentada por los países durante el segundo trimestre de 2020. Entre más cerca esté un país del origen, mejor, y entre más alejado se encuentre, su situación es más grave.

Fuente: Elaboración propia con datos de los Bancos Centrales y de Worldometer.

453

Ningún líder populista manejó adecuadamente la pandemia. No creen en la ciencia, reaccionan con base en la intuición y no les gusta usar cubrebocas. Estos líderes tienden a no reconocer que las cosas van mal y a evitar dar malas noticias. Al contrario, es frecuente que desborden optimismo por más que la realidad los vaya desmintiendo una y otra vez.

A Trump, el mal manejo de la pandemia seguramente le costó la reelección. AMLO ha logrado hasta ahora pagar un bajo costo en términos de la aprobación de su gestión, por más que el país haya tenido muchos más muertos y una mayor contracción de la economía de la que hubiera sido posible con un gobierno con visión y capacidad de ejecución.

Falta ver de qué tamaño es la aceleración de enfermos y muertos durante el invierno, qué tan rápido México tiene acceso a las vacunas, y si el gobierno es capaz de distribuirlas de forma oportuna y eficaz. Pero los daños por una mala reacción ante la pandemia son muchos: en muertes, familias desgarradas, enfermos con secuelas, caída en la actividad económica, desempleo, quiebra de empresas. Estas cicatrices sociales estarán con nosotros durante varios años.

CAPÍTULO 8

La visión de los vencedores

Para el lector ya es evidente mi opinión: el gobierno de AMLO, teniendo todo de su lado para ser un buen gobierno (poder, legitimidad, optimismo de la ciudadanía tras su triunfo, apoyo, ninguna resistencia importante contra sus decisiones y acciones), ha quedado muy por debajo de las expectativas. El primer año de su sexenio arrancó mal en cualquiera de los principales indicadores. La pandemia desnudó las debilidades del presidente. Ha sido, hasta ahora, un gobierno que ha desperdiciado una gran oportunidad para construir un mejor país, para mostrar las bondades de tener un gobierno de izquierda que ofrece mejores bienes públicos para quienes más los necesitan.

Sin importar quién gobierne, siempre he estado a favor de un sistema democrático con pesos y contrapesos, con instituciones sólidas e independientes, una economía de mercado con reglas claras que promuevan la competencia y un Estado de derecho sólido y justo, que proteja los derechos de todos, pero ser implacable con los corruptos, tanto en el ámbito público como en el privado. Requerimos un Estado competente, capaz de resolver todos esos problemas que el mercado no puede, y en algunas ocasiones no debe, resolver por sí solo.

Al igual que los liberales clásicos, creo que las ciencias sociales permiten diseñar mejores políticas públicas. También he sostenido que es responsabilidad del Estado crear bienes públicos para los futuros habitantes del planeta, por lo que se requiere enfrentar el reto del cambio climático. He defendido siempre la libertad de decidir de los individuos, desde el derecho de las mujeres sobre su propio cuerpo, hasta el de consumir drogas con fines recreativos, siempre y cuando no dañen a terceros.

A AMLO lo critico no porque esté en contra de los objetivos de justicia y equidad social y lucha contra la corrupción que persigue, sino porque estoy en desacuerdo con los mecanismos que ha utilizado para alcanzarlos y su forma de ir arrasando en el camino con todo lo que según él está mal, con su estilo polarizador, por no cuidar el futuro y estar obsesionado por la ganancia política diaria. AMLO no parece querer un país moderno y próspero. Aspira a cumplir sus caprichos y no le importa tener un país atrasado. No cree en la pluralidad. No respeta a quienes no piensan como él. Está lejos de ser un liberal, por más que se quiera apropiar de esa corriente de pensamiento y catalogar a sus críticos como conservadores.

Cada vez estamos más lejos de conseguir la mayoría de sus grandes objetivos de campaña. Como hemos visto, el número de pobres está aumentando de forma alarmante. Es un gran destructor de instituciones y tiene una visión de la democracia que atenta contra las bases de la democracia representativa y liberal.

Se dedica a hacer obras costosísimas e inútiles y a desmantelar una que era necesaria y que ya estaba en marcha, el aeropuerto de Texcoco. La crisis ha puesto al descubierto lo limitada que es su visión del mundo, sin haberla cambiado en lo más mínimo a pesar de lo mucho que cambió el entorno y de lo lejos que está de cumplir lo prometido. Lo critico también porque en muchos temas es un conservador disfrazado de liberal; en materia de derechos de la mujer, por ejemplo, o directamente un reaccionario, como en su pasión por el petróleo y su desprecio por el medio ambiente y por la ciencia.

Para contrarrestar mi sesgo me pareció conveniente, con el fin de tener una visión más balanceada de su gobierno, recuperar la propia visión de AMLO y, sobre todo, de quienes lo apoyan en los medios de comunicación escritos. Hay mucho material. Aunque en general son meras opiniones sin datos para respaldar el optimismo.

El presidente se queja constantemente de tener a los medios de comunicación, y sobre todo a la mayoría de los articulistas, en su contra. En la mañanera del 22 de abril de 2020 dijo:

> ¿Ustedes creen que no aburre abrir un periódico, *El Universal*, por ejemplo, o el *Reforma,* y no encontrar nada bueno del gobierno? Todo malo, todo malo; pero no sólo las notas, los articulistas supuestamente independientes, todos. Antes, en *El Universal* se presumía de que tenían una línea editorial gobiernista, pero sus articulistas eran independientes, había pluralidad en los editoriales, porque escribía un dirigente de oposición, algún escritor destacado verdaderamente independiente, los moneros.

Sólo rescató a cuatro columnistas: "Pero les digo quiénes defienden en estos últimos días: Federico Arreola, que nos defiende, enfrenta a todos de esta campaña de calumnias; Enrique Galván, de *La Jornada*; Pedro […] Miguel. […] Hay un articulista inteligente también, incluso no podría decir que de izquierda, pero sí buen analista político, que se mete más a entender lo que está pasando y lo que somos, uno que escribe en *El País*, Jorge Zepeda Patterson, pero hasta ahí".

Es cierto que entre los columnistas predomina la crítica a las principales decisiones de AMLO. Incluso quienes fueron muy críticos de Peña Nieto (algunos apoyaron abiertamente la candidatura de AMLO) como Sergio Aguayo, Carmen Aristegui, José Antonio Crespo, Denise Dresser y Genaro Lozano hoy o son tan críticos como lo fueron en el pasado, o lo son mucho más que al arranque de este gobierno. Un problema que tienen los espacios que buscan darles voz a los defensores del actual gobierno es no encontrar a quién invitar. Algunos de los defensores de AMLO del pasado ya no quieren hacerlo públicamente.

John Ackerman, el porrista más entusiasta de AMLO, se pregunta por qué "de manera inexplicable, algunos prominentes medios y periodistas que antes acompañaban la lucha contra el despotismo del PRIAN hoy se han volteado y luchan contra quienes derrotaron a ese mismo despotismo. En su desesperación por mostrarse 'independientes' y como 'periodistas puros', hacen un esfuerzo olímpico por desmarcarse de la Cuarta Transformación y caen en distorsiones aún más extremas que los antiobradoristas de siempre".[1]

No los acusa de corruptos, pero no se le ocurre que tengan razones válidas para ser críticos de este gobierno. La más evidente, que no les duró la esperanza por la mala gestión de un presidente que lo tenía todo para gobernar bien. La culpa no es de los columnistas ahora críticos de AMLO, sino de esa terca realidad que el gobierno no parece tomar en cuenta, y que lo ha dejado muy lejos de sus grandes promesas. El periodismo es por naturaleza crítico. Es su función y su valor en una democracia.

La obsesión de AMLO por la crítica lo llevó, en la mañanera del 25 de septiembre de 2020, a proyectar los artículos de opinión del día anterior para contar cuántos estaban a favor y cuántos en contra. Su conclusión: de 148 textos analizados, 64.2 por ciento hablaba sobre su gobierno, y de ese 64.2 por ciento, 66.3 por ciento eran opiniones negativas (10.6 por ciento positivas y 23.1 por ciento neutrales). Calificaba como en contra simplemente el dar cuenta de cómo ha evolucionado el producto interno bruto (PIB), como lo hizo Macario Schettino. Luego, en un video que subió a sus redes sociales fue dando los nombres de cada uno de los infractores. Luis Estrada hizo el recuento de cómo estaba la prensa seis y 12 años antes. Su conclusión: igual o más crítica.[2]

Como veremos más adelante, sus defensores son muchos más de los cuatro columnistas que nombró AMLO en aquella mañanera del 22 de abril. Quizá el presidente no los lea. Lo más curioso es que nada dijo sobre dos de sus seguidores más leales, quienes escriben regularmente en los medios impresos a su favor, y que aparecen en varios programas de televisión, incluidos los de la televisión pública (que desde hace décadas no había sido tan oficial), sin dejo de crítica, sino como descarados porristas; me refiero a Gibrán Ramírez y John Ackerman.

Ambos se parecen en una cosa: son intelectuales orgánicos, en el sentido clásico, gramsciano, del término, del régimen lopezobradorista. O al menos aspiran a serlo y a contribuir a que otros lo sean: "Nosotros, como 4T, tampoco forjamos una generación de intelectuales orgánicos todavía", tuiteó Gibrán Ramírez el 27 de abril de 2020. El régimen anterior ya contaba con su propia generación de intelectuales orgánicos, que "de orgánicos del régimen, pasaron a inorgánicos socialmente, a defensores de sí mismos en nombre de grandes causas. El ejemplo más delirante es el de Enrique Krauze y sus defensores", escribió Ramírez el 18 de marzo de 2019.[3]

Ramírez, como ya dijimos, era secretario de la Confederación Interamericana de Seguridad Social, una institución internacional financiada fundamentalmente por el Instituto Mexicano del Seguro Social (IMSS) y que siempre ha sido encabezada por un mexicano, dado que México financia el grueso de sus gastos. Luego pasó a buscar la presidencia de Morena. Hernán Gómez ha documentado los excesos y conflictos de interés de Ramírez en esta organización.[4] A raíz de esta documentación, Gómez recibió testimonios de trabajadores y extrabajadores de Ramírez que dan cuenta de más tropelías, desde acoso hasta abuso de poder.[5] Paralelamente, también a raíz de lo documentado por Gómez, Leonardo Núñez mostró la opacidad con la que se manejaba la Confederación Interamericana de Seguridad Social bajo la dirección de Ramírez, organismo que recibe más de 90 millones de pesos al año.[6]

No les da rubor servirse con la cuchara grande, como lo ha hecho Ackerman, según varios artículos de Guillermo Sheridan, ni ser porristas. Teorizan al respecto. Para muestra, unas líneas escritas por John Ackerman:

> Una de las columnas vertebrales de la ideología (neo)liberal dominante desde hace décadas en nuestro país ha sido precisamente el establecimiento de una separación radical entre el objeto y el sujeto. Para ser un buen académico o periodista supuestamente hay que ser "objetivo". Y para ser un buen ciudadano uno debe sobre todo cuidar y expresar su "subjetividad" de manera individualizada. La objetividad no existe. Nuestras percepciones del mundo son resultado de una construcción mental siempre pre y sobredeterminada por nuestra intensa y profunda historia, sociedad, lenguaje, ideología, experiencias y psicología.[7]

A quienes a pesar de simpatizar a grandes rasgos con la 4T han sido críticos de algunas de sus decisiones, Ramírez no los considera intelectuales orgánicos, sino intelectuales tradicionales. Lo valioso ahora es ser intelectual orgánico. En sus palabras: "aquellos que cambian sus posiciones con el solo fin de criticar el poder no importa quién esté ahí", dijo sobre Hernán Gómez el 22 de octubre de 2019 en una entrevista que le hicieron para el programa *John & Sabina* dedicado a "Intelectuales públicos y orgánicos: ¿quién es quién?"[8]

A los intelectuales de la 4T les cuesta ser críticos de AMLO. Algunos lo hacen de forma indirecta porque temen ser catalogados como conservadores, como le sucedió a Hernán Gómez en cuanto dejó de ser un porrista. Una forma de lograrlo es criticar un poco al presidente, pero mucho más a sus críticos.

Es extraño platicar con gente inteligente, antes crítica del poder, negándose a ver los errores del presidente; incapaces de hablar mal de nada de lo hecho por AMLO. "No soy experto, no puedo opinar" es una salida recurrente, buscando siempre alguna decisión positiva para no tener que criticar todas aquellas decisiones contrarias a las expectativas de AMLO. También están, por supuesto, quienes simplemente buscan ascender en su carrera política para la cual importa la lealtad a toda prueba.

Están también los porristas fieles de siempre. A veces hasta la ridiculez. Un ejemplo de esto último: el 21 de mayo de 2020 Ackerman tuiteó: "A pesar de la muy lamentable cantidad de muertos, México no se ve nada mal en perspectiva comparada mundial, similar a Alemania. No sorprende, ya que ambos jefes de Estado, Angela Merkel y López Obrador, comparten un profundo respeto por la ciencia". La frase "lamentable cantidad de muertos" es la muletilla favorita de quienes no saben qué hacer con tanto muerto por el virus. López-Gatell la usa cada vez que puede.

Los presuntos intelectuales orgánicos según Ramírez, como Enrique Krauze, en realidad nunca lo fueron. Krauze ha sido un crítico de todos los presidentes de México, en función de sus éxitos y errores. Tiene una visión del mundo y una posición política que nunca ha escondido. Su defensa y promoción de la democracia la ha sostenido desde que empezó a escribir; primero cuando AMLO era un burócrata más del gobierno de Tabasco y después en el de Miguel de la Madrid, Krauze criticaba el régimen por autoritario. Nunca ha sido un porrista, como no lo ha sido ninguno de los intelectuales que ahora AMLO y sus seguidores creen que están en su contra.

Lo fácil es creer que quienes criticamos a AMLO lo hacemos por consigna: "Es un día sí y el otro también, se han convertido en voceros del conservadurismo […] del conservadurismo por mantener intereses creados, por mantener privilegios. Entonces, así son las cosas", dijo AMLO en la misma mañanera del 22 de abril de 2020.

Esto es falso. Casi todos quienes ahora lo criticamos lo hicimos también con sus antecesores. AMLO reconoce que en *El Universal* antes había plumas críticas. Olvida que éstas no han cambiado gran cosa, ni los nombres, ni la actitud. Siguen siendo críticas con el quehacer y las acciones del presidente. Eso es lo que le molesta. Ahora él es el jefe del Ejecutivo, pero como le gusta hacernos creer que él es el pueblo, criticarlo es oponerse al pueblo. Es una estrategia típica de líderes como AMLO.

EN DEFENSA DE AMLO

Este capítulo busca entender los argumentos de AMLO y de quienes escriben en su defensa. Trata de ver el mundo desde sus lentes. Con este fin, he seleccionado los argumentos que me parecen más reveladores. Espero no ofender a los defensores de AMLO que no cito, pero ni AMLO parece conocer los nombres de quienes sí hablan bien de él.

Empiezo brevemente con las ideas del presidente. AMLO ha escrito múltiples libros. Son repetitivos, pero en ellos ha dejado claro qué es lo que busca: "Si triunfamos en el 2018 y llevamos a cabo los cambios que proponemos, a finales del sexenio, es decir, en 2024, habrá en la sociedad mexicana en su conjunto un nivel de bienestar y un estado de ánimo completamente distinto al actual. Esta nueva circunstancia de menos desempleo y pobreza será el fruto obtenido por la aplicación de una nueva política económica con desarrollo, seguridad y fortalecimiento de valores culturales, morales y espirituales". Son las primeras líneas del capítulo "Cómo vislumbro el 2024" de su libro *2018: La salida*.

Decadencia y renacimiento de México.[9] Vale la pena releer el libro ya con AMLO en el poder y contrastarlo con el México de hoy.

Ya en la presidencia escribió *Hacia una economía moral*. En palabras de uno de los columnistas de periódico más fieles a AMLO, Enrique Galván Ochoa:

> Es un buen libro que habla desde la perspectiva del mandatario y es un punto de quiebre al neoliberalismo económico. El libro consta de tres grandes temas, en la primera parte AMLO plantea su pensamiento sobre grandes problemas nacionales, como la corrupción; el segundo habla de qué está haciendo su gobierno para combatir estos problemas, y el tercer segmento regresa al tema de "la República amorosa", donde se establece la relación cordial entre instituciones, gobierno y ciudadanos. En el libro se destaca que en las empresas debe haber más preocupación por los trabajadores, por la ecología, además de que debe haber más responsabilidad social en cuanto a necesidades que tienen los países, y no solamente una preocupación por acumular ganancias por parte de los propietarios o accionistas de las empresas.[10]

Contamos además con algunos panfletos que ha escrito también como presidente. El que me parece más revelador es el publicado el 16 de mayo de 2020, titulado "La nueva política económica en los tiempos del coronavirus".

Su argumento central es que la crisis asociada con la pandemia es realmente producto del neoliberalismo. Según AMLO, las contradicciones de este modelo económico han salido finalmente a la luz. De sus contradicciones deberá surgir un nuevo modelo. Es un discurso propio de la Universidad Nacional Autónoma de México (UNAM) de los años sesenta y setenta, cuando estudió ahí. Donde dice "neoliberalismo" basta sustituir "capitalismo" y resulta algo muy parecido a la versión más vulgar del Marx dominante entonces. Así como las contradicciones del capitalismo llevarían ineludiblemente a la revolución proletaria, las del neoliberalismo permitirán un mundo nuevo.[11]

Como todo en AMLO, es una suerte de deseos plagados de adjetivos. Más propio de una campaña que de una ruta clara sobre cómo pretende llegar a la tierra prometida. Además, está repleto de contradicciones (¿o será dialéctica?). En el mismo texto celebra la firma del Tratado entre México, Estados Unidos y Canadá (T-MEC), porque abrirá más posibilidades de crecimiento para México, es decir, mayor integración al capitalismo mundial. También celebra el incremento en la inversión extranjera directa en los primeros tres meses de 2020. Anuncia la muerte del neoliberalismo a la par de celebrar acontecimientos claramente neoliberales.

Sí señala un objetivo que en campaña no recuerdo que haya defendido: un México modesto. "La república pobrista", la ha denominado Héctor Aguilar Camín.[12] Un mundo donde, en palabras de AMLO, "ya tenemos zapatos, para qué más; si ya se tiene la ropa indispensable, sólo eso; si se puede tener un vehículo modesto para el traslado, por qué el lujo. Claro, somos libres, pero ya no es el tiempo en que como te veían te trataban, ahora es al revés". AMLO abreva de una formación socialcristiana. De ahí seguramente viene su rechazo a la acumulación de riqueza, la austeridad, y el contacto directo con el pueblo.[13] Ése, supongo, es el mundo en el que querría vivir.

AMLO es muy bueno para contar un cuento básico. Sabe que eso es lo políticamente más rentable. Es su gran fortaleza a la hora de comunicar. Nada de razonamientos técnicos. Eso es elitista.

Él tiene la intuición correcta por estar en contacto con el sabio pueblo. Las ideas del gran líder se repiten incansablemente. Ésta fue una de sus estrategias electorales, pero también es una de sus grandes debilidades como presidente de la República. No cree en la ciencia ni en el conocimiento, sino en las corazonadas, las ocurrencias, en la fe. La técnica es de neoliberales, y el mérito es elitista.

AMLO y quienes lo defienden se sienten moralmente superiores, y lo dicen sin rubor a partir del innegable y profundo desprestigio de la clase política desplazada por su llegada al poder. Les permite afirmar cosas como la siguiente, cortesía de John Ackerman: "Imaginan que lo que causó tanta indignación entre la población en contra de Felipe Calderón y Peña Nieto fue la mera existencia de la muerte y la violencia, cuando en realidad lo que generó el repudio tan frontal de la ciudadanía en contra de estos expresidentes fue el hecho de que estábamos convencidos de que eran líderes traidores y apátridas que generaban intencionalmente la destrucción del país".[14] Se puede gobernar entre miles de muertos por violencia y por covid-19 si se es un líder bueno, no un traidor que genera intencionalmente la destrucción del país.

Como lo ha expuesto Claudio Lomnitz, quien no entra en la categoría de defensor de AMLO, y cuya visión antropológica ayuda a entenderlo: la genuina creencia de ser distinto al resto de los políticos es uno de los argumentos recurrentes de AMLO. En sus palabras, citadas por Lomnitz: "Tranquilos y que no nos confundan, porque no somos iguales… No somos iguales, ¡zafo!" "Vámonos respetando, no somos iguales, que no me confundan, porque eso sí calienta." Es un gobierno de supuesta izquierda que no busca la unidad del país, sino la polarización entre los buenos y los malos.[15]

En contraste con ese complejo de superioridad moral, parecen estar intelectualmente derrotados. No suelen argumentar con rigor para justificar sus decisiones. Les gusta mucho más poner adjetivos. No parece haber nadie de entre su gabinete o sus seguidores que trate de pulir ese cuento tan bien contado por AMLO y dotar a su gobierno de un marco analítico más útil para gobernar.

El grupo académicamente más sólido que apoyó y alimentó algunas de las propuestas de López Obrador fue Democracia Deliberada. Ellos se definen como:

465

Un grupo de profesionistas, académicos y activistas de la sociedad civil organizada que creemos que el mejor camino para cambiar las instituciones y las políticas públicas es la izquierda. Buscamos transformar la agenda e influir en la acción política de los tomadores de decisiones para darles un rumbo más igualitario, más sustentable y más abierto. Creemos que la agenda democrática de la izquierda debe empujarse de forma deliberada. Con eso queremos decir dos cosas. Primero, que nuestra acción pública debe seguir la tradición abierta de la democracia deliberativa y parlamentaria, la que construye y sostiene de manera pública posiciones políticas claras y concretas, pero —en segundo lugar— que también reconozca que una sociedad más abierta, más igualitaria y más sustentable no se construye ni se mejora a menos que se haga tomando decisiones firmes con propósitos específicos —propósitos deliberados. Una izquierda que tome decisiones cuyas consecuencias estén tan claras como sea posible, que las conozcan los ciudadanos y que se lleven a buen fin mediante la acción, supervisión y arbitraje de un Estado fuerte y democrático.[16]

Hoy en día, varios de sus miembros son parte de la administración lopezobradorista en distintas áreas: Gerardo Esquivel, inspirador del programa Jóvenes Construyendo el Futuro, quien iba a ser el subsecretario de Egresos en Hacienda, y aspiraba a coordinar el gasto público, en particular el social, nunca llegó a ese puesto. Ahora es subgobernador del Banco de México, y su esposa, Graciela Márquez, también miembro de este grupo, es la secretaria de Economía.

Otros ejemplos de sus miembros insertados en la 4T son José Merino (titular de la Agencia Digital de Innovación Pública de la Ciudad de México), Andrés Lajous (secretario de Movilidad de la Ciudad de México), Antonio Martínez Velázquez (director general de Comunicación Social de la Secretaría de Cultura), Daniel Sibaja (síndico de Ecatepec), Luis Godoy (director de Data México en la Secretaría de Economía), Sergio Silva (titular de la Unidad de Inteligencia Económica Global de la Secretaría de Economía).

Ignoro si en Democracia Deliberativa están frustrados porque muy poco de aquello que defendían se ha implementado. En particular, no ha habido nada de deliberativo en este gobierno. Se hace lo que el presidente quiere.

Hasta el momento, como grupo se han pronunciado ante dos de los eventos más controversiales de la administración lopezobradorista: la crisis de violencia contra las mujeres y la crisis económica provocada por la pandemia. También han escrito contra la austeridad destructiva de AMLO.[17]

Sobre lo primero, escribieron: "Necesitamos un gobierno que no actúe como sus antecesores, que deje de normalizar la exclusión y que empiece a llamar a los hechos por su nombre: violencias machistas".[18]

Sobre lo segundo:

Nos preocupa que los efectos del choque económico y social puedan ser más profundos y duraderos de lo que hasta el momento ha estimado el Ejecutivo, tanto en los precriterios de política económica como en el plan económico anunciado. La posibilidad de hacer frente de forma oportuna a la contingencia sanitaria, de atenuar el impacto de la crisis en la población que vive apenas por encima de la línea de pobreza y de impulsar un sistema universal de salud y de cuidados dependerá de la disponibilidad de recursos suficientes. En concreto, nos preocupa que la ayuda del gobierno federal no llegue a ciertos grupos, como a los cerca de 8.8 millones de autoempleados informales del sector urbano o las micro y pequeñas empresas que no serán cubiertas por los programas existentes. Familias enteras dependen de estos empleos y enfrentarán una reducción en la demanda de sus productos en el futuro cercano. Debe asegurarse a toda costa que los fondos sean suficientes, sobre todo para el sector que no tiene seguridad social ni acceso al crédito formal.[19]

No es mucha deliberación pública para un grupo con objetivos tan ambiciosos. Ahora muchos de ellos están en el gobierno, y en un gobierno al que no le gusta la crítica.

Los argumentos de la defensa

El resto de este capítulo analiza las posiciones de quienes defienden a AMLO en los medios de comunicación escrita, fundamentalmente medios impresos, aunque recurro también a los digitales. Utilizo algunas fuentes poco conocidas como *El Soberano*, de mucha menor calidad que la mayoría de la prensa tradicional, pero que creo que es útil para escuchar voces que tienen eco entre los seguidores de AMLO.

Empiezo con quienes lo apoyaron al arranque de su gobierno, aunque luego perderían algo o toda la esperanza en él. Antes de que AMLO tomara posesión hicieron defensas interesantes de la 4T. Sus pronósticos se parecen en una cosa: comparten el diagnóstico básico de AMLO y querían ver al PRIAN fuera del poder. Si bien la versión de cada uno es distinta, coincidían en la esperanza de que AMLO construiría un mejor país.

Para Blanca Heredia, AMLO busca "liberar al pueblo mexicano de sus opresores y de los lastres que impiden la actualización de sus derechos y el despliegue de su vigor creativo en todos los planos".[20] Para ello se requiere desmantelar los viejos mecanismos que han hecho de la corrupción y el abuso el eje del sistema, así como la inclusión de esas mayorías excluidas.

Para Denise Dresser, AMLO ganó por tener el diagnóstico correcto. Si la transición democrática desde la derecha fracasó, ahora la oportunidad está del lado de la izquierda. "Lo que corresponde

468

ahora es componer lo que echamos a perder, y alcanzar lo que quedó como una simple aspiración: un sistema político que funcione para sus ciudadanos y no sólo para el presidente y su partido. Una economía en la que haya más Estado y más mercado. Una estrategia de seguridad capaz de pacificar al país y no seguir incendiándolo."[21] Ya veía con claridad los riesgos de un presidente que no cree ni en las políticas públicas ni en las instituciones, pero esperaba un cambio para bien.

Un tema recurrente entre los defensores a ultranza de AMLO es argumentar que quien lo critica busca desestabilizar a su gobierno. La crítica nunca es el producto de una sociedad libre, preparada y plural. Nunca ayuda a entender mejor los problemas. Es un complot, tal y como lo ve el presidente. Es un gran instrumento retórico que para ellos es razón suficiente para no argumentar más.

Como muestra de ello, dos botones. El primero: "Pandemia y éxtasis", publicado por Luis Linares el 15 de abril de 2020 en *La Jornada*. (Linares, por cierto, fue designado por AMLO como comisionado de la Comisión Reguladora de Energía —CRE— el 4 de abril de 2019.)

Este texto sostiene que los tiempos de pandemia dan lugar a "juegos de poder y éxtasis opositor". Los opositores, "exquisitamente puntuales", dice Linares, intentan disputarle a AMLO el poder político, y ven en los errores del gobierno la oportunidad para disputarle el poder en 2021: "El coraje se ha transmutado en forzado deleite, pues otean una hora propicia para la revancha". Pero en el fondo, dice Linares, "es la dolencia por no entender, menos apreciar por caprichosos intereses, el justiciero y reivindicador cambio en marcha".[22] El lenguaje de Linares es mucho más pedante que el de AMLO, pero lo que dice con él es esencialmente lo mismo: los opositores a la 4T lo son por sus "caprichosos intereses", y son incapaces —cognitiva y emotivamente— de apreciar la gran transformación que está llevando a cabo AMLO. Revelador también es que vea en el supuesto ánimo de revancha de los opositores algo intrínsecamente censurable. En una democracia, justamente lo esperable es que los perdedores acepten su derrota y estén dispuestos a la revancha en las siguientes elecciones.

El segundo botón es de Epigmenio Ibarra. Para él, la crítica es vista como parte de un golpe de Estado blando, coordinado por los afectados por el cambio. Sobre los opositores al gobierno de AMLO, escribió: "La democracia les estorba, su santa indignación les exime de cumplir con las normas más elementales de la convivencia pacífica. No tienen ni la paciencia ni la disciplina para luchar legal y organizadamente. Lo suyo es la asonada, el golpe de Estado. La guerra sucia".[23]

Agrupé a los defensores de AMLO en los medios digitales o impresos como sigue: la primera categoría la componen quienes recurren a ataques personales, muy frecuentes en redes sociales, y por medio de muchas cuentas claramente dirigidas por simpatizantes del gobierno o por el gobierno mismo. No se cuestiona el argumento, sino a quien lo escribe o el pasado de quien osó criticar.

No tiene caso dar más que un ejemplo: el ataque que recibí por parte de Federico Arreola, quien en su columna del 8 de diciembre de 2019 titulada "Enamoramiento, encantamiento e hipnotismo en la 4T…" escribió:

Varias veces Andrés Manuel ha hablado de la necesidad de que los cambios diseñados y ejecutados por la 4T sean irreversibles. ¿Qué significa lo anterior? Un articulista de *Reforma*, Carlos Elizondo Mayer-Serra, ha tratado de dar una respuesta, pero me temo que no entiende realmente lo que busca el presidente López Obrador. Lo irreversible no tiene que ver con vulgaridades como la expresada, en forma de pregunta por Carlos Elizondo, en el sentido de que el grupo que llegó al poder el año pasado se quede para siempre. Evidentemente, los referentes de Mayer-Serra son el PRI y el PAN —colaboró con Vicente Fox como representante ante la OCDE y en el periodo de EPN fue nombrado consejero de Pemex—, de ahí que sus análisis invariablemente los inscriba en la lógica de los partidos políticos que en el pasado recurrieron a todo, inclusive al fraude electoral, para no soltar el gobierno federal.[24]

Es común decir que quienes critican a AMLO y su proyecto lo hacen "porque en el actual gobierno han perdido dinero", como lo ha puesto Federico Arreola. En su arrogancia les hace una sugerencia: presentar "sus propuestas o críticas con prudencia, responsabilidad y sobre todo con educación", como lo escribió en su columna (oh, la ironía) "El presidente más chingón y los periodistas más pinches" el 14 de abril de 2020.[25]

Arreola fue quien, en 2006, inventó el rumor de que Felipe Calderón era alcohólico, como él mismo ha reconocido: "Acepto que fui el que inició el rumor del alcoholismo de Felipe Calderón. Lo hice en 2006, en el programa radiofónico de Joaquín López-Dóriga, después de que Calderón me calumnió miserablemente. A una mentira respondí con otra. Hice mal, lo reconozco. No hay más que decir. Como no hay ninguna evidencia de que Calderón sea alcohólico, al menos yo no la conozco, afirmo que no lo es".[26]

La segunda gran categoría agrupa a quienes contrastan el presente con el horrendo pasado. No importa cuán lejos estemos de la tierra prometida, estamos mejor que antes.

El argumento más socorrido es que no se podía votar por alguien más y que los objetivos de AMLO, la inclusión, la lucha contra la corrupción y la defensa de los pobres, son loables. Al respecto, Zepeda Patterson dice que, a pesar de los yerros de López Obrados (señala su "rencilla permanente" con quienes difieren de él, su tendencia a ponerse en el pedestal de la historia,

y "su beneplácito a las zalamerías vergonzosas de los incondi-
cionales de las mañaneras"), volvería a votar por él si las opciones volvieran a ser Anaya y Meade, porque "ambos encabezaban
proyectos que bajo distintas modalidades representan 'más de lo
mismo' [y porque] el México de los desamparados ya no estaba
en condiciones de soportar un sexenio más de marginación y
desprecio".[27]

Un planteamiento general de defensa para justificar a AMLO es
el de Gibrán Ramírez, para quien el único lente adecuado con el
que se puede leer al gobierno de AMLO es el del *cambio de régimen*:
"Eso es lo que orienta la política del presidente López Obrador,
del bloque que ahora gobierna y lo que explica muchos de los
procesos subyacentes. Como todo cambio de régimen intencio-
nado, hay una esmerada labor de demolición, de destrucción".[28]
En otras palabras, todo se puede justificar en aras de ese mundo
mejor en proceso de construcción. En un artículo publicado a
los dos años del triunfo de AMLO, Ramírez sintetiza: "En materia de transformación, las cosas han salido más o menos como el
presidente esperaba y los grandes trazos del nuevo régimen son
claros".[29] Está satisfecho.

En la misma línea, no se pueden criticar los problemas de hoy
porque antes estábamos peor. Es similar a la justificación de
muchos de quienes votaron por AMLO sin entusiasmo: "No podemos estar peor".

Jorge Zepeda es otra vez un buen ejemplo. Si bien ha sido
crítico de algunas decisiones y respuestas de AMLO (relativas al
subsidio a las guarderías, el movimiento feminista o el plan de rescate económico frente al covid-19), en su artículo del 3 de mayo
de 2020, titulado "El modito", escribió: "En teoría cualquier persona razonablemente decente tendría que estar de acuerdo con el
gobierno de Andrés Manuel López Obrador [...] prefiero con
mucho a este presidente que a cualquiera de los anteriores y me

sigue pareciendo un milagro político que haya llegado a Palacio un hombre decidido a hacer algo por los que menos tienen, en este nuestro país tan ingrato y desigual".[30]

Es revelador el saldo en el argumento. Hay que estar de acuerdo, si se es decente, con lo que hace AMLO porque es preferible a los anteriores. No estoy de acuerdo con este gobierno por las razones que ya he expuesto, por más que comparto los objetivos generales, como apoyar a quienes menos tienen. Las buenas intenciones no generan necesariamente buenos resultados.

Una variante de ésta es que AMLO realmente quiere ayudar, no abusar. Tiene una forma distinta de gobernar, y sus críticos simplemente no la entienden. Para Ramírez, por ejemplo, el estilo personal de gobernar del presidente Andrés Manuel López Obrador es austero, republicano y generalista. Su fortaleza es la institucionalización de la Presidencia de la República, porque, por primera vez desde la instauración del presidencialismo mexicano moderno, no se hace alarde del poder.[31] En una línea similar están quienes, a pesar de sus yerros, ven en AMLO, como individuo, a alguien honesto, y ello no sólo es mucha ganancia (sin duda lo es, ése no es el punto), sino condición suficiente para un buen gobierno (en el sentido amplio del término). Un morenista que escribe editoriales y es líder de la mayoría en el Senado, así lo resume: "Confirmo que, pese a las adversidades, la sensibilidad y honestidad del Ejecutivo lograrán que México salga adelante".[32] Bueno, es su jefe.

Para Lorenzo Meyer, AMLO ha conseguido achicar la histórica brecha entre la élite gobernante y los ciudadanos, así como hacerle frente al gran capital sin entrar en conflicto directo con él. También señala que, a pesar de lo compleja que es la relación entre México y Estados Unidos y de la personalidad de Trump, AMLO ha salido bien librado en ese tema. Pero Meyer se da cuenta de que falta mucho. Señala que a su gobierno le falta mucho por hacer ("millas por andar") en términos de inseguridad y crecimiento económico.[33]

También está la defensa de la concepción democrática de AMLO. Para Ramírez, de los rasgos del populismo uno de los más menospreciados es el de la interacción directa con el pueblo, pero es el único que puede dar realidad a la comprensión del dolor injusto, inmerecido, desde el poder. No se trata de la escenificación de baños de pueblo, sino de la oportunidad de tener cercanía real, de ver y escuchar a quienes sufren por su situación de pobreza.[34]

Las renuncias de los funcionarios se entienden por la tenacidad de AMLO en perseguir sus objetivos. Según Ackerman, "la experiencia de ostentar el poder gubernamental durante siete meses no ha moderado a Andrés Manuel López Obrador, sino que lo ha radicalizado. Quienes no le aguantan el paso al presidente han ido renunciando uno por uno. Carlos Urzúa, Josefa González-Blanco, Germán Martínez, Carlos Lomelí…"[35]

Para Jorge Zepeda, importa la forma honesta de gobernar de AMLO y su deseo de apoyar a los más pobres, aunque los resultados no sean óptimos. Según Zepeda,

lo que este tercio de la población [que no apoyaba a AMLO al momento en que Zepeda escribía este texto] no está aquilatando es que el apoyo mayoritario a López Obrador no se alimenta de la manipulación, o no mayormente. Simple y sencillamente se nutre del hecho de que la gente la ha estado pasando muy mal con los gobiernos que, según los primeros, sólo necesitaría administrar mejor o dejar de cometer excesos. Ciertamente el desempeño de la economía ha sido decepcionante, pero la intención de favorecer a los de abajo por parte de la administración es más que evidente. Y sucede que los de abajo son la mayoría en este país.[36]

¿Cuántas mentiras de AMLO ya calificarían como manipulación? Zepeda sabrá.

Con el paso del tiempo, la defensa de AMLO se centra cada vez más en su lucha contra la corrupción.[37] Con la extradición y llegada a México de Emilio Lozoya, esta defensa tomó fuerza, incluso entre aquellos que suelen ser críticos del gobierno de AMLO en otros aspectos. Jesús Silva-Herzog, por ejemplo, escribió:

> Muchos críticos del presidente quieren pintar los juicios a los personajes encumbrados del pasado reciente como un circo que desvía la atención de los verdaderos problemas del país. Dicen que se trata de un espectáculo mediático, una distracción que pretende ocultar los dramas de la economía, la salud, la seguridad. Que los juicios sirvan al relato de la administración no significa que sean maquinaciones para encubrir las desgracias del presente. Se trata de procesos cruciales para la vida pública. Caminos para conocer la verdad y aplicar la ley. Conocer y castigar.[38]

Javier Tello, por su parte, ha argumentado que el caso Lozoya es distinto a casos pasados en un aspecto que, para él, es fundamental: en esta ocasión, Lozoya estaba no sólo dispuesto a hablar, sino a cooperar en esclarecer cómo fueron las redes de corrupción en el pasado gobierno. Esta diferencia haría que, en principio, la Fiscalía General de la República (FGR) pueda irse en contra de varios peces gordos. Leo Zuckermann recupera este argumento de Tello en su artículo "El gran valor que podría tener el juicio a Lozoya".[39]

Ambos tienen un punto importante. Eso es lo que se esperaría de un proceso como éste. Al momento de escribir este libro todo parece indicar que lo importante no es el proceso judicial, sino acusar a los adversarios de Lozoya y de AMLO, por eso hasta Calderón y Salinas resultaron señalados por Lozoya.

Lorenzo Meyer nos explica que la razón por la cual AMLO no es un político de izquierda tradicional es por ser de "amplio espectro". AMLO, según Meyer, ha sabido rescatar, discursivamente, lo mejor de dos mundos: la izquierda y la derecha. De la izquierda ha rescatado la idea (desdibujada desde Miguel Alemán y perdida en la época del neoliberalismo) de que la Revolución mexicana es "un proyecto con sentido y posibilidad de continuidad". De la derecha ha rescatado la idea de que en el Nuevo Testamento y en las enseñanzas de Jesús hay mucho de valioso, especialmente en lo que se refiere al trato con los pobres y los desvalidos.[40]

Para Blanca Heredia, simplemente sucede que AMLO compone música en una clave distinta. Señala que, en efecto, AMLO distorsiona la realidad para ajustarla a su proyecto, pero que la distorsión es propia de todos los políticos. Es un error suponer que AMLO se debe analizar en términos de cómo deforma la realidad, porque, además de que todos los proyectos políticos lo hacen, lo que AMLO está haciendo es "tocar otra partitura"; la dicotomía no es realidad frente a distorsión, siempre pasa, sino qué distorsión es más adecuada para el momento. La partitura que está tocando AMLO es la de la democracia *mayoritarista*, que entiende la democracia esencialmente como el mandato de la mayoría, y que se opone a la democracia liberal (*à la* John S. Mill, por ejemplo) al mostrar muy poco interés en los intereses minoritarios, lo cual es consistente con la idea de AMLO de enfrentar los intereses de los privilegiados.[41] En su artículo "AMLO y las llagas de la democracia", Javier Tello también sugiere entender a AMLO aproximadamente en esta clave.[42] Lo paradójico es que entre los intereses minoritarios afectados están las madres que requieren estancias infantiles, los niños con cáncer, las feministas...

Otra forma de defender a AMLO es, como lo hace Pedro Miguel, argumentar que todos los vicios que se ven son por herencia del pasado, hasta los del Movimiento Regeneración Nacional

(Morena). Si se pelean entre ellos por la presidencia de su partido es porque no se ha logrado eliminar la podredumbre del viejo régimen. Todo conflicto social, las mujeres enojadas ante la pasividad del gobierno por los feminicidios, los agricultores enojados por la extracción del agua en la presa de La Boquilla en Chihuahua, es visto como parte de una conspiración de la derecha o, por lo menos, los conflictos adquieren relevancia por esa derecha que los agranda.[43]

La tercera defensa tiene que ver con cambios puntuales sustantivos que supuestamente beneficiarán a los más pobres. Entre los argumentos puntuales por temas destacan, primero, las políticas económicas, la reforma laboral, el aumento del salario mínimo, la austeridad y la responsabilidad económica. En segundo término se encuentran las políticas, nueva relación con organizaciones gestoras, nueva relación con los empresarios, combate a la corrupción, búsqueda de democracia sindical, cambio de paradigma en la política exterior, mandato popular mayoritario, destrucción del régimen neoliberal y un gobierno que no reprime. Finalmente tenemos las sociales, nuevos programas de apoyo a los más pobres, reorientación del presupuesto y un nuevo paradigma en el combate a la pobreza.

Respecto a las políticas económicas, en primer lugar tenemos la importancia de la reforma laboral. Para Viridiana Ríos, AMLO modificó la Ley Federal del Trabajo de forma histórica, sembrando con ello un futuro en el que ya no existirá la figura del sindicato charro. Veremos qué pasa con los líderes sindicales preferidos por este gobierno, aunque muchos, como Pedro Haces, tienen antecedentes similares a los de cualquier líder obrero priista; de ahí viene.[44]

Con todo, Ríos es optimista: "La nueva legislación exige que la selección de dirigentes sindicales sea por medio del voto personal, libre, directo y secreto, y prohíbe que los dirigentes se queden en el puesto de por vida. Esta misma reforma otorgó a las trabajadoras domésticas el derecho a la seguridad social estableciendo además que éstas tienen el derecho a un día y medio de descanso".[45] Sin duda son buenas reformas, pero está por verse qué impacto tienen en el salario real de los trabajadores y en la disponibilidad de empleos bien pagados.

También se encuentra en muchos textos una defensa al aumento del salario mínimo. Ríos también defiende el que AMLO haya aumentado el salario mínimo en 16 por ciento en todo el país y lo haya duplicado en la zona libre de la frontera norte. "Los aumentos del salario mínimo en la frontera han causado aumentos del 11 por ciento en el resto de los salarios. Esto es algo no visto en décadas."[46] Tiene razón. Como dije en la introducción, fue un error mío el no haber defendido esto antes.

Se celebra la muy neoliberal responsabilidad macroeconómica. Para Ríos, la más importante y verdadera prioridad de López Obrador es ser económicamente responsable. "A fin de preservar los equilibrios macroeconómicos, el gobierno plantea ahorrar 0.7 por ciento del PIB. Esto implica reducir el presupuesto de 16 de los 27 ramos administrativos y cortar la inversión pública en 5.2 por ciento. No hay señal objetiva de un dispendio populista."[47]

Ackerman argumenta en el mismo sentido. Recuerda que cuando López Obrador ganó las elecciones en 2018, muchos pregonaban un colapso económico.

Decían que el peso, la gasolina y la inflación se irían hasta el cielo. Hoy, el peso y la gasolina valen lo mismo que hace un año, unos 19 pesos, y la tasa de inflación se encuentra en uno de sus niveles más bajos de los últimos años, a sólo 4%. Resulta que la izquierda es mucho más responsable que la derecha en el manejo de las variables económicas. Mientras Felipe Calderón y Enrique Peña Nieto inflaron el gasto burocrático y quintuplicaron la deuda pública, hasta llegar a 10 billones de pesos, López Obrador ha acabado con el derroche y la corrupción para canalizar el gasto público directamente a los más necesitados. Hoy fluyen como nunca las becas para los jóvenes, los estudiantes, los discapacitados y la tercera edad. Se aumentó el salario mínimo 16% y se han iniciado grandes obras, como el aeropuerto de Santa Lucía y la refinería de Dos Bocas, así como nuevas universidades y hospitales: todo sin aumentar la deuda pública.[48]

La austeridad, en principio, es buena. Lo malo es que se está llevando a tal extremo que se llega a la destrucción de las capacidades operativas del gobierno y al abandono de programas que generan valor, si no hoy, claramente en el futuro, como la protección al medio ambiente. Todo el ahorro está al servicio de las grandes obras del presidente.

Como más bien de carácter político, podemos incluir lo relacionado con la Ley de Austeridad Republicana. Como lo ha puesto Genaro Lozano, "la austeridad quizás sea el punto más evidente y el más doloroso para la vieja clase política. La flotilla de aviones presidenciales se puso en venta. El presidente se forma en la cola de un vuelo comercial y sufre los retrasos que sufrimos quienes viajamos en avión, por la saturación del aeropuerto".[49] Comparto la importancia de la austeridad, pero si es a costa de gobernar bien, de tener espacios adecuados para el trabajo administrativo para lograr un gobierno eficaz, como se tenía en Los Pinos, es una costosa demagogia.

Enrique Galván celebra las restricciones de trabajar en el sector privado de los exfuncionarios. "Desde hacía mucho tiempo hacía falta que se legislara sobre esta materia, pues era un verdadero escándalo que personalidades que habían trabajado en el gobierno, federal, estatal o municipal, al terminar su gestión fueran contratados por entidades privadas a las que beneficiaron desde su administración."[50] Galván olvida que esto ya estaba regulado, pero lo peor es que no ve el costo: para atraer talento hay que premiar el éxito como funcionario. Hay momentos en los que tiene sentido atraer a alguien que proviene del sector privado para un área técnica. Pocos con experiencia administrativa estarán dispuestos a venir al sector público, salvo si son gente al final de su carrera profesional. Si la carrera pública tiene limitaciones de salario y de otro tipo, una salida bien remunerada en el sector privado, bien regulada, permite tener mejores funcionarios.

Viridiana Ríos defiende que

> el presupuesto enviado por el Ejecutivo al Congreso ha eliminado por completo las partidas de los moches. Esto es, millones de pesos que eran dados a los legisladores para realizar obra pública discrecional en sus regiones, y partidas que beneficiaban a organizaciones "gestoras". Las "gestoras" eran grupos organizados que intercambiaban dinero, concesiones y prerrogativas públicas por votos. Con esto, AMLO ha cambiado de raíz una forma de hacer política que comenzó abiertamente durante el periodo de Fox y que se había gestado con [la] cultura política del PRI.[51]

No podía yo estar más de acuerdo. En el pasado, la forma de superar la falta de mayoría en la Cámara de Diputados llevó a prácticas corruptas. Lo malo es que la falta de contrapesos lleva a que se gaste sólo en los sueños del presidente, que no haya mayor deliberación y debate por parte de un Congreso al servicio del soberano.

Por su parte, Jorge Zepeda defiende, con razón, su capacidad para resistir al poder de agricultores acostumbrados a un presupuesto público sesgado a favor de los más ricos.

> Se necesita de la obcecación que a él le caracteriza para pasar un presupuesto que por primera vez en la historia del México moderno no aceptará las manos de los falsos líderes campesinos que durante

décadas sangraron a los recursos públicos. Resistió, y sin reprimir, el bloqueo de los extorsionadores de Antorcha Campesina y organizaciones similares, cosa que ningún mandatario, presidente o gobernador, había conseguido. Donde otros habrían cedido a la presión de la opinión pública por el caos desatado, AMLO se mantuvo firme y le ahorró al país miles de millones de pesos. Más importante, dio un paso decisivo para comenzar a desmantelar ese corporativismo parasitario, bastión de la corrupción y manipulación en el campo. De nuevo, algo de lo cual siempre se quejaron empresarios y gobiernos "modernizantes" y no obstante lo siguieron prohijando por complicidad y comodidad.[52]

Comparto esta defensa.

Viridiana Ríos celebra la estrategia política para contener a esa élite abusiva. Un ejemplo, de las 2 mil empresas que ofrecen servicios de *outsourcing*, únicamente 40 por ciento, dice Ríos, cumplen con el pago de los impuestos y obligaciones laborales. "La forma más rápida de reducir la pobreza en México es aniquilar los privilegios de mercado que les han sido otorgados a las élites tropicales."[53] He estado siempre de acuerdo con eliminar el *outsourcing* como forma de evadir al fisco. Prohibirlo siempre es inviable y riesgoso para la debida operación de una empresa que pierde foco si se dedica a contratar, por ejemplo, empleados de limpieza.

En su momento, Genaro Lozano celebró que Emilio Lozoya tuviera orden de aprehensión y que Rosario Robles estuviera en la cárcel. "Honestamente habría que hacer el ejercicio de imaginarse dónde estarían estos dos personajes si Meade hubiese sido presidente. ¿Hubiesen formado parte de su gabinete?"[54] No lo sé. Pero sí sé que la justicia de AMLO parece ser selectiva: todo el peso de la justicia, pero sólo sobre algunos, no los amigos.

Genaro Lozano creía que "el primer año ha estado marcado por el constante desafío y la amenaza permanente del gobierno de

Trump, así como por la ausencia del presidente de los foros mundiales. Aun así, el canciller Ebrard ha logrado ser el funcionario más eficiente del gobierno de AMLO. Ha sabido defender el interés nacional del país. La popularidad de AMLO es regional. Tanto que, aun sin salir de casa, los líderes políticos de Bolivia, Argentina, Uruguay, Ecuador, Guatemala, Honduras y El Salvador ven y visitan México".[55] Lozano no podía saber, como lo sabemos ahora, que AMLO optó por capitular ante Trump.

Gibrán Ramírez argumenta una y otra vez que

> hay un bloque social mayoritario y estable, un indiscutible líder político e ideológico con una agenda de 100 compromisos y un acuerdo robusto, cercano a 70 por ciento, de que ese rumbo es el que el país debe llevar. Es un porcentaje que puede apreciarse más en su solidez si se considera que el gobierno no cuenta con el entusiasmo de los medios de comunicación del que gozó Fox por sacar al PRI de Los Pinos, o con el respaldo mediático que sí tuvieron Calderón y Peña Nieto con su guerra y sus reformas estructurales.[56]

Es un recuerdo fantasioso el entusiasmo de los medios en el pasado. También eran críticos del gobierno.

Para Francisco Quijano, se está construyendo una nueva democracia. Una incluyente, no en manos de las élites de siempre. Las mañaneras y la decisión de no usar la fuerza pública para reprimir, excepto a migrantes centroamericanos, claro, apuntan en esta dirección. El enorme apoyo con el que cuenta es otro indicador de ello.[57]

El problema para el argumento de Ramírez y Quijano a este respecto es ¿qué sucede con esta narrativa si el margen de aprobación de AMLO cae por debajo de 50 por ciento? Llegó a estar por debajo de ese nivel según el llamado *AMLO Tracking Poll* de Consulta Mitofsky durante los meses de abril, mayo y junio de

2020. Con la llegada a México de Lozoya logró repuntar, pero si se mantuviera abajo durante un tiempo largo, ¿pierde la justificación para impulsar su programa de gobierno?

En materia de política social, Genaro Lozano celebra el que AMLO cumpla con su dicho de "primero los pobres".

> Sus programas sociales buscan reducir esa lastimosa brecha que nos hace un país desigual. El programa Jóvenes Construyendo el Futuro presume ya un total de más de un millón de beneficiarios. Las pensiones a adultos mayores cubren ya a más de ocho millones. Estos programas deben aún tener reglas de operación claras, pero quizás esto sea lo más importante de este año. Poner lo marginal, poner la pobreza, en el centro de la discusión y atención pública.[58]

Grecia Benavides sigue la misma lógica de Lozano. La idea lopezobradorista de "por el bien de todos, primero los pobres" no es mera retórica, sino que se está materializando en los programas de bienestar: "Este nuevo modelo se está materializando con la implementación de los proyectos prioritarios del gobierno de México. Por ejemplo, los programas de bienestar que atienden a más de 21 millones de personas con la Pensión para el Bienestar de las Personas Adultas Mayores que son alrededor de ocho millones, con la pensión para el bienestar de niños y niñas con discapacidad que son más de 800 mil, entre otros".[59]

En la misma veta se celebra que ahora esos programas estén en la Constitución. Rodrigo Cornejo defiende que el incluir los programas sociales de la 4T en la Constitución

> habla de una obligación política, ética y social del más alto nivel. Este proceso de cambio constitucional en la 4T se da posterior a haber garantizado para jóvenes, ancianos y aprendices los derechos sociales y económicos. Mediante los programas sociales primero se modificó la

realidad material y económica de muchísimas personas para dotarles de la agencia social necesaria para desarrollarse, para estudiar, trabajar o vivir una vejez más digna. Una vez que se estableció esa base sólida y que el derecho estaba siendo ejercido se hizo el cambio constitucional y no al revés [...] Es de celebrarse que la gente tenga las condiciones materiales para ejercer sus derechos. Por fin se acabaron las leyes huecas y los derechos que sólo se podían ejercer si uno tenía tiempo, dinero y un despacho de abogados o de oenegés a su servicio. Es viviendo los derechos que el pueblo va a saber exigirlos de forma permanente. Es así que podremos decirles a coro a los conservadores: ¡No volverán![60]

Lástima que, al paso que vamos, terminaremos con más pobres, muchos de ellos mujeres en situación de alta vulnerabilidad, de los que tenía el país cuando AMLO tomó posesión. Que no se haya creado un solo programa para atender el problema de la pobreza generada por el desplome de la actividad económica es señal de esto.

Martha Cajigas celebra el cambio de paradigma en la medición del desarrollo y el bienestar:

[Era] de esperarse que después de décadas en las que el discurso de las élites políticas y económicas sobre el desarrollo se limitó a la medición del PIB y de la búsqueda por alcanzar un concepto de bienestar traducido en poder adquisitivo y comodidad, resulte incomprensible para algunos escuchar que el presidente de México utilice conceptos como "bienestar" y "felicidad" cuando habla sobre el desarrollo del país. Pero también es decepcionante que después de 30 años de que el Programa de las Naciones Unidas para el Desarrollo (PNUD) cambió su enfoque de medición para entender el progreso social —introdujo el Índice de Desarrollo Humano (IDH)—, haya quienes aún se resistan a entenderlo, despreciando así todo el trabajo que ha habido detrás de la construcción de dicho enfoque que nada tiene que ver con el espectro ideológico en el que se ubican quienes lo estiman.[61]

En materia de seguridad, a pesar de la militarización que ha llevado a cabo y de los pobres resultados en la materia, también hay defensores. Según Ackerman, con AMLO ha habido un cambio de paradigma en el combate a la inseguridad porque "no ha habido una sola masacre cometida por las fuerzas del orden".[62] Esto es falso, como se vio en el capítulo 3.

Para Jorge García, la 4T supone una diferencia de fondo en términos de protección de los derechos humanos respecto a los gobiernos anteriores. De esto da cuenta que el índice de letalidad de la Guardia Nacional sea menor en relación con el índice de letalidad del Ejército en tiempos de Calderón.[63]

Sus defensores son fieles. María De Haas Matamoros ve hasta la militarización, a la cual se opuso AMLO siempre antes de llegar al gobierno, con buenos ojos. En sus palabras: "Esta decisión fue tomada por el pueblo de México a través de sus representantes en el Poder Legislativo, pues da cumplimiento al aval con el cual el constituyente permanente aprobó un paquete de reformas constitucionales".[64]

Hasta la forma en la que AMLO enfrentó la pandemia de coronavirus es también defendida por sus más fieles. Jorge Barrientos dice: "¿Se imaginan ustedes a otro gobierno rescatando changarros, ayudando a los pobres y a los ancianos, terminando hospitales abandonados? Yo tampoco. La muerte más célebre por covid-19 será la del periodo neoliberal. Y con eso se salvarán millones".[65]

Daniel Torres, por su parte, señala que es metodológicamente impreciso comparar el manejo de la pandemia en México con el de otros países, porque las circunstancias son distintas (un argumento, por cierto, repetido bajo una u otra forma). El problema, este sí metodológico, del argumento de Torres es que, por definición, una comparación se hace entre (al menos) dos cosas distintas; no tiene sentido comparar una cosa consigo misma, única circunstancia en la que algo no sería distinto a algo más.

Torres lamenta, por otro lado,

> la destreza con la que ingentes economistas han querido volverse los ejes rectores sobre si las cosas van bien o se debe rectificar. Ahí está el caso de varios espacios que dan difusión a gente que, con sus tablas y gráficas, "desmiente" a los epidemiólogos, que piden se hagan otras cosas y que solicitan la dimisión de las autoridades al cargo. Parece que, al final, los economistas (por saber graficar) tienen la capacidad suficiente para controlar un fenómeno que hasta el día de hoy no deja de mantener al mundo en vilo, con la esperanza de que ya aparezca una vacuna.

Concluye tajantemente: "Tan sencillo como la sabiduría popular, hay que aprender a escuchar y también a no comparar peras con manzanas".[66] ¿No se da cuenta de que su conclusión contradice directamente buena parte de lo que afirma?

Hasta el decálogo de AMLO para enfrentar la pandemia merece admiración; en palabras de Alberto Vanegas: "Este breve pero profundo decálogo es una invitación para transformar nuestros hábitos de vida y nuestra relación con el medio ambiente. Ante el colapso del modelo económico neoliberal tenemos la gran oportunidad de construir nuevas relaciones sociales basadas en la solidaridad, en el amor a la naturaleza y en una convivencia más armónica entre los seres humanos".[67]

LAS BUENAS INTENCIONES

Como se ha mostrado, no hay defensa de los resultados económicos o de seguridad (más allá de las fantasías de Ackerman), sencillamente porque en estos rubros los datos son malos. Lo que sí hay es una robusta defensa de las intenciones de AMLO, por un lado, desde darles más dinero a los pobres o luchar contra la corrupción, ejemplificado por someter a proceso a Emilio Lozoya. También la justificación de que cuenta con el apoyo popular a su proyecto y que no está apoyando a los de siempre.

Desde luego, las intenciones son importantes, acaso decisivas para explicar y justificar buena parte de nuestras acciones. Pero no se necesita ser un utilitarista radical para darse cuenta de que, para los propósitos de un gobierno, y más de un gobierno que a sí mismo se propuso la tarea, desde el día uno, de transformar a México de manera profunda, las consecuencias de sus actos deben figurar en primer plano. No se puede justificar una transformación en función de sus motivaciones o sueños.

Ahora bien, el apoyo popular del que sigue gozando AMLO a pesar de sus malos resultados en sus promesas más medibles se explica no sólo porque reparte dinero, que sin duda ayuda mucho en ciertos sectores sociales, sino porque muchos mexicanos siguen creyendo en las intenciones de su proyecto. Éstas se validan a diario con su visible cercanía con los pobres y su permanente discurso de austeridad. Se valida todos los días con la narrativa de que quienes protestan por algo son los corruptos del pasado. La mera crítica a una política de AMLO es, por lo menos en su discurso, una prueba de que algún interés corrupto fue afectado. "Si ellos [los críticos] están reaccionando de esta manera es porque vamos hacia adelante", dijo AMLO el 25 de septiembre de 2020.

Esta distinción no suele hacerse al valorar las administraciones anteriores o, mejor dicho, sí se hace, pero en sentido opuesto: la percepción de esos mismos grupos es que prevalecían las malas intenciones por doquier, y ellas explican, por sí mismas, los malos resultados. Si algo salió mal es porque eran corruptos. Y como hay tantas historias de corrupción entre la élite política del pasado, cada escándalo valida esa creencia. Incluso cuando parece que algo estaba saliendo bien en los gobiernos anteriores, para muchos la creencia dominante es que en el fondo hay algún interés inconfesable.

Tener el apoyo de la gente sin duda es buen compañero de viaje en el gobernar, pero no es todo lo que se necesita, y ni siquiera necesariamente un síntoma del buen gobernar. En la medida en que un alto apoyo popular legitima ciertas decisiones del gobierno, permite imponer las decisiones a un menor costo que si no se tiene esa legitimidad. Sin embargo, el apoyo popular puede ser, mal interpretado por parte del poder, un arma de doble filo: puede dar la impresión de que todo va viento en popa. Las críticas son sólo de quienes están furiosos por no ser parte de este movimiento popular y transformador. Nunca son vistas como un argumento a considerar para tratar de tener un mejor gobierno. Atrapado en su diálogo circular nunca sube la información para corregir los errores.

Conclusiones

La historia de un país no está determinada por sus estructuras sociales y económicas. No hay un único destino trazado por sus características fundamentales, como recursos naturales, geografía, demografía y cultura. Si bien algunas de ellas imponen restricciones muy importantes, y por eso los problemas de un país se pueden arrastrar durante décadas o hasta siglos, y algunos de ellos sólo se pueden resolver o atenuar con mucho tiempo y enormes dificultades, quienes gobiernan pueden cambiar una tendencia y romper una inercia que antes parecía imposible de modificar.

Los países pueden darles la vuelta a sus problemas cuando hacen bien las cosas. Hay varios casos de éxito en países que parecían no tener salida. Corea del Sur, por ejemplo, parecía condenada al fracaso después de la sangrienta fractura de Corea en dos países soberanos y con sistemas económicos antagónicos. Hoy es un país desarrollado, democrático, con una amplia clase media, con menos desigualdad que muchos países europeos y líder en varios sectores tecnológicos.

Los países también se pueden hundir cuando el gobierno toma decisiones equivocadas. Antes de la Segunda Guerra Mundial, Checoslovaquia era un país democrático con un producto interno bruto (PIB) per cápita similar al de Bélgica y Austria. Muchas de sus industrias estaban en la vanguardia tecnológica y la calidad de sus productos era reconocida mundialmente. Tras su forzada conversión al socialismo por la ocupación soviética en 1945, fue alejándose cada vez más de los niveles de vida de aquellos países que durante la posguerra tuvieron un inusual auge económico. En 1990 el PIB per cápita de Checoslovaquia era similar al de Venezuela y poco más que un quinto del de Austria o el de Bélgica. Además, la mayoría de los productos checoslovacos de exportación eran conocidos por su mala calidad.[1]

Conducir un país al desastre es mucho más fácil que llevarlo a un mayor nivel de bienestar del que parecía posible. Por eso, un gobernante con mucho poder y discrecionalidad supone un gran riesgo. Si el gran líder se equivoca, el impacto de sus errores puede ser inmenso e incluso fatal.

Por el contrario, el impacto positivo de los aciertos suele tomar mucho tiempo en apreciarse. Por eso es difícil mantener la ruta correcta, ya que un buen itinerario puede tardar en madurar y es fácil prometer uno mejor o más veloz, aunque sea un espejismo.

Cuando en 1982 a José López Portillo se le descompuso el entorno externo, para tratar de deslindarse del problema dijo durante su sexto informe de gobierno: "Soy responsable del timón, no de la tormenta". Es una gran frase, pero es falsa. Sus decisiones previas a la tormenta habían puesto ya al país en riesgo. Las que tomó en medio de la tormenta lo llevaron a la debacle, a su desprestigio personal y a que México pagara un alto precio en bienestar económico y social.

El camino seguido por una sociedad depende de la actuación de cada uno de sus miembros, aunque unos actores pesen mucho más que otros. En un gobierno donde el poder está tan centralizado, como en el caso del gobierno actual, la dirección que toma el barco es fundamentalmente responsabilidad de quien lo encabeza.

Como AMLO ha dicho, "la política es optar entre inconvenientes". Con todo el poder y tanta legitimidad tenía enfrente una amplia gama de opciones. Pudo haber encabezado un verdadero

490

gobierno de izquierda que construyese bienes públicos para todos, a la par de castigar a los corruptos del pasado y erigir instituciones para evitar la corrupción en el futuro. Uno con estrategias inteligentes para apoyar a los más pobres, mientras se estimula el crecimiento económico. Uno honesto y competente, capaz de hacer más atractivo el invertir en México. Con esto podría haber creado un círculo virtuoso, al tener más recursos para apoyar a los mexicanos que más lo necesitan. Hay ejemplos de ese tipo de izquierda. En nuestro continente está Uruguay con José Mujica.

AMLO optó por polarizar al país como estrategia para desprestigiar a la oposición y a sus adversarios; por tomar ciertos riesgos, como cancelar la construcción de un aeropuerto ya en marcha y apostar otro sexenio al petróleo. Decidió priorizar la construcción de una base clientelar sobre la construcción de bienes públicos indispensables para que los pobres puedan tener un mejor futuro, desde seguridad púbica hasta educación. Si bien respetó los pilares centrales del modelo económico que heredaba, la estabilidad macroeconómica y la apertura comercial, despreció la racionalidad técnica en la toma de decisiones. Hoy está cosechando lo que sembró.

Todo en nombre de la autoproclamada Cuarta Transformación. Cambiar por cambiar, sin embargo, no implica en sí mismo una mejora. El cambio se justifica si lleva a los beneficios prometidos. Su estrategia nos ha alejado de muchos de ellos. Hoy el crimen organizado parece haber entendido que el gobierno lo enfrentará menos que en el pasado; hay más pobres, aunque reciban más recursos del gobierno, menos crecimiento, menos inversión, más desempleo, y quienes mantienen su empleo corren el riesgo de perderlo o de tener que aceptar un menor salario.

Lo que raya en lo incomprensible es cuando el timonel se adentra sin titubear en una tormenta que todos ven en el horizonte y cuya fuerza destructiva todos reconocen, menos él. La pandemia desnudó a los gobiernos del mundo. Las intuiciones del gran líder, el desprecio a la ciencia y la improvisación en los tres países de América más poblados, Estados Unidos, Brasil y México, llevaron a que fueran de las naciones con más mortandad en el mundo.

Ninguno de estos líderes que denominamos *populistas* enfrentó bien el virus. Retomando las palabras de AMLO del jueves 29 de octubre de 2020: "Los errores en política son como crímenes". Es una suerte de confesión.

No es que AMLO haya optado por sacrificar la salud y hasta la vida de las personas para rescatar la economía o viceversa. México está en los primeros lugares mundiales de muertes por covid-19 y entre los países cuyas economías caerán más en 2020. El barco no tenía por qué pasar por esos oleajes descomunales, aunque para él, lo dijo, este oleaje le venía "como anillo al dedo".[2]

Lo más incomprensible y frustrante es que para perseguir esos deseables objetivos no necesitaba cometer los errores documentados en este libro. Errores que han llevado al país a estar inmerso en esta furiosa tormenta. No es que para enfrentar a los delincuentes fiscales conocidos como factureros, por ejemplo, algo sin duda deseable, requiriera cancelar el aeropuerto de Texcoco; o que la necesidad de desterrar la corrupción impidiera confinar a tiempo al país, cuando el virus aún no se había diseminado por la población, e imposibilitara apoyar a los más pobres con una política social para la emergencia con el fin de que se pudieran quedar en casa.

Tampoco necesitaba polarizar al país para conservar el apoyo de su amplia base social. Su estrategia de antagonizar arrancó el día uno de su gobierno. No fue un cambio táctico tras el fracaso del primer año. Simplemente abandonó al llegar al poder el discurso conciliador que utilizó durante la campaña.

Sus mayores errores no eran un costo que se tenía que pagar para alcanzar sus principales objetivos, por lo menos los explícitos. No era, como con la estrategia de seguridad de Felipe Calderón, quien optó por tratar de imponerle límites al crimen organizado, algo que se debía hacer. El crimen organizado tenía de rodillas al gobernador Lázaro Cárdenas Batel en Michoacán. Fue Cárdenas quien le pidió la intervención militar en su estado. Calderón lo hizo sin el cuidado y la estrategia adecuada para alcanzar el éxito esperado, pero no podía dejar el estado de Michoacán en manos de un grupo criminal.

Tampoco se trata de reformas, como la educativa de Peña Nieto, que para llevarla a cabo era inevitable pelearse con la Coordinadora Nacional de Trabajadores de la Educación (CNTE). Ese sindicato, se sabía, iba a dar una batalla frontal para defender sus privilegios, bloqueando carreteras, haciendo plantones, desafiando al gobierno.

Todas las batallas que AMLO emprendió hasta la llegada de la pandemia fueron optativas. Le heredaron finanzas públicas sanas, una economía en crecimiento, con baja inflación y un tipo de cambio estable. Incluso cuando él decidió hacer cosas absurdas, como cancelar el aeropuerto de Texcoco, el sistema cambiario afinado en los 25 años previos funcionó. Gracias también a la capacidad operativa del entonces secretario de Hacienda, Carlos Urzúa, el peso no entró en una espiral devaluatoria sin control.

AMLO no tuvo que reaccionar de emergencia el primer año de su gobierno a una crisis macroeconómica, como les tocó a Miguel de la Madrid o a Ernesto Zedillo. Tampoco tuvo que enfrentar un conflicto poselectoral, como Salinas o Calderón. Llegó con una legitimidad y un poder tal que podía llevar al país a donde él deseara. Dirán algunos que eso está haciendo.

Para su mayor fortuna tampoco tuvo un entorno externo complicado al arranque de su gobierno, como Fox con el ingreso de China a la Organización Mundial del Comercio. Este hecho, además de una caída en el crecimiento de Estados Unidos, que pasó de 4.8 por ciento en 1999 a 4.2 en 2000 y a 1 por ciento en

2001,[3] dislocó la forma en la que se estaba insertando México en la economía de América del Norte. Las exportaciones que crecieron 18.4 por ciento al año en promedio entre 1995 y 2000 decrecieron 4.4 por ciento en 2001.[4] Por el contrario, en 2019, de las economías importantes (G-20), sólo Argentina creció menos que México. El crecimiento promedio mundial fue de 2.5 por ciento. El de Estados Unidos, de 2.3 por ciento. Había una gran oportunidad para atraer inversión que ya no se estaba yendo a China. Nada se hizo. El esfuerzo del gobierno se concentró en otros temas, como renegar los contratos de suministro de gas de la Comisión Federal de Electricidad (CFE), renegociados por cierto de tal forma que ahora nos van a costar 6 mil 836 millones de dólares más, según la Auditoría Superior de la Federación (ASF).[5]

Dado todo lo anterior, no sorprende que la economía mexicana, medida por el Indicador Global de la Actividad Económica (IGAE), que es un indicador adelantado que el Instituto Nacional de Estadística y Geografía (INEGI) presenta de forma mensual, se haya encogido entre el día de la toma de posesión y la llegada de la pandemia en marzo 2020 en un 1.87 por ciento.

Ninguno de los errores más evidentes del presidente fue forzado por algún grupo con poder, como le ocurrió a Fox, que no supo qué hacer con el subcomandante Marcos, quien lo puso contra las cuerdas en los primeros meses de su gobierno. Las principales decisiones de AMLO han sido reflejo de sus fobias y de sus fantasías. Nadie le ha impuesto nada.

Incluso si a AMLO lo único que le importaba era mostrar que tenía el poder, es difícil entender la lógica detrás de una decisión como la cancelación del aeropuerto. Había formas menos onerosas de mostrar que él mandaba. AMLO tendría hoy más poder (y su gobierno más dinero) y sobre todo mucha más legitimidad si fuera un presidente exitoso, no uno que ha cosechado tantos fracasos. Hasta ahora ha sido muy competente en destruir, pero mucho menos en construir. Una cosa es mandar, dar una orden, y otra es alcanzar los objetivos propuestos.

Con tantas voces, muchas de ellas disonantes, es difícil saber qué buscan realmente AMLO y su partido, Movimiento de Regeneración Nacional (Morena). El estar contra el neoliberalismo no dice demasiado, aunque sirva para justificar cualquier cosa, desde desaparecer las estancias infantiles hasta preferir la electricidad generada por carbón frente a la de origen solar. Menos aún con tantas decisiones que sólo tienen racionalidad política, y muchas veces sólo de corto plazo.

Me gusta creer que Alfonso Ramírez Cuéllar ha expresado con sinceridad el objetivo central del movimiento. Así lo dijo el 20 de mayo de 2020, ya como presidente interino de su partido: buscan un mundo donde la gente viva "con decencia y con dignidad, no creo que sea mucho pedir".[6] No es mucho pedir. Menos para un gobierno que ha tenido todo el poder.

Yo también estoy de acuerdo con esa meta. Como lo describió un empresario a quien entrevisté para la elaboración de este libro: "Yo soy *amlover* en los objetivos, lástima de los métodos que ha usado". Esos métodos fueron los que AMLO escogió.

Por supuesto, AMLO iba a perseguir políticas distintas a las del pasado. Para eso lo eligieron los mexicanos cansados de una élite política con innumerables casos de abuso y corrupción, cuyas promesas de bienestar no se habían cumplido, y a la cual las necesidades de los más pobres parecían importarle muy poco.

Había que cambiar lo que estaba mal, pero dejar lo que *sí* funcionaba. AMLO ha destruido instituciones que operaban razonablemente bien, como la Comisión Federal para la Protección contra Riesgos Sanitarios (Cofepris), encargada de asegurar que los bienes y servicios que consumimos no afecten nuestra salud. Tampoco no ha tratado de mejorar lo que claramente no funciona, como los ministerios públicos. No se ha hecho nada para fortalecer las instituciones encargadas de combatir la corrupción. En el mismo sentido canceló una obra bien planeada e indispensable, el aeropuerto de Texcoco, para seguir invirtiendo en una mal planeada y menos necesaria, como el tren México-Toluca.

Los grandes objetivos de AMLO eran ciertamente deseables. Algunos de ellos, impostergables. Uno lo ha logrado. Los mexicanos más pobres hoy tienen algo más de respeto y dignidad debido a un presidente que les habla a ellos y que no sigue la forma dispendiosa de vida de su antecesor (por más que en los momentos de necesidad, como tras las inundaciones en Tabasco en noviembre de 2020, el presidente tardara en ir a apoyarlos y hasta confesó haber optado por inundar las zonas más pobres del estado). Mucho amor, pero no ha logrado una mejora en su calidad de vida o en sus prospectos de futuro.

Gobernar no es sólo hablar y seguir prometiendo. Es actuar correctamente. Importa lo que se hace y lo que se deja de hacer. Como vimos a lo largo de este libro, AMLO ha puesto su sello en innumerables decisiones, aunque sin el éxito prometido.

En el último capítulo de su libro *2018: La salida*, publicado en 2018, AMLO planteaba que, si ganaba, para 2024 tendríamos un país creciendo al 6 por ciento, con los empleos que los jóvenes requieren, un territorio nacional reforestado, una mejor distribución de la riqueza y un mercado interno más fuerte. En sus palabras: "ningún mexicano padecerá de hambre y nadie vivirá en la pobreza extrema ni se quedará sin oportunidad de estudiar o sin asistencia médica y medicamentos". Todo esto lo dijo después de haber analizado a profundidad, escribió en el libro, los problemas del neoliberalismo y de haber desarrollado la estrategia para su anhelado gobierno.

AMLO sigue justificándolo todo por la herencia que recibió. Es previsible. Es lo más fácil. No le quedan ya muchos otros argumentos. Sin embargo, conocía los problemas, llevaba años criticando cómo los enfrentaban gobiernos anteriores y proponiendo una salida a ellos. Gobernar es administrar los problemas del pasado y trazar la ruta de un nuevo futuro.

Antes de su triunfo pensé que la realidad y las responsabilidades de la presidencia lo llevarían a decisiones técnicamente más racionales. Cuando uno lee las memorias de aquellos presidentes que han escrito sobre su paso por ese cargo, es evidente que al sentarse en la silla, por lo menos al arranque (porque luego el poder puede hacer enloquecer a cualquiera), hay un reconocimiento claro de la responsabilidad que entraña. Esto los lleva a una gran cautela en la toma de decisiones. Saben que deben manejar el barco por esos seis años para los que fueron electos y tratar de heredar un mejor país.

Creí que AMLO podía llegar a ser un buen presidente, que la silla lo haría actuar con prudencia, que la realidad se le impondría, y así lo defendí en discusiones con amigos durante el proceso electoral e incluso después de su triunfo. Más de uno me lo recuerda. Me equivoqué.

Todo el poder y su estilo de dominar todos los días la conversación pública le han permitido ignorar las consecuencias de muchos de sus actos. Sin mecanismos estructurados de decisión es más fácil engañar al jefe. ¿Cómo se enteraría AMLO si una de sus obras trae problemas que impedirán que se termine en el calendario prometido?

Entre más necio es un presidente y más aferrado está a sus creencias, más fuerte tiene que pegar la realidad para que cambie la dirección del timón. Casi se podría decir que ha sido un presidente impermeable a los hechos, capaz de evadir sus errores simplemente hablando todos los días, inventado un nuevo distractor y pasando al día siguiente a otra cosa.

Sin embargo, las cosas son lo que son. La caída en la economía será la pronosticada por los expertos, no lo que AMLO desea. El

497

costo de la magia de AMLO de situarse por arriba de los problemas de nada sirve para frenar el deterioro de la situación del país, la cual se irá notando cada vez más. La realidad siempre alcanza a quien la busca evadir.

Ya habíamos visto a ese AMLO terco y desbordado, cuyas decisiones lo iban alejando de sus objetivos. En la campaña de 2006 llegó tan sobrado que dejó ir una cómoda victoria. Algo similar le pasó al llegar con tanto poder a la presidencia. Está desperdiciando la oportunidad histórica de hacer muchos de los cambios de fondo necesarios (y que sólo alguien con un mandato democrático tan claro como el suyo podría lograr) para enfrentar los problemas que explican por qué la ciudadanía votó ampliamente por él.

Ojalá que en el resto del sexenio tengamos mejores resultados, aunque lo veo poco probable. Como vimos, toda crítica la lee como respuesta de la (supuesta) red de afectados por su lucha contra la corrupción. Al no entender que hay críticas que no parten de la pérdida de privilegios sino de una visión distinta de los problemas, que en algunos casos puede ser la correcta, al no tener en su equipo de trabajo quien le haga ver sus errores, no ha podido enmendar el rumbo. Él es su peor enemigo. No el enemigo imaginario que nos presenta en tantas mañaneras y que muchos de sus seguidores creen que existe.

Al centralizar tanto la toma de decisiones y erosionar los procesos formales de asignación de recursos, el riesgo de padecer un escándalo de corrupción es alto. La madre de Aguilar Camín, citada por su hijo, ha dicho una gran verdad: "No hay nada tan parecido a un político mexicano como otro político mexicano".[7] AMLO y quienes lo rodean son políticos mexicanos, y muy probablemente se van a comportar como tales y aprovecharán la erosión institucional para su propio provecho. Ya empezamos a ver evidencia de ello.

AMLO ha dicho: "Y es de sabios cambiar de opinión, rectificar". ¿Será capaz de reconocer que debe dar una vuelta en U, como lo hizo Mitterrand en Francia a principios de los ochenta, a los tres años de llegar al poder, cuando se hizo evidente que su política económica de izquierda no estaba funcionando? Creo que no.

Ante la irracionalidad de tantas decisiones, es fácil pensar que AMLO simplemente es muy limitado. Confunde, en medio de un discurso, a Morelos con Vicente Guerrero. También confiesa, tocándose la cabeza: "No crean que yo vengo aquí ya con ideas analizadas; no, yo vengo aquí a hablarles de manera sincera, decirles lo que siento, lo que conozco, lo que es mi experiencia". Vale la pena ver el video: https://bit.ly/3kSnhBZ.

Quizá simplemente no alcance a ver las consecuencias de sus decisiones. Hay ejemplos que parecen confirmar esto, como el haber prometido a los migrantes centroamericanos vía libre si querían ir a Estados Unidos. O el pensar que el covid-19 era menos grave que la influenza. Cualquier analista bien informado sabía en qué iban a terminar su promesa y su forma de ver el mundo.

Algunos prefieren ver a un siniestro genial, capaz de conspirar sofisticadamente para imponer su visión de país y quedarse eternamente en el poder. Para Héctor Aguilar Camín, por ejemplo, cuando se ve su plan como un "proyecto revolucionario", se entiende todo: "Todas las estupideces que hace adquieren una lógica impecable, él quiere que este país esté jodido y empobrecido para poderlo gobernar". Esto lo dijo en una reunión ante sus excompañeros de escuela secundaria que alguno de ellos hizo pública: https://bit.ly/2CWLGG0.

Ni a AMLO ni a su secretaria de la Función Pública les gustó ese video. Sancionaron a *Nexos*, la revista dirigida por Aguilar Camín, con una multa descomunal, un millón de pesos, por unos problemas de papeles con un contrato por 74 mil pesos en 2018 ganado en una adjudicación del Instituto Mexicano del Seguro Social (IMSS).

No creo que AMLO sea ninguno de los dos extremos. Tiene una evidente inteligencia política que le ha permitido navegar en aguas tan turbulentas que a alguien menos talentoso le hubieran llevado a perder el control del timón. Entiende como pocos la naturaleza del poder y por eso era capaz de retar a los presidentes cuando era oposición y es capaz ahora de enfrentar a sus críticos de forma tan exitosa. Ha fortalecido instituciones clave para el control político, como la Unidad de Inteligencia Financiera (UIF) y el Servicio de Administración Tributaria (SAT). También ha entendido algunas de las restricciones que no conviene mover, desde la autonomía del Banco de México y la disciplina fiscal, hasta la integración de México con Norteamérica y su relación con Estados Unidos.

Sin embargo, hay muchos temas donde exhibe su desconocimiento de lo que pasa en el mundo y su ignorancia sobre temas técnicos, mismos que no son subsanados por algún experto en su equipo. Esto, más su nostalgia por lo que se hacía en el pasado (un pasado que fue muy distinto a lo que se imagina), la ideología con la que ve el mundo, sus odios y resentimientos de los que no puede huir, ni aun cuando lo prudente es simplemente quedarse callado, lo han llevado a tomar decisiones que dificultan cumplir con su sueño de mejorar el país.

También sorprende la forma descuidada con la que decide. Las veces que simplemente cambia de rumbo sin tener claro cómo le va a hacer ahora. Así destruyó el sistema de distribución de medicinas vigente, según esto corrupto, aunque no se conoce que se le haya fincado una acusación penal por tal razón a nadie, sólo sanciones administrativas por parte de la Función Pública que muchas veces son por problemas muy menores, como la impuesta contra la empresa Pisa, por supuestamente haber actuado con dolo y por haber presentado información falsa para un contrato con el IMSS en 2017.[8] Destruyó un sistema de distribución de medicinas sin tener claro cómo lo iba a sustituir, con el consecuente y crítico desabasto de medicinas al que llevó. El caso de la falta de medicinas para el tratamiento del cáncer ha sido ampliamente documentado. Según datos de la Asociación Mexicana de Ayuda a Niños con Cáncer (AMANC), al 5 de septiembre de 2020 habían muerto mil 602 niños con cáncer por deficiencias en el sector salud.[9]

Si 2019 hubiera sido un gran año en materia de crecimiento y hubiera enfrentado mejor la pandemia, sus probabilidades de triunfo en las elecciones de 2021 serían mucho mayores. Un mejor manejo de la pandemia le hubiera dado una credibilidad que ante amplios sectores de la población ha perdido. Con todo, incluso con todos estos errores a cuestas, su partido puede ganar en las elecciones intermedias.

LAS ELECCIONES DE 2021

Todo el esfuerzo de 18 años de lucha política para llegar al poder. Todas estas expectativas en un amplio segmento de la población, una parte del cual le sigue teniendo una fe profunda. Si yo estuviera en los zapatos de AMLO me preguntaría si he cumplido con quienes votaron por mí con la esperanza de un cambio para construir un mejor país, más justo, con menos violencia, con mejores oportunidades para quienes en él vivimos.

Para un hombre obsesionado por la historia, no sé si empiece a atisbar que el juicio de ésta puede terminar siendo muy crítico respecto a la forma como gobernó. Hay una frase que a él le encanta usar para describir qué ha pasado con las políticas del pasado, eco de algunas de las lecturas marxistas de su carrera. Se van "al basurero de la historia". Así puede terminar su sexenio y la apuesta de la ciudadanía por un proyecto supuestamente de izquierda.

Uno de los problemas con un actor tan consumado como lo es AMLO es la dificultad de saber si él cree o no lo que dice. No se ruboriza cuando afirma algo claramente opuesto a lo dicho un mes antes, ambas ocasiones enfrente de una cámara, como cuando negó haber hablado en los seis meses previos con el fiscal general o con el ministro presidente de la Suprema Corte, y él mismo había dicho un mes antes que acababa de hablar con ellos. Hay un video en el que se muestran ambos discursos: https://bit.ly/2FUdn3Y.

O puede recordar el fraude electoral de Chihuahua de 1986 como un pacto del PRIAN, cuando el agraviado fue el Partido Acción Nacional (PAN) y el responsable del fraude fue el entonces secretario de Gobernación, y ahora director de la CFE, Manuel Bartlett, quien estaba ahí sentado en el estrado de esa mañanera, poniendo cara de póker. Para colmo, AMLO era entonces un funcionario medio del gobierno de Miguel de la Madrid y se quedó callado como momia ante ese fraude.

Su seguridad para decir cualquier cosa creo que tiene mucho que ver con la manera en la que disfruta el poder. Ésta es una de las razones que le permitió, aun en medio de la peor crisis económica de la historia del país, dormir tranquilo. En sus palabras: "No me quita el sueño ningún problema porque estoy atendiendo todo lo que pueda significar un daño a la población [...] Por eso estoy tranquilo con mi conciencia y eso es muy importante". O como lo dijo en una entrevista a *La Jornada*, tras dejar en libertad al hijo del Chapo a las ocho de la noche, "a las 10 de la noche ya estaba yo dormido".[10] ¿Usted podría quedarse dormido tranquilamente después de algo así? Yo no.

AMLO dice que está cerca de cumplir con lo prometido. A un año de haber tomado posesión, dijo: "¿Cuánto tiempo necesitaremos para consolidar la transformación? Pienso que un año más, que aquí nos vamos a volver a encontrar; es decir, en diciembre de 2020 ya estarán establecidas las bases para la construcción de una patria nueva. Para entonces, ante cualquier circunstancia, será prácticamente imposible regresar a la época de oprobio que significó el periodo neoliberal o neoporfirista". Esperaba llegar a la elección intermedia con las bases de la transformación ya establecidas.

En su Segundo Informe de Gobierno, el 1° de septiembre de 2020, refrendó su optimismo: "Sigue en pie el compromiso de terminar de sentar las bases del México del porvenir para el 1° de diciembre, cuando se cumplan dos años de gobierno. A partir de entonces, una vez que se tengan construidos los cimientos, sólo quedará la tarea de terminar la obra de transformación y seguir gobernando con rectitud".

Supongo que AMLO y quienes lo rodean siempre podrán pensar que sin ellos en el poder las cosas estarían peor. Así lo ven muchos de quienes lo defienden. Con esa lógica, se puede justificar cualquier cosa. En todo caso, se la están pasando muy bien. Aniquilaron a sus adversarios. A muchos de ellos los tienen amenazados o se saben en riesgo porque cometieron cualquier tipo de abusos.

Están disfrutando el poder. AMLO despacha desde un palacio y en él vive. Pareciera que goza cada día. Proyecta su presencia sin interrupción. Todo sugiere que en su conciencia no carga los muertos por la pandemia, ni los muertos por homicidio acumulados durante su sexenio o aquellos pacientes fallecidos por falta de medicamentos, muchos de ellos niños. A los muertos por la pandemia les prometió dedicar un minuto de silencio al día, a las 12 horas. Sólo hizo públicos dos videos consecutivos de ello, luego parece que hasta eso se le olvidó. Después anunciaría que decretaría luto nacional los días 31 de octubre, 1° y 2 de noviembre, y que pondría una ofrenda en Palacio Nacional.

El público relevante para la pregunta de si estamos hoy mejor que hace tres años es el elector, no AMLO y su equipo cercano. En las condiciones en las que se encuentra hoy el país en materia de crecimiento y seguridad, arrastrando más de 100 mil muertes, según los datos oficiales, por covid-19, la elección de 2021 parece complicada para el gobierno. Sería una verdadera hazaña para AMLO retener la Cámara de Diputados con una mayoría constitucional como la que tiene ahora.

Sus niveles de aprobación se encuentran por debajo de los que tenía al arrancar el sexenio, aunque han mejorado en los últimos meses. Algo notable a pesar de su mal desempeño, que habla de su gran capacidad de comunicar su versión de las cosas y de la enorme credibilidad que tiene en amplios sectores sociales.

Tiene el control del espacio público y del aparato gubernamental. Ejemplo claro de ello ha sido el juicio a Emilio Lozoya como el gran distractor y la Fiscalía General de la República (FGR) como la gran organizadora del espectáculo. Probablemente, de cara a la elección, se irá administrando la información que presente Lozoya u otros testigos, mostrando la forma mafiosa en que se repartía el dinero en efectivo en el sexenio anterior. Sin embargo, probablemente como resultado de las primeras declaraciones de Lozoya, alguien del gobierno anterior se sintió amenazado, y difundió un video del hermano de AMLO, Pío López Obrador, recibiendo dinero de un funcionario de su gobierno, David León.

Es increíble la capacidad de AMLO de culpar al otro de cosas que sabemos que él y su grupo han hecho desde hace años, como se hizo evidente con aquellos videos en marzo de 2004, cuando René Bejarano, muy cercano a AMLO, entonces jefe de Gobierno del Distrito Federal, recibía fajos de billetes que no sabía cómo guardar. Las historias de su pasado no le pesan como a sus adversarios. Alega con cierto éxito, como lo hizo para justificar el video de su hermano Pío, que era el apoyo del pueblo por una legítima causa.

Cuenta a su favor el tener enfrente a una oposición fuera de lugar, desdibujada, asustada, sin reflejos, que no termina de posicionarse. Pulverizada y atemorizada, hasta ahora ha dejado solo a AMLO en el ruedo.

De los candidatos derrotados, solamente Ricardo Anaya, con la publicación de un libro y una serie de videos, empezó a tratar de ocupar ese espacio dos años después de su derrota. Veremos a otros actores intentando posicionarse. La temporada electoral de 2021 está por comenzar. Pero la realmente importante, la que atraerá más atención, la presidencial, aún está lejos.

Entre los movimientos sociales claramente insatisfechos está el de diversos colectivos de mujeres. Su enojo y desesperación por la falta de respuesta gubernamental a la violencia cotidiana contra las mujeres es más que comprensible. Lograron una marcha sin precedentes antes del encierro por la pandemia. Pero hasta ahora no han sido capaces de construir un movimiento político más orgánico.

Un movimiento que muestra la poca capacidad de los partidos de oposición para capturar el enojo que hay contra AMLO en ciertos sectores sociales es el Frente Nacional Anti-AMLO (Frena), que nació oficialmente el 3 de abril de 2020. Se define a sí mismo como un movimiento ciudadano de lucha pacífica que considera a AMLO como un tirano comunista, que ha golpeado la libertad, la democracia, el bienestar y la economía de nuestro país. Su objetivo es la dimisión de AMLO, vía herramientas jurídicas y de presión social amplificadas por los medios de comunicación. Su principal vocero es Gilberto Lozano.[11] Es hasta ahora un movimiento pequeño y dividido.

En la política todo se puede mover con gran rapidez. Conviene recordar cómo se encontraba el país en octubre de 2014, seis años antes de escribir estas líneas. Peña era más exitoso que lo que es AMLO ahora en casi todos los rubros: el país crecía más, la inseguridad iba a la baja, las reformas estructurales parecían pintar un mejor futuro económico. Fue el año de la portada de la revista *Time* (en su versión internacional) en febrero de 2014, donde se veía la foto de Peña Nieto con la frase "Saving Mexico".

Morena aún no tenía registro como partido político. AMLO había sufrido un infarto en diciembre de 2013. La desaparición de los estudiantes de Ayotzinapa fue el 26 de septiembre de 2014. Y la noticia de la Casa Blanca de Peña Nieto llegaría el 9 de noviembre de ese mismo año.

Incluso ya con ambos problemas a cuestas, Peña Nieto parecía no tener oposición. Ahí estaba su gran creación, el Pacto por México, dando frutos legislativos y esperando cosechar un país con mayor crecimiento. Se podía apoyar en un partido más homogéneo y disciplinado que Morena.

AMLO intentará plantear el dilema electoral de 2021 no respecto a lo prometido. No tiene cómo hablar hoy de un crecimiento de 4 por ciento, ni sobre alguna de sus principales ofertas de campaña. Sólo tiene como bandera su lucha contra la corrupción. Recordar la cloaca del pasado reciente. Tiene mucha tela de dónde cortar, aunque también una cola que le pueden pisar, como vimos con los videos donde su hermano Pío recibía dinero. Sin embargo, tiene mucho espacio para seguir culpando al pasado de nuestros problemas y a la pandemia por impedirle enderezar el barco, de modo que tratará de plantear la elección como un dilema moral: ¿queremos realmente regresar a la antigua y corrupta mafia del poder? Con eso ha salido airoso más de una vez cuando está presionado por los problemas que enfrenta.

AMLO espera capitalizar la falta de una alternativa clara. Convencer a su núcleo duro de que él es distinto. Trabaja para la gente y le reparte dinero, no rescata a los ricos. Hasta se saltó las normas sanitarias para seguir haciendo lo que prometió. Ha decidido concentrarse en la gente. Él está para apoyar a ese supuesto 70 por ciento. Ya empezada la pandemia en 2020, dijo el 21 de abril:

La fórmula es: eficiencia, honestidad, austeridad y justicia. Todo el ajuste, el apretarnos más el cinturón tiene como propósito proteger a la mayoría de los mexicanos. Van a tener protección millones de mexicanos, estoy estimando que podemos proteger hasta 70 por ciento de los mexicanos, desde luego de abajo hacia arriba, los más pobres primero. Ellos no tienen nada que temer porque no les va a faltar lo básico.

AMLO, como candidato en 2018, criticaba "la política social asistencialista basada en la focalización y asignación de subsidios condicionados" porque el número de pobres seguía creciendo.[12] Ahora no son focalizados y el nombre de cada programa trae el sello de AMLO, para que quede claro quién envía los recursos. Datos del economista John Scott muestran que el total de recursos gastados en transferencias directas pasó de 168 mil millones de pesos en 2018 a 360 mil millones para 2020.[13]

El dinero lo distribuyen los llamados Servidores de la Nación, una red de activistas de Morena contratados antes de asumir la presidencia para levantar el padrón de beneficiarios portando unos chalecos que los identificaban como simpatizantes de AMLO. Cero intermediarios, AMLO presume, pero los padrones no son públicos, ni es transparente la forma de escoger en muchos de los programas quiénes recibirán recursos. Todo está diseñado para que quede claro que el dinero viene de él.

Con base en la lógica del reparto de recursos y habiendo mantenido hasta ahora una conexión muy cercana con una parte importante de sus votantes, debe estar esperando seguir siendo el partido dominante. Como hay menos participación ciudadana en la elección intermedia (63 por ciento en 2012 frente a 47.7 por ciento en 2015), pesan más las maquinarias partidistas.

La coalición Juntos Haremos Historia obtuvo 43.5 por ciento de los votos para diputados en la elección de 2018. Le bastó para tener una mayoría constitucional en la Cámara de Diputados. AMLO debe esperar que un número no muy lejano a ése le sea igualmente suficiente para ganar una gran proporción de los 300 distritos por mayoría y un buen número de gubernaturas, más de 10 de las 15 que estarán en juego en la elección de 2021.

AMLO tratará de posicionar la idea de que la alternativa a Morena es el regreso de quienes han oprimido al pueblo sabio y bueno, a ese 70 por ciento que él está apoyando, en lugar de rescatar al otro 30 por cierto, los ricos, como siempre se hacía. Por buenas razones, una parte de sus seguidores está harta del desprecio de las élites. Quizá no les importe tanto su propio empobrecimiento mientras puedan ver a esa odiada élite sufrir, enojarse por lo que hace y dice AMLO, y pasarla mucho peor que nunca.

El poder de AMLO para hostigar verbalmente a la élite del pasado, o incluso para hacerla declarar ante un juzgado, es un poder en nombre de los ninguneados por esa élite. La revancha también es de ellos. En el enardecido debate en Twitter, muchas veces anónimo, así se percibe. Es su portavoz, y por eso, más allá de un ejército de *bots*, hay tantos seguidores leales a quienes no les importa nada de lo que haga o deje de hacer AMLO mientras ataque a ese México rico y poderoso que los ha pisoteado durante años.

Según el sitio de Oraculus, sus números de aprobación se mantienen en rangos manejables: 62 por ciento para noviembre de 2020.[14] ¿Será suficiente la aprobación de AMLO para impulsar a Morena en 2021?

Las encuestas muestran una gran divergencia respecto a esta intención de voto. La de *Reforma* del 1º de septiembre de 2020 pone a Morena con una intención de voto neta, es decir, descontando a los indecisos, del 43 por ciento, frente al 57 por ciento de marzo de 2019. El Partido Revolucionario Institucional (PRI) y el PAN están actualmente casi igual, alrededor del 20 por ciento. En marzo de 2019 rondaban 12 por ciento.

Cabe aclarar que las encuestas de intención de voto para una elección intermedia no dicen mucho cuando el elector aún no se involucra. En la encuesta de Jorge Buendía de agosto de 2020, de los encuestados de las entidades en las que habrá elecciones en 2021, apenas 30 por ciento tenía conocimiento de ellas. Para el caso de la elección de diputados federales en 2021 (esta vez los encuestados fueron a nivel nacional), apenas 23 por ciento sabía que habría elecciones.[15] Será hasta diciembre o enero cuando tendremos más información sobre cómo puede venir el proceso.

A Morena no le fue bien en las elecciones de Coahuila e Hidalgo de 2020. Sin AMLO impulsando al votante en dos estados gobernados por el PRI, éste logró llevarse 49.3 por ciento de los votos en Coahuila y 24.7 en Hidalgo, frente a 19.3 y 18 por ciento de Morena, respectivamente. El PAN quedó en un distante tercer lugar con 9.9[16] y 11.6 por ciento.[17] En elecciones locales pesan más las estructuras de los partidos y la tasa de participación es aún más baja, 39.3 por ciento para el caso de Coahuila y 53.8 para Hidalgo. Ambas elecciones indican que Morena no se ha consolidado como partido.

Morena fue creado por AMLO con un objetivo: llevarlo al poder. Rompió incluso la vieja geometría política donde se era de izquierda o de derecha. Logró hacer que fueran juntos el Partido del Trabajo (PT), defensor del gobierno de Corea del Norte, y el evangelista Partido Encuentro Social (PES). La contradictoria amalgama de activistas, líderes políticos de todos los colores y viejos militantes de izquierda que juntó para llegar a la silla presidencial tenía un fin en común: apoyarlo en ese objetivo. Ya no existe ese objetivo compartido.

Morena ya mostró esa enfermedad tan propia de nuestra izquierda, y en general de todo grupo político: los pleitos internos. Esos que debilitaron tanto al Partido de la Revolución Democrática (PRD), sobre todo en su fase de mayor expectativa de lograr algún día la presidencia, hasta que AMLO optó por fundar su propio partido y dejarlo en los huesos. Ya nadie se pelea por dirigir al PRD, porque no importa mucho hacerlo.

Los pleitos ahora son en Morena. No lograron ponerse de acuerdo en cómo seleccionar a su presidente. El Tribunal Electoral les impuso una encuesta para determinar quién sería su dirigente, porque no podían, dados sus propios estatutos, seguir eternamente con un presidente interino. Organizado por el Instituto Nacional Electoral (INE), fue un proceso donde se tiraron con todo.

Al final ganó Mario Delgado por un margen amplio en la última encuesta. Pero dejó una estela de resentimientos y enojos. El derrotado Porfirio Muñoz Ledo no reconoció el triunfo de Delgado. En sus palabras: "Fue un cochinero [...] dicen que van por la Cuarta Transformación, lo que están haciendo es la cuarta malversación".[18]

Para AMLO es crucial tener la capacidad de manejar los conflictos internos de su partido. Los interesados en una candidatura creen que volverá a ser la mejor marca en el mercado para llevarlos al ansiado poder. No es como en 2018, cuando se apuntaba cualquiera en lugares donde Morena no existía, como en Hermosillo, donde la panista Célida López, enojada por no haber conseguido la candidatura al Senado de su partido, optó por pedir la candidatura de Morena a la alcaldía. Nadie se opuso. No parecía que pudiera ganar. Y ganó. "¡Agárrense, ahí les vamos, les vamos a partir su madre!", advirtió como candidata el 22 de mayo de 2018.[19] Tuvo razón.

Las candidaturas del partido en el poder van a estar muy competidas, porque en casi todas hay expectativa de triunfo. ¿Podrá Morena acomodar a todos los que sienten que merecen una? ¿Qué van a hacer los líderes no favorecidos con alguna candidatura?

El secreto del PRI en su época clásica fue que la competencia se daba sólo al interior del PRI. El derrotado debía volverse a formar en la cola. No había vida política fuera del PRI. Ganaban en las elecciones siempre los candidatos del PRI, por las buenas o por las malas, por lo que no tenía mayor sentido la disidencia.

Cuando Cuauhtémoc Cárdenas mostró que se podía desafiar electoralmente al PRI desde afuera, empezó la debacle del partido que parecía invencible. De esa oportunidad de competir desde afuera cuando ellos o sus jefes no fueron favorecidos por el dedazo vienen AMLO, Marcelo Ebrard y Ricardo Monreal, por citar a los tres más destacados.

AMLO es el creador y líder indiscutible de Morena. Lo era desde antes de ser presidente de la República. Tiene tal poder que desde el arranque de su gobierno decidió mandar la señal de quiénes serían los futuros gobernadores con los nombramientos de los superdelegados. ¿Los buscará poner o se dará el lujo de cambiarlos si ahora prefiere a alguien más? ¿Podrán ganar sus candidatos?

No sabemos qué es Morena sin AMLO en la boleta o de presidente de su partido como fue en 2015. ¿Cuántos de sus 30 millones de votantes de 2018 le seguirán siendo fieles?

Lo que sí es claro es que, independientemente de cuál sea el resultado de la elección de 2021, no va a regresar la antigua mafia del poder, por usar la terminología de AMLO. Él seguirá siendo presidente y con mayoría en el Senado. Salvo una catástrofe de Morena en las elecciones legislativas, que hoy no se ve probable, seguirá siendo por mucho el partido más grande. En el peor escenario, un mal resultado en la elección intermedia lo volverá un presidente algo acotado. Quizá como presidente con contrapesos pueda gobernar mejor. Como presidente todopoderoso hoy sabemos que no lo ha logrado.

El año entrante habrá un momento de enorme incertidumbre. Si en el gobierno creen que pueden perder la mayoría constitucional en 2021, la tentación para hacer las reformas que consideren urgentes va a ser alta. Esa agenda no está clara.

La oposición tiene enfrente un gran reto. ¿Cómo harán que partidos políticos tan desprestigiados se vuelvan atractivos? Son vulnerables por un pasado corrupto y serán sometidos a todo tipo de acusaciones, sobre todo a partir del espectáculo de Lozoya.

¿Será suficiente para el elector insatisfecho con AMLO optar por el mal menor, aunque carguen esa estela de corrupción? ¿Cómo pueden hacer estos partidos para atraer a candidatos de la sociedad civil que tengan credibilidad? Si éste es el caso, ¿cómo podrán procesarlo con sus militantes, que seguro sienten que les toca a ellos ser candidatos? ¿Les conviene una coalición anti-AMLO, un Bloque Opositor Amplio (BOA) como el del documento presentado por AMLO en la mañanera del 9 de junio de 2020?

El PRI y el PAN no han hecho un examen de conciencia de su comportamiento en el poder, y consecuentemente no han tomado decisiones como resultado de esa introspección. Para las candidaturas de 2021 deberán expurgar a quienes han sido señalados por haber cometido presuntamente actos ilegales. Si no construyen nuevos liderazgos, difícilmente podrán pasar la prueba de 2021 con suficiente éxito como para acotar a AMLO.

Los partidos políticos están desprestigiados, pero no es fácil construir un partido nuevo. El sistema está diseñado para proteger a los partidos existentes. Los requisitos para crear un nuevo partido son muchos y complicados y, como vimos, la autoridad puede poner muchos obstáculos adicionales.

En la elección competirán tres partidos nuevos. Dos de ellos son versiones reeditadas: una del partido de los maestros, Partido Nueva Alianza (Panal), encabezado por el yerno de Elba Esther Gordillo, que nunca tuvo mayor peso, y ahora convertido en Redes Sociales Progresistas; y el otro del PES con nuevo nombre, Encuentro Solidario. El único nuevo es un aliado de Morena, Fuerza Social por México, de Pedro Haces.

Los tres serán satélites de AMLO. La ley electoral impide que los partidos con registro recién obtenido vayan en coalición con Morena, aunque si tienen registro local, como el PANAL y el PES, sí pueden hacer coaliciones en esos estados. Ahora bien, AMLO puede apoyar a partidos específicos para impulsarlos en ciertos cargos donde tengan candidatos con potencia. Con eso podrá ayudarlos a conservar el registro, ya que requieren obtener por lo menos 3 por ciento de la votación total.

Morena buscará, como en la última elección, una alianza que le permita no sólo tener más votos, sino tener una mayor representación de escaños, por arriba de los 8 puntos porcentuales adicionales que permite la Constitución, como lo logró en 2018. Aparentemente irá en coalición con el PT y el Partido Verde Ecologista de México (PVEM), aunque todavía no resuelven a quién le toca qué candidatura y ya han tenido diferencias a nivel local, como el rechazo de Morena de ir en alianza con el PVEM y el PT para la gubernatura de San Luis Potosí. Adicionalmente irá informalmente en una suerte de coalición con los tres partidos que acaban de obtener su registro.

El único partido que parecía tener cierta tracción propia era México Libre, el partido de Felipe Calderón, quien es el único que le responde a AMLO casi siempre que lo ataca. Pero el INE le negó el registro supuestamente por no poder comprobar un millón 60 mil pesos.[20] El Tribunal Electoral confirmó la negativa del INE, a pesar de que sus supuestos problemas parecen menores que los de los tres partidos confirmados. Se les midió con varas distintas. A los amigos y aliados de AMLO, una generosa interpretación de la ley. A su enemigo y potencial contrincante, la más dura posible.

AMLO fue claro en su deseo de que México Libre no estuviera en la boleta de 2021. Le convenía, sin embargo, para dividir el voto de la derecha, y además Calderón es su mejor adversario para su estrategia de polarización.

Lo que sí es una ventaja clara para AMLO es tener muchos partidos pequeños aliados. Suponen 600 millones de pesos más, mayor acceso a medios de comunicación, más voces para criticar a su oposición, marcas nuevas que pueden atraer a un electorado cansado de todos los políticos de hoy, aunque no tengan nada de nuevo: son el viejo PES, los evangelistas que ya fueron aliados de AMLO, el yerno de Elba Esther Gordillo, y un partido asociado al sindicato que comanda Pedro Haces, muy cercano a Monreal.

Es un duro golpe para Calderón. En seis años no puede volver a tratar de tener un partido. Se equivocó desde su salida del PAN. No aceptó jugar el papel que le ha correspondido a un expresidente. Con ello, debilitó al partido que lo hizo presidente y contribuyó a que AMLO tuviera un triunfo tan amplio. También se equivocó creyendo que podía ser una alternativa a López Obrador en la elección intermedia; a lo mucho hubiera sido un motivo de división de la oposición. No parece darse cuenta de los odios que genera y de que la sombra de García Luna no lo va a abandonar. Finalmente, esto los ha llevado a buscar una reconciliación con quienes controlan el PAN, para juntos enfrentar ese adversario común que quiere ganar a toda costa en 2021 para consolidar su control sobre el país.

AMLO parece desear regresar al sistema de partidos de la época del desarrollo estabilizador en los años sesenta. Había entonces sólo un partido de oposición: el PAN. Éste competía sin recursos contra el partido del Estado, y si ganaba algo le arrebataban el triunfo. El resto de los partidos eran paleros del partido del presidente.

Las posibilidades de éxito de los partidos de oposición en 2021, cuatro de los 10 partidos que veremos en la boleta, también dependerán de si logran actuar con cierta visión estratégica. En un régimen de mayoría simple para la elección de cargos ejecutivos y sin segunda vuelta, divididos, pueden perder incluso ante un Morena debilitado respecto a 2018. En un estado hipotético donde Morena obtenga 35 por ciento y sus dos adversarios principales 30 por ciento, Morena gana.

Si la oposición va junta, puede derrotar a Morena en varias de las elecciones en disputa, aunque dependerá de cómo se articule la potencial alianza y quiénes sean los candidatos. Una alianza amplia es complicada de armar, muchos de los militantes de esos partidos estarán en contra. Una alternativa es ir juntos estratégicamente en entidades o incluso distritos clave. Es un camino lleno de riesgos, serán atacados por AMLO para mostrar que siempre fueron lo mismo. Sin embargo, PAN, PRD y PRI han optado por la ruta de la coalición parcial. Competirán juntos en un número aún no determinado de elecciones estatales y poco más de 150 distritos de los 300 de la elección federal. Son aquellos donde evaluaron que la dispersión del voto opositor hace muy difícil derrotar a Morena si van separados y alguno de los tres partidos tiene suficiente fuerza. MC optó por ir por su lado, tratando de volverse la única oposición.

Está por verse si el votante opta por el candidato opositor a Morena que perciba como mejor posicionado. Esto puede explicar la caída del PAN en la elección local de 2020 en Coahuila, donde el PRI ganó holgadamente.

Siendo una elección intermedia, las batallas se darán a nivel de los estados. Tanto para los ejecutivos estatales como para los legisladores estatales y federales. Importarán mucho los candidatos que lleguen a las distintas contiendas y la fortaleza y apoyo del gobernador saliente.

AMLO ha abierto un frente potencialmente muy costoso para Morena en muchos estados: el conflicto por los recursos fiscales. En lugar de negociar con los gobernadores de los estados más afectados por los recortes de los recursos federales que antes se gastaban en sus entidades, les propuso hacer una consulta sobre si se querían salir del pacto federal, es decir, abandonar los Estados Unidos Mexicanos, algo que nadie había planteado. Varios le respondieron que harían una consulta respecto al pacto fiscal. Si logran hacer de la elección de 2021 un referéndum en torno a la equidad del pacto fiscal en muchos estados, la oposición a Morena puede tener una importante ventaja.

No sólo importará la respuesta de los partidos políticos. La sociedad civil será a fin de cuentas la responsable de lo que suceda en la elección de 2021. No solamente con su voto. Si una parte importante de la sociedad no está conforme con este gobierno, es también su responsabilidad buscar apoyar de distintas maneras a quienes se oponen a AMLO. Éste ganó porque construyó un movimiento social amplio que aglutinó a diversas organizaciones sociales que creyeron en su proyecto y salieron a votar por él.

Las candidaturas independientes son una potencial alternativa. No son nada fáciles, menos aún en tiempos de pandemia, dado que se requiere todo un trabajo de campo previo para cumplir con los requisitos que marca la ley. Pueden terminar dividiendo el voto anti-AMLO Todo depende de si surgen o no liderazgos que logren captar el enojo de tantos ciudadanos. En ese caso pueden ser fuente de sorpresas. Los ciudadanos no creen en los partidos políticos, incluido Morena, como parecen mostrar ciertas encuestas donde cerca de la mitad del electorado no planea votar por ninguno de los partidos existentes.

En 2015, en la elección intermedia del sexenio anterior, las candidaturas independientes irrumpieron con el sorpresivo triunfo del Bronco. Sorpresivo porque este priista, durante toda su trayectoria política, logró reciclarse como independiente y en un estado como Nuevo León, donde seis años antes el PRI y el PAN habían obtenido juntos 92.4 por ciento de los votos.

En 2018 las candidaturas independientes fueron un fracaso. El Bronco obtuvo 2 millones 961 mil 732 votos, 5.2 por ciento de los votos a la elección presidencial (aunque visto de otra forma, obtuvo 31.8 por ciento de los 9 millones 289 mil 853 votos que obtuvo Meade). Incluso un candidato sólido como Manuel Clouthier Carrillo, quien buscó ser senador por el estado de Sinaloa, obtuvo apenas 7 por ciento de los votos. El voto antisistema se volcó por AMLO y por Morena. ¿Quién podrá capturar el voto del ciudadano enojado en 2021?

AMLO ganó por amplio margen en 2018 porque tuvo, entre otros, el apoyo de la clase media. De los votantes con estudios universitarios, 65 por ciento votó por AMLO, 20 por ciento por Anaya, 8 por ciento por el Bronco, y 7 por ciento por Meade.[21] Fue el sector que más apoyo le dio.

La clase media es una categoría resbalosa. Se puede tratar de definir por ingreso, pero hay también una serie de componentes culturales. Según algunos estudiosos como Luis de la Calle y Luis Rubio, ya somos un país de clases medias.[22] Si se mide por el ingreso disponible, como lo hace el Consejo Nacional de Evaluación de la Política de Desarrollo Social (Coneval), 41.9 por ciento de la población vive en situación de pobreza y 7.4 por ciento en situación de pobreza extrema,[23] lo cual podría significar que la otra mitad del país es clase media o alta, aunque con la pandemia ha crecido el número de pobres.

En 2020 cerraremos con un PIB que será 10 por ciento más pequeño que cuando Peña Nieto dejó el poder. La pandemia lo explica en buena medida, aunque AMLO tiene, como hemos visto, buena parte de la responsabilidad. ¿Lo castigarán los electores al momento de decidir su voto?

La clase media no tendrá apoyo alguno del gobierno, pero sí más presión fiscal, más inseguridad, empleos peor pagados y más precarios, quiebras en las empresas medianas y pequeñas. Una parte de esta clase social seguramente estará muy enojada en 2021. ¿Para dónde se va a ir su voto? Supongo que AMLO espera que se queden en casa.

El voto de la clase media será crucial para cualquiera que desee ganar. Cuando participa de forma nutrida, tiene un peso importante, sobre todo en las ciudades grandes y más aún en las más prósperas.

En la elección extraordinaria de 2019 para la gubernatura de Puebla, tras la muerte en un accidente de helicóptero de la gobernadora Érika Alonso, el candidato independiente Enrique Cárdenas, exrector de la Universidad de las Américas Puebla (UDLAP), arropado por el PAN, el PRD y Movimiento Ciudadano (MC), obtuvo más votos que el hoy gobernador Barbosa en los distritos de ciudades grandes como Cholula o la Heroica Puebla de Zaragoza. En ésta logró 229 mil 75 votos frente a los 162 mil 555 que obtuvo Barbosa, quien ganó la gubernatura con el voto de las zonas rurales, y en algunas comunidades se llevó, como en los mejores años del PRI, casi todos los votos.

Una sociedad más pobre tiene menos recursos financieros y de otro tipo para la movilización política. Esto se agrava, como ya dije, en tiempos de pandemia, cuando el costo de movilizarse es mucho mayor. El movimiento de condena por la violencia en contra de las mujeres llegó a su clímax con la marcha del 8 de marzo de 2020. Se desactivó con el confinamiento, para emerger en septiembre como un movimiento mucho más pequeño, aunque enfrentado de forma brutal por la policía capitalina.

Una parte de la sociedad estará enojada o hasta desesperada con su situación. No sabemos si el tigre se soltará o no, es decir, si ese enojo se canalizará electoralmente en contra del partido en el poder, o si se incrementarán las protestas sociales, toma de casetas, marchas por demandas específicas. Tampoco si AMLO será capaz de seguir teniendo el amplio liderazgo que ha exhibido hasta ahora.

La pobreza y sus implicaciones estarán con nosotros durante muchos años. Lo vemos ya de muchas formas, unos 5 millones de personas ya ni buscan trabajo, hay más gente en la calle pidiendo dinero, estudiantes que desertan de sus estudios, mayor migración a Estados Unidos, informalidad creciente, mortandad adicional a la del covid-19 por hospitales saturados o por falta de medicamentos, y un largo etcétera.

El gobierno también va a tener menos dinero. Se acabaron los dos grandes guardaditos que les heredaron sus antecesores, unos 240 mil millones de pesos, el 1.2 por ciento del PIB de 2019. También se van a quedar con una buena parte de los 68 mil

500 millones pesos de los 109 fideicomisos cancelados, más los 33 mil millones de pesos que tomaron de un fideicomiso donde se fueron reservando recursos para que los mexicanos sin seguridad social pudieran pagar gastos médicos catastróficos de un catálogo de enfermedades serias y muy caras de tratar.

El margen fiscal para hacer sus proyectos se va a ir estrechando, y ya ha dejado sin capacidad operativa a una parte del aparato público. El presupuesto público de 2021 va a ser el más reducido en décadas, aunque ganará algo de margen con los remanentes del Banco de México, alrededor de 1.5 por ciento del PIB. El gran hoyo se verá hasta 2022.

AMLO no ha usado la fuerza pública para reprimir a sus adversarios. Su instinto es no usarla ni cuando amerita. No hizo obligatorio el cumplir las reglas de distanciamiento social ni el uso de cubrebocas. "No al autoritarismo, no a la discriminación, porque brota todo eso, el clasismo, el racismo, el autoritarismo. ¿Qué hacemos nosotros, imagínense, con un toque de queda? Yo respeto las decisiones que se tomen en otros países, [pero] nosotros no necesitamos eso", dijo en la mañanera del 19 de marzo de 2020.

Ha manejado el cierre de vías férreas, de carreteras y los plantones casi sin usar la fuerza pública. El gobierno de la Ciudad de México ha sido más brutal, como lo vimos en una marcha contra un reducido grupo de mujeres el domingo 27 de septiembre de 2020. No sabemos cómo reaccionaría ante un fuerte movimiento social en su contra, aunque el intento de cerrarle el acceso al Zócalo capitalino al plantón de un grupo de manifestantes del ya citado Frena, agrupados bajo el objetivo de que dimitiera, es un mal presagio. Al final, Frena obtuvo un amparo y dejaron entrar a sus integrantes.

Con todo, creo que no sacaría al ejército a disparar, como lo ha hecho Maduro.[24] Ni siquiera ha movilizado a sus seguidores en marchas de desagravio tras las protestas de grupos de clase media alta circulando en auto pidiendo su salida de la presidencia, aunque la fuerza pública capitalina no intervino cuando un pequeño grupo de simpatizantes de AMLO insultó a miembros de Frena.

AMLO no ha utilizado la fuerza pública para reprimir, pero sí para meter a la cárcel a sus adversarios por presuntos delitos, como el caso de Rosario Robles. También hay un creciente y muy preocupante uso de la UIF como mecanismo de presión política.

Vía el sistema penal, enfrentamos también pérdidas claras en la protección de nuestros derechos humanos. Hoy hay más delitos que llevan a prisión preventiva oficiosa, es decir, a la cárcel, mientras se lleva a cabo el proceso judicial del presunto delito.

Se puede poner peor. Hay una gran presión desde la FGR y los mismos gobernadores, hasta los de oposición, para darle más atribuciones al Ministerio Público, como receta para enfrentar la creciente inseguridad, mecanismo que es muy popular en las encuestas. Está la propuesta de modificar el sistema acusatorio, erosionar su lógica de que se es inocente hasta que se pruebe lo contrario. Nos puede llevar aún más a la doble impunidad: los responsables de los crímenes no van a la cárcel y su lugar lo ocupa un chivo expiatorio. O a que se use el sistema penal para apresar adversarios políticos por alguna falta real o imaginaria, que en otros países permite llevar el juicio en libertad, mientras se prueba si hay o no culpabilidad.

México Unido Contra la Delincuencia ya ha advertido que la prisión automática "genera ineficiencia y simula justicia", además de que ampliar el catálogo de los delitos que ameritan prisión preventiva oficiosa "permite privar de la libertad a miles de personas sin un juicio, aumenta la probabilidad de encarcelar personas inocentes, genera condiciones propicias para la corrupción, agudiza la falta de investigación, dificulta encontrar líderes criminales y criminaliza la pobreza".[25]

Hasta ahora AMLO no ha encarcelado a crítico alguno. Pareciera que presionó a Televisa para que sacara a Carlos Loret de Mola de su noticiario matutino y de la empresa, aunque pudo haber sido decisión de esta misma para evitar un conflicto futuro. Tampoco es extraño esto. Carmen Aristegui también perdió su programa durante el sexenio de Peña Nieto, aunque AMLO prometió ser diferente.

AMLO no ha demandado a nadie por supuestos daños por un artículo crítico, como lo han hecho algunos políticos (Humberto Moreira entre ellos), aunque su hermano sí. Pío López Obrador presentó el 2 de octubre de 2020 una denuncia ante la FGR por violación a su intimidad contra el periodista Carlos Loret de Mola, quien el 20 de agosto difundió en su medio de comunicación *Latinus* dos videos donde se ve al hermano del presidente recibiendo billetes en una bolsa y un sobre por parte de David León Romero en 2015.

AMLO ha denostado verbalmente a más de un crítico y señalado en su mañanera a cada uno de los columnistas que escribieron en su contra el día anterior. No debe ser nada agradable, a mí no me ha tocado.

Es una forma impropia del poder de alguien que entiende y respeta las reglas de la democracia. La asimetría de poder es tal que no hay forma para el agraviado de defenderse con la misma audiencia que tiene el presidente. Algo nunca visto antes en México es el trato que les ha dado a intelectuales como Héctor Aguilar Camín y Enrique Krauze, que luego lo retoman con más saña sus sabuesos preferidos, como el director del Fondo de Cultura Económica, Paco Ignacio Taibo II, quien los conminó a irse del país.

Atacar a sus adversarios, sea un periodista o una organización competente como pocas para evidenciar casos de corrupción, como es Mexicanos Contra la Corrupción y la Impunidad (MCCI), es una forma de desprestigiar las críticas de su propia gestión. Es una forma de intimidar a quienes financian esas organizaciones. Más aún con los recursos legales que ahora tienen contra los presuntos defraudadores fiscales, lo cual incluye cárcel mientras un juez determina si es culpable o no.

Aunque AMLO no es un líder autoritario clásico, tiene muchos rasgos de ese corte, como su intolerancia a todo tipo de crítica, su linchamiento público de presuntos sospechosos, su deseo de hacer una consulta respecto a si se debe someter a juicio a los expresidentes (seguirá haciendo esa pregunta aunque la Corte le haya puesto otra como constitucionalmente válida), siendo que la ley es clara al respecto (si hay delito que perseguir se debe hacer y punto), su creencia de que hay una sola visión correcta del mundo, su obsesión por ciertas obras públicas que cree que le darán un lugar en la historia.

Por supuesto que puede cambiar y empezar a meter a sus críticos a la cárcel, como lo hace Putin, aunque tiendo a pensar que no sucederá. Lo que ya arrancó es el uso de instrumentos de control fiscal y de lavado de dinero para presionar a quienes se oponen a su proyecto. Los líderes del movimiento de resistencia contra el trasvase de agua en la presa La Boquilla en Chihuahua fueron amedrentados y castigados con el congelamiento de sus cuentas bancarias: la UIF congeló las cuentas de algunos de los personajes más visibles del conflicto: José Reyes Baeza, exgobernador de Chihuahua y exdirector del Instituto de Seguridad y Servicios Sociales de los Trabajadores del Estado (ISSSTE) con Peña Nieto; Eliseo Compeán, presidente municipal de Delicias, y Salvador Alcántara, presidente de la Asociación de Usuarios de Riego del Estado de Chihuahua (Aurech).[26]

Sabemos ya que su visión de la democracia pasa por encarnar al pueblo. Me parece delirante que alguien sienta encarnar su voz, aunque esto le ha permitido una gran cercanía con sectores sociales abandonados por muchos políticos en el pasado. Pero en todo caso lo que importa es que respete realmente las reglas del proceso y el voto se cuente escrupulosamente.

AMLO ha dicho que Calderón le robó la elección en 2006. Lo repitió en la mañanera del 14 de agosto de 2020: "Está enojado el expresidente Calderón conmigo, dice que hay persecución política. Nada de eso, yo ya lo perdoné. Nos robó la presidencia, él lo sabe, pero yo no odio".[27] También sostiene que Peña Nieto la compró en 2012. El 29 de julio de 2012 dijo: "Tenemos las pruebas para demostrar que no se cumplió con el artículo 144; que se usó mucho dinero de procedencia ilícita para comprar conciencias y votos".[28] AMLO cree que sólo él gana las elecciones democráticamente.

¿Puede AMLO robarse la elección? Si es en el sentido de que el INE no cuente los votos, no creo que pueda pasar. El INE tiene las condiciones para cumplir bien con su función. Lo ha hecho así desde que el Instituto Federal Electoral (IFE) adquirió autonomía. Como vimos en el capítulo 1, no hay evidencia de que los votos no se hayan contado bien en 2006.

Si la participación del presidente en un proceso electoral puede alterar el resultado de la elección, ahí la pregunta está en el aire. Seguramente veremos un esfuerzo de AMLO por hacer aquello que tanto criticó en el pasado: utilizar los programas sociales con propósitos electorales; participar todos los días promoviendo a sus candidatos y atacando a sus opositores. Su voz tiene un gran eco. Un candidato que sea abrazado por él puede ganar muchos votos adicionales.

Recordemos el caso de Rafael Acosta Ángeles, *Juanito*, en 2009: en las elecciones internas del PRD para elegir a su candidato a la entonces delegación de Iztapalapa, la victoria de Clara Brugada fue impugnada por Silvia Fragoso, su contendiente. La candidata de AMLO era Brugada, y para imponerla como jefa delegacional AMLO promovió la candidatura de "Juanito" como candidato del PT, quien, en caso de ganar, declinaría a favor de Brugada. Así acabó sucediendo.

La ley es muy restrictiva respecto a lo que puede hacer la autoridad durante los procesos electorales. El Centro de Investigación en Política Pública resume muy bien las prohibiciones:[29]

1) Usar los recursos públicos para favorecer a un candidato o perjudicar a otro.
2) Condicionar bienes o servicios públicos: manipular o chantajear con bienes públicos a cambio del voto, retrasar un beneficio o condicionar el otorgamiento de un bien público para modificar la voluntad de una persona.
3) Difundir propaganda en bienes públicos (edificios, vehículos, etc.).
4) Utilizar eventos o espacios gubernamentales para hacer propaganda.
5) Impedir el libre ejercicio de manifestación o expresión.

No es, sin embargo, evidente cuándo una intervención del presidente es ilegal. En el pasado AMLO fue muy crítico de los presidentes durante los procesos electorales. El 16 de marzo de 2006, en un mitin en Oaxaca, le gritó a Fox: "¡Cállate, chachalaca! ¡Cállese, ciudadano presidente!, deje de estar gritando como chachalaca". Lo hizo en respuesta a las críticas que había hecho Fox a la promesa electoral de AMLO de bajar los precios de los combustibles. En palabras de Fox: "Mi gobierno vomita la demagogia, el populismo, el engaño y la mentira".[30]

Faltaban poco menos de cuatro meses para la elección. A AMLO, la de Fox le parecía una intervención ilegítima. Su enojo, captado muy bien en un spot del PAN (https://bit.ly/2EmZlqP), lo alejó de la anhelada presidencia.

El Tribunal Electoral, al calificar la elección de 2006, concluyó que Fox estuvo a punto de descarrilar el proceso por sus intervenciones:

[...] esta Sala Superior no pasa por alto que las declaraciones analizadas del presidente de la República Vicente Fox Quesada se constituyeron en un riesgo para la validez de los comicios que se califican en esta determinación que, de no haberse debilitado su posible influencia con los diversos actos y circunstancias concurrentes examinados detenidamente, podrían haber representado un elemento mayor para considerarlas determinantes en el resultado final, de haber concurrido otras irregularidades de importancia que quedaran acreditadas.[31]

Es un párrafo lleno de lenguaje legaloide poco claro, pero lo que me parece que está diciendo es que si Fox hubiera intervenido más o hubieran sucedido otros elementos irregulares, el Tribunal podría haber declarado nula la elección.

AMLO seguramente hará declaraciones durante todo el proceso electoral de 2021. Las mañaneras son un instrumento de propaganda, no un mecanismo de información a la ciudadanía. Veremos innumerables conflictos después de lo que diga el presidente cada mañana si opta por intervenir en la elección de 2021.

Dado que cree que la justicia es más importante que la legalidad, piensa que ciertas acciones bien intencionadas son justificables. Ante el video que expone a su hermano Pío recibiendo dinero, su explicación fue que no era algo incorrecto: eran aportaciones para el movimiento. Cuando el fin es a favor del pueblo se vale todo, parece estar diciendo.

Así, él sentirá que informar a los ciudadanos de sus logros es lo correcto, aunque viole la ley electoral. El límite se lo van a tener que poner el INE, el Tribunal Electoral e incluso el Poder Judicial. No sabemos si van a atreverse a hacerlo. Alonso Ancira, cuando estaba preso en España a la espera de ser resuelto su juicio de extradición, demandó al presidente por denostarlo públicamente y no respetar su presunción de inocencia. No prosperó.

Un juez le negó la razón a Ancira con el siguiente argumento: "El objetivo de las conferencias de prensa, permiten [sic] a la sociedad tener plena libertad para expresar, recolectar, difundir y publicar información e ideas, lo cual es imprescindible no solamente como instancia esencial de autoexpresión y desarrollo individual, sino como condición para ejercer plenamente otros derechos fundamentales, y como elemento determinante de la calidad de la vida democrática en un país". Según este juez no importa qué diga el presidente. Pero todo el modelo de comunicación electoral en México implica que sí importa, y mucho.

"Comprar" la elección es otra historia. El argumento de AMLO es que el dinero mal habido que financió la campaña de Peña Nieto "compró" el voto con el que ganó la elección. Sobre este financiamiento, el 16 de octubre de 2019 dijo: "Es como estar descubriendo el agua tibia […] Hasta lo tengo escrito. Lo denuncié y todo el mundo lo sabe".

Hoy son parte de la Secretaría del Bienestar los activistas de Morena que levantaron un censo para repartir recursos fuera del aparato público. Los llamados Servidores de la Nación tendrán un papel importante en los procesos electorales, lo que puede tener un impacto significativo en el votante. Si Peña Nieto compró la elección con los 4 millones de dólares que según Lozoya se inyectaron a la campaña, ¿qué podemos decir de un proceso electoral en el que el gobierno reparte, en nombre del presidente, más de 300 mil millones de pesos durante un año?

Yo, sin embargo, creo que el votante es más sofisticado que eso. Si el reparto de dinero ganara elecciones los partidos en el poder nunca perderían. Dependerá de muchos otros factores qué decide el votante.

Si en 2021 Morena refrenda su mayoría dentro de las reglas del juego, es decir sin intervención ilegal del presidente en el proceso electoral, será por decisión de los mexicanos. Tendrá un impacto en la percepción de futuro del país, sobre todo para todos aquellos que ven en las actuales políticas públicas una amenaza. Los inversionistas, sobre todo en sectores que han sido muy atacados por AMLO, directamente o por cambios en las regulaciones, seguramente tendrán una visión más negativa respecto al porvenir de México, incluso si es una elección limpia a todas luces. Hará más probable que el movimiento de AMLO no sea flor de un sexenio, con todas sus implicaciones para el futuro crecimiento del país, desde las muy probables restricciones en la oferta de energía hasta una peor calidad del sistema educativo.

Si la elección está claramente manipulada por AMLO, para los inversionistas y una parte del electorado, la de mayor capacidad de compra, será una señal de que el país va rumbo a una espiral descendente. La moneda está en el aire.

Sobre la reelección

Siendo un hombre que disfruta tanto el poder, ¿estará AMLO preparado para dejarlo? ¿Intentará reelegirse? ¿Lo puede lograr?

Él ha dicho de muchas formas que no lo va a hacer. Hasta lo firmó ante notario el 25 de julio de 2019. "Voy a durar el tiempo que el pueblo quiera, no me voy a aferrar a la presidencia. Es sufragio efectivo, no reelección y no corrupción", dijo en aquella ocasión. En la carta de no reelección resaltan las siguientes frases: "Soy maderista y partidario del sufragio efectivo, no reelección". "Me inspiran las convicciones, los ideales, no la ambición al poder." "Basta con seis años para desterrar la corrupción y la impunidad, y convertir a México en una República próspera."[32] No quiero pecar de ingenuo, aunque la frase "el tiempo que el pueblo quiera" da para cualquier interpretación. Sin embargo, le creo que no está en sus planes buscar la reelección. Pero los planes pueden cambiar.

Bajo una lógica maquiavélica, el momento más propicio para cambiar la Constitución con ese objetivo era al arranque de su gobierno. Tenía tal fuerza, tal apoyo de la gente, que hubiera sido muy difícil para la oposición frenar una consulta popular donde se preguntara si había o no que hacer una nueva Constitución. Cualquier ejercicio de democracia directa, por más ilegal que fuera, lo hubiera ganado. Luego hubiera podido forzar un cambio constitucional para convocar una asamblea constituyente, y ahí colar, como lo han hecho tantos otros, que no se está contraviniendo el principio de no reelección, sino que, al tratarse de una nueva Constitución, el conteo empieza desde cero. Si había que arrollar a la Corte, lo habría hecho también.

AMLO prefirió hacer su Cuarta Transformación, según lo dijo en una entrevista con motivo del segundo informe de gobierno, sin hacer "saltar por los aires una institucionalidad y una legalidad", como se dio con las tres anteriores transformaciones. Le hubiera "costado más trabajo una nueva Constitución; aun teniendo mayoría en el Congreso [...] habríamos dedicado más tiempo a eso. Analizamos qué se podía transformar con lo establecido y añadiendo cosas claves".[33]

Me parece que AMLO entiende bien la virtud de la no reelección para la estabilidad del sistema político mexicano. La circulación de la élite política le permitió al PRI gobernar tanto tiempo. Si la fila de los interesados por llegar al poder no se mueve porque el de arriba no se sale, generaría una gran presión en el propio Morena. Hoy los políticos con más peso propio en Morena están disciplinadamente esperando señales para encabezar la siguiente fórmula para la presidencia de 2024.

Quizá al final de su sexenio AMLO se convenza, o lo convenzan los más cercanos, de que para el bien de su proyecto se tiene que quedar. Se dirá a sí mismo que se debe sacrificar, que la historia no le perdonará haber claudicado. Que nadie puede llenar su hueco.

Incluso puede ser que la estrategia esté siendo ir poco a poco en esa dirección. Ir rompiendo toda resistencia institucional, tener a la Corte y al Tribunal Electoral comiendo de su mano, hacer todo lo necesario en la elección intermedia para ganar una amplia mayoría nuevamente y tejer, ahora sí, las reformas que hagan posible su reelección.

Con Morena tan dividido, el silencio de AMLO ante la forma en la que se atacaron quienes buscaban la presidencia del partido, quizá señale que persigue el objetivo de mostrarse como el indispensable. Sólo él puede con el país. Sólo él puede mantener unido a Morena. Sólo él les puede garantizar seguir en el poder y tendrán que tolerarlo por lo menos un sexenio más.

Me parece que este escenario es cada vez un poco más probable. Entre más ilegalidades cometa, más incentivos tiene para quedarse, para cuidarse él mismo las espaldas. Su estrategia de dejar correr el caos en Morena, de suerte tal que no hay nadie con la fuerza suficiente para unificar a todos los que lo apoyaron para llegar a la presidencia, puede estar encaminada a mostrarse como indispensable, como la única forma de mantener a dicho grupo en el poder.

La palabra de AMLO vale poco. La incongruencia entre lo que pedía como opositor y hace como gobierno bien puede extenderse a renegar de su promesa de no reelegirse.

Ahora bien, si lo buscara, ¿lo lograría? Enfrentaría muchas dificultades, sobre todo si pierde la mayoría de dos tercios que hoy tiene en la Cámara de Diputados en 2021.

Si lo busca y lo logra, ello tendría un impacto muy negativo en las expectativas políticas y económicas de México. El espectro de Venezuela sería muy difícil de disipar. Esto pondría muy nervioso al gobierno y a la élite económica de Estados Unidos. Con Joe Biden en la presidencia es de esperar una mayor institucionalidad y preocupación en los riesgos de mediano plazo para la estabilidad democrática de su vecino del sur.

Creo que hoy en día su plan al terminar su sexenio es ser el poder tras el trono. Seguir siendo el líder de Morena, una suerte de Calles del siglo XXI. Escogerá a su sucesor en la presidencia con el ánimo de poder influir en él o ella. No puede nombrar a cualquiera, ya que el proceso de destape de un sucesor, a la vieja usanza priista como seguramente será en este caso, requiere cuidar ciertos equilibrios. Con ese fin ha ido encaminando a sus dos sucesores más evidentes hoy: Claudia Sheinbaum y Marcelo Ebrard.

La historia ha mostrado que el sueño de mandar desde la sombra no siempre es fácil de cumplir. Lázaro Cárdenas se deshizo de Calles a los 14 meses de llegar al poder, en 1934. Esto, cuando muchos pensaban que Cárdenas iba a ser controlado por Calles, como lo había hecho con distinto grado de éxito con los tres presidentes anteriores. Cárdenas conoció a Calles muy joven, cuando tenía 25 años. Para Cárdenas, quien quedó huérfano de padre a los 16 años, Calles era una suerte de padre que no tuvo. Una vez sentado en la silla presidencial, Cárdenas se hizo del poder, con mucha voluntad, muchos riesgos y algo de suerte.

Luis Echeverría dejó a su amigo y bastante inexperto político José López Portillo. Aquél trató de seguir dando órdenes, pero lo mandaron muy lejos para silenciarlo. En noviembre de 1978 López Portillo lo nombró embajador de México ante Australia, Nueva Zelanda y las Islas Fiyi, cargo que ocupó por poco más de un año.

Ahora bien, un gobernante al salir siempre puede extrañar el poder y querer regresar, con una reforma constitucional que permita la reelección no inmediata. Así lo hizo Porfirio Díaz, quien reformó la Constitución a la mitad de su mandato para pasar de la prohibición total de la reelección, a la posibilidad de regresar a ella de forma no inmediata. Era una apuesta. No le fue fácil lograrla. Pero al final le cuidó la silla cuatro años Manuel González. Cuando fue electo por una segunda ocasión, Díaz tenía 46 años. AMLO tendría 77 años a finales de 2030.

LA REVOCACIÓN DE MANDATO

El tema de la reelección también va a depender en parte de lo que suceda con la revocación de mandato. La oposición estará muy tentada a tratar de sacar a AMLO de la presidencia por esa vía. Es natural. Es un gran señuelo que éste les ha puesto enfrente. Cuando algún grupo se moviliza con el objetivo de sacarlo de la presidencia ya, les responde que "no coman ansias; habrá revocación de mandato".

La revocación de mandato es un pésimo arreglo institucional para un régimen presidencial. Acorta los tiempos para hacer cambios importantes, vuelve muy incierto si el presidente en turno podrá concluir su sexenio y, en caso de perder, el presidente sustituto tendrá sólo un par de años en el cargo, con lo cual no se puede esperar que haga mucho. AMLO es hoy un presidente fuerte, pero uno débil quedaría con poco margen después de la elección intermedia, sobre todo si a su partido le va mal.

Si la oposición (o algún partido satélite de AMLO al que se le encarga tal encomienda) propone la revocación de mandato (el plazo para hacerlo arranca en noviembre de 2021 y termina el 15 de diciembre de 2021, para poder hacer la consulta en marzo de 2022), sería otro año más de campañas, de polarización y de más incertidumbre respecto al futuro. La incertidumbre siempre atenta contra la inversión privada y por lo tanto contra el crecimiento. Futuras elecciones dificultan tomar decisiones costosas y simplemente se patea el balón unos años más.

No sabemos cuál será el desenlace de la elección intermedia, y eso impactará en el contexto de la revocación. En caso de que algún partido político decida buscar la revocación y que junte las firmas necesarias para pedirlo, el 3 por ciento de la lista nominal de electores, se abren tres escenarios posibles. Ninguno me parece que ayude a la gobernabilidad democrática del país. Vale la pena recordar que una revocación, para que sea válida, requiere de una participación de al menos 40 por ciento del padrón electoral.

El primer desenlace es que gane AMLO, es decir, que pierda la opción de revocación de mandato. Si sucede con una participación superior al 40 por ciento y con amplia mayoría, ello le daría una enorme legitimidad para seguir por el camino andado, a pesar de los costos que le ha generado al país. En ese caso la tentación de buscar la reelección, fundada en su reciente legitimación, sería mayor. Pero incluso si obtiene una mayoría con una participación menor al 40 por ciento, habrá mostrado el amplio apoyo popular con el que cuenta.

Tal triunfo puede suceder. Salvo una caída libre en su nivel de aprobación, creo que es el escenario más probable. Incluso AMLO puede estar tentado de estimular, quizá a través de algún partido aliado, que se dé el proceso de revocación. Creo que siempre la soñó como un mecanismo para fortalecerse en la parte final de su gobierno.

AMLO domina el púlpito y el debate, y lo haría más en la campaña por la revocación. Ahí sí tendrá todo el derecho para hacerlo. No hay ley secundaria que regule qué puede hacer y qué no. Le tocaría al INE interpretar la Constitución al respecto en caso de que el gobierno siga sin aprobar esa ley. Nunca hemos visto una elección en la que el presidente haga campaña legalmente. La voz de la oposición difícilmente se oiría.

El segundo escenario es que AMLO pierda, es decir, que gane la opción de revocación de mandato, pero sin la participación de ese 40 por ciento o más que establece la ley para hacer obligatorio que deje el poder. Tendríamos a un presidente debilitado, acotado, y a una oposición gastando toda su energía en presionarlo para salir, no en construir una verdadera alternativa de cara a 2024.

El tercer escenario es que la revocación gane con más del 40 por ciento de participación. AMLO se tendría que ir. El Congreso de la Unión, es decir la suma de los diputados y senadores, sería el responsable de nombrar al presidente sustituto encargado de terminar el periodo presidencial para el cual fue electo López Obrador, el cual termina el 30 de septiembre de 2024, tras la reforma electoral de 2014.

El Congreso de la Unión requiere tener un quórum de dos terceras partes para proceder a tan importante votación. Pero se elige por mayoría simple. Previsiblemente Morena y sus aliados tendrán la posibilidad de juntar los votos sin necesidad de la oposición, aunque quizá ésta los pueda privar del quórum requerido para poder sesionar y presionar así la negociación.

Morena tendría el gran reto de ponerse de acuerdo. Pero aun derrotado, intuyo que AMLO podría conducir el proceso para nombrar a su sucesor.

Quien llegase como presidente sustituto enfrentaría una fuerte presión de los más radicales aliados de AMLO. El presidente sustituto se podría sentir obligado a demostrar que es el más fiel creyente de la 4T. En cualquier circunstancia, AMLO tratará de seguir detrás del trono e influir en la selección del candidato de Morena a la siguiente elección presidencial. Ésa sería la principal tarea para el presidente sustituto.

Los retos del porvenir

La primera interrogante es cómo va a terminar esta administración. Nunca es fácil un fin de sexenio, por más competente que sea el gobierno. Los problemas se van acumulando y el desgaste del gobierno complica enfrentarlos. Incluso sexenios que iban mucho mejor que éste en su segundo año terminaron mal.

Se desconocen los eventos que tendrá que enfrentar un gobierno, pero una de las dificultades para entender qué hará AMLO en el resto de su sexenio es que no sabemos bien qué va a priorizar. Una alternativa sería asegurar una transición al siguiente sexenio lo más ordenada posible, por supuesto, hacia un candidato de su preferencia, pero sin aferrarse a imponer a su sucesor a toda costa. Puede ser que se dé cuenta de cuán importante sería para su proyecto transformador y su propio lugar en la historia no correr el riesgo de algún tipo de ruptura macroeconómica o política y empiece a asumir costos de tomar decisiones impopulares.

Los últimos años del gobierno de Luis Echeverría fueron muy complicados, debido a una conflictividad social y política creciente con un presidente que por momentos parecía haber perdido la brújula. Sin embargo, a final de cuentas prevaleció su objetivo de cuidar a su sucesor, entre otras cosas para gozar de un retiro desde el cual esperaba seguir mandando. Asumió al final decisiones que le costaron a él, como la devaluación del peso del 1° de septiembre de 1976, pero que le allanaban el camino a su sucesor.

La otra ruta es creer que basta hablar y hablar y patear hacia adelante los problemas más apremiantes. No resolverlos, solamente contenerlos, esperando que nunca estallen, pero si lo hacen, que sea en el siguiente sexenio. Bajo esta estrategia, el costo futuro para el país se vuelve exponencialmente mayor.

Carlos Salinas quebró al país por no haber modificado la política cambiaria tras el asesinato de Luis Donaldo Colosio. Defendió el peso como perro para no ser el presidente que devaluaba. Apostó a que se podría evitar el descontrol cambiario. Entre la elección de Zedillo y el arranque de su gobierno la situación cambiaria se fue complicando, pero no quiso dejar flotar el tipo de cambio. La libró en su gobierno, pero con la devaluación de diciembre de 1994 perdió su soñado lugar en la historia. Ésta lo señala como el responsable de la crisis económica.

Incluso un presidente tratando de allanarle el futuro al sucesor, ante la desesperación por la pérdida de control, puede tomar medidas muy costosas para quien lo reemplace. Cuando López Portillo, tres meses antes de dejar el puesto, nacionalizó la banca el 1º de septiembre de 1982, seguramente creía que le estaba proveyendo a Miguel de la Madrid un instrumento para enfrentar la crisis macroeconómica que le heredaba. Para De la Madrid fue un complicado problema adicional aunado a sus ya muchos retos.[34]

En el largo periodo entre la elección el 2 de junio del 2024 y la toma de posesión de su sucesor el 1º de octubre AMLO, en caso de derrota de su candidato, puede comportarse como Trump: destruir lo más posible para dificultar a su sucesor gobernar. No veo a AMLO colaborando con éste como lo hizo Peña Nieto.

No sé cómo va a procesar AMLO en los años restantes el que en casi todos los indicadores objetivos el país seguramente estará peor que cuando llegó. Él debe creer que su gran logro es que ya no estamos en el mundo de la corrupta mafia del poder. Éste es el único hecho no controversial. Ya no gobiernan los de antes, por más que algunos cambiaron de bando a tiempo y ahora están con AMLO. El mérito de haber sacado a la mafia del poder está sujeto al riesgo de que simplemente esté en proceso de emerger una nueva mafia en el poder, y hay algunos signos de que eso está sucediendo.

No creo que al terminar este sexenio las promesas tangibles de AMLO se hayan cumplido. No se ve fácil que pueda terminar en tiempo y forma alguna de sus grandes obras. Con la astringencia de recursos financieros, es probable que sus inversiones consentidas tengan que ir más lento, amén de que irán acumulando problemas de ejecución, como sucede incluso con las obras mejor planeadas.

Podrá aterrizar un avión militar en Santa Lucía —eso se podía hacer desde antes de empezar su sexenio—, pero no tendremos un aeropuerto completo capaz de funcionar para vuelos comerciales, que aumente de manera significativa la capacidad aeroportuaria de la Ciudad de México, y que esté bien conectado con la misma.

Más absurdo aún. Dada la crisis y la caída en el tráfico aéreo producto de la pandemia, era el momento idóneo para pausar la obra y planearla mejor. En un mundo ideal, era la oportunidad para regresar al viejo proyecto de Texcoco, algo que AMLO nunca hará. Tan obsesionado está de que no quede huella del pasado que está dispuesto a invertir en 2021, con todas las restricciones presupuestales que enfrenta el país, mil 400 millones de pesos para hacer un parque acuático ahí.

Su Tren Maya será pura pedacería, con suerte se irá más rápido en algunos tramos donde ya había tren, por la mejora en la infraestructura. Su refinería será un conjunto de fierros y concreto, quizá con alguna planta pequeña para poderla inaugurar. Ni siquiera se ve fácil que el heredado tren peñista México-Toluca, al que le ha seguido invirtiendo dinero, pueda estar listo antes de 2024. Seguirá siendo un tributo al costo de hacer obras por capricho, aunque en este caso la responsabilidad sea de Peña Nieto.

En la convención anual de la Asociación de Bancos de México de marzo de 2018 AMLO, como candidato, advirtió que si había fraude electoral (es decir, si él no ganaba) habría problemas: "El que suelte el tigre que lo amarre".[35] Su triunfo dejó tranquilo al tigre. Ha estado relativamente en paz hasta ahora. Su llegada al poder canalizó un comprensible deseo de cambio, de búsqueda de una sociedad más justa e incluyente. La esperanza sustituyó al enojo en muchos grupos sociales.

Me temo, sin embargo, que la conflictividad social y política irán incrementándose. Hay muchas demandas sociales insatisfechas. Éstas van a crecer con la escasez de recursos fiscales. AMLO habla y habla desde el púlpito presidencial, organiza espectáculos como la falsa rifa del avión, captura el debate público, pero deja sin resolver muchos problemas. De cara a la sucesión presidencial, todos los problemas tenderán a politizarse cadá vez más. AMLO lo sabe. Fue el gran promotor de muchas movilizaciones sociales con un solo fin: obtener ventajas políticas.

¿El elector se decepcionará de forma importante con AMLO o con su partido? Los 13 años de gobierno del PT en Brasil llevaron al triunfo de Bolsonaro. El PT se volvió parte de la desprestigiada clase política, aunque Lula mantuvo mucho más apoyo que su partido.

Morena está rápidamente acumulando ejemplos de mal gobierno y abuso. Los alcaldes de Morena son los peor evaluados, según una encuesta de septiembre de 2020 de Massive Caller sobre 102 alcaldes. En el subconjunto de los 20 mejor evaluados hay 10 alcaldes del PAN, cuatro del PRI, cuatro de Morena y dos independientes; en cambio, en el subconjunto de los 20 peor evaluados hay 16 alcaldes de Morena, tres del PAN, y uno del PRD.[36] Los escándalos municipales llegan hasta el lugar natal de AMLO, Macuspana, e involucran a una cuñada suya.

Con todo, AMLO sigue siendo el político con más credibilidad. Tiene una legitimidad que no se ha erosionado de forma importante y una cercanía con la gente más pobre difícil de emular.

La oposición se encuentra ante serios retos. Veremos cómo les va en 2021, pero no será fácil para el PRI recuperarse de la herencia de Peña Nieto. Muchos de sus legisladores traen a cuestas historias de enriquecimiento inexplicable.

El PAN navega confundido, con muchos de sus miembros atemorizados de que alguien cercano a ellos salga en un video recibiendo dinero. No han podido reagruparse bajo un liderazgo claro. El regreso de Ricardo Anaya a la vida política puede marcar un cambio, pero requiere mucha constancia, una presencia incansable en medios, recursos, giras y giras. Como lo hizo AMLO durante 18 años.

Los panistas son blanco fácil para ser catalogados como fifís o conservadores. No hay un gobernador panista que parezca tener el tamaño, el reconocimiento a nivel nacional, ni el empuje para convertirse en una alternativa. Además, de los 10 gobernadores del PAN, tres (Chihuahua, Querétaro, Baja California Sur), más uno que llegó en alianza con el PRD en Nayarit, acabarán su mandato en 2021, y cuatro (Tamaulipas, Durango, Quintana Roo, Aguascalientes) en 2022.

En Italia la desprestigiada clase política nunca se recuperó. Tuvieron que llegar nuevos liderazgos: uno que venía de la derecha fascista, el líder del Movimiento 5 Estrellas, hoy primer ministro, Giuseppe Conte; y otro que provenía del mismo movimiento antisistema, literalmente, un payaso, Beppe Grillo, quien acabaría por ceder el liderazgo de su movimiento a Luigi Di Maio, actual ministro de Relaciones Exteriores de Italia.

El reto para los políticos que se oponen a AMLO es cómo construir un relato que haga creíble que se puede transitar a un país donde la justicia social no sea mera retórica, sino un incremento en las capacidades del Estado para resolver ciertos temas centrales para el bienestar del ciudadano, a la par de darle a cada ciudadano un trato digno, un reconocimiento como el que AMLO les ha dado a los más pobres. ¿Alguien podrá construir una promesa creíble de que se puede tener un gobierno honesto, cercano a la gente y competente?

Movimientos sociales como el de las mujeres podrían ser la cuna de futuras líderes, pero su lógica no es electoral. Además, no han mostrado hasta ahora una cabeza visible y atractiva a un público más amplio. El comprensible radicalismo de muchas de ellas, dada la indiferencia de las autoridades al asesinato cotidiano de mujeres, dificulta esa tarea.

No es fácil unificar el enojo. Lo que AMLO hizo en su larga búsqueda por la presidencia es toda una hazaña. Le tomó 18 años lograrlo.

Nunca se sabe por dónde va a saltar la liebre. Haber sugerido cuatro años antes del triunfo de Bolsonaro que éste iba a ser el siguiente presidente de Brasil hubiera provocado hilaridad generalizada.

¿Vendrá un líder capaz de unir a los mexicanos? ¿Uno que tenga los fervientes seguidores que tiene AMLO, pero que tampoco suscite la antipatía que éste genera? ¿O se encuentra aún sin emerger una versión mexicana de Bolsonaro? ¿O AMLO es ya nuestro Bolsonaro y lo que venga después puede ser aún más sorprendente?

Lejos de cumplir su promesa de unir a los mexicanos, AMLO dejará como herencia un país polarizado como nunca, basado en la estigmatización de ciertos actores políticos y sociales. El problema para AMLO es que los odios que siembra se le pueden regresar a él también. Independientemente de cuáles odios sean mayoritarios en las siguientes elecciones, será más difícil gobernar que antes.

Lo que hemos visto en varios países de América del Sur, como en Brasil, Argentina y hasta Venezuela, es que esta polarización entre las clases medias que no sienten deberle nada al Estado versus los grupos sociales que dependen de las transferencias del gobierno no es fácil de dejar atrás. Incluso en medio de crisis tan profundas como la de Venezuela, una parte de los más pobres sigue apoyando al gobierno de Maduro. En México tenderá a ser también una polarización regional, entre el norte y centro norte, y quizá la propia Ciudad de México, con niveles de educación más altos, más vinculados con el resto del mundo, versus los estados más pobres y los cinturones de pobreza alrededor de las principales ciudades.

Al sembrar tantas mentiras en su discurso público, AMLO puede atorar al país en un debate basado en ocurrencias. Ha mostrado el alcance del cinismo como forma de gobierno.

El reto para cualquier nuevo liderazgo que llegara a la presidencia es enorme. Aun si Morena fuera derrotado, la forma de hacer política de AMLO, polarizando, improvisando y mintiendo, probablemente permanecerá vigente por muchos años. Estados Unidos es un ejemplo de qué sucede cuando el presidente no gobierna para todos y se dedica a confrontar y contar cuentos.

De cara a la elección de 2018 yo argumentaba que uno de los mayores costos del nuevo gobierno es que sería "chafa". Eso había pasado en Brasil tras 13 años de gobiernos del PT. Fue un proceso lento, pero seguro. El ánimo clientelar de los gobiernos de izquierda y su discurso antiélite fue debilitando las capacidades técnicas de la administración brasileña.

Ya se conocían las principales promesas de AMLO en materia de sueldos para la burocracia y su necesidad de rodearse de leales. Me quedé corto en mis miedos sobre la calidad de los funcionarios de su gobierno.

Le heredará a su sucesor un gobierno debilitado en sus capacidades operativas, tanto por ciertos absurdos recortes presupuestales y la creación de nuevas instituciones de forma apresurada y sin mayor cuidado, como el Instituto de Salud para el Bienestar (Insabi), como por la salida de cuadros con competencias técnicas que han sido sustituidos por funcionarios cuya mayor virtud es la lealtad. Un modelo basado en la mediocridad de los cuadros y su consecuente incapacidad. Un rechazo a la racionalidad y al conocimiento técnico.

A esto hay que agregar la destrucción de muchas instituciones. Gobernar requiere capacidades institucionales y técnicas. Años de acumular algunas instituciones públicas de relativa fortaleza se han perdido. Se han salvado algunas como el Banco de México o la Comisión Federal de Competencia Económica (Cofece), pero en el ánimo destructivo de AMLO esto puede cambiar, sobre todo dado el castigo salarial al que quiere someter por igual a toda la administración pública federal.

La incompetencia se ha visto desde lo más burdo, como la vergonzosa traducción al inglés de los atractivos de México para estimular al turismo,[37] hasta casos mucho más graves, como haber dejado sin medicamentos contra el cáncer a miles de enfermos que otrora los recibían. O hacer una refinería para crudo pesado cuando éste se está terminando; sobran instalaciones en el Golfo de México equipadas para ese crudo y que operan a bajos costos, dado que ya depreciaron la inversión, y en un mundo donde la gasolina y el diésel irán cediendo mercado ante los vehículos eléctricos.

¿Cuánto le cuesta al país la incompetencia? Muy difícil saberlo. Pero tomará años recuperar una cierta capacidad de conducción de los asuntos públicos.

AMLO dejará un país más pobre y desigual. Quienes sufrirán más son todos aquellos que viven de las empresas formales. Muchas desaparecerán. Otras estarán obligadas a hacer brutales ajustes para poder sobrevivir. El empleo formal y mejor pagado será aún más escaso.

La falta de apoyos a las empresas va a retardar la creación de empleos mejor pagados, en un mercado laboral en el que todos los años se agregan unos 250 mil jóvenes. Veremos cada vez más subempleo e informalidad, peor aún con la aprobación de la reforma presentada por AMLO el 12 de noviembre de 2020 que prácticamente elimina la subcontratación o el *outsourcing*.

Ello irá limitando el crecimiento potencial del país, por ser los trabajadores informales menos productivos que los formales, amén de no pagar impuestos ni contribuciones a la seguridad social, con lo cual se estrecha la ya presionada base de contribuyentes. A esto hay que agregarle la transición hacia la economía del conocimiento cuando estamos descuidando la educación en todos sus niveles y destruyendo las capacidades de vincular la ciencia con la generación de riqueza.

El rico sobrevivirá, seguramente menos rico, por la pérdida de valor de muchos de sus activos en México, pero siempre cubierto con activos en el extranjero. Una parte cada vez mayor de sus inversiones y de sus familias se irá fuera de México. Hay grandes incentivos para que las pocas empresas mexicanas realmente multinacionales busquen no sólo invertir fuera, sino establecerse fuera del país, para contar con la protección de otro gobierno en caso de acciones arbitrarias en su contra.

Muchas empresas en México aprenderán a vivir con un menor ingreso, aunque más de una ganará mayor participación en un mercado que seguramente ya dominaba, por la quiebra o el debilitamiento de sus competidores. Habrá mayor mortandad entre las empresas de menor tamaño que entre las más grandes y la inversión seguirá en niveles muy bajos respecto al pasado.

En los casos donde la crisis económica de 2020 las haya llevado a poner en riesgo su sobrevivencia buscarán a algún nuevo socio, probablemente extranjero. A AMLO no le debe importar demasiado esto, porque sabe que los extranjeros no se meten tanto en política. Sólo en casos extremos.

Para como van las cosas, el futuro gobierno tendrá que ser uno de reconstrucción, incluso si ganara nuevamente Morena. El carisma de AMLO, la hegemonía de su partido y su control sobre éste le alcanzan para eludir la realidad, por ahora. Su sucesor no tendrá ese lujo. Tendrá que enfrentar todos los rezagos acumulados.

El reto será mayúsculo. Al crecimiento en el número de pobres hay que añadir cicatrices sociales múltiples: problemas de nutrición y de salud, decenas de miles de familias afectadas por algún muerto por covid-19 o por la violencia, muchos niños sin acceso a internet y, por ende, a educación durante la pandemia. Muchas mujeres que estaban en el mercado de trabajo se tuvieron que concentrar en sus hijos por la cancelación de las estancias infantiles. En la pandemia y con los hijos en la casa el problema se volvió aún más serio.

Los problemas de aprendizaje de nuestros niños, de por sí serios por la baja calidad del sistema educativo, serán peores ahora. Veremos una creciente deserción escolar y una menor capacidad de las escuelas para proveer incluso la educación de mala calidad a la que estamos ya acostumbrados. Ello tanto por el nuevo control del sindicato en los procesos de contratación como por la pobre reacción de la autoridad ante los retos de la pandemia.

Lo más avanzado que logró el gobierno para darles educación básica a los niños confinados fue hacerlo por televisión, método pasivo e inútil, que ni en el siglo XX, cuando se inventó la telesecundaria, era una opción adecuada para transmitir conocimientos. Hoy, cuando se necesita una educación que estimule la creatividad de todos los estudiantes, estamos acumulando un rezago adicional en las capacidades de millones de mexicanos.

A diferencia de muchos otros países que hicieron grandes esfuerzos para abrir las escuelas, en México simplemente las dejamos cerradas hasta que termine la pandemia. Eso sí, abrimos los bares. Éstos son una importante fuente de contagio, mientras que las escuelas primarias, en los países donde están abiertas, no han resultado serlo de forma importante.

Una inversión privada deprimida por seis años llevará a un menor crecimiento respecto al ya mediocre que teníamos antes de la llegada de AMLO al poder, esto descontado el costo del colapso de 2020. Los modelos más pesimistas señalan que el nivel de riqueza que generaba la economía mexicana en 2018 no lo volveremos a ver sino pasado 2024, y en algunos casos bien entrado el sexenio entrante. El ingreso per cápita tardará aún más en recuperar los niveles de 2018.

La menor inversión privada y la decreciente inversión pública y su mala asignación llevarán a un todavía menor potencial de crecimiento futuro. Dada la caída en la inversión, nuestro crecimiento potencial debe estar en alrededor de 1.5 por ciento, un punto porcentual por debajo del que se observaba antes del triunfo de AMLO. Hemos debilitado nuestra capacidad de generar riqueza. Ya perdida la confianza del inversionista, aunque se hicieran bien las cosas en el futuro, tomará mucho tiempo recuperarla.

En materia energética, si AMLO mantiene la actual política, enfrentaremos el riesgo de no contar con la seguridad energética que requieren las inversiones de alto consumo de electricidad. El nuevo gobierno deberá enfrentar los retos estructurales de Petróleos Mexicanos (Pemex), que son cada vez más serios: la caída en la producción de crudo, los problemas en la operación de las refinerías, el exceso de personal… Ahora deberá cargar con el reto enorme de qué hacer con Dos Bocas, cuando muchas de las grandes empresas petroleras están vendiendo refinerías por no ser un buen negocio.

Será un reto similar al que para Miguel de la Madrid supuso administrar las consecuencias de la crisis de 1982. Pero no vendrá después de un *boom* material como el de los años del petróleo, sino después de un *boom* de expectativas mal logradas.

Probablemente el gobierno en 2024 tendrá más margen que el de De la Madrid. No veremos inflaciones desbocadas, ni el tipo de cambio fuera de control, déficits comerciales impagables, ni falta de acceso a los mercados internacionales de crédito. Aunque la deuda como porcentaje del PIB crecerá, por la combinación de un PIB encogido y cierta necesidad de endeudamiento adicional. Presumiblemente será una situación más manejable que la de aquellos países que se hayan endeudado de más durante la pandemia y hayan asignado mal esos recursos, pero la recuperación requerirá años de austeridad fiscal y de limpiar los hoyos negros fiscales heredados, como los de Pemex.

El gran reto para AMLO, el eje de la autodenominada Cuarta Transformación, era lograr la separación entre el poder económico y el poder político. Salvo en materia tributaria, no se ha avanzado en fortalecer las instituciones para enfrentar el dilema de cómo contener al poder económico y cómo limitar al poder político en sus ansias de enriquecerse. Lo que hasta ahora se ha logrado es quitarle poder e influencia al empresario tradicionalmente más cercano al gobierno, pero gracias al poder de AMLO y en función de su visión de las cosas. AMLO apoya a sus aliados y ataca a sus adversarios, sin desarrollar las instituciones que permitirían el desarrollo de una clase empresarial basada en sus méritos. Eso no parece interesarle. Al contrario: cree que lo que ganan los privados lo pierde el sector público. Tampoco está construyendo instituciones para realmente contener la corrupción en la administración pública.

Ahora nos heredará un problema adicional, uno que los gobiernos anteriores habían logrado evitar. Los militares habían sido en México por décadas ejemplo de institucionalidad en el sentido de no haber buscado el poder político. Lo hicieron a cambio de un régimen de excepción: su autoadministración. Nunca ha habido un civil a la cabeza de la Secretaría de la Defensa o de la Marina. AMLO les ha dado responsabilidades que pueden alimentar otras ambiciones. Regresarlos a los cuarteles no va a ser una tarea sencilla. Menos con la administración pública tan debilitada.

Con la detención en Estados Unidos del exsecretario de la Defensa, el general Salvador Cienfuegos, seguramente quedará lastimada la credibilidad de las Fuerzas Armadas, por más que sea un caso judicial que deja muchas dudas. Fue regresado a México por razones de seguridad nacional, no porque hayan reconocido las autoridades de Estados Unidos no tener pruebas de sus presuntos delitos.

Tocará ahora el turno a la FGR de continuar con la investigación. Sea o no declarado culpable, esto último algo muy improbable, las dudas no se van a disipar fácilmente.

Tras la desaparición de la Policía Federal, ahora no queda nada más para enfrentar el crimen organizado. La Guardia Nacional es un mero apéndice del Ejército.

Lo que difícilmente AMLO podrá construir en los siguientes cuatro años es un Estado con suficiente poder como para proteger al ciudadano común y corriente de los individuos y grupos con poder, desde el crimen organizado que amenaza con secuestrar, extorsionar o matar, hasta el político abusivo que responde sólo a sus intereses.

AMLO es la presidencia personalizada. Ha hecho todo lo posible para debilitar a la sociedad civil. No soporta ningún espacio de autonomía que lo pueda criticar.

Mucho menos se ha preocupado en promover la creatividad y la capacidad empresarial. Si el Estado no provee esas condiciones, la gente que pueda se va a ir del país. Suelen irse los mejores, los jóvenes más ambiciosos, los más emprendedores, con más recursos, con más capital, con más educación y capital humano.

Una parte de la clase media se va a ir, o por lo menos sus hijos. Antes se iban cuando tenían buenas oportunidades de trabajo o de desarrollo; si las cosas se siguen deteriorando, se van a ir incluso sin buenas opciones de trabajo o de educación. Si antes se iban sobre todo los jóvenes con poca educación, pero muchas ganas de trabajar y de emprender, con logros empresariales admirables en Estados Unidos, ahora se va a acentuar la tendencia ya vista hace algunos años, de la emigración de individuos con alta educación y capital para emprender negocios en otro lado.

La evidencia anecdótica muestra que los individuos con más dinero están moviendo una parte de sus ahorros afuera y posponiendo ciertas inversiones en activos físicos o compras de inmuebles. No se ha notado en el tipo de cambio por el ingreso de inversión de portafolio, proclive a aprovechar en el corto plazo las altas tasas de interés vigentes en México. La pérdida de capital humano y financiero hará más complicado aún regresar a los niveles de creación de riqueza anteriores a la pandemia.

Los ganadores de esto serán los vecinos. Por ejemplo, el éxito de Colombia en el desarrollo de la industria petrolera fue por el apoyo de los mejores ingenieros de Petróleos de Venezuela (PDVSA). El *boom* inmobiliario y financiero de Panamá y Miami está impulsado por empresarios de América Latina que no encuentran un espacio adecuado en sus países de origen.

La pandemia y la crisis económica que la ha acompañado han llevado a lo largo del mundo a replantear cuál debería ser el papel del Estado, tanto para generar riqueza como para distribuirla mejor. Los pobres han pagado un costo mucho mayor en términos de salud, muertes e ingreso que los más ricos.

En México parece que terminará por ser peor, dado que la falta de acciones del gobierno suele afectar más a quienes menos tienen. AMLO, por no rescatar a los ricos, tampoco rescató a sus trabajadores, ni a nadie, para fines prácticos. Sólo a Pemex.

En México, gobernado por un presidente que supuestamente viene de la izquierda, habría sido la oportunidad para ir construyendo un nuevo pacto social. AMLO prefirió repartir dinero a su nombre. No construir un Estado con la capacidad para proveer bienes y servicios públicos básicos, en particular salud, para mitigar los desiguales costos de la crisis. Prefirió la retórica, las promesas inadecuadas, como tener más camas de hospital, frente a buscar disminuir los muertos y los desempleados. En lugar de construir un mejor sistema de salud para todos, se contentó con distribuir boletos de su rifa del avión a los hospitales. Los ganadores podrían gastar el premio de 20 millones. Fueron 13 los hospitales beneficiados, de los más de mil 200 hospitales públicos que tiene el país.

Al contrario, en su ánimo de destruir lo hecho en las últimas décadas, está generando costos fiscales, desde las necesidades de financiamiento de Pemex hasta el regreso a las costosas pensiones de la CFE, que van a complicar aún más mantener la solvencia presupuestal para proveer los bienes públicos que los mexicanos necesitamos. Los propios excesos de la austeridad van a generar una presión adicional de gasto público futuro, y el recortar brutalmente el gasto en la protección del medio ambiente llevará a una mayor destrucción de la naturaleza que terminará por costarnos a todos.

Es hora de repensar cuáles son los bienes públicos que el país necesita y cómo deben ser financiados. Cuáles son los impuestos óptimos para propiciar un mayor crecimiento económico y una mayor recaudación. No se trata de desmantelar las transferencias que AMLO da, sería políticamente muy costoso. Son pagables si la economía crece y se recauda de forma adecuada. Pero hay que usarlas para incentivar a los padres para promover el mejor desarrollo de sus hijos, y hay que crear bienes públicos, desde salud a seguridad, que son fundamentales sobre todo para los más pobres.

Repensar el papel del Estado es más urgente aún en un mundo en el que el cambio tecnológico exponencial se ha acelerado por el confinamiento. Cambio en el que unas cuantas empresas concentran el grueso de las ganancias no sólo del sector, sino de la economía. Alphabet, Amazon, Apple, Facebook y Microsoft generan cerca de una quinta parte de las utilidades de las 500 empresas que conforman el índice de Nasdaq. Nuestro país no tiene empresas tecnológicas equivalentes a ésas. Mercado Libre es argentina; Cornershop, chilena; y Rappi, colombiana.

En la economía digital, quienes tengan menos educación tenderán a ser los perdedores. No estoy hablando de más grados universitarios, sino de una educación de calidad y pertinente, que desarrolle los talentos necesarios para esa nueva economía, cuya llegada se aceleró con la pandemia. La brecha digital en nuestro país es más amplia que la de la mayoría de los países con niveles de ingreso similar al nuestro y el gobierno canceló la estrategia heredada por el anterior de llegar a las comunidades más pobres a través de una red desarrollada por una empresa privada, a partir de ciertos apoyos del gobierno, para tratar de llevarles internet a todos, para ahora hacerlo con una empresa del gobierno que casi no ha avanzado en su tarea.[38]

Hay muchos temas que debemos repensar. ¿Cómo construir mayor solidaridad social, tan erosionada ésta en los últimos años? Michael Sandel, en su reciente libro *La tiranía del mérito: ¿qué ha sido del bien común?*,[39] argumenta que el mérito, como regla de distribución de beneficios sociales, tiene una implicación negativa: quien tiene un mayor salario o ingreso cree que es porque se lo merece, y para él o ella lo importante es estar bien vinculado con el mundo que le permite ser competitivo y gozar de una serie de satisfactores, no su comunidad más inmediata.

AMLO comparte esta intuición. Por eso cuando fundó la Universidad Autónoma de la Ciudad de México determinó que el acceso debía ser por sorteo. Pero eso es simplemente una forma de degradar la educación superior al no importar en nada el nivel educativo con el que llegan los estudiantes, lo que tiene como implicación segmentar el mercado entre las universidades que sí seleccionan a sus estudiantes y las que no.

Sandel propone sortear el ingreso a las universidades de élite de Estados Unidos, pero sólo entre quienes tienen un cierto nivel académico. Son tan buenos y preparados tantos de quienes solicitan admisión a esas demandadas universidades que al final es casi arbitrario quiénes sí son admitidos, pero los ganadores sienten que se lo merecen. Entrar por sorteo debilitaría la idea de que su ingreso se debe exclusivamente a su mérito. Tendrían que reconocer el papel de la suerte.

Por ello, si bien hay que crear un piso parejo en términos de acceso a servicios de educación y salud, lo cual estamos muy lejos de haber logrado, abrir realmente las oportunidades a todos no es suficiente. Hay que reconstruir el debate público en torno a la importancia del bienestar de la comunidad. No sólo con apoyos de servicios públicos, sino con respeto y valoración a todos los miembros de la sociedad. No se trata de apoyar sólo con dinero a los más pobres (eso también erosiona, como dice Sandel, su dignidad),

549

sino de buscar estrategias para que todos tengan un trabajo digno y bien remunerado.

No hay solución fácil, pero se requiere pensar en ella. Aprender de las mejores prácticas en el mundo. Buscar tener un gobierno genuinamente preocupado en el bienestar de los más pobres, en que puedan encontrar una avenida para desarrollar su potencial. Ése era el objetivo del programa de apoyo a los jóvenes sin empleo, Jóvenes Construyendo el Futuro, pero como tantas acciones de este gobierno, se hizo sin calcular bien cómo se iba a implementar y se ha vuelto una mera transferencia de recursos.

Se necesita un gobierno con capacidades técnicas, pero no uno conformado por tecnócratas arrogantes que creen que saben lo que es mejor para el país. Peor aún si en el camino se enriquecen, tanto por salarios públicos exorbitantes fuera de toda lógica económica en muchos de los cargos (AMLO tiene algo de razón en este punto, pero los cortó a rajatabla), como por las oportunidades que luego algunos de ellos encontrarán en el sector privado, por haber ayudado a algún interés económico. Otra vez, la solución de AMLO no es la correcta, pero sí apunta a un problema real.

AMLO fue la respuesta de un electorado harto de una élite distante y abusiva. Una respuesta a un gobierno como el de AMLO, con su polarización permanente, puede ser una respuesta desde las élites y las clases medias con un discurso anticlases "parasitarias", à la Bolsonaro. Es más fácil reaccionar desde la polarización a un gobierno como el de AMLO.

La otra respuesta, la deseable, es construir esa solidaridad que nos falta. Un liderazgo que no abreve de la polarización sino de la búsqueda de soluciones para todos. Uno capaz de construir políticas públicas basadas en una conversación pública abierta y plural, donde no prevalezca el simplismo del todo o nada, sino la búsqueda de preocupaciones comunes y salidas reflexionadas con la participación de amplios sectores sociales.

Todo el poder de AMLO no ha servido para aprovechar el momento, para tomar decisiones difíciles, pero que dejarían al país mejor preparado para el futuro. Ha hecho lo contrario, siempre pensando en lo que es rentable electoralmente y a partir de su nostálgica y equivocada visión del pasado.

AMLO ha logrado fortalecer sólo algunas áreas del gobierno, como el aparato recaudatorio o el seguimiento de las transferencias de cuentas bancarias mediante la UIF. Pero hoy el gobierno es más débil frente al crimen organizado. La sociedad sufre altos niveles de violencia criminal. Hay más pobreza, una clase media debilitada y mucha incertidumbre. Mala combinación para crear condiciones propicias para el crecimiento.

Este gobierno ha cambiado tantas leyes, y la propia Constitución, que vamos a vivir muchos años con las consecuencias de sus decisiones. Difícil imaginarse que lo suceda un gobierno con la amplia mayoría que ha tenido AMLO como para revertir estas leyes.

Las oportunidades para México siguen siendo muchas. Los trabajadores mexicanos son muy productivos y hay muchos empresarios talentosos. La frontera con Estados Unidos es un privilegio. Incluso arrastrando a un gobierno que no provee servicios ni políticas públicas adecuadas, hemos construido una enorme capacidad manufacturera. México es hoy el séptimo exportador de manufacturas, el cuarto de automóviles, y el primer exportador de autopartes a Estados Unidos, muy por encima de China, que es el segundo lugar.[40] También hemos logrado volvernos exportadores netos de productos agropecuarios. Somos el décimo país exportador de productos agrícolas. Contra los vaticinios de los críticos del Tratado de Libre Comercio de América del Norte (TLCAN), el campo mexicano es hoy más productivo que antes y los mexicanos consumimos más proteína animal que antes, porque tenemos acceso a granos baratos de los agricultores de Estados Unidos que hacen más económica la producción de pollo y otras fuentes de proteína animal. México pasó de consumir 16 kilos de pollo por habitante en 1994 a 31 kilos por habitante en 2018.

La creciente polarización entre China y Estados Unidos, exacerbada por el estilo personal de gobernar de Trump, no cambiará con la presidencia de Biden. Estamos frente al regreso a un mundo en conflicto, en una suerte de reedición de la Guerra Fría en torno al control de ciertas tecnologías clave, incluida la más importante de todas, la inteligencia artificial. La batalla por el predominio tecnológico le puede dar a quien la domine mejor, en el extremo, a quien diseñe una inteligencia superior a la humana, una ventaja frente al resto de los países quizá insuperable.

Muchas empresas manufactureras están dejando China y están buscando relocalizar su producción en países más confiables. La globalización está siendo reemplazada por la regionalización de las cadenas de valor. Para muchos procesos el mejor es México, por localización, huso horario, calidad de la mano de obra…

México, sin embargo, ha captado muy poca inversión extranjera directa de China: 260.5 millones de dólares en 2018, 85.2 en 2019 y 129.0 millones a junio de 2020. Nada de peso. Tampoco México ha hecho gran cosa para atraer esa inversión. Sirva como referencia que la inversión extranjera directa total en 2019 fue de 34 mil 78.7 millones de dólares.[41]

Todos los países tienen que pensar cómo tener una economía digital que no ahonde aún más las desigualdades. Datos de la Unión Europea muestran que 75 por ciento de los trabajos del quintil de más ingresos se pueden hacer de forma remota; por el contrario, sólo 3 por ciento de los trabajos del quintil más pobre. Los más ricos se pudieron proteger mucho mejor durante la pandemia y tuvieron menos riesgo de perder su trabajo. La alternativa digital para los más pobres son trabajos a destajo en internet, una buena parte para alimentar los algoritmos de inteligencia artificial que terminarán por desplazar a cada vez más trabajadores.[42]

Un reporte reciente de The Economist Intelligence Unit señala que México tiene, frente a los países de América Latina, Vietnam y Taiwán, una buena situación para atraer la inversión manufacturera que deje China. Tiene la mejor calificación en el ámbito de comercio exterior y política cambiaria, aunque la peor en efectividad política y de las peores en infraestructura y preparación tecnológica.[43]

Es momento para repensar cómo montarnos en la economía digital; no podemos seguir siendo fundamentalmente un país manufacturero cuando los robots están desplazando el empleo más rápido de lo esperado, entre otras cosas porque no se equivocan, no contagian, ni se contagian. Tampoco generan un pasivo laboral. En un mundo donde todo se digitaliza y el control sobre esa información es la mayor fuente de riqueza, AMLO argumenta que "los que lucharon en otros tiempos por la libertad, por la justicia, por la democracia, por la soberanía, ¿estaban esperando que tuvieran sus computadoras para luchar, para transformar?"

Tenemos muchos y muy buenos ingenieros. El tamaño del pastel de este nuevo mundo es enorme y se van a requerir muchas interfases con capacidades productivas donde los robots no pueden sustituir al ser humano. Hay que entender cuáles son y cómo insertar a México, tanto en nuestra capacidad para manufacturar como en el desarrollo de los programas y manejo de grandes datos.

La pandemia también le enseñó al mundo las ventajas de viajar cerca de casa. México puede volverse un destino turístico de mayor valor agregado para quienes viven en Estados Unidos. Para eso se requiere contener la pandemia y ofrecer seguridad pública. Nadie querrá venir a enfermarse, cuando hay playas alternativas con menor riesgo de covid-19. Nadie quiere venir a sufrir un asalto, cuando hay playas seguras en varias islas del Caribe.

Mientras que en varios países se está pensando qué hacer tras la pandemia, como en Francia, donde se está acelerando la transición energética con un ambicioso paquete de inversión en energías limpias, como lo hará la presidencia de Biden en Estados Unidos, en México estamos tratando de hacer una refinería y nuevas plantas eléctricas alimentadas con carbón.

Tenemos que domar al mismo tiempo los problemas del siglo XIX, como tener un Estado que controla el territorio y no es desafiado con éxito por grupos criminales, con los del siglo XX, desde tener carreteras sin baches hasta una educación y servicios de salud de calidad para todos. Tenemos que enfrentar con éxito también los retos propios del siglo XXI: educación digital, acceso a banda ancha, una educación que estimule la creatividad, espacio creciente para la recreación y el tiempo libre, una política inteligente en el manejo de toda la información que generamos al usar las redes sociales y otros servicios digitales, a la par de proteger nuestros datos personales.

La tarea no es fácil. Nunca lo es la transformación para bien de un país. Pero sólo se puede aspirar a lograrla si cada vez más mexicanos creen que es posible tener un país próspero, más moderno, más justo, más honesto, más solidario. De lo contrario, será difícil salir de la trampa del populismo.

Agradecimientos

Terminé de escribir este libro durante los largos meses del confinamiento ocasionado por la pandemia del coronavirus. Muchos ya sabemos lo que es vivir en una suerte de prisión domiciliaria.

Aun en condiciones de privilegio, ha sido un proceso difícil, debido principalmente a la ansiedad creciente frente a un virus cuya capacidad destructiva se iba actualizando todos los días. La angustia se fue extendiendo a las consecuencias económicas del cierre de prácticamente todas las actividades, magnificadas por una política económica pasiva y errática. La incertidumbre sobre lo que viene es todavía mayor.

Escribir un libro es siempre un proceso colectivo. Uno se nutre de lo que lee en periódicos, revistas y libros —y ahora también en las redes sociales— y de todas las conversaciones sostenidas con colegas y amigos. La pandemia paralizó los intercambios en persona. Aparecieron las videoconferencias y regresamos a las llamadas telefónicas, aunque estos métodos remotos nunca tienen la riqueza de una buena comida o un café con un amigo, o la intensidad de las discusiones que sólo se generan al calor de la argumentación en vivo.

De todas formas, la tecnología suplió lo que antes hubiera sido imposible resolver. Así, pude realizar entrevistas que me ayudaron mucho, con empresarios, funcionarios del pasado y algunos pocos del presente, a quienes les agradezco su generoso tiempo. Todos prefirieron no ser citados.

Mi esposa Daniela ha sido la mejor compañía posible en un encierro como éste. Además del gran placer que es compartir cada día con ella, discutimos muchos de los temas del libro y leyó con ojo crítico varios de los capítulos. Mi hija Lorena también fue una útil lectora, aportando una perspectiva muy distinta, por género, edad e ideología, que me llevó a repensar varios temas. No le hice caso, sin embargo, sobre la necesidad de usar un lenguaje de género contemporáneo. Esto de poner cada vez lectores y lectoras me parece de pesada lectura.

Agradezco mucho el apoyo de Leonardo Amador, Ludwig van Bedolla, Emilio Méndez y Adriana Villalón, en la búsqueda de información y en el trabajo que requirió la edición del libro.

Todos los capítulos fueron leídos por algún colega. Agradezco a Carlos Bravo, Jorge Andrés Castañeda, Blanca Heredia, Luis Miguel González, Daniel Kerner, Pablo Ordorica, Arturo Sánchez, Macario Schettino, Carlos Serrano, Jorge Suárez y Jorge Terrazas su generoso tiempo y sus inteligentes comentarios. En muchos casos me ayudaron a cambiar y ampliar mi perspectiva.

Mi agradecimiento para la Escuela de Gobierno y Transformación Pública del Tecnológico de Monterrey. Ha sido un espacio intelectualmente muy enriquecedor, desde el pódcast semanal *Con su permiso*, que grabo semanalmente con Alejandro Poiré, Héctor Villareal y Beata Wojna, hasta los seminarios con colegas de la Escuela.

Es mi cuarto libro con Penguin Random House. Siempre he encontrado una editorial profesional y preocupada por la calidad del texto. Agradezco en particular a Juan Carlos Ortega y Enrique Calderón por su profesional edición y a Andrés Ramírez y Roberto Banchik por haberme ayudado a concebir el libro.

Los errores del texto no son míos. Son de esta realidad que cambia a gran velocidad. Seré serio: todos los errores son de mi entera responsabilidad.

Notas

Introducción

[1] Encuesta nacional en vivienda de *El Universal*, 18 de septiembre de 2017.

[2] Carlos Marín, Héctor Aguilar Camín, Juan Pablo Becerra-Acosta, Carlos Puig, Jesús Silva-Herzog Márquez y Azucena Uresti, programa de *Milenio TV*, 21 de marzo de 2018.

[3] Conferencia de prensa matutina del martes 4 de junio de 2019, disponible en https://bit.ly/3aP7eAb.

[4] Pablo Parás, Georgina Pizzolitto, Vidal Romero y Elizabeth Zechmeister, *Cultura política de la democracia en México y en las Américas, 2018/19: Tomándole el pulso a la democracia*, USAID/LAPOP/DATA/ITAM, abril de 2020, p. 19.

[5] Aldo Anfossi, "Chile: Cae al 6% aprobación del presidente Sebastián Piñera", *La Jornada*, 16 de enero de 2020.

[6] Véase, por ejemplo, Irma Manrique, "Devaluación y política de austeridad", *Problemas del Desarrollo*, vol. 8, núm. 29, 1977, pp. 31-36. También Sarahi Cornejo, "Devaluación y austeridad: profundizadoras de la depresión", *Problemas del Desarrollo*, vol. 8, núm. 29, 1977, pp. 16-31.

[7] Carlos Elizondo y Ana Laura Magaloni (eds.), *Uso y abuso de los recursos públicos*, CIDE, México, 2012

[8] Carlos Elizondo Mayer-Serra, "Polarización", *Reforma*, 16 de junio de 2006.

[9] Carlos Elizondo Mayer-Serra, *Los de adelante corren mucho: Desigualdad, privilegios y democracia*, Debate, México, 2017.

[10] Carlos Elizondo Mayer-Serra, "Discutiendo a Jaime Ros", *Nexos*, 1° de diciembre de 2015.

[11] Carlos Elizondo Mayer-Serra, "Enfrentar la emergencia", *Excélsior*, 20 de noviembre de 2014.

[12] Carlos Elizondo Mayer-Serra, "Lo bueno, lo malo y lo feo de tres años de gobierno", *Excélsior*, 3 de diciembre de 2015.

[13] Héctor Aguilar Camín *et al.* (eds.), *¿Y ahora qué? México ante el 2018*, Debate, México, 2017.

[14] Noticieros Televisa, "Transcripción completa de la entrevista de AMLO en *Tercer Grado*", 7 de mayo de 2018. Disponible en https://bit.ly/2yMuqB2.

[15] Carlos Elizondo Mayer-Serra, "Reforma de la Constitución: la economía política del Pacto por México", *Revista Mexicana de Ciencias Políticas y Sociales*, vol. 62, núm. 230, 2017, pp. 21-50.

[16] Carlos Elizondo Mayer-Serra, "Enfrentar la emergencia", *Excélsior*, 20 de noviembre de 2014.

[17] Carlos Elizondo Mayer-Serra, *Con dinero y sin dinero: Nuestro ineficaz, precario e injusto equilibrio fiscal*, Debate, México, 2012.

[18] Carlos Elizondo Mayer-Serra, *Por eso estamos como estamos: La economía política de un crecimiento mediocre*, Debate, México, 2011.

[19] Luis Rubio, *Fuera máscaras: El fin del mundo de fantasía*, Wilson Center, Estados Unidos, 2019.

[20] Carlos Illades, *Vuelta a la izquierda. La cuarta transformación en México: del despotismo oligárquico a la tiranía de la mayoría*, Océano, México, 2020.

[21] José Antonio Crespo, *AMLO en la balanza: de la esperanza a la incertidumbre*, Grijalbo, México, 2020.

El rey

[1] Daniel Cosío Villegas, *El estilo personal de gobernar*, Cuadernos de Joaquín Mortiz, México, 1974, p. 8.

[2] Véase, por ejemplo, Luis Cárdenas, "¿Se rompió el pacto de impunidad AMLO/EPN?", *El Universal*, 30 de mayo de 2019; Lourdes Mendoza, "¿EPN: pacta con AMLO?", *El Financiero,* 3 de junio de 2019.

[3] Alejandro Moreno, "Popularidad de AMLO, en su nivel más alto por plan vs. 'huachicoleo'", *El Financiero*, 7 de febrero de 2019.

[4] Redacción, "Surge propaganda en apoyo a la lucha contra huachicol", *Página Central*, 31 de enero de 2019.

[5] Gerry Mackie, "Saving Democracy from Political Science", en Robert Dahl, Ian Shapiro y José A. Cheibub, *The Democracy Sourcebook*, The MIT Press, Estados Unidos, 2003, p. 321.

[6] Redacción, "Peña alerta sobre el populismo y Obama dice: ser populista es luchar por la justicia", *Animal Político,* 30 de junio de 2016.

[7] Carlos Illades, *Vuelta a la izquierda. La cuarta transformación en México: del despotismo oligárquico a la tiranía de la mayoría,* Océano, México, 2020, loc. 2068.

[8] Redacción, "López Obrador volvió a reconocer su religión y que es admirador de Jesús", *Político,* 1° de abril de 2017.

[9] Andrés Manuel López Obrador, "La nueva política económica en los tiempos del coronavirus", 15 de mayo de 2020 (en línea).

[10] Jair Ávalos, "El hombre de Macuspana", *Eje Central,* 29 de noviembre de 2018.

[11] Héctor Aguilar Camín, "A las puertas de AMLO", *Nexos,* 1° de junio de 2018.

[12] Enrique Krauze, "El mesías tropical", *Letras Libres,* 30 de junio de 2006.

[13] Roberto Rock, "AMLO: de Macuspana a Palacio Nacional", *La Silla Rota,* 1° de diciembre de 2018.

[14] Redacción, "Éste es el trabajo que tuvo AMLO y que seguramente desconocías", *El Heraldo de México,* 25 de septiembre de 2019.

[15] Leobardo Pérez, "Cabal Peniche reconoce que dio recursos a campaña de Madrazo en 1994", *El Universal,* 2 de diciembre de 2019.

[16] Andrés Manuel López Obrador, *Fobaproa, expediente abierto: reseña y archivo,* Grijalbo, México, Grijalbo, 1999.

[17] José Rubinstein, "Genio y figura", *Excélsior,* 17 de abril de 2015.

[18] Véase Carlos Ramírez, "AMLO: ¿apóstol de la legalidad?", *El Mañana,* 13 de julio de 2012. También Jorge Torres, "Los pactos oscuros de AMLO", *Milenio,* 30 de enero de 2018.

[19] Presidencia de la República, "Andrés Manuel López Obrador", disponible en https://bit.ly/2zP0BQM.

[20] Redacción, "Los claroscuros de López Obrador", *Proceso,* 6 de diciembre de 2002.

[21] Carlos Elizondo Mayer-Serra, "Después del desafuero", *Reforma,* 22 de abril de 2005.

[22] Mariela Gómez, "López Obrador, con un pie en la cárcel", *El Tiempo,* 4 de abril de 2005.

[23] Silvia Arellano, "Panistas pagan fianza para evitar que AMLO sea mártir", *Crónica,* 21 de abril de 2005.

[24] María Elizondo Gasperín, "El recuento de votos en las elecciones federales", *Quid Iuris,* año 7, vol. 19, 2012-2013, pp. 19-28.

[25] Javier Aparicio, "Análisis estadístico de la elección presidencial de 2006. ¿Fraude o errores aleatorios?", *Política y Gobierno*, volumen temático 2009, pp. 237-238.

[26] Carlos Tello, *2 de Julio*, Planeta, México, 2007, p. 161.

[27] Jacques Attali, *C'était François Mitterrand*, Fayard, Francia, 2006, p. 1.

[28] Héctor Aguilar Camín, "A las puertas de AMLO", *Nexos*, 1° de junio de 2018.

[29] Enrique Krauze, "El mesías tropical", *Letras Libres*, 30 de junio de 2006.

[30] Alberto Morales, "Caso Ayotzinapa no fue un crimen de Estado: AMLO", *El Universal*, 25 de noviembre de 2019.

[31] Redacción, "Si pierdo en 2012 ahora sí me voy a 'La Chingada': AMLO", *Animal Político*, 16 de febrero de 2012.

[32] Jacobo García, "Los amigos (muy amigos) de López Obrador", *El País*, 24 de octubre de 2020.

[33] Angélica Melín, "Ebrard sale mejor posicionado según encuesta encargada por el PRD", *MVS*, 4 de noviembre de 2011.

[34] D. Estévez [@DoliaEstevez] (18 de julio de 2020), "Pedí al profesor Womack su opinión sobre las referencias históricas que hizo AMLO en su discurso en Casa Blanca, con el interés de usarla en mi artículo del martes. Comparto el texto íntegro de su respuesta hoy. Legó un poco tarde para incluirla", Twitter: https://twitter.com/DoliaEstevez/status/1284639730806792192.

[35] Véase, por ejemplo, Stephanie Doucette y Jerrold Post, *Dangerous Charisma: The Political Psychology of Donald Trump and His Followers*, Pegasus Books, Estados Unidos, 2019.

[36] Brandy X. Lee, *The Dangerous Case of Donald Trump: 37 Psychiatrists and Mental Health Experts Asess a President*, Thomas Dunne Books, Nueva York, 2019.

[37] Alfredo Villeda, "Trump según 27 psiquiatras", *Milenio*, 13 de octubre de 2017.

[38] Enrique Krauze, "El mesías tropical", *Letras Libres*, 30 de junio de 2006.

[39] José Newman, "¿Delirio?", *El Universal*, 28 de abril de 2020.

[40] José Newman, "Delirio (2)", *El Universal*, 12 de mayo de 2020.

[41] María Amparo Casar, "Autoengaño", *Excélsior*, 23 de septiembre de 2020.

[42] Jesús Silva-Herzog Márquez, "Fracaso de la imaginación", *Reforma*, 13 de abril de 2020.

[43] Gabriel Zaid, "AMLO poeta", *Letras Libres*, 25 de junio de 2018.

[44] Redacción, "En la familia siempre hay alguien que desentona: AMLO desconoce a su hermano que apoya al PRI", *Animal Político*, 26 de mayo de 2016.

[45] Jesús Silva-Herzog Márquez, "El romanticismo reaccionario", *Reforma* 1° de junio de 2020.

[46] Véase, por ejemplo, Raymundo Riva Palacio, "Sí, el vicepresidente", *El Financiero*, 14 de abril de 2020.

[47] Gibrán Ramírez, "Administrar y transformar. El bloque obradorista", *Milenio*, 25 de mayo de 2020.

[48] Nayeli Roldán, "¿Cómo se resuelven las órdenes que da AMLO a sus secretarios en la conferencia mañanera?", *Animal Político*, 2 de agosto de 2019.

[49] Nayeli Roldán y Manu Ureste, "Los 3 funcionarios de Pemex participantes en la Estafa Maestra fueron separados del cargo el 11 de abril", *Animal Político*, 16 de abril de 2019.

[50] Redacción, "AMLO presume reuniones con Gabinete de Seguridad; hoy no sabe de operativo", *La Otra Opinión*, 23 de octubre de 2019.

[51] Alejandro Hope, "¿Seguirá la violencia?", *Nexos*, 1° de febrero de 2019.

[52] Antonio Baranda y Jorge Ricardo, "Armará Gabinete equipos por covid-19", *Mural*, 17 de marzo de 2020.

[53] Véase Raúl Rodríguez Cortés, "¿Amigo de los hijos de AMLO en las decisiones económicas?", *El Universal*, 10 de julio de 2019. También Andrés Wainstein, "Quién es Carlos Torres, el economista junior que detonó la relación de López Obrador con Urzúa", *La Política OnLine*, 9 de julio de 2019.

[54] Miguel de la Madrid, *Cambio de rumbo: Testimonio de una presidencia, 1982-1988*, FCE, México, 2004, p. 35.

[55] Amílcar Salazar, "AMLO dice que trabaja 16 horas diarias para no tener que reelegirse", *El Financiero*, 27 de octubre de 2019.

[56] Redacción, "Suman 53 horas las 'mañaneras' de AMLO en dos meses", *El Universal*, 1° de febrero de 2019.

[57] Melisa Ponce, "AMLO pierde audiencia en Facebook: todo en exceso es malo", *Animal Político*, 12 de abril de 2019.

[58] Misael Zavala, "No tiene mucha ciencia gobernar: AMLO", *El Universal*, 25 de junio de 2019.

[59] Redacción, "Carta de renuncia de Carlos Urzúa a Hacienda", *El Economista*, 9 de julio de 2019.

[60] Hernán Gómez, "Las seis discrepancias de Urzúa con AMLO: Romo, Texcoco, Dos Bocas, Pemex, Bartlett y 'memo' de austeridad", *Proceso*, 15 de julio de 2019.

[61] Alejandro Moreno, "El 56% apoya continuar con el aeropuerto de Texcoco", *El Financiero*, 29 de agosto de 2018.

[62] Alejandro Moreno, "63% respalda el aeropuerto en Texcoco, *El Financiero*, 25 de septiembre de 2018.

[63] Ana Thaís Martínez, "Y a ti, ¿cuánto te cuesta la cancelación del NAIM?", Imco, 12 de noviembre de 2018. Véase también Staff, "Nuevo aeropuerto internacional de México, un proyecto indispensable: riesgos y oportunidades", Imco, 23 de octubre de 2018.

[64] Fernando Miranda, "Pueblos indígenas de la Sierra Norte de Oaxaca piden a AMLO reconsiderar evento por natalicio de Juárez", *El Universal*, 20 de marzo de 2020.

[65] Antonio Baranda, "Inaugura AMLO hospital en Oaxaca… sin público", *Reforma*, 1° de abril de 2020.

[66] Raymundo Riva Palacio, "Infodemia", *El Financiero*, 7 de mayo de 2020.

[67] L. García [@leogarciamx] (8 de septiembre de 2020), "¿Qué se siente, don Jesús? ¿Qué se siente ser el ariete de un hombre que estigmatiza y denuesta el conocimiento, además del libre y legítimo derecho de percibir un ingreso por una labor profesional y prestar un servicio, como es manejar un medio? Por ejemplo, el suyo", Twitter: https://twitter.com/leogarciamx/status/1303495521974222848.

[68] Doctor en Ciencia Política por la UCSD y director general de SPIN-Taller de Comunicación Política, que al analizar las conferencias matutinas de AMLO pretende "proveer a la opinión pública de información sólida que permita evaluar objetivamente las conferencias de prensa matutinas del presidente como herramientas de comunicación política".

[69] Luis Estrada, "Conferencias matutinas de AMLO", SPIN-Taller de Comunicación Política. Disponible en https.//bit.ly/3hsg3mb..

[70] E. Blanco [@dj3mb] (7 de mayo de 2020), "Es extraña la imagen que AMLO transmite de México en sus mañaneras. Una sociedad pura, buena, agrícola, traicionada por el neoliberalismo babilónico, pero que conserva los valores familiares que la salvarán. Una mezcla de libro de primaria y folleto de los Testigos de Jehová", Twitter: https://twitter.com/dj3mb/status/1258387793576955910.

[71] "Versión estenográfica de la conferencia de prensa matutina del presidente Andrés Manuel López Obrador", 6 de marzo de 2020: https://bit.ly/394HsWX.

[72] Redacción, "Tras llamar a 'Un día sin mujeres', Beatriz Gutiérrez dice #NoAlParoNacional", *El Universal*, 21 de febrero de 2020.

[73] Redacción, "Calderón actuó mal en contra de la influenza: AMLO", *W Radio*, 5 de mayo de 2009.

[74] Redacción, "Para Ackerman, AMLO es el 'científico' que sacará a México de la crisis por coronavirus (video)", *Reporte Índigo*, 20 de marzo de 2020.

[75] Jesús Silva-Herzog, "Un provocador en Palacio", *Reforma*, 30 de marzo de 2020.

[76] Leo Zuckermann, "El genio comunicativo saluda a la madre del Chapo", *Excélsior*, 31 de marzo de 2020.

[77] Véase Matthew Walker, *¿Por qué dormimos?*, Capitán Swing, Madrid, 2019.

[78] Diego Mancera, "López Obrador convierte al béisbol en un asunto de Estado", *El País*, 21 de marzo de 2019.

[79] Redacción, "Robo de combustible se redujo en 94%: López Obrador", *Excélsior*, 1º de julio de 2019.

[80] Redacción, "Robo de combustible se ha reducido 94 por ciento: López Obrador", *López-Dóriga Digital*, 2 de agosto de 2019.

[81] Jannet López Ponce y Yeshua Ordaz, "Robo de combustible a Pemex bajó 94%: AMLO", *Milenio*, 1º de septiembre de 2019.

[82] Redacción "AMLO presume baja del 94% en huachicol y la aplicación de la austeridad republicana", *El Universal*, 1º de diciembre de 2019.

[83] Enrique Krauze, "El mesías tropical", *Letras Libres*, 30 de junio de 2006.

[84] Norberto Bobbio, "Sobre el principio de legitimidad", en *Contribución a la teoría del derecho,* Debate, Madrid, 1990, pp. 297-306.

[85] Jorge Monroy, "AMLO cuestiona la labor de Mexicanos Contra la Corrupción por amparos contra Santa Lucía", *El Economista*, 24 de septiembre de 2019.

[86] Redacción, "La justicia está por encima de la ley, asegura AMLO", *El Universal,* 18 de abril de 2019.

[87] María Amparo Casar, María Elena Morera y José Antonio Polo, "Legalidad contra las cuerdas", MCCI, Causa en Común, *Nexos*, 20 de junio de 2019.

[88] Gerardo Carrasco y María Amparo Casar, "La ilegalidad presidencial en tiempos del coronavirus", *Nexos*, 1º de junio de 2020.

[89] Manu Ureste, "Las fallas en el caso de Rosario Robles y que no fueron suficientes para su liberación", *Animal Político*, 18 de diciembre de 2019.

[90] Misael Zavala, "AMLO echa a andar proyecto de Santa Lucía", *El Universal*, 30 de octubre de 2018.

[91] Andrés Manuel López Obrador, "La nueva política económica en los tiempos del coronavirus", 15 de mayo de 2020, pp. 9 y 28-29.

[92] Política, "AMLO compara su política social con el cristianismo", *Expansión*, 26 de octubre de 2019.

Todo el poder

[1] Guillermo O'Donnell, "Delegative Democracy", *Journal of Democracy*, vol. 5, núm. 1, 1994, pp. 55-69.

[2] Raymundo Riva Palacio, "El control absoluto de López Obrador", *El Financiero*, 17 de julio de 2018.

[3] Para dirigir el Instituto Nacional para la Evaluación de la Educación (INEE) (desaparecido por López Obrador), el presidente somete una terna a consideración de la Cámara de Senadores, que designa al integrante que debe cubrir la vacante por el voto de las dos terceras partes de sus miembros presentes o, durante los recesos de ésta, de la Comisión Permanente. Para el caso del Instituto Nacional de Transparencia, Acceso a la Información y Protección de Datos Personales (INAI), la Cámara de Senadores, previa realización de una amplia consulta a la sociedad, a propuesta de los grupos parlamentarios, con el voto de las dos terceras partes de los miembros presentes nombra al comisionado que deba cubrir la vacante. El nombramiento puede ser objetado por el presidente en un plazo de 10 días hábiles. Para el caso del Instituto Nacional de Estadística y Geografía (INEGI), el presidente designa a sus miembros con la aprobación de la Cámara de Senadores o en sus recesos por la Comisión Permanente del Congreso de la Unión. Para el caso del Consejo Nacional de Evaluación de la Política de Desarrollo Social (Coneval), sus miembros son nombrados por el voto de las dos terceras partes de los miembros presentes de la Cámara de Diputados. El nombramiento puede ser objetado por el presidente en un plazo de 10 días hábiles. Para el caso de la Comisión Federal de Competencia Económica (Cofece), los comisionados son designados por el voto de las dos terceras partes de los miembros presentes de la Cámara de Senadores a propuesta del Ejecutivo, de forma escalonada. Para el caso del Instituto Federal de Telecomunicaciones (IFT), son designados por el voto

de las dos terceras partes de los miembros presentes de la Cámara de Senadores a propuesta del Ejecutivo, de forma escalonada. Para el caso del Instituto Nacional Electoral (INE), en la designación participan el Poder Legislativo de la Unión, los partidos políticos nacionales y los ciudadanos. Son electos por el voto de las dos terceras partes de los miembros presentes de la Cámara de Diputados. Para el caso de la Fiscalía General de la República (FGR), el Senado cuenta con 20 días para integrar una lista de al menos 10 candidatos al cargo, aprobada por las dos terceras partes de los miembros presentes, la cual envía al Ejecutivo federal. Si el Ejecutivo no recibe la lista en el plazo antes señalado, envía libremente al Senado una terna y designa provisionalmente al fiscal general, quien ejercerá sus funciones hasta en tanto se realice la designación definitiva. En este caso, el fiscal general designado podrá formar parte de la terna. Para el caso de la Comisión Nacional de los Derechos Humanos (CNDH), su Consejo Consultivo está integrado por 10 consejeros que son elegidos por el voto de las dos terceras partes de los miembros presentes de la Cámara de Senadores o, en sus recesos, por la Comisión Permanente del Congreso de la Unión. El presidente de la comisión, que lo es también del Consejo, es elegido en los mismos términos. Basado en José Fabián Ruiz, "Los órganos constitucionales autónomos en México: una visión integradora", *Cuestiones Constitucionales*, núm. 37, julio-diciembre de 2017, pp. 104-105.

[4]Esto puede hacerse ya sea bajo la figura de suplencia de la queja deficiente o bajo la figura de deficiencia de las partes en sus planteamientos. La primera significa que la SCJN tiene la obligación "de que, al dictar sentencia, corrija los errores que advierta en la cita de los preceptos invocados y examine, en su conjunto, los razonamientos de las partes, así como el deber de suplir la deficiencia de la demanda, contestación y alegatos o agravios"; Ricardo F. Gallart de la Torre, "Controversias constitucionales, ¿opera la suplencia de la queja deficiente?", *Amicus Curiae*, vol. 1, núm. 6, 2016, p. 54. La segunda significa que, en tanto se "permite que dos órganos de un mismo orden jurídico disputen por sus competencias, [... l]os planteamientos que deben hacer son, necesariamente, de constitucionalidad, lo cual equivale a decir que habrán de estar discutiendo acerca de la manera como la Constitución les asigna atribuciones entre sí, y el modo como las mismas pudieron resultar afectadas por las actuaciones de otros de ellos", José Ramón Cossío Díaz, "Las partes en las controversias constitucionales", *Cuestiones Constitucionales,* núm. 16, 2007, pp. 126-127.

[5]Blog de la Redacción, "Un falso dilema: ¿pluralidad o gobernabilidad? (II)", *Nexos*, 24 de marzo de 2010.

[6] Instituto Belisario Domínguez, Análisis de la Mesa Seis, abril de 2010, https://bit.ly/38JFIWB.

[7] Miguel de la Madrid, *Cambio de Rumbo: Testimonio de una Presidencia, 1982-1988*, FCE, México, 2004, p. 35.

[8] Jorge Buendía y Javier Márquez, "2018: ¿Por qué el tsunami?", *Nexos,* 1° de julio de 2019.

[9] TEPJF, Cédula de Notificación, disponible en https://bit.ly/30J9QeT.

[10] José Antonio Crespo, "Hegemonía obradorista y sobrerrepresentación electoral", *El Universal*, 16 de julio de 2018.

[11] Redacción, "El PRD pierde a su coordinador y ocho legisladores en Diputados", *Expansión*, 19 de febrero de 2019.

[12] Pedro Domínguez, "Senadores de Morena y aliados revisan agenda legislativa con AMLO", *Milenio*, 30 de enero de 2020.

[13] PVEM, "Senadora Alejandra Lagunes Soto. Semblanza Curricular", consultado el 11 de junio de 2020.

[14] Carlos Illades, *Vuelta a la izquierda. La cuarta transformación en México: del despotismo oligárquico a la tiranía de la mayoría*, Océano, México, 2020. Loc. 1106.

[15] Ricardo Espinoza y Juan Pablo Navarrete, "El desempeño electoral de Morena (2015-2016)", *Intersticios Sociales*, núm. 15, marzo–agosto de 2018, p. 255.

[16] Jorge I. Puma Crespo, "Los maoístas del norte de México: breve historia de Política Popular-Línea Proletaria, 1969-1979", *Revista Izquierdas*, núm. 27, 2016, p. 203.

[17] Redacción, "Oficialmente, el PT recobra su registro como partido político", *Animal Político*, 16 de diciembre de 2015.

[18] Pablo C. Carrillo, "Los cristianos ya tienen su partido político", *Milenio*, 17 de julio de 2014.

[19] John Ackerman, "El berrinche de Germán", *Proceso*, 1° de junio de 2019.

[20] Rosalía Lara, " 'Napo' Gómez Urrutia, un senador en guerra con las mineras mexicanas", *Expansión*, 8 de septiembre de 2018.

[21] Cita tomada de Hernán Gómez, "El obradorismo", *Vanguardia*, 11 de agosto de 2018.

[22] John Ackerman, "El berrinche de Germán", *Proceso*, 1° de junio de 2019.

[23] José Antonio Crespo, *AMLO en la balanza: de la esperanza a la incertidumbre,* Grijalbo, México, 2020, posición 1327, versión electrónica.

[24] Lorena Becerra y Joaquín Zambrano, "Se va Peña Nieto reprobado", *Reforma*, 29 de noviembre de 2018.

[25] Mitofsky. Referencias y escenarios para 1° julio 2018. Publicado en enero de 2018. Consultado originalmente en http://consulta.mx/index. php/estudios-e-investigaciones/elecciones-mexico/item/1002-preferencias 2018-ene18.

[26] Agustín Salgado, "En el norte, centro y sur, ¿cuántos legisladores por voto directo ganó Juntos Haremos Historia?", *Animal Político*, 12 de julio de 2018.

[27] Ernesto Núñez, "PVEM-Morena, una alianza 'baratísima'", *Aristegui Noticias*, 17 de marzo de 2019. También, Ciro Murayama, "La captura del Congreso por Morena", *Nexos*, 1° de julio de 2019.

[28] Raúl Rodríguez Cortés, "El doble juego de Napito en el *outsourcing*", *El Universal*, 7 de febrero de 2020.

[29] Carlos Loret de Mola, "Estalla Sheinbaum contra López-Gatell", *El Universal*, 2 de junio de 2020.

[30] Nominalmente, en Morelos hay un gobierno dividido, porque el gobernador Cuauhtémoc Blanco pertenece al PES, y el Congreso del estado tiene mayoría de Morena. Sin embargo, el PES y Morena son aliados *de facto*.

[31] A. Hamilton, J. Madison y J. Jay, *El Federalista*, FCE, México, 2014, pp. 204-205.

[32] Robert Nozick, *Anarquía, Estado y utopía*, FCE, México, 2012, pp. 101-106.

[33] Comunicado, "Dictamen sobre prisión preventiva oficiosa en Senado afecta principalmente a las mujeres", Impunidad Cero, 29 de julio de 2020.

[34] Cámara de Diputados: *Reformas Constitucionales por Periodo Presidencial*, disponible en https://bit.ly/2P3D2rX.

[35] *Idem*.

[36] Oficina de la Presidencia: "05.02.20. Versión estenográfica. 103 Aniversario de la Promulgación de la Constitución de 1917, desde Querétaro", disponible en https://bit.ly/39lV4i8.

[37] Luis Rubio, "¿Cambio de régimen?", *Reforma*, 5 de abril de 2020.

[38] Rodrigo Borja, "régimen", *Enciclopedia de la Política*, tomo II, FCE, México, 2003, p. 1191.

[39] Julio Frenk, "Salud: Manual de una contrarreforma reaccionaria", *Nexos*, 1° de diciembre de 2019.

[40] Lorenzo Meyer, "La elección y la escatología", *Reforma*, 28 de junio de 2018.

[41] Javier Lara Bayón, "Lorenzo Meyer, antiprofeta", *Letras Libres*, 5 de mayo de 2020.

[42] Instituto encargado de formar los cuadros políticos de Morena, de crear un aparato de propaganda (sus propios términos), y de crear alianzas con comunidades mexicanas en el extranjero. Paco Ignacio Taibo II es responsable del aparato de propaganda; John Ackerman es responsable de las escuelas en el exterior, y Pedro Miguel es consejero del Instituto. Véase "Comité Organizador del Instituto de Formación Política", en Instituto Nacional de Formación Política, disponible en https://infpmorena.mx/.

[43] Héctor de Mauleón, "*Nexos*: una señal ominosa", *El Universal*, 24 de agosto de 2020.

[44] Guillermo Sheridan, "¡Apoyemos a nuestro presidente contra la lacra del nepotismo!", *El Universal*, 9 de junio de 2020, y "Ackermans y Sandovales: 'La familia es familia'", *El Universal*, 16 de junio de 2020.

[45] Rebeca Céspedes y Elizabeth Torres, "*Headhunters*: programados para cazar talento", *Reforma*, 10 de julio de 2000.

[46] Véase Rogelio Hernández Rodríguez, "Entre la racionalidad tecnocrática y la gobernabilidad. La importancia del consenso político en México", *Revista Mexicana de Ciencias Políticas y Sociales*, vol. LIX, núm. 222, 2014, pp. 353-368.

[47] El más reciente en 2009 fue Víctor Villalobos, actual secretario de Agricultura y Desarrollo Rural, y quien fuera subsecretario de Agricultura en la otrora Secretaría de Agricultura, Ganadería, Desarrollo Rural, Pesca y Alimentación (Sagarpa) y subsecretario de Recursos Naturales en la Semarnat durante el gobierno de Fox y posteriormente coordinador general de Asuntos Internacionales de la Sagarpa durante la primera mitad del gobierno de Calderón.

[48] Armando Guzmán, "Relación AMLO-Esteban Moctezuma, desde la polémica elección de Tabasco en 1994", *Proceso*, 14 de diciembre de 2017.

[49] Rolando Herrera, "Reciben 12 secretarios $21.1 mdp extra a salario", *Reforma*, 25 de junio de 2020.

[50] Lourdes Mendoza, "Por soberbio y terco, Mario Delgado se quedó sin extraordinario", *El Financiero,* 29 de junio de 2020.

[51] Ley Orgánica de la Fiscalía General de la República, artículo 18.

[52] Luis A. Sánchez, "Análisis de puestos y sueldos de personal de mando en la Administración Pública Federal 2018", *Encrucijada. Revista electrónica del Centro de Estudios en Administración Pública*, núm. 30, septiembre-diciembre de 2018.

[53] Redacción, "¿Por qué 14 funcionarios ganan más que AMLO? Así lo justifican", *Expansión*, 2 de febrero de 2019.

[54] Manuel Rodríguez, "Incumplen promesa de cancelar seguros", *Reforma*, 11 de noviembre de 2019. Para Liconsa, véase https://www.reforma.com/incumple-liconsa-con-eliminar-seguros/ar2024926?referer=--7d616165662f3a3a6262623b727a7a7279703b767a783a--.

[55] Carlos Carabaña y Daniela Guazo, "'Renuncian' 21 mil burócratas en la 4T", *El Universal*, 1° de julio de 2019.

[56] María del Pilar Martínez, "AMLO le gana a EPN en despido de burócratas", *El Economista*, 6 de marzo de 2019.

[57] Boletín, "Aprobada la Ley Federal de Austeridad Republicana", Senado de la República, 2 de julio de 2019.

[58] Alejandro Hope, "Policía Federal: había alternativas", *El Universal*, 8 de julio de 2019.

[59] Zorayda Gallegos, "El Ejército mexicano desvió 156 millones de dólares a empresas fantasma entre 2013 y 2019", *El País*, 24 de agosto de 2020.

[60] *Diario Oficial de la Federación*, 11 de mayo de 2020, disponible en https://www.dof.gob.mx/nota_detalle.php?codigo=5593105&fecha=11/05/2020.

[61] Alejandro Hope, "La pantomima llamada Guardia Nacional", *El Universal*, 19 de agosto de 2020.

[62] Redacción, "AMLO decreta que las fuerzas armadas participen en la seguridad pública", *Expansión*, 11 de mayo de 2020.

[63] Benito Jiménez, "Despliegan 31% más militares", *Reforma*, 6 de septiembre de 2020.

[64] Redacción, "Rechazan restricciones de Conacyt sobre covid-19", *Reforma*, 24 de mayo de 2020.

[65] Rafael Hernández Estrada, "Servidores de la Nación: la maquinaria electoral", *Nexos*, 1° de septiembre de 2019.

[66] María Amparo Casar, "El Gran Benefactor", *Nexos*, 1° de marzo de 2019.

[67] Redacción, "AMLO podría usar políticamente los apoyos sociales que reparten los 'Servidores de la Nación': AP", *Sin Embargo*, 19 de enero de 2020.

[68] Redacción, "Servidores de la Nación, ¿o promotores de Morena?", *Aristegui Noticias*, 29 de septiembre de 2019.

[69] Redacción, "Morena corta recursos al Instituto de Formación Política", *José Cárdenas*, 4 de febrero de 2020.

[70] Staff, "AMLO cambiará el contenido de los libros de texto gratuito", *Forbes*, 27 de noviembre de 2019.

[71] Comisión Nacional de Libros de Texto Gratuito, Secundaria, disponible en https://bit.ly/3hwrSrH.

[72] Ingrid Ruiz, "Gobierno sólo atiende a la CATEM y al resto los ignora: Congreso del Trabajo", *Diario de Xalapa*, 14 de septiembre de 2019.

[73] Juan Carlos Cortés, "CATEM inicia diálogos con agregados laborales de EU para reforma laboral", *El Universal*, 7 de junio de 2020.

[74] Redacción, "¿El nuevo mesías sindical?", *El Financiero*, 12 de febrero de 2019.

[75] Hernán Gómez, "Una estrategia para sepultar a Lula", *The New York Times*, 26 de enero de 2018.

[76] Marco A. Mares, "Guillermo García Alcocer: la renuncia", *El Economista*, 4 de junio de 2019.

[77] Édgar Sígler, "La CRE aplica un despido masivo en medio de la contingencia", *Expansión*, 30 de junio de 2020.

[78] Gonzalo Hernández Licona, "Por una austeridad mejor implementada: Coneval", *Animal Político*, 18 de julio de 2019.

[79] Grupo Parlamentario del PAN, Senado de la República, LXIV Legislatura, "Elección de Rosario Piedra a la CNDH es incorrecta en forma y fondo", 13 de noviembre de 2019.

[80] CNDH, Dirección General de Comunicación, "Aporta CNDH 100 millones de pesos para ayudar en la atención de la emergencia sanitaria por el covid-19", 23 de abril de 2020.

[81] Peniley Ramírez, "El secretario morenista que opera la CNDH", *El Universal*, 19 de junio de 2020.

[82] Impunidad Cero, "Entrevista con Luis Raúl González Pérez, presidente de la CNDH", *Este País*, 7 de noviembre de 2019.

[83] Mariana León, "CNDH, sin autoridad moral para promover acciones de inconstitucionalidad: AMLO", *El Financiero*, 9 de julio de 2019.

[84] Alexis Ortiz, "CNDH no irá contra acuerdo de militarización; la ley no se lo permite, dice", *El Universal*, 11 de junio de 2020.

[85] Nicolás Lucas, "Ricardo Monreal retira su iniciativa de Ley para fusionar a Cofece, IFT y CRE en el Inmecob", *El Economista*, 17 de junio de 2020.

[86] Política, "AMLO agradece a Peña Nieto; 'le tengo una consideración especial'", *Milenio*, 22 de noviembre de 2018.

[87] Redacción, "Morena flexibiliza postura para reducir prerrogativas a partidos políticos: Delgado", *La Razón*, 3 de febrero de 2020.

[88] Fernando Damián, "Diputados avalan integración de comité de evaluación del INE; incluyen a Ackerman", *Milenio*, 27 de febrero de 2020.

[89] Lorena López, "Tribunal Electoral revoca multa a Morena por Fideicomiso", *Milenio*, 31 de agosto de 2018.

[90] Redacción, "El Tribunal Electoral Federal exime a Peña Nieto de propaganda indebida", *Expansión*, 4 de mayo de 2011.

[91] Laurence Pantin, "Gertz, el ojo, la paja y la viga", *Proceso*, 22 de enero de 2020.

[92] Neldy San Martín, "Gobierno de AMLO propone ampliar figura del arraigo a todos los delitos", 15 de enero de 2020.

[93] Josafat Cortez Salinas y Grisel Salazar Rebolledo, "La construcción de la independencia y del poder de la Suprema Corte de Justicia en México. Explicando la Reforma Judicial de 1994", *Estudios Políticos*, núm. 46, 2019, p. 216.

[94] AMLO, "Al triunfo de Morena, el pueblo de México será quien elija a los ministros de la SCJN, anuncia López Obrador", disponible en https://bit.ly/2D4leK9.

[95] Redacción, "Las polémicas acusaciones contra el ministro Medina Mora: desvíos millonarios y desbloqueo de cuentas bancarias", *Infobae*, 5 de octubre de 2019.

[96] Carlos Elizondo Mayer-Serra y Ana Laura Magaloni, "La forma es fondo: cómo se nombran y deciden los ministros de la Suprema Corte de Justicia", *Cuestiones Constitucionales*, núm. 23, julio-diciembre de 2010, pp. 27-60.

[97] Enrique Rodríguez, "El sueldo de AMLO y la austeridad mal entendida", *El Heraldo de México*, 23 de mayo de 2019.

[98] Redacción, "Funcionarios de IFT, Banxico e INE podrán ganar más que AMLO, resuelve SCJN", *Marco Mares*, 3 de junio de 2020.

[99] Redacción, "Nuevo presidente de la Corte, amigo de Ackerman, Sandoval y Sánchez Cordero", *La Otra Opinión*, 2 de enero de 2019.

[100] Guillermo Sheridan, "Ackermans y Sandovales: 'La familia es familia'", *El Universal*, 16 de junio de 2020.

[101] Eduardo Murillo y Gustavo Castillo, "Entrega Zaldívar a Senado propuesta de reforma del Poder Judicial", *La Jornada*, 12 de febrero de 2020.

[102] SCJN, "Discurso del ministro Arturo Zaldívar en la presentación de la propuesta de 'Una reforma judicial con y para el Poder Judicial'", 12 de febrero de 2020.

[103] Héctor Aguilar Camín, "Un gobierno sujeto a revisión constitucional", *Milenio*, 14 de mayo de 2020.

[104] María Amparo Casar, "Que la Corte decida", *Nexos*, 1º de agosto de 2020.

[105] Raymundo Riva Palacio, "A juicio, AMLO y las mañaneras", *El Financiero*, 11 de septiembre de 2020.

[106] Rubén Mosso, "Juez da nuevo revés a Ancira para que AMLO no hable de él", *Milenio*, 24 de septiembre de 2020.

[107] Conago, "Declaratoria de la Reunión Constitutiva de la Conferencia Nacional de Gobernadores", 13 de julio de 2002, disponible en https://bit.ly/ 30GlPt.

[108] Pablo Montes, "Pesos sin Contrapesos: Corrupción y gobiernos locales en América del Norte", Imco, disponible en: "https://protect-us.mimecast.com/s/UoiZCW68vWF5jnYvvH6LzKA?domain=bit.ly"https://bit.ly/2MSKhBV.

[109] Redacción, "Duarte ofrece pruebas de supuestos desvíos a campaña de EPN de 2012", *Expansión*, 19 de agosto de 2019.

[110] Nayeli Roldán, "¿Cuánto dinero desvió Duarte? La Auditoría dice que 60 mil mdp, la PGR que sólo 223 millones", *Animal Político,* 18 de abril de 2017.

[111] Javier Garza Ramos, "El Norexit, crónica de la resistencia frente al centralismo del gobierno de AMLO", Mexicanos Contra la Corrupción y la Impunidad, 13 de mayo de 2020.

[112] Redacción, "Qué son los superdelegados de AMLO en los estados y por qué los gobernadores los rechazan", *Animal Político*, 24 de noviembre de 2018.

[113] Mariana León, "10 'superdelegados' son investigados por supuesto uso irregular de programas", *Expansión*, 24 de octubre de 2019.

[114] Dulce Olvera, "A 12 de los 32 superdelegados de AMLO los señalan por nepotismo y corrupción, y ya hay sanciones", *Sin Embargo*, 10 de junio de 2019.

[115] *Idem.*

[116] Alexis Ortiz, "Cepilla AMLO 6 mil millones a las ONG y las pone en riesgo", *El Universal*, 14 de mayo de 2019.

[117] María Elena Morera, "AMLO y la sociedad civil: una relación compleja", *Animal Político*, 7 de marzo de 2019.

[118] *Idem.*

[119] Nacional, "Acusa AMLO a empresas de 'guerra sucia' en su contra", *W Radio*, 13 de julio de 2006.

[120] Nota: soy miembro del Consejo Consultivo de Mexicanos Contra la Corrupción y la Impunidad.

[121] Jorge Zepeda, "Pasquín inmundo", *Sin Embargo,* 13 de septiembre de 2020.

[122] Reuters Institute, "Digital News Report 2020", disponible en https:// bit.ly/3hD01XI.

[123] Raymundo Riva Palacio, "Los miserables de la 4T", *El Financiero*, 22 de mayo de 2020.

[124] Neldy San Martín, "El 'ejército' presidencial en Twitter: de los 'bots' a una red de carne y hueso", *Proceso*, 7 de junio de 2020.

[125] Steve Fisher, "Mexico is a Deadly Place to Be a Journalist but Sophisticated Bot Attacks Are Increasing the Danger", *Washington Post*, 9 de junio de 2020.

[126] AMLO, Sitio Oficial de Andrés Manuel López Obrador, "Oye, Trump", 29 de agosto de 2017.

[127] Staff, "En vez de agravios, México ha recibido respeto y comprensión: AMLO a Trump", *Forbes*, 8 de julio de 2020.

Radiografía de una promesa

[1] Gibrán Ramírez, "Avanzando, sin novedades", *Milenio*, 2 de septiembre de 2019.

[2] Redacción, "Morena pide que Alfaro se disculpe y AMLO dice que fue 'irrespetuoso'", *Expansión*, 8 de junio de 2020.

[3] Alejandro Moreno, "Aprobación de AMLO tiene ligero 'tropezón' en octubre: baja a 59%", *El Financiero*, 2 de noviembre de 2020.

[4] Versión estenográfica de la conferencia de prensa matutina del presidente Andrés Manuel López Obrador, 2 de abril de 2020, disponible en https://lopezobrador.org.mx/2020/04/02/version-estenografica-de-la-conferencia-de-prensa-matutina-del-presidente-andres-manuel-lopez-obrador-290/.

[5] Pedro Villa, Alberto Morales y Perla Miranda, "AMLO: hay que ver futuro con optimismo frente a crisis", *El Universal*, 25 de junio de 2020.

[6] Redacción, "Tan bien que íbamos y se nos presenta la pandemia: López Obrador", *Excélsior*, 24 de mayo de 2020.

[7] El producto per cápita fue calculado utilizando las proyecciones poblacionales del Consejo Nacional de Población (Conapo), disponibles en https://datos.gob.mx/busca/dataset/proyecciones-de-la-poblacion-de-mexico-y-de-las-entidades-federativas-2016-2050.

[8] Secretaría de Hacienda y Crédito Público, Criterios Generales de Política Económica 2019, disponibles en https://www.ppef.hacienda.gob.mx/work/models/PPEF2019/paquete/politica_hacendaria/CGPE_2019.pdf.

[9] *Milenio*, Conferencia Matutina de AMLO, 2 de abril de 2019, disponible en https://www.youtube.com/watch?v=btOqBEjeP34.

[10] Mediana de las expectativas de crecimiento, Banco de México, Encuesta sobre las Expectativas de los Especialistas en Economía del Sector Privado, septiembre de 2020, disponible en https://www.banxico.org.mx/publicaciones-y-prensa/encuestas-sobre-las-expectativas-de-los-especialis/%7BCBD495B7-4826-4FFF-F684-E25B6931728F%7D.pdf.

[11] Secretaría de Hacienda y Crédito Público, Criterios Generales de Política Económica 2021, disponibles en https://www.finanzaspublicas.hacienda.gob.mx/work/models/Finanzas_Publicas/docs/paquete_economico/cgpe/cgpe_2021.pdf.

[12] Banco de México, Informe Trimestral abril-junio 2020, 26 de agosto de 2020, disponible en https://www.banxico.org.mx/publicaciones-y-prensa/informes-trimestrales/%7B10432E5D-FBCA-D15F-8339-9EB79123860D%7D.pdf.

[13] Brenda Peralta, "La recuperación de la economía mexicana será hasta el segundo trimestre de 2025: Jonathan Heath", *Business Insider*, 19 de agosto de 2020.

[14] En el cuarto trimestre de 2008 el PIB a precios de mercado totalizó 15.13 billones de pesos y para el último trimestre de 2010 totalizó 15.50 billones de pesos, Valores constantes a precios de 2013, INEGI.

[15] Movimiento de Regeneración Nacional, "Proyecto de Nación 2018-2024".

[16] Redacción, "Subir salarios, empleo para jóvenes y cancelar nuevo aeropuerto, el plan 2018-2024 de AMLO", *Animal Político*, 20 de noviembre de 2016.

[17] Alberto Morales, "Llama AMLO a empresarios a no despedir a empleados durante crisis de coronavirus", *El Universal*, 20 de marzo de 2020.

[18] INEGI, Encuesta Telefónica de Ocupación y Empleo Abril 2020, 1° de junio de 2020, disponible en https://www.inegi.org.mx/contenidos/saladeprensa/boletines/2020/enoe_ie/ETOE.pdf.

[19] INEGI, Resultados de la Encuesta Nacional de Ocupación y Empleo (Nueva Edición), 28 de septiembre de 2020, disponible en https://www.inegi.org.mx/contenidos/saladeprensa/boletines/2020/iooe/enoeNvaEdcion2020_09_28.pdf.

[20] Jorge Castañeda, "¿Se está recuperando el empleo?", *El Heraldo de México*, 1° de octubre de 2020.

[21] Clío, *José López Portillo: el presidente apostador*, disponible en https://www.youtube.com/watch?v=Md9H8SKvGes.

[22] El tipo de cambio al cierre de la sesión del 2 de enero de 2020 fue 18.85, mientras que el del 27 de octubre fue 20.94, Banco de México,

Tipo de cambio por fecha de determinación (FIX), disponible en https://
www.banxico.org.mx/SieInternet/consultarDirectorioInternetAction.do?
sector=6&accion=consultarCuadro&idCuadro=CF102&locale=es.

[23] Se utiliza la tasa de inflación dic.-dic. como anual. Esta tasa está proyectada a
cerrar 2020 en 3.86 por ciento, de acuerdo con la mediana de los pronósticos de
los expertos participantes en la encuesta de expectativas Banxico septiembre 2020.

[24] Energy Information Administration, https://www.eia.gov/dnav/pet/
hist/eer_epmru_pf4_rgc_dpgD.htm.

[25] *Diario Oficial de la Federación.* Acuerdo 9/2020, http://www.dof.gob.
mx/nota_detalle.php?codigo=5585320&fecha=31/01/2020.

[26] Secretaría de Hacienda y Crédito Público, Ingresos Presupuestarios de
la Cuenta Pública 2019, disponible en https://www.cuentapublica.hacienda.
gob.mx/work/models/CP/2019/tomo/I/I50.06.IPP.pdf.

[27] Secretaría de Hacienda y Crédito Público, Presupuesto de Gastos Fiscales 2020, disponible en https://www.gob.mx/cms/uploads/attachment/
file/560811/PGF_2020.pdf.

[28] Lourdes Flores, "Estímulos fiscales, positivo en la franja fronteriza de
México", *El Economista*, 13 de octubre de 2019.

[29] Braulio Carbajal, "Reporta se entrega de 993 mil 161 microréditos", *La
Jornada*, 12 de septiembre de 2020.

[30] Angélica Pineda y Aminetth Sánchez, "El Inadem desaparece, pero continúan los apoyos a emprendedores", *Expansión*, 7 de diciembre de 2018.

[31] Secretaría de Hacienda y Crédito Público, Análisis Costo Beneficio, Versión Pública, disponible en https://www.animalpolitico.com/
wp-content/uploads/2020/01/version-Pública-ACB-Tren-Maya-
08012020-VFI-vF-4.pdf.

[32] Se están utilizando los datos oficiales, con corte al 30 de septiembre de
2020. Secretaría de Hacienda y Crédito Público, Informe sobre la situación económica, las finanzas públicas y la deuda pública. Tercer Trimestre
2020. Anexo XX, disponible en https://www.finanzaspublicas.hacienda.gob.
mx/es/Finanzas_Publicas/Informes_al_Congreso_de_la_Union.

[33] Fondo Nacional de Fomento al Turismo. Fonatur anuncia programa
de licitaciones para Tren Maya. 24 de enero de 2020, disponible en https://
www.gob.mx/fonatur/prensa/fonatur-anuncia-programa-de-licitaciones
-para-tren-maya-232934.

[34] Redacción, "Aeropuerto de Santa Lucía se inaugurará en 2022, llueva,
truene o relampaguee, dice AMLO", *LatinUs*, 23 de junio de 2020.

[35] Notimex, "Tren del istmo de Tehuantepec debe quedar listo a más tardar en 2023: AMLO", *Publimetro*, 7 de junio de 2020.

[36] Alejandro de la Rosa, "Tren Maya escala costo y tendrá tramo eléctrico", *El Economista,* 6 de agosto de 2020.

[37] Secretaría de Hacienda y Crédito Público, Informe sobre la situación económica, las finanzas públicas y la deuda pública. Tercer Trimestre 2020. Anexo XX, disponible en https://www.finanzaspublicas.hacienda.gob.mx/es/Finanzas_Publicas/Informes_al_Congreso_de_la_Union.

[38] Everardo Martínez, "Inversión para el tren México-Toluca sube 14%", *El Financiero,* 19 de enero de 2017.

[39] Redacción, "López Obrador promete inaugurar el Tren México-Toluca en 2022", *Excélsior,* 6 de agosto de 2019.

[40] Servicio de Información Agroalimentaria y Pesquera, disponible en https://www.gob.mx/siap.

[41] Secretaría de Hacienda y Crédito Público. Estadísticas Oportunas de Finanzas Públicas, disponible en http://www.shcp.gob.mx/POLITICAFINANCIERA/FINANZASPUBLICAS/Estadisticas_Oportunas_Finanzas_Publicas/Paginas/unica2.aspx.

[42] Raúl Olmos y Samuel Adam, "En el primer año de AMLO, Liconsa afecta a los más pobres", mcci, *25* de agosto de 2020.

[43] Coneval, Evaluación de diseño con trabajo de campo del programa Precios de Garantía 2019-2020.

[44] Redacción, "'Crédito Ganadero a la Palabra', programa que entrega animales desahuciados a pecuarios", *Noticieros Televisa,* 30 de enero de 2020.

[45] cnog, "Este año desaparecieron casi por completo los apoyos para la ganadería: cnog. 4 de junio de 2020", disponible en https://www.ganaderia.com/destacado/Este-ano-desaparecieron-casi-por-completo-los-apoyos-para-la-ganaderia%3A-CNOG.

[46] Coneval, Evaluación de diseño con trabajo de campo del programa Crédito Ganadero a la Palabra 2019-2020.

[47] Carlos Carabaña y Montserrat Peralta, "Piden moches en Sembrando Vida, el programa estrella de AMLO, denuncian campesinos", *El Universal,* 1° de junio de 2020.

[48] Jorge Ricardo, "Advierten abusos en Sembrando Vida", *Reforma,* 14 de diciembre de 2019.

[49] Jorge Ricardo y Martha Martínez, "Da pocos frutos Sembrando Vida", *Reforma,* 14 de julio de 2020.

[50] Global Forest Watch, disponible en https://www.globalforestwatch. org/.

[51] Gabriel Quadri, "Sembrando Vida, la otra catástrofe", *El Economista*, 20 de agosto de 2020.

[52] Coneval, Evaluación de Diseño con Trabajo de Campo del Programa Sembrando Vida 2019-2020.

[53] Plan de reestructuración estratégica del Conacyt para adecuarse al Proyecto Alternativo de Nación (2018-2024) presentado por Morena. Junio de 2018, disponible en http://www.smcf.org.mx/avisos/2018/plan-conacyt-ciencia-comprometida-con-la-sociedad.pdf.

[54] Natalia Vitela, "Critica Conacyt 'ciencia neoliberal'", *Reforma*, 23 de abril de 2020.

[55] Secretaría de Hacienda y Crédito Público, Presupuesto de Egresos de la Federación 2019. Anexo 12, disponible en https://www.ppef.hacienda. gob.mx/work/models/PPEF2020/paquete/egresos/Proyecto_Decreto.pdf.

[56] Secretaría de Hacienda y Crédito Público, Presupuesto de Egresos de la Federación 2020. Anexo 1, Disponible en https://www.ppef.hacienda. gob.mx/work/models/PPEF2020/paquete/egresos/Proyecto_Decreto.pdf.

[57] Secretaría de Educación Pública, Boletín No. 97, 10 de julio de 2019, disponible en https://www.gob.mx/sep/articulos/boletin-no-97-anuncia-sep-programa-emergente-de-rechazo-cero-para-jovenes-de-nuevo-ingreso-a-la-educacion-superior.

[58] Gobierno de México: https://www.aspiranteseducacionsuperior.sep. gob.mx/.

[59] Gobierno de México: https://rechazocero.sep.gob.mx/.

[60] Mexicanos Contra la Corrupción y la Impunidad, *"Universidades en el limbo"*: https://contralacorrupcion.mx/universidades-benito-juarez-en-el-limbo/.

[61] Secretaría del Trabajo y Previsión Social, Universidades para el Bienestar "Benito Juárez", 9 de julio de 2020, disponible en https://www.gob.mx/ stps/es/articulos/universidades-para-el-bienestar-benito-juarez-conferencias-sobre-programas-del-bienestar-247752?idiom=es.

[62] Coneval, Evaluación de diseño con trabajo de campo del programa Universidades para el Bienestar Benito Juárez García 2019-2020.

[63] Martha Martínez, "Operan con fallas programas de 4T", *Reforma*, 27 de julio de 2020.

[64] Coordinación Nacional de Becas para el Bienestar Benito Juárez, Primer aniversario de la Coordinación Nacional de Becas para el Bienestar Benito Juárez, 31 de mayo de 2020, disponible en https://www.youtube.com/watch?time_continue=118&v=NWvPshHGHzc&feature=emb_logo.

[65] Cultura 4T, Programas Bienestar. Hoy: Becas Benito Juárez, 18 de junio de 2020, disponible en https://www.youtube.com/watch?v=h1dDeuZZl1I.

[66] Coordinación Nacional de Becas para el Bienestar Benito Juárez, Primer aniversario de la Coordinación Nacional de Becas para el Bienestar Benito Juárez, 31 de mayo de 2020, disponible en https://www.youtube.com/watch?time_continue=118&v=NWvPshHGHzc&feature=emb_logo.

[67] Redacción, "López Obrador afirmó que, con él, el Ejército dejará de reprimir al pueblo", *Milenio,* 22 de marzo de 2017.

[68] Andrés Manuel López Obrador, *2018: La salida. Decadencia y renacimiento de México,* Planeta, México, 2017.

[69] Redacción, "En tres años, inseguridad estará a niveles de la OCDE: Durazo", *Milenio,* 10 de julio de 2018.

[70] El Universal, "AMLO fija plazo de seis meses para mejorar condiciones de seguridad", 22 de abril de 2019, disponible en https://www.youtube.com/watch?v=yAwDYNzOhJU.

[71] Redacción, "AMLO promete que habrá resultados en seguridad el 1 de diciembre", *Expansión,* 15 de enero de 2020.

[72] Secretariado Ejecutivo del Sistema Nacional de Seguridad Pública.

[73] Pedro Villa y Caña y Alberto Morales, "A pesar de que se pensó que habría un alza en la violencia intrafamiliar, no pasó: AMLO", *El Universal,* 20 de mayo de 2020.

[74] Plan Nacional de Paz y Seguridad 2018-2024, disponible en https://lopezobrador.org.mx/wp-content/uploads/2018/11/PLAN-DE-PAZ-Y-SEGURIDAD_ANEXO.pdf.

[75] Secretaría de Gobernación, Registro Nacional de Personas Desaparecidas y No Localizadas, disponible en https://versionpublicarnpdno.segob.gob.mx/Dashboard/Sociodemografico.

[76] Elena Azaola, "¿Y la paz?", *Animal Político,* 6 de enero de 2020.

[77] Julio Ramírez, "La geografía del crimen en México", *Reporte Índigo,* 6 de febrero de 2020.

[78] Verónica Díaz, "CJNG y cártel de Sinaloa se disputan el control del 75% del país", *Milenio,* 24 de agosto de 2020.

[79] Redacción, "13 ataques violentos que marcaron el primer año de gobierno de AMLO", *Expansión, 17 de octubre de 2019.*

[80] Estefanía Vela y Georgina Jiménez, "La Sedena y su creciente abuso de la fuerza", *Animal Político,* 7 de septiembre de 2020.

[81] Redacción, "Advertimos sobre el atentado a García Harfuch: AMLO", *ADN40,* 27 de junio de 2020.

[82] Secretaría de Hacienda y Crédito Público, Presupuesto de Egresos de la Federación 2019. Anexo 23.1.2.

[83] Rivelino Rueda, "AMLO ganará 108 mil pesos y será tope salarial", *El Financiero,* 15 de julio de 2018.

[84] Bianca Carretto, "¿Todos pierden? Éstos son los ajustes salariales del gobierno para 2019", *Expansión,* 30 de diciembre de 2018.

[85] Laura Poy, "Eliminan 30% de plazas de confianza en Educación", *La Jornada,* 9 de enero de 2019.

[86] Carina García y Horacio Jiménez, "Aprueban reforma para que el presidente pueda ser acusado de corrupción y delitos electorales", *El Universal,* 29 de octubre de 2019.

[87] Cámara de Diputados del H. Congreso de la Unión, Constitución Política de los Estados Unidos Mexicanos, 8 de mayo de 2020, disponible en http://www.diputados.gob.mx/LeyesBiblio/pdf_mov/Constitucion_Politica.pdf.

[88] Rivelino Rueda, "Así quedarían repartidas las secretarías del próximo Gobierno", *El Financiero,* 6 de julio de 2018.

[89] Gobierno de México, Descentralización de SEP se hará de manera gradual y ordenada: Moctezuma Barragán, 9 de diciembre de 2018, disponible en https://www.gob.mx/sep/articulos/descentralizacion-de-sep-se-hara-de-manera-gradual-y-ordenada-moctezuma-barragan-184641?idiom=es.

[90] Alba Espejel, "No hay fecha para mudar la SEP a Puebla: Moctezuma", *El Sol de México,* 12 de diciembre de 2019.

[91] Redacción, "Edificio de la SEP se convertirá en un Museo del Muralismo", *Expansión,* 30 de enero de 2020.

[92] Camila Ayala y Jesús Vázquez, "En el 2020, la Sectur ya estará en Chetumal: Miguel Torruco", *El Economista,* 4 de diciembre de 2019, disponible en https://www.eleconomista.com.mx/estados/En-el-2020-la-Sectur-ya-estara-en-Chetumal-Miguel-Torruco-20191203-0165.html.

[93] Redacción, "Simón Levy dice que salió de Turismo por corrupción", *Reporte Índigo,* 29 de julio de 2020.

[94] Ivette Saldaña, "Secretaría de Economía inicia descentralización de oficinas", *El Universal,* 19 de diciembre de 2018.

[95] Redacción, "Descentralización del gobierno tendrá más del 50% de avance a fin de 2020: AMLO", *Forbes,* 24 de diciembre de 2019.

[96] Elizabeth Albarrán, "Debilidad de ingreso no significa ahorro, cuestionan a AMLO", *El Economista,* 2 de septiembre de 2020.

[97] Sara Cantera, "Gobierno ya pagó 105 mil mdp para cancelar NAIM", *El Universal,* 30 de julio de 2020.

[98] Redacción, "Ya se pagó la deuda por cancelación del NAIM: López Obrador", *Forbes,* 27 de julio de 2020.

[99] Juan Ramos y Xóchitl Bárcenas, "Deben aún dos mil 910 mdp por el NAIM", *El Sol de México,* 20 de enero de 2020.

[100] Secretaría de Hacienda y Crédito Público, Informe sobre la situación económica, las finanzas públicas y la deuda pública. Tercer Trimestre 2020. Anexo XXI, disponible en https://www.finanzaspublicas.hacienda.gob.mx/es/Finanzas_Publicas/Informes_al_Congreso_de_la_Union.

[101] Redacción, "Crecen costos de Santa Lucía", *Reforma,* 18 de agosto de 2019.

[102] La marcada disminución presupuestal se debió principalmente a que la Secretaría de Gobernación dejó de tener atribuciones de seguridad, ante la creación de la Secretaría de Seguridad y Protección Ciudadana.

[103] Al ser 2018 un año con elecciones federales, la disminución de presupuesto para 2019 era de esperarse.

[104] Los datos para 2020 son estimados con datos al segundo trimestre del año. Secretaría de Hacienda y Crédito Público, Informe sobre la situación económica, las finanzas públicas y la deuda pública. Informe sobre las Finanzas Públicas, disponible en https://www.finanzaspublicas.hacienda.gob.mx/work/models/Finanzas_Publicas/docs/congreso/infotrim/2020/iit/01inf/itinfp_202002.pdf.

[105] Nayeli Roldán, "Por austeridad, Secretaría de Economía limita uso de papelería, luz, agua en baños, refri y autos", *Animal Político,* 7 de julio de 2020.

[106] Fondo Monetario Internacional, Monitor Fiscal Octubre 2020, disponible en https://www.imf.org/external/datamapper/datasets/FM.

[107] Antonio Hernández, "Lamentable que se hayan aprobado impuestos al ahorro, dicen banqueros", *El Universal,* 25 de octubre de 2019.

[108] Secretaría de Hacienda y Crédito Público, Iniciativa de Ley de Ingresos de la Federación 2021, disponible en https://www.finanzaspublicas.hacienda.

gob.mx/work/models/PPEF2021/paquete/ingresos/LIF_2021.pdf.

[109] Andrés Manuel López Obrador, *"Se puede revertir el gasolinazo"*, 5 de enero de 2017, disponible en https://www.youtube.com/watch?v=rwkft-mReA0I.

[110] Misael Zavala y Alberto Morales, "No habrá gasolinazos, ni aumentos a gas, diésel y electricidad: AMLO", *El Universal,* 9 de julio de 2018.

[111] Este balance incluye al gobierno federal y el sector paraestatal (Pemex, CFE, IMSS e ISSSTE).

[112] Centro de Estudios de las Finanzas Públicas, Fondo de Estabilización de los Ingresos Presupuestarios 2019, disponible en https://www.cefp.gob.mx/publicaciones/nota/2020/notacefp0092020.pdf.

[113] Víctor Chávez, "Desaparecerían 109 fideicomisos con un monto de 68 mil mdp, aclara Mario Delgado", *El Financiero,* 29 de septiembre de 2020.

[114] Ricardo Quiroga, "Cámara de Diputados decide en comisión la extinción de Fidecine", *El Economista,* 29 de septiembre de 2020.

[115] Juan Carlos Cruz, "AMLO va a Oaxaca a inaugurar 26 caminos 'artesanales'", *Proceso,* 17 de enero de 2020.

[116] SCT, Listado de los puntos México conectado con acceso gratuito a internet, disponible en https://datos.gob.mx/busca/organization/sct.

[117] Neldy San Martín, "Pese a lento avance, AMLO promete internet en todo el país para 2021", *Proceso,* 1º de septiembre de 2020.

[118] Karla Rodríguez, "Registran más de un millón 300 mil beneficiarios del programa Jóvenes Construyendo el Futuro", *El Universal,* 23 de mayo de 2020.

[119] STPS, Jóvenes Construyendo el Futuro en números: https://jovenes-construyendoelfuturo.stps.gob.mx/datos/.

[120] María Martínez, "Ha sido contratado el 29% de los aprendices: STPS", *El Economista,* 25 de mayo de 2020.

[121] Coneval, Evaluación de diseño con trabajo de campo del programa Jóvenes Construyendo el Futuro 2019-2020.

[122] Marco Fernández, Daniel Hernández y Laura Herrera, "Jóvenes con un futuro sombrío: media superior ante la pandemia", *Nexos,* 8 de julio de 2020.

[123] Andrés Manuel López Obrador, "Propone AMLO aumentar al doble pensión para adultos mayores", 5 de febrero de 2017, disponible en https://www.youtube.com/watch?v=Yr5cvg-H-CM.

[124] Susana Zavala, "Bienestar reparte 42 mmdp en pensiones para adultos mayores en la contingencia", *El Universal,* 1º de junio de 2020.

[125] Coneval, Evaluación de diseño con trabajo de campo del programa Pensión para el Bienestar de las Personas con Discapacidad Permanente 2019-2020.

[126] Rafael López, "Aumentan 65% beneficiarios de planes sociales", *Milenio,* 23 de octubre de 2020.

[127] La clasificación funcional "Desarrollo Social" del gasto presupuestario incluye protección ambiental, vivienda, salud, cultura, educación y protección social, entre otros rubros.

[128] Jorge Cano, "Gastarán 272 mil mdp sin reglas de operación", *Reforma,* 9 de octubre de 2020.

[129] John Scott, "Más allá de la contingencia", *Nexos,* 1º de julio de 2020.

[130] Imco, La política social en México, sin rumbo ni destino cierto, 4 de junio de 2019, disponible en https://imco.org.mx/diagnostico-imco-la-politica-social-mexico-sin-rumbo-destino-cierto/.

[131] INCAE Business School & México ¿Cómo Vamos?, Índice de Progreso Social México 2019, 2019.

[132] GEA-ISA, Tercera Encuesta Nacional de Opinión Ciudadana 2020, septiembre de 2020.

[133] Coneval, Valor de la canasta alimentaria mayo 2020, 11 de junio de 2020, disponible en http://blogconeval.gob.mx/wordpress/index.php/2020/06/11/valor-de-la-canasta-alimentaria-mayo-de-2020/.

[134] Coneval, La política social en el contexto de la pandemia por el virus SARS-CoV-2 en México, disponible en https://www.coneval.org.mx/Evaluacion/IEPSM/Documents/Politica_Social_COVID-19.pdf.

[135] Héctor Nájera y Curtis Huffman, "Estimación del costo de eliminar la pobreza extrema por ingreso en México, en tiempos del covid". PUED, 2020, disponible en http://www.pued.unam.mx/export/sites/default/archivos/covid/DocTecnico.pdf.

[136] AS/COA, "The Capacity to Combat Corruption (CCC) Index 2020", disponible en https://www.as-coa.org/articles/2020-capacity-combat-corruption-index.

[137] Transparencia Internacional, "Corruption Perceptions Index 2019", disponible en https://www.transparency.org/es/cpi/2019.

[138] World Justice Project, "Índice de Estado de Derecho 2020", disponible en https://worldjusticeproject.org/sites/default/files/documents/WJP-Global-ROLI-Spanish.pdf.

[139] Secretaría de la Función Pública, Informe de la Fiscalización de la Función Pública 2019. Anexo, disponible en https://www.gob.mx/sfp/documentos/informa-de-fiscalizacion-de-la-funcion-publica-2019.

[140] Secretaría de la Función Pública, Sistema de registro de servidores públicos sancionados, disponible en https://www.gob.mx/cms/uploads/attachment/file/418215/SEPTIEMBRE_2018.pdf.

[141] INEGI, Encuesta Nacional de Calidad e Impacto Gubernamental, 21 de mayo de 2020, disponible en https://www.inegi.org.mx/programas/encig/2019/default.html - Datos_abiertos

[142] Javier Tejado, "La FGR contra la UIF", *El Universal,* 14 de julio de 2017.

[143] Redacción, "La FGR tiene dos denuncias de la Fiscalía de Chihuahua contra César Duarte", *Proceso,* 9 de julio de 2020.

Poder político y poder económico

[1] Este capítulo es una versión ampliada de mi artículo "La separación del poder político y el económico", *Letras Libres,* 1° de febrero de 2020.

[2] Andrés Manuel López Obrador, 2018: *La salida. Decadencia y renacimiento de México,* Planeta, México, 2017, pp. 1-2 y 6.

[3] *Ibid.* p. 10.

[4] Gobierno de México: "Discurso del Lic. Andrés Manuel López Obrador durante su Toma de Posesión como presidente de los Estados Unidos Mexicanos", 1° de diciembre de 2018.

[5] Arturo Rodríguez, "No hay planes de reforma fiscal, referenda AMLO", *Proceso,* 6 de marzo de 2020.

[6] Carlos Alba, "Los empresarios mexicanos durante el gobierno de Peña Nieto", *Foro Internacional,* vol. LX, núm. 2, 2020.

[7] Redacción, "Así recorrió Yunes el rancho de Javier Duarte en Valle de Bravo", *Aristegui Noticias,* 11 de junio de 2017.

[8] Véase Thomas Philippon, *The Great Reversal: How America Gave Up on Free Markets,* Belknap Press, Estados Unidos, 2019.

[9] Véase Stephen R. Niblo, *México en los cuarenta. Modernidad y corrupción,* Océano, México, 2008. El capítulo "La política de la corrupción", pp. 211-252, resume bien dicho *modus operandi.*

[10] Carles Boix, *Political Parties, Growth and Equality. Conservative and Social Democratic Economic Strategies in the World Economy,* Cambridge University Press, Cambridge, 1998.

[11] Jorge Fernández Menéndez, "Garza Sada, un crimen de Estado", *Excélsior,* 20 de septiembre de 2019.

[12] "Discursos presidenciales de toma de posesión", Senado de la República, LX Legislatura, Instituto de Investigaciones Jurídicas-UNAM, México, p. 223, disponible en http://bit.ly/377ahlL.

[13] "Sexto Informe de Gobierno de José López Portillo", Memoria Política de México, disponible en http://bit.ly/2plxDD7.

[14] Miguel de la Madrid, *Cambio de Rumbo: Testimonio de una presidencia,* 1982-1988, FCE, México, 2004, p. 69.

[15] Francisco Ortiz Pinchetti, "Bartlett: ¿y Chihuahua 86?", *Sin Embargo,* 3 de agosto de 2018.

[16] Juan Molinar, "Regreso a Chihuahua", *Nexos,* 1° de marzo de 1987.

[17] Andrés Manuel López Obrador, *2018: La salida. Decadencia y renacimiento de México,* Planeta, México, 2017, p. 8.

[18] Vicente Fox, "Crecimiento sustentable y sostenido con rostro humano", disponible en https://bit.ly/3cDyLWf.

[19] Luis Rubio, *Unmasked: López Obrador and the End of Make-Believe,* disponible en https://bit.ly/2D8jXCf.

[20] Carlos Elizondo Mayer-Serra, *Por eso estamos como estamos. La economía política de un crecimiento mediocre,* Debate, México, 2013.

[21] MCCI, "Dinero bajo la mesa: financiamiento y gasto ilegal de campañas políticas en México", 28 de mayo de 2018.

[22] Dulce Ramos, "¿Quiénes llevarán los intereses de las televisoras al Congreso?", *Animal Político,* 4 de septiembre de 2012.

[23] Instituto Federal de Telecomunicaciones, Comunicado de Prensa No. 010/2018, 12 de febrero de 2018, disponible en http://www.ift.org.mx/sites/default/files/comunicacion-y-medios/comunicados-ift//comunicado-bandaanchaocdejunio2017.pdf.

[24] Redacción, "Duarte ofrece pruebas de supuestos desvíos a campaña de EPN de 2012", Expansión, 19 de agosto de 2019.

[25] Carlos Alba, "Los empresarios mexicanos durante el gobierno de Peña Nieto", *Foro Internacional,* vol. LX, núm. 2, 2020.

[26] Horacio Jiménez, "Pocos, los empresarios que no quieren a AMLO: Alfonso Romo", *El Universal,* 25 de junio de 2018.

[27] Carlos Alba, "Los empresarios mexicanos durante el gobierno de Peña Nieto", *Foro Internacional,* vol. LX, núm. 2, 2020.

[28] Alfredo González, "Se paralizan importaciones por nueva burocracia", *Reforma,* 13 de octubre de 2020.

[29] Arturo Rodríguez, "El ruido de las mañaneras", *Proceso,* 7 de junio de 2020.

[30] OCDE, "La compra consolidada de medicamentos del IMSS ha generado ahorros por 14 mil millones de pesos entre 2013 y 2016", 10 de enero de 2018.

[31] Carlos Urdiales, "El porqué del desabasto de medicamentos", *La Razón,* 13 de febrero de 2020.

[32] Darío Celis, "¡Córtalas!", *El Financiero,* 8 de mayo de 2020.

[33] Pascal Beltrán del Río, "Un Frankenstein llamado revocación", *Excélsior,* 12 de junio de 2020.

[34] Gibrán Ramírez, "Iniciativa en materia de pensiones: ¿quiénes festejan?", *Milenio,* 27 de julio de 2020.

[35] Soledad Loaeza, "Como anillo al dedo", *Nexos,* 3 de abril de 2020.

[36] Carlos Serrano, "Grave error de política pública si no se apoya a las empresas", *El Financiero,* 23 de abril de 2020.

[37] Extracto de la entrevista disponible en https://bit.ly/2BaBFEk.

[38] Epigmenio Ibarra, "Los días que estremecen a México", *Milenio,* 20 de mayo de 2020.

[39] Horacio Jiménez y Carina García, "Debaten diputados reforma para que la UIF congele cuentas y extinga recursos", *El Universal,* 6 de noviembre de 2019.

[40] Carlos Elizondo Mayer-Serra, *Con dinero y sin dinero. Nuestro ineficaz, precario e injusto equilibrio fiscal,* Debate, México, 2012.

[41] Israel Navarro, "Dinero lavado a través de factureras fue a dar a campañas electorales; entrevista con Carlos Romero Aranda", *Milenio,* 6 de julio de 2020.

[42] Redacción, "La 4T recupera 30 mil 328 millones que las gigantes le debían al SAT. Son cinco, pero aún faltan otras", *Sin Embargo,* 17 de junio de 2020.

[43] Israel Rodríguez, "Combatirá el SAT el contrabando en las aduanas del país", *La Jornada,* 9 de septiembre de 2020.

[44] Zenyazen Flores, "Hacienda quiere exprimir hasta 'las piedras': plantea acotar devoluciones y redoblar controles", *El Financiero,* 11 de septiembre de 2020.

[45] Entrevista, "La 4T deberá adaptarse al México post-covid: Ricardo Monreal", *Milenio,* 11 de junio de 2020.

[46] Michael O'Boyle, "Acuerdo de Walmart con el SAT se produjo tras amenazas penales, según fuentes de *Bloomberg*", *El Financiero,* 3 de junio de 2020.

[47] Jorge Cano, "Presiona SAT contra abogados", *Reforma,* 22 de octubre de 2020.

[48] Leonor Flores, "IBM y Walmart invitan a no seguir su mal ejemplo fiscal", *El Universal,* 9 de julio de 2020.

[49] Andrés Manuel López Obrador, *Hacia una economía moral,* Planeta, México, 2019, p. 79.

[50] Néstor Jiménez y Alonso Urrutia, "El préstamo del BM por mil millones de dólares, operación de rutina: AMLO", *La Jornada,* 9 de junio de 2020.

[51] Alejandro Moreno, "Aprobación de AMLO resiste la crisis económica y la pandemia", *El Financiero,* 1° de septiembre de 2020.

[52] María Amparo Casar, "Austeridad ≠ honestidad", *Excélsior,* 10 de mayo de 2017.

[53] Alejandro Moreno, "Aprobación de AMLO resiste la crisis económica y la pandemia", *El Financiero,* 1° de septiembre de 2020.

[54] Ricardo Alvarado, "La transformación del discurso sobre la corrupción", *Nexos,* 13 de agosto de 2020.

[55] Miguel de la Madrid, "Fundamentos de la renovación moral", Memoria Política de México, diciembre de 1982.

[56] Cámara de Diputados, "Informes presidenciales: Miguel de la Madrid Hurtado", Primer Informe de Gobierno, p. 5.

[57] "Adolfo Ruiz Cortines, 1890, 1973", Memoria Política de México.

[58] Senado de la República, "El Gobierno de Ruiz Cortines: de nuevo la introspección", disponible en https://bit.ly/3fWAYxR.

[59] Raúl Olmos, "Filial de Odebrecht acompañó 'de tiempo completo' campaña de Peña Nieto", Mexicanos Contra la Corrupción y la Impunidad, 22 de octubre de 2017.

[60] Raúl Olmos, "Surgen otras 45 empresas 'fantasma' de Javier Duarte", Mexicanos Contra la Corrupción y la Impunidad, 7 de diciembre de 2016.

[61] Hernán Gómez, "Los empresarios y el nuevo AMLO", *Vanguardia,* 1° de diciembre de 2017.

[62] AMLO, sitio oficial de Andrés Manuel López Obrador, *Plan Nacional de Desarrollo 2019-2024,* pp. 14 y 15. disponible en https://bit.ly/3199vlV.

[63] Andrés Manuel López Obrador, *2018: La salida. Decadencia y renacimiento de México,* Planeta, México, 2017, pp. 91-92.

[64] Leonardo Núñez, "En camino al récord de adjudicaciones directas", Mexicanos Contra la Corrupción y la Impunidad, 9 de junio de 2020.

[65] *Idem.*

[66] Aldo Munguía, "Invitaciones y adjudicaciones directas: la ruta del Tren Maya", *El Financiero*, 10 de junio de 2020.

[67] Imco, "Compras públicas en México. Competencia: la gran ausente", 7 de octubre de 2020.

[68] Mathieu Tourliere, "La 4T cerró a medias la llave de la publicidad oficial", *Proceso*, 13 de abril de 2020.

[69] Armando Guzmán, "Gabinete de nuevo gobernador de Tabasco incluye a ligados con corrupción y al hermano de AMLO", *Proceso*, 30 de diciembre de 2018.

[70] Benito Jiménez, "'Esfuman' 223 mdp en terruño de AMLO", *Reforma*, 11 de septiembre de 2020.

[71] Laura Sánchez Ley y Raúl Olmos, "Hijo de Bartlett vendió al gobierno el ventilador covid-19 más caro", Mexicanos Contra la Corrupción y la Impunidad, 1º de mayo de 2020.

[72] Érika Hernández, "Investiga Morena a Yeidckol por compras millonarias", *Reforma*, 10 de junio de 2020.

[73] Gabriela Jiménez, "Reconoce fallas en Sistema Nacional Anticorrupción", *Milenio*, 11 de marzo de 2017.

[74] Héctor Molina, "AMLO cuestiona la utilidad del Sistema Nacional Anticorrupción", *El Economista*, 11 de junio de 2020.

[75] Silber Meza, "En defensa del Sistema Nacional Anticorrupción", *El Sur*, 8 de febrero de 2019.

[76] Virginia Aspe Armella, "Los dilemas políticos de las transformaciones de México", *Tópicos, Revista de Filosofía*, 58, enero-junio de 2020, p. 401.

[77] *Ibid.*, pp. 393-394.

[78] Jorge Volpi, "La mafia", *Reforma*, 15 de agosto de 2020.

[79] Mauricio Merino, "Temporada de pesca", *El Universal*, 27 de julio de 2020.

[80] Thalí Leyva, "Gertz Manero contra Santiago Nieto, la discrepancia que AMLO reconoce", *Político*, 9 de enero de 2020.

[81] Pedro Vila y Caña, "AMLO pide a Gertz Manero y Santiago Nieto 'amor y paz' y buscar reconciliación", *El Universal*, 13 de julio de 2020.

[82] Eduardo Guerrero, "La ruta del dinero (todavía) no lleva a ninguna parte", *El Financiero*, 10 de agosto de 2020.

[83] Julio Ramírez, "Sigue el dinero: así quiere AMLO combatir la corrupción y el crimen organizado", *Expansión*, 15 de noviembre de 2018.

[84] David Saúl Vela, "Guanajuato sigue primero en homicidios", *El Financiero,* 4 de septiembre de 2020.

[85] Redacción, "AMLO dice que capturar a capos del narco 'no resuelve nada'", *Latinus,* 1° de octubre de 2020.

[86] AMLO, sitio oficial de Andrés Manuel López Obrador, Plan Nacional de Desarrollo 2019-2024, p. 18, disponible en https://bit.ly/3k7uEWs.

[87] Javier Cabrera, "Operación Cóndor causó éxodo de capos y civiles", *El Universal,* 22 de diciembre de 2006.

[88] Juan Veledíaz, "Operativo actual, símil de Operación Cóndor", *El Universal,* 3 de enero de 2008.

[89] Jorge Chabat, "El narcotráfico en las relaciones México-Estados Unidos: Las fuentes del conflicto", documento de trabajo núm. 193, CIDE, 2009.

[90] B. Smith, [@benjamintsmith7] (5 de junio de 2020), "@el_reportero great piece on recent pólice Killing in Guadalajara", Twitter: https://twitter.com/benjamintsmith7/status/1268831762353922049.

[91] Mary Beth Sheridan, "Losing Control: Violent Criminal Groups are eeroding Mexico's Authority and Claiming More Territory", *Washington Post,* 29 de octubre de 2020.

La política económica de AMLO

[1] Banco Mundial, DataBank, disponible en https://datos.bancomundial.org/indicator/NY.GDP.MKTP.KD.ZG?end=2019&locations=PE&start=1961&view=chart

[2] Luis Rubio, *Fuera máscaras: El fin del mundo de fantasía,* Wilson Center, Estados Unidos, 2019, p. 74.

[3] Carlos Bazdresch y Santiago Levy, "El populismo y la política económica de México, 1970-1982", en Rudiger Dornbusch y Sebastián Edwards (comps.), *Macroeconomía del populismo en la América Latina,* FCE, México, 1992. También vale la pena consultar a Laurence Whitehead, "La política económica del sexenio de Echeverría: ¿qué salió mal y por qué?", *Foro Internacional,* El Colegio de México, 3, 1980. Para un análisis ortodoxo de la crisis, véase Pascual García Alba y Jaime Serra Puche, *Causas y efectos de la crisis económica en México,* Centro de Estudios Económicos de El Colegio de México, México, 1984. Para una visión histórica de largo plazo, véase Enrique Cárdenas Sánchez, *El largo curso de la economía mexicana. De 1780 a nuestros días,* FCE, México, 2015. Para la evolución de la deuda externa de México, véase Rosario

Green, *Lecciones de la deuda externa de México, de 1973 a 1997. De abundancias y escaseces,* FCE, México, 1998.

[4] Carlos Bazdresch y Santiago Levy, "El populismo y la política económica de México, 1970-1982", en Rudiger Dornbusch y Sebastián Edwards (comps.), *Macroeconomía del populismo en la América Latina,* FCE, México, 1992, p. 256.

[5] Gabriela Jiménez, "AMLO dice que su sexenio cerrará con una tasa de crecimiento anual de 6%", *El Sol de México,* 21 de marzo de 2018.

[6] Anna Kurowska, "Why is Mexico Poorer Than Spain?", en Leszek Balcerowicz y Andrzej Rzonca (eds.), *Puzzles of Economic Growth,* World Bank, Washington, 2015, cap. 5.

[7] Alan Knight, *La Revolución Cósmica: Utopías, regiones y resultados. México 1910-1940,* FCE/Tecnológico de Monterrey, México, pp. 237-238.

[8] Morena, "Lineamientos Básicos del Proyecto Alternativo de Nación 2018-2024", disponible en https://morena.si/lineamientos.

[9] Luis Rubio, *Fuera máscaras: El fin del mundo de fantasía,* Wilson Center, Estados Unidos, 2019, p. 76.

[10] Morena, "Lineamientos Básicos del Proyecto Alternativo de Nación 2018-2024", disponible en https://morena.si/lineamientos.

[11] *Revista ANEC,* "Elecciones 2006", año 2, núm. 7, p. 14.

[12] Redacción, "AMLO: el TLC trajo desempleo", *El Universal,* 14 de febrero de 2014.

[13] Economía, "AMLO dice que un colapso del TLCAN no 'sería fatal' para México", *Expansión,* 13 de junio de 2018.

[14] Andrés Manuel López Obrador, "La nueva política económica en los tiempos del coronavirus", 15 de mayo de 2020, pp. 10-11.

[15] A estos 12 tratados de libre comercio con 46 países hay que añadir 32 Acuerdos para la Promoción y Protección Recíproca de las Inversiones (APPRI) que México tiene firmados con 33 países, así como nueve acuerdos de alcance limitado (Acuerdos de Complementación Económica y Acuerdos de Alcance Parcial) en la Asociación Latinoamericana de Integración (Aladi). Información obtenida del documento "Comercio Exterior/Países con Tratados y Acuerdos firmados con México" de la Secretaría de Economía, disponible en https://bit.ly/2trGLmB.

[16] Al respecto, Luna Campos Nery y René Colín Martínez concluyen, después de analizar la existencia de convergencia o divergencia económica en los estados de la República Mexicana durante el periodo 1970-2015, que

1) en las décadas de los setenta y ochenta existieron tasas de convergencia entre los estados de la República Mexicana; *2)* a partir de 1988 (cuando México entra plenamente a una economía de libre mercado) se empieza a generar un proceso de divergencia entre los estados de la República Mexicana, y *3)* a partir de ese momento hay disparidades significativas entre los niveles de ingreso per cápita entre las distintas regiones de México: las regiones norte y centro son las que tienen los niveles más altos. Luna Campos Nery y René Colín Martínez, "Crecimiento económico y convergencia regional en México. 1970-2015", *Economía y Sociedad,* 36, 2017.

[17] Ariadna Ortega, "El gobierno federal recurre a compra de medicamentos en el extranjero", *Expansión,* 27 de enero de 2020.

[18] Alberto Aguilar, "Nueva acreditadora esta semana en DOF y Economía por contrapeso a EMA", *El Economista,* 5 de mayo de 2020.

[19] Banco de México, "Banxico Educa", *Inflación.*

[20] Fernando Aportela, José Ardavín e Yyannú Cruz, "Comportamiento histórico de las tasas de interés reales en México, 1951-2001", Banco de México, noviembre de 2001.

[21] Carlos Bazdresch y Santiago Levy, "El populismo y la política económica de México, 1970-1982", en Rudiger Dornbusch y Sebastián Edwards (comps.), *Macroeconomía del populismo en la América Latina,* FCE, México, 1992, p. 282.

[22] Asa Christina Laurell, "Avanzar en la reconstrucción del Sistema Nacional de Salud", *La Jornada,* 18 de junio de 2020.

[23] Redacción, "Piden reconocer falsedad de niños 'fantasma'", *Reforma,* 7 de julio de 2019.

[24] Esto sí se ha hecho, aunque ello ha generado dos problemas adicionales: *1)* algunas instancias han cerrado, *2)* otras han subido sus cuotas. Véase Montserrat Antúnez, "Las estancias infantiles cumplen un año sin subsidio: unas cierran y otras suben las colegiaturas", *Sin Embargo,* 1° de marzo de 2020.

[25] Álvaro Delgado, "López Obrador anuncia desaparición del Inifed", *Proceso,* 15 de junio de 2019.

[26] Informe, "Iniciativa mundial para escuelas seguras. En el 2030 toda escuela será segura", UNICEF, febrero de 2018.

[27] Jorge Monroy, "Alista AMLO ley para eliminar inspecciones a negocios", *El Economista,* 1° de noviembre de 2018.

[28] Nayeli Roldán, "Laboratorios denuncian aumento de pruebas rápidas 'ilegales' de covid y falta de vigilancia de Cofepris", *Animal Político,* 30 de julio de 2020.

[29] Redacción, "Nooo, primo hermano: AMLO dice que no le piensa dar dinero ni a Salinas Pliego, ni a ONGS, ni a…", *Sin Embargo,* 21 de febrero de 2019.

[30] Adela Cedillo, "El nacionalismo revolucionario de AMLO y su confrontación con la clase media ilustrada", *Revista Común,* 27 de mayo de 2020.

[31] Gibrán Ramírez, "Una nueva política social", *Milenio,* 24 de junio de 2019.

[32] Mariana León, "No crean que tiene mucha ciencia el gobernar: AMLO", *El Financiero,* 25 de junio de 2019.

[33] Redacción "AMLO presume que su Plan de Desarrollo no sigue 'la receta' del extranjero", *Expansión,* 1º de mayo de 2019.

[34] Hernán Gómez, "Las seis discrepancias de Urzúa con AMLO: Romo, Texcoco, Dos Bocas, Pemex, Bartlett y 'memo' de austeridad", *Proceso,* 15 de julio de 2019.

[35] Miguel Domínguez, "Da receta AMLO para acabar con sicarios", *Reforma,* 5 de abril de 2018.

[36] Redacción, "Empresarios piden que el apoyo de AMLO a jóvenes no sea asistencialista", *El Informador,* 23 de julio de 2018.

[37] Ivonne Vargas, "¿Será viable el programa de AMLO para los jóvenes?", *Expansión,* 6 de julio de 2018.

[38] "Acepta Álvarez-Buylla dirigir el Conacyt si AMLO gana la elección" *La Jornada,* 17 de junio del 2018.

[39] Jorge Castañeda, "AMLO, la izquierda latinoamericana y la autoconstrucción", *Nexos,* 28 de abril de 2020.

[40] Secretaría de Hacienda y Crédito Público, Proyecto del Presupuesto de Egresos de la Federación 2021, disponible en https://www.ppef.hacienda.gob.mx/work/models/PPEF2021/docs/08/r08_ppcer.pdf.

[41] Tomás Baños, "Denuncian vendedores de maíz a Segalmex", *El Sol de Tlaxcala,* 19 de marzo de 2020.

[42] Jorge Monroy, "Telecom: AMLO anuncia nueva filial de la CFE", *El Economista,* 21 de julio de 2019.

[43] Federico Arreola, "Hospitales privados. Cómo ayudar a México (y a AMLO) y evitar la expropiación o la requisa", *SDP Noticias,* 12 de abril de 2020.

[44] Raúl García Barrios, "El presidente, la economía y el invierno", *La Jornada,* 29 de octubre de 2020.

[45] Redacción, "México debe aumentar gasto para proteger vidas por pandemia: FMI", *La Jornada,* 26 de junio de 2020.

[46] John Eatwell y Ajit Singh, "¿Se encuentra 'sobrecalentada' la economía mexicana? Un análisis de los problemas de política económica a corto y mediano plazo", *Economía Mexicana,* núm. 3, 1981, pp. 253-278.

[47] Información recuperada de Alhelí Montalvo, "¿Cuáles son las actividades esenciales que no pararán en la contingencia del covid-19?", *El Economista,* 31 de marzo de 2020.

[48] Carlos Bazdresch y Santiago Levy, "El populismo y la política económica de México, 1970-1982", en Rudiger Dornbusch y Sebastián Edwards (comps.), *Macroeconomía del populismo en la América Latina,* FCE, México, 1992, p. 256.

[49] INEGI, Censos económicos 2019, disponible en https://www.inegi.org.mx/contenidos/programas/ce/2019/doc/frrdf_ce19.pdf.

[50] Salvador Alva y José Antonio Fernández, *Un México posible: una visión disruptiva para transformar a México,* Debate, México, 2018.

[51] Redacción, "Carlos Salazar asume la presidencia del Consejo Coordinador Empresarial", *El Economista,* 27 de febrero de 2019.

[52] Elizabeth Albarrán, "A Pemex, CFE y Sener, más del 50% el gasto en inversión pública", *El Economista,* 6 de octubre de 2019.

[53] Justin Villamil, "México coloca deuda por 6,000 mdd luego de serie de recortes a la calificación", *El Financiero,* 22 de abril de 2020.

Otro presidente apostador

[1] Una primera versión de este capítulo fue mi artículo "Otro presidente apostador", publicado en *Letras Libres* el 1° de octubre de 2019.

[2] Gabriel Zaid, "Más progreso improductivo y un presidente apostador", *Vuelta,* diciembre de 1982.

[3] Petróleos Mexicanos, "Anuario Estadístico 1988".

[4] Diana Hernández Martínez, *La producción petrolera mexicana: análisis histórico y escenario a futuro,* tesis de maestría en Ciencias de la Tierra, Centro de Geociencias, UNAM, México, 2017, p. 1.

[5] Adrián Lajous, "Las reservas de hidrocarburo en México", *Nexos,* 1° de mayo de 1999.

[6] BP plc, Statistical Review of World Energy, disponible en https://www.bp.com/en/global/corporate/energy-economics/statistical-review-of-world-energy/downloads.html.

[7] OPEP, Evolución anual del precio medio del petróleo crudo de 1960 a 2018 (en dólares por barril).

[8] Alexis Juárez Cao Romero, "Las perspectivas de Pemex después de la reforma energética: El desempeño operativo y financiero de Pemex y Pemex Exploración y Producción", *Foro Energético,* El Colegio de México, año 2, número 4, p. 4.

[9] Adrián Lajous, "El ocaso de Cantarell", *Nexos,* México, 1º de octubre de 2009, y Comisión Nacional de Hidrocarburos, "Dictamen técnico del Proyecto de Exploración Cantarell (modificación sustantiva)" julio de 2013.

[10] Petróleos Mexicanos, Las reservas de hidrocarburos de México, Evaluación al 1º de enero de 2005, p. 90.

[11] Desde 2013 los campos que componen el activo Cantarell, de acuerdo con los datos de la Auditoría Superior de la Federación, son Akal, Chac, Ixtoc, Kambesah, Kutz, Nohoch, Sihil y Takin. Comisión Nacional de Hidrocarburos, "Tablero de producción de petróleo y gas", agosto de 2020, disponible en https://produccion.hidrocarburos.gob.mx/#.

[12] Petróleos Mexicanos, "Reservas de hidrocarburos de México al 1 de enero de 2015", disponible en https://www.pemex.com/ri/Publicaciones/Reservas%20de%20Hidrocarburos%20Archivos/20150909%20Reservas%20al%201%20de%20enero%202015_e.pdf.

[13] Los campos que integran el Proyecto Integral Ku-Maloob-Zaap se descubrieron en 1977, 1980, 1985, 1992 y 1994. Véase Pemex Exploración y Producción, "Proyecto Integral Ku-Maloob-Zaap", disponible en http://bit.ly/2HcgQIf.

[14] Comisión Nacional de Hidrocarburos, "Tablero de Producción de Petróleo y Gas", agosto de 2020, disponible en https://produccion.hidrocarburos.gob.mx/#.

[15] Auditoría Superior de la Federación, "Pemex Exploración y Producción. Proyecto Integral Ku-Maloob-Zaap Auditoría Financiera y de Cumplimiento: 16-6-90T9G-02-0465 465-DE", 2017, disponible en https://www.asf.gob.mx/Trans/Informes/IR2016b/Documentos/Auditorias/2016_0465_a.pdf.

[16] Comisión Nacional de Hidrocarburos, "Reservas de hidrocarburos en México. Conceptos fundamentales y análisis 2018", febrero de 2019, disponible en https://www.gob.mx/cms/uploads/attachment/file/435679/20190207._CNH-_Reservas-2018._vf._V7.pdfhttps://www.

gob.mx/cms/uploads/attachment/file/435679/20190207._CNH-_Reservas-2018._vf._V7.pdf.

[17] Hannah Ritchie and Max Roser, "Fossil Fuels", *Our World in Data,* 2 de octubre de 2017, disponible en https://ourworldindata.org/fossil-fuels.

[18] Petróleos Mexicanos, "Evaluación de las reservas de hidrocarburos", enero de 2019, disponible en https://www.pemex.com/ri/Publicaciones/Reservas%20de%20hidrocarburos%20evaluaciones/20190101_rh_e.pdf.

[19] Comisión Nacional de Hidrocarburos, "Reservas de hidrocarburos y recursos prospectivos", enero de 2020, disponible en https://hidrocarburos.gob.mx/media/3652/reporte_reservas_recursos2020.pdf.

[20] Miguel S. Wionczek y Marcela Serrato, "Las perspectivas del mercado mundial del petróleo en los ochenta", *Revista de Comercio Exterior,* Bancomext, 1981, p. 1263.

[21] Federal Reserve System, "Selected Interest Rates", consultado el 17 de agosto de 2020, disponible en https://www.federalreserve.gov/datadownload/Choose.aspx?rel=H15.

[22] Comisión Nacional de Hidrocarburos, "Tablero de Producción de Petróleo y Gas", agosto de 2020, disponible en https://produccion.hidrocarburos.gob.mx/#.

[23] Centro de Estudios de las Finanzas Públicas, "Puntos Relevantes de la Reforma Energética" Cámara de Diputados, octubre de 2008, disponible en https://www.cefp.gob.mx/intr/edocumentos/pdf/cefp/2008/cefp0732008.pdf.

[24] Duncan Wood (ed.), "Mexico's New Energy Reform", Wilson Center, octubre de 2018, disponible en https://www.wilsoncenter.org/sites/default/files/media/documents/publication/mexicos_new_energy_reform.pdf.

[25] Salvador Camarena y Sonia Corona, "Peña Nieto quiere abrir el sector energético de México al capital privado", *El País,* 12 de agosto de 2013.

[26] Cámara de Diputados, "Votación. Minuta de la Cámara de Senadores, con proyecto de decreto, por el que se reforman y adicionan diversas disposiciones de la Constitución Política de los Estados Unidos Mexicanos, en materia de energía (en lo general y en lo particular los artículos no reservados)", diciembre de 2013, disponible en http://www.diputados.gob.mx/Votaciones.htm.

[27] Senado de la República, "Votación. Dictamen de las Comisiones Unidas de Puntos Constitucionales, de Energía, y de Estudios Legislativos Primera, con proyecto de decreto por el que se reforman y adicionan Diversas

Disposiciones de la Constitución Política de los Estados Unidos Mexicanos, en materia energética", diciembre de 2013, disponible en https://www.senado.gob.mx/64/votacion/1949.

[28] Duncan Wood, (ed.), "Mexico's New Energy Reform", Wilson Center, octubre de 2018, disponible en https://www.wilsoncenter.org/sites/default/files/media/documents/publication/mexicos_new_energy_reform.pdf, p. 32.

[29] Comisión Reguladora de Energía, "¿Qué hacemos?", consultado el 18 de agosto de 2020, disponible en https://www.gob.mx/cre/que-hacemos.

[30] Comisión Nacional de Hidrocarburos, "¿Qué hacemos?", consultado el 18 de agosto de 2020, disponible en https://www.gob.mx/cnh/que-hacemos.

[31] Centro Nacional de Información de Hidrocarburos, "Inversiones en información", 30 de junio de 2020, disponible en https://hidrocarburos.gob.mx/media/3647/inversiones_informacion.pdf.

[32] Secretaría de Energía, "Licitaciones petroleras garantizan 74 por ciento de utilidades para el Estado mexicano", abril de 2018, disponible en http://www.gob.mx/sener/prensa/licitaciones-petroleras-garantizan-74-por-ciento-de-utilidades-para-el-estado-mexicano.

[33] Secretaría de Energía, "Ronda Cero y migración de contratos de Pemex", diciembre de 2015, http://www.gob.mx/sener/articulos/ronda-cero-y-migracion-de-contratos-de-pemex.

[34] Petróleos Mexicanos, "Ronda Cero", marzo de 2014, disponible en https://www.gob.mx/cms/uploads/attachment/file/55592/Presentacion_Ronda_Cero.pdf.

[35] Comisión Nacional de Hidrocarburos, "Administración de contratos. Asociaciones", http://rondasmexico.gob.mx/, consultado el 18 de agosto de 2020, disponible en http://rondasmexico.gob.mx/esp/contratos/.

[36] Redacción, "Avala CNH inversiones a privados por 36 mmd", Reforma, 20 de agosto de 2019.

[37] Centro Nacional de Información de Hidrocarburos, "Inversiones registradas en contratos para la exploración y extracción de hidrocarburos", disponible en http://hidrocarburos.gob.mx, septiembre de 2020, https://hidrocarburos.gob.mx/media/3817/inversiones-ejercidas-en-contratos-de-exploracion-y-extraccion-de-hidrocarburos-30092020.pdf.

[38] Karla Omaña, "Invirtieron petroleras 14.5 mdd desde 2015", Reforma, 24 de septiembre de 2020.

[39] Comisión Nacional de Hidrocarburos, "Administración de contratos. CNH-R01-L02-A1/2015", 1º de junio de 2020, disponible en http://rondasmexico.gob.mx/esp/contratos/cnh-r01-l02-a12015/.

[40] Centro Nacional de Control del Gas Natural, "Qué hacemos", enero de 2020, disponible en https://www.gob.mx/cenagas/que-hacemos.

[41] Karol García, "Pierde Pemex 27,882 mdp por transferir ductos al Cenagas", *El Economista,* 8 de noviembre de 2017.

[42] Celia Ruiz Alfonsea, "¿Qué es el EBITDA?", BBVA noticias (blog), agosto de 2018, disponible en https://www.bbva.com/es/que-es-el-ebitda/.

[43] Guadalupe Fuentes López, "Braskem: Contrato de Etileno XXI nos lo propusieron en Pemex. Pide diálogo a autoridades en México", *Sin Embargo,* 17 de agosto de 2020.

[44] Los datos acumulados de las pérdidas de Pemex Refinación se hicieron con la información de los estados financieros dictaminados de Pemex.

[45] Cámara de Diputados, Ley de Petróleos Mexicanos.

[46] Redacción, "Fertinal: ex dueño rechaza haber vendido con sobreprecio a Pemex", Milenio, 25 de junio de 2019.

[47] Auditoría Superior de la Federación, "Pemex Fertilizantes Cadena de Producción Amoniaco-Fertilizantes Auditoría Financiera y de Cumplimiento: 15-6-90T9L-02-0514", Auditoría, diciembre de 2016.

[48] Véase Acta de la Sesión 890 Extraordinaria del Consejo de Administración de Pemex, disponible en https://www.pemex.com/acerca/gobierno-corporativo/consejo/Documents/acuerdos_2015/sesion_889_ord_vp.pdf.

[49] Redacción, "Acusa FGR a Emilio Lozoya de tres delitos, entre ellos, delincuencia organizada", *Forbes México,* 16 de julio de 2019.

[50] Jorge Monroy, "Lozoya se declara inocente en caso Odebrecht; FGR lo acusa de recibir 10.5 millones de dólares en sobornos", *El Economista,* 29 de julio de 2020.

[51] El proceso a aprobación de este proyecto inició en octubre de 2011 cuando el Grupo de Trabajo de Inversión de Pemex aprobó la etapa FEL II del proyecto de reconversión de residuales de Tula.

[52] Congreso General de los Estados Unidos Mexicanos, Ley de Petróleos Mexicanos (2014), disponible en http://www.diputados.gob.mx/LeyesBiblio/pdf/LPM_110814.pdf. Artículo 36.

[53] Redacción, "Emilio Lozoya. Los videos en que Meneses destapó los sobornos en Odebrecht", *El Universal,* 29 de julio de 2020.

[54] Sistema Integral sobre Economía Minera, "Históricos precios diarios petróleo WTI, Brent y MME", 6 de junio de 2017, disponible en https://www.sgm.gob.mx/Web/SINEM/energeticos/wti_brent_mme.html.

[55] Francisco Reséndiz, "EPN anuncia descubrimiento de yacimiento; Pemex se vuelve más rico, afirma", *El Universal*, 3 de noviembre de 2017.

[56] Arturo Solís, "Ixachi, el campo estrella de Pemex, ya produce 4,000 barriles diarios", *Forbes México,* 2 de septiembre de 2019.

[57] Jorge Andrés Castañeda y Ana Thaís Martínez, "Diagnóstico Imco: Refinería Dos Bocas", Imco, 9 de abril de 2019, disponible en https://imco.org.mx/diagnostico-imco-refineria-dos-bocas/.

[58] Filipe Barbosa *et al.,* "Oil and gas after covid-19: The day of reckoning or a new age of opportunity?", McKinsey & Company, 15 de mayo de 2020, disponible en https://www.mckinsey.com/industries/oil-and-gas/our-insights/oil-and-gas-after-covid-19-the-day-of-reckoning-or-a-new-age-of-opportunity.

[59] Israel Gama, "Defiende AMLO regulaciones de Sener: 'evitará que sigan saqueando al país', afirma", *Global Energy*, 18 de mayo de 2020.

[60] Oscar Guerra Ford, "Utilidad de la Plataforma Nacional de Transparencia: Análisis de las compras públicas de Pemex", agosto de 2020, disponible en http://inicio.inai.org.mx/presentaciones/Compras%20Pemex%201.pdf.

[61] Eduardo Marín, "Zama: el derecho de Pemex", *Milenio*, 23 de noviembre de 2019.

[62] Juan Carlos Boué, "Cuidado con la renta", *Nexos,* 1° de junio de 2013.

[63] Carlos Elizondo Mayer-Serra, "Otro presidente apostador", *Letras Libres,* 1° de octubre de 2019.

[64] Sistema de Información Energética, "Producción de petróleo crudo por activos (vigente hasta 2017)", enero de 2020, disponible en http://sie.energia.gob.mx/bdiController.do?action=cuadro&cvecua=PMXB1C05.

[65] Redacción, "Pemex excluiría a Chicontepec de sus proyectos de explotación", *La Jornada,* 18 de febrero de 2014.

[66] Petróleos Mexicanos, "Reporte de estado de salud de trabajadores y derechohabientes de Pemex afectados por covid-19", 5 de noviembre de 2020, disponible en https://www.pemex.com/saladeprensa/boletines_nacionales/Paginas/2020-272_nacional.aspx.

[67] Amy Stillman, "How AMLO's Crown Jewel Became the World's Deadliest Covid Company", *Bloomberg,* 10 de septiembre de 2020.

[68] Petróleos Mexicanos, "Plan de negocios de Petróleos Mexicanos y sus empresas productivas subsidiarias 2019-2023", p. 186.

[69] Redacción, "AMLO quiere elevar producción petrolera en 600 mil barriles diarios en 2 años", *El Financiero,* 27 de julio de 2018.

[70] "Evolución de la industria petrolera en México", septiembre de 2018, disponible en https://lopezobrador.org.mx/wp-content/uploads/2018/09/Evolucio%CC%81n-de-la-industria-petrolera-en-Me%CC%81xico.pdf.

[71] Cámara de Diputados, Comparecencia del director general de Petróleos Mexicanos, Ing. Octavio Romero Oropeza , 14 de octubre de 2020, disponible en https://www.youtube.com/watch?v=Xd1adH4DMS8.

[72] Secretaría de Hacienda y Crédito Púbico, Pre-Criterios 2021. Anexo I, disponible en https://www.finanzaspublicas.hacienda.gob.mx/work/models/Finanzas_Publicas/docs/paquete_economico/precgpe/precgpe_2021.pdf.

[73] Comisión Nacional de Hidrocarburos, https://hidrocarburos.gob.mx/media/2950/reporte-campos-prioritarios-pemex_01102019.pdf.

[74] Secretaría de Energía, "Prospectiva de Petróleo Crudo y Petrolíferos 2018-2032", 2018, https://base.energia.gob.mx/Prospectivas18-32/PPP_2018_2032_F.pdf.

[75] Lourdes Flores, "En dos años estará lista la rehabilitación de las seis refinerías: AMLO", *3 de mayo de 2019.*

[76] Redacción, "En 3 días iniciarán obras de la refinería de Dos Bocas", *Excélsior,* 29 de julio de 2019.

[77] Secretaría de Energía, "Balance Nacional de Energía 2018", 23 de noviembre de 2018, disponible en https://www.gob.mx/sener/documentos/balance-nacional-de-energia.

[78] Arturo Solís, "AMLO quiere menos almacenamiento de combustible durante su sexenio", *Forbes,* 11 de noviembre de 2019.

[79] Jeff Fick, "Petrobras to Sell Eight Brazil Refineries, Help Open Domestic Market", *S&P Global Platts,* 30 de abril de 2019.

[80] Noticieros Televisa, "AMLO: Empresas que construirán refinería, las mejores del mundo", 19 de marzo de 2019.

[81] Redacción, "Éste es el plan para construir la refinería Dos Bocas/Documento", *Aristegui Noticias,* 9 de mayo de 2019.

[82] Secretaría de Hacienda y Crédito Público, Informe sobre la situación económica, las finanzas públicas y la deuda pública. Cuarto Trimestre 2019. Anexo XIX, disponible en https://www.finanzaspublicas.hacienda.gob.mx/es/Finanzas_Publicas/Informes_al_Congreso_de_la_Union.

[83] Noé Cruz, "Sener toma el control de refinería Dos Bocas", *El Universal,* 10 de enero de 2020.

[84] Secretaría de Energía, Avance de Obra Refinería de Dos Bocas, disponible en https://www.youtube.com/playlist?list=PL44mmk3wGTvehnm-T5eygb1fz9j7jXV95U.

[85] Secretaría de Energía, "Refinería Dos Bocas, en Paraíso, Tabasco. Notas para exposición. A 12 meses de iniciar trabajos en sitio", junio de 2020, disponible en https://dosbocas.energia.gob.mx/Documentos/Exposici%-C3%B3n%20PRDB%20V1-2.pdf.

[86] David Shields, "Algo anda mal en Dos Bocas", *Reforma,* 15 de septiembre de 2020.

[87] Redacción, "Contratista KBR abandona refinería de Dos Bocas por sobrecostos", *Forbes,* 19 de septiembre de 2020.

[88] Redacción, "Modernizar las refinerías de Pemex costaría 50 mil mdp: AMLO", *El Financiero,* 13 de agosto de 2018.

[89] Secretaría de Hacienda y Crédito Público, Informe sobre la situación económica, las finanzas públicas y la deuda pública. Segundo Trimestre 2020. Anexo XX, disponible en https://www.finanzaspublicas.hacienda.gob.mx/es/Finanzas_Publicas/Informes_al_Congreso_de_la_Union.

[90] Secretaría de Energía. Sistema de Información Energética, disponible en http://sie.energia.gob.mx/.

[91] Karol García, "Pemex va por recortes presupuestarios y salariales", *El Economista,* 27 de abril de 2020.

[92] Comparación del primer trimestre de 2020 frente al primer trimestre de 2019, de acuerdo con los últimos datos disponibles.

[93] Noé Cruz Serrano, "Imparable, saqueo de combustible a Pemex", *El Universal,* 30 de septiembre de 2020.

[94] Benito Jiménez, "Denuncian huachicol… y no hay castigos", *Reforma,* 5 de septiembre de 2020.

[95] Presidencia de la República, "Auditorías a fideicomisos; se presentarán denuncias por corrupción. Conferencia presidente AMLO," 21 de octubre de 2020, https://www.youtube.com/watch?v=aZfX_bPYufk.

[96] Petróleos Mexicanos, "Resultados preliminares al 30 de junio de 2020", 28 de julio de 2020, disponible en https://www.pemex.com/ri/finanzas/Reporte%20de%20Resultados%20no%20Dictaminados/Webcast%202T20.pdf.

[97] Secretaría de Hacienda y Crédito Público, "Informes sobre la situación económica, las finanzas públicas y la deuda pública al segundo trimestre de

2020", comunicado, 30 de julio de 2020, disponible en https://www.finan-zaspublicas.hacienda.gob.mx/work/models/Finanzas_Publicas/docs/ori/Espanol/Trimestrales/2020/Comunicado_No._062_2T20.pdf.

[98] Petróleos Mexicanos. Plan de negocios de Petróleos Mexicanos y sus empresas productivas subsidiarias 2019-2023, disponible en https://www.pe-mex.com/acerca/plan-de-negocios/Documents/pn_2019-2023_total.pdf.

[99] Yeshua Ordaz, "Proponen hasta 86 mil millones para la capitalización de Pemex", *Milenio,* 9 de septiembre de 2019.

[100] Diana Nava, "Presupuesto proyecta reducción de impuestos a Pemex", *El Financiero,* 8 de septiembre de 2019.

[101] Cámara de Diputados, Ley de Ingresos sobre Hidrocarburos (2020), disponible en https://www.ppef.hacienda.gob.mx/work/models/PPEF2020/paquete/ingresos/LISH.pdf.

[102] Petróleos Mexicanos, "Pemex presenta sus resultados al segundo trimestre de 2020", 28 de julio de 2020, disponible en https://www.pemex.com/ri/finanzas/Reporte%20de%20Resultados%20no%20Dictaminados/Reporte%202T20.pdf.

[103] Petróleos Mexicanos, "Resultados preliminares al 30 de junio de 2019", 26 de julio de 2019, disponible en https://www.pemex.com/ri/finanzas/Reporte%20de%20Resultados%20no%20Dictaminados/Webcast%202T19.pdf; Petróleos Mexicanos, "Resultados preliminares al 30 de junio de 2020", 28 de julio de 2020, disponible en https://www.pemex.com/ri/finanzas/Reporte%20de%20Resultados%20no%20Dictaminados/Webcast%202T20.pdf.

[104] Felipe Solís Acero, "Oficio con el que remite iniciativa de decreto por el que se reforman los artículos 27 y 28 de la Constitución Política de los Estados Unidos Mexicanos", agosto de 2013, disponible en http://sil.gober-nacion.gob.mx/Archivos/Documentos/2013/08/asun_2995002_20130814_1376494979.pdf.

[105] Artículo 4°, Congreso General de los Estados Unidos Mexicanos, Ley del Servicio Público de Energía Eléctrica (Abrogada) (2014), http://www.diputados.gob.mx/LeyesBiblio/abro/lspee/LSPEE_abro.pdf.

[106] Artículo 3°, Congreso General de los Estados Unidos Mexicanos, Ley del Servicio Público de Energía Eléctrica (Abrogada) (2014), http://www.diputados.gob.mx/LeyesBiblio/abro/lspee/LSPEE_abro.pdf.

[107] Congreso General de los Estados Unidos Mexicanos, Ley del Servicio Público de Energía Eléctrica (Abrogada) (2014), http://www.diputados.gob.mx/LeyesBiblio/abro/lspee/LSPEE_abro.pdf.

[108] César E. Hernández Ochoa, "Temas de regulación del sector eléctrico mexicano", en Manuel Barquín Álvarez y Francisco J. Treviño, *La infraestructura pública en México (regulación y financiamiento)*, UNAM, México, 2010.

[109] *Idem.*

[110] Víctor Carreón, "Desarrollo del mercado eléctrico, 1994–2008", CIDE, México, 2010; y Secretaría de Energía, "Capacidad instalada de la industria eléctrica", enero de 2020, disponible en http://sie.energia.gob.mx/bdiController.do?action=cuadro&subAction=applyOptions.

[111] Víctor Carreón, "Desarrollo del Mercado Eléctrico, 1994–2008", CIDE, México, 2010.

[112] *Idem.*

[113] Centro Nacional de Control de Energía, "Quiénes somos", 1º de julio de 2020, disponible en https://www.cenace.gob.mx/paginas/publicas/cenace/quienessomos.aspx.

[114] Comisión Reguladora de Energía, "Preguntas frecuentes sobre la nueva regulación en temas eléctricos", 2015, disponible en https://www.cre.gob.mx//documento/faq-regulacion-electricos.pdf.

[115] Karol García, "Cancelan megaproyectos de transmisión eléctrica", *El Economista,* 30 de enero de 2019.

[116] Instituto de Investigaciones Legislativas del Senado de la República, "Evolución y perspectivas del gas natural en México", agosto de 2003, disponible en http://bibliodigitalibd.senado.gob.mx/bitstream/handle/123456789/1703/Evolucion_Gas_Natural.pdf?sequence=1&isAllowed=y.

[117] Comisión Reguladora de Energía, "Los nuevos retos de la industria del gas natural 2001-2005. Hacia una estructura más eficiente y competitiva en la industria del gas natural en México", julio de 2001, disponible en https://www.cre.gob.mx//documento/370.pdf.

[118] U.S. Energy Information Administration, "Henry Hub Natural Gas Spot Price (Dollars per Million Btu)", 1º de julio de 2020, disponible en https://www.eia.gov/dnav/ng/hist/rngwhhdA.htm.

[119] Secretaría de Energía, "Estatus de la infraestructura de gas natural", octubre de 2019, disponible en https://www.gob.mx/cms/uploads/attachment/file/497827/Estatus_de_gasoductos_octubre_2019.pdf.

[120] Secretaría de Energía, "Prospectiva del sector eléctrico 2015-2029", 2015, disponible en https://www.gob.mx/cms/uploads/attachment/file/44328/Prospectiva_del_Sector_Electrico.pdf; Secretaría de Energía,

"Segundo Informe de Labores", 1° de septiembre de 2020, disponible en https://base.energia.gob.mx/IL/2-Informe-de-labores-SENER.pdf; Secretaría de Energía, "Programa de Desarrollo del Sistema Eléctrico Nacional 2018-2032. Prodesen", 2018, disponible en https://www.gob.mx/cms/uploads/attachment/file/331770/PRODESEN-2018-2032-definitiva.pdf.

[121] Comisión Reguladora de Energía, "Preguntas frecuentes sobre los Certificados de Energías Limpias", agosto de 2016, disponible en http://www.gob.mx/cre/articulos/preguntas-frecuentes-sobre-los-certificados-de-energias-limpias.

[122] Víctor Florencio Ramírez Cabrera, "Renovables caras… sí, pero el siglo pasado", *Nexos,* 24 de octubre de 2019.

[123] Comisión Federal de Electricidad, "Estructura corporativo", 2016, disponible en https://www.cfe.mx/acercacfe/Estructura%20CFE/Pages/corporativo.aspx.

[124] Andrés Manuel López Obrador (2017), *2018: La salida. Decadencia y renacimiento de México,* Planeta, México, p. 42.

[125] Enrique Quinta, "AMLO le pide al tiempo que vuelva", *El Financiero,* 21 de mayo de 2020.

[126] Karol García, "Cancelan megaproyectos de transmisión eléctrica", *El Economista,* enero de 2019.

[127] Arturo Solís, "Regulador eléctrico cancela la cuarta subasta eléctrica", *Forbes,* 2 de febrero de 2019.

[128] Diana Nava, "Sener ajusta regulación de Certificados de Energías Limpias", *El Financiero,* 4 de diciembre de 2019.

[129] Redacción, "Da juez suspensión contra cambios a CELs", *Reforma,* el 22 de noviembre de 2019, Ivette Saldaña, "Van 172 amparos de empresas contra cambios de política energética", *El Universal,* 26 de junio de 2020.

[130] Redacción, "AMLO promete desviar gasoducto Tuxpan-Tula", *El Economista,* 5 de enero de 2020.

[131] Redacción, "Los que mienten son ellos, revira Bartlett a Concamin", *El Universal,* 25 de mayo de 2020.

[132] Redacción, "CFE detonará 33 proyectos de generación eléctrica: Bartlett", *Energía a Debate,* 9 de diciembre de 2019.

[133] Arturo Solís, "CFE cancela licitaciones de 4 plantas eléctricas por crisis de covid-19", *Forbes,* 15 de julio de 2020.

[134] Yeshua Ordaz, "CFE tendrá fideicomiso para construir y adquirir centrales", *Milenio,* 22 de julio de 2020.

[135] Arturo Solís, "Empresas renovables presentan 172 amparos contra política energética de AMLO", *Forbes*, 26 de junio de 2020.

[136] Pablo Zárate, "Las cuentas que cuenta la cfe de Bartlett", *El Economista*, 28 de mayo de 2020.

[137] Víctor Florencio Ramírez Cabrera, "Sin una nueva reforma, ¿se puede 'rescatar' a la cfe?", *Nexos*, 1° de octubre de 2020.

[138] Por ejemplo, el Sistema de Información Energética de la Sener y las estadísticas e indicadores del sector eléctrico.

[139] Comisión Federal de Electricidad, Estados Financieros, disponible en https://www.cfe.mx/inversionistas/InformacionFinanciera/Pages/Estados-Financieros.aspx.

[140] Alejandro Moreno, "Baja 8 puntos la aprobación de AMLO; se ubica en 60%", *El Financiero*, 1° de junio de 2020.

[141] Ramsés Pech, "¿El combustóleo podría eliminarse de México?", *Petróleo&Energía*, agosto de 2020.

[142] Banco de México, "Balanza de Productos Petroleros", agosto de 2020, disponible en https://www.banxico.org.mx/SieInternet/consultarDirectorioInternetAction.do?sector=1&accion=consultarCuadroAnalitico&idCuadro=CA188&locale=es.

[143] Petróleos Mexicanos, "Precio al público de productos petrolíferos", agosto de 2020, disponible en https://www.pemex.com/ri/Publicaciones/Indicadores%20Petroleros/epublico_esp.pdf.

[144] Karol García, "Cofece interpone controversia constitucional contra la política eléctrica de la Sener", *El Economista*, 22 de junio de 2020.

[145] Gabriel Quadri, "Termoeléctrica de Tula, el Chernóbil mexicano", *El Economista*, 15 de mayo de 2020.

[146] Gabriel Quadri, "Regresión y barbarie energética", *El Economista*, 22 de mayo de 2020.

[147] Redacción, "¿Qué es la Ley de Transición Energética?", *Milenio*, 2 de diciembre de 2015.

[148] Secretaría de Economía, "El tipat entra en vigor y abre nuevos mercados para México", diciembre de 2018, disponible en http://www.gob.mx/se/prensa/el-tipat-entra-en-vigor-y-abre-nuevos-mercados-para-mexico.

[149] Enrique Quintana "El futuro energético se juega en el 2021", *El Financiero*, 25 de junio de 2020.

[150] Prodesen 2018-2032, Secretaría de Energía, p. 129.

[151]Banorte, "Evolución de spreads", Estrategia corporativa, 7 de septiembre de 2020, disponible en https://www.banorte.com/cms/casadebolsabanorteixe/analisisyestrategia/analisisdedeudacorporativa/EV_Spreads.pdf.

[152]Jorge A. Castañeda, "Nunca hay que desaprovechar una crisis", *El Heraldo de México*, 21 de mayo de 2020.

Frente a la Pandemia

[1]Arturo Páramo, "Sismo 85: definen cifra de muertes", *Excélsior*, 17 de septiembre de 2015.

[2]Sin Censura TV, "AMLO dice que con coronavirus no cometerán error de Calderón con AH1N1", 11 de febrero de 2020, disponible en https://www.youtube.com/watch?v=Cyd440vi3to.

[3]Carlos Puig, "'El virus de la idiotez': AMLO y la H1N1", *Milenio*, 18 de marzo de 2020.

[4]Jaime Santirso y Pablo Linde, "China cierra la ciudad de Wuhan para frenar la expansión del virus", *El País*, 22 de enero de 2020.

[5]Alonso Urrutia y Alma Muñoz, "Descarta AMLO riesgo inmediato en México por coronavirus", *La Jornada*, 28 de enero de 2020.

[6]Dulce Álvarez, "AMLO: coronavirus no es fatal, 'ni siquiera equivalente a influenza'", *Político*, 28 de febrero de 2020.

[7]OCDE, Panorama de la Salud: Latinoamérica y el Caribe 2020, disponible en https://www.oecd-ilibrary.org/docserver/740f9640-es.pdf?expires=1592611906&id=id&accname=guest&checksum=08986B-0D7E97C8D3D580A1B5992CFA51.

[8]Zedryk Raziel, Manu Ureste, Nayeli Roldán y Arturo Angel, "Imss atendió menos enfermos y bajó vacunación y reparto de anticonceptivos en el primer año de AMLO", *Animal Político*, 6 de octubre de 2020.

[9]México Evalúa, "Así es como México gasta en salud", 7 de mayo de 2020, disponible en https://www.mexicoevalua.org/asi-es-como-mexico-gasta-en-salud/.

[10]México Evalúa, "Erario especial: gasto en salud en el primer semestre de 2020", 10 de agosto de 2020, disponible en https://www.mexicoevalua.org/numerosdeerario/erario-especial-gasto-en-salud-en-el-primer-semestre-de-2020/https://www.mexicoevalua.org/numerosdeerario/erario-especial-gasto-en-salud-en-el-primer-semestre-de-2020/.

[11] UNICEF. Inmunization data, julio de 2020, disponible en https://data. unicef.org/resources/dataset/immunization/.

[12] Laura Toribio, "Dejaron de vacunar a la mitad de niños", *Excélsior,* 11 de septiembre de 2020.

[13] Maribel Ramírez Coronel, "Insabi medio camina gracias a los rieles del Seguro Popular", *El Economista,* 14 de julio de 2020.

[14] Julio Frenk y Octavio Gómez, "Lecciones de la pandemia", *Nexos,* 1° de mayo de 2020.

[15] Julio Frenk y Octavio Gómez, "Austeridad privatizadora", *Nexos,* 1 de agosto de 2019.

[16] Redacción, "Quitan 40 mil millones de pesos a Gastos Catastróficos", *Milenio,* 5 de noviembre de 2019.

[17] "Presidente llama a mantener calma frente al coronavirus; destaca fortaleza económica de México", 12 de marzo de 2020, disponible en https:// lopezobrador.org.mx/2020/03/12/presidente-llama-a-mantener-cal-ma-frente-al-coronavirus-destaca-fortaleza-economica-de-mexico/.

[18] *El Universal,* "La Mañanera de AMLO, martes 31 de marzo de 2020", disponible en https://www.youtube.com/watch?v=I1SoUbF4Rws.

[19] John Reed, "Thailand, Vietnam and the 'Covid dividend'", *Financial Times,* 9 de junio de 2020.

[20] Redacción, "Ruanda, el ejemplo inesperado de la lucha contra el coronavirus", *Expansión,* 12 de agosto de 2020.

[21] Google, Informes de movilidad local sobre el covid-19: https://www. google.com/covid19/mobility/.

[22] Redacción, "Consumo de alcohol adulterado deja 199 muertos en México", *Poblanerías,* 12 de junio de 2020.

[23] Senado de la República, "Explica López Gatell a senadores estrategia del Gobierno Federal sobre covid-19", 17 de marzo de 2020.

[24] Roberto Ponce, "¿Cómo llegará el Semáforo Verde? Evolución de la pandemia en las entidades federativas", Escuela de Gobierno y Transformación Pública del Tecnológico de Monterrey, octubre de 2020.

[25] Efraín Tzuc, Diego Martorell y Andrea Cáredenas, "Revela 911 tres veces más muertes extrahospitalarias por covid-19 en la CDMX", *Quinto Elemento Lab,* 16 de junio de 2020.

[26] Signos Vitales, "La Pandemia en México: dimensión de la tragedia", 9 de julio de 2020, disponible en https://signosvitalesmexico.org.mx/ en-us/2020/07/09/la-pandemia-en-mexico/.

[27] Consejo Consultivo Ciudadano Pensando en México, "La gestión de la pandemia en México, 2020", disponible en http://salud.dgire.unam.mx/PDFs/gestion-pandemia-Mexico-Analisis-preliminar.pdf

[28] Amnistía Internacional, "Global: Análisis de Amnistía revela que más de 7.000 profesionales de la salud han muerto a causa de la covid-19", 3 de septiembre de 2020.

[29] Alberto Pradilla, "Contratados por Insabi ante emergencia de covid denuncian retraso en pagos, desorganización y falta de seguro", *Animal Político,* 17 de junio de 2020.

[30] Omar Brito, "En escenario muy catastrófico se estimó hasta 60 mil muertos por covid-19: López-Gatell", *Milenio,* 4 de junio de 2020.

[31] Héctor Hernández Bringas. Mortalidad por covid-19 en México: notas preliminares para un perfil sociodemográfico, UNAM, junio de 2020, disponible en: https://web.crim.unam.mx/sites/default/files/2020-06/crim_036_hector-hernandez_mortalidad-por-covid-19_0.pdf

[32] Worldometer: https://www.worldometers.info/coronavirus/.

[33] Mexicanos Contra la Corrupción y la Impunidad, "Las actas sobre el número real de muertos con covid-19 en CDMX", 18 de mayo de 2020: https://contralacorrupcion.mx/muertes-coronavirus-cdmx/.

[34] Grupo Parlamentario de Morena en el Senado, LXIV Legislatura, "Explica López Gatell a senadores estrategia del Gobierno Federal sobre covid-19", 17 de marzo de 2020, disponible en https://morena.senado.gob.mx/2020/03/17/explica-lopez-gatell-a-senadores-estrategia-del-gobierno-federal-sobre-covid-19/.

[35] Mario Romero y Laurianne Despeghel, "¿Qué nos dicen las actas de defunción de la CDMX? Actualización al 31 de mayo de 2020", *Nexos,* 6 de junio de 2020.

[36] Mary Beth Sheridan, "Las muertes en CDMX aumentaron el triple de lo normal durante el brote de covid-19, dice López-Gatell", *The Washington Post,* 2 de julio de 2020.

[37] Raúl Rojas, "México, con 190 mil muertos y 10 millones de contagios, calculan", *El Universal,* 8 de septiembre de 2020.

[38] Redacción, "Tracking Covid-19 Excess Deaths across Countries".

[39] Proyecto Li, Nayeli Roldán y Arturo Ángel, "El impacto de la pandemia: 130 mil muertos en cuatro meses, solo 51 mil reconocidos por covid", *Animal Político,* 2 de septiembre de 2020.

[40] Alejandro Domínguez e Hilda Concha, "'Hay que tomar decisiones en marco de incertidumbre'; así se aprobó nueva normalidad", *Milenio,* 23 de julio de 2020.

[41] Rey Rodríguez, "López Obrador anuncia que reinician sus giras de trabajo por todo México", *CNN,* 27 de mayo de 2020.

[42] Redacción, "Semáforo del coronavirus en México: así será el regreso a la 'nueva normalidad'", *Milenio,* 13 de mayo de 2020.

La visión de los vencedores

[1] John Ackerman, "Medios contra la 4T", *Proceso,* 21 de junio de 2020.

[2] Luis Estrada, "¿Es AMLO el más atacado en 100 años?", *El Universal,* 29 de septiembre de 2020.

[3] Gibrán Ramírez, "Inorgánicos, indolentes y egocéntricos", *Milenio,* 18 de marzo de 2019.

[4] Hernán Gómez, "Las dudas sobre la candidatura de Gibrán", *El Heraldo de México,* 8 de septiembre de 2020.

[5] Hernán Gómez, "Gibrán y sus hombres", *La Política Online,* 14 de septiembre de 2020.

[6] Leonardo Núñez [@leonugo] (8 de septiembre de 2020), "Hoy @HernanGomezB hace varios cuestionamientos sobre la gestión de @gibranrr en la @CISS_org. Cuando he intentado conocer la situación presupuestal al interior de esa institución pública, todo ha sido opacidad. No sabemos qué hacen con más de 90 mdp al año. Así me respondieron:", Twitter: https://twitter.com/leonugo/status/1303355399295373313?s=20.

[7] John Ackerman, "Propaganda y objetividad", *Proceso,* 23 de junio de 2019.

[8] "Intelectuales públicos y orgánicos: ¿quién es quién?: entrevista con Gibrán Ramírez", *John & Sabina,* Once TV, 22 de octubre de 2019, disponible en https://bit.ly/2ZC7izX.

[9] Andrés Manuel López Obrador, *2018: La salida. Decadencia y renacimiento de México,* Planeta, México, 2017, p. 204.

[10] Redacción, "Libro de AMLO es punto de quiebre al neoliberalismo económico: Galván Ochoa", *El Heraldo de México,* 19 de noviembre de 2019.

[11] "Presidente presenta 'La nueva política económica en los tiempos del coronavirus'", 16 de mayo de 2020, disponible en https://lopezobrador.

org.mx/2020/05/16/presidente-presenta-la-nueva-politica-economi-ca-en-los-tiempos-del-coronavirus/.

[12] Héctor Aguilar Camín, "Utopía de la república pobrista/2", *Milenio,* 19 de mayo de 2020.

[13] Adela Cedillo, "El nacionalismo revolucionario de AMLO y su confrontación con la clase media ilustrada", *Revista Común,* 27 de mayo de 2020.

[14] John Ackerman, "Oposición descompuesta", *Proceso,* 4 de mayo de 2019.

[15] Claudio Lomnitz, "¿No somos iguales?", *Nexos,* 1° de junio de 2020.

[16] Democracia Deliberada, "Sobre nosotros", disponible en https://bit.ly/3jagnb9.

[17] Democracia Deliberada, "Por el bien de las y los pobres, más y mejor Estado", *Animal Político,* 15 de julio de 2020.

[18] Democracia Deliberada, "La Cuarta Transformación será feminista o no será", *Animal Político,* 18 de febrero de 2020.

[19] Democracia Deliberada, "Plan B: Ante la crisis, creatividad y decisión", *Animal Político,* 10 de abril de 2020.

[20] Blanca Heredia, "La 'Cuarta Transformación' es un relato epopéyico", *Horizontal,* 3 de diciembre de 2018.

[21] Denise Dresser, "El gobierno hereda un país que transitó de la dictadura perfecta al pillaje perfecto", *Horizontal,* 2 de diciembre de 2018.

[22] Luis Linares, "Pandemia y éxtasis", *La Jornada,* 15 de abril de 2020.

[23] Epigmenio Ibarra, "La nueva (y falsa) Cristiada", *Milenio,* 17 de junio de 2020.

[24] Federico Arreola, "Enamoramiento, encantamiento e hipnotismo en la 4T…", *SDP,* 8 de diciembre de 2019.

[25] Federico Arreola, "El presidente más chingón y los periodistas más pinches", *SDP,* 14 de abril de 2020.

[26] Redacción, "Se adjudica rumor sobre presunto alcoholismo de FCH", *Excélsior,* 11 de febrero de 2011.

[27] Jorge Zepeda Patterson, "No me digas: 'Te lo dije'", *Diario de Yucatán,* 24 de mayo de 2020.

[28] Gibrán Ramírez *et al.,* "Primer año de AMLO: un debate". 1° de diciembre de 2019.

[29] Gibrán Ramírez, "Administrar y transformar. De los alcances y límites de la 4T", *Milenio,* 29 de junio de 2020.

[30] Jorge Zepeda, "El modito", *Sin Embargo,* 3 de mayo de 2020.

[31] Diego Badillo:"El presidente Andrés Manuel López Obrador es austero, republicano y generalista: Gibrán Ramírez", *El Economista,* 30 de noviembre de 2019.

[32] Fernando Damián, "Sensibilidad y honestidad de AMLO lograrán que México salga adelante: Monreal", *Milenio,* 7 de septiembre de 2020.

[33] Lorenzo Meyer, "Promesas que cumplir y millas que andar", *El Universal,* 8 de diciembre de 2019.

[34] Gibrán Ramírez, "Milagros", *El Sur,* 30 de septiembre de 2019.

[35] John Ackerman, "Andrés Manuel López Obrador: el radical", *Hechos y Derechos,* UNAM, 23 de julio de 2019.

[36] Jorge Zepeda, "Razones y sinrazones del desencanto", *Vanguardia,* 31 de agosto de 2019.

[37] Epigmenio Ibarra, "La razón y la garantía de la victoria", *Milenio,* 1º de julio de 2020.

[38] Jesús Silva-Herzog, "Esto no es una distracción", *Reforma,* 17 de agosto de 2020.

[39] Leo Zuckermann, "El gran valor que podría tener el juicio a Lozoya", *Excélsior,* 29 de julio de 2020.

[40] Lorenzo Meyer, "AMLO, político de amplio espectro", *El Universal,* 12 de enero de 2020.

[41] Blanca Heredia, "AMLO: otra partitura (en clave distinta)", *El Financiero,* 20 de noviembre de 2019.

[42] Javier Tello, "AMLO y las llagas de la democracia", *Nexos,* 1º de diciembre de 2019.

[43] Pedro Miguel, "¿Y dónde está Morena?", *La Jornada,* 11 de septiembre de 2020.

[44] Opinión: Cuarta Transformación, "Pedro Haces, un dirigente tripolar suelto", *El Financiero,* 18 de febrero de 2019.

[45] Viridiana Ríos, "3 éxitos y 3 fracasos de AMLO", *Expansión,* 2 de diciembre de 2019.

[46] *Idem.*

[47] Viridiana Ríos, "AMLO, el monstruo que no existe", *The New York Times,* 13 de septiembre de 2019.

[48] John Ackerman, "AMLO: un ejemplo de la izquierda en el poder", *RT,* 28 de agosto de 2019.

[49] Genaro Lozano, "Lo bueno", *Reforma,* 3 de diciembre de 2019.

[50] Redacción, "Libro de AMLO es punto de quiebre al neoliberalismo económico: Galván Ochoa", *El Heraldo de México,* 19 de noviembre de 2019.

[51] Viridiana Ríos, "3 éxitos y 3 fracasos de AMLO", *Expansión,* 2 de diciembre de 2019.

[52] Jorge Zepeda, "Podría pecar de optimista, pero…", *Sin Embargo,* 24 de noviembre de 2019.

[53] Viridiana Ríos, "Élite tropical mexicana", *El País,* 3 de diciembre de 2019.

[54] Genaro Lozano, "Lo bueno", *Reforma,* 3 de diciembre de 2019.

[55] *Idem.*

[56] Gibrán Ramírez, "Año 2: unidad y fragmentación", *Milenio,* 2 de diciembre de 2019.

[57] Francisco Quijano, "El momento democrático", *Revista Común,* 25 de septiembre de 2019.

[58] Genaro Lozano, "Lo bueno", *Reforma,* 3 de diciembre de 2019.

[59] Grecia Benavides, "Arriba los de abajo, y abajo los privilegios", *El Soberano,* 20 de mayo de 2020.

[60] Rodrigo Cornejo, "Los bárbaros y los programas sociales", *El Soberano,* 16 de marzo de 2020.

[61] Martha Cajigas, "Desarrollo, bienestar y felicidad", *El Soberano,* 19 de mayo de 2020.

[62] John Ackerman, "Un año de congruencia y estabilidad", *Hechos y Derechos,* UNAM, 23 de julio de 2019.

[63] Jorge García, "Índice de letalidad, Guardia Nacional y DDHH en la #4T", *El Soberano,* 18 de marzo de 2020.

[64] María de Haas, "Fuerzas Armadas en seguridad pública: producto del consenso legislativo y del Estado de derecho", *El Soberano,* 15 de mayo de 2020.

[65] Jorge Barrientos, "El covid-19 salvará más vidas que las que se lleva", *El Soberano,* 8 de abril de 2020.

[66] Daniel Torres, "México, Corea del Sur, economistas y epidemiólogos", *El Soberano,* 18 de agosto de 2020.

[67] Alberto Vanegas, "El decálogo", *El Soberano,* 16 de junio de 2020.

Conclusiones

[1] Karel Dyba y Jan Svejnar, "Czechoslovakia: Recent Economic Developments and Prospects", *The American Economic Review,* núm. 2, vol. 81, 1991, p. 185.

[2] "Por eso vamos a salir fortalecidos, o sea, que nos vino esto como anillo al dedo para afianzar el propósito de la transformación", mañanera del 2 de abril de 2020, disponible en https://bit.ly/3iMFkYU.

[3] Banco Mundial, disponible en https://data.worldbank.org/indicator/NY.GDP.MKTP.KD.ZG?locations=US.

[4] Banco de México, Sistema de Información Económica, disponible en https://www.banxico.org.mx/SieInternet/consultarDirectorioInternetAction.do?sector=1&accion=consultarCuadro&idCuadro=CE125&locale=es.

[5] Roberto Garduño y Enrique Méndez, "cfe pagará $6 mil 836 millones adicionales al finalizar contratos de cinco gasoductos", *La Jornada,* 31 de octubre de 2020.

[6] Redacción, "Millonarios deben aportar más", *El Universal,* 20 de mayo de 2020.

[7] Héctor Aguilar Camín, "Sobre la grandeza previa", *Milenio,* 6 de septiembre de 2019.

[8] Ángeles Cruz, "Pisa y filial, inhabilitadas 30 meses por la sfp; es el mayor proveedor de medicinas", *La Jornada,* 22 de octubre de 2020.

[9] Redacción, "Por recortes han fallecido 1,602 niños con cáncer, acusan", *El Financiero,* 4 de septiembre de 2020.

[10] Redacción, "Gracias al apoyo de la gente no han podido debilitarnos: AMLO", *La Jornada,* 8 de septiembre de 2020.

[11] Su misión y más información se encuentra en https://frena.com.mx. Sobre quién es Lozano, véase Nicolás Medina Mora, "Gilberto Lozano, el hombre que grita", *Nexos,* 8 de octubre de 2020.

[12] "AMLO, responde a las preguntas de Coneval", disponible en https://morena.si/archivos/19273.

[13] John Scott, "Más allá de la contingencia", *Nexos,* 1° de julio de 2020.

[14] Oraculus, disponible en https://bit.ly/34cOidA.

[15] Buendía & Laredo, Encuesta Nacional de Opinión Pública, agosto de 2020.

[16] prep Coahuila 2020, disponible en https://bit.ly/2HhtIjx.

[17] iee Hidalgo, disponible en https://bit.ly/34wPEQx. Se contabilizan también los votos que obtuvieron yendo en alianzas.

[18] Claudia Guerrero, "Elección fue un cochinero: Muñoz Ledo", *Reforma,* 23 de octubre de 2020.

[19] Daniel Sánchez, "'Les vamos a partir su madre': amenazó candidata a alcaldía de Hermosillo", *Excélsior,* 22 de mayo de 2018.

[20] Redacción, "México Libre: ¿Por qué el INE le negó el registro como partido?", *El Financiero,* 5 de septiembre de 2020.

[21] Parametría, "¿Quiénes eligieron a AMLO como presidente?", encuesta de salida, 1° de julio de 2018.

[22] Luis de la Calle y Luis Rubio, *Clasemediero: Pobre no más, desarrollado aún no,* Felou/cidac, México, 2010.

[23] Coneval, Medición de la pobreza. Pobreza en México, 2018, disponible en https://www.coneval.org.mx/Medicion/Paginas/PobrezaInicio.aspx.

[24] Consejo de Derechos Humanos, "Conclusiones detalladas de la misión internacional independiente de determinación de los hechos sobre la República Bolivariana de Venezuela", disponible en https://bit.ly/2SXKsyC.

[25] México Unido Contra la Delincuencia, "La prisión automática genera ineficiencia y simula justicia", 23 de enero de 2019.

[26] Redacción, "La UIF congela cuentas del ex gobernador de Chihuahua, José Reyes Baeza", *Expansión,* 15 de septiembre de 2020.

[27] Redacción, "Ya perdoné a Calderón por robarnos Presidencia: AMLO; no hay persecución política", *Milenio,* 14 de agosto de 2020.

[28] Redacción, "Dinero ilícito benefició a Peña Nieto: López Obrador", *La Jornada,* 19 de julio de 2012.

[29] Max Kaiser, "¿Qué sí y qué no es válido en una campaña electoral para ganar el voto?", Imco, 5 de abril de 2018, disponible en https://imco.org.mx/no-valido-una-campana-electoral-ganar-voto/.

[30] Redacción, "Mi gobierno 'vomita la demagogia y el populismo', asegura el Ejecutivo", *La Jornada,* 21 de febrero de 2006.

[31] TEPJF, Dictamen relativo al cómputo final de la elección de presidente de los Estados Unidos Mexicanos, declaración de validez de la elección y de presidente electo, 2006, p. 68.

[32] Redacción, "No estaba perdida: AMLO muestra carta de no reelección y dice que la certificará ante notario", *El Financiero,* 24 de julio de 2019.

[33] Redacción, "AMLO: sin base social, ninguna transformación se lleva a cabo", *La Jornada,* 7 de septiembre de 2020.

[34] Este tema lo analizo en mi libro *La importancia de las reglas: Gobierno y empresario después de la nacionalización bancaria,* FCE, México, 2001.

[35] Redacción, "A ver quién amarra al tigre si hay fraude electoral: AMLO", *El Universal,* 9 de marzo de 2018.

[36] Massive Caller, Medición mensual de alcaldes, 29 de septiembre de 2020.

[37] Una compilación al respecto se encuentra en https://bit.ly/32Pi5rd.

[38] BBVA, "Hacia una economía sin contacto, septiembre de 2020, disponible en https://www.bbvaresearch.com/publicaciones/hacia-una-economia-sin-contacto/.

[39] Michael Sandel, *La tiranía del mérito: ¿qué ha sido del bien común?*, Debate, México, 2020.

[40] Organización Mundial de Comercio, Examen estadístico del comercio mundial de 2019.

[41] Secretaría de Economía, Información estadística de la inversión extranjera directa, Flujos totales de IED hacia México por tipo de inversión, país de origen, sector económico y entidad federativa, disponible en https://bit.ly/3dH6sYl.

[42] Sarah O'Connor, "Do Not Let Homeworking Become Digital Piecework for the Poor", *Financial Times,* 15 de septiembre de 2020.

[43] The Economist Intelligence Unit, "Will Latin America Take Advantage of Supply Chain Shifts?", *The Economist,* 2020.

Glosario de siglas y acrónimos

ABA: (por sus siglas en inglés) Colegio de Abogados
    de Estados Unidos
ABM: Asociación de Bancos de México
AFL-CIO
Aladi: Asociación Latinoamericana de Integración
AMANC: Asociación Mexicana de Ayuda a Niños con Cáncer
Amexhi: Asociación Mexicana de Empresas de Hidrocarburos
AMLO: Andrés Manuel López Obrador
Anago: Asociación Nacional de Gobernadores
APPRI: Acuerdos para la Promoción y Protección Recíproca
    de las Inversiones
ARES: Autorizaciones para Reconocimiento y Exploración
    Superficiales
ASF: Auditoría Superior de la Federación
Aurech: Asociación de Usuarios de Riego del Estado
    de Chihuahua
Banobras: Banco Nacional de Obras y Servicios Públicos
Bansefi: Banco del Ahorro Nacional y Servicios Financieros
BID: Banco Interamericano de Desarrollo
BMA: Barra Mexicana de Abogados
BOA: Bloque Opositor Amplio
BTU: (por sus siglas en inglés) unidades térmicas británicas

615

CATEM: Confederación Autónoma de Trabajadores y Empleados de México

CCC: Índice de Capacidad para Combatir la Corrupción

CCE: Consejo Coordinador Empresarial

CEE: contratos de exploración y extracción

CEL: Certificados de Energías Limpias

Cenace: Centro Nacional de Control de Energía

Cenagas: Centro Nacional de Control del Gas Natural

CFE: Comisión Federal de Electricidad

CIA: (por sus siglas en inglés) Agencia Central de Inteligencia

CIDE: Centro de Investigación y Docencia Económicas

CIESAS: Centro de Investigaciones y Estudios Superiores en Antropología Social

Cinvestav: Centro de Investigación y de Estudios Avanzados del Instituto Politécnico Nacional

Cisen: Centro de Investigación y Seguridad Nacional

CISS: Confederación Interamericana de Seguridad Social

CJF: Consejo de la Judicatura Federal

CJNG: Cártel Jalisco Nueva Generación

CNBV: Comisión Nacional Bancaria y de Valores

Cofece: Comisión Federal de Competencia Económica

Cofepris: Comisión Federal para la Protección contra Riesgos Sanitarios

Conacyt: Consejo Nacional de Ciencia y Tecnología

Conade: Comisión Nacional del Deporte

Conago: Conferencia Nacional de Gobernadores

Conamer: Comisión de Mejora Regulatoria

Conapo: Consejo Nacional de Población

Conasupo: Compañía Nacional de Subsistencias Populares

Coneval: Consejo Nacional de Evaluación de la Política de Desarrollo Social

Consejo Asesor Empresarial

Coparmex: Confederación Patronal de la República Mexicana
CMN: Consejo Mexicano de Negocios
CNDH: Comisión Nacional de los Derechos Humanos
CNOG: Confederación Nacional de Organizaciones Ganaderas
CNTE: Coordinadora Nacional de Trabajadores de la Educación
CRE: Comisión Reguladora de Energía
CSID: Confederación Sindical Internacional Democrática
CTC: Confederación de Trabajadores y Campesinos
CT Tula: Central Termoeléctrica de Tula
CTM: Confederación de Trabajadores de México
CUP: Certificado Único Policial
CURP: Clave Única de Registro de Población
DEA: Administración de Control de Drogas
DIF: Sistema Nacional para el Desarrollo Integral de la Familia
DF: Distrito Federal
EBITDA: Earnings Before Interest Tax, Depreciation and
    Amortization
ENCO: Encuesta Nacional de Confianza del Consumidor
Encovid19 Infancia: Encuesta de Seguimiento de los Efectos del
    covid-19 en el Bienestar de las Niñas, Niños y Adolescentes
EPN: Enrique Peña Nieto
ETCO: Encuesta Telefónica sobre Confianza del Consumidor
ETOE: Encuesta Telefónica de Ocupación y Empleo
Fed: Sistema de la Reserva Federal
FGR: Fiscalía General de la República
FMI: Fondo Monetario Internacional
Fobaproa: Fondo Bancario de Protección al Ahorro
Fonatur: Fondo Nacional de Fomento al Turismo
Fondo Nacional Emprendedor
Fovissste: Fondo de la Vivienda del Instituto de Seguridad
    y Servicios Sociales de los Trabajadores del Estado
FRED: Banco de la Reserva Federal de Saint Louis

Frena: Frente Nacional Anti-AMLO
Frente Democrático Nacional
Fucam: Fundación de Cáncer de Mama
IBA: (por sus siglas en inglés) Barra Internacional de Abogados
IDH: Índice de Desarrollo Humano
IEPS: impuesto especial sobre producción y servicios
IFE: Instituto Federal Electoral
IFT: Instituto Federal de Telecomunicaciones
IGAE: Indicador Global de la Actividad Económica
Imco: Instituto Mexicano para la Competitividad
IMSS: Instituto Mexicano del Seguro Social
IMP: Instituto Mexicano del Petróleo
Inadem: Instituto Nacional del Emprendedor
INAI: Instituto Nacional de Transparencia, Acceso a
    la Información y Protección de Datos Personales
Inco: Instituto Nacional del Consumidor
Indep: Instituto para Devolver al Pueblo lo Robado
INE: Instituto Nacional Electoral
INEE: Instituto Nacional para la Evaluación de la Educación
INEGI: Instituto Nacional de Estadística y Geografía
INEHRM: Instituto Nacional de Estudios Históricos de las
    Revoluciones de México Instituto Nacional de Formación
    y Capacitación Política de Morena
Infonavit: Instituto del Fondo Nacional de la Vivienda para los
    Trabajadores
INI: Instituto Nacional Indigenista
INIFAP: Instituto Nacional de Investigaciones Forestales, Agrícolas
    y Pecuarias
Inifed: Instituto Nacional de la Infraestructura Física Educativa
Inmecob: Instituto Nacional de Mercados y Competencia para
    el Bienestar
INNN: Instituto Nacional de Neurología y Neurocirugía

Insabi: Instituto de Salud para el Bienestar

IPAB: Instituto para la Protección al Ahorro Bancario

IPN: Instituto Politécnico Nacional

ISR: impuesto sobre la renta

ISSSTE: Instituto de Seguridad y Servicios Sociales de los Trabajadores del Estado

ITAM: Instituto Tecnológico Autónomo de México

IVA: impuesto al valor agregado

KMZ: Ku-Maloob-Zaap

LSPEE: Ley de Servicio Público de Energía Eléctrica

MC: Movimiento Ciudadano

MCCI: Mexicanos Contra la Corrupción y la Impunidad

mmpcd: miles de millones de pies cúbicos diarios

Morena: Movimiento Regeneración Nacional

NAIM: Nuevo Aeropuerto Internacional de México

NOM: norma oficial mexicana

OCDE: Organización para la Cooperación y el Desarrollo Económicos

Oficina de la Presidencia

OIDHE: Observatorio Internacional sobre Derechos Humanos

OMC: Organización Mundial del Comercio

ONG: organizaciones no gubernamentales

ONU: Organización de las Naciones Unidas

OSC: organizaciones de la sociedad civil

PAN: Partido Acción Nacional

PDVSA: Petróleos de Venezuela

PEA: población económicamente activa

Peciti: Programa Especial de Ciencia, Tecnología e Innovación

PEF: Presupuesto de Egresos de la Federación

Pemex: Petróleos Mexicanos

PEP: Pemex Exploración y Producción

PES: Partido Encuentro Social

PF: Policía Federal

PGR: Procuraduría General de la República

PIB: producto interno bruto

Pidiregas: Proyectos de Inversión Diferidos en el Gasto

PNUD: Programa de las Naciones Unidas para el Desarrollo

PRD: Partido de la Revolución Democrática

PRI: Partido Revolucionario Institucional

ProBeis: Oficina de la Presidencia para la Promoción
    y Desarrollo del Beisbol en México

Prodecon: Procuraduría de la Defensa del Contribuyente

Prodesen: Programa de Desarrollo del Sistema Eléctrico
    Nacional

PT: Partido de los Trabajadores (de Brasil)

PT: Partido del Trabajo

PUED: Programa Universitario de Estudios del Desarrollo
    de la UNAM

PUEDJS: Programa Universitario de Estudios sobre Democracia,
    Justicia y Sociedad

PVEM: Partido Verde Ecologista de México

pymes: pequeñas y medianas empresas

RFSPF: Requerimientos Financieros del Sector Público Federal

RNPDNO: Registro Nacional de Personas Desaparecidas
    y No Localizadas

Sader: Secretaría de Agricultura y Desarrollo Rural

Sagarpa: Secretaría de Agricultura, Ganadería, Desarrollo Rural,
    Pesca y Alimentación

SAT: Servicio de Administración Tributaria

SCJN: Suprema Corte de Justicia de la Nación

SCT: Secretaría de Comunicaciones y Transportes

SE: Secretaría de Economía

Sedatu: Secretaría de Desarrollo Agrario, Territorial y Urbano

Sedena: Secretaría de la Defensa Nacional

Sedesol: Secretaría de Desarrollo Social
Segalmex: Seguridad Alimentaria Mexicana
Segob: Secretaría de Gobernación
SEIDO: Subprocuraduría Especializada en Investigación
    de Delincuencia Organizada
Semarnat: Secretaría del Medio Ambiente y Recursos Naturales
Sener: Secretaría de Energía
SEP: Secretaría de Educación Pública
SHCP: Secretaría de Hacienda y Crédito Público
SIDSS: Subsecretaría de Integración y Desarrollo del Sistema
    de Salud
SIE: Sistema de Información Económica
Sistrangas: Sistema de Transporte y Almacenamiento Nacional
    Integrado de Gas Natural
SNA: Sistema Nacional Anticorrupción
SNTE: Sindicato Nacional de Trabajadores de la Educación
SNTMMSRM: Sindicato Nacional de Trabajadores Mineros,
    Metalúrgicos y Similares de la República Mexicana
SPF: Secretaría de la Función Pública
SPI: (por sus siglas en inglés) Índice de Progreso Social
SRE: Secretaría de Relaciones Exteriores
SS: Secretaría de Salud
SSPC: Secretaría de Seguridad y Protección Ciudadana
Telmex: Teléfonos de México
TEPJF: Tribunal Electoral del Poder Judicial de la Federación
TFJA: Tribunal Federal de Justicia Administrativa
TIPAT: Tratado Integral y Progresista de Asociación Transpacífico
TLCAN: Tratado de Libre Comercio de América del Norte
T-MEC: Tratado entre México, Estados Unidos y Canadá
TPP: Acuerdo Transpacífico de Cooperación Económica
UAEM: Universidad Autónoma del Estado de México
UAM: Universidad Autónoma Metropolitana

UE: Unión Europea
UDLAP: Universidad de las Américas Puebla
UIF: Unidad de Inteligencia Financiera
UNAM: Universidad Nacional Autónoma de México
UNICEF: Fondo de las Naciones Unidas para la Infancia
USW: United Steel Workers
ZMVM: Zona Metropolitana del Valle de México

APÉNDICE

Los 100 compromisos de AMLO al asumir la presidencia

Número	Promesa
1	Todos los programas del gobierno tendrán como población preferente a los pueblos indígenas
2	Se aplicará el principio de que, por el bien de todos, primero los pobres
3	Se mantendrán las estancias infantiles de la antigua Secretaría de Desarrollo Social y se regularizarán los Cendis promovidos por el Partido del Trabajo
4	Los estudiantes de primaria y secundaria que provengan de familias de escasos recursos económicos recibirán becas educativas
5	Todos los estudiantes de los Colegios de Bachilleres, escuelas técnicas, vocacionales y preparatorias públicas, recibirán una beca de 800 pesos mensuales
6	Trescientos mil jóvenes, en condiciones de pobreza, que ingresen o estén estudiando en universidades, tendrán derecho a una beca de 2 mil 400 pesos mensuales
7	En 2019 estarán funcionando 100 universidades públicas, con carreras acordes a cada región del país para atender con educación de calidad y sin pago de colegiatura a 64 mil estudiantes del nivel superior
8	Se impulsará la formación artística desde la educación básica y se apoyará a creadores y promotores culturales
9	Se promoverá la investigación científica y tecnológica; se apoyará a estudiantes y académicos con becas y otros estímulos en bien del conocimiento

Número	Promesa
10	Se cancelará la llamada reforma educativa, se establecerá en el artículo 3º de la Constitución el derecho a la educación gratuita en todos los niveles de escolaridad y el gobierno no agraviará nunca más a maestras y maestros
11	Se apoyará a los damnificados de los sismos con trabajo, vivienda y servicios públicos. Esto incluye un programa de construcción y reconstrucción de escuelas, centros de salud, edificios públicos y templos que forman parte del patrimonio cultural del país
12	Hoy comienza un programa de mejoramiento urbano en colonias marginadas de la frontera norte
13	Se hará realidad el derecho a la salud. El propósito es garantizar a los mexicanos atención médica y medicamentos gratuitos; a mediados del sexenio, se establecerá un sistema de salud de primera, como en Canadá o en los países nórdicos
14	Bajarán los sueldos de los altos funcionarios y aumentarán proporcionalmente los sueldos de los trabajadores de base y sindicalizados que ganan menos de 20 mil pesos al mes
15	Se aumentará la pensión a los adultos mayores en todo el país; es decir, se le entregará a cada uno mil 274 pesos mensuales
16	También recibirán este apoyo un millón de discapacitados pobres, en especial, niñas y niños de pueblos y colonias marginadas
17	Dos millones 300 mil jóvenes desempleados serán contratados para trabajar como aprendices en actividades productivas en el campo y la ciudad, y ganarán un sueldo de 3 mil 600 pesos mensuales
18	Construcción de caminos de concreto en municipios olvidados de Oaxaca, Guerrero y otros estados. Estos caminos se van a construir con trabajadores de las mismas comunidades
19	Los pequeños productores del campo, ejidatarios, comuneros o pequeños propietarios recibirán un apoyo económico semestral para la siembra de alimentos
20	Iniciará un programa de entrega de fertilizantes cuidando que no se dañen los suelos, en beneficio de productores agrícolas
21	A los pequeños productores de maíz, frijol, arroz, trigo y leche se les comprarán estos alimentos a precios de garantía en almacenes o depósitos de Diconsa y Liconsa

APÉNDICE

Número	Promesa
22	Se fomentará la actividad pesquera para mejorar la vida de las comunidades costeras y ribereñas. Los pescadores de atún y sardina recibirán un precio justo por sus productos
23	Plantar en los próximos dos años árboles frutales y maderables en un millón de hectáreas, con el objetivo de producir alimentos, reforestar, mejorar el medio ambiente, crear 400 mil empleos y arraigar a la gente en sus comunidades de origen
24	Se unirán Diconsa y Liconsa en una sola empresa para el abasto y la distribución de alimentos de consumo popular. Se llamará Seguridad Alimentaria Mexicana (Segalmex). En los almacenes, tiendas y lecherías de esta nueva dependencia se distribuirá una canasta de alimentos básicos a precios bajos para combatir la desnutrición y el hambre del pueblo
25	Se otorgarán créditos a la palabra y sin intereses a ejidatarios, comuneros y pequeños propietarios para la adquisición de novillonas, vacas y sementales
26	Los artesanos, dueños de talleres, tiendas y pequeñas empresas, también recibirán créditos a la palabra, baratos y sin tantos trámites y pérdida de tiempo
27	Se transferirá a las comunidades mineras el impuesto que se cobra a las empresas por la extracción del mineral
28	No aumentará el precio de las gasolinas, el gas, el diésel y la luz, sólo se le aplicará el componente de inflación; es decir, no habrá gasolinazos
29	Los apoyos que otorgue el gobierno al pueblo se entregarán de manera directa, sin intermediarios, para evitar "moches", corrupción y manipulación política
30	Se creará el Banco del Bienestar para que la gente pobre, hasta en los pueblos más apartados, pueda cobrar la ayuda del gobierno y en esa misma cuenta pueda también recibir remesas y otros ingresos
31	El incremento del presupuesto para financiar los programas del bienestar se obtendrá de ahorros por no permitir la corrupción y gobernar con austeridad republicana
32	No aumentarán los impuestos más allá de la inflación y no se crearán nuevos impuestos. Tampoco aumentaremos la deuda pública. No gastaremos más de lo que ingrese a la Hacienda Pública
33	Seremos respetuosos de la autonomía del Banco de México y de sus políticas para evitar que haya inflación o devaluaciones

625

Número	Promesa
34	Se aplicará una estricta política de austeridad republicana. No habrá amiguismo, nepotismo e influyentismo, ninguna de esas lacras de la política. Serán transparentes la nómina y los bienes de los funcionarios públicos y de sus familiares cercanos; haremos pocos, muy pocos, viajes al extranjero y sólo por causa justificada; no se comprarán vehículos nuevos para funcionarios; únicamente tendrán escoltas los funcionarios responsables de tareas de seguridad; sólo habrá tres asesores por secretaría; no habrá atención médica privada, ni cajas de ahorro exclusivas para funcionarios
35	No se comprarán sistemas de cómputo en el primer año de gobierno
36	Sólo tendrán secretarios particulares los funcionarios integrantes del gabinete ampliado
37	Se cancelarán fideicomisos o cualquier otro mecanismo utilizado para ocultar fondos públicos y evadir la legalidad y la transparencia
38	Se suprimen todas las estructuras y programas duplicados
39	Se reducirá en 50% el gasto de publicidad del gobierno
40	Los funcionarios de Hacienda, Comunicaciones, Energía y otras dependencias, no podrán convivir en fiestas, comidas, juegos deportivos o viajar con contratistas, grandes contribuyentes, proveedores o inversionistas vinculados a la función pública
41	Ningún funcionario público podrá ocupar en su domicilio a trabajadores al servicio del Estado, si no lo tiene permitido o no cuenta con autorización para ello
42	Ningún funcionario, sin causa de emergencia, podrá ordenar cerrar calles, detener el tráfico o pasarse los altos o estacionarse en lugares prohibidos
43	No se comprará ninguna mercancía que exista en los almacenes públicos en cantidad suficiente
44	No se remodelarán oficinas, ni se comprará mobiliario de lujo
45	Sólo tendrán apoyo de choferes los secretarios y subsecretarios
46	Salvo plena justificación, los policías y militares de las distintas corporaciones no estarán al servicio de funcionarios o particulares
47	Se eliminarán partidas para vestuario o cualquier gasto de protocolo y ceremonial dedicado al presidente, a sus colaboradores cercanos y a familiares

APÉNDICE

Número	Promesa
48	Se cuidarán los bienes de las oficinas a disposición de servidores públicos para proteger el patrimonio colectivo
49	Las únicas oficinas del gobierno serán las embajadas y los consulados. Sólo habrá una delegación del gobierno federal en los estados
50	Se tratará con amabilidad a los ciudadanos en las oficinas públicas y en cualquier lugar, aceptando con humildad que ellos son los mandantes de nosotros, los servidores públicos
51	Las compras del gobierno se harán de manera consolidada; mediante convocatoria y con observación ciudadana y de la oficina de transparencia de la ONU
52	Los contratos de obra del gobierno se llevarán a cabo con la participación de ciudadanos y de observadores de la ONU
53	No se autorizará la contratación de despachos para elaborar proyectos de ley, planes de desarrollo o cualquier tipo de análisis, recomendaciones, informes y otros documentos
54	Se descentralizará el gobierno federal y las secretarías van a estar ubicadas en distintos estados de la República, porque todo el país es México
55	Habrá un auténtico Estado de derecho. A nadie le estará permitido violar la Constitución y las leyes, y no habrá impunidad, fueros ni privilegios
56	Se acabará la impunidad; se reformará el artículo 108 de la Constitución para juzgar al presidente en funciones por cualquier delito que cometa, igual que a cualquier ciudadano
57	Estará prohibido y se convertirá en delito grave, sin derecho a fianza, la corrupción, el robo de combustible, la portación ilegal de armas de fuego, la falsificación de facturas para la evasión fiscal, el fraude electoral, la compra de votos y el uso de presupuesto para favorecer a candidatos y partidos
58	No habrá partidas en el presupuesto a disposición de diputados o senadores. Se acabará la vergonzosa práctica de los llamados "moches"
59	Ningún funcionario público podrá recibir regalos cuyo valor exceda los 5 mil pesos
60	En las relaciones comerciales o financieras con empresas internacionales se dará preferencia a aquellas originarias de países cuyos gobiernos se caractericen por su honestidad

Número	Promesa
61	Desde hoy están abiertas las puertas de Los Pinos, que ha dejado de ser la residencia oficial del presidente para convertirse en un espacio dedicado a la recreación, el arte y la cultura del pueblo
62	Ya el Estado Mayor Presidencial pasó a formar parte de la Secretaría de la Defensa; de la misma manera desaparece el Cisen
63	Está en venta el avión presidencial y toda la flotilla de aviones y helicópteros que eran utilizados para el traslado de altos funcionarios públicos
64	Ya no recibirán pensión los expresidentes, ni tendrán a su servicio funcionarios púbicos, sean civiles o militares
65	No habrá inspectores de vía pública para estar supervisando establecimientos comerciales, empresariales o de servicios; otorgaremos confianza a los ciudadanos, quienes bajo protesta de decir verdad actuarán con rectitud y cumplirán con sus responsabilidades
66	Reiteramos: no estamos en contra de quienes invierten, generan empleos y se comprometen con el desarrollo de México, sino de la riqueza mal habida
67	Iniciará un programa de mejoramiento urbano en las colonias marginadas de cinco centros turísticos: Los Cabos, Puerto Vallarta, Bahía de Banderas, Acapulco y Solidaridad
68	Se construirá el Tren Maya para comunicar por este medio de transporte rápido y moderno a turistas y pasajeros nacionales
69	Se creará un corredor económico y comercial en el istmo de Tehuantepec que comunicará Asia y la costa este de Estados Unidos. Se construirá una vía ferroviaria para contenedores; se ampliará la carretera; se rehabilitarán los puertos de Salina Cruz y Coatzacoalcos
70	Vamos a destinar mayor inversión pública para producir con urgencia más petróleo, gas y energía eléctrica y así enfrentar la crisis que dejaron los políticos neoliberales y los responsables de la llamada reforma energética
71	Se rehabilitarán las seis refinerías existentes y se iniciará, en unos días más, la construcción de una nueva refinería en Dos Bocas, Paraíso, Tabasco, para lograr que en tres años se produzca en México toda la gasolina que consumimos

628

APÉNDICE

Número	Promesa
72	Se detendrá el plan de desmantelamiento de la Comisión Federal de Electricidad; ni una planta más será cerrada, por el contrario, se modernizarán las existentes y se les dará atención especial a las hidroeléctricas para producir más energía limpia y de menor costo
73	Impulsaremos el desarrollo de fuentes de energía alternativas renovables, como la eólica, la solar, la geotérmica y la mareomotriz
74	Impulsaremos prácticas agroecológicas que aumenten la productividad sin dañar a la naturaleza. No se permitirá la introducción y el uso de semillas transgénicas
75	No usaremos métodos de extracción de materias primas que afecten la naturaleza y agoten las vertientes de agua como el *fracking*
76	No se permitirá ningún proyecto económico, productivo, comercial o turístico que afecte el medio ambiente. Se evitará la contaminación del suelo, agua y aire y se protegerá la flora y la fauna. No se privatizará el agua
77	Habrá cobertura universal en telecomunicaciones y se conectará al país con internet utilizando la infraestructura y las líneas de la Comisión Federal de Electricidad
78	En tres años quedará solucionado en definitiva el problema de la saturación del actual aeropuerto de la Ciudad de México; para entonces ya estarán funcionando las vialidades, dos pistas nuevas y la terminal de pasajeros en la base aérea de Santa Lucía, con lo cual se salvará el Lago de Texcoco y nos habremos ahorrado 100 mil millones de pesos
79	Desde el 1º de enero se creará la zona libre en los 3 mil 180 kilómetros de frontera con Estados Unidos; es decir, el año entrante en esa franja de nuestro país se impulsarán actividades productivas, se promoverá la inversión, se crearán empleos, bajará el IVA del 16% al 8% y el impuesto sobre la renta será del 20 por ciento. Costarán lo mismo los combustibles de éste y de aquel lado de frontera y aumentará al doble el salario mínimo
80	El salario mínimo nunca se fijará por debajo de la inflación, como llegó a suceder en el periodo neoliberal
81	Se reformará el Artículo 35 de la Constitución para quitar todos los obstáculos y candados en la celebración de consultas ciudadanas
82	Cumpliré el compromiso de someterme a la revocación del mandato; el primer domingo de julio de 2021

Número	Promesa
83	Estaré cinco días a la semana en municipios y estados del país recogiendo los sentimientos del pueblo y resolviendo problemas y evaluando el avance de los programas de desarrollo y bienestar
84	Todos los días, a partir del lunes próximo, desde las seis de la mañana encabezaré en el Palacio Nacional, la reunión del gabinete de Seguridad para garantizar la paz y la tranquilidad a los mexicanos
85	Se creará, si lo aprueban el pueblo y el Congreso, una Guardia Nacional para garantizar la seguridad pública en el país
86	Se van a constituir 266 coordinaciones de seguridad pública en todo el país atendidas por la Guardia Nacional para proteger a los ciudadanos
87	El presidente de la República, de conformidad con la ley, es el comandante supremo de las Fuerzas Armadas, y nunca dará la orden de que el Ejército o la Marina masacren al pueblo
88	Hoy inició el proceso de amnistía para dejar en libertad a presos políticos o víctimas de represalias de caciques, funcionarios o gobernantes del antiguo régimen autoritario
89	Se investigará a fondo la desaparición de los jóvenes de Ayotzinapa; se conocerá la verdad y se castigará a los responsables
90	Se respetará la libertad de expresión; nunca el gobierno aplicará censura a ningún periodista o medio de comunicación
91	La Fiscalía General contará, en los hechos, con absoluta autonomía; no recibirá consigna del presidente de la República y sus prácticas se apegarán al principio del derecho liberal
92	Mantendremos relaciones respetuosas con el Poder Legislativo y con el Poder Judicial y el Poder Ejecutivo dejará de ser el poder de los poderes
93	Desde anoche entró en vigor el Plan de Protección Civil; el ABC para los casos de inundaciones, incendios, temblores y otros desastres
94	La política exterior se sustentará en la cautela diplomática y en los principios de autodeterminación de los pueblos, no intervención, solución pacífica de controversias, igualdad jurídica de los Estados, cooperación para el desarrollo, la amistad, la paz, la defensa de los derechos humanos, la protección del medio ambiente y el respeto a los derechos de los migrantes
95	La relación con el gobierno de Estados Unidos será de respeto, beneficio mutuo y buena vecindad. Es momento de cambiar la relación bilateral hacia la cooperación para el desarrollo. Crear empleos en México y en Centroamérica es la alternativa a la migración, no las medidas coercitivas

Número	Promesa
96	Los 50 consulados que México tiene en Estados Unidos se van a convertir en defensorías para la defensa de migrantes. Vamos a defender los derechos humanos de nuestros paisanos
97	Se logrará el renacimiento de México haciendo realidad el progreso con justicia y una manera de vivir sustentada en el amor a la familia, al prójimo, a la naturaleza, a la patria y a la humanidad
98	Se garantizará la libre manifestación de ideas y de creencias religiosas y la libertad de prensa. Estamos por el diálogo, la tolerancia, la diversidad y el respeto a los derechos humanos
99	Vamos a convocar a maestros, antropólogos, psicólogos, sociólogos, filósofos y profesionales de otras disciplinas, así como a religiosos, librepensadores, ancianos respetables y ciudadanos en general para la celebración de un congreso en el cual se elabore una Constitución Moral
100	Se promoverá la lectura en general y particularmente de la historia, el civismo, la ética; nunca se olvidará de dónde venimos; por eso se exaltarán nuestras culturas originarias, las transformaciones históricas y el sacrificio de nuestros héroes

Y mi palabra es la ley de Carlos Elizondo Mayer-Serra
se terminó de imprimir en mayo de 2021
en los talleres de
Litográfica Ingramex, S.A. de C.V.
Centeno 162-1, Col. Granjas Esmeralda, C.P. 09810,
Ciudad de México.